Companhia Das Letras

O OUTONO DA IDADE MÉDIA

JOHAN HUIZINGA nasceu em Groningen, na Holanda, em 1872. Historiador e linguista, ficou conhecido nas áreas de história cultural e teoria da história. Filho de um professor de filologia, Huizinga começou seus estudos em linguística, tendo obtido seu diploma em idiomas indo-europeus em 1895. Após a graduação, estudou linguística comparada e entregou sua tese de doutorado em 1897, sobre literatura sânscrita.

Em 1902 Huzinga passou a se interessar mais pela história medieval e do Renascimento. Em 1905, passou a lecionar história na Universidade de Groningen, e em 1915 transferiu-se para a Universidade de Leiden, na qual trabalhou até 1942.

Huizinga tornou-se amplamente conhecido entre os historiadores em 1919, quando publicou *O outono da Idade Média*. Em 1935 foi lançado o livro *Nas sombras do amanhã: Diagnóstico da enfermidade espiritual do nosso tempo* e, em 1938, *Homo ludens: O jogo como elemento da cultura*, fazendo com que seu nome se tornasse referência para os estudos sobre o desenvolvimento cultural europeu.

Capturado pelos nazistas em 1942 após a ocupação da Holanda, foi banido da universidade e passou a viver na casa de um amigo em Gelderland, onde faleceu, apenas algumas semanas antes do fim da guerra, em fevereiro de 1945.

FRANCIS PETRA JANSSEN é tradutora do holandês, alemão e inglês desde 1987. Já traduziu textos de literatura, medicina, biologia e outras áreas. É uma das tradutoras da série Perry Rhodan, a mais longeva série alemã de ficção científica.

NAIARA DAMAS é professora de teoria e metodologia da história na Universidade Federal de Juiz de Fora (UFJF). Fez mestrado e doutorado em história pela Universidade Federal do

Rio de Janeiro (UFRJ), onde escreveu uma tese sobre a obra de Johan Huizinga, intitulada *As formas da história: Johan Huizinga e a história da cultura como morfologia.*

ANTON VAN DER LEM é conservador da seção de obras raras da biblioteca da Universidade de Leiden.

JOHAN HUIZINGA

O outono da Idade Média
Estudo sobre as formas de vida
e de pensamento dos séculos XIV e XV
na França e nos Países Baixos

Tradução de
FRANCIS PETRA JANSSEN

Revisão técnica e introdução de
NAIARA DAMAS

Posfácio de
ANTON VAN DER LEM

3ª reimpressão

COMPANHIA DAS LETRAS

Copyright © 2021 by Penguin-Companhia das Letras

Grafia atualizada segundo o Acordo Ortográfico da Língua Portuguesa de 1990, que entrou em vigor no Brasil em 2009.

Penguin and the associated logo and trade dress are registered and/or unregistered trademarks of Penguin Books Limited and/or Penguin Group (USA) Inc. Used with permission.

Published by Companhia das Letras in association with Penguin Group (USA) Inc.

TÍTULO ORIGINAL
Herfsttij der Middeleeuwen: Studie over levens en gedachtenvormen der veertiende en vijftiende eeuw in Frankrijk en de Nederlanden (5ª ed., 1940)

PREPARAÇÃO
Osvaldo Tagliavini Filho

REVISÃO
Angela das Neves
Clara Diament

ÍNDICE ONOMÁSTICO
Luciano Marchiori

Dados Internacionais de Catalogação na Publicação (CIP)
(Câmara Brasileira do Livro, SP, Brasil)

Huizinga, Johan, 1872-1945.
   O outono da Idade Média : Estudo sobre as formas de vida e de pensamentos dos séculos XIV e XV na França e nos Países Baixos / Johan Huizinga ; tradução Francis Petra Janssen . — 1ª ed. — São Paulo : Penguin-Companhia das Letras, 2021.

   Título original: Herfsttij der Middeleeuwen: Studie over levens en gedachtenvormen der veertiende en vijftiende eeuw in Frankrijk en de Nederlanden.
   Bibliografia
   ISBN 978-85-8285-137-1

   1. Idade Média 2. Idade Média – História 3. Idade Média – Historiografia I. Título

21-60718   CDD-909.07

Índice para catálogo sistemático:
1. Idade Média : História 909.07
Aline Graziele Benitez — Bibliotecária — CRB-1/3129

Todos os direitos desta edição reservados à
EDITORA SCHWARCZ S.A.
Rua Bandeira Paulista, 702, cj. 32
04532-002 — São Paulo — SP
Telefone: (11) 3707-3500
www.penguincompanhia.com.br
www.blogdacompanhia.com.br
www.companhiadasletras.com.br

Sumário

Introdução — Naiara Damas   7

Prefácio à primeira edição   35

O OUTONO DA IDADE MÉDIA
1. A veemência da vida   41
2. O anseio por uma vida mais bela   76
3. A concepção hierárquica da sociedade   116
4. O ideal de cavalaria   129
5. O sonho de heroísmo e de amor   144
6. As ordens e os votos cavaleirescos   157
7. O significado do ideal cavaleiresco na guerra e na política   173
8. A estilização do amor   196
9. As convenções do amor   217
10. A imagem idílica da vida   229
11. A imagem da morte   245
12. A representação do sagrado   267
13. Os tipos de vida religiosa   307
14. Emoção religiosa e imaginação religiosa   330
15. O simbolismo fenecido   348
16. O realismo e o sucumbir da imaginação no misticismo   368
17. As formas de pensamento na vida prática   391
18. A arte na vida   424
19. A sensibilidade estética   460
20. A imagem e a palavra   471
21. A palavra e a imagem   516
22. O advento da nova forma   544

Posfácio — Como surgiu O *outono da Idade Média*,
Anton van der Lem   563

Notas   579
Bibliografia   649
A casa de Borgonha: árvore genealógica   672
Índice onomástico   675

Introdução

NAIARA DAMAS

Cem anos desde seu lançamento, *O outono da Idade Média* (1919) de Johan Huizinga (1872-1945) continua a ser lido com grande admiração. Nas últimas décadas, sobretudo, quando ressurgiu o interesse pela reflexão historiográfica de Huizinga, inúmeros foram os historiadores que se dedicaram a pensar sobre o que faz dessa obra um clássico da historiografia, ao mesmo tempo que propunham um debate a respeito da atualidade de Huizinga para os estudos históricos. Em campos tão diversos como a história da arte, a teoria da história e a "nova" história cultural, prestar contas com os "erros" e "acertos" da opção de Huizinga por compor a imagem de uma Idade Média outonal com um estilo imaginativo e uma prosa com acento poético significava também a oportunidade para uma espécie de autoanálise da profissão de historiador: entre o passado e o futuro de uma ciência fundada sobre alicerces vacilantes, *O outono da Idade Média* aponta para algumas das tensões permanentes associadas ao desejo simultâneo de compreender e narrar o passado.

Desde sua publicação, *O outono* foi recebido com reticência pela comunidade acadêmica. Embora celebrado pelo grande público, Huizinga foi acusado por seus colegas historiadores de ter produzido "um belo livro, mas não de história". Até mesmo o fato de o livro obter láureas literárias seria um indício de uma falha fundamental: como diz uma resenha de 1920, elas refletiriam mal para o historiador, tendo sempre "uma nuance um pouco perigosa, alheias à essência da história, que não visa a conjuntos harmoniosos ou efeitos pitorescos".[1] Para muitos desses críticos, o método e o estilo narrativo adotados por Huizinga teriam dado à obra um ar estranhamente antiquado.[2] Para a historiografia medieval produzida na Holanda no começo do século XX — que privilegiava documentos oficiais para tratar de questões econômicas e institucionais —, *O outono* parecia um livro nascido velho, uma relíquia dos tempos em que a Idade Média era assunto para o romantismo literário. Por isso, o pertencimento deste livro ao campo da história acadêmica sempre teve um caráter ambíguo.

O incômodo em relação à suposta falta de rigor científico d'*O outono* não se dissipou totalmente, mesmo que, com o passar do tempo, a opção de Huizinga por uma história da cultura voltada para a investigação das sensibilidades, dos sonhos e das representações culturais tenha se mostrado uma área importante para os estudos contemporâneos, sobretudo a partir dos anos 1980, com o advento da "nova" história cultural. Sua aposta inovadora na investigação dos modos de sentir e de pensar próprios a uma época histórica — próxima mas não redutível à história das mentalidades de matriz francesa — abriu caminho para uma abordagem que considera os sistemas de valores, os símbolos e as fantasias como uma realidade histórica tão importante quanto aquela do mundo social objetivo.

Sob essa etiqueta que oscila entre a inovação e o atraso, entre a sedução da bela prosa e a suspeita de suas concessões ao domínio do ornamento retórico, a obra de Huizinga sobre o final da Idade Média ocupa uma posição peculiar no cânone historiográfico. Mesmo nestes mais de cem anos que nos separam da publicação d'*O outono*, as láureas literárias concedidas a uma obra de história nem sempre são vistas com bons olhos. Contudo, ainda que com tal pano de fundo, uma obra longeva como O *outono* jamais esgotou a riqueza de seu sentido e a complexidade de suas reflexões, que só ganham vida na reencenação do diálogo que Huizinga constrói com o leitor.

Quando o leitor aceita o convite de Huizinga para "imaginar" e "ver" o passado medieval, firma-se um contrato de leitura em que se deve "manter um olhar crítico sobre o autor, pesar os seus argumentos" ao mesmo tempo que se desfruta do texto também num sentido literário, "pois se o autor é eminente e a imaginação do leitor é vívida", a obra deverá ser lida "como se contasse uma história rica em complicação, suspense e desenlace".[3]

Como afirma Huizinga no prefácio do livro, o projeto de escrever *O outono da Idade Média* nasceu do desejo de compreender a arte dos irmãos Van Eyck e de seus seguidores. O interesse pela pintura flamenga "primitiva" situa o autor no centro de uma disputa sobre qual seria o lugar desses pintores na cronologia da história da arte e da cultura europeia. O que estava em jogo era a possibilidade de identificar a obra dos Van Eyck com o alvorecer de um "Renascimento nórdico", paralelo ou mesmo anterior ao Quattrocento italiano. Seria a arte dos Van Eyck o sintoma do começo de uma nova época ou a expressão de uma cultura que caminhava para a sua conclusão? O realismo escrupuloso da arte flamenga indicaria uma ruptura com a arte gótica ou seria apenas um novo meio expressivo a serviço da representação de velhos temas e ideias? Essas questões estavam ligadas a um debate muito mais amplo sobre o próprio conceito de Renascimento.

Esse foi o momento em que as linhas de demarcação entre a Idade Média e o Renascimento, delineadas com traços fortes e precisos na obra do historiador suíço Jacob Burckhardt, *A cultura do Renascimento na Itália* (1860), se tornaram cada vez mais incertas e flutuantes. Submetida a uma onda de revisionismo, a imagem que Burckhardt cria do Quattrocento italiano como marco zero da modernidade europeia — quando teria emergido um novo senso de realidade e de autonomia moral do indivíduo — ia aos poucos perdendo a sua ancoragem no tempo e no espaço. Na virada do século XIX para o XX, muitos de seus críticos chegaram a argumentar que ele não apenas teria falhado em perceber que o Renascimento havia começado antes do século XV, mas também que teria se equivocado ao retratá-lo como um fenômeno exclusivamente italiano. *O outono* pode ser lido como uma contribuição a esse debate.

Em sua autobiografia, *Meu caminho para a história* (1943), Huizinga conta como, caminhando numa tarde de domingo pelos campos em torno de Groningen, subitamente teve uma visão: "O final da Idade Média não como o anúncio do que estava por vir, mas como um momento de desvanecimento e decadência. [...] Nesses anos, era costume, seguindo Courajod, Fierens-Gevaert e Karl Voll, ver a arte holandesa antiga como a alvorada do Renascimento nórdico. Minha visão ia radicalmente contra isso".[4] Com essas palavras, ele delineava claramente sua posição frente aos historiadores da arte que reivindicavam a existência de um Renascimento nórdico. Na direção oposta dos que acreditavam poder vislumbrar no realismo da arte dos Van Eyck a emergência de um "novo sentimento" pela realidade e pela natureza, Huizinga via ali a culminação do passado medieval, a expressão artística de uma época de decadência.

O prefácio d'*O outono* traz as marcas dessa polêmica quando Huizinga descreve sua obra como uma tentativa de mostrar que os séculos XIV e XV, na França e na Borgonha, não representavam o começo do Renascimento, mas sim os momentos finais de uma cultura em adiantado processo de amadurecimento: "A proliferação de formas de pensar antigas e coercivas em lugar da semente viva do pensamento, o fenecimento e o enrijecimento de uma civilização rica —

esse é o conteúdo principal destas páginas" (p. 35-6). Em relação ao conceito de Renascimento nórdico, o olhar para a cultura medieval tardia como um período de decadência representava um certo retorno à visão de Burckhardt de que, em comparação com as cidades italianas, o norte da Europa seria ainda essencialmente medieval. Apesar de toda a admiração que confessava sentir pelo livro *A cultura do Renascimento na Itália*, considerado por ele um "tesouro de coisas magníficas", Huizinga pretende mostrar que o Quattrocento italiano — a despeito das diferenças entre a Itália e o norte europeu — poderia ser incluído, junto à França e à Borgonha, em "um círculo de civilização que acabava de ser fechado" (p. 36), assim como muitas das características associadas por Burckhardt à cultura renascentista — como o individualismo e o realismo — estariam presentes também no norte. Com esse gesto, Huizinga torna o Renascimento menos moderno e mais medieval.

Dessa perspectiva, a passagem da Idade Média para o Renascimento, que constitui o ponto-final da narrativa d'*O outono*, não é vista como uma ruptura brusca nem como uma continuidade absoluta, mas como um processo complexo que teria se dado em meio ao colapso da cultura medieval. Segundo Huizinga, "na história, assim como na natureza, a morte e a vida andam sempre lado a lado. Antigas formas de civilização morrem enquanto, ao mesmo tempo e no mesmo solo, o novo encontra alimento para florescer" (p. 35). Nessa composição em que morte e vida, novo e antigo, se entrecruzam e se fecundam, o brilho "púrpura e ouro" do Renascimento se transforma naquele de um sol poente, em que os tons crepusculares do outono medieval se misturam aos tons alvorais da primavera renascentista, a ponto de se confundirem como o verso e o reverso de um mesmo processo.

A complexidade temporal que Huizinga imprime à relação entre Idade Média e Renascimento se revela na metáfora outonal do título do livro. Em holandês, o neologismo "*herfsttij*" não significa literalmente outono (*herfst*), mas algo como maré (*tij*) ou temporada de outono.[5] A opção por essa metáfora teria a vantagem de sugerir um tempo marcado por um sentido de metamorfose e latência que apaga os recortes muito rígidos entre começo e fim de um ciclo. O outono pode ser uma estação tanto de queda e decomposição como de amadurecimento e colheita; tanto o anúncio do inverno quanto o presságio da futura primavera. A periodização implícita nessa metáfora indica que Huizinga não pretendia se ocupar apenas de um processo diacrônico de mudança histórica, mas sim com o entrelaçamento de declínio e renovação. Em um tempo atravessado por um senso ambivalente de término e promessa — passível de ser revelado por um recorte que suspendesse, em parte, o tempo da cronologia —, passado, presente e futuro estariam contidos simultaneamente no seu retrato da época tardo-medieval. Mesmo quando, pouco depois do lançamento d'*O outono*, Huizinga confessa ter se arrependido do emprego dessa metáfora pelo risco da associação entre o processo histórico e os ciclos da natureza, ele pede que o leitor a tome como uma imagem que almeja capturar a atmosfera da época, evocando a beleza e a melancolia das cores outonais do espetáculo de uma "cultura em vias de desaparecimento".

À luz do crepúsculo da Idade Média, a imagem do "século dos Van Eyck" como prelúdio da modernidade se dissolve em meio aos matizes sombrios de uma cultura em declínio. Para Huizinga, a arte flamenga "primitiva" só poderia ser compreendida quando inserida no interior de seu próprio contexto e analisada não apenas do ponto de vista de seu aspecto formal, mas também de sua função como "ornamento de vida" para aqueles que a encomendavam e admiravam. Em sua aula inaugural na Universidade de Groningen, *O elemento estético das representações históricas* (1905), Huizinga defende que a imagem de uma época não deve ser extraída de sua arte como fenômeno isolado, pois aquela só se revela em toda a sua complexidade quando iluminada, ou mesmo refletida, por um "estudo multiforme da tradição".[6] Nesse jogo de espelhos em que a arte e a cultura se refletem e se iluminam, a tarefa do historiador deveria ser a compreensão do fazer artístico na sua relação com a totalidade cultural de uma época. N'O outono, isso significa colocar a obra dos irmãos Van Eyck e de seus seguidores num diálogo estreito e significativo com as expressões literárias do período, de modo a revelar a maneira como a imagem artística se relaciona com a palavra de cronistas, poetas, teólogos, filósofos e homens de letras em geral. Assim, o que começa como uma investigação no campo da história da arte sobre a pintura flamenga transforma-se finalmente num estudo histórico-cultural sobre as formas de vida e de pensamento da sociedade franco-borgonhesa dos séculos XIV e XV — como informa o subtítulo d'O outono.

De modo a acessar as formas de vida e de pensamento da época, Huizinga seleciona um conjunto de documentos que permite um engajamento com a cultura do final da Idade Média a partir de seus próprios sentidos, representações e rituais: as fontes narrativas, sobretudo as crônicas, mas também a poesia, a literatura e os tratados políticos e religiosos. Há um gesto conscientemente polêmico nessa escolha. Huizinga sabia que essa opção representava um afastamento crítico em relação aos medievalistas de seu tempo, que haviam considerado esse tipo de documentação pouco confiável para a produção de uma história social e econômica do final da Idade Média. Para esses historiadores, a ênfase atribuída pelos cronistas ao ideal da cavalaria — num momento em que a nobreza guerreira ia perdendo lugar para uma burguesia mercantil e urbana — constituía uma "vã ilusão", tornando-os intérpretes ingênuos de sua própria realidade. Embora concordasse que o retorno da cultura cavaleiresca nos séculos XIV e XV fosse um "anacronismo ridículo" do ponto de vista socioeconômico, Huizinga defende que a tarefa do historiador da cultura seria justamente investigar os motivos da contradição entre o ideal e a realidade: "Por mais que as formas de viver da nobreza não passassem de um verniz aplicado sobre a vida, ainda assim seria necessário que a história soubesse enxergar a vida no brilho desse verniz" (p. 117). Essa é a premissa na qual repousa *O outono*.

Para o conhecimento da vida cultural, não se trata de encontrar "fatos" sociais e econômicos "dentro ou por trás das fontes" — como Huizinga escreve numa nota pessoal —, mas de compreender a vida da época a partir das formas como ela se expressa, por meio de suas "opiniões, impressões, sentimentos e erros".[7] É por essa razão que ele aposta nas fontes narrativas: por mais superficiais e errôneos que os cronistas pudessem ser do ponto de vista factual, é o estudo desses documentos que permite construir um panorama geral da sensibilidade da época, capturando o *páthos* da vida medieval tardia em sua tonalidade veemente, com intensas oscilações emocionais, e "que tanto distingue aqueles tempos dos nossos" (p. 51).

Esse forte senso de alteridade do passado medieval — reforçado ao longo de todo o livro por um jogo de contraste com o contexto de vida do leitor — marca a recusa de Huizinga em reduzir essa cultura aos termos e experiências do presente, que tomaria para si a tarefa de corrigir a interpretação dos cronistas e explicar a realidade passada a partir de desdobramentos posteriores. Sua intenção de analisar o modo como as ilusões, os símbolos e os sonhos moldam e definem as experiências coletivas demanda uma abordagem que acesse o exuberante e perverso espetáculo do fim da Idade Média do ponto de vista de seus espectadores e protagonistas.

O projeto de ver a época com os olhos dos contemporâneos se revela num dos títulos alternativos que Huizinga cogitou para o livro: "No espelho de Van Eyck". Embora tenha chegado à conclusão de que esse título sugeriria mais do que ele estava disposto a oferecer em termos de análise da arte flamenga, a imagem de Van Eyck refletida no espelho do quarto nupcial do casal Arnolfini (imagem utilizada na capa desta edição) tem um simbolismo relevante em relação ao "método" usado por Huizinga para compreender as formas de vida e de pensamento do final da Idade Média. Tal como Van Eyck, que se posiciona como autor e observador da cena, imprimindo sua presença através da imagem refletida no espelho, também Huizinga, em sua tarefa de restituir a sensibilidade da vida medieval, é simultaneamente o observador que se coloca na mesma perspectiva do retratado e o autor que formula as estratégias pictóricas para apreender a atmosfera da cena — aqui a palavra "pictórica" vem carregada de sentido, se pensarmos que Huizinga inúmeras vezes compara a escrita da história com a pintura de um quadro. A história da cultura é, como já havia definido Burckhardt, um "ponto de vista sobre os fatos", e, no caso d'O outono, este deve ser sempre o das personagens retratadas, mas sem jamais ocultar a presença do observador, que escolhe as cores e produz as formas que compõem o retrato.

O olhar para a cultura medieval através das lentes coloridas dos cronistas descortina uma cultura marcada por um profundo pessimismo em relação às coisas terrenas e uma amarga melancolia com um presente incerto. O mundo "cinco séculos mais jovem" que Huizinga descreve com cores intensas no primeiro capítulo d'O outono — cheio de brutalidade, miséria e paixões violentas — funciona como pano de fundo de uma época que, presa ainda à velha escolha entre o desprezo ascético e a aceitação veemente da beleza da vida terrena, só conseguiria encontrar refúgio contra a realidade dura e cruel na criação do sonho de uma vida mais bela.

Quando a realidade terrena é tão perdidamente trágica e a renúncia ao mundo tão difícil, não nos resta nada além de colorir a vida com uma bela ilusão, vivê-la no país dos sonhos de fantasias luminosas, temperar a realidade com o êxtase do ideal (p. 86).

Para dar início a essa *fuga* — palavra intencionalmente escolhida por Huizinga para aludir ao mesmo tempo à ideia de evasão e ao estilo de composição musical barroca —, bastaria um breve acorde que fizesse lembrar da virtude, do heroísmo ou da felicidade de um passado idealizado. Sob o impacto dessa "atitude espiritual", as formas de vida são recriadas como formas artísticas, e a existência cotidiana passa a ser experimentada como uma espécie de "jogo de salão" ditado por formas solenes. Aqui, "como nunca dantes, a arte serve à vida e a vida serve à arte" (p. 88), produzindo, no contexto das relações sociais, uma ampla estética de vida bela que emprestaria ao dia a dia da corte borgonhesa o ritmo coreografado de um minueto. Huizinga acredita ter encontrado, na ritualização da vida aristocrática como um "nobre jogo", a perspectiva segundo a qual a cultura tardo-medieval deveria ser vista: à luz falsa e ofuscante do romantismo cavaleiresco, onde a tensão entre as formas de vida e a realidade seria incrivelmente forte.

Nesse momento em que os ritos e convenções da sociabilidade aristocrática transformavam tudo em um espetáculo refinado para o espírito, a ornamentação da vida à maneira de um jogo com regras nobres estava a serviço do desejo de atualizar os valores e virtudes do romantismo cavaleiresco. O sonho de vida bela "quer enobrecer a própria vida com beleza e preencher a sociedade com jogos e formas" (p. 88). Embora essa fantasia não passasse de uma "tremenda autoilusão" — sustentável apenas por uma época "que fechasse os olhos frente a realidades muito duras" (p. 194) —, o desejo de evadir-se do mundo real teria um amplo impacto na estrutura e na forma da vida social.

Desse modo, *O outono* se apresenta como uma tentativa de registrar em cores, sons e imagens o efeito dessa ficção social e estética na cultura do final da Idade Média, bem como a maneira em que as formas lúdicas de vida transformam, envolvem e, por vezes, oprimem o mundo real. A ênfase atribuída à relação entre jogo, arte e ilusão, presente n'*O outono* por meio da análise da estilização da vida, antecipa muitos dos argumentos que seriam desenvolvidos anos mais tarde em *Homo ludens* (1938), quando o conceito de jogo é apresentado como base da cultura. De acordo com E. Gombrich, a opção de Huizinga em tratar a cavalaria não como instituição, mas como um jogo que a nobreza jogava e ao qual os outros assistiam, sedimenta o seu interesse pela dimensão lúdica da vida cultural, ou, ainda, pela "ficção que é inseparável da cultura".[8]

O sonho de vida bela, inspirado por um passado romântico, ligaria o Renascimento à Idade Média de uma maneira fundamental. Para Huizinga, toda vida aristocrática do final da Idade Média, fosse na França e na Borgonha ou até mesmo em Florença, seria uma tentativa de encenar um sonho. "O desejo passional de revestir a própria vida com beleza, o refinamento da arte de viver, o efeito colorido de uma vida vivida segundo um ideal, tudo é mais antigo que o Quattrocento italiano" (pp. 88-9). A vida aristocrática na Borgonha e na França nos séculos XIV e XV — a única a rivalizar em riqueza e magnificência com a Itália do Quattrocento — manifestaria o mesmo impulso de elevar a conduta do indivíduo e as formas de sociabilidade à condição de "uma deliberada e consciente obra de arte" que Burckhardt havia identificado como um traço característico da cultura renascentista.[9] Tal como o homem renascentista de *A cultura do Renascimento na Itália*, que ansiava por "refinar e embelezar toda a existência exterior", criando uma "sociabilidade bela e regulamentada",[10] também o homem que Huizinga analisa aspiraria a uma vida mais bela, que transformasse as formas de convívio social em formas artísticas.

Mas, ao contrário do esquema de Burckhardt, em que a "transição da vida para a arte" nos domínios da conversação, da etiqueta, da moda e das festividades aparecia como uma manifestação da "descoberta do homem e do mundo", Huizinga associa essa mesma atitude estética com o desejo de uma cultura decadente de escapar de sua dura realidade através da reencenação do passado idealizado da cavalaria. A sede por honra e glória do Renascimento seria essencialmente a mesma da ambição cavaleiresca de origem francesa, despojada das formas feudais e trajada à maneira da Antiguidade clássica.

O modo como Huizinga vê esse grande teatro da vida de corte é importante para compreender sua escolha pelo estudo da literatura, em sentido amplo, como forma privilegiada de acesso a valores, sentimentos e fantasias dos homens e mulheres da época tardo-medieval. Na medida em que considera o sonho de vida bela o desejo de imitação da virtude e do heroísmo de um passado idealizado, a literatura se apresenta como espaço de elaboração dos códigos e convenções a serem emulados. "Os desejos e sonhos do coração poético procuram uma representação dramática, uma realização encenada na própria vida" (p. 154). Nesse sentido, o ideal da cavalaria transbordava para além da literatura, inundando a esfera do cotidiano. Nas sutilezas do amor cortês, no código de virtude cavaleiresca, no culto das formas convencionais de etiqueta e precedência e nos grandes espetáculos da vida nobre e secular — os torneios e as festas —, a literatura funcionaria como um enredo fantasioso que emprestava a cada gesto e expressão a gravidade de uma encenação calculada, transformando as cerimônias e rituais da vida de corte em uma espécie de "literatura aplicada". Essa conexão entre a literatura e a performance da grande arte de viver — fundada numa relação em que "a vida imita a literatura, mas esta, no fim das contas, acaba aprendendo tudo da vida" (p. 145) — abriria a possibilidade de o historiador recuperar essas experiências não através de conceitos construídos *in abstracto*, mas "no movimento e na ação", vendo-as como cenas no curso multicolorido do grande drama da história.[11]

Em uma cultura violenta e "primitiva", que oscilava entre os extremos da piedade e da crueldade, do ascetismo e da ganância, essas formalidades serviriam como uma moldura rígida de convenções capaz de conter a intensidade das emoções, de modo que a vida pudesse adquirir, ao menos em princípio, uma ordenação regular. Tratava-se de um processo de estilização do conteúdo da experiência que nasceria da luta de uma "geração raivosa e passional contra sua própria altivez e cólera" (p. 102). Para compreender essas formas que compunham a estética das emoções — que muitas vezes podem até nos parecer frívolas e artificiais —, o historiador deveria insuflá-las novamente de "paixão viva". O breve comentário feito por Huizinga ao final do prefácio d'*O outono* pode ser interpretado nesse sentido: "Aproximar-se do conteúdo essencial que repousava nessas formas: não será sempre essa a tarefa da pesquisa histórica?" (p. 37).

A relação entre forma e paixão permitiria ao historiador reconstruir o panorama da sensibilidade da época, revelando o significado que tais formas culturais tinham para os próprios contemporâneos. Essa mesma relação marca, de maneira fundamental, a interpretação de Huizinga sobre o descompasso entre a realidade e o ideal na cultura medieval tardia, ao mostrar como a "rudeza agressiva" — que as formas ornamentadas deveriam conter — irrompe por entre os buracos do traje do cavaleiro, desvelando a realidade sombria que o sonho de vida bela tentava ocultar.

O tema da tensão entre a vida real e o sonho, que constitui o ponto de partida d'*O outono*, persiste e organiza todo o livro, funcionando como um aspecto que provê movimento à imagem decadente — e, em certo sentido, estática — da cultura medieval tardia. O desejo de ocultar a realidade dura e cruel sob o disfarce de uma vida heroica e virtuosa levou à regulação da vida social como um "jogo precioso", mas o crescimento descontrolado desses jogos e formas acabou por petrificá-la. O ideal da cavalaria, que um dia fora um fator autêntico de cultura, enreda-se num formalismo rígido, transformando-se em ornamento e ostentação vazios, nada mais do que uma extravagante falsificação da vida. A fissura entre a realidade e o sonho de vida bela seria, nesse caso, o resultado de uma tensão inerente ao próprio movimento de criação e de desenvolvimento das formas culturais, imprimindo um tom trágico ao retrato de Huizinga. No formalismo que se interpõe entre a vida real e a sua estilização, as "emoções vivas", por assim dizer, se "ossificam".

A degeneração do ideal cavaleiresco num formalismo vulgar e mecânico estaria inserida num processo mais amplo de falência da imaginação medieval, analisada na segunda parte d'*O outono* por meio dos impasses gerados pelo colapso do pensamento simbólico. O simbolismo medieval, que a tudo abrangia dentro de um significado transcendente ao ver as coisas em sua relação com o divino, teria chegado à sua "última floração" nos séculos XIV e XV. Na superficialidade, vacuidade e ingenuidade das formas de pensamento da época, Huizinga via a culminação da tendência de transformar ideias e conceitos em imagens fixas e personificadas. Depois de ter servido para expressar as "intuições mais profundas", o pensamento simbólico, na sua versão esgotada da alegoria, se transformara em um "mero passatempo intelectual" (p. 365). Em meio a esse cenário de crise espiritual, só restaria resumir, parafrasear e concluir ideias longamente amadurecidas sem criar nada de novo.

É no interior desse movimento de cristalização do pensamento em imagens que Huizinga situa a arte dos irmãos Van Eyck e de seus seguidores. Apesar de a arte flamenga ter conseguido preservar o seu fascínio e até um certo frescor depois da passagem de tantos séculos — a ponto de gerar a falsa ilusão de que a época que produzira esses horizontes comoventes de beleza só poderia ter sido um tempo de "doçura feliz e serenidade da alma" (p. 69) —, isso não significa que ela tenha se mantido à margem do processo de estagnação do pensamento medieval. No realismo escrupuloso e na tendência à elaboração "desenfreada" dos detalhes da arte flamenga, seria possível encontrar a mesma disposição para a ornamentação de um sistema moribundo de ideias presente na prosa monótona e afetada dos cronistas e no esplendor "insuportavelmente insosso e ridículo" dos poetas (p. 150). Embora essa tendência produzisse efeitos distintos na arte e na literatura, em nenhuma delas ressoaria ainda o tom heroico e nobre da linguagem artística do Renascimento, mas sim o "poslúdio sem fim" de fantasias puídas e de temas desgastados. "Na arte dos Van Eyck, o conteúdo ainda é completamente medieval. Ela não expressa ideias novas. Ela é um extremo, um ponto-final" (p. 456).

Entre a superabundância do gótico flamboyant e a "marcha fúnebre" de ideias ossificadas, entre o misticismo e o materialismo grosseiro, Huizinga apresenta o retrato de uma cultura que, depois de ter criado uma catedral de ideias, encontra ali um lugar onde o "pensamento podia adormecer" (p. 367). Esse movimento trágico do fim da Idade Média pode ser visto na imagem que Huizinga cria de homens e mulheres presos em um salão de espelhos, explicando imagens com outras imagens sem conseguir mais achar o caminho de volta para as realidades vivas.[12] Nesse momento, as formas de vida e de pensamento, superdimensionadas pelo formalismo, seriam obrigadas a existir em uma dimensão suspensa entre o real e a fantasia, na esfera de uma ilusão que servia como máscara para dissimular o desmoronamento de uma cultura "que amadureceu demais e feneceu" (p. 367).

N'*O outono*, a passagem da Idade Média para o Renascimento vem abordada do ponto de vista desse movimento de criação e de desenvolvimento das formas culturais. À ideia de uma revelação súbita da "harmonia dourada" da Antiguidade para "os espíritos mortalmente cansados da alegoria e do estilo flamboyant", Huizinga contrapõe a imagem de um processo gradual que se deu "em meio ao jardim exuberante do pensamento medieval, entre o crescimento da antiga vegetação" (p. 544). Quando a vitalidade das formas de vida e de pensamento da cultura medieval começou a dar sinais de desgaste e, junto com elas, o ideal cavaleiresco foi se tornando um fardo para uma aristocracia cansada, que conseguia suportá-lo apenas com ironia e deboche, o descompasso gerado pela tensão entre realidade e ilusão se tornou um terreno fecundo para uma "nova fertilização". Nesse sentido, o contraste entre sonho e realidade funciona como tema e contratema d'*O outono*,[13] sendo a um só tempo o sintoma do declínio de uma cultura enredada em formas coercitivas e o espaço em que se poderia vislumbrar o "advento da nova forma" — a virada da maré que traria o Renascimento.

Mas essa virada não significa um rompimento definitivo com a Idade Média. No quadro que Huizinga elabora dos momentos finais da cultura medieval, os elementos de permanência prevalecem sobre os de ruptura. Depois de tornar instável o terreno sobre o qual Jacob Burckhardt havia traçado com precisão os limites cronológicos do Renascimento, *O outono* expõe o quanto a cultura medieval permanecia viva e conformava a cultura humanística dos séculos XIV e XV no contexto franco-borgonhês e, até certo ponto, na Itália do Quattrocento. Apesar de o Renascimento ter descoberto novos horizontes de beleza — encontrando na Antiguidade a "grande inspiração jovem" para fazer florescer um novo entusiasmo corajoso pela vida —, ele não representaria a transição para o mundo moderno nem mesmo o encerramento da Idade Média, como defendia Burckhardt. A desilusão provocada pela proliferação das formas vazias e artificiais do romantismo cavaleiresco criaria a necessidade de inventar sonhos e jogos regidos por novas regras e temas; mas por detrás da "mascarada solene e alegre" do Renascimento estaria o mesmo desejo de se refugiar num mundo de fantasia, a mesma aspiração de converter as formas de vida em formas de arte.

Um ano após a publicação d'*O outono*, em seu ensaio *O problema do Renascimento* (1920), Huizinga empregaria outra metáfora marítima para abordar a complexidade e as contradições do Renascimento como um período de transição situado entre a Idade Média e a época moderna.

> A transição da Idade Média para os tempos modernos (e como poderia ter sido de outro modo?) não é aquela de uma revolução, mas a de uma longa sucessão de ondas quebrando na praia, cada uma delas num ponto diferente e num momento diferente. Em todo lugar, as linhas entre o novo e o velho são diferentes; cada forma cultural, cada pensamento muda em seu próprio tempo, e a transformação não é nunca aquela de todo o complexo da civilização.[14]

A imagem tradicional da história como processo contínuo e linear — quando vista através da temporalidade descontínua das formas culturais — se fragmenta em uma multiplicidade de linhas que se aproximam e se afastam em pontos distintos para formar um complexo de relações que incorpora a fluidez e as antinomias da própria vida histórica. Para a história da cultura — que busca revelar algo tão elusivo quanto o "espírito" de uma época —, a constatação da complexidade dos processos históricos conduz à análise das contradições, dos resíduos e das fraturas internas que tendem a ser suprimidas na generalidade das categorias abstratas e reducionistas. Como sugere a metáfora das ondas, a abordagem de Huizinga se distancia da visão linear do tempo, para considerar a mudança histórica a partir de uma temporalidade multifacetada na qual a interação do passado e do presente é registrada em espaços de negociação onde o novo e o velho, a morte e a vida permanecem implicados no movimento de metamorfose das formas culturais.

Assim, o Renascimento — que é o ponto de partida polêmico d'*O outono* — aparece finalmente como um período de transição, um breve *intermezzo* situado entre a cultura medieval e o mundo moderno. Contra a reivindicação da existência de um Renascimento nórdico, Huizinga contrapõe o retrato de uma época outonal em que prevalece uma luz fascinante porém ilusória, em que o brilho dourado do Renascimento já não é mais aquele irradiado pela alvorada do mundo moderno, mas o fulgor melancólico do crepúsculo, como nos versos de Paul Verlaine, a quem Huizinga cita em uma conferência de 1908 sobre a cultura renascentista: "O grande século em seu declínio,/ quando o sol poente, tão belo, dourava a vida".[15]

Desde as primeiras linhas d'*O outono*, a cultura do final da Idade Média é apresentada através de um jogo de contrastes: "Quando o mundo era cinco séculos mais jovem, tudo o que acontecia na vida era dotado de contornos bem mais nítidos que os de hoje. Entre a dor e a alegria, o infortúnio e a felicidade, a distância parecia maior do que para nós" (p. 41). Ao longo de todo o livro, a ênfase atribuída ao tema da distância temporal e afetiva que se interpôs entre o passado medieval e o presente da interpretação — um presente que Huizinga compartilha com o leitor ao estabelecer com ele uma relação de contemporaneidade através do emprego do pronome "nós" — contribui para produzir um senso de estranheza e descontinuidade. Na medida em que o colorido exuberante e a intensidade passional desse mundo cinco séculos mais jovem haviam perdido a sua imediaticidade, a brecha temporal entre o passado medieval e o presente só poderia ser transposta, embora nunca completamente obliterada, caso o leitor ou intérprete aceitasse o convite para ver e experimentar a realidade tardo-medieval através da "imaginação infantil dos contos de fadas". "Devemos tentar imaginar essa suscetibilidade do espírito, essa propensão às lágrimas e às reviravoltas espirituais, essa sensibilidade, se quisermos captar o colorido e a veemência da vida de então" (p. 49). A imaginação histórica, por sua habilidade de combinar a ausência e a presença do passado ao trazer o que é distante para perto, é o recurso que permite compreender como a realidade passada foi experimentada e interpretada pelos atores históricos e, ao mesmo tempo, discernir o significado que ela tem "para nós".

O tema da imaginação ocupa um lugar central na obra de Huizinga. Desde sua aula inaugural de 1905, ele havia esboçado um projeto de escrita da história que incorporava a imaginação como uma função estética da representação histórica. Contra o realismo histórico ingênuo e a tentativa de submeter o saber histórico ao estatuto científico das ciências naturais, Huizinga argumentava que a história jamais seria a reprodução do passado, mas a transformação de seus vestígios e traços numa "imagem inteligível" por meio de um processo marcado por um forte elemento irracional similar à intuição artística.

Enquanto as ciências naturais produziriam conceitos por meio da abstração, a formação do conceito histórico tenderia para a "visualidade" [*aanschouwelijkheid*], ou seja, para a produção de imagens através da capacidade imaginativa do historiador de compreender e representar o significado e a coerência dos eventos. Na poética da história delineada nessa ocasião, a ênfase atribuída à visualização impõe à prosa historiográfica o dever de produzir efeitos análogos aos da imagem. No relato histórico, assim como na poesia, o uso criativo da linguagem deve estimular a imaginação, de modo que o conteúdo da representação ultrapasse o limite do significado literal das palavras para transformar o passado em uma "presença imaginária" diante dos olhos do leitor. Na condição de um conhecimento marcado pela interseção de arte e ciência, a história seria, mais do que qualquer outra coisa, uma visão, ou mesmo uma evocação de imagens.

Esse projeto de uma escrita visual da história — que prevê o leitor como parte do texto e explora o potencial evocativo da escrita — realiza-se em toda a sua beleza e encanto na composição d'*O outono*. No quadro crepuscular do final da Idade Média, a intenção de recriar a ficção social e estética que embalava o sonho de vida bela correspondia à necessidade de elaborar uma narrativa na qual o leitor fosse capaz de perceber, e em alguns casos até sentir, o que significava viver em uma época dominada pela forte tensão entre sonho e realidade.

Se a vida medieval é descrita como uma minuciosa performance da arte de viver, apresentada sob o pano de fundo de uma realidade cruel, Huizinga conduz o leitor por um relato que serve como um espaço de reencenação dramática das experiências passadas, colocando-o como espectador desse "exuberante espetáculo". Desse modo, muito mais do que uma questão de bela forma — ou de um fim em si mesmo, como acusaram muitos de seus críticos —, o estilo poético da escrita de Huizinga, carregado de detalhes, nuances, sons e cores, desempenha um papel central para a reconstituição da sensibilidade da época tardo-medieval, oferecendo-a na forma de uma experiência de leitura fundada sobre a combinação de imaginação e análise, comparação e analogia, imagem e conceito, em um processo caracterizado como um "pensar através de representações visuais".[16]

Huizinga compõe seu relato sobre o outono da Idade Média por meio de um procedimento de justaposição de imagens que funciona como um mosaico. A ideia de montagem, própria a essa forma artística, é especialmente sugestiva para entender a estrutura temporal e narrativa d'*O outono*. A organização dessa obra a partir de um arranjo tópico — como, por exemplo, o tema do amor cortês, da visão da morte e dos votos cavaleirescos — indica a opção por uma trama não linear, cujo enredo se desenvolve por uma enunciação sucessiva, gradual, para formar aos poucos um grande complexo simultâneo de pequenas cenas e retratos individuais emoldurados pela imagem geral da Idade Média em declínio. Não é, portanto, o tempo diacrônico e sequencial que estrutura o livro, e sim um arranjo narrativo no qual o tempo provê o cenário, mas não a ordem. Por meio de cortes transversais que suspendem em parte a dimensão diacrônica da história — e o emprego da metáfora outonal também é indicativo da recusa da linearidade em favor da descrição de uma "atitude espiritual" coletiva —, Huizinga adota a estratégia característica da abordagem de Burckhardt de espacialização do tempo, organizando a história em *tableaux* sincrônicos que servem como cenário para uma mise en scène do passado, voltada para revelar a "tônica" [*groondtoon*] da vida da época.

Toda a potência de seu estilo imaginativo se manifesta na tarefa de escolher e apresentar as circunstâncias nas quais a "tonalidade" das formas de vida e de pensamento tardo-medievais se mostra para o leitor de maneira eloquente e visualmente expressiva. Como disse Carlo Antoni, ao se referir a *O outono da Idade Média* como um "grande vitral panorâmico", Huizinga "é um mestre em correlacionar episódios, frases e documentos com a finalidade de criar uma atmosfera afetiva".[17] Essa atmosfera [*stemming*] é tanto o que ele deseja compreender quanto o efeito que espera produzir como escritor. Com uma prosa metafórica e descrições carregadas da presença quase material da realidade passada, o objetivo é tornar as formas culturais tangíveis em toda a sua concretude e intensidade passional, de modo que o leitor tenha a impressão de estar em contato direto com o passado.

Huizinga desenvolveu esse tema através do conceito de sensação histórica — um dos tópicos de sua obra que mais recebeu atenção nos últimos anos. Definida em termos mais líricos do que analíticos, a sensação histórica diz respeito a instantes de "súbita iluminação espiritual", quando, diante de uma velha canção, documento ou gravura, tem-se a impressão de estar numa relação imediata com o passado.[18] "É um toque, uma emoção. [...] Ela reside onde o tempo colapsa e o contraste entre o agora e o antes termina."[19]

Nesses momentos de iluminação quase mística, institui-se a possibilidade de um encontro fronteiriço entre o presente e o passado, quando a distância histórica é temporariamente suspensa para revelar uma "intuição [*Ahnung*] de ruas, casas e campos, de sons e cores, de pessoas se movendo e sendo movidas".[20] Assim, mais do que uma imagem clara e bem definida do passado, a sensação histórica produz a sugestão de algo que não é propriamente um objeto, mas sim uma atmosfera que subjaz de forma latente e determinante na relação entre as coisas, um certo ritmo de vida que satura todo o campo da experiência histórica e define o tom fundamental de uma época. Na medida em que essa atmosfera existe no limiar da linguagem de modo difuso e espectral — podendo ser sentida mas não vista —, o desafio da prosa historiográfica de Huizinga encontra-se em como vertê-la em palavras e imagens, de maneira que ela se torne uma presença perceptível para o leitor com toda a sua vivacidade sinestésica.

N'*O outono*, esse desafio se articula em torno da tarefa de traduzir e materializar para o leitor a sensibilidade da Idade Média tardia por meio de uma linguagem alusiva e vividamente descritiva que estimule seu engajamento, sua disposição para deixar-se submergir no universo recriado no texto. Conduzido pelo estilo elegante e impetuoso de Huizinga, o leitor percorre um mundo em que o aroma de rosas e sangue se mistura, onde o "gosto amargo" da melancolia, "tão sombrio como um cadafalso" (p. 59), se faz presente em cada gesto. Em sua prosa, o emprego do detalhe histórico como recurso estilístico desempenha um papel fundamental ao atrair o leitor para que ele participe do passado. Esse envolvimento afetivo contribui para criar um senso de imediaticidade que conecta a experiência do leitor, seja por identificação ou por contraste, com a vivência dos personagens históricos. Assim, a compreensão histórica para Huizinga não pode ser reduzida apenas à dimensão intelectual, pois diz respeito a uma atividade igualmente sensorial e intuitiva: trata-se de conseguir "tocar" o passado e se deixar tocar por ele, de intuir tudo aquilo que, na vida histórica, somente a imaginação pode contemplar.

Algumas vezes com pinceladas largas, outras vezes com a precisão de um miniaturista, Huizinga constrói o quadro do outono da Idade Média como um conjunto de cenas, personagens e situações que permitem situar a explicação histórica em meio aos eventos da própria vida. Huizinga apostava que a imagem, mais do que qualquer fórmula construída abstratamente, conseguiria preservar as contradições e os extremos característicos da sensibilidade da época, ao invés de "resolvê-los" em prejuízo da complexidade da experiência histórica. Sugestivamente, um de seus críticos, W. Otterspeer, chama essas figuras e tipos de "abstrações quentes", referindo-se à maneira como estas aderem à realidade, conservando a especificidade da situação apresentada com a intensidade emocional e a tangibilidade de seus gestos e detalhes, ao mesmo tempo que são generalizáveis no interior do quadro mais amplo da cultura franco-borgonhesa decadente.[21] N'*O outono*, a convergência entre uma pesquisa morfológica — que identifica uma "gramática cultural" na qual o olhar do historiador se confunde com o do antropólogo, do sociólogo, do linguista — e a disposição para ver e fazer ver o passado com os olhos da imaginação produz uma obra-prima que oferece uma abertura singular para alguns dos problemas centrais do conhecimento histórico, sobretudo no que diz respeito à possibilidade de conciliar o rigor científico com o desejo de transformar o passado em uma presença imaginária.

A vivacidade pictórica almejada pela poética da história huizinguiana não deve ser confundida, portanto, com uma afetação de estilo, nem reduzida a um propósito meramente ilustrativo. Em sua obra, o resultado estético de sua escrita imagética procede sempre de uma vontade de compreensão. Nesse jogo em que ver e compreender confluem na produção de um relato que deve transformar o passado numa "realidade visível", a imagem se torna o próprio lugar da argumentação histórica: "Toda história é narrativa; faz parte de seu próprio fundamento que ela não demonstre nem estabeleça fórmulas, mas conte".[22] E quanto mais vivaz for o relato, quanto mais plásticas forem as imagens que o historiador evocar narrativamente, mais persuasiva será a representação histórica. Assim, forma e conteúdo tornam-se indissociáveis: se a experiência com o passado corresponde à descoberta de seu significado, a sua encarnação como "presença" no texto é a própria condição de sua inteligibilidade. Não por acaso, mesmo depois de sua decisão de não incluir ilustrações nas duas primeiras edições holandesas d'*O outono* (1919 e 1921), Huizinga ainda se referia à sua obra como um "livro ilustrado".[23]

No final de sua vida, cada vez mais preocupado com o impacto da reprodução fotográfica na cultura contemporânea, Huizinga chegaria a argumentar, em seu ensaio *Sobre a deformação da história* (1943), que a fotografia poderia se colocar como um obstáculo para a imaginação histórica:

> Curiosamente, a fotografia, com seus milhares de imagens, muitas vezes prestou um desserviço ao nosso poder de imaginar o passado [...]. A eclética galeria de instantâneos não deve ser confundida com o poder da imaginação histórica, que é capaz de ver para além de todos esses relances a verdadeira forma do passado, e revelá-la de uma maneira nova, embora nunca perfeita, à mente dos leitores.[24]

A saturação de imagens fotográficas mostra-se como um substituto problemático do processo cognitivo do qual participa a narrativa visual do historiador. Se a fotografia poderia levar a uma certa passividade do observador, como Huizinga parece sugerir, a ideia de "pensar através de representações visuais" — em torno da qual se articula o seu projeto historiográfico — pressupõe, antes, um encontro rico e imprevisível entre as imagens conjuradas no texto e o acervo de imagens que vivem na memória de cada leitor. É nesse diálogo que se realiza o ato da compreensão histórica: o leitor responde ao chamado do historiador, trazendo algo novo para o texto, de modo que este se atualize como uma experiência cognitiva e estética do drama da história.

Dessa maneira, a escrita da história como evocação de imagens demanda o envolvimento ativo do leitor, que deve evocar e "animar" o passado no "teatro privado da mente", a fim de transformar uma experiência sensível em uma experiência de sentido. Partindo dessa premissa, que joga com a potencialidade da operação criativa da leitura, *O outono* situa o leitor no centro dos eventos e, desse lugar tecido pelo artifício de uma narrativa autêntica e poética, transforma-o no espectador de uma história cheia de suspense e complicação, cujo desenlace é encenado como o espetáculo trágico e exuberante de uma cultura que, em meio ao ressoar de um "poslúdio sem fim", sucumbiu sob o peso de suas próprias ilusões.

Assim, esta obra de Johan Huizinga pode ser lida como o resultado final do esforço de produzir uma história em que a potência cognitiva das imagens se coloca como lugar de resistência contra a aridez e a esterilidade dos grandes esquemas gerais que tendem a reduzir as experiências do passado aos jogos engenhosos da abstração. A riqueza e a atualidade d'*O outono* residem justamente na recusa de Huizinga em oferecer respostas prontas e definitivas, bem como no refinamento perspicaz com que ele aponta para as linhas de continuidade entre presente e passado, revelando incongruências, resquícios e matizes sob a aparência de estabilidade e fixidez dos conceitos e demarcações temporais que formam as convenções historiográficas. A opção de registrar a história como um movimento aberto à indeterminação e à imprevisibilidade é parte também de um compromisso intelectual e ético associado ao caráter relativo do próprio conhecimento histórico.

O estatuto da história, como "ciência inexata por excelência", fundamenta a sua convicção de que o saber histórico só poderia existir no intervalo entre o passado e a sua representação, entre a realidade e a linguagem. Mesmo na sua dimensão mais arrebatadora da sensação histórica, a relação com o passado se realiza apenas através da mediação do trabalho hermenêutico do historiador, que "delineia" e "colore" a imagem do passado sem ocultar os artifícios poéticos e os impasses envolvidos nessa operação. Se a história é uma "ressurreição" — como diz Huizinga, recuperando a máxima de Jules Michelet —, o retorno do mundo dos mortos só é possível numa "esfera de sonho", num território fronteiriço entre a realidade e a imaginação, onde o historiador desempenha o ofício paradoxal de "ver figuras inapreensíveis" e "ouvir palavras meio entendidas".[25] Nesse empenho, razão e sensibilidade deveriam convergir para fundar a história como "um belo amálgama, um elétron com o dourado da arte e a prata da ciência" — projeto que regula toda a obra de Huizinga como historiador da cultura.

N'*O outono da Idade Média*, será sempre possível encontrar um testemunho precioso e tocante do potencial de uma obra historiográfica que coloca erudição e imaginação a serviço da tarefa de tornar o passado inteligível, ao apresentá-lo como um drama atravessado de indeterminação, sonho e beleza. Essa dramaturgia, que mais uma vez é colocada diante dos leitores, oferece a cada nova geração a possibilidade de renovar os seus sentidos no horizonte sempre expansivo do gesto de ler — e reler — as obras que a tradição incorpora entre os seus clássicos como um "tesouro de coisas magníficas".

Prefácio à primeira edição

A origem do novo é o que geralmente nosso espírito procura no passado. Deseja-se saber como os novos pensamentos e as novas formas de vida, que mais tarde brilharão em toda a sua plenitude, foram desabrochando; considera-se cada época sobretudo pelas promessas que ela reserva para o tempo seguinte. Com quanto empenho procurou-se na civilização medieval pelas sementes da cultura moderna; com tanto empenho que, às vezes, era como se a história cultural da Idade Média não passasse do advento do Renascimento. Afinal, em todo lugar naquela época, que outrora fora considerada inerte e sem vida, já se via o novo germinar, e tudo parecia apontar para uma futura perfeição. No entanto, na busca pela nova vida que surgia, era fácil esquecer que na história, assim como na natureza, a morte e a vida andam sempre lado a lado. Antigas formas de civilização morrem enquanto, ao mesmo tempo e no mesmo solo, o novo encontra alimento para florescer.

Este livro é uma tentativa de ver os séculos XIV e XV não como o anúncio do Renascimento, mas como o final da Idade Média, o último sopro da civilização medieval, como uma árvore com frutos muito maduros, completamente desenvolvida. A proliferação de formas de pensar antigas e coercivas em lugar da semente viva do pensamento, o fenecimento e o enrijecimento de uma civilização rica — esse é o conteúdo principal destas páginas. Ao escrever este livro, era como se meu olhar estivesse voltado para as profundezas de um céu noturno, mas de um céu tomado de vermelho-sangue, pesado e bravio, de um cinza-chumbo ameaçador, cheio de um falso brilho cúprico.

Ao rever o escrito, surge a pergunta: se o meu olhar tivesse repousado por mais tempo nesse céu noturno, talvez as cores turvas tivessem se dissolvido em pura clareza. Mas parece que o quadro, agora que o delineei e colori, tornou-se mais sombrio e menos sereno do que pensei vê-lo quando iniciei o trabalho. Com a atenção sempre voltada para o declínio, o esgotamento e o fenecimento, é muito fácil deixar que a sombra da morte se lance sobre todo o trabalho.

O ponto de partida desta obra foi a necessidade de entender melhor a arte dos Van Eyck e de seus seguidores, compreendê-los em sua relação com toda a vida da época. A sociedade borgonhesa era a unidade que eu queria apreender: parecia possível vê-la como um círculo de civilização que acabava de ser fechado, como o Quattrocento italiano. O título do livro foi inicialmente imaginado como "O século da Borgonha". No entanto, à medida que as considerações foram se tornando mais gerais, foi necessário abrir mão dessa delimitação; somente num sentido muito restrito era possível postular uma unidade da cultura borguinhã; a França não borguinhã exigia, no mínimo, o mesmo tanto de atenção. E foi assim que, no lugar da Borgonha, chegou-se à dualidade: França e Países Baixos, e isso em proporções bastante distintas. Pois numa análise mais ampla da cultura medieval agonizante, o elemento holandês ficou muito diminuído em relação ao francês, com exceção dos campos em que apresenta um significado próprio: o da vida religiosa e o das artes, citados mais detalhadamente. Não será necessário justificar o fato de, no capítulo 10, as fronteiras geográficas terem sido transpostas por um momento, de modo que, além de

Ruysbroeck e Dionísio Cartuxo, também Eckhart, Suso e Tauler fossem chamados como testemunhas.

Quão pouco me parece tudo o que li dos escritos dos séculos XIV e XV em comparação ao que ainda gostaria de ter lido. Como gostaria de ter incluído mais outros tantos, além da série dos tipos principais das várias orientações espirituais, nas quais muitas vezes se baseia a representação. No entanto, se citei com mais frequência Froissart e Chastellain entre os historiadores, Eustache Deschamps entre os poetas, Jean Gerson e Dionísio Cartuxo entre os teólogos e Jan van Eyck entre os pintores, isso não se deve apenas à limitação de meu material, mas sobretudo ao fato de que tais homens, devido à riqueza e à peculiaridade marcante de suas expressões, espelham, mais que tudo, o espírito daquela época.

Foram as *formas* de vida e de pensamento que tentei descrever aqui. Aproximar-se do conteúdo essencial que repousava nessas formas: não será sempre essa a tarefa da pesquisa histórica?

Leiden, 31 de janeiro de 1919

O outono da Idade Média

1. A veemência da vida

Quando o mundo era cinco séculos mais jovem, tudo o que acontecia na vida era dotado de contornos bem mais nítidos que os de hoje. Entre a dor e a alegria, o infortúnio e a felicidade, a distância parecia maior do que para nós; tudo que o homem vivia ainda possuía aquele teor imediato e absoluto que a felicidade e a dor até hoje têm no espírito infantil. Cada momento da vida, cada ato era cercado de formas enfáticas e expressivas, realçado pela solenidade de um estilo de vida rígido e perene. Os grandes fatos da vida — o nascimento, o matrimônio, a morte — eram envoltos, por obra dos sacramentos, no esplendor do mistério divino. Mas também os menores — uma viagem, uma tarefa, uma visita — eram acompanhados de mil bênçãos, cerimônias, ditos e convenções.

Contra as calamidades e as privações, havia menos lenitivos do que agora; e elas eram mais opressivas e cruéis. O contraste entre a doença e a saúde era maior; o frio severo e a escuridão medonha do inverno eram males mais pungentes. Honra e riqueza eram desfrutadas com mais intensidade, mais avidez, pois contrastavam com a pobreza e a degradação circundantes com maior veemência do que hoje. Um manto de pele, um fogo brilhante na lareira, bebidas, pilhéria e uma cama macia ainda conservavam aquele alto valor de prazer que o romance inglês, com suas descrições da alegria de viver, soube perpetuar vividamente. E todas as coisas da vida possuíam uma publicidade ostentosa e cruel. Os leprosos chacoalhavam suas matracas e saíam em procissão, os mendigos lamuriavam-se nas igrejas e expunham suas deformidades. Cada estamento, cada ordem, cada ofício podia ser reconhecido por seus trajes. Os grandes senhores, venerados e invejados, jamais se deslocavam sem um aparato pomposo de armas e librés. Julgamentos, transações comerciais, casamentos e enterros, tudo se anunciava ruidosamente com procissões, gritos, lamentos e música. O amante levava o símbolo de sua dama; os membros de uma irmandade, seu emblema; a facção, as cores e os brasões de seu senhor.

Também na aparência da cidade e do campo imperavam o mesmo contraste e a mesma variedade de cores. A cidade não se estendia, à maneira das nossas, em subúrbios desmazelados de fábricas enfadonhas e casas humildes. Ao contrário, fechava-se em seus muros, como uma figura compacta e eriçada com numerosas torres. E por mais altas ou maciças que fossem as casas de pedra dos nobres ou dos comerciantes, o vulto altaneiro das igrejas dominava a silhueta da cidade.

Assim como o contraste entre verão e inverno era mais severo do que para nós, também o era o contraste entre luz e escuridão, silêncio e ruído. A cidade moderna praticamente desconhece a escuridão e o silêncio profundos, assim como o efeito de um lume solitário ou de um grito distante.

O contraste contínuo e as formas multicoloridas, com as quais tudo se imprimia no espírito, conferiam à vida cotidiana uma excitação e um poder de sugestão que se manifestavam nos ânimos instáveis de exaltação violenta, crueldade extrema e ternura íntima entre os quais se movia a vida urbana medieval.

Havia um único e inconfundível som que sempre sufocava o ruído da vida agitada e que, por mais variado que fosse, por um momento elevava tudo a uma atmos-

1. A VEEMÊNCIA DA VIDA

fera de ordem: o dobrar dos sinos. Na vida cotidiana, os sinos eram como bons espíritos protetores, cujas vozes familiares anunciavam ora o luto, ora a alegria, ora a paz, ora a desordem, ora conclamando, ora advertindo. Eram conhecidos por apelidos: a gorda Jacqueline, o pontual Rolando. Conhecia-se o significado dos toques. Ninguém era indiferente a esses sons, a despeito de seu uso excessivo. Em 1455, num infame duelo entre dois cidadãos de Valenciennes que deixou em estado de alerta toda a cidade e toda a corte da Borgonha, o sino maior ressoava "horrorosamente" [*laquelle fait hideux à oyr*] durante a luta, como diz Chastellain.[1] Nas torres da igreja de Nossa Senhora de Antuérpia ainda se encontra o velho sino de alarme de 1316, chamado Orida, isto é, *horrida*, "horrível".[2] Dizia-se "*sonner l'effroy*" ou "*faire l'effroy*" a propósito dos dobres de alarme;[3] a palavra, que significava originalmente "discórdia" (*exfredus*), passou a designar o anúncio de uma situação de conflito, como sinal de alarme, e, finalmente, de terror. Com que espanto formidável não se ouviam todas as igrejas e mosteiros de Paris soando seus sinos da manhã à noite, e ainda a noite inteira, para anunciar a eleição de um papa que poria fim ao Cisma ou um tratado de paz entre os borguinhões e os armagnacs.[4]

Também as procissões deviam ter um efeito profundamente comovedor. Em tempos de medo, e esses eram frequentes, havia procissões diárias, semana após semana. Em 1412, quando a disputa fatal entre as casas de Orléans e Borgonha finalmente conduziu a uma guerra civil aberta e o rei Carlos VI empunhou a auriflama para lutar ao lado de João Sem Medo contra os armagnacs, que haviam se tornado traidores da pátria por sua aliança com a Inglaterra, ordenaram-se procissões diárias por toda a Paris enquanto o rei estivesse em território inimigo. Duraram do fim de maio até julho, a cargo de diferentes grupos, ordens, guildas, a cada vez passando por caminhos diferentes, com relíquias diferentes: "as procissões mais piedosas jamais vistas na história da humanidade" [*les plus piteuses processions qui oncques eussent été veues de aage de homme*]. Todos caminhavam, os pés descalços e o estômago vazio, os membros do Parlamento ao lado de cidadãos pobres; quem podia levava uma vela ou uma tocha; e sempre havia muitas crianças pequenas. Também das aldeias ao redor de Paris vinham camponeses pobres, caminhando grandes distâncias com os pés descalços. Todos participavam ou assistiam "aos prantos, com muitas lágrimas, em grande devoção" [*en grant pleur, en grans lermes, en grant devocion*]. Quase sempre chovia torrencialmente.[5]

Havia ainda as entradas triunfais dos príncipes, preparadas com todo o talento artístico de que se dispunha. E, numa frequência ininterrupta, as execuções. A excitação cruel e a compaixão grosseira diante do patíbulo eram um elemento de peso na dieta espiritual do povo. Era um espetáculo da moral. Para crimes hediondos, a justiça inventara punições horríveis. Em Bruxelas, um jovem incendiário e assassino foi acorrentado a uma estaca giratória no meio de um círculo de feixes de madeira em brasa. Com palavras comoventes, ele se apresentou como exemplo ao povo e tanto "enterneceu os corações, que todos se desfizeram em lágrimas de compaixão, e seu fim foi considerado o mais belo que jamais se vira" [*et tellement fit attendrir les cœurs que tout le monde fondoit en larmes de compassion, et fus sa fin recommandée la plus belle que l'on avait oncques vue*].[6] Em 1411, o sr. Mansart du Bois, um armagnac, decapitado em Paris durante o regime de terror dos duques da Borgonha, não somente perdoou de bom grado o carrasco (como este lhe rogara, seguindo a tradição), como ainda pediu que lhe desse um beijo: "havia uma multidão, e quase todos derramavam lágrimas cálidas" [*foison de peuple y avoit, qui quasi tous ploroient à chaudes larmes*].[7] Muitas vezes, as vítimas eram grandes senhores; então o povo se deliciava ao testemunhar o rigor da justiça e a severa advertência quanto à inconstância das grandezas terrenas, mais vividamente do que em qualquer pintura ou dança macabra. As autoridades cuidavam para que nada faltasse ao efeito do espetáculo: os senhores faziam seu triste desfile levando os símbolos de sua grandeza. Jean de Montaigu, *grand maître d'hôtel* do rei, vítima do ódio de João Sem Medo, dirigiu-se ao cadafalso sentado no alto de uma carroça, com dois arautos à frente; vestia seus trajes de gala, gorro, capa, calças metade brancas, metade vermelhas, esporas de ouro nos pés; e, ainda com as esporas de ouro, pendurou-se o corpo decapitado no patíbulo. O abastado cônego Nicolas d'Orgemont, vítima da vingança do partido Armagnac em 1416, é conduzido por toda Paris em uma carroça de lixo, trajando um gorro e um grande manto violeta, para assistir à decapitação de dois companheiros, antes de ser ele mesmo condenado à prisão perpétua, à base de "pão da dor e água da angústia" [*au pain de doleur et à eaue d'angoisse*]. A cabeça do mestre Oudart de Bussy, que se negara a assumir um lugar no Parlamento, foi exumada a mando de Luís XI e exposta na praça de Hesdin com um gorro escarlate forrado de pele, "à maneira dos conselheiros do Parlamento" [*selon la mode des conseillers de parlament*], e alguns versos explicativos. O próprio rei escreve sobre o caso com humor implacável.[8]

Mais raros que procissões e execuções eram os sermões dos pregadores itinerantes que vinham vez por outra chocar o povo com suas palavras. Nós, leitores de jornal, mal conseguimos imaginar o efeito violento da palavra sobre espíritos rústicos e ignorantes. Em 1429, o frei Ricardo, pregador popular que teve a honra de servir como confessor de Joana d'Arc, pregou em Paris por dez dias consecutivos. Começava às cinco horas da manhã e terminava entre dez e onze, quase sempre no cemitério dos Inocentes — em cujas criptas foi pintado um mural com a famosa cena da Dança Macabra —, de costas para os ossuários; ao redor, nas arcadas, empilhavam-se crânios à vista de todos. Ao anunciar que seu décimo sermão seria o último, uma vez que expirara sua autorização para pregar, "os grandes e os humildes choraram tão penosa e sofridamente como se vissem enterrar os seus melhores amigos, e ele também chorou" [*les gens grans et petitz plouroient si piteusement et si fondement, commes s'ilz veissent porter en terre leurs meilleurs amis, et lui aussi*]. Chegada a hora da partida de Paris, o povo imaginou que o frei ainda faria um sermão dominical em Saint-Denis; em grandes hordas — talvez 6 mil pessoas, segundo o Burguês de Paris —, deixaram a cidade na noite de sábado para garantir um bom lugar e passaram a noite ao relento.[9]

Também os sermões do frade franciscano Antoine Fradin foram proibidos em Paris, uma vez que ele se pronunciara violentamente contra o mau governo. Por isso mesmo, era querido pelo povo, que fez vigília noite e dia no mosteiro dos Cordeliers; as mulheres ficaram de guarda, armadas de freixos e pedras. Todos riam da proclama que proibia a vigília: "O rei não sabe de nada!". Quando Fradin, exilado, finalmente teve de deixar Paris, o povo o acompanhou até a saída da cidade, "gritando e suspirando muito por sua partida" [*crians et soupirans moult fort son departement*].[10]

Quando o santo dominicano Vicente Ferrer vem pregar, o povo, os magistrados e o clero — dos bispos aos prelados — recebem-no com cânticos de louvor. Ele viaja com um séquito numeroso que, todas as noites, depois que o sol se põe, circula em procissão com cantos e flagelações. Em cada cidade, novos adeptos juntam-se ao grupo. Ferrer nomeava homens irrepreensíveis como intendentes, e assim fazia organizar cuidadosamente os alojamentos e a alimentação do séquito. Um grande número de padres de diferentes ordens viaja com ele, sempre o auxiliando na tarefa de ouvir as confissões e celebrar a missa. Alguns notários também o acompanham, para intervir e formalizar o mais rápido possível a conciliação de disputas que o santo pregador promove em toda parte. O magistrado da cidade espanhola de Orihuela declara em carta ao bispo de Múrcia que teve de efetuar 123 reconciliações, das quais 67 eram casos de homicídio.[11] Onde Ferrer prega, é preciso uma estrutura de madeira para proteger a ele e a seus seguidores da pressão dos muitos que gostariam de beijar suas mãos ou suas vestes. A rotina de trabalho é interrompida quando ele faz seus sermões. Era raro que não levasse os ouvintes ao pranto; e, quando falava do Juízo Final, das penas infernais ou da Paixão de Cristo, tanto Ferrer como os ouvintes choravam tão copiosamente que ele era obrigado a se calar por um bom tempo, até que o pranto cessasse. Malfeitores se jogavam ao chão perante os presentes e confessavam em lágrimas seus grandes pecados.[12] Em 1485, quando o famoso Olivier Maillard fez os sermões da Quaresma em Orléans, tanta gente subiu aos telhados das casas que foram necessários 64 dias para os reparos.[13]

Temos aqui o mesmo estado de ânimo dos *revivals* anglo-americanos e do Exército de Salvação, mas de forma desmesurada e muito mais pública. Não é o caso de pensar que, na descrição do impacto que provocava Ferrer, seu biógrafo tenha introduzido algum exagero piedoso. O sóbrio e seco Monstrelet retrata quase da mesma maneira o efeito que, em 1428, um certo frei Tomás, fazendo-se passar por carmelita e mais tarde desmascarado como impostor, causou com seus sermões no norte da França e em Flandres. Também ele foi bem recebido pelos magistrados, enquanto os nobres seguravam as rédeas de sua mula; também foram muitos — mesmo alguns senhores cujo nome Monstrelet menciona — os que, a fim de segui-lo aonde fosse, deixavam para trás casa e família. Os cidadãos mais distintos elevaram para ele um trono e o adornaram com os tapetes mais preciosos que podiam pagar.

Além da Paixão de Cristo e do Juízo Final, eram sobretudo os ataques dos pregadores populares contra o luxo e a vaidade que comoviam profundamente as pessoas.

O povo, diz Monstrelet, era grato e devotado a frei Tomás por sua recusa da pompa e da ostentação, e particularmente pela censura que lançava sobre a nobreza e o clero. Ele costumava incitar os meninos (com promessas de indulgência, alega Monstrelet) a provocar as damas que se arriscavam a se misturar a seu público com arranjos de cabeça altos e pontudos, gritando: *"au hennin, au hennin!"*.* As mulheres perderam a coragem de usar *hennins* e passaram a andar de touca à maneira dos beguinos. "Mas, seguindo o exemplo do caracol", diz o cronista cheio de simpatia, "que recolhe as antenas quando alguém se aproxima e depois, quando não ouve mais nada, as põe para fora, assim também fizeram essas damas. Pois tão logo o dito pregador deixou o país, tornaram às antigas maneiras e esqueceram a sua doutrinação, e aos poucos retomaram suas velhas pompas, tão grandiosamente ou ainda mais do que antes" [*Mais à l'example du lymeçon lequel quand on passe près de luy retrait ses cornes par dedens et quand il ne ot plus riens les reboute dehors, ainsy firent ycelles. Car en assez brief terme après que ledit prescheur se fust départy du pays, elles mesmes recomencèrent comme devant et oublièrent sa doctrine, et reprinrent petit à petit leur viel estat, tel ou plus grant qu'elles avoient accoustumé de porter*].[14]

Tanto frei Ricardo como frei Tomás acendiam a fogueira das vaidades, assim como aconteceria em Florença, sessenta anos depois, por vontade de Savonarola, em proporções bem maiores e com enorme prejuízo para a arte. Em Paris e Artois, em 1428 e 1429, queimavam-se tão somente cartas, tabuleiros de jogos, dados, enfeites de cabelo e joias, que homens e mulheres traziam de livre e espontânea vontade. Na França e na Itália do século XV, essas piras eram um elemento frequente nos tumultos causados pelos sermões de pregadores.[15] Eram a forma

---

* Penteado cônico, sobre o qual se jogava um véu. (N. T.)

cerimonial na qual se fixava a aversão contrita das vaidades e prazeres; eram a estilização de uma emoção intensa em um ato social e solene, nesses tempos em que tudo tende à estilização formal.

Devemos tentar imaginar essa suscetibilidade do espírito, essa propensão às lágrimas e às reviravoltas espirituais, essa sensibilidade, se quisermos captar o colorido e a veemência da vida de então.

O luto público ainda possuía o aspecto de uma calamidade. No funeral de Carlos VII, o povo fica fora de si tão logo vê o cortejo: todos os dignitários da corte "vestidos de luto fechado, que dava muita pena de ver; e a dor e a grande tristeza que se viam neles pela morte de seu senhor fizeram toda a cidade prantear e lamentar" [*vestus de dueil angoisseux, lesquelz il faisoit moult piteux veoir; et de la grant tristesse et courroux qu'on leur veoit porter pour la mort de leurdit maistre, furent grant pleurs et lamentacions faictes parmy toute ladicte ville*]. Seis pajens do rei montavam cavalos cobertos de veludo negro, e "sabe Deus o penoso e piedoso luto que guardavam por seu senhor!" [*et Dieu scet le doloreux et piteux dueil qu'ilz faisoient pour leur dit maistre!*]; de tão triste, um dos rapazes não comia ou bebia havia quatro dias, comentava o povo enternecido.[16]

Mas não só a emoção produzida por um grande luto, uma pregação vigorosa ou pelos mistérios da fé suscitava um pranto abundante. Também nas solenidades profanas vertiam-se rios de lágrimas. Um enviado do rei da França em visita a Filipe, o Bom, irrompe em lágrimas repetidas vezes em meio a seu pronunciamento. Quando o jovem João de Coimbra se despede da corte da Borgonha, todos caem no pranto, como nas boas-vindas ao delfim ou no encontro entre os reis da Inglaterra e da França em Ardres. Todos viram como Luís XI chorou ao entrar em Arras; e durante sua estada, ainda como delfim, na corte da Borgonha, Chastellain o descreve repetidamente aos soluços e lágrimas.[17] Com certeza há exagero nessas descrições; deve-se compará-las a alguma coisa como "todos ficaram de olhos marejados" numa notícia de jornal. Em sua descrição do Congresso de Paz de Arras, em 1435, Jean Germain diz que, durante os discursos dos enviados, as pessoas caíam no chão, sem palavras, suspirando, soluçando e chorando.[18] As coisas certamente não devem ter sido assim, mas desse modo o bispo de Châlons pensava que deviam ser: no exagero vê-se um fundo de verdade. Vale aqui o que vale para os rios de lágrimas dos sentimentais do século XVIII. O pranto era algo edificante e belo. De resto, quem de nós não conhece, ainda hoje, a forte comoção, até o arrepio e as lágrimas, que uma entrada triunfal pode causar, por mais que o príncipe em questão nos deixe de todo indiferentes? Mas outrora uma tal emoção imediata conjugava-se ao sentimento quase religioso de veneração pela pompa e pela grandeza, provocando lágrimas sinceras.

Quem não vê a diferença de sensibilidade entre o século XV e o nosso tempo pode compreendê-la por meio de um pequeno exemplo tirado de outro domínio que não o das lágrimas, a saber, o da irascibilidade. É difícil imaginar um jogo mais pacífico e calmo que o xadrez. Mas Olivier de la Marche diz que as rixas são comuns durante as partidas e que até "o mais calmo perde a paciência" [*et que le plus saige y pert patience*].[19] No século XV, a querela entre filhos da casa real a propósito de uma partida de xadrez ainda era um tema tão comum quanto o fora nos romances carolíngios.

A vida cotidiana oferecia um espaço ilimitado para a paixão ardente e a fantasia infantil. Desconfiando da veracidade das crônicas da época, a história científica de hoje sobre a Idade Média prefere se basear ao máximo em fontes oficiais, e com isso corre às vezes o risco de

I. A VEEMÊNCIA DA VIDA

cometer um erro grave. Os documentos têm pouco a nos dizer sobre a diferença do tom da vida que tanto distingue aqueles tempos dos nossos. Eles nos fazem esquecer o páthos vigoroso da vida medieval. Das paixões que colorem a vida medieval, os documentos em geral só falam de duas: a cupidez e a violência. Quem não se surpreende diante da intensidade e da frequência com que a cupidez, as querelas, as vinganças figuram nas fontes jurídicas da época! Esses traços de comportamento só se tornam plausíveis e compreensíveis para nós em vista da passionalidade que ardia em todos os domínios da vida. É por isso que os cronistas, por mais superficiais, vagos ou errôneos que sejam em relação aos fatos, permanecem indispensáveis para uma visão clara da época.

Em muitos aspectos, a vida ainda conservava o colorido dos contos de fadas. Se os cronistas da corte, homens de educação e respeito, que conheciam seus príncipes de perto, não eram capazes de ver e descrever as pessoas ilustres senão de forma arcaica e hierática, qual não terá sido o esplendor mágico da realeza para a ingênua imaginação popular! Veja-se um exemplo desse tom de fábula na obra de Chastellain. O jovem Carlos, o Temerário, ainda conde de Charolais, chega de Sluis a Gorkum e fica sabendo que seu pai, o duque, retirou-lhe a pensão e os benefícios. Chastellain descreve então como o conde manda chamar todo o seu séquito, inclusive os ajudantes de cozinha, e lhes conta suas desgraças num discurso comovente, em que manifesta respeito pelo pai equivocado, preocupação com o bem-estar dos seus e amor por todos eles. O conde insta aqueles que têm meios próprios a esperar com ele por uma fortuna melhor; aos mais pobres, diz que estão livres para partir; caso venham a ouvir que a sorte do conde se reverteu, pede que "voltai, tereis vosso lugar de volta e sereis bem-vindos, e eu vos recompensarei a paciência que tivestes comigo". "Ouviu-se então o clamor de vozes e lágrimas, e todos disseram de comum acordo:

'Todos nós, todos nós, senhor, viveremos e morreremos com o senhor'" [*Lors oyt-l'on voix lever et larmes espandre et clameur ruer par commun accord: "Nous tous, nous tous, monseigneur, vivrons avecques vous et mourrons"*]. Profundamente comovido, Carlos aceita sua lealdade: "Pois bem, que vivam e sofram; e eu sofrerei por todos, antes que passem necessidade" [*Or vivez doncques et souffrez; et moy je souffreray pour vous, premier que vous ayez faute*]. Os nobres se adiantam e lhe oferecem todas as suas posses, "dizendo um: 'tenho mil'; e o outro: 'tenho dez mil'; e um terceiro: 'tenho isto ou aquilo para vos dar e para esperar por vosso futuro'" [*disant l'un: j'ay mille, l'autre: dix mille, l'autre: j'ay cecy, j'ay cela pour mettre pour vous et pour attendre tout vostre advenir*]. E assim tudo continuou como sempre, e não faltou sequer um frango na cozinha.[20]

O aformoseamento da cena é obviamente de Chastellain. Não sabemos até que ponto o relato estiliza o que de fato aconteceu. O que importa é que ele vê o príncipe nas formas simples da balada popular. O acontecimento, narrado com sobriedade épica, é integralmente dominado pelos instintos mais primitivos da fidelidade mútua.

A essa época, os mecanismos de governo e administração do Estado já haviam assumido formas complexas, mas no espírito popular a política ainda se materializa numas poucas figuras, simples e fixas. As ideias políticas vigentes eram aquelas da canção popular e do romance de cavalaria. Os reis da época são reduzidos, por assim dizer, a um certo número de tipos, cada qual mais ou menos correspondente a um tema das canções ou das histórias de aventura: o príncipe nobre e justo, o príncipe enganado por conselhos maldosos, o príncipe vingador da honra de sua linhagem, o príncipe amparado no infortúnio pela fidelidade de seus servos. Os súditos do fim da Idade Média, pagando impostos elevados mas sem direito de participar das decisões sobre seu uso, desconfiam sempre que seu dinheiro será desperdiçado e não servirá ao bem comum do país. Essa desconfiança em relação à administração pública se traduz em uma ideia simplificada: o rei está cercado de conselheiros ambiciosos e astutos, ou o luxo e a opulência da corte real são a causa dos males do país. Desse modo, as questões políticas para o povo são reduzidas a casos típicos de contos de fadas. Filipe, o Bom, sabia em que língua falar ao povo. Em 1456, durante as festividades que promoveu em Haia, mandou expor num quarto ao lado do Salão dos Cavaleiros um requintado serviço de louça no valor de 30 mil marcos de prata, a fim de impressionar os holandeses e frísios que talvez suspeitassem de sua falta de fundos para conquistar o bispado de Utrecht. Todos são convidados a admirar. Além disso, foram trazidos de Lille dois baús de dinheiro, com 200 mil leões de ouro.[21] Quem quisesse, que tentasse levantá-los — seria em vão. Pode-se imaginar uma mistura mais pedagógica de contas públicas com diversão de quermesse?

A vida e os negócios dos soberanos ainda possuíam um elemento fantástico que nos faz lembrar do califa de *As mil e uma noites*. Em meio a negociações políticas friamente calculadas, agem por vezes com uma impetuosidade temerária que, por capricho pessoal, põe em perigo suas vidas e seus esforços. Eduardo III arrisca a si próprio, ao príncipe de Gales e aos interesses de seu país para atacar uma frota mercante espanhola, como retaliação a atos de pirataria marítima.[22] Filipe, o Bom, se empenha em ver um de seus arqueiros casado com a filha de um rico cervejeiro de Lille. Quando o pai não consente e leva o caso ao Parlamento de Paris, o duque, tomado de ira, interrompe sem mais nem menos os importantes negócios de Estado que o retinham na Holanda e empreende uma perigosa viagem marítima de Rotterdam a Sluis, pouco antes da Páscoa, para que sua vontade fosse satisfeita.[23]

Numa outra ocasião, furioso por causa de uma briga com seu filho, saiu cavalgando de Bruxelas como um menino fugindo da escola e acabou passando a noite perdido na floresta. Quando finalmente retorna, cabe ao cavaleiro Philippe Pot a delicada tarefa de fazê-lo retomar o juízo. O hábil cortesão encontra as palavras certas: "Bom dia, meu senhor, bom dia, o que é isso? O senhor é agora o rei Artur ou o cavaleiro Lancelote?" [*Bonjour monseigneur, bonjour, qu'est cecy? Faites-vous du roy Artus maintenant ou de messire Lancelot?*].[24]

Para nós, parece o comportamento típico de um califa quando o mesmo duque, tendo sido instruído por seus médicos a raspar a cabeça, obriga todos os nobres a fazerem o mesmo e ordena a Peter van Hagenbach que corte os cabelos dos refratários.[25] Ou quando o jovem rei de França, Carlos VI, sai disfarçado com um amigo, ambos montados num só cavalo, mistura-se à multidão para assistir à chegada de sua noiva, Isabel da Baviera, e acaba espancado pelos guardas.[26] Um poeta do século XV censura os príncipes que elevam o bobo da corte ou o menestrel à condição de conselheiro ou ministro, como foi o caso de Coquinet, o bufão da corte da Borgonha.[27]

A política ainda não está completamente encerrada nos limites da burocracia e do protocolo: num piscar de olhos, o príncipe pode se livrar desses limites e tomar outro rumo. Assim, os soberanos do século XV vão repetidamente buscar conselho em assuntos de governo junto a visionários ascéticos e pregadores populares. Dionísio Cartuxo ou Vicente Ferrer faziam as vezes de conselheiros políticos; o espalhafatoso Olivier Maillard, pregador francês de Bruges, esteve envolvido nas negociações mais sigilosas entre cortes reais.[28] Desse modo, um elemento de tensão religiosa mantém-se vivo nas mais altas esferas da política.

No final do século XIV e no início do século XV, ao contemplarem o grande teatro dos negócios e aventuras dos soberanos, os espíritos, mais do que nunca, deviam

1. A VEEMÊNCIA DA VIDA

estar tomados pela ideia de que ali se encenavam, numa sangrenta atmosfera romântica, apenas as mais terríveis tragédias, cheias de quedas emocionantes do alto da majestade e da glória. Em setembro de 1399, o Parlamento inglês se reuniu em Westminster para ouvir que o rei Ricardo II, derrotado e aprisionado por seu sobrinho de Lancaster, renunciara à coroa; nesse mesmo mês e ano, os eleitores alemães já estavam reunidos em Mainz para depor o seu rei, Venceslau de Luxemburgo — tão instável de espírito, tão incapaz de governar e tão extravagante de caráter quanto seu cunhado inglês, mas com um fim menos trágico. De fato, Venceslau permaneceu rei da Boêmia por muitos anos, ao passo que à queda de Ricardo seguiu-se a sua misteriosa morte na prisão, o que fez pensar no assassinato de seu bisavô Eduardo II, setenta anos antes. A coroa não era, afinal, uma triste possessão carregada de perigos? No terceiro grande reino da cristandade, um louco, Carlos VI, ocupa o trono, e o país logo será dilacerado por selvagens disputas partidárias. Em 1407, a rivalidade entre as casas de Orléans e Borgonha irrompeu em luta aberta: Luís de Orléans, irmão do rei, é morto por mercenários contratados por seu primo João Sem Medo, duque da Borgonha. Doze anos mais tarde, a vingança: em 1419, João Sem Medo é assassinado traiçoeiramente durante um encontro solene na ponte de Montereau. Os dois assassinatos reais, com sua infindável sequela de vinganças e combates, conferiram a um século de história francesa um tom geral de ódio sombrio. O espírito popular vê o infortúnio da França à luz desse grande tema dramático; não concebe ainda causas que não sejam de caráter pessoal e passional.

Não bastasse isso, o perigo turco se fazia cada vez mais próximo e ameaçador. Em 1396, eles haviam destruído na Batalha de Nicópolis o maravilhoso exército de cavaleiros franceses que avançara audaciosamente sob o comando do mesmo João da Borgonha, que era então conde de Nevers. Recorde-se, ainda, que a cristandade andava dividida pelo Cisma, que a essa altura já durava um quarto de século: dois papas autoproclamados, cada qual apoiado fervorosamente por uma parte dos países do Ocidente. Mais tarde, em 1409, quando o Concílio de Pisa falhou na tentativa de restituir unidade à Igreja, seriam três a lutar pelo poder papal. "Le Pappe de la Lune": assim chamavam, na França, o obstinado aragonês Pedro de la Luna, que sob o nome de Bento XIII vivia em Avignon. Como não terá soado delirante essa alcunha, "Le Pappe de la Lune", aos ouvidos do povo simples!

Durante aqueles séculos, vagavam pelas cortes principescas muitos reis destronados, na maioria das vezes de parcos recursos, mas cheios de planos grandiosos, envoltos no brilho do Oriente maravilhoso de onde vinham — Armênia, Chipre e logo Constantinopla —, cada qual uma figura saída da conhecida cena da Roda da Fortuna, em que os reis caem por terra com seus cetros e tronos. René d'Anjou não pertencia a esse grupo, embora fosse também ele um rei sem coroa. Estava em posição segura, com suas preciosas possessões em Anjou e na Provença. E, todavia, ninguém personifica a incerteza e a inconstância do destino real melhor do que esse príncipe da família real francesa, que sempre deixou passar as melhores oportunidades, que ambicionou as coroas da Hungria, da Sicília e de Jerusalém e que não obteve nada senão derrotas, fugas perigosas e longas prisões. O rei-poeta sem trono, que se divertia com poemas pastorais e miniaturas, devia ser de uma frivolidade profunda para que o destino não a tenha curado. Viu morrer quase todos os filhos, e a filha que lhe restou teve um destino que superou as trevas de sua própria fortuna. Passional, cheia de espírito e de ambição, Margarida de Anjou casou-se aos dezesseis anos de idade com o rei da Inglaterra, Henrique VI, um tolo. A corte inglesa era um inferno de ódios. Em nenhum lugar como na Inglaterra os costumes políticos eram tão eivados de suspeitas contra os parentes do rei, acusações contra os poderosos servos da coroa, assassinatos secretos ou judiciais — perpetrados como medida de segurança ou por partidarismo. Margarida vivia nesse clima de medo e perseguição havia muito tempo, quando a querela entre Lancaster, a casa de seu marido, e York, aquela de seus numerosos e turbulentos primos, irrompeu em luta aberta e sangrenta. Margarida perdeu a coroa e as posses. Os vaivéns da Guerra das Rosas [1455-85] fizeram-na conhecer os perigos mais horríveis e a miséria mais amarga. Finalmente a salvo na corte da Borgonha, contou em primeira mão a Chastellain, cronista da corte, sua história comovente de adversidades e peregrinações: como ela e o filho pequeno tiveram de se entregar à piedade de um ladrão; como ela, querendo fazer uma oferenda numa missa, tivera de pedir uma moeda a um arqueiro escocês, "que, meio que a contragosto, tirou um ceitil da bolsa e o emprestou a ela" [*qui demy à dur et à regret luy tira un gros d'Escosse de sa bourse et le luy presta*]. O bom cronista, comovido com tanto sofrimento, dedicou-lhe *Le Temple de Bocace* [O templo de Boccaccio], "um pequeno tratado sobre a fortuna, baseado na sua inconstância e natureza enganosa" [*un petit traité de fortune, prenant pied sur son inconstance et déceveuse nature*];[29] seguindo as fórmulas da época, ele acreditava não haver maneira melhor de consolar a atormentada filha do rei do que fazendo desfilar diante dela uma sombria galeria de infortúnios reais. Nenhum dos dois tinha como saber que o pior ainda estava por vir: em Tewkesbury, no ano de 1471, os Lancaster foram derrotados definitivamente; o único filho de Margarida foi morto na batalha ou assassinado logo depois, e seu marido foi morto em segredo; ela mesma passaria cinco anos na Torre de Londres antes de ser vendida por Eduardo VI a Luís XI, de quem se viu devedora e a quem teve de deixar toda a herança do pai, o rei René.

Se até a prole dos reis sofria tal sorte, que mais poderia fazer o Burguês de Paris senão acreditar nas histórias de

coroas perdidas e reis exilados com que os vagabundos
por vezes buscavam atrair atenção e caridade? Em 1427,
apareceu em Paris um grupo de ciganos se fingindo de
penitentes, "um duque e um conde e mais dez homens,
todos a cavalo" [*ung duc et ung conte et dix hommes
tous à cheval*]. Os demais, cerca de 120 pessoas, tiveram
de ficar do lado de fora. Diziam vir do Egito e que o papa
lhes ordenara uma penitência por terem desertado a fé
cristã: deviam errar pelo mundo durante sete anos, sem
poder dormir em nenhuma cama. No começo eram 1200
pessoas, mas no caminho tinham visto morrer seu rei,
sua rainha e todos os outros. Como único alívio, o papa
ordenara que todo bispo ou abade lhes desse dez libras
tournois. Os parisienses vinham em grande número olhar
aquela gente misteriosa e deixavam que suas mãos fossem lidas pelas mulheres, que faziam o dinheiro mudar
de bolso, "por arte mágica ou de outro modo" [*par art
magicque ou autrement*].[30]

A vida dos soberanos estava envolta numa atmosfera de aventura e paixão. Não era apenas a imaginação
popular que lhe emprestava esse colorido. O homem moderno mal consegue imaginar a extravagância irrefreável
e a inflamabilidade do espírito medieval. Quando só se
consultam documentos oficiais, tidos corretamente como
a fonte mais confiável para o conhecimento histórico, pode-se bem chegar a formar uma imagem de partes da história medieval que, em essência, não difere de uma descrição da política de ministros e embaixadores do século
XVIII. Mas falta a essa imagem um elemento importante:
a cor estridente da paixão violenta que animava os povos
e os soberanos. Certamente, ainda hoje há um elemento passional na política, que, no entanto — exceção feita aos momentos de revolução e guerra civil —, encontra
mais freios e impedimentos nos mecanismos complexos
da vida social. No século XV, a paixão espontânea ainda
se manifesta na ação política, de tal modo que ela vol-

ta e meia escapa à utilidade e ao cálculo. Quando a paixão e o poder se encontram, como no caso dos príncipes, então tudo ganha intensidade redobrada. É Chastellain que, com suas palavras solenes, o diz sem rodeios: não é de surpreender que os príncipes vivam em inimizade, "porque os príncipes são homens, seus negócios são importantes e arriscados, suas naturezas são sujeitas a muitas paixões como o ódio e a inveja, que moram em seus corações, devido ao seu orgulho em reinar" [*puisque les princes sont hommes, et leurs affaires sont haulx et agus, et leurs natures sont subgettes à passions maintes comme à haine et envie, et sont leurs cœurs vray habitacle d'icelles à cause de leur gloire en régner*].[31] Não será isso semelhante ao que Burckhardt chamou de "*das Pathos der Herrschaft*" [o páthos do poder]?

Quem quiser escrever a história da casa real da Borgonha terá de fazer ressoar a todo momento, como a tônica de seu relato, o motivo da vingança, tão sombrio como um cadafalso, e que confere a cada ato, no conselho como na batalha, o gosto amargo desses espíritos cheios de vingança obscura e de orgulho ferido. Seria ingênuo querer voltar à visão simplista que o próprio século XV tinha da história. Não se trata, naturalmente, de tentar reduzir o antagonismo do qual se desenvolveu o conflito secular entre a França e os Habsburgo à vendeta entre Orléans e Borgonha, os dois ramos da casa de Valois. No entanto, deve-se ter sempre em conta — mais do que geralmente acontece quando se investigam as causas políticas e econômicas gerais — que para os contemporâneos, tanto os espectadores quanto os protagonistas do grande litígio, a vingança de sangue era o momento crucial que dominava as ações e os destinos dos soberanos e dos países. Filipe, o Bom, é para eles sobretudo o vingador, "aquele que, para vingar o ultraje feito ao duque João, sustentou uma guerra por dezesseis anos" [*celluy qui pour vengier l'outraige fait sur la personne du duc Jehan soustint la gherre seize ans*].³² Filipe tomou-a para si como um dever sagrado: "Com o mais violento e mortal dos ódios, ele buscaria a vingança do morto até onde Deus lhe permitisse, e nisso arriscaria corpo e alma, riqueza e país; e entregaria tudo à chance e à disposição da fortuna, julgando tarefa mais benéfica e agradável a Deus persegui-la do que abandoná-la" [*en toute criminelle et mortelle aigreur, il tireroit à la vengeance du mort, si avant que Dieu luy vouldroit permettre; et y mettroit corps et âme, substance et pays tout en l'aventure et en la disposition de fortune, plus réputant œuvre salutaire et agréable à Dieu de y entendre que de le laisser*]. E não se saiu bem o dominicano oficiante no funeral do duque assassinado, em 1419, que teve a ousadia de falar sobre o dever cristão de não se vingar.³³ La Marche dá a entender que o dever de honra e vingança também foi o motivo das aspirações políticas dos territórios do duque: todos os Estados, diz, clamavam com ele por vingança.³⁴

O Tratado de Arras, que em 1435 pareceu trazer a paz entre a França e a Borgonha, começa com a estipulação de penitências pelo assassinato de Montereau: fundar uma capela na igreja de Montereau, onde João fora primeiramente enterrado e onde se deveria cantar um réquiem diário, por toda a eternidade; erigir na mesma cidade um mosteiro cartuxo e uma cruz sobre a ponte em que se cometera o crime; rezar uma missa na igreja cartuxa de Dijon, onde os duques da Borgonha estão enterrados.³⁵ E tudo isso era apenas uma parte da penitência e humilhação públicas que o chanceler Rolin exigira em nome do duque: igrejas com capítulos não só em Montereau, mas também em Roma, Gent, Dijon, Paris, Santiago de Compostela e Jerusalém tiveram que relatar o acontecido com inscrições gravadas em lápides.³⁶

Uma sede de vingança revestida de formas tão minuciosas deve ter dominado completamente o espírito. E que outra coisa o povo teria podido entender melhor sobre a vida de seus soberanos do que esses motivos simples e primitivos de ódio e vingança? A adesão ao soberano tinha um caráter impulsivo e infantil; era um sentimento muito espontâneo de lealdade e companheirismo, uma extensão da concepção antiga e forte que ligava os compurgadores aos reclamantes, os homens a seu senhor, e que nas rixas e no calor da luta fazia arder uma paixão desenfreada. É um sentimento de partido, não um sentimento de nação. O fim da Idade Média é a época das grandes lutas partidárias. Na Itália, os partidos se consolidam já no século XIII; na França e nos Países Baixos, eles surgem por toda parte no século XIV. Qualquer um que estude a história dessa época deve ter se surpreendido em algum momento com o modo pouco convincente com que a pesquisa histórica moderna explica esses partidarismos por meio de causas econômicas e políticas. Os conflitos econômicos que fundamentam esse tipo de explicação não são, em geral, mais do que meras construções esquemáticas, impossíveis de deduzir dos documentos, nem com a melhor das intenções. Ninguém tentaria negar a presença de causas econômicas por trás desses agrupamentos partidários; mas, diante da insatisfação com os resultados indicados até agora, somos tentados a indagar se o ponto de vista sociológico não traria mais vantagens que o político-econômico para explicar as lutas partidárias na Idade Média tardia. O que as fontes realmente mostram sobre o surgimento dos partidos é mais ou menos o seguinte: nos tempos feudais, veem-se em toda parte rixas locais sem outro motivo econômico além da inveja pela propriedade alheia. E não apenas pela propriedade alheia, mas também, e de modo não menos intenso, pela honra alheia. Orgulho de família e desejo de vingança, mais a fidelidade apaixonada dos seguidores, são aqui as motivações primárias. À medida que o poder do Estado se consolida e expande, todas essas rixas de família se polarizam de alguma forma em relação à autoridade soberana, aglomerando-se então em partidos cujas divisões se baseiam tão somente em termos de solidariedade e honra comum. Entenderemos melhor as causas se postularmos conflitos econômicos? Quando um contemporâneo perspicaz declara que não há motivo racional para o ódio entre os Hoeksen e os Kabeljauwsen,[37] não temos por que dar de ombros com desdém e tentar ser mais sábios que ele. De fato, não há nada que explique bem por que os de Egmond eram Kabeljauws e os de Wassenaar eram Hoeks. Pois as diferenças econômicas que caracterizam essas duas famílias são, antes de mais nada, o produto de suas posições em relação ao soberano como apoiadores de um ou de outro partido.[38]

A cada página da história medieval pode-se ler a que ponto podia chegar o sentimento de fidelidade aos soberanos. O poeta do mistério *Marieken van Nimwegen* nos mostra como a tia maldosa de Marieken, depois de discutir furiosamente com as vizinhas sobre a disputa entre Arnold e Adolf de Gelre, põe a sobrinha para fora de casa e, mais tarde, arrependida, acaba por cometer suicídio, quando o velho duque é libertado da prisão. O poeta quer advertir contra os perigos do espírito de partido; escolhe para isso um exemplo extremo — um suicídio causado por partidarismo — que, apesar de exagerado, prova o caráter passional que ele atribuía ao sentimento de partido.

Há exemplos mais reconfortantes. No meio da noite, os magistrados de Abbeville fazem soar os sinos, pois um mensageiro de Carlos de Charolais acaba de chegar, pedindo que se reze pela cura de seu pai, o duque da Borgonha. Os cidadãos assustados acorrem à igreja durante toda a noite, acendem centenas de velas, ajoelham-se ou deitam-se no chão, aos prantos, enquanto os sinos dobram sem parar.[39]

Em 1429, quando a população de Paris, ainda favorável à Inglaterra e à Borgonha, descobre que frei Ricardo — que havia pouco lhes tocara a alma com suas pregações — dedica-se a ganhar cidades para o partido Armagnac, passa a maldizê-lo por Deus e todos os santos. Em vez da medalha com o nome de Jesus, que ele lhes dera, levam agora a cruz de santo André, símbolo do partido da Borgonha. Os parisienses voltam à prática do jogo de dados, tão abominados por frei Ricardo, "a despeito dele" [*en despit de luy*], comenta o Burguês de Paris.⁴⁰

Seria de se esperar que o Cisma entre Avignon e Roma, que afinal não possuía um caráter dogmático, não despertaria paixões religiosas, pelo menos em países distantes de ambos os centros, onde só se conheciam os papas por nome e onde não havia nenhum envolvimento direto no Cisma. Mas, também nesses casos, o Cisma logo se transforma numa causa partidária mordaz e violenta, ou até mesmo numa oposição como aquela entre fiéis e infiéis. Quando Bruges passou a apoiar o papa de Avignon, um bom contingente abandona casa e cidade, negócio ou prebenda, para ir viver em Utrecht, Liège ou alguma outra área obediente a Urbano e ao seu partido.⁴¹ Antes da Batalha de Rozebeke, em 1382, o comando do exército francês hesita em desfraldar diante dos rebeldes flamengos a auriflama, o estandarte real sagrado que só podia ser usado em guerras santas. A decisão é afirmativa: os flamengos são partidários de Urbano e, portanto, infiéis.⁴² Em visita a Utrecht, o agente político e escritor francês Pierre Salmon não pôde encontrar nenhum padre que lhe permitisse celebrar a Páscoa, "pois diziam que eu era cismático e acreditava em Bento, o antipapa" [*pour ce qu'ils disoient que je estoie scismatique et que je créoie en Benedic l'antipape*], de modo que ele vai se confessar sozinho numa capela, fingindo estar diante de um padre, e depois ouve a missa no convento dos cartuxos.⁴³

O caráter fortemente emocional do sentimento de partido e da lealdade ao soberano era reforçado pelo efeito sugestivo e poderoso de todos os símbolos, cores, emblemas, divisas e gritos de guerra que muitas vezes se sucediam em uma alternância multicolorida, quase sempre prenhes de morte e assassinato, mas também, em algumas ocasiões, como sinais de coisas mais felizes. Em 1380, cerca de 2 mil pessoas foram ao encontro do jovem Carlos VI em sua entrada em Paris, todas vestidas do mesmo modo, metade de verde e metade de branco. Entre 1411 e 1423, Paris trocou de símbolo três vezes subitamente: primeiro, capuzes violeta com a cruz de santo André; depois, capuzes brancos; por fim, novamente capuzes violeta. Até mesmo o clero, as mulheres e as crianças se vestiam assim. Em 1411, durante o reinado de terror dos duques da Borgonha em Paris, os sinos tocavam todo domingo para as excomunhões de partidários dos armagnacs. As imagens dos santos eram decoradas com a cruz de santo André, e dizia-se que alguns padres, durante as missas e batizados, recusavam-se a fazer o sinal da cruz do modo como Jesus foi crucificado, preferindo fazê-lo na diagonal, à maneira da cruz de santo André.[44]

A paixão cega com que as pessoas seguiam o seu partido, o seu senhor e os seus próprios interesses não deixava de exprimir também aquele senso pétreo e inflexível de justiça, que era próprio do homem medieval, aquela certeza inquebrantável de que cada ato exige sua máxima punição. O senso de justiça ainda era três quartos pagão; consistia em uma sede de vingança. A Igreja tentara moderar os costumes legais, insistindo na benevolência, na paz, na clemência, mas o senso de direito propriamente dito não tinha mudado. Pelo contrário, ela o havia exasperado, acrescentando à necessidade de punição o horror ao pecado. Para o espírito violento, o pecado passa a ser, com bastante frequência, aquilo que o inimigo faz. A ânsia por justiça chegou ao ponto máximo da tensão entre os polos da noção bárbara de "olho por olho, dente por dente" e da aversão religiosa ao pecado; ao mesmo tempo, o dever do Estado de punir severamente parecia cada vez mais uma necessidade urgente. No fim da Idade Média, torna-se crônico o sentimento de insegurança, o medo que, a cada crise, exige das autoridades um reinado de terror. A ideia de que alguém possa se redimir de seus crimes aos poucos perde lugar, tornando-se um resquício quase idílico de uma antiga convivialidade, à medida que se arraigava mais fortemente a ideia de que o crime era uma ameaça para a sociedade e um ataque à majestade divina. O fim da Idade Média foi a época de ouro da justiça severa e da crueldade judiciária. Ninguém duvidava um instante que o criminoso merecia sua pena; todos ficavam profundamente satisfeitos quando o próprio príncipe ditava uma sentença. Volta e meia o governo se lançava em campanhas de justiça severa, ora contra ladrões e salteadores, ora contra bruxas e feiticeiros, ora contra a sodomia.

O que nos impressiona na crueldade judiciária do fim da Idade Média é menos a perversidade doentia do que a alegria animalesca e embrutecida do povo, a atmosfera de quermesse. As pessoas de Mons compram o líder de um bando de ladrões a bom preço para ter o prazer de esquartejá-lo, "com que o povo ficou mais feliz do que se um novo corpo santo tivesse ressuscitado" [*dont le peuple fust plus joyeulx que si un nouveau corps sainct estoit ressuscité*].[45] Durante a prisão de Maximiliano em Bruges, em 1488, a bancada de tortura foi instalada na praça central, sobre uma plataforma elevada, para que o rei pudesse vê-la; e o povo parece não se fartar de ver as torturas aplicadas aos magistrados suspeitos de traição, clamando para que a execução fosse retardada, a fim de desfrutar de novos tormentos.[46]

A mistura de fé e sede de vingança podia levar a extremos nada cristãos, como prova o hábito, vigente na França e na Inglaterra, de negar ao condenado à morte não só o viático, mas também o direito à confissão: não se tratava de salvar-lhes a alma, mas sim de agravar a agonia diante da certeza das penas infernais. Em 1311, o papa Clemente V instruíra em vão que se administrasse pelo menos o sacramento da penitência. O idealista político Philippe de Mézières insistiu mais de uma vez no ponto, primeiro junto a Carlos V da França, depois junto a Carlos VI. Mas o chanceler Pierre d'Orgemont, cuja *"forte cervelle"*, diz Mézières, era mais difícil de mover que uma pedra de moinho, opôs-se, e Carlos V, o rei sábio e pacífico, declarou que, enquanto ele estivesse vivo, o hábito não seria mudado. Só quando a voz de Jean Gerson juntou-se à de Mézières é que foi promulgado o edito real de 12 de fevereiro de 1397, permitindo a confissão dos condenados. Em Paris, Pierre de Craon, a quem se devia a decisão, mandou erguer uma cruz de pedras perto do cadafalso, onde os franciscanos poderiam assistir os criminosos arrependidos.[47] Ainda assim, o antigo hábito não desapareceu da moral popular: pouco depois de 1500, o bispo de Paris, Etienne Ponchier, foi forçado a reeditar a ordem de Clemente V. Em 1427, enforca-se na cidade um jovem salteador de sangue nobre. Na hora da execução, um alto funcionário, o grande tesoureiro a serviço do regente, vem manifestar todo o seu ódio ao condenado, impedindo-o de fazer a confissão que pedia. Ele sobe a escada atrás do condenado, insulta-o, bate nele com um porrete e esbofeteia o carrasco, que exorta a vítima a pensar na salvação da alma. O carrasco, assustado, se apressa; a corda se rompe, o pobre criminoso cai por terra, quebra perna e costelas, e assim mesmo tem de novamente subir a escada.[48]

A Idade Média desconhece todos os sentimentos que tornaram nosso senso de justiça mais tímido e hesitante: o conceito de atenuantes, a noção de falibilidade do juiz, a consciência de que a sociedade é parcialmente responsável pelos crimes do indivíduo, a questão de ser possível ou não recuperá-lo em vez de fazê-lo sofrer. Ou talvez fosse melhor dizer que esses sentimentos não estavam ausentes, mas se concentravam de maneira tácita nos súbitos impulsos de compaixão e perdão que, a despeito da culpa, por vezes refreavam a satisfação cruel com a aplicação da justiça. Em vez das penas menos severas que nós conhecemos, atribuídas com hesitação e de modo meio apologético, a justiça medieval conhece apenas dois extremos: a medida total da punição cruel e a misericórdia. E, quando se perdoa, não se pergunta como hoje em dia se o culpado merece a graça por algum motivo especial: toda culpa, mesmo a mais flagrante, pode ser completamente revertida em qualquer momento. Na prática, nem sempre a compaixão era o elemento decisivo. É surpreendente a indiferença com que os contemporâneos contam como a intervenção de um parente influente propicia uma *lettre de rémission* [ao condenado]. Ainda assim, a maioria dessas cartas trata de gente pobre do povo, que não teve o apoio de intercessores importantes.[49]

O contraste entre dureza e compaixão também rege a moral medieval fora do ambiente judiciário. De um lado, a mais apavorante severidade para com os necessitados e desvalidos; de outro, uma imensa ternura, um sentimento profundo de comunhão com os doentes, pobres e loucos — que também encontramos, junto com a crueldade, na literatura russa. O prazer nas execuções, pelo menos, ainda é acompanhado e até certo ponto justificado por um forte sentimento de justiça cumprida. Mas na inacreditável e ingênua dureza, na troça atroz e no prazer malicioso com que se observa a desgraça dos infelizes, falta até mesmo aquele elemento enobrecedor do senso de justiça feita. O cronista Pierre de Fenin conclui a história do fim de um bando de ladrões com as palavras: "E todos riam à solta, pois tratava-se de gente pobre" [*et faisoit-on grant risée, pour ce que c'estoient tous gens de povre estat*].[50]

Em Paris, no ano de 1425, organiza-se um *esbatement* de quatro cegos armados que devem lutar por um porquinho. Um dia antes, os quatro desfilam pela cidade em armadura completa, conduzidos por um gaiteiro e um homem que leva um grande estandarte no qual estava pintado um porquinho.[51]

Velázquez conservou para nós os rostos profundamente tristes das anãs que em sua época ainda faziam as vezes de bobos da corte na Espanha. Essas mulheres eram muito procuradas como objeto de diversão nas cortes reais do século XV. Nos *entremets* das grandes festas de corte, elas expunham suas habilidades e suas deformidades. Madame d'Or, a anã de cabelos loiros de Filipe da Borgonha, era muito famosa; faziam com que lutasse contra o acrobata Hans.[52] Durante as celebrações do casamento de Carlos, o Temerário, com Margarida de York, em 1468, madame de Beaugrant, a anã de mademoiselle de Borgonha [*la naine de Mademoiselle de Bourgogne*], entra fantasiada de camponesa, montada num leão dourado, maior que um cavalo. O leão abre e fecha a boca e canta uma canção de boas-vindas, e a pequena camponesa é presenteada à jovem duquesa e posta sobre a mesa.[53] Se não nos chegaram queixas sobre o destino dessas pequenas mulheres, temos pelo menos os livros de contabilidade, que nos revelam um pouco mais sobre elas. Eles contam, por exemplo, como uma duquesa mandou buscar uma anã da casa dos pais dela, como a mãe ou o pai vieram trazê-la, como os dois às vezes vinham visitá-la e, nessas ocasiões, recebiam uma gorjeta: "Ao pai de Belon, a louca, que veio ver sua filha" [*Au pere de Belon la folle, qui estoit venu veoir sa fille*]. Voltava o pai feliz para casa, orgulhoso da filha que servia na corte? No mesmo ano, um chaveiro de Blois fornece à duquesa dois colares de ferro, um "para prender Belon, a louca, e outro para amarrar o pescoço da macaca da senhora duquesa" [*pour attacher Belon la folle et l'autre pour mettre au col de la cingesse de Madame la Duchesse*].[54]

Podemos imaginar como era o tratamento dispensado aos loucos a partir de uma crônica a respeito de Carlos VI, que, sendo rei, certamente desfrutara de um cuidado melhor do que aquele a que os outros estavam sujeitos. Ninguém pensara em nada melhor do que surpreendê-lo com doze homens pintados de negro, como diabos que viessem buscá-lo.[55]

Há na insensibilidade daqueles tempos algo de "ingênuo", que faz o julgamento condenatório morrer em nossos lábios. Durante uma epidemia de peste que afligia Paris, os duques da Borgonha e de Orléans propõem instalar uma *cour d'amours*, à guisa de distração.[56] Numa pausa em meio aos horrendos assassinatos dos armagnacs em 1418, o povo de Paris funda na igreja de Saint-Eustache a irmandade de santo André; todos, padres e leigos, levavam uma guirlanda de rosas vermelhas; a igreja se enchia delas e cheirava "como se a tivessem lavado com água de rosas" [*comme s'il fust lavé d'eau rose*].[57] Com o fim dos processos de bruxaria que, em 1461, haviam assolado Arras como uma praga diabólica, os cidadãos celebraram a vitória da justiça com uma competição de *folies moralisées*. Primeiro prêmio, uma flor-de-lis prateada; quarto prêmio, um par de capuzes; as vítimas torturadas já estavam mortas havia muito tempo.[58]

Dura e colorida, a vida era capaz de tolerar o cheiro misturado de sangue e rosas. Como um gigante com cabeça de criança, o povo oscila entre as angústias infernais e a diversão mais infantil, entre a dureza cruel e a ternura soluçante. Vive-se entre os extremos da renúncia completa a toda alegria mundana e o apego mais delirante ao bom e ao prazeroso, entre o ódio sombrio e a bondade risonha.

Pouco nos chegou do lado mais brilhante dessa vida, como se toda a doçura feliz e serenidade da alma do século XV se houvessem fundido em sua pintura e cristalizado na pureza etérea de sua grande música. O riso daquelas gerações pereceu. Sua generosa vontade de viver e sua felicidade despreocupada persistem apenas na canção popular e na farsa. É o bastante para adicionar à nossa nostalgia da beleza perdida de outros tempos um anseio pelo brilho solar do século dos Van Eyck. Mas quem realmente se aprofunda no estudo desses tempos logo percebe que é difícil prender-se ao aspecto feliz. Pois fora da esfera da arte reina a escuridão. Nas advertências ameaçadoras dos sermões, nos suspiros cansados da literatura erudita, no relato monótono das crônicas e documentos oficiais, de todos os lados gritam os terríveis pecados e se lamenta a miséria.

Desde a Reforma, os pecados capitais da soberba, ira e avareza não são mais vistos com a sanguinolência púrpura e a audácia sem pudor com que passeavam entre a humanidade no século xv. A desmedida soberba da Borgonha! A história inteira dessa família — desde os feitos de bravura cavaleiresca com que tem início a fortuna ascendente do primeiro Filipe, passando pela amarga inveja de João Sem Medo e pelo sombrio desejo de vingança após sua morte, através do longo verão daquele outro magnífico, Filipe, o Bom, e até a insana obstinação com que o ambicioso Carlos, o Temerário, cai —, não seria ela um poema de soberba heroica? Seus domínios tinham a vida mais intensa do Ocidente: Borgonha, robusta como seu vinho, "*la colérique Picardie*", a voraz e rica Flandres. Enquanto, nas mesmas terras, floresce o esplendor da pintura, da escultura e da música, o mais baixo direito de vingança e a mais violenta barbárie grassam livremente entre nobres e pessoas comuns.[59]

Nenhum mal foi tão conhecido daqueles tempos quanto a avareza. Se a soberba é o pecado dos tempos antigos, a avareza é o pecado daquela época. A soberba é o pecado da era feudal e hierárquica, em que propriedade e riqueza eram pouco móveis. O sentimento de poder não está ainda preponderantemente ligado à riqueza. O poder é mais pessoal e, para ser reconhecido, deve se manifestar com grande pompa, em séquitos numerosos de seguidores leais, em ornamentos preciosos, na conduta imponente dos poderosos. A sensação de ser melhor que os outros é constantemente alimentada pela ideia feudal e hierárquica por meio de formas vívidas: de juras e homenagens prestadas de joelhos, de provas solenes de honra e de pompa majestosa, que, juntas, fazem com que a superioridade em relação aos outros seja sentida como algo muito essencial e justificado.

A soberba é um pecado simbólico e teológico, cujas raízes se fincam profundamente no solo de toda concepção de vida e de mundo. A *superbia* era a origem de todo o mal; a soberba de Lúcifer fora o começo e a causa de toda perdição. Assim pensara Santo Agostinho, e todos os que o sucederam: a soberba é a fonte de todos os pecados, eles brotam dela como a raiz e o tronco.[60]

Mas ao lado da passagem bíblica que confirmava essa interpretação — "*A superbia initium sumpsit omnis perditio*"[61] — havia uma outra: "*Radix omnium malorum est cupiditas*".[62] A partir disso, também se podia ver a avareza como a raiz de todo o mal. Pois a *cupiditas*, que não tem lugar na série dos pecados capitais, era entendida aqui como *avaritia*, como consta em outra lição do mesmo texto.[63] Desde o século XIII, parece que a convicção de que a avareza desenfreada é a perdição do mundo desbanca a soberba como o primeiro e mais nefasto dos pecados. A antiga primazia teológica da *superbia* recua diante do coro de vozes, sempre mais volumoso, que culpa a avareza por toda a desgraça dos tempos. E como Dante a amaldiçoou: "*La cieca cupidigia!*".

Falta à avareza o caráter simbólico e teológico da soberba. Ela é um pecado natural e material, um impulso puramente terreno. Ela é o pecado de uma época em que a circulação monetária transformou e tornou mais maleáveis as condições para a expansão do poder. A estimativa da dignidade humana torna-se um cálculo aritmético. Abriu-se um campo mais vasto à satisfação dos desejos desenfreados e à acumulação de tesouros. E esses tesouros ainda não possuem a impalpabilidade fantasmagórica que as finanças modernas deram ao capital: é ainda o ouro amarelo que domina a fantasia. E o uso da riqueza ainda não tem o caráter automático e mecânico do investimento contínuo de capital: a satisfação ainda se move entre os extremos da avareza e da dissipação. Na dissipação, a avareza se une à antiga soberba, que ainda se mantinha forte e viva: o pensamento hierárquico feudal ainda não perdera nada de seu vigor; o desejo de pompa e circunstância, refinamento e magnificência, preservava ainda a sua cor vermelho-púrpura.

É justamente o vínculo com uma soberba primitiva o que confere à avareza do fim da Idade Média um caráter imediato, passional e exasperado que parece ter se perdido em tempos posteriores. O protestantismo e o Renascimento deram-lhe um conteúdo ético: ela foi legalizada como fator útil de prosperidade. Ela perdeu seu estigma à medida que a renúncia aos bens terrenos foi louvada com menos convicção. No final da Idade Média, por outro lado, o espírito só podia pensá-la nos termos de uma oposição insolúvel entre avareza pecaminosa e caridade ou pobreza voluntárias.

Em todo lugar, na literatura e nas crônicas da época, do ditado popular ao tratado religioso, ressoa o ódio amargo aos ricos, o protesto contra a avareza dos grandes. Por vezes, há algo como uma vaga consciência da luta de classes, expressa nos termos da indignação moral. A esse respeito, tanto os documentos oficiais como as fontes narrativas podem nos dar uma ideia do tom da vida da época — pois em todos os autos de processos resplandece a avareza mais descarada.

Em 1436, os serviços de uma das igrejas mais frequentadas de Paris foram interrompidos por 22 dias, depois de dois mendigos terem se envolvido numa briga e profanado o templo com seu sangue; o bispo não quis reconsagrá-la enquanto não recebesse uma certa quantia dos miseráveis, que não tinham um tostão. O bispo, Jacques du Châtelier, tinha reputação de "homem muito pomposo, ambicioso, mais mundano do que sua posição requeria" [*ung homme très pompeux, convoicteux, plus mondain que son estat ne requeroit*]. Mas tudo se repetiu em 1441, sob seu sucessor, Denys de Moulins: dessa vez, os enterros e as procissões no cemitério dos Inocentes, o mais famoso e procurado de Paris, foram suspensos por quatro meses, pois o bispo exigia mais do que a Igreja podia pagar. Esse bispo passava por um "homem pouco piedoso com os outros caso não recebesse dinheiro ou algum presente que lhe valesse, e dizia-se com verdade que tinha mais de cinquenta processos no Parlamento, pois dele não se conseguia nada sem processo" [*homme très pou piteux à quelque personne, s'il recevoit argent ou aucun don qui le vaulsist, et pour vray on disoit qu'il avait plus de cinquante procès en Parlement, car de lui n'avoit on rien sans procès*].[64] É preciso ter em mente a história dos *nouveaux-riches* daquele tempo, da família D'Orgemont, por exemplo, com toda a baixeza de sua ganância e litigiosidade, para que se possa entender o ódio terrível do povo e a ira dos pregadores e poetas que se voltavam continuamente contra os ricos.[65]

O povo não podia ver sua própria sorte e os acontecimentos daqueles dias senão como uma sucessão infinita de mau governo e extorsão, guerras e pilhagem, carestia, miséria e pestilência. As formas crônicas que a guerra costumava assumir, a contínua agitação na cidade e no campo por conta de todo tipo de malfeitores, a ameaça perpétua de uma justiça dura e pouco confiável e, além disso tudo, a opressão do medo do inferno, dos demônios e das bruxas mantinham vivo um sentimento de insegurança geral que tingia de cores sombrias o cenário da vida. E não era apenas a vida dos pobres e desvalidos que transcorria em meio a essa insegurança; também entre os nobres e magistrados as reviravoltas mais drásticas do destino e os perigos contínuos eram quase a regra. Mathieu d'Escouchy, natural da Picardia, é um historiador como tantos que o século XV produziu: a sua crônica, simples, precisa, imparcial, cheia da reverência convencional pela ideia cavaleiresca e da costumeira tendência moralizante, nos levaria a pensar num autor honrado que dedicou seus talentos ao trabalho meticuloso do historiador. Mas que vida foi aquela que o editor de sua obra histórica trouxe à tona por meio dos documentos![66] Mathieu d'Escouchy começa a carreira de magistrado como conselheiro, notário, jurado, preboste da cidade de Péronne, entre 1440 e 1450. Logo de início, o encontramos em meio a uma espécie de contenda com a família do procurador da cidade, Jean Froment — uma contenda disputada por meio de uma série de processos. O procurador, por sua vez, processa D'Escouchy por fraude e homicídio, e ainda por "excessos e atentados" [*excez et attemptaz*]. O preboste revida, abrindo um processo de bruxaria contra a viúva do inimigo; mas a mulher consegue um mandado que força D'Escouchy a entregar a investigação à justiça. O caso chega ao Parlamento de Paris, e o historiador é encarcerado pela primeira vez. Nós o encontraremos seis outras vezes na prisão, e numa outra ocasião como prisioneiro de guerra. Trata-se sempre de crimes sérios, e mais de uma vez ele será posto a ferros. A escalada de acusações entre as duas famílias acaba num embate violento, quando o filho de Froment fere D'Escouchy. Cada qual contrata assassinos para pôr fim à vida do outro. Quando essa longa querela desaparece da nossa vista, começam novos ataques. O preboste é ferido por um monge, e então surgem novas acusações, até que, em 1461, D'Escouchy se muda para Nesle, sob suspeita de vários crimes. O que não o impede de fazer carreira: ele chega a ser intendente, preboste de Ribemont, procurador do rei em Saint-Quentin, e finalmente ganha um título de nobreza. Depois de novos ferimentos, prisões e penas, nós o reencontramos em vestes militares: em 1465, ele luta pelo rei em Montlhéry contra Carlos, o Temerário, e cai prisioneiro. Volta mutilado e se casa, sem por isso começar uma vida tranquila.

Damos com ele a caminho de Paris, para onde é levado sob acusação de falsificar selos reais e "como ladrão e assassino" [*comme ladron et murdrier*], numa nova disputa com o magistrado de Compiègne. Submetido a tortura, ele confessa sua culpa sem possibilidade de recurso, é condenado, reabilitado e novamente sentenciado, quando então os rastros de sua existência de ódio e perseguição desaparecem dos documentos oficiais.

Onde quer que se investigue a biografia das pessoas mencionadas nas fontes da época, surgem imagens de uma vida terrivelmente agitada. Leiam-se, por exemplo, as informações que Pierre Champion colecionou sobre as figuras que Villon menciona em seu *Testamento*,[67] ou as anotações de Tuetey no *Diário de um burguês de Paris*. São processos, crimes, disputas e perseguições sem fim. E essas são vidas comuns, saídas de documentos jurídicos ou religiosos. Crônicas como a de Jacques du Clercq — uma coleção de crimes — ou diários como o de Philippe de Vigneulles, cidadão de Metz,[68] talvez ofereçam uma imagem sombria demais do que foi a época; e mesmo as *lettres de rémission*, que colocam diante dos nossos olhos a vida cotidiana com tanta precisão e vividez, bem podem, por seu contexto judicial, iluminar exclusivamente o lado ruim da vida. Mas cada novo exemplo, tirado dos materiais mais variados, confirma essa imagem mais soturna.

Esse é um mundo mau. A chama do ódio e da violência arde vigorosamente, a injustiça reina, o demônio cobre com suas asas negras a terra em trevas. Todos esperam o fim iminente de tudo. Mas a humanidade não se converte; a Igreja combate em vão, e em vão se lamentam e exortam os pregadores e os poetas.

2. O anseio por uma vida mais bela

Toda época anseia por um mundo mais belo. Quanto mais profundos o desespero e a consternação diante de um presente incerto, tanto maior será esse desejo. No final da Idade Média, o tom fundamental da vida é de amarga melancolia. A nota de alegria corajosa de viver e de confiança no poder de realizar grandes feitos, que ressoa ao longo da história do Renascimento e do Iluminismo, mal é ouvida no ambiente franco-borguinhão do século xv. Será que essa sociedade foi de fato mais infeliz do que outras? Às vezes pode-se acreditar nisso. Onde quer que se procure na tradição dessa época — nos historiadores, nos poetas, nos sermões, nos tratados religiosos e até mesmo nos documentos oficiais —, com poucas exceções, encontramos apenas lembranças de brigas, ódio, maldade, avareza, selvageria e miséria. Pergunta-se: essa época apreciava somente crueldade, soberba e intemperança? Será que para ela nunca houve uma doce alegria e uma felicidade tranquila? É bem verdade que toda época deixa mais rastros de seu sofrimento do que de sua felicidade. Suas desgraças se tornam sua história. Uma convicção instintiva nos diz que a soma total de felicidade, alegria serena e doce tranquilidade concedida às pessoas não pode variar muito de uma época para outra. E o brilho da felicidade do final da Idade Média também não se apagou completamente: ele sobrevive ainda na canção popular, na música, nos horizontes quietos da pintura de paisagem e nos rostos sóbrios dos retratos.

Mas no século XV ainda não era costume — dir-se-ia até que ainda não era de bom-tom — louvar a vida e o mundo em voz alta. Aqueles que contemplavam com seriedade o curso diário das coisas e decidiam expressar sua opinião sobre a vida costumavam citar apenas tristeza e desespero. Viam o tempo tendendo ao fim, e tudo o que é terreno, à perdição. O otimismo, que brotará a partir do Renascimento para festejar o seu auge no século XVIII, ainda era estranho ao espírito francês do século XV. Quem são os que pela primeira vez se expressam com esperança e satisfação a respeito do próprio tempo? Não foram os poetas, muito menos os pensadores religiosos ou os governantes, mas sim os estudiosos, os humanistas. É a glória da redescoberta da sabedoria antiga que primeiro arranca dos espíritos o júbilo sobre o presente: é um triunfo intelectual. O conhecido grito de alegria de Ulrich von Hutten — "*O saeculum! O litterae! Iuvat vivere!*" [Ó século! Ó letras! Viver é um prazer!] — é quase sempre interpretado de uma forma muito ampla. Quem grita aqui não é propriamente o homem, e sim o literato cheio de entusiasmo. Seria possível citar várias exclamações semelhantes de júbilo provindas do início do século XVI, que falam sobre o esplendor da época, mas sempre se chegaria à conclusão de que se referem quase exclusivamente a uma cultura intelectual restaurada, e de forma nenhuma a manifestações ditirâmbicas da alegria de viver em toda a sua plenitude. Também para o humanista, o ânimo de viver ainda é moderado pelo antigo distanciamento religioso do mundo. Mais do que pelas palavras tão citadas de Hutten, pode-se conhecê-lo por meio das cartas de Erasmo, escritas por volta de 1517. Mas não nas cartas posteriores, pois o otimismo, que nele suscitara aqueles tons alegres, rapidamente se dissiparia.

No começo de 1517, Erasmo escreve a Wolfgang Fabricius Capito:

É bem verdade que não sou apegado tanto assim à vida, seja porque considero já ter vivido quase o suficiente — afinal entrei no meu quinquagésimo primeiro ano de vida —, seja porque eu não vejo nesta vida nada tão maravilhoso ou agradável que compense ser buscado por alguém que realmente acreditou no ensinamento cristão de que uma vida muito mais feliz aguarda aqueles que abraçaram a piedade com todas as suas forças. Hoje, porém, eu quase gostaria de voltar a ser jovem por algum tempo, pela simples razão de que vejo surgir uma era dourada no futuro próximo.[1]

Em seguida, ele descreve como todos os soberanos da Europa estão de acordo e inclinados à paz (tão preciosa para ele), e continua: "Eu me vejo compelido a ter uma esperança firme de que não só a boa moral e a piedade cristã, mas também as letras puras e genuínas[2] e as belíssimas ciências, vão reviver e desabrochar". Sob a proteção dos soberanos, é claro: "Graças à sua disposição piedosa é que vemos em todo lugar, como num sinal dado, o despertar e o desabrochar de mentes esplêndidas conspirando entre si para restaurar as boas letras [*ad reiituendas optima literas*]".

Essa é a expressão pura do otimismo do século XVI. O ânimo fundamental do Renascimento e do humanismo é algo bem diferente daquele prazer de viver imoderado, que em geral consideramos a tônica do Renascimento. A aceitação da vida por parte de Erasmo é tímida e um tanto rígida, e sobretudo extremamente intelectual. De todo modo, trata-se de uma voz ainda pouco ouvida no século XV fora da Itália. Os espíritos na França e nas terras borguinhãs por volta de 1400 ainda gostam de maldizer a vida e o seu tempo. E, curiosamente (mas não sem um paralelo: basta pensar no byronismo), quanto mais perto estavam da vida mundana, mais soturno o seu ânimo. A expressão mais forte dessa profunda melancolia, que é própria da época, não foi, em primeiro lugar, obra daqueles que se retiraram

2. O ANSEIO POR UMA VIDA MAIS BELA

para sempre em mosteiros ou em estudos, dando as costas ao mundo. São sobretudo os cronistas e os poetas das cortes que, carentes de cultura mais elevada e sem perspectivas de melhor usufruir das alegrias do entendimento, lamentam-se com frequência da corrupção do mundo e duvidam da paz e da justiça. Ninguém repetiu tão infinitamente o lamento pela perda das boas coisas do mundo quanto Eustache Deschamps.

> *Temps de doleur et de temptacion,*
> *Aages de plour, d'envie et de tourment,*
> *Temps de langour et de dampnacion,*
> *Aages meneur près du definement,*
> *Temps plains d'orreur qui tout fait faussement,*
> *Aages menteur, plain d'orgueil et d'envie,*
> *Temps sanz honeur et sanz vray jugement,*
> *Aage en tristour qui abrege la vie.*[3]

> Tempo de dor e tentação,
> Época de pranto, inveja e tormento,
> Tempo de langor e danação,
> Época que se aproxima do fim,
> Tempo cheio de horror, que tudo produz falsamente,
> Época de mentiras, cheia de orgulho e inveja,
> Tempo sem honra e sem juízos verdadeiros,
> Época de tristeza, que abrevia a vida.

Foi nesse tom que ele escreveu dezenas de suas baladas, variações monótonas e insípidas de um tema embotado. Uma melancolia muito intensa deve ter reinado entre as classes mais altas para que a nobreza fizesse o seu poeta repetir esse tema tantas vezes.

> *Toute léesse deffaut,*
> *Tous cueurs ont prins par assaut*
> *Tristesse et merencolie.*[4]

Toda a alegria se esvai,
Todos os corações foram tomados de assalto
Por tristeza e melancolia.

Três quartos de século depois de Deschamps, Jean Meschinot ainda canta no mesmo tom.

O miserable et très dolente vie!
La guerre avons, mortalité, famine;
Le froid, le chaud, le jour, la nuit nous mine;
Puces, cirons et tant d'autre vermine
Nous guerrayent. Bref, miserere domine
Noz mechans corps, dont le vivre est très court.

Ó vida miserável e tão infeliz!
Temos guerra, morte e fome;
Calor e frio nos minam noite e dia;
Pulgas, sarna e tantos outros vermes
Não param de nos atacar. Em suma, a miséria
[domina
Nossos míseros corpos, cuja vida é muito curta.

Também ele expressa repetidas vezes a amarga convicção de que tudo vai mal no mundo: a justiça está perdida, os grandes exploram os pequenos, e os pequenos uns aos outros. Sua hipocondria, segundo suas palavras, chega a levá-lo à beira do suicídio. Ele descreve a si mesmo:

Et je, le pouvre escrivain,
Au cueur triste, faible et vain,
Voyant de chascun le dueil,
Soucy me tient en sa main;
Toujours les larmes à l'œil,
Rien fors mourir je ne vueil.[5]

> E eu, o pobre escritor,
> Com o coração triste, fraco e vão,
> Ao ver a dor de cada um,
> A preocupação toma conta de mim;
> Sempre lágrimas nos olhos,
> Não quero senão morrer.

Todas as manifestações do estado de ânimo das classes elevadas testemunham uma necessidade sentimental de vestir de negro a própria alma. Quase todos declaram não ter visto nada além de desgraça, e que o pior ainda está por vir, que não gostariam de refazer o caminho já trilhado. "Eu, homem triste, nascido nas trevas do eclipse e em espessa chuva de lamentação" [*Moi douloureux homme, né en eclipse de ténèbres en espesses bruynes de lamentation*], assim se apresenta Chastellain.[6] "Tanto sofreu La Marche" [*Tant a souffert La Marche*], foi o que o poeta da corte e cronista de Carlos, o Temerário, escolheu como lema. Para ele, a vida tem um gosto amargo, e seu retrato nos mostra os traços sombrios que tanto cativam o nosso olhar em diversos retratos dessa época.[7]

Nenhuma vida desse tempo parece estar tão repleta de soberba terrena e ostentosa sede de prazer — e, ao mesmo tempo, tão coroada de sucessos — quanto a de Filipe, o Bom. Mas sob a sua glória também se esconde o desânimo frente à vida daquela época. Quando lhe informaram sobre a morte do filho de um ano de idade, ele disse: "Tivesse Deus também querido que eu morresse tão jovem, eu me consideraria feliz".[8]

É notável o fato de que, nessa época, os significados de tristeza, reflexão profunda e fantasia fundem-se na palavra "melancolia", a ponto de parecer que qualquer ocupação séria do espírito precisaria levar a um estado sombrio. Froissart diz sobre Filipe de Artevelde, que estava refletindo sobre uma notícia que acabara de receber: "Depois de ter melancolizado [meditado] por algum tempo, ele resolveu enviar uma resposta aos comissários do rei da França" [*quant il eut merancoliet une espasse, il s'avisa que il rescriproit aus commissaires dou roi de France*]. Deschamps fala de algo cuja feiura supera qualquer poder de imaginação: nenhum pintor é *"merencolieux"* o suficiente para ser capaz de pintá-la.[9]

No pessimismo desses indivíduos saturados, desiludidos e cansados, existe um elemento religioso, mas de pouca importância. Certamente no seu desânimo de viver intervém também a espera pelo fim iminente do mundo, a qual, devido ao ressurgimento da pregação popular das ordens mendicantes por todos os cantos, havia se precipitado nos ânimos com uma nova urgência e imaginação realçada. Os tempos sombrios e confusos, a miséria crônica das guerras eram bem apropriados para reforçar essa ideia. Parece que nos últimos anos do século XIV havia uma crença popular de que, desde o Grande Cisma, ninguém mais tinha sido aceito no paraíso.[10] A aversão ao culto vaidoso das aparências da vida na corte amadurecia, preparando as pessoas para dizer adeus ao mundo. Mas esse estado de ânimo depressivo, expresso por quase todos os serviçais dos soberanos e os cortesãos, quase não tinha conteúdo religioso. No máximo, as noções religiosas imprimiram um pouco de cor a uma sensação geral de mal-estar. A inclinação para escarnecer da vida e do mundo estava longe de ser uma convicção religiosa verdadeira. O mundo, diz Deschamps, é como um velho senil: primeiro era inocente; depois, por um longo tempo, tornou-se sábio, justo, honesto e valente:

> *Or est laches, chetis et molz,*
> *Vieulx, convoiteus et mal parlant:*
> *Je ne voy que foles et folz...*
> *La fin s'approche, en verité...*
> *Tout va mal...*[11]

> Agora ele é covarde, mesquinho e fraco,
> Velho, ganancioso e maledicente:
> Só vejo loucos e loucas...
> O fim se aproxima, na verdade...
> Tudo vai mal...

Não é só o desânimo com a vida, mas também o medo de viver, a recusa da vida diante das profundas e inevitáveis tristezas que a acompanham, a postura do espírito que, no budismo, forma a base de sua filosofia: uma aversão temerosa às dificuldades do dia a dia, receio e horror frente a preocupações, doença e velhice. Os enfastiados partilham esse medo com aqueles que nunca sucumbiram às tentações do mundo, porque sempre se esquivaram da vida.

Os poemas de Deschamps estão repletos dessa difamação mesquinha contra a vida. Felizes daqueles que não têm filhos, pois crianças pequenas não passam de gritaria, fedor, cansaço e preocupação; é preciso vesti-las, calçá-las e alimentá-las; estão sempre correndo o risco de caírem e se machucarem. Elas adoecem e morrem, ou crescem e tornam-se más; elas acabam na prisão. Nada além de trabalho e tristeza; nenhuma felicidade compensa as preocupações, dificuldades e gastos com a criação. E não há azar pior do que ter crianças deformadas. O poeta não lhes dedica uma palavra sequer de amor: o deformado tem um coração mau, o que ele alega com base nas Escrituras. Feliz daquele que não é casado, pois a vida com uma mulher ruim é um inferno, e com uma boa passa-se o tempo todo receando perdê-la. Deve-se evitar não só o infortúnio, mas também a boa sorte. Na velhice, esse poeta não enxerga nada além de sofrimento e repugnância, a lamentável decadência física e espiritual, o ridículo e o desagradável. As pessoas envelhecem cedo, a mulher aos trinta, o homem aos cinquenta, e sessenta é o seu limite.[12] Quão distantes estamos aqui da idealização serena com que Dante descrevera a dignidade do nobre ancião em seu *Convívio*.[13]

Uma tendência piedosa, pouco presente em Deschamps, pode de certo modo tornar mais elevadas essas reflexões sobre o medo de viver, mas, ainda assim, o ânimo fundamental de renúncia desalentada continua prevalecendo sobre a verdadeira piedade. Até mesmo nos apelos sinceros à vida santa ecoa com mais frequência o elemento negativo do que a vontade genuína de santificação. Quando o irrepreensível chanceler da Universidade de Paris e luminar da teologia Jean Gerson escreve um tratado destinado às suas irmãs defendendo a excelência da virgindade, sua argumentação inclui uma longa lista de sofrimentos e desastres ligados ao casamento. O marido podia ser um bêbado, um esbanjador ou um avarento. E se fosse bom e justo, uma colheita ruim, a perda do gado ou um naufrágio poderiam despojá-lo de todas as suas posses. E que situação mais desgraçada é a gravidez, quantas mulheres não morrem na hora do parto! E quanto de sono tranquilo uma mãe que amamenta tem? E quanto de verdadeira alegria? As crianças podiam nascer deformadas ou desobedientes; o marido podia acabar morrendo, deixando a mãe como uma viúva pobre e carente.[14]

Um profundo desalento diante das misérias terrenas: é esse o ânimo com que se encara a realidade diária, tão logo a alegria de viver pueril ou o prazer cego dá lugar à contemplação. Onde está aquele mundo mais belo, que todas as épocas costumam desejar?

O anseio por uma vida mais bela teve sempre diante de si três caminhos que apontavam para esse objetivo distante. O primeiro levava diretamente para fora do mundo: o caminho da renúncia. Aqui parece que essa vida ideal só pode ser alcançada do outro lado, mediante a libertação de tudo o que é terreno; toda a atenção dispensada ao mundo atrasa a prometida bem-aventurança. Todas as grandes civilizações trilharam esse caminho; o cristianismo imprimira esse ideal de renúncia tão poderosamente nos espíritos, como propósito da vida individual e base da cultura, que por muito tempo impediu quase por completo de se trilhar o segundo caminho.

Esse segundo caminho era aquele que apontava para a melhora e o aperfeiçoamento do próprio mundo. A Idade Média mal conheceu essa aspiração. Para esta época, o mundo era tão bom e tão ruim como ele podia ser; ou seja, como criação de Deus, todas as instituições eram boas; mas era o pecado das pessoas que mantinha o mundo em situação de miséria. Esta época desconhece a aspiração consciente de aperfeiçoamento e reforma das instituições sociais e políticas como motivação para o pensamento e para a ação. A virtude do próprio trabalho é a única coisa que pode beneficiar o mundo, e, mesmo assim, o objetivo verdadeiro continua sendo a outra vida. Onde quer que tenha sido realmente criada uma nova forma social, de início ela é considerada um restabelecimento do bom e velho direito, ou uma luta contra abusos por uma delegação proposital do poder público protetor. A criação consciente de organismos tidos de fato como novos é rara, inclusive no intenso trabalho legislativo que a monarquia francesa empreendia desde Luís IX, o são Luís de França, e que os duques da Borgonha imitaram em seus domínios hereditários. Eles ainda não percebiam, ou mal percebiam, que esse trabalho implicava, na verdade, o desenvolvimento de formas mais eficazes de organização do Estado. Não veem diante de si um futuro, uma aspiração. Ainda é sobretudo em razão do exercício imediato de seu poder e do cumprimento de sua tarefa em prol do bem comum que promulgam decretos e instalam conselhos municipais.

Nada contribuiu tanto para esse estado de ânimo de temor à vida e de desesperança em relação aos tempos futuros quanto essa ausência de uma determinação firme de tornar o próprio mundo melhor e mais feliz. Naquele mundo não havia qualquer promessa de coisas melhores. Quem ansiava por algo melhor, mas não conseguia se despedir do mundo e de toda a sua magnificência, só podia cair em desespero; não conseguia mais enxergar em nenhum lugar a esperança ou a alegria; restava pouco tempo para o mundo, e a desgraça era tudo que o aguardava.

No momento em que se envereda pelo caminho de uma melhora positiva do próprio mundo, tem início uma nova era, na qual a coragem e a esperança tomam o lugar do temor à vida. Na verdade, essa ideia só irá surgir no século XVIII. O Renascimento extraiu a sua enérgica afirmação da vida de outras formas de satisfação. Foi apenas no século XVIII que a perfectibilidade do ser humano e da vida em sociedade tornou-se um dogma fundamental, e as aspirações econômicas e sociais do século seguinte só perderam a sua ingenuidade, mas não a coragem nem o otimismo.

O terceiro caminho para um mundo mais belo é o do sonho. É o caminho mais fácil, mas que mantém o objetivo sempre igualmente distante. Quando a realidade terrena é tão perdidamente trágica e a renúncia ao mundo tão difícil, não nos resta nada além de colorir a vida com uma bela ilusão, vivê-la no país dos sonhos de fantasias luminosas, temperar a realidade com o êxtase do ideal. Basta um tema simples, um único acorde, para fazer ressoar a *fuga* cativante: um olhar para a felicidade sonhada de um passado mais belo já é suficiente, um olhar para o seu heroísmo e sua virtude, ou então para os alegres raios de sol da vida na natureza. Foi sobre esses poucos temas — o do heroísmo, o da sabedoria e o do bucólico — que se edificou toda a cultura literária desde a Antiguidade. A Idade Média, o Renascimento, os séculos XVIII e XIX, todos eles juntos não fizeram mais do que encontrar novas variações para uma velha canção.

Seria o terceiro caminho para uma vida mais bela, a fuga da dura realidade para uma bela ilusão, apenas uma questão da cultura literária? Sem dúvida é mais do que isso. Ele atinge a forma e o conteúdo da vida social do mesmo modo que as duas outras aspirações, e quanto mais primitiva for a cultura, mais forte isso se torna.

O efeito dessas três atitudes espirituais na vida real difere bastante. O contato mais próximo e consistente entre as atividades da vida e o ideal surge ali onde a ideia aponta para a melhoria e o aperfeiçoamento do próprio mundo. Aqui, a coragem e a força inspiradora deságuam no próprio trabalho material; a realidade imediata é carregada de energia. Realizar a missão da sua vida é igualmente um modo de lutar pelo ideal de um mundo melhor. Se assim quisermos, também aqui um sonho de felicidade é o motivo inspirador. Até certo ponto, toda cultura almeja tornar real um mundo de sonho mediante a recriação das formas sociais. Ao passo que em outras instâncias trata-se apenas de uma recriação espiritual, de instituir uma perfeição imaginária oposta à dura realidade que se quer esquecer, aqui o objeto do sonho é a própria realidade. É ela que se quer transformar, purificar e melhorar. O mundo parece estar no caminho certo para o ideal; basta que as pessoas continuem trabalhando. A forma de vida ideal parece estar bem pouco distanciada da existência ativa; só existe uma ligeira tensão entre realidade e sonho. É consideravelmente pouco o que se exige da arte de viver ali onde é o bastante aspirar pela máxima produção e pela divisão mais justa dos bens, onde o conteúdo do ideal é prosperidade, liberdade e cultura. Não há mais necessidade de acentuar que o ser humano é um ser nobre [*nobleman*], ou um herói, ou um sábio, ou um refinado cortesão.

No caso da primeira das três atitudes espirituais, a influência na vida real é bem diferente: trata-se da renúncia ao mundo. O desejo pela salvação eterna torna o andamento e a forma da existência terrena indiferentes, ainda que a virtude seja cultivada e mantida. Aceitam-se as formas de vida e as da sociedade pelo que elas são, mas tenta-se permeá-las com uma moralidade transcendente.

Com isso, a aversão ao mundo não tem apenas um efeito ruim sobre a sociedade terrena por meio da negação e da renúncia, mas também se difunde em trabalho piedoso e caridade prática.

E como é o impacto da terceira atitude espiritual sobre a vida: a busca por uma vida mais bela segundo um ideal sonhado? As formas de vida são recriadas em formas artísticas. Mas não apenas nas obras de arte como tais se expressa o sonho de uma vida bela, pois quer-se enobrecer a própria vida com beleza e preencher a sociedade com jogos e formas. E é justamente aqui que se fazem as maiores exigências à arte de viver das pessoas, exigências que só podem ser satisfeitas por uma elite, em vida lúdica artificiosa. Nem todos podem viver como heróis e sábios; é uma diversão cara colorir a vida com uma tintura heroica ou idílica, e, além disso, nem sempre dá certo. A ânsia pela realização do sonho de beleza nas formas da própria sociedade tem como *vitium originis* um caráter aristocrático.

Com isso, aproximamo-nos do aspecto sob o qual a civilização do fim da Idade Média deve ser vista: a ornamentação da vida aristocrática com as formas do ideal, a luz artificial do romantismo cavaleiresco projetada sobre a vida, o mundo disfarçado nos trajes da Távola Redonda. A tensão entre as formas de vida e a realidade é incrivelmente forte; a luz é falsa e ofuscante.

O anseio por uma vida mais bela é considerado o traço mais característico do Renascimento. Vemos nele a mais completa harmonia entre a satisfação da sede de beleza na obra de arte e na própria vida; nesse momento, como nunca dantes, a arte serve à vida e a vida serve à arte. Mas também aqui o limite entre a Idade Média e o Renascimento foi traçado de forma nítida demais. O desejo passional de revestir a própria vida com beleza, o refinamento da arte de viver, o efeito colorido de uma vida vivida segundo um ideal, tudo é mais antigo que o Quattrocento italiano. Não passam de antigas formas medievais os próprios motivos usados pelos florentinos para o embelezameto da vida: Lorenzo de Médici, assim como Carlos, o Temerário, homenageava o antigo ideal cavaleiresco como a forma mais nobre de vida; apesar do esplendor bárbaro, sob muitos aspectos, ele vê até mesmo o duque da Borgonha como um modelo. A Itália descobriu novos horizontes da beleza da vida, afinou a vida em um novo tom, mas a atitude frente a ela — o desejo de elevar a própria vida a uma forma artística —, uma invenção vulgarmente considerada típica do Renascimento, de modo algum foi criada nessa época.

A grande ruptura no modo de conceber a beleza da vida se dá entre o Renascimento e os tempos modernos. O ponto da virada situa-se ali onde a arte e a vida começam a se separar, quando não mais se desfruta da arte *em meio* à vida, como uma parte nobre da alegria de viver, mas fora da vida, como algo a ser altamente venerado, ao qual as pessoas se voltam em momentos de exaltação ou de tranquilidade. Com a separação entre arte e vida, revive-se o velho dualismo que separava Deus e o mundo. Traçou-se uma linha separando os prazeres da vida. Eles foram partidos em duas metades, uma inferior e uma superior. Para o indivíduo medieval, eram todos igualmente pecaminosos; agora, todos são considerados lícitos, mas com diferentes níveis de respeitabilidade, de acordo com o seu caráter mais ou menos espiritual.

As coisas que tornam a vida prazerosa permanecem as mesmas. Tanto agora como antes, são: a leitura, a música, as belas-artes, viagens, o gosto pela natureza, esportes, moda, as vaidades sociais (ordens de cavaleiros, cargos de honra, reuniões) e o entorpecimento dos sentidos. O limite entre o superior e o inferior, ainda hoje, para a maioria, parece recair entre o gosto pela natureza e o esporte. Mas esse limite não é fixo. Provavelmente o esporte, dentro em breve, pelo menos na medida em que ele é a arte da força física e da coragem, passará a ser considerado superior. Para o indivíduo medieval, a fronteira se estabelecia logo depois do ato da leitura; mesmo o prazer da leitura só podia ser santificado através da aspiração pela virtude ou sabedoria; e na música e nas artes plásticas, só se reconhecia positivamente o serviço que prestassem à fé; o prazer em si mesmo era um pecado. O Renascimento conseguiu se livrar da rejeição à alegria de viver como algo intrinsecamente pecaminoso, mas ainda não havia estabelecido uma nova separação entre o prazer de viver superior e o inferior; ele queria um desfrute desembaraçado da vida como um todo. Tal separação é o resultado do compromisso entre o Renascimento e o puritanismo, sobre o qual se assenta a atitude espiritual moderna. Foi uma capitulação recíproca, em que um insistiu na salvação da beleza e o outro na condenação do pecado.

O puritanismo rigoroso, assim como ocorria na Idade Média, ainda considerava que toda a esfera de embelezamento da vida era pecaminosa e mundana, a não ser que assumisse formas expressamente religiosas e se santificasse pelo serviço direto prestado à fé. Só quando a visão puritana do mundo foi se desgastando é que a aceitação renascentista da alegria de viver ganhou novamente espaço; e até mais espaço do que antes, pois desde o século XVIII cresce a tendência de enxergar no natural *per se* um elemento ético. Quem agora tentasse traçar a linha de separação entre o prazer de viver superior e o inferior, de acordo com a nossa consciência ética, não mais separaria a arte do prazer dos sentidos, nem o prazer da contemplação da natureza dos exercícios físicos, nem o elevado do natural, mas separaria somente os prazeres egoístas, falsos e vaidosos dos prazeres puros.

No final da Idade Média, quando um novo espírito já estava em vias de surgir, só existia, em princípio, a velha escolha entre Deus e o mundo: ou o completo desprezo de toda a maravilha e beleza da vida terrena, ou a sua aceitação ousada, colocando a alma em perigo. A beleza do mundo, por seu reconhecido caráter pecaminoso, acabava

2. O ANSEIO POR UMA VIDA MAIS BELA

sendo uma tentação dupla; quem se rendia a ela a desfrutava com uma paixão insaciável. Mas aqueles que não conseguiam prescindir da beleza e não queriam se render ao mundo precisavam enobrecê-la. Todo o conjunto da arte e da literatura, em que a admiração constitui a essência do prazer, podia ser santificado, desde que posto a serviço da fé. Ainda que o prazer da cor e da linha fosse o que realmente entusiasmasse os amantes da pintura e das miniaturas, os temas sagrados retiravam o estigma de pecado do prazer da arte.

Mas e a beleza com um alto teor de pecado? O culto do corpo no esporte cavaleiresco e na moda da corte, a soberba e a ganância por postos e honrarias, o mistério arrebatador do amor, como era possível enobrecer e elevar tudo que fora condenado e rejeitado pela fé? Para isso servia o caminho intermediário que levava à terra dos sonhos: revestia-se tudo com a bela aparência dos ideais antigos e fantásticos.

O intenso cultivo da vida bela nas formas de um ideal heroico é a característica que liga a cultura franco-cavaleiresca, do século XII em diante, ao Renascimento. A veneração pela natureza ainda era muito incipiente para que, com convicção, fosse possível servir-se da beleza terrena desnuda, tal como o espírito grego o fizera. A ideia de pecado era forte demais para isso. A beleza só podia tornar-se cultura se estivesse envolvida nas vestes da virtude.

Toda a vida aristocrática do final da Idade Média, quer se pense na França e na Borgonha ou em Florença, é uma tentativa de encenar um sonho. Sempre o mesmo sonho, aquele dos velhos heróis e sábios, do cavaleiro e da virgem, do pastor simples e contente. A França e a Borgonha continuam a encenar a peça à maneira antiga. Sobre o mesmo tema, Florença apresenta uma peça nova e mais bela.

A vida nobre e soberana foi embelezada até o máximo da expressividade; todas as formas de vida foram alçadas ao nível dos mistérios, enfeitadas com cor e pompa, disfarçadas de virtudes. Os acontecimentos da vida e as emoções que eles despertam são enquadrados em formas belas e edificantes. Sei bem que tudo isso não é especificamente tardo-medieval e que já crescia em estágios primitivos da civilização; também se poderia chamá-lo de *chinoiserie* ou bizantinismo, e não desaparece com a Idade Média, como prova o Rei Sol.

A sociedade de corte é o terreno em que as formas estéticas da vida puderam se desenvolver completamente. Sabe-se muito bem a importância que os duques da Borgonha atribuíam a tudo o que se referia ao esplendor e à estatura de sua corte. Depois da glória militar, diz Chastellain, a corte é o primeiro assunto para o qual a atenção se volta, e cujas regulamentação e boa atuação são da maior necessidade.[15] Olivier de la Marche, o mestre de cerimônias de Carlos, o Temerário, a pedido do rei inglês Eduardo IV, escreveu seu tratado sobre a corte do duque para oferecer ao rei o modelo de cerimonial e de etiqueta a ser imitado.[16] Os Habsburgo herdaram da Borgonha um estilo de vida cortesã belo e sofisticado e o levaram para a Espanha e a Áustria, cujas cortes permaneceram até há pouco tempo como o seu baluarte. A corte da Borgonha era exaltada por todos como sendo a mais rica e mais organizada que se poderia encontrar.[17] Sobretudo Carlos, o Temerário — homem de espírito rigoroso com a ordem e as regras, mas que só deixou rastros de desordem atrás de si —, era apaixonado pelas mais cerimoniosas formas de vida. Ele revestira com a mais bela forma a velha ilusão de que o próprio soberano ouvia e julgava prontamente as queixas da gente pobre e simples. Duas ou três vezes por semana, após a refeição, ele concedia uma audiência pública, momento em que qualquer um poderia se aproximar dele com petições. Todos os nobres de sua casa precisavam estar presentes; ninguém ousava se ausentar. Cuidadosamente separados conforme a hierarquia, eles se sentavam nos dois lados do corredor que conduzia até o trono do duque. Ajoelhados a seus pés, havia dois *maistres de requestes*, o *audiencier* e o secretário, que liam as petições e as despachavam, conforme as ordens do soberano. Atrás de balaustradas que circundavam o salão, ficavam os membros inferiores da corte. Em aparência, diz Chastellain, era "algo magnífico e de grande valor" [*une chose magnifique et de grand los*], mas os espectadores, que ali estavam por obrigação, se aborreciam tremendamente. E ele possuía lá suas dúvidas quanto aos bons frutos dessa forma de administrar a justiça; tratava-se de algo que, na época, Chastellain jamais havia visto da parte de nenhum outro soberano.[18]

Para Carlos, o Temerário, os divertimentos também tinham que assumir uma forma elegante:

> Uma parte do dia ele deixava de lado todos os seus afazeres sérios e, entre brincadeiras e sorrisos, deleitava-se em falar belamente e em exortar os seus nobres à virtude, como um orador. E, com esse intuito, muitas vezes ele era visto sentado em um trono com espaldar alto, com os nobres à sua frente, enquanto lhes oferecia todo tipo de discurso de acordo com o tempo e a ocasião. E sempre, como soberano e senhor de todos, estava vestido de forma mais rica e maravilhosa do que todos os demais.[19]

Essa arte consciente de viver, apesar das formas rígidas e ingênuas, é totalmente renascentista. O que Chastellain chama de "alta magnitude do coração, por ser visto e admirado nas coisas especiais" [*haute magnificence de cœur pour estre vu et regardé en singulières choses*], é a característica mais marcante do homem renascentista de Burckhardt.

As ordenações hierárquicas da administração da corte são de uma suculência pantagruélica no que diz respeito a refeições e cozinha. As refeições de Carlos, o Temerário, regidas por uma dignidade quase litúrgica, com seus mestres de cozinha e com seus serviçais que serviam o pão, cortavam a carne, enchiam os copos, assemelhavam-se à encenação de um grande e solene espetáculo teatral. Toda a corte comia em grupos de dez, em salas separadas, servidos e tratados como o seu senhor, tudo ordenado minuciosamente de acordo com a classe e a posição social. Tudo era tão bem organizado que todos os grupos podiam, após as refeições e no momento oportuno, cumprimentar o duque, que continuava à sua mesa, "para prestar-lhe as honras" [*pour luy donner gloire*].[20]

O autor desconhecido que descreveu o jantar do último dia do Carnaval em Thann, em 21 de junho de 1469, oferecido pelo duque Sigismundo aos comissários borguinhões por ocasião da tomada do condado de Pfirt, sentiu-se muito superior aos modos alemães à mesa: "Em seguida veio o caboz assado, com o qual o meu abençoado senhor da Áustria sujou toda a mesa. [...] É necessário notar que, tão logo a comida foi posta na mesa, todos se serviram, e, às vezes, os de posição inferior por primeiro".[21]

Na cozinha (imaginemos a cozinha de dimensões heroicas, a única coisa que restou do palácio ducal em Dijon, com suas sete chaminés gigantescas) está o cozinheiro em serviço, sentado entre a chaminé e o bufê, de onde ele pode supervisionar todo o recinto. Ele precisa segurar uma colher de pau "que lhe serve para duas coisas: para provar sopas e molhos e para empurrar os ajudantes de cozinha para fora, para que cumpram com as suas obrigações, e, se necessário, bater neles". Às vezes, em raras ocasiões, com uma tocha em suas mãos, o próprio cozinheiro servia a mesa, como, por exemplo, as primeiras trufas ou o primeiro arenque.

Para o distinto cortesão que nos descreve tudo isso, trata-se de mistérios sagrados, dos quais ele fala com respeito e com uma certa cientificidade escolástica: "Quando fui pajem", diz La Marche, "eu era ainda muito jovem para compreender as questões de hierarquia e cerimonial".[22] Ele apresenta aos seus leitores questões relevantes sobre precedência e serviço da corte, para resolvê-las segundo o seu conhecimento maduro. Por que está presente à refeição do senhor o cozinheiro e não o *écuyer de cuisine*? Qual o procedimento para nomear o cozinheiro? Quem deve substituí-lo em sua ausência: o mestre das carnes (*hauteur*) ou o mestre das sopas (*potagier*)? Eu respondo, diz o sábio homem: quando é necessário nomear um cozinheiro na corte de um soberano, os mestres de cozinha (*maîtres d'hotel*) devem convocar os ajudantes-mores da cozinha (*escuiers de cuisine*) e todos aqueles que trabalham na cozinha, um após o outro; e por votação solene, feita por cada um sob juramento, o cozinheiro será nomeado. E quanto à segunda questão: nem o mestre de carnes nem o mestre de sopas podem substituir o cozinheiro, pois o seu substituto deverá ser nomeado igualmente por votação. Por que os servidores de pão e os enchedores de copo ocupam a primeira e a segunda posições, acima dos cortadores de carne e cozinheiros? Porque a sua tarefa refere-se ao pão e ao vinho, coisas santas sobre as quais incide a dignidade do sacramento.[23]

Percebe-se que aqui existe uma verdadeira ligação entre as esferas da fé e da etiqueta da corte. Não é exagero dizer que no aparato das formas de vida nobres e belas está contido um elemento litúrgico, que as eleva a uma esfera quase religiosa. Apenas isso esclarece a importância extraordinária que (não somente no fim do período medieval) é atribuída a todas as questões de precedência e cortesia.

No antigo Império Russo, antes dos Románov, querelas a respeito da precedência levaram ao estabelecimento de um departamento permanente da administração de Estado. Os Estados ocidentais da Idade Média não conheciam essa forma, mas neles o zelo pela precedência também desempenha um papel importante. Seria fácil reunir exemplos disso, mas se trata mais de mostrar como a ornamentação das formas de vida resulta em um jogo belo e edificante, e a proliferação dessas formas leva a uma ostentação vazia. Eis alguns exemplos de como a bela forma às vezes pode deixar empurrar a eficácia de uma ação para segundo plano. Um pouco antes da batalha em Crécy, quatro cavaleiros franceses fazem o reconhecimento da linha de ataque dos ingleses. O rei, que aguarda impaciente o relatório deles, cavalga lentamente pelo campo, quando os vê regressar. Eles atravessam a multidão de soldados até chegarem diante do soberano. "O que há de novo, senhores?", ele pergunta. Eles se entreolham sem dizer uma palavra sequer, pois nenhum queria falar antes do companheiro. E ficavam dizendo de um para o outro: "Dizei vós, senhor, falai com o rei. Não falarei antes de vós". E assim ficaram debatendo por algum tempo, pois nenhum queria "ter a honra" de começar a falar. Até que o rei ordenou que um deles falasse.[24] A eficácia teve de recuar ainda mais diante da bela forma no caso do *messire* Gaultier Rallart, o *chevalier du guet* de Paris, em 1418. Esse chefe de polícia nunca fazia a ronda sem que três ou quatro músicos seguissem à sua frente, tocando alegremente, de modo que o povo dizia que, na verdade, ele estava avisando os delinquentes: fujam, aqui vou eu.[25] Esse não é um caso isolado. Em 1465, vê-se também como o bispo de Évreux, Jean Balue, faz a ronda noturna em Paris com cornetas, trompetas e outros instrumentos musicais, "o que não era o costume das pessoas que faziam a guarda" [*qui n'estoit pas acoustumé de faire à gens faisans guet*].[26] Até mesmo no cadafalso a honra da posição social e da classe era observada com rigor: o do condestável de Saint--Pol é ricamente decorado com lírios, as almofadas de oração e a venda são de veludo carmim, e o carrasco é alguém que nunca realizou uma execução, um privilégio um tanto quanto duvidoso para o condenado.[27]

A competição em cortesia, que agora assumia um caráter pequeno-burguês, era especialmente desenvolvida na vida da corte do século XV. Considerava-se uma vergonha insuportável não ceder o lugar apropriado a alguém mais importante. Os duques borguinhões escrupulosamente dão a precedência aos seus parentes reais da França. João Sem Medo sempre demonstrou um respeito exagerado à sua jovem nora Michelle de França; ele a chamava de "madame" e toda vez se ajoelhava diante dela, sempre querendo servi-la, ao que ela nunca permitiu.[28] Quando Filipe, o Bom, fica sabendo que seu sobrinho, o delfim, havia fugido para Brabante devido a uma briga com o pai, ele interrompe o cerco de Deventer, que deveria ser o começo da expedição que colocaria a Frísia sob seu poder, e volta às pressas para Bruxelas, para dar as boas-vindas ao hóspede importante. Conforme o encontro vai se aproximando, começa uma corrida para ver quem será o primeiro a homenagear o outro. Filipe está apavorado com a ideia de o delfim cavalgar até ele; ele segue a toda velocidade em seu cavalo e envia um mensageiro atrás do outro para convencer o delfim a esperá-lo onde está. Jura que, se o filho do rei viesse ao seu encontro, ele voltaria e cavalgaria para tão longe que este jamais o encontraria em lugar algum, pois isso seria para ele, o duque, um ultraje e uma desonra que o mundo inteiro lhe atribuiria para sempre. Abandonando humildemente a pompa habitual, Filipe adentra Bruxelas cavalgando; apeia-se depressa à frente do palácio, entra e o atravessa correndo. Lá, ele vê o delfim, que havia deixado o seu aposento acompanhado da duquesa, dirigindo-se ao seu encontro no pátio, de braços abertos. O velho duque logo descobre a cabeça, ajoelha-se por um instante e, em seguida, continua a andar apressadamente. A duquesa detém o delfim, para que este não dê mais nenhum passo; o delfim segura o duque para evitar, em vão, que ele se ajoelhe, e depois tenta, também em vão, fazê-lo se levantar. Ambos choram de emoção, diz Chastellain, assim como todos que estavam à sua volta.

Durante todo o período em que hospeda esse homem — que em breve, como rei, haveria de ser o pior inimigo de sua casa —, o duque se excede em demonstrações de servilidade chinesa. Chama a si e ao filho de "essas pessoas que não valem nada" [*de si meschans gens*], deixa que sua cabeça sexagenária se molhe na chuva, oferece todos os seus domínios ao delfim.[29] "Aquele que se rebaixa diante de seu superior aumenta e multiplica a sua própria honra, e a bondade desse ato resplandece de volta em sua própria face" [*Celuy qui se humilie devant son plus grand, celuy accroist et multiplie son honneur envers soy-mesme, et de quoy la bonté mesme luy resplend et redonde en face*]. Com essas palavras, Chastellain conclui o relato de como o conde de Charolais obstinadamente se recusou a lavar as mãos antes das refeições no mesmo lavatório da rainha Margarida da Inglaterra e seu jovem filho. Os nobres falaram disso o dia inteiro; o caso foi apresentado ao velho duque, que fez com que dois nobres argumentassem sobre os prós e os contras da atitude de Carlos. O sentimento de honra feudal ainda era tão vivo que coisas como essa realmente eram consideradas importantes, belas e edificantes. Como, de outro modo, se poderia entender que as objeções para aceitar a precedência se prolongassem, de praxe, mais de quinze minutos?[30] Quanto maior o tempo de duração da recusa, mais impressionadas ficam as pessoas presentes. Alguém que tenha direito ao beija-mão a esconde para escapar dessa honra. Assim, a rainha da Espanha esconde a sua mão diante do jovem arquiduque Filipe, o Belo; este aguarda por algum tempo e, assim que vê uma oportunidade, agarra a mão de surpresa e a beija. Dessa feita, a severa corte espanhola explode em gargalhadas, pois a rainha já não esperava mais por isso.[31]

Todas as gentilezas espontâneas do convívio social foram cuidadosamente formalizadas. Prescrevia-se de maneira precisa quais damas da corte devem andar de mãos dadas. E não apenas isso, mas também qual das duas pode ou não tomar essa iniciativa. Esse incentivo — acenar ou chamar uma à outra (*hucher*) para caminharem juntas — é, para a velha dama da corte que descreve o cerimonial borguinhão, um conceito técnico.[32] A formalidade de obstar um hóspede que deseja partir é executada até o extremo da inconveniência. Por alguns dias, a esposa de Luís XI foi hóspede de Filipe da Borgonha; o rei havia estipulado um determinado dia para a volta dela, mas o duque se recusa a deixá-la partir, apesar de todas as súplicas de seu séquito e por mais que ela mesma temesse a ira de seu marido.[33] Goethe disse: "*Es gibt kein äusseres Zeichen der Höflichkeit, das nicht einen tiefen sittlichen Grund hätte*" [Não existe sinal exterior de cortesia que não tenha uma profunda base moral]. "*Virtue gone to seed*" [Virtude que produz sementes] foi como Emerson chamou a cortesia. Talvez não se possa afirmar com toda a certeza que esse fundamento moral da cortesia ainda pudesse ser percebido no século XV, mas sem dúvida o valor estético se situava entre a sincera expressão de afeto e a árida convenção social.

Não é preciso dizer que essa minuciosa ornamentação da vida tem seu lugar sobretudo nas cortes dos soberanos, onde havia tempo e espaço para se dedicar a isso. Mas também permeava as esferas inferiores da sociedade — algo comprovado pelo fato de que essas formas sociais continuam preservadas hoje justamente na pequena burguesia (sem falar nas próprias cortes). O convite reiterado para servir-se de mais comida, a insistência para que a pessoa fique mais um pouco, a recusa em passar na frente de alguém desapareceram quase por completo do trato social da alta burguesia em tempos mais recentes. No século XV, essas formas estão em plena floração. Mas, mesmo quando penosamente observadas, são objeto de sátira mordaz. A igreja é o principal teatro dos cerimoniais belos e longos de cortesia, a começar pela *offrande*. Durante o ofertório, ninguém quer ser o primeiro a levar a sua esmola ao altar.

> — *Passez.* — *Non feray.* — *Or avant!*
> *Certes si ferez, ma cousine.*
> — *Non feray.* — *Huchez no voisine,*
> *Qu'elle doit mieux devant offrir.*
> — *Vous ne le devriez souffrir,*
> *Dist la voisine: n'appartient*
> *A moy: offrez, qu'a vous ne tient*
> *Que li prestres ne se delivre.*[34]

> — Pode passar. — Ah, não, obrigada. — Por favor, passe!
> Certamente vós ireis, prima.
> — Não, eu não. — Chame a nossa vizinha,
> É melhor que oferte primeiro.
> — Vós não o deveis tolerar,
> Diz a vizinha: Não cabe a mim:
> Oferecei, pois depende só de vós
> Que o clérigo não continue.

Quando finalmente o superior dentre todos passa adiante, sob o protesto humilde de só fazê-lo para pôr um fim a tudo isso, recomeça a mesma discussão no momento de beijar a *paesberd*, ou *la paix*, a pequena placa de madeira, prata ou mármore que passara a fazer parte da missa, no final da Idade Média, depois do agnus dei, em substituição ao beijo da paz dado de boca em boca.[35] O fato de a *paix* ser passada de mão em mão entre as pessoas importantes, com recusas corteses de ser o primeiro a beijá-la, transformara-se num transtorno demorado e rígido para o andamento dos serviços.

> *Respondre doit la juene fame:*
> *— Prenez, je ne prendray pas, dame.*
> *— Si ferez, prenez, douce amie.*
> *— Certes, je ne le prendray mie;*
> *L'en me tendroit pour une sote.*
> *— Baillez, damoiselle Marote.*
> *— Non feray, Jhesucrist m'en gart!*
> *Portez a ma dame Ermagart.*
> *— Dame, prenez. — Saincte Marie,*
> *Portez la paix a la baillie.*
> *— Non, mais a la gouverneresse.*[36]

A jovem mulher precisa responder:
— Pegai, eu não pegarei, senhora.
— Mas, por favor, pegai, querida amiga.
— Certamente, não sou eu que vou pegar;
Haveriam de me considerar louca.
— Passai-o à srta. Marote.
— Não, não a mim, Deus me guarde!
Passai-o à sra. Ermagart.
— Por favor, senhora, pegai. — Santa Maria,
Passai a *paix* à mulher do bailio.
— Não, à mulher do governador.

E esta, por fim, aceita a *paix*. Mesmo um homem santo, que renunciara ao mundo, como Francisco de Paula, considera sua obrigação participar dessas sutilezas,[37] algo que foi reconhecido por seus admiradores piedosos como marca de verdadeira humildade, provando que o conteúdo ético dessas formalidades ainda não havia desaparecido de todo. O significado dessas formalidades, aliás, torna-se mais evidente pelo fato de que elas eram o avesso das disputas ásperas e obstinadas para obter na igreja a mesma precedência que as pessoas tão cortesmente impunham umas às outras.[38] Era uma renúncia bela e louvável da arrogância burguesa ou nobre que ainda se sentia vivamente.

Desse modo, ir à missa parecia um minueto, pois na saída da igreja repetia-se a discussão; agora vinha a competição para deixar o indivíduo mais importante sair do lado direito, para dar a preferência na hora de atravessar uma passarela ou seguir por uma ruela. Chegando em casa, como ainda exige o costume espanhol, deve-se convidar todo o grupo para entrar e beber alguma coisa, a que os outros devem recusar, desculpando-se educadamente; depois, deve-se acompanhá-los por uma parte do caminho, apesar de suas polidas objeções.[39]

Todas essas belas formalidades adquirem um aspecto comovente se pensarmos que florescem da luta séria de uma geração raivosa e passional contra sua própria altivez e cólera. Muitas vezes a renúncia formal do orgulho fracassa. A rudeza agressiva acaba irrompendo através das formas ornamentadas. João da Baviera está hospedado em Paris; os grandes senhores dão festas nas quais o bispo eleito de Liège ganha de todos o dinheiro apostado no jogo. Um dos príncipes não se contém e exclama: "Mas que diabo de padre é esse? Como? Será que ele vai arrancar todo o nosso dinheiro?". E João responde: "Não sou um padre, e não necessito de vosso dinheiro". E ele acaba por pegar o dinheiro e jogá-lo por todo lado, "de forma que muitos ficaram maravilhados com a sua grande generosidade" [*dont y pluseurs orent grant mervelle de sa grant liberaliteit*].[40] Hugo de Lannoy, enquanto está ajoelhado diante do duque, bate em outra pessoa com uma luva de ferro para acusá-la; o cardeal de Bar acusa um padre de mentir na presença do rei e o chama de "cão maldito".[41]

O sentimento formal de honra é tão forte que uma transgressão da etiqueta — como até hoje acontece entre muitos povos orientais — fere como uma ofensa mortal, pois destrói a bela ilusão de uma vida elevada e pura, que sempre sucumbe diante da realidade desvelada. Para João Sem Medo é uma afronta indelével que ele tenha cumprimentado a Capeluche, o carrasco de Paris, que vem ao seu encontro com grande pompa, como a um nobre, tocando-lhe a mão; somente a morte do carrasco pode reparar esse ultraje.[42] No banquete da coroação de Carlos VI, em 1380, Filipe da Borgonha se coloca à força entre o rei e o duque de Anjou para sentar-se no lugar que lhe cabia como *doyen des pairs*; seus respectivos séquitos começam a se empurrar com gritos e ameaças, a fim de resolver a disputa violentamente, até que o rei a apazigua, concedendo à exigência do borguinhão.[43] Mesmo na severidade da vida do campo não é tolerado nenhum descuido com as formas: o rei da Inglaterra fica muito ofendido quando [Jean de Villiers de] L'Isle-Adam aparece diante dele em um traje muito simples [*"blanc gris"*] e lhe olha nos olhos.[44] Um capitão inglês manda um parlamentar da Sens sitiada barbear-se antes de recebê-lo.[45]

A esplêndida ordem da corte da Borgonha, louvada pelos contemporâneos,[46] revela seu verdadeiro significado apenas quando comparada à confusão que costumava reinar na corte francesa, muito mais antiga. Deschamps queixa-se em inúmeras baladas da miséria da vida de corte, e seus lamentos representam algo mais do que o desdém habitual pela vida dos cortesãos, sobre o qual se falará mais tarde. Comida e alojamentos ruins, ruído e confusão permanentes, brigas e xingamentos, inveja e escárnio — a corte é um antro de pecados, uma porta para o inferno.[47] Apesar da sagrada veneração à realeza e do propósito orgulhoso das grandes cerimônias, o decoro, lamentavelmente mais do que nunca, desaparece até mesmo nas circunstâncias mais solenes. Por ocasião do enterro de Carlos VI em Saint-Denis, em 1422, há uma grande disputa entre os monges da abadia e a guilda dos oficiais da gabela (*henouars*) de Paris acerca do traje cerimonial e dos outros tecidos que deveriam cobrir o corpo real; cada partido reivindica o direito sobre eles; cada um puxa para o seu lado e quase se pegam a tapa, quando o duque de Bedford coloca a controvérsia nas mãos do tribunal, "e o corpo foi enterrado" [*et fut le corps enterré*].⁴⁸ O mesmo caso se repete em 1461, no enterro de Carlos VII. A caminho de Saint-Denis, em Croix aux Fiens, os *henouars*, após uma discussão com os monges da abadia, recusam-se a continuar carregando o corpo real se não lhes fossem pagas três libras parisis, a que reclamam ter direito. Eles largam o ataúde no meio do caminho e o cortejo fica parado por um bom tempo. Os cidadãos de Saint-Denis já estavam se propondo a assumir a tarefa quando o *grand écuyer* promete pagar aos *henouars* do próprio bolso, com o que o cortejo pôde seguir adiante para chegar à igreja por volta das oito horas da noite. Logo após o enterro, segue-se uma nova disputa pelo traje cerimonial entre o próprio *grand écuyer* real e os monges.⁴⁹ De certo modo, tumultos semelhantes pela posse de utensílios de uma solenidade faziam parte dela; a quebra da forma havia se tornado, ela mesma, uma forma.⁵⁰

A publicidade geral prescrita a todos os acontecimentos importantes da vida da realeza — obrigatória também no século XVII — fazia com que justo nas cerimônias mais solenes faltasse muitas vezes toda e qualquer ordem. No banquete de coroação de 1380, a aglomeração de espectadores, participantes e serviçais é tão grande que os servidores da coroa, o condestável e o marechal de Sancerre, servem os pratos a cavalo.⁵¹ Quando Henrique VI da Inglaterra é coroado rei da França em Paris em 1431, bem cedo pela manhã o povo invade o grande salão do palácio, onde será realizado o banquete, para olhar, roubar e se empanturrar. Os senhores do Parlamento e da Universidade, o preboste dos mercadores [*prévôt des marchands*] e os conselheiros municipais mal conseguem atravessar a multidão para chegar ao salão do banquete e, uma vez lá, encontram as mesas destinadas a eles ocupadas por todo tipo de artesãos. Tenta-se retirá-los das mesas, "mas quando um ou dois se levantavam, seis ou oito sentavam-se do outro lado" [*mais quant on en fai-*

soit lever ung ou deux, il s'en asseoit VI ou VIII d'autre costé].⁵² Na coroação de Luís XI em 1461, adotou-se a precaução de fechar e vigiar as entradas da catedral de Reims, de modo que não houvesse mais pessoas na igreja além das que o coro pudesse acomodar com facilidade. Mesmo assim, as pessoas se aglomeram de tal maneira em volta do altar onde ocorre a unção que os próprios prelados auxiliares do arcebispo mal podem se mover, e os príncipes de sangue, em seus assentos de honra, temem ser esmagados.⁵³

A igreja de Paris tolerou com relutância a ideia de que ainda (até 1622) era subordinada do arcebispado de Sens. Faz-se com que o arcebispo note de todas as maneiras que a sua autoridade não era apreciada, e há referências constantes a uma isenção concedida pelo papa. Em 2 de fevereiro de 1492, o arcebispo de Sens celebrou a missa na Notre-Dame de Paris na presença do rei. Com o soberano ainda na igreja, o arcebispo, abençoando o povo, retira-se com a cruz sacerdotal à sua frente. Dois cônegos avançam com uma turba de sacristãos, agarram com violência a cruz e a danificam, torcem a mão do carregador e provocam um tumulto em que os cabelos dos auxiliares do arcebispo são arrancados. Quando o arcebispo tenta acalmar o entrevero, "sem lhe dizer uma palavra, vão para cima dele; Lhuillier [deão da catedral] lhe dá uma cotovelada no estômago, os outros despedaçam o seu chapéu pontifical e os cordões" [*sans lui mot dire, vinrent près de lui Lhuillier lui baille du coude dans l'estomac, les autres rompirent le chapeau pontifical et les cordons d'icelluy*]. O outro cônego vai atrás do arcebispo "falando todo tipo de imprecação e enfiando o dedo na cara dele, e agarra tanto seu braço que rasga o seu roquete; e se não tivesse se protegido com a mão, teria levado uma bofetada na cara" [*disant plusieurs injures en luy mectant le doigt au visage, et prenant son bras tant que dessira son rochet; et n'eust esté que n'eust mis sa main au devant, l'eust frappé au visage*]. Tudo isso se transformou num processo que durou treze anos.[54]

O espírito apaixonado e violento, duro e ao mesmo tempo choroso, oscilando sempre entre uma desesperança sombria em relação ao mundo e um chafurdar-se em sua beleza colorida, não podia existir fora das formas mais severas de vida. Era essencial que as emoções fossem inseridas em uma moldura rígida de formas convencionais, de modo que o convivívio social, ao menos em princípio, adquirisse uma ordem. Assim, os eventos da própria vida e da vida dos outros se transformavam num belo espetáculo para o espírito. Desfrutava-se da exibição exagerada do sofrimento e da alegria sob uma luz artificial. Ainda faltam os meios para uma expressão pura do sentimento; apenas a conformação estética das emoções permitia atingir o alto grau de expressão exigido nesse tempo.

Isso não significa que tais formas de vida — sobretudo as que cercam as grandes e antigas solenidades do nascimento, casamento e morte — tenham sido instituídas com esse objetivo. Costumes e cerimônias surgiram a partir de crenças e cultos primitivos. Mas a intenção que lhes deu origem já tinha se tornado inconsciente havia muito tempo, e, no lugar dela, as formas adquiriram um valor estético novo.

No luto, a ornamentação dos sentimentos com formas sugestivas encontrou o seu ápice. Havia ali um campo ilimitado para a esplêndida hiperbolização da dor, que é o oposto da hiperbolização da alegria nas incríveis festas da corte. Aqui não iremos oferecer uma descrição detalhada de toda essa pompa sombria de trajes negros, de todo o esplendor dos funerais que acompanham a morte de cada soberano. Elas não são exclusivas do final da Idade Média; as monarquias as mantêm até os dias de hoje, e também o carro fúnebre burguês ainda é um resquício disso. A sugestividade de todo aquele preto — que por ocasião da morte de um soberano não só a corte trajava, mas também os magistrados, os membros das guildas e o povo comum — deve ter sido ainda maior em contraste com o colorido ofuscante da vida urbana medieval. A pompa do funeral de João Sem Medo, assassinado, foi claramente talhada para provocar um efeito poderoso (em parte, político). A escolta militar com que Filipe marcha ao encontro dos reis da França e da Inglaterra ostenta 2 mil bandeirolas negras, estandartes da mesma cor e flâmulas de sete jardas, com franjas de seda preta e tudo bordado ou decorado com brasões dourados. Os tronos e os carros de viagem do duque foram pintados de preto para a ocasião.[55] No encontro solene em Troyes, Filipe acompanha as rainhas da França e da Inglaterra em um traje de veludo preto, que pende do lombo de seu cavalo até o chão.[56] Ele e seu séquito continuam a se vestir de preto ainda por um bom tempo.[57]

Às vezes, uma exceção em meio a todo aquele preto podia realçar ainda mais o efeito: enquanto toda a corte, inclusive a rainha, trajava o preto, o rei da França expressava o luto em vermelho.[58] E em 1393 os parisienses viram, abismados, toda a pompa branca do cortejo fúnebre do rei da Armênia, Leão de Lusignan, que morreu no exílio.[59]

Sem dúvida alguma, aquele preto muitas vezes encobria uma intensidade de dor verdadeira e passional. O grande horror à morte, os laços familiares fortes e a íntima afeição pelo senhor transformavam a morte de um soberano num acontecimento realmente comovente. E se ela ainda ferisse a honra de uma gente orgulhosa e impusesse a vingança como uma obrigação sagrada, como no assassinato do duque da Borgonha em 1419, então a expressão hiperbólica de dor seria proporcional em pompa e em ânimo à dor deveras sentida. Chastellain lidou profusamente com a estética dessa nota de falecimento. No estilo pesado e arrastado de sua retórica refinada, ele inventa o longo discurso com o qual o bispo de Tournay em Gent lentamente prepara o jovem duque para o terrível anúncio, inventando até mesmo as lamúrias solenes do próprio Filipe e de sua esposa, Michelle de França. Mas o âmago do relato é bem real: o colapso nervoso que aquilo provocou no jovem duque, o desmaio de sua esposa, a confusão na corte, os gritos ruidosos de sofrimento pela cidade; em suma, a dor efusiva e violenta causada pela notícia não deve ser posta em questão.[60] Do mesmo modo, o relato de Chastellain sobre a expressão da dor de Carlos, o Temerário, por ocasião da morte de Filipe, em 1467, tem também traços de verdade. O choque, aqui, foi bem menos intenso: o velho duque, quase senil, já estava debilitado havia muito tempo; nos últimos anos, a relação entre ele e o filho tinha deixado de ser cordial, de forma que o próprio Chastellain nota que todos ficam pasmos quando veem Carlos aos prantos, a gritar, torcer as mãos e cair no chão junto ao leito de morte do pai, "e não houve regra nem medida, e de tal maneira que ele surpreendeu a todos com sua dor desmesurada" [*et ne tenoit règle, ne mesure, et tellement qu'il fit chacun s'esmerveiller de sa démesurée douleur*]. Também na cidade de Bruges, onde o duque morreu, "era comovente ouvir todo tipo de gente gritar e chorar e soltar vários lamentos e expressões de tristeza" [*estoit pitié de oyr toutes manières de gens crier et plorer et faire leurs diverses lamentations et regrets*].[61]

Nesse relato e em outros semelhantes, é difícil distinguir até que ponto estamos diante do estilo cortesão, que considera adequada e elegante uma demonstração ruidosa da dor, ou de uma intensa e verdadeira emotividade própria da época. De fato, há ali um forte elemento de formalidade primitiva: o choro alto pelo morto, formalizado nas mulheres carpideiras e expresso artisticamente nos *plourants*, que nessa época emprestam uma emoção bastante expressiva à escultura tumular, é um elemento cultural muito antigo.

A combinação de primitivismo, afetividade intensa e bela forma também pode ser vista no grande medo em anunciar uma morte. Por muito tempo oculta-se da condessa de Charolais, enquanto ela estava grávida de Maria da Borgonha, a morte do pai; não se ousa comunicar a Filipe, o Bom, que jaz acamado, nem um único caso de morte que de alguma forma possa comovê-lo, de modo que Adolfo de Cleves não pôde usar luto pela morte da esposa. Mas quando o duque, mesmo assim, ouviu rumores da morte de seu chanceler Nicolas Rolin (Chastellain usou a expressão *"avoit esté en vent un pou de ceste mort"*), ele pergunta ao arcebispo de Tournay, que vai visitá-lo enquanto está acamado, se é verdade que o chanceler havia falecido. "Meu senhor", diz o arcebispo, "a verdade é que morto ele já está, pois ele é velho e alquebrado, e não vai mais viver por muito tempo." "*Déa!*", diz o duque, "não é isso que estou perguntando, o que quero saber é se ele está *mort de mort et trespassé*." "Bem, meu senhor", diz o bispo outra vez, "ele não morreu, mas está paralisado de um lado, portanto, praticamente morto." O duque fica bravo: "*Vechy merveilles!* [Papo furado!] Agora diga-me com clareza se ele está morto". Só então é que o bispo diz: "Sim, meu senhor, é verdade, ele realmente morreu".[62] Essa maneira peculiar de anunciar uma morte não revelaria mais uma velha e supersticiosa forma do que apenas a consideração por um doente, a quem toda essa hesitação na verdade poderia irritar? Tudo isso faz parte do tipo de pensamento que levava Luís XI a nunca mais usar as roupas que vestia ou o mesmo cavalo que montava no momento em que recebia uma notícia ruim; chegou até a mandar derrubar toda uma parte do bosque de Loches, onde recebeu a notícia da morte do filho, recém-nascido.[63] "Senhor chanceler", ele escreve em 25 de maio de 1483, "agradeço-lhe pelas cartas, mas vos peço que não mais as envie por quem as mandou, pois achei que seu rosto mudou terrivelmente desde a última vez que o vi, e juro pela minha fé que ele me causou muito medo; e adeus" [*M. le chancellier, je vous mercye des lettres etc.*

mais je vous pry que ne m'en envoyés plus par celluy qui les m'a aportées, car je luy ay trouvé le visage terriblement changé depuis que je ne le vitz, et vous prometz par ma foy qu'il m'a fait grant peur; et adieu].⁶⁴

Sejam quais forem os velhos tabus que possam estar por trás dos costumes do luto, seu valor cultural vivo é que dá forma ao sofrimento. Eles o mostram como algo bonito e edificante. Conferem ritmo à dor. Eles transportam a vida real para a esfera do drama e lhe calçam coturnos.⁶⁵ Em uma civilização mais primitiva — penso, por exemplo, na irlandesa —, os costumes do luto e o lamento poético pelo morto ainda são uma única coisa. O luto da corte na época borguinhã também só pode ser compreendido se o relacionarmos à elegia. A pompa fúnebre deve mostrar na forma bela quão impotente diante do sofrimento se encontra a pessoa. Quanto mais alta a posição, tanto mais heroica precisa ser a demonstração da dor. A rainha da França deve permanecer um ano inteiro encerrada no quarto onde lhe foi informada a morte do marido. Para as princesas, bastam seis semanas. Quando madame de Charolais, Isabel de Bourbon, é informada da morte de seu pai, ela primeiro comparece ao funeral no castelo Couwenberg, e depois fica reclusa por seis semanas em seu quarto, sempre deitada na cama, apoiada em almofadas, mas vestida com *barbette*,* capa e touca. O quarto é todo revestido de preto. No piso, em vez de um tapete macio, há um grande pano preto, e a grande antecâmara está igualmente revestida da mesma cor. As mulheres da nobreza ficam seis semanas na cama unicamente quando morre o marido. No caso da morte de pai ou mãe, são apenas nove dias, mas durante o resto das seis semanas permanecem sentadas diante da cama, sobre um grande pano preto. Quando se trata do irmão mais

---

* Uma fralda longa e pendente que era presa em volta do queixo. (N. T.)

velho, ficam recolhidas ao quarto por seis semanas, mas não restritas à cama.[66] Numa época em que se observa um cerimonial tão rigoroso, é compreensível que se considerasse como uma das circunstâncias mais terríveis do assassinato de 1419, relembrado a toda hora, o fato de João Sem Medo ter sido enterrado sem maiores cuidados, apenas com um casaco curto, calças e sapatos.[67]

Quando vestido e assimilado nessas belas formas, o sentimento do luto tende a desaparecer; a ânsia por dramatizar a vida deixa espaço para que o páthos nobremente ornamentado seja recusado nos "bastidores". Existe uma separação ingênua entre a "circunstância" e a vida real, como fica claro nos escritos da velha dama da corte, Aliénor de Poitiers, que venera todas essas "circunstâncias" como se fossem elevados mistérios. À descrição do esplendoroso luto de Isabel de Bourbon, ela acrescenta: "Quando madame estava no privado, ela não estava de modo algum sempre deitada, nem ficava em um único quarto" [*Quand Madame estoit en son particulier, elle n'estoit point toujours couchée, ni en une chambre*]. Aqui, "*en une chambre*" não deve ser entendido como "num mesmo recinto". *Chambre* significa um conjunto de tapeçarias, tapetes, cortinas etc., que serve para forrar um recinto, ou seja, uma sala de cerimônia especialmente decorada.[68] A princesa recebe visitas nessa condição, mas apenas como uma bela formalidade. Assim, Aliénor diz também que pelo marido morto convém vestir-se de luto por dois anos, desde que "não se tenha casado outra vez". E justo nas posições mais altas, sobretudo os soberanos, eles se casavam bem depressa novamente; o duque de Bedford, regente da França em nome do jovem Henrique VI, já o faz depois de cinco meses.

Ao lado do luto, o quarto da parturiente oferece um amplo espaço para uma pompa séria e distinções hierárquicas de decoração. Aqui, as cores são empregadas de uma maneira convencional. O verde, que até o século XIX era uma cor comum para o berço burguês e o *vuurmand* [cesto para secar as roupas do bebê], no século XV era prerrogativa de rainhas e princesas. O quarto de parturiente da rainha da França é de seda verde; antigamente, era todo branco. Mesmo às duquesas não é permitido ter *"la chambre verte"*. Tecidos, peles e cores de mantas e colchas são predefinidos. Sobre o aparador há sempre duas velas grandes acesas em candelabros de prata, pois as janelas do quarto da parturiente são abertas pela primeira vez depois de catorze dias do parto! O mais notável, contudo, são os leitos cerimoniais vazios, assim como as carruagens no funeral do rei da Espanha. A jovem mãe, Isabel de Bourbon, fica deitada sobre uma *couchette* diante da lareira, e a criança, Maria da Borgonha, em um berço no quarto do bebê; mas, além disso, no quarto da parturiente havia ainda duas camas grandes artisticamente ornadas de cortinas verdes, tudo montado e arrumado para alguém dormir, e no quarto da criança outras duas camas grandes, tudo em verde e roxo, e, mais uma vez, uma cama grande em uma antecâmara, toda forrada de seda carmim. Essa *chambre de parement* tinha um tapete com um sol bordado em fios dourados, que havia muito João Sem Medo ganhara da cidade de Utrecht e por isso era chamado de *"la chambre d'Utrecht"*. Nas solenidades batismais, as camas destinavam-se ao uso cerimonial.[69]

Essa estética das formas de vida se revelava no aspecto cotidiano da cidade e do campo: a rígida hierarquia de tecidos, cores e peles proporcionava às diversas classes sociais um enquadramento externo que ao mesmo tempo elevava e protegia o sentimento de dignidade. A estética das emoções não se limitava às alegrias e dores solenes dos partos, casamentos e mortes, quando o espetáculo se impunha por meio de cerimônias obrigatórias. Toda ação moral era vista de bom grado em termos de uma forma lindamente estetizada. Existe um elemento desse tipo na admiração pela humildade e mortificação de um santo, pelo arrependimento do pecador, tal como na *"moult belle contrition de ses péchés"* [na mais bela contrição de seus pecados] de Agnès Sorel.[70] Todo relacionamento da vida social é estilizado. No lugar do impulso moderno para esconder e apagar as relações íntimas e as emoções fortes, o homem medieval esforça-se para convertê-las em uma forma e em um espetáculo também para os outros. Do mesmo modo, a amizade possui na vida do século XV a sua forma bela e elaborada. Junto às antigas irmandades de sangue e de armas, admiradas tanto entre o povo quanto entre a nobreza,[71] conhece-se uma forma de amizade sentimental que é expressa pela palavra *mignon*. O *mignon* do príncipe é uma instituição formalizada que se manteve por todo o século XVI e parte do século XVII. Trata-se da relação de Jaime I da Inglaterra com Robert Carr e George Villiers; também Guilherme de Orange, na época da renúncia de Carlos V, deve ser visto sob esse aspecto. A peça *Noite de reis* só pode ser compreendida quando se considera o relacionamento do duque com o suposto Cesário a partir dessa forma convencional de amizade. A relação é vista como um paralelo ao amor cortesão: *"Sy n'as dame ne mignon"* [Se não tens dama ou *mignon*], diz Chastellain.[72] Mas falta toda e qualquer alusão que possa colocá-la no mesmo plano da amizade grega. A franqueza com que é tratada a amizade *mignon*, numa época em que o *crimen nefandum* era tão abominado, deve fazer calar qualquer suspeita. Bernardino de Siena aponta como exemplo a seus compatriotas italianos, entre os quais a sodomia era bem difundida, a França e a Alemanha, onde ela não era conhecida.[73] Apenas um soberano muito odiado seria acusado, vez por outra, de ter um relacionamento ilícito com seu oficial favorito, como acontece com Ricardo II da Inglaterra e Robert de Vere.[74] Mas, em geral, trata-se de um relacionamento acima de qualquer suspeita, uma honra para o favorecido, a qual ele mesmo confessa. O próprio Commines conta como ele desfrutava da honra de ser favorecido por Luís XI, que lhe permitia vestir-se como ele.[75] Pois esse é o sinal claro de um relacionamento. O rei sempre tem um *mignon en titre*, vestido com os mesmos trajes e no qual ele se apoia por ocasião das recepções.[76] Muitas vezes são dois amigos da mesma idade, mas de classes diferentes, que se vestem de modo igual, dormem em um mesmo quarto e às vezes até na mesma cama.[77] Uma amizade inseparável como essa existe entre o jovem Gaston de Foix e seu irmão bastardo, que tem um fim trágico; entre Luís de Orléans (então ainda de Touraine) e Pierre de Craon;[78] entre o jovem duque de Cleef e Jacques de Lalaing. Da mesma forma, as princesas têm uma amiga íntima, que se veste como elas, e é chamada de *mignonne*.[79]

Todas essas formas de vida belamente estilizadas, que deveriam elevar a bruta realidade a uma esfera de harmonia nobre, faziam parte da grande arte da vida, sem que tivessem um impacto imediato na arte propriamente dita. As boas maneiras, com sua aparência amistosa de altruísmo espontâneo e verdadeiro reconhecimento dos outros, a pompa e a etiqueta da corte, com toda a sua seriedade e solenidade hierática, a jovial decoração das núpcias e do quarto da parturiente, tudo isso desapareceu com toda a sua beleza, sem deixar rastros diretos na arte e na literatura. O meio de expressão que os une não é a arte, mas a moda. Neste momento, a moda, de um modo geral, está muito mais próxima da arte do que a estética acadêmica gostaria de admitir. Como acentuação artificial da beleza e do movimento do corpo, ela apresenta uma ligação estreita com uma das artes: a dança. Mas, além disso, no século XV, o domínio da moda, ou, melhor dizendo, o vestuário, está muito mais perto da arte do que tendemos a imaginar. Não apenas porque o uso frequente de joias e de metais trabalhados nos trajes militares introduz um elemento direto de artesania no vestuário. A moda compartilha propriedades essenciais com a arte: estilo e ritmo também são indispensáveis para ela. A Idade Média tardia sempre expressou no vestuário um grau de estilização da vida, do qual até mesmo a cerimônia de coroação de hoje em dia só pode oferecer uma pálida sombra. Na vida cotidiana, as diferenças de peles e cores, capas e toucas, exibiam a rígida ordenação das classes sociais, as dignidades ostentosas, o estado de alegria ou sofrimento, a relação terna entre amigos e amantes.

A estética de todas as relações da vida foi elaborada do modo mais expressivo possível. Quanto maior era o conteúdo de beleza e moralidade de tais relações, tanto mais se podia transformar a sua expressão em uma verdadeira arte. A cortesania e a etiqueta encontram sua expressão bela apenas na própria vida, nas roupas e na pompa. O luto, por outro lado, encontra sua expressão mais forte em uma forma artística poderosa e duradoura: o monumento funerário. O valor cultural do luto foi elevado devido à sua ligação com a religiosidade. Mais rico ainda era o florescimento estético destes três elementos da vida: bravura, honra e amor.

3. A concepção hierárquica da sociedade

Quando, no final do século XVIII, isto é, no início do Romantismo, as formas da cultura medieval começaram a ser incorporadas como novos valores de vida, a primeira coisa que se descobriu da Idade Média foi a cavalaria. O primeiro Romantismo tendia a identificar a Idade Média com a época da cavalaria, com olhos apenas para os penachos tremulantes sobre os capacetes. E, por mais paradoxal que isso possa parecer agora, tinha certa razão. Estudos mais profundos nos ensinaram que a cavalaria é apenas uma fração da cultura daquela época, e que o desenvolvimento político e social se deu majoritariamente fora dessa forma cultural. Já no fim do século XIII, a época do verdadeiro feudalismo e da cavalaria em flor está por acabar; o que se segue é o período urbano e monárquico da Idade Média, quando os fatores determinantes do Estado e da sociedade são o poderio comercial da burguesia e, baseado nele, o poder financeiro dos reis. Como homens e mulheres de tempos posteriores, nós nos acostumamos, e com razão, a prestar mais atenção a Gent e Augsburg, ao surgimento do capitalismo e às novas formas de Estado, do que à nobreza, que nesse momento já estava por toda parte mais ou menos "falida". A própria pesquisa historiográfica se democratizou desde os dias do Romantismo. Mas mesmo quem está acostumado a considerar o fim do período medieval em seu aspecto político-econômico deve sempre notar que as próprias fontes, em especial as fontes narrativas, dão muito mais espaço à nobreza e a seus negócios do que seria condizente com a nossa imagem dessa época — o que, de resto, não vale apenas para o final da Idade Média, mas também para o século XVII.

A razão para isso é que a forma de vida nobre conservou seu domínio sobre a sociedade muito tempo após a nobreza ter perdido sua importância fundamental como estrutura social. No espírito do século XV, a nobreza ainda é, sem sombra de dúvida, proeminente como elemento social; os contemporâneos exacerbam seu valor e subestimam o da burguesia. Eles não veem que as verdadeiras forças motrizes do desenvolvimento social não estavam mais na vida e nos negócios de uma nobreza guerreira, mas em outro lugar. Esse tipo de argumento culparia os próprios contemporâneos pelo erro e o Romantismo por adotá-lo acriticamente, no mesmo passo em que reivindicaria à pesquisa histórica moderna a descoberta dos verdadeiros fatos da vida medieval tardia. Da vida política e econômica, certamente. Mas para o conhecimento da vida cultural, a própria ilusão em que viviam os contemporâneos tem seu valor de verdade. Por mais que as formas de viver da nobreza não passassem de um verniz aplicado sobre a vida, ainda assim seria necessário que a história soubesse enxergar a vida no brilho desse verniz.

Mas tratava-se de bem mais que um verniz. O conceito de divisão da sociedade em estamentos está na raiz de todas as reflexões políticas e teológicas da Idade Média, e não se resume aos três estamentos consagrados: clero, nobreza e terceiro estado. O conceito de estamento tem valor mais forte e alcance muito maior. Em geral, cada grupo, função, profissão, é considerado um estamento, de modo que, ao lado da divisão da sociedade em três estamentos, também seria possível dividi-la em doze.[1] Pois estamento é estado, *estat* ou *ordo*, termos que remetem à ideia de uma entidade ditada pela vontade de Deus. As palavras *estat* e *ordre* abarcam, na Idade Média, um grande número de grupos humanos que para nós parecem muito heterogêneos: os estamentos, segundo a nossa definição [contemporânea] de classes sociais; as profissões; o estado civil e a virgindade; o "estado de pecado" (*estat de péchié*); os quatro *estats de corps et de bouche* [estados de corpo e de boca] na corte (padeiros, escanciadores, trinchadores e cozinheiros); as ordens do clero (padre, diácono, subdiácono etc.); as ordens monásticas; as ordens cavaleirescas. No pensamento medieval, o conceito de "estado" ou de "ordem" reúne todos esses casos por meio da noção de que cada um desses grupos representa uma instituição divina, é um elemento na arquitetura do mundo, tão essencial e tão hierarquicamente digno quanto os tronos celestiais e os poderes da hierarquia dos anjos.

Na bela imagem que se fazia do Estado e da sociedade, atribuía-se a cada um dos estamentos uma função que não derivava de sua utilidade comprovada, mas de sua santidade ou esplendor. Assim, podia-se lamentar a degradação do clero ou a decadência das virtudes cavaleirescas, sem se renunciar a nada dessa imagem ideal; os pecados humanos podem impedir a realização do ideal, mas este continua a ser o fundamento e a diretriz do pensamento social. A imagem medieval da sociedade é estática, não dinâmica.

É sob um brilho maravilhoso que Chastellain — o historiador da corte de Filipe, o Bom, e Carlos, o Temerário, cuja rica obra é aqui mais uma vez o melhor espelho do pensamento da época — vê a sociedade de seus dias. Eis aqui um homem criado nos campos de Flandres, que testemunhara a esplêndida expansão do poder burguês nos Países Baixos, mas que, ainda assim, cegado pelo mais belo brilho da vida suntuosa da corte da Borgonha, viu apenas a coragem e a virtude cavaleiresca como fontes de poder no Estado.

Deus criou o povo comum para trabalhar, arar o solo e cuidar da subsistência por meio do comércio; o clero, para

3. A CONCEPÇÃO HIERÁRQUICA DA SOCIEDADE

as obras da fé; mas a nobreza para promover a virtude e conservar a justiça, para servir de espelho aos demais pelos seus atos e costumes. Os mais altos deveres do Estado — a proteção da Igreja, a difusão da fé, a defesa do povo contra a opressão, a manutenção do bem comum, o combate à violência e à tirania, o fortalecimento da paz — são todos, para Chastellain, deveres da nobreza. Verdade, bravura, moralidade e benevolência são as suas qualidades. E a nobreza da França, diz esse grandiloquente panegirista, corresponde a essa imagem ideal.[2] Em toda a obra de Chastellain pode-se notar que ele realmente vê os acontecimentos da sua época através dessas lentes coloridas.

A subestimação da burguesia provém do fato de que o tipo com o qual se representava o terceiro estado não fora ainda corrigido pela realidade. Esse tipo era simples e sumário como uma miniatura de calendário ou um baixo-relevo retratando as tarefas do ano: o agricultor trabalhando duro, o artesão zeloso, o comerciante próspero. A figura do patrício poderoso que tirava a nobreza de seu lugar, o fato de que a nobreza continuamente se reabastecia com o sangue e a energia da burguesia, isso tudo encontrou tão pouco espaço naquele tipo lapidar quanto a figura do combativo confrade de guilda com seu ideal de liberdade. No conceito de terceiro estado, e foi assim até a Revolução Francesa, a burguesia e os trabalhadores permaneceram indiferenciados. Alternadamente, o conceito trazia para o primeiro plano da imagem a figura do camponês pobre ou do burguês rico e indolente,[3] mas nunca recebeu uma definição segundo a sua real função política e econômica. Um programa de reforma de um monge agostiniano em 1412 podia demandar seriamente que todo não nobre na França fosse forçado a fazer trabalhos manuais ou trabalho no campo, sob pena de ser expulso do país.[4]

Assim, pode-se entender como alguém como Chastellain, cuja propensão para a ilusão moral se igualava à sua ingenuidade política, atribuísse ao terceiro estado apenas virtudes menores e servis, em oposição às altas qualidades da nobreza:

> *Pour venir au tiers membre qui fait le royaume entier, c'est l'estat des bonnes villes, des marchans et des gens de labeur, desquels ils ne convient faire si longue exposition que des autres, pour cause que de soy il n'est gaires capable de hautes attributions, parce qu'il est au degré servile.*

> Chegando no terceiro membro que torna o reino completo, há o estado das boas cidades, dos comerciantes e dos homens de trabalho, dos quais não convém fazer uma exposição mais longa do que os outros, porque eles quase não são capazes de altas atribuições, pois encontram-se em nível de servidão.

Suas virtudes são a humildade e o zelo, a obediência ao rei e a boa vontade para satisfazer aos senhores.[5]

Será que essa incapacidade de vislumbrar um tempo vindouro de liberdade e de poder da burguesia também contribuiu para que Chastellain e outros como ele, que esperavam a salvação tão somente da nobreza, vissem a época sombriamente?

Os burgueses ricos ainda são chamados por Chastellain simplesmente de *vilains* [vilões].[6] Ele não tem a menor compreensão da honra burguesa. Filipe, o Bom, tinha o hábito de abusar de seu poder para casar os seus *archers*, muitas vezes membros da baixa nobreza, ou outros servidores de sua casa real com as viúvas ou filhas de burgueses ricos. Os pais casavam suas filhas o mais cedo possível para evitar tais propostas; pelo mesmo motivo, uma viúva teve de se casar novamente apenas dois dias após o funeral de seu marido.[7] Certa vez, o duque da Borgonha deparou-se com a obstinada resistência de um rico produtor de cerveja de Lille, que não queria conceder a filha para uma união desse tipo. O duque sequestra a moça; o pai, furioso, muda-se para Tournay com todas as suas posses; fora da jurisdição do duque, ele poderia expor o caso ao Parlamento de Paris. O que, por sua vez, não lhe traz mais que preocupação e dificuldades; ele cai doente de tristeza, e o fim do caso, característico do caráter impulsivo de Filipe,[8] é que a mãe vem ao duque implorar que lhe devolva a filha; o duque só concede o perdão depois de muita humilhação e escárnio. Chastellain, que em geral não teme criticar seu senhor, coloca-se totalmente do lado do duque; para o pai ofendido ele não tem outras palavras além de "esse rebelde cervejeiro rústico" [*Ce rebelle brasseur rustique*] ou "e que vilão maldoso" [*Et encore si meschant vilain*].[9] Em seu *Le Temple de Bocace*, uma galeria ressonante da fama e das desventuras da nobreza, Chastellain só admite o grande financista Jacques Cœur depois de se desculpar por fazê-lo, enquanto o detestável Gilles de Rais, apesar de seus crimes hediondos, é admitido facilmente por ser nobre.[10] Parece-lhe desnecessário mencionar os nomes dos burgueses que perderam a vida na grande batalha por Gent.[11]

A despeito desse desdém pelo terceiro estado, há no próprio ideal cavaleiresco e na prática das virtudes e tarefas atribuídas à nobreza um duplo elemento de consideração menos desdenhosa do povo. Ao lado do escárnio cheio de desprezo e ódio dos aldeões que ressoa no *Kerelslied* flamengo e nos *Proverbes del vilain*, circula por toda a Idade Média um sentimento oposto de compaixão pelo povo pobre, que leva uma vida tão dura:

> *Si fault de faim perir les innocens*
> *Dont les grans loups font chacun jour ventrée,*
> *Qui amassent a milliers et a cens*
> *Les faulx tresors; c'est le grain, c'est la blée,*
> *Le sang, les os qui ont la terre arée*
> *Des povres gens, dont leur esperit crie*
> *Vengence à Dieu, vé à la seignourie...*[12]

Assim devem morrer de fome os inocentes
Com os quais todos os dias os grandes lobos enchem
[as barrigas,
Que acumulam em milhares e centenas
Os tesouros falsos; é o grão, é o trigo,
O sangue e os ossos que araram a terra
Da pobre gente, cujo espírito clama
A Deus por vingança, desgraça aos senhores...

São sempre as mesmas queixas. O povo pobre, afligido pelas guerras, explorado pelos fiscais, vive em penúria e miséria: todos dependem do trabalho do camponês. Eles sofrem pacientemente: *"le prince nén sçait riens"* [o príncipe não sabe de nada], e se às vezes murmuram e difamam o governo, *"povres brebis, provre fol peuple"* [pobres ovelhas, pobre povo tonto], o senhor com uma só palavra os trará de volta à calma e à razão. Na França, sob o efeito da devastação lastimável e da insegurança a que todo o país foi levado pela Guerra dos Cem Anos, predomina um protesto: o camponês saqueado e maltratado por tropas amigas e inimigas, seus animais de criação roubados, eles mesmos expulsos de suas casas e terras. As queixas desse tipo não têm fim. Elas se fazem ouvir na voz de grandes eclesiásticos reformistas por volta de 1400: Nicolas de Clémanges em seu livro *De lapsu et reparatione justitiae*,[13] e Gerson em seu *Vivat rex*, corajoso e comovente sermão político aos regentes e à corte sobre o tema, feito em 7 de novembro de 1405 no palácio da rainha, em Paris:

> *Le pauvre homme n'aura pain à manger, sinon par advanture aucun peu de seigle ou d'orge; sa pauvre femme gerra, et auront quatre au six petits enfants au fouyer, ou au four, qui par advanture sera chauld: demanderont du pain, crieront à la rage de faim. La pauvre mere si n'aura que bouter es dens que un peu*

3. A CONCEPÇÃO HIERÁRQUICA DA SOCIEDADE

de pain ou il y ait du sel. Or devroit bien suffire cette misère: — viendront ces paillars qui chergeront tout... tout sera prins, et happé, et querez qui paye.[14]

O pobre homem não terá pão para comer, exceto talvez um punhado de centeio ou cevada; sua pobre mulher irá gerar e ter quatro ou seis crianças pequenas perto da lareira ou do forno, que por acaso estará quente: irão pedir pão, gritarão loucos de fome. A pobre mãe só tem um pão salgado muito pequeno para lhes enfiar entre os dentes. Agora bastaria de tamanha miséria: virão os saqueadores que levarão tudo embora... Tudo será tomado e levado, e sabemos quem terá de pagar por isso.

Jean Jouvenel, o bispo de Beauvais, apresenta queixas amargas pela miséria do povo perante os estados de Blois em 1433 e de Orléans em 1439.[15] Junto aos protestos dos outros estados sobre as suas próprias dificuldades, aparece o tema da miséria do povo em *Le Quadriloge invectif*, de Alain Chartier,[16] na forma de um debate, que inspirou *Le Debat du laboureur, du prestre et du gendarme*, de Robert Gaguin.[17] Os cronistas retornam ao tema muitas vezes, pois a matéria com que lidam assim o exige.[18] Molinet compõe *La Ressource du petit peuple*,[19] e o sério Meschinot repete sempre as advertências sobre a negligência com o povo:

> *O Dieu, voyez du common l'indigence,*
> *Pourvoyez-y à toute diligence:*
> *Las! par faim, froid, paour et misere tremble.*
> *S'il a peché ou commis negligence,*
> *Encontre vous, il demande indulgence.*
> *N'est-ce pitié des biens que l'on lui emble?*
> *Il n'a plus bled pour porter au molin,*
> *On lui oste draps de laine et de lin,*
> *L'eaue, sans plus, lui demeure pour boire.*[20]

Ó Deus, veja a indigência do povo comum,
Proveja-os com total diligência:
Ai! De fome, frio, medo e miséria eles tremem.
Se eles pecaram ou foram negligentes,
Diante do Senhor, eles pedem indulgência.
Não é uma pena que tenham perdido seus bens?
Não há mais trigo para levarem ao moinho,
Lhes tomaram a lã e o linho,
Água, nada mais, lhes deixaram para beber.

Em um documento com reivindicações entregue ao rei durante a reunião dos estados-gerais em Tours, em 1484, as queixas assumem um caráter de discurso político.[21] Tudo, porém, permanece no nível de uma compaixão completamente estereotipada e negativa, nunca vindo a se tornar um programa político. Ainda não há qualquer indício de uma ideia bem definida de reforma social, e é dessa maneira que o tema será tratado em La Bruyère, em Fénelon e até mesmo no final do século XVIII, pois as queixas do velho Mirabeau, *"l'ami des hommes"*, não são muito diferentes, por mais que nelas ressoe a voz da futura resistência.

É de esperar que aqueles que glorificam o ideal cavaleiresco do fim da Idade Média concordem com esses testemunhos de compaixão para com o povo — afinal, o cumprimento do dever cavaleiresco de proteger os mais fracos assim o exigia. Igualmente peculiar à essência da moral cavaleiresca, e igualmente estereotipada e teórica, é a noção de que a verdadeira nobreza se funda apenas na virtude e de que no fundo todos os homens são iguais. Esses dois sentimentos são às vezes superestimados em seu significado histórico-cultural. Considera-se o reconhecimento de que a verdadeira nobreza reside no coração como um triunfo do Renascimento, e cita-se a propósito que Poggio expressa essa ideia em seu *De nobilitate*. De modo geral, ouve-se o primeiro ressoar desse antigo

3. A CONCEPÇÃO HIERÁRQUICA DA SOCIEDADE

igualitarismo na voz revolucionária de John Ball, *"When Adam delved and Eve span,/ Where was then the gentleman?"* [Quando Adão cavava e Eva fiava,/ Onde é que a nobreza estava?], e imagina-se que a nobreza tremia diante dessas palavras.

Mas já fazia muito tempo que essas duas ideias eram lugares-comuns na própria literatura cortesã, assim como seriam nos salões do Antigo Regime. A ideia de que "a nobreza começa no coração"[22] já era comum no século XII, tanto na poesia latina como na dos trovadores. Ao longo de todo esse tempo, ela permaneceu como uma reflexão moral, sem um impacto social efetivo.

> *Dont vient a tous souveraine noblesce?*
> *Du gentil cuer, paré de nobles mours.*
> *Nul n'est villains se du cuer ne lui muet.*[23]

> De onde vem em todos a nobreza soberana?
> Do coração gentil, adornado de nobre moral.
> Ninguém é vilão se isso não vier do seu coração.

A ideia de igualdade fora emprestada de Cícero e Sêneca pelos patriarcas da Igreja. Gregório, o Grande, já havia ensinado à Idade Média que se aproximava o *"Omnes namque natura aequales sumus"* [Todos os homens são iguais por natureza]. Essa fórmula foi repetida em todos os tons e ênfases, sem que com isso se quisesse diminuir as desigualdades. Pois para o homem medieval a ideia de igualdade aponta para a iminente igualdade na morte, e não para uma inalcançável igualdade em vida. Em Eustache Deschamps, nós a encontramos em clara conexão com a imagem da Dança Macabra, que no final da Idade Média devia oferecer consolo contra as injustiças do mundo. É o próprio Adão que se dirige a seus descendentes:

Enfans, enfans, de moy, Adam, venuz,
Qui après Dieu suis peres premerain
Créé de lui, tous estes descenduz
Naturelment de ma coste et d'Evain;
Vo mere fut. Comment est l'un villain
Et l'autre prant le nom de gentillesce
De vous, freres? Dont vient tele noblesce?
Je ne le sçay, se ce n'est des vertus,
Et les villains de tout vice qui blesce:
Vous estes tous d'une pel revestus.

Quant Dieu me fist de la boe ou je fus,
Homme mortel, faible, pesant et vain,
Eve de moy, il nous crea tous nuz,
Mais l'esperit nous inspira a plain
Perpetuel, puis eusmes soif et faim,
Labour, dolour, et enfans en tristesce;
Pour noz pechiez enfantent a destresce
Toutes femmes; vilment estes conçuz.
Dont vient ce nom: villain, qui les cueurs blesce?
Vous estes tous d'une pel revestuz.

Les roys puissants, les contes et les dus,
Li gouverneur du peuple et souverain,
Quant ilz naissent, de quoy sont ilz vestuz?
D'une orde pel.
Prince, pensez, sanz avoir en desdain
Les povres genz, que la mort tient le frain.[24]

Crianças, crianças, de mim, Adão, nascidas,
Que depois de Deus, sou o primeiro pai.
Criados por Ele, todos vós descendeis de mim,
Naturalmente da minha costela e de Eva;
Ela foi vossa sua mãe. Como um pode ser vilão
E o outro levar o nome de gentil-homem
Entre vós, que sois irmãos? De onde vem tal nobreza?

3. A CONCEPÇÃO HIERÁRQUICA DA SOCIEDADE

Eu não sei, a não ser que venha das virtudes,
E os vilões de todos os vícios que ofendem:
Todos sois revestidos da mesma pele.

Quando Deus me fez da lama em que eu estava,
Homem mortal, fraco, pesado e vaidoso,
Eva de mim, Ele nos criou todos nus,
Mas Ele nos deu o espírito perpétuo.
Depois tivemos sede e fome,
Trabalho, dor e filhos sofrendo;
Pelos nossos pecados, dão à luz com dor
Todas as mulheres; vilmente sois concebidos.
De onde vem esse nome: vilão, que machuca o coração?
Todos sois revestidos da mesma pele.

Os reis poderosos, os condes e os duques,
O governador do povo e os soberanos,
Quando eles nascem, com o que estão vestidos?
De uma pele suja.
Príncipe, pense, sem ter desdém
Pelas pessoas pobres, que a morte segura as rédeas.

Em conformidade com essa ideia, alguns entusiastas do ideal cavaleiresco por vezes registram intencionalmente os feitos de heróis camponeses, no intuito de ensinar à nobreza que "aqueles a quem nós consideramos vilões são dotados da maior bravura".[25]

Pois o fundamento de todas essas ideias é sempre o mesmo: a nobreza foi chamada a defender e purificar o mundo pelo cultivo do ideal cavaleiresco. A vida correta e a virtude correta dos nobres são o remédio para os males da época; delas dependem o bem-estar e a paz da Igreja e do reino, bem como o respeito à justiça.[26] A guerra veio ao mundo por Caim e Abel, e desde então difundiu-se entre os bons e os maus. Começá-la não é bom. Por isso foi instituída a mui nobre e excelentíssima ordem dos cavaleiros — para proteger, defender e pacificar o povo, que é frequentemente o mais atingido pelas desgraças da guerra.[27] Como diz o livro sobre a vida de Boucicaut, um dos mais puros representantes do ideal cavaleiresco tardo-medieval, duas coisas foram postas no mundo pela vontade de Deus, como dois pilares que sustentam a ordem das leis divinas e humanas; sem eles o mundo não seria nada além de confusão; esses dois pilares são a cavalaria e o conhecimento, que andam muito bem juntos ["*chevalerie et science qui moult bien conviennent ensemble*"].[28] "Conhecimento, fé e cavalaria" são as três flores-de-lis do *Le Chapel des fleurs de lis* de Philippe de Vitri; elas representam os três estamentos, sendo que a cavalaria é chamada a proteger e amparar os outros dois.[29] Essa equivalência entre cavalaria e conhecimento, que também se manifesta na tendência a atribuir ao título de "doutor" os mesmos direitos que ao título de cavaleiro,[30] atesta o alto teor ético do ideal cavaleiresco. Venera-se assim, lado a lado, a vontade e ousadia superiores e o saber e capacidade superiores; sente-se a necessidade de ver o homem elevado a novas alturas e se quer expressá-la na forma fixa e equivalente de duas consagrações a uma missão de vida superior. Mas, dentre elas, o ideal cavaleiresco teve um efeito muito mais intenso e geral, pois nele se uniam elementos tanto éticos como estéticos, que eram compreensíveis a qualquer espírito.

4. O ideal de cavalaria

O pensamento medieval está permeado e saturado de concepções religiosas. Do mesmo modo, o pensamento daquele grupo mais restrito que vive no círculo da corte e da nobreza é impregnado pelo ideal cavaleiresco. Até mesmo noções relativas à fé são incorporadas e sucumbem ao ideal da cavalaria: as façanhas do arcanjo Miguel foram "a primeira tropa e proeza cavaleirescas a serem realizadas" [*la première milicie et prouesse chevaleureuse qui oncques fut mis en exploict*]; dele desce a cavalaria; como "tropa terrena e cavalaria humana" [*milicie terrienne et chevalerie humaine*], ela é a réplica terrena das hostes de anjos ao redor do trono de Deus.[1] O vínculo íntimo do ritual de consagração do cavaleiro com noções religiosas é especialmente evidente na história do banho cavaleiresco de Rienzo.[2] O poeta espanhol Juan Manuel fala desse ritual como se fosse um tipo de sacramento, comparável ao batismo e ao casamento.[3]

Essa alta expectativa quanto ao cumprimento do dever da nobreza alguma vez levou a uma definição mais precisa das ideias políticas relativas às suas obrigações? Certamente sim, na busca da paz universal, baseada na concórdia dos reis, na conquista de Jerusalém e na expulsão dos turcos. O incansável estrategista Philippe de Mézières, que sonhava com uma ordem cavaleiresca que superasse o antigo poder dos Templários e dos Hospitalários, elaborou um plano em seu *Le Songe du vieil pelerin* para garantir a salvação do mundo num futuro próximo. O jovem rei da França — a obra é de 1388, quando ainda se depositava muita esperança no desafortunado Carlos VI — poderia facilmente chegar a um acordo de paz com Ricardo da Inglaterra, tão novo e inocente em relação à antiga disputa quanto ele próprio. Assim, bastaria que se encontrassem pessoalmente para discutir a paz, contassem sobre as revelações prodigiosas que a anunciavam, deixando de lado os interesses mesquinhos que poderiam ser um obstáculo, caso as negociações fossem entregues a membros do clero, juristas ou generais. Ao rei da França cabia renunciar a algumas cidades de fronteira e castelos. E logo depois da paz, seria preciso preparar a cruzada. Em toda parte os litígios e disputas seriam dirimidos, e o governo tirânico das terras seria reformado; um concílio geral conclamaria os príncipes da cristandade à guerra, caso as pregações não bastassem para converter tártaros, turcos, judeus e sarracenos.[4] Não é improvável que esses planos ousados tenham sido tema das conversas amigáveis de Mézières com o jovem Luís de Orléans no convento dos celestinos em Paris. Orléans também vivia — no seu caso, com um ingrediente pragmático e egoísta — entre sonhos de paz e de cruzadas.[5]

Essa imagem de uma sociedade sustentada pelo ideal cavaleiresco dá uma coloração fantástica ao mundo. Naturalmente, é uma coloração que não se mantém por muito tempo. Tome-se qualquer um dos cronistas franceses dos séculos XIV e XV: o agudo Froissart, os áridos Monstrelet e D'Escouchy, o solene Chastellain, o áulico Olivier de la Marche, o bombástico Molinet, e todos — exceção feita a Commines e a Thomas Basin — começam pela grandiloquente declaração de que escrevem para glorificar a virtude cavaleiresca e os ilustres feitos de armas.[6] Mas nenhum deles consegue manter a palavra até o final. Chastellain é o que melhor se sai, ao passo que Froissart,

4. O IDEAL DE CAVALARIA

ele mesmo autor de uma imitação hiper-romântica da épica cavaleiresca, *Méliador*, com o espírito inundado de uma *"prouesse"* ideal e de *"grans apertises d'armes"*, escreve como um jornalista sobre traição e crueldade, egoísmo astuto e hegemonia, ações bélicas que se tornaram apenas um negócio lucrativo. Molinet muitas vezes se esquece de suas intenções cavaleirescas e, deixando de lado seu estilo e dicção, narra clara e simplesmente os acontecimentos, para ocasionalmente se lembrar da elegância nobre a que havia se proposto. Mais superficial ainda é o teor cavaleiresco em Monstrelet.

É como se o espírito desses autores — um espírito pouco profundo, é preciso dizer — empregasse a ficção cavaleiresca como um corretivo à sua própria época, que lhes parecia incompreensível. Era a única forma na qual se podia entender os acontecimentos, ao menos em parte. Na realidade, a guerra e a política de seu tempo eram extremamente informes e aparentemente incoerentes. A guerra era em geral um processo crônico de incursões isoladas e espalhadas por um grande território; a diplomacia, um instrumento exaustivo e ineficaz, dominado em parte por ideias tradicionais muito genéricas, em parte por um complexo inextricável de pequenas questões jurídicas. Incapazes de reconhecer em tudo isso um desenvolvimento social de fato, os historiadores acolhem a ficção do ideal da cavalaria para reduzir tudo a uma bela imagem de honra soberana e virtude cavaleiresca, a um belo jogo de regras nobres, criando assim uma ilusão de ordem. Quando se compara esse critério histórico à visão de um historiador como Tucídides, logo se percebe que esse é um ponto de vista bastante raso. A história se reduz a um árido relato de belas façanhas — ou supostamente belas — e de ações solenes do Estado. Dessa perspectiva, quem são as verdadeiras testemunhas históricas? Para Froissart, são os arautos e os reis de armas; eles presenciam esses nobres feitos e devem julgá-los oficialmente;

são especialistas em questões de fama e de honra, e fama e honra são o tema da historiografia.⁷ Os estatutos da Ordem do Tosão de Ouro prescreviam que se registrassem os feitos cavaleirescos; Lefèvre de Saint-Remy, dito Toison d'Or, e o arauto Berry podem ser citados como exemplos de reis de armas historiógrafos.

Como ideal de vida bela, a concepção cavaleiresca tem um caráter peculiar. É um ideal essencialmente estético, composto de fantasias vívidas e emoções nobres, que também almeja ser um ideal ético: o pensamento medieval só pode conferir uma posição nobre a um ideal de vida se conseguir vinculá-lo à piedade e à virtude. Nessa sua função ética, a cavalaria fica sempre a dever — a sua origem pecaminosa a impede de realizá-la. Pois o cerne do ideal é sempre o orgulho elevado à condição de beleza. Chastellain compreendeu-o perfeitamente ao dizer: "A glória dos príncipes consiste em orgulho e em empreender coisas muito perigosas; todos os poderes principais convergem num único ponto, que se chama orgulho" [*La gloire des princes pend en orgueil et en haut péril emprendre; toutes principales puissances conviengnent en un point estroit qui se dit orgueil*].⁸ Do orgulho, estilizado e exaltado, nasce a honra, que é o centro da vida nobre. Se nos estratos médios e inferiores o interesse é a motivação principal, o orgulho — diz Taine — é o grande móvel da aristocracia: "Ora, entre os sentimentos profundos do homem, não há outro tão apto a se transformar em probidade, patriotismo e consciência, pois o homem orgulhoso precisa de seu respeito próprio e, a fim de obtê-lo, tem a tentação de merecê-lo".⁹ Taine sem dúvida tende a ver a aristocracia sob uma luz favorável. Em toda parte, a verdadeira história das aristocracias mostra antes uma imagem em que o orgulho está aliado ao egoísmo mais desenfreado. Não obstante, as palavras de Taine, como descrição do ideal de vida aristocrático, são certeiras. São próximas da definição do sentimento de honra renascentista em Burckhardt: aquela enigmática mistura de consciência e egoísmo que sobrevive no homem moderno, mesmo quando, seja ou não por culpa sua, todo o resto se perdeu: fé, amor e esperança. Esse sentimento de honra é compatível com muito egoísmo e grandes vícios; é capaz de produzir enormes ilusões; mas o que resta de nobreza em uma personalidade pode se vincular a esse sentimento e, recorrendo a essa fonte, recobrar novas forças.[10]

A ambição pessoal e a sede de glória — que ora expressam um alto sentimento de honra, ora parecem ter brotado da soberba mais tosca — foram retratadas por Burckhardt como as qualidades principais do homem renascentista.[11] À honra e ao orgulho de estamento, que ainda animavam a sociedade genuinamente medieval fora da Itália, ele contrapõe um sentimento universal de honra e glória que o espírito italiano persegue desde Dante, sob forte influência das ideias da Antiguidade. Parece-me que esse é um dos pontos em que Burckhardt exagera a distância entre o medieval e o renascentista, entre a Europa Ocidental e a Itália. A sede de glória e de honra no Renascimento é, no fundo, a ambição cavaleiresca de um período anterior e de origem francesa, a honra estamental elevada a uma validade mais ampla, despojada do sentimento feudal e fecundada pelo pensamento antigo. O desejo apaixonado de ser louvado pela posteridade é familiar tanto ao cavaleiro de corte do século XII e ao rude soldado francês ou alemão do século XIV quanto ao belo espírito do Quattrocento. Segundo Froissart, o encontro que antecedeu ao Combat des Trente (27 de março de 1351) entre o sr. Robert de Beaumanoir e o capitão inglês Robert Bamborough termina com as palavras deste último: "E que no futuro os homens falem a respeito nos salões e palácios, nas praças e outros lugares de todo o mundo".[12] Chastellain, mesmo em sua apreciação completamente medieval do ideal cavaleiresco, já exprime todo o espírito do Renascimento, ao afirmar:

> *Honneur semont toute noble nature*
> *D'aimer tout ce qui noble est en son estre.*
> *Noblesse aussi y adjoint sa droiture.*[13]

A honra encoraja toda natureza nobre
A amar tudo que é nobre em seu próprio ser.
A nobreza também lhe dá a sua retidão.

Em outro lugar, Chastellain diz que entre os judeus e os pagãos a honra era mais estimada e mais rigorosamente mantida, já que praticada apenas por si mesma e pela esperança de louvor terreno, ao passo que os cristãos haviam recebido a honra por meio da fé e da luz, na esperança de uma recompensa celeste.[14]

Já em Froissart, a coragem é recomendada sem nenhum motivo religioso ou moral, visando antes à glória, à honra e — como enfant terrible que é — a uma carreira.[15]

A aspiração cavaleiresca à glória e à honra é inseparável do culto dos heróis, no qual confluem os elementos medieval e renascentista. A vida cavaleiresca é uma imitação, seja dos heróis do ciclo arturiano, seja dos heróis da Antiguidade, pouco importa. Na época de ouro do romance de cavalaria, Alexandre, o Grande, já estava completamente incorporado à esfera das ideias da cavalaria. A imagem fantasiosa da Antiguidade ainda não se distinguia da Távola Redonda. Num poema, o rei René contempla, em uma miscelânea fascinante, os túmulos de Lancelote, César, Davi, Hércules, Páris e Troilo, todos decorados com seus brasões.[16] A própria cavalaria teria se originado com os romanos: "*Et bien entretenoit*", diz-se sobre Henrique v da Inglaterra, "*la discipline de chevalerie, comme jadis faisoient les Rommains*" [E ele manteve muito bem a disciplina da cavalaria, assim como já haviam feito os romanos].[17] O classicismo emergente traz consigo certa clareza em relação à imagem histórica da Antiguidade. O nobre português Vasco de Lucena, que

4. O IDEAL DE CAVALARIA

traduz Quinto Cúrcio para Carlos, o Temerário, declara — como Maerlant já o fizera um século e meio antes — oferecer-lhe uma visão autêntica de Alexandre, livre das mentiras com que os relatos costumeiros haviam distorcido a sua história.[18] Mas seu maior propósito é oferecer ao príncipe um exemplo digno de emulação — e poucos príncipes aspiravam tão conscientemente a se igualar aos antigos por meio de feitos grandiosos do que Carlos, o Temerário. Desde jovem, ele mandava que lhe declamassem os feitos heroicos de Gawain e Lancelote; mais tarde, passou a preferir os antigos. Antes de dormir, fazia com que lhe lessem por um par de horas *"les haultes histoires de Romme"* [as grandes histórias de Roma].[19] Tinha especial predileção por César, Aníbal e Alexandre, "a quem queria seguir e imitar" [*lesquelz il vouloit ensuyre et contrefaire*].[20] Todos os contemporâneos deram muita importância a essa deliberada imitação como motivo de suas ações. "Ele desejava grande glória", diz Commines, "que mais do que qualquer coisa o levou a empreender essas guerras; e gostaria de parecer com aqueles antigos príncipes dos quais tanto se falou após sua morte" [*Il désiroit grand gloire qui estoit ce qui plus le mettoit en ses guerres que nulle autre chose; et eust bien voulu ressembler à ces anciens princes dont il a esté tant parlé après leur mort*].[21] Chastellain testemunhou a primeira vez em que Carlos, o Temerário, pôde pôr em prática seu elevado propósito de grandeza e seu ímpeto de fazer grandes gestos à moda antiga. Foi por ocasião de sua primeira entrada como duque em Malinas, em 1467. Devia punir uma rebelião; a causa foi devidamente instruída e julgada, um dos líderes foi condenado à morte, outros foram exilados para sempre. O patíbulo é erguido na praça do mercado, o duque senta-se bem à frente; o culpado está de joelhos, o carrasco empunha a espada. Então, Carlos, que havia escondido sua intenção até aquele momento, exclama: "Parem! Tirem-lhe a venda e ponham-no de pé". Diz

Chastellain: "E então percebi que seu coração tinha propósitos altos e singulares para o futuro, e para adquirir glória e renome pelas suas obras extraordinárias" [*Et me parçus de lors que le cœur luy estoit en haut singulier propos pour le temps à venir, et pour acquérir gloire et renommée en singulière œuvre*].[22]

O exemplo de Carlos, o Temerário, é apropriado para mostrar como o espírito do Renascimento, o anseio por uma vida mais bela espelhada na imagem da Antiguidade, tem raízes diretas no ideal cavaleiresco. Quando se compara o duque ao virtuoso italiano, a diferença é apenas de erudição e gosto. Carlos ainda lia seus clássicos em tradução, e seu estilo de vida ainda era gótico flamboyant.

O culto dos nove heróis (*les neuf preux*) é prova dessa fusão dos elementos cavaleiresco e renascentista. Esse grupo de nove heróis (três pagãos, três judeus, três cristãos) surge na esfera do ideal cavaleiresco; ele é encontrado pela primeira vez por volta de 1312, nos *Vœux du paon* de Jacques de Longuyon.[23] A seleção dos heróis revela uma ligação estreita com o romance de cavalaria: Heitor, César e Alexandre; Josué, Davi e Judas Macabeu; Artur, Carlos Magno e Godofredo de Bouillon. Eustache Deschamps toma a ideia de empréstimo a seu mestre, Guillaume de Machaut, e lhe dedica um bom número de poemas.[24] Provavelmente, foi ele mesmo que satisfez a necessidade de simetria, tão pronunciada no espírito medieval, e adicionou, aos nove heróis (*preux*), nove heroínas (*preuses*). Para isso, buscou figuras clássicas bastante excêntricas em Justino e em outras fontes: Pentesileia, Tamíris, Semíramis, mutilando a maioria dos nomes no processo. Isso não impediu que a ideia tivesse sucesso, de modo que se encontram *preux* e *preuses* em escritos posteriores, como *Le Jouvencel*. Eles são retratados em tapeçarias e se inventam brasões para eles; quando fez sua entrada em Paris, em 1431, Henrique VI da Inglaterra foi precedido por todos os dezoito.[25]

A ideia permaneceu viva por todo o século XV e além, como o provam as paródias a seu respeito: Molinet diverte-se com um poema sobre os nove *"preux de gourmandise"* [heróis da glutonaria],[26] e até Francisco I fantasiava-se de vez em quando *à l'antique* para representar um dos *preux*.[27]

Além do acréscimo de personagens femininas, Deschamps desenvolveu essa ideia de outra maneira: vinculou o culto da virtude dos heróis antigos ao presente, trazendo-o para a esfera do nascente patriotismo militar francês, ao agregar aos nove originais um *preux* francês e contemporâneo: Bertrand du Guesclin.[28] Também essa ideia teve sucesso: Luís de Orléans fez com que, no grande salão de Coucy, a estátua do bravo condestável fosse adicionada na condição de décimo herói.[29] Orléans tinha boas razões para essa preocupação especial com a memória de Du Guesclin: ele mesmo fora batizado pelo condestável, e dele recebera uma espada. Seria de esperar que, a partir do século XV, a décima figura da série das mulheres fosse Joana d'Arc. Louis de Laval, cuja avó se casara em segundas núpcias com Du Guesclin e cujo irmão fora companheiro de armas da Donzela, encarregou seu capelão Sébastien Mamerot de escrever uma história dos nove heróis e nove heroínas, acrescentando-lhe Du Guesclin e Joana d'Arc. Porém, no manuscrito preservado de Mamerot, os dois nomes estão ausentes,[30] e não há sinal de que a ideia, pelo menos no que diz respeito a Joana d'Arc, tenha tido maior sucesso. O culto do heroísmo militar nacional, que surge na França a partir do século XV, volta-se principalmente para a figura do bravo e astuto guerreiro bretão. Todos os comandantes que haviam lutado contra ou a favor de Joana d'Arc ocupam um lugar muito maior e mais honroso na imaginação dos contemporâneos do que a mocinha camponesa de Domrémy. Muitos ainda falam dela sem emoção ou reverência, como se não fosse mais que uma curiosidade. Chastellain, que ocasionalmente sabia pôr de lado seus sentimentos borguinhões em prol de uma lealdade emotiva à França, compõe um *mystère* sobre a morte de Carlos VII, no qual todos os chefes que haviam combatido a serviço do rei contra os ingleses vêm declamar uma estrofe sobre seus feitos, como numa galeria de bravos heróis: lá estão Dunois, Jean de Bueil, Xaintrailles, La Hire, mais um bom número de nomes menos conhecidos.[31] O efeito é semelhante ao de uma lista de generais napoleônicos. Mas a Donzela está ausente.

Os duques da Borgonha guardavam em seus tesouros algumas relíquias heroicas de apelo romântico: uma espada de são Jorge, adornada com seu brasão de armas; uma espada que pertencera a *"messire* Bertran de Claiquin" (Bertrand du Guesclin); um dente do javali de Garin le Loherain; o livro de salmos que são Luís estudara na infância.[32] Como convergem aqui as esferas da fantasia cavaleiresca e religiosa! Mais um passo e chegamos à clavícula de Tito Lívio, recebida pelo papa Leão X com a solenidade digna de uma relíquia.[33]

O culto dos heróis no fim da Idade Média encontra sua forma literária na biografia do cavaleiro perfeito. Por vezes, trata-se de figuras que já haviam se tornado lendárias, como Gilles de Trazegnies. Mas as mais importantes são aquelas de contemporâneos, como Boucicaut, Jean de Bueil, Jacques de Lalaing.

Jean le Meingre, conhecido como *le maréchal* Boucicaut, serviu seu país em meio a grandes desastres. Esteve com João Sem Medo em 1396 em Nicópolis, quando o exército de cavaleiros franceses, que partira de maneira imprudente para expulsar os turcos da Europa, acabou destruído pelo sultão Bajazet. Foi feito prisioneiro novamente em Azincourt, em 1415, e morreu no cativeiro seis anos depois. Quando ele ainda vivia, um admirador registrou seus feitos num livro de 1409, baseando-se em informações e documentos bastante confiáveis;[34] no entanto, não se tratava de escrever uma página de história contemporânea, e sim de erigir a imagem do cavaleiro ideal. A realidade de uma vida cheia de guinadas desaparece atrás da bela aparência da imagem cavaleiresca. A terrível catástrofe de Nicópolis no *Livre des faicts* é pintada com cores pálidas. Boucicaut é retratado como o tipo de cavaleiro sóbrio, piedoso, cortês e letrado ao mesmo tempo. O desprezo às riquezas, próprio do verdadeiro cavaleiro, é expresso nas palavras do pai de Boucicaut, que diz não querer aumentar ou diminuir seu patrimônio: meus filhos, se forem honestos e valorosos, terão o suficiente; se não valerem nada, seria pecado deixar-lhes tanto.[35] A devoção de Boucicaut é de natureza rigidamente puritana. Acorda cedo e reza por três horas. Por mais ocupado que esteja, ouve duas missas por dia, sempre de joelhos. Às sextas-feiras, veste-se de preto; aos domingos e dias festivos, faz uma peregrinação a pé ou manda declamar algum trecho da vida dos santos ou das histórias *"des vaillans trespassez soit Romains ou autres"* [dos mortos valentes, sejam romanos ou não], ou então conversa sobre temas devotos. É frugal e comedido, fala pouco, na maioria das vezes sobre Deus, ou sobre os santos, a virtude ou a cavalaria. Também acostumou todos os seus serviçais à devoção e à decência, e ensinou-os a não blasfemar.[36] É um defensor zeloso do culto casto e nobre da mulher; honra a todas por amor a uma, e funda a Ordre de la Dame Blanche à l'Écu Vert a fim de defender as mulheres, o que lhe vale os elogios de Christine de Pisan.[37] Em Gênova, para onde Carlos VI o designa para assumir a administração em 1401, certa vez respondeu com polidez às saudações de duas damas. "'Meu senhor', diz seu escudeiro, 'quem são as duas mulheres às quais o senhor fez tão grande reverência?' 'Huguenin', ele disse, 'eu não sei.' Então ele disse: 'Meu senhor, elas são prostitutas'. 'Prostitutas', diz ele, 'Huguenin, eu preferiria ter saudado dez prostitutas a ter deixado de saudar uma mulher de respeito.'" [*"Monseigneur, qui sont ces deuz femmes à qui vous avez si grans reverences faictes?" "Huguenin", dit-il, "je ne scay." Lors luy dist: "Monseigneur, elles sont filles communes". — "Filles communes", dist-il, "Huguenin, j'ayme trop mieulx faire reverence à dix filles communes, que avoir failly à une femme de bien."*][38]Sua divisa, *"Ce que vous vouldres"*, é deliberadamente enigmática, como uma divisa deve ser. Ele se referiria à sua rendição às vontades da dama a quem era fiel, a quem sua fidelidade estaria dirigida? Ou deve-se entendê-la como uma espécie de resignação geral para com a vida, tal como só se esperaria encontrar em tempos bem posteriores?

Tais são as cores de devoção e modéstia, austeridade e fidelidade com as quais se pintou a bela imagem do cavaleiro ideal. Não seria de esperar que o próprio Boucicaut nem sempre tenha se conformado a esse modelo? A ganância e a violência, tão comuns em sua classe, não eram estranhas a essa nobre figura.[39]

Mas por vezes o cavaleiro exemplar também é visto sob uma luz completamente diferente. *Le Jouvencel*, um romance biográfico sobre Jean de Bueil, foi escrito aproximadamente meio século depois da vida de Boucicaut, o que em parte explica a diferença de percepção. Jean de Bueil foi um capitão que lutou sob a bandeira de Joana d'Arc e mais tarde envolveu-se na rebelião da Praguerie e na guerra *"du bien public"*. Morreu em 1477. Caído em desgraça junto ao rei, ele havia feito, por volta de 1465, um relato de sua vida a três de seus serviçais, que levou o título de *Le Jouvencel*.[40] Ao contrário da vida de Boucicaut, em que a forma histórica possui um espírito romântico, *Le Jouvencel* contém, em sua forma ficcional, um forte caráter realista, ao menos na primeira parte; nas partes seguintes, o estilo de um romantismo edulcorado talvez derive da autoria múltipla. Lê-se aí, disfarçado no refinamento afetado da velha poesia pastoral, um relato da horrenda campanha dos exércitos franceses em território suíço, em 1444, e da batalha de Jacó às margens do Birs, quando os camponeses da região da Basileia viveram a sua batalha das Termópilas.

Em forte contraste, o trecho inicial de *Le Jouvencel* oferece uma imagem sóbria e verdadeira da guerra daqueles tempos como quase não se encontra em outro lugar. Tampouco esses autores escrevem sobre Joana d'Arc, de quem seu mestre fora companheiro de armas. São os feitos heroicos de Jean de Bueil que eles glorificam. Eis um homem que devia saber narrar muito bem os seus feitos guerreiros! Anuncia-se aqui o espírito da França militar, que mais tarde criará as figuras do *mousquetaire*, do *grognard* e do *poilu*. A motivação cavaleiresca só se manifesta na introdução, que exorta os jovens a aprenderem a vida de armas com essa obra e os aconselha contra o orgulho, a inveja e a ganância. Mas o elemento piedoso e amoroso de Boucicaut está ausente da primeira parte de *Le Jouvencel*. O que encontramos aqui é a miséria da guerra, suas privações e monotonia, a coragem intrépida que suporta as aflições e enfrenta perigos. Um castelão reúne a sua guarnição e conta apenas quinze cavalos, todos magros, a maioria sem ferraduras. Manda que dois homens montem cada cavalo, mas também os homens são mancos ou caolhos. Para que se possa remendar os trajes do capitão, pegam as roupas do inimigo, postas para secar. Uma vaca roubada é devolvida ao capitão inimigo, após um pedido cortês. Na descrição de uma saída noturna pelos campos, respiramos o ar da noite e sentimos o silêncio.[41] Em *Le Jouvencel*, vê-se a passagem do tipo cavaleiresco para o do militar nacional: o herói do livro restitui a liberdade aos pobres prisioneiros, sob condição de se tornarem bons franceses. Tendo conquistado altas honras, ele sente nostalgia por essa vida de aventura e liberdade.

Um tipo tão realista de cavaleiro (que, como já foi dito, a obra não sustenta até o fim) ainda não podia ser produzido pela literatura borguinhã, mais antiquada, mais solene e mais ligada às formas feudais do que a literatura propriamente francesa. Ao lado do *Jouvencel*, o *Livre des faits de Jacques de Lalaing* é uma curiosidade antiga, escrita segundo o clichê dos velhos cavaleiros andantes à maneira de Gilles de Trazegnies. O livro sobre as façanhas desse venerado herói borguinhão fala mais de torneios românticos do que de guerras reais.⁴²

A psicologia da coragem guerreira talvez nunca tenha sido formulada de modo tão simples e objetivo como nestas palavras de *Le Jouvencel*:

> *C'est joyeuse chose que la guerre... On s'entr'ayme tant à la guerre. Quant on voit sa querelle bonne et son sang bien combattre, la larme en vient à l'ueil. Il vient une doulceur au cueur de loyaulté et de pitié de veoir son amy, qui si vaillamment expose son corps pour faire et acomplir le commandement de nostre createur. Et puis on se dispose d'aller mourir ou vivre avec lui et pour amour ne l'abandonner point. En cela vient une délectation telle que, qui ne l'a essaiié, il n'est homme qui sceust dire quel bien c'est. Pensez vous que homme qui face cela craingne la mort? Nennil; car il est tant reconforté, il est si ravi, qu'il ne scet ou il est. Vraiment il n'a paour de rien.*⁴³

É coisa alegre a guerra... Amamos tanto nossos companheiros na guerra. Quando vemos que a nossa querela é justa e que o nosso sangue combate bem, lágrimas nos vêm aos olhos. O coração se enche de uma doçura de lealdade e piedade ao ver seu amigo, que tão valentemente expõe seu corpo para fazer e cumprir o mandamento de nosso criador. E depois nos dispomos a morrer ou viver com ele e, por amor, não o abandonar nunca. E disso vem um deleite tão grande que quem não o provou não pode dizer como é prazeroso. Pensam que um homem que faz isso teme a morte? De modo algum; pois ele se sente tão fortalecido, tão exultante, que nem mesmo sabe onde está. Na verdade, ele não teme nada.

Essas palavras poderiam ser pronunciadas tanto por um soldado moderno quanto por um cavaleiro do século XV. Não têm nenhuma ligação com o ideal da cavalaria em si. Exprimem a essência emocional da coragem guerreira: o trêmulo abandono do egoísmo em meio à excitação do perigo de vida, a comoção profunda diante da bravura do companheiro, o êxtase da fidelidade e do sacrifício pessoal. Essa emoção ascética primitiva é a base a partir da qual o ideal da cavalaria se eleva a uma fantasia nobre de perfeição viril muito próxima da *kalokagathia* [belo e bom] grega, a um anseio intenso por uma vida mais bela que inspirou tantos séculos... E também a uma máscara atrás da qual podia se ocultar um mundo de ganância e violência.

5. O sonho de heroísmo
e de amor

Em todos os lugares em que o ideal cavaleiresco é professado da forma mais pura, a ênfase recai no seu elemento ascético. No seu primeiro florescimento, ele se associou espontaneamente, até por necessidade, ao ideal monástico: nas ordens cavaleirescas de cunho religioso da época das cruzadas. À medida que a realidade sempre voltava a desmentir o ideal, ele recuou mais e mais para as esferas da imaginação, para ali conservar os traços de ascese nobre, raramente encontrados em meio às realidades sociais. O cavaleiro errante, assim como o templário, é pobre e livre de laços terrenos. Esse ideal de guerreiro nobre sem posses, diz William James, ainda domina "sentimentalmente, senão praticamente, a visão de mundo militar e aristocrática. Glorificamos o soldado como o homem absolutamente desprendido. Possuindo nada mais que sua própria vida e decidido a arriscá-la a qualquer momento quando a causa assim o ordena, ele é o representante da liberdade desembaraçada orientada para objetivos ideais".[1]

As ligações do ideal cavaleiresco com elementos superiores da consciência religiosa — compaixão, justiça e fidelidade — de modo algum são artificiais ou superficiais. No entanto, não são elas que fazem da cavalaria a forma de vida bela por excelência. E nem as suas raízes diretas na coragem guerreira masculina conseguiriam tê-la elevado a isso, não fosse a chama ardente do amor feminino a imprimir o calor de vida a esse complexo de sentimentos e ideias.

O profundo traço de ascetismo, de corajosa abnegação, que é próprio do ideal cavaleiresco, está estreitamente relacionado ao fundamento erótico dessa postura de vida, e talvez seja apenas a transformação ética de um desejo insatisfeito. Sem dúvida, não é só na literatura e nas artes plásticas que o anseio pelo amor encontra a sua forma, a sua estilização. A necessidade de dar estilo e forma nobres ao amor também encontra um amplo campo para se desenvolver nas próprias formas de vida: nas conversações corteses, nos jogos de salão, nas brincadeiras e no esporte. Também aí o amor é constantemente sublimado e romantizado; nisso a vida imita a literatura, mas esta, no fim das contas, acaba aprendendo tudo da vida. A visão cavaleiresca do amor, no fundo, não surgiu na literatura, mas na vida. Nas circunstâncias reais da vida é que se achava o motivo do cavaleiro e de sua amada.

O cavaleiro e a amada, o herói em nome do amor, este é o motivo romântico mais primário e imutável que nasce e sempre nascerá em toda parte. É a transformação mais imediata do impulso sensual em uma abnegação ética ou quase ética. Ele nasce diretamente da necessidade de demonstrar a própria coragem para a mulher amada, de correr perigos e ser forte, de sofrer e sangrar — uma aspiração que todo jovem de dezesseis anos conhece. Expressar e satisfazer esse desejo, algo que parece inalcançável, é substituído e elevado pelo ato heroico praticado por amor. Com isso, a morte passa a ser imediatamente uma alternativa para tornar plena a satisfação que, por assim dizer, fica garantida de ambos os lados.

Mas o sonho do heroísmo por amor, que nesse momento preenche e inebria o coração apaixonado, cresce e se espalha como uma planta exuberante. O que de início era um tema simples rapidamente se torna complexo; o espírito clama por novos cenários para o mesmo tema.

E a própria paixão imprime cores mais fortes ao sonho de sofrimento e abnegação. O feito heroico deve constituir-se na libertação ou no resgate da mulher amada do mais iminente perigo. E com isso foi acrescido um estímulo mais intenso ao motivo original. Primeiro é o próprio sujeito que quer sofrer pela dama; mas logo junta-se a isso o desejo de resgatar a pessoa amada do sofrimento. Será que, no fundo, esse resgate sempre deve ser reduzido à preservação da virgindade, ou seja, à interdição do rival para que o salvador fique com a dama para si? De qualquer maneira, isso constitui o motivo erótico-cavaleiresco por excelência: o jovem herói que liberta a virgem. Ainda que o inimigo seja um simples dragão, o motivo sexual estará sempre subjacente. Quão sincera e ingênua é, por exemplo, a expressão desse motivo no famoso quadro de Burne-Jones em que a moderna figura feminina, justamente pela castidade da representação, logo revela a inspiração sensual.

A libertação da virgem é o motivo romântico mais primordial, sempre renovado. É surpreendente que uma interpretação mitológica, hoje já superada, tenha visto nele a reprodução de um fenômeno natural, quando qualquer um de nós pode comprovar diariamente a espontaneidade dessa ideia! Na literatura, esse motivo pode ser evitado por algum tempo em razão de sua repetição excessiva, mas ele sempre reaparece em novas formas — como, por exemplo, no romantismo do caubói dos cinemas. E na concepção amorosa individual fora da literatura, ele sem dúvida nenhuma permanece igualmente forte.

Na representação do herói-amante, é difícil determinar até que ponto se manifestam os aspectos masculinos ou femininos do amor. Será que a figura daquele que sofre por amor é a imagem que o homem quer ter de si mesmo ou é a mulher quem deseja que ele se mostre assim? É muito mais provável que se trate do primeiro caso. Em geral, na representação do amor como forma cultural, expressa-se quase exclusivamente a concepção masculina, pelo menos até os dias mais recentes. A visão que a mulher tem do amor sempre fica velada e oculta; é o segredo mais terno e mais profundo. E não necessita da sublimação romântica no heroico, pois, devido ao seu caráter de entrega e ao seu vínculo indissolúvel com a maternidade, eleva-se por si só, sem fantasias de coragem e sacrifício, acima do erotismo egoísta. O fato de a literatura ter sido produzida por homens não justifica de todo a falta da expressão feminina do amor, mas isso ocorre também porque para a mulher o elemento literário é muito menos indispensável no amor.

A figura do nobre salvador que sofre por causa de sua amada é, em primeiro lugar, a representação do homem como ele quer ver a si mesmo. A tensão do seu sonho de libertador é intensificada pelo fato de que ele age anonimamente e só será reconhecido após o ato heroico. Nessa ocultação da identidade do herói há também, por certo, um motivo romântico baseado na concepção feminina do amor. Na materialização apoteótica da imagem da força e coragem masculinas na forma do guerreiro a cavalo, o anseio feminino por poder e o orgulho físico masculino se fundem.

A sociedade medieval cultivou esses motivos romântico-primitivos com uma insaciabilidade juvenil. Enquanto as formas literárias mais elevadas se refinaram numa expressão mais etérea e sóbria ou mais espirituosa e excitante do desejo, o romance cavaleiresco continua sempre se rejuvenescendo e, com sua infinita reelaboração da situação romântica, mantém uma atração quase incompreensível para nós. Estamos inclinados a acreditar que o século XV já teria superado essas fantasias infantis, e chamaríamos o *Méliador* ou o *Perceforest* de Froissart de florescimentos tardios das histórias de aventura de cavaleiros, de anacronismos em sua própria época. Mas eles não são, do mesmo modo que o romance sensacionalista de hoje em dia também não é; só que nada disso é literatura pura, mas, por assim dizer, arte aplicada. É a necessidade de modelos para a imaginação erótica que continuamente renova essa literatura e a mantém viva. Em meados do Renascimento, eles ressurgem no romance de Amadis. Quando, na metade do século XVI, De la Noue ainda podia nos assegurar que os romances de Amadis provocaram um *"esprit de vertige"* na mesma geração que havia passado pela têmpera do Renascimento e do humanismo, quão grande deve ter sido então a suscetibilidade romântica daquela instável geração de 1400!

A sedução do romantismo amoroso não se restringia à experiência da leitura, existindo também nos jogos e encenações. Há duas formas em que o jogo pode ocorrer: o espetáculo dramático e o esporte. Na Idade Média, este último é, de longe, o mais importante. O drama ainda se ocupava em grande parte de uma outra temática, de cunho religioso; tratar de assuntos românticos era uma exceção. O esporte medieval, pelo contrário, e sobretudo o torneio, já era altamente dramático por si só e, ao mesmo tempo, de um conteúdo fortemente erótico. O esporte sempre conserva um elemento dramático e erótico: uma competição de remo ou uma partida de futebol nos dias de hoje pressupõem muito mais os valores sentimentais de um torneio medieval do que se dão conta os próprios atletas e espectadores. Mas enquanto o esporte moderno retornou a uma simplicidade natural, quase grega, o torneio medieval, pelo menos aquele do final da Idade Média, é um esporte sobrecarregado de ornamentação, em que se elaboravam os elementos dramáticos e românticos de modo tão intencional que ele mesmo dava conta de cumprir a função dramática.

O final da Idade Média é um desses períodos em que a vida cultural dos círculos mais altos se transforma quase completamente em um jogo de salão. A realidade é violenta, dura e cruel; ela é reduzida ao sonho belo do ideal cavaleiresco, e acima dele se constrói o jogo da vida. Joga-se com a máscara de Lancelote; trata-se de uma tremenda autoilusão; mas é possível suportar essa dolorosa falsidade negando a própria mentira com um sopro de ironia. Em toda a cultura cavaleiresca do século XV há um equilíbrio instável entre a seriedade sentimental e a ironia jocosa. Os conceitos cavaleirescos de honra, fidelidade e amor cortês [*Minne*] eram tratados com a maior seriedade, mas, vez por outra, toda aquela rigidez se descontraía num sorriso. Onde mais, a não ser na Itália, esse estado de ânimo se torna, pela primeira vez, uma paródia deliberada? Em *Morgante*, de Pulci, e em *Orlando innamorato*, de Boiardo. Mas mesmo ali o sentimento do romantismo cavaleiresco vence novamente, pois em Ariosto a ridicularização aberta deu lugar a essa maravilhosa sublimação, além da zombaria ou da seriedade, na qual a imaginação cavaleiresca encontrou a sua expressão mais clássica.

Como podemos então duvidar da seriedade do ideal cavaleiresco na sociedade francesa dos anos 1400? No nobre Boucicaut, o tipo literário do cavaleiro exemplar, a base romântica do ideal de vida cavaleiresco ainda é muito forte. O amor, ele diz, é que faz crescer com mais força nos corações jovens o anseio por batalhas nobres e cavaleirescas. Ele mesmo serve sua dama de acordo com antigas formas cortesãs: "Ele servia a todas, e a todas honrava por amor de uma só. Sua fala era graciosa, cortês e atenciosa diante de sua dama" [*Toutes servoit, toutes honnoroit pour l'amour d'une. Son parler estoit gracieux, courtois et craintif devant sa dame*].[2]

Para nós, existe um contraste quase incompreensível entre a atitude literária de um homem como Boucicaut e a amarga realidade de sua carreira. Como figura ativa e de liderança, ele esteve constantemente envolvido na mais dura política de sua época. Em 1388, faz a sua primeira viagem política para o Oriente, na qual, para passar o tempo, compôs com dois ou três de seus companheiros de armas — Filipe d'Artois e seu senescal e um certo Crésecque — uma defesa poética do amor nobre e fiel, como convinha ao cavaleiro perfeito: *Le Livre des cent ballades*.³ E por que não? Mas sete anos depois, quando ele, como mentor do jovem conde de Nevers (mais tarde João Sem Medo), testemunhou a imprudente aventura cavaleiresca da campanha militar contra o sultão Bajazet, na qual vivenciou a terrível catástrofe de Nicópolis, onde todos os seus três antigos companheiros de poesia perderam a vida, e onde viu os jovens nobres da França serem mortos como prisioneiros de guerra bem diante de seus olhos, não deveria ter questionado esse jogo da corte, essa ilusão cavaleiresca? Esse episódio deveria tê-lo ensinado, parece-nos, a não mais ver o mundo através de uma lente colorida. Mas não, o seu ímpeto de cultivar o velho costume cavaleiresco continua presente, como prova o fato de ter criado a Ordre de la Dame Blanche à l'Écu Vert, para defender as mulheres oprimidas. Esse foi seu modo de tomar partido no passatempo requintado da querela literária entre o ideal severo e o ideal frívolo do amor, que desde 1400 entusiasmava os círculos da corte francesa.

Toda a ornamentação do amor nobre na literatura e na vida social muitas vezes nos parece insuportavelmente insossa e ridícula. Esse é o destino de qualquer forma romântica que perdeu força como instrumento da paixão. Na obra de muitos, nos versinhos afetados, nos torneios pomposos, a paixão não ressoa mais; ela só pode ser ouvida na voz de poucos, os verdadeiros poetas. Mas o significado que teve toda essa produção como ornamento de vida e como expressão de sentimentos, ainda que fosse de valor inferior como literatura ou arte, só pode ser compreendido insuflando-a novamente de paixão viva. De que adianta ler os poemas de amor e as descrições de torneios em busca do conhecimento e da representação vívida de detalhes históricos se não pudermos ver os olhos, a luz e a sombra, sob as sobrancelhas como asas de gaivotas e as delicadas testas, agora poeira por séculos, mas que

5. O SONHO DE HEROÍSMO E DE AMOR

uma vez foram mais importantes do que toda aquela literatura, que ficou amontoada como entulho?

Hoje em dia, só um reflexo casual pode fazer com que vejamos novamente com toda a clareza o significado apaixonado dessas formas culturais. Em *Le Vœu du héron*, Jean de Beaumont, instigado a fazer seu voto de batalha cavaleiresco, fala:

> *Quant sommes ès tavernes, de ces fors vins huvant,*
> *Et ces dames delès qui nous vont regardant,*
> *A ces gorgues polies, ces coliés tirant,*
> *Chil œil vair resplendissent de biauté souriant,*
> *Nature nous semont d'avoir cœur désirant.*
> [...]
> *Adonc conquerons-nous Yaumont et Agoulant,*[4]
> *Et li autre conquierrent Olivier et Rollant.*
> *Mais, quant sommes as camps sus nos destriers*
>   [*courans,*
> *Nos escus à no col et nos lansses bais(s)ans,*
> *Er le froidure grande nous va tout engelant,*
> *Li membres nous effondrent, et derrière et devant,*
> *Et nos ennemis sont envers nous approchant,*
> *Adonc vorrièmes estre en un chélier si grant*
> *Que jamais ne fussions veu tant ne quant.*[5]

Quando estamos nas tabernas, bebendo vinhos fortes,
E as damas ao nosso lado nos olham,
Com seus pescoços lisos, seus corpetes justos,
Os olhos brilhantes de beleza sorridente,
A natureza nos estimula a ter um coração desejoso.
[...]
Então nós derrotamos Yaumont e Agoulant,
E outros derrotam Olivier e Roland.
Mas quando estamos no campo, montados em nossos
                                                    [cavalos velozes,
Nosso escudo no peito e nossas lanças abaixadas,

E quando o frio cortante nos enregela completamente,
Os membros são esmagados, na frente e atrás,
E nossos inimigos vão se aproximando de nós,
Então quereríamos estar num porão tão grande
Que de forma alguma jamais seríamos vistos.

"*Hélas*", escreve Philippe de Croy no acampamento de Carlos, o Temerário, próximo a Neuss, "*où sont dames pour nous entretenir, pour nous amonester de bien faire, ne pour nous enchargier emprinses, devises, volets ne guimpes!*" [Ah, onde é que estão as damas para nos distrair, para fazer com que nos esforcemos, ou para nos carregar de distintivos, divisas, véus ou echarpes!].[6]

O elemento erótico do torneio cavaleiresco se revela com toda a sua imediatez no costume que tinham os cavaleiros de portar um véu ou o vestido da mulher amada, que traziam o cheiro do cabelo e do corpo delas. No fervor da luta, as mulheres vão presenteando um adorno após o outro: quando o espetáculo termina, lá estão elas de cabeça descoberta e sem as mangas das roupas.[7] Isso se tornou um tema excitante para um poema da segunda metade do século XIII: *Dos três cavaleiros e a camisa*.[8] Uma dama, cujo marido não gostava de lutas mas era cheio de uma nobre generosidade, envia sua camisa a três cavaleiros que a servem por amor para que a usem como túnica na justa que será organizada por seu marido, sem nenhuma outra armadura ou cobertura além do capacete e dos protetores das pernas. O primeiro e o segundo cavaleiros recuam, assustados. O terceiro, que é pobre, pega a camisa em seus braços durante a noite e a beija apaixonadamente. Na justa ele se apresenta com a camisa como túnica, sem armadura por baixo; ele é gravemente ferido e a camisa é rasgada e manchada com o seu sangue. Nota-se sua extraordinária valentia e ele recebe o prêmio; a dama entrega-lhe o coração. Agora o amante exige a sua recompensa. Ele envia a camisa ensanguentada de volta, para que ela a vista, tal como está, por cima de suas vestes, no banquete que encerra o torneio. Ela abraça a camisa com ternura e se apresenta no banquete com a peça ensanguentada; os presentes a criticam abertamente, o marido está constrangido, e o narrador pergunta: qual dos dois amantes fez mais pelo outro?

Essa atmosfera de paixão, o único lugar onde os torneios faziam sentido, explica também a determinação com que a Igreja combatia o costume. Que eles tenham de fato se tornado a ocasião de adultérios infames é algo que foi testemunhado, por exemplo, pelo monge de Saint--Denis em um torneio de 1389 e, com base em sua autoridade, por Jean Juvenal des Ursins.[9] O direito canônico já o tinha proibido havia muito tempo: instituídos inicialmente como treinamento para combates, como se dizia, acabaram se tornando intoleráveis, dados os inúmeros abusos.[10] Os reis os adotavam com restrições. Os moralistas os criticavam.[11] Petrarca pergunta, pedante: onde se lê que Cícero e Cipião fizeram torneios? E o Burguês de Paris dava de ombros: "e eles foram para o campo de batalha por um motivo tolo qualquer" [*prindrent par ne sçay quelle folle entreprinse champ de bataille*], diz sobre um célebre torneio.[12]

O mundo da nobreza, pelo contrário, confere a tudo que se refere a torneios e disputas cavaleirescas uma importância que não se compara à de nenhuma atividade esportiva de hoje em dia. Era um costume muito antigo erigir uma placa no local em que se tivesse disputado um duelo famoso. Adão de Bremen conhece uma na fronteira de Holstein e Wagrien, onde certa vez um guerreiro alemão havia matado o líder dos Wenden.[13] O século XV ainda erigia tais monumentos em memória de duelos cavaleirescos famosos. Perto de Saint-Omer, La Croix Pélerine lembrava a luta de Hautbourdin, bastardo de Saint-Pol, com um cavaleiro espanhol, durante o renomado Pas d'Armes de la Pélerine. E meio século mais tarde, Bayard, antes de um torneio, foi devotamente em peregrinação visitar essa cruz.[14] As decorações e as vestimentas usadas no Pas d'Armes de la Fontaine des Pleurs, após o encerramento da festa, foram consagradas solenemente a Nossa Senhora de Boulogne e penduradas na igreja.[15]

Como já foi indicado, o esporte de combate na época medieval distingue-se do grego e do moderno em virtude de sua menor naturalidade. Para aumentar o suspense da competição, o torneio possuía o estímulo do orgulho e da honra aristocráticos, do erotismo romântico e da pompa artística. É sobrecarregado de fausto e adornos, repleto de fantasia multicolorida. Além de jogo e exercício físico, ainda é literatura aplicada. Os desejos e sonhos do coração poético procuram uma representação dramática, uma realização encenada na própria vida. A vida real não era suficientemente bela, mas dura, cruel e falsa. Na carreira militar e na corte, havia pouco espaço para sentimentos de coragem em nome do amor. Mas a alma está repleta deles, quer-se vivenciá-los e se cria uma vida mais bonita com jogos preciosos. O elemento de verdadeira coragem não é menos valioso no torneio cavaleiresco do que no pentatlo. Era justamente o caráter erótico evidente que exigia uma violência sangrenta. No que diz respeito aos temas, o torneio está mais próximo da antiga epopeia indiana; em *Mahabharata*, a luta pela mulher também é a ideia central.

O enredo fantasioso do jogo marcial era aquele dos romances do rei Artur, ou seja, da imaginação infantil dos contos de fadas: a aventura onírica com encontros entre gigantes e anões, ligada ao sentimentalismo do amor cortesão.

Para um *pas d'armes* do século xv, cria-se um caso romântico fictício. O ponto central é um cenário novelesco com um nome sugestivo: La Fontaine des Pleurs, L'Arbre Charlemagne. A fonte é construída especialmente para isso.[16] Durante um ano todo, no primeiro dia de cada mês, um cavaleiro anônimo montará uma tenda diante da fonte, dentro da qual haverá uma dama (é apenas uma imagem) segurando um unicórnio, que porta três escudos. Cada cavaleiro que tocar um dos escudos, ou mandar que seu arauto o toque, será obrigado a participar de um determinado duelo, cujas condições são descritas detalhadamente nos *chapitres*, que são ao mesmo tempo a carta de convocação e o regulamento da competição.[17] Devem-se tocar os escudos estando no lombo de um cavalo, e por isso os cavaleiros irão encontrar tais animais sempre à sua disposição.

Ou melhor: em Emprise du Dragon, quatro cavaleiros ficam em uma encruzilhada; nenhuma dama pode passar esse cruzamento sem que um cavaleiro quebre duas lanças por ela, caso contrário, ela precisa pagar uma prenda.[18] Na verdade, o jogo de prenda infantil não passa de uma forma menor do mesmo velho jogo de luta e de amor. Essa afinidade é claramente confirmada pelas regras dos jogos, como neste artigo dos *chapitres* de La Fontaine des Pleurs: quem, durante a luta, for jogado ao chão deverá portar por um ano inteiro uma pulseira de ouro com um cadeado até encontrar uma dama que possua a chavinha e o possa libertar, caso ele lhe ofereça os seus serviços. Já em outros lugares, a situação se baseia em um gigante capturado por um anão, uma árvore dourada e uma "*dame de l'isle celée*" [mulher da ilha secreta], ou em um "nobre cavaleiro, escravo e servo da bela gigante com seu cabelo louro, a maior do mundo" [*noble chevalier esclave et serviteur à la belle géande à la blonde perruque, la plus grande du monde*].[19] O anonimato do cavaleiro é uma convenção ficcional: ele se chama "*le blanc chevalier*", "*le chevalier mesconnu*", "*le chevalier à la pélerine*", ou então ele se apresenta como um herói de romance e se chama "cavaleiro do cisne", ou porta os brasões de Lancelote, Tristão ou Palamedes.[20]

Geralmente o caso é envolvido em uma atmosfera de melancolia, o que já vem expresso no próprio nome: La Fontaine des Pleurs [A Fonte das Lágrimas]. Os escudos são de cor branca, roxa e preta, todos cobertos com lágrimas brancas; toca-se neles por compaixão pela Dame des Pleurs. Em Emprise du Dragon, o rei René aparece trajando o preto de luto (e ele podia fazê-lo) pela despedida de sua filha Margarida, que se tornara rainha da Inglaterra. O cavalo é preto, coberto com uma manta de luto; a lança é preta; o escudo é preto com lágrimas prateadas. Os escudos de L'Arbre Charlemagne também são em preto e roxo com lágrimas douradas e pretas.[21] Nem sempre as cores são sombrias: o rei René, o insaciável amante da beleza, organiza em outra ocasião a Joyeuse Garde em Saumur. Durante quarenta dias, ele festeja no castelo de madeira *"de la joyeuse garde"* com sua esposa e filha e com Jeanne de Laval, que viria a ser a sua segunda mulher. A festa foi preparada em segredo para ela. O castelo foi construído, pintado e decorado especialmente para a ocasião; tudo em vermelho e branco. Em seu Pas d'Armes de la Bergère, tudo é decorado no estilo pastoril, os cavaleiros e as damas vestidos como pastores e pastoras com cajado e gaita, todos em cinza, com detalhes em ouro e prata.[22]

6. As ordens e os votos cavaleirescos

O grande jogo da vida bela encenado como um sonho de nobre coragem e fidelidade não dispunha apenas da forma do torneio. Havia uma segunda forma de expressão igualmente importante: as ordens cavaleirescas. Ainda que não seja fácil provar a existência de uma ligação direta, ninguém que de algum modo esteja familiarizado com os costumes de povos primitivos duvidará que tanto a ordem cavaleiresca quanto o torneio, e a própria ordenação do cavaleiro, possuem suas raízes mais profundas nos usos e costumes religiosos de um passado muito distante. A ordenação de um cavaleiro é um rito de puberdade elaborado social e eticamente; é o ato de prover as armas ao jovem guerreiro. O torneio como tal é mais do que antigo, e já era preenchido de significado religioso havia muito tempo. A ordem cavaleiresca não pode ser separada dos bandos masculinos dos povos selvagens.

Essas relações só podem ser sugeridas aqui como uma tese não comprovada. Não se trata de fundamentar uma hipótese etnológica, mas sim de trazer à luz o valor das ideias da cavalaria no auge de seu desenvolvimento. E quem há de negar que nesse valor ainda existem resquícios de elementos primitivos?

Na verdade, na ideia de ordem cavaleiresca, o elemento cristão é tão forte que uma explicação fundada apenas em motivos religiosos e políticos puramente medievais já seria convincente. Todavia, sabe-se que há por trás delas, como razão explicativa, fenômenos paralelos, primitivos e amplamente difundidos.

As primeiras ordens de cavaleiros, as três grandes da Terra Santa e as três espanholas, surgiram como a mais pura encarnação do espírito medieval, da união do ideal monástico e do ideal cavaleiresco na época em que a luta contra o Islã se tornara uma realidade extraordinária. Elas se desenvolveram como grandes instituições econômicas e políticas, enormes complexos de capital e de poder financeiro. Sua utilidade política havia empurrado tanto o seu caráter espiritual quanto o elemento lúdico cavaleiresco para o segundo plano, e sua satisfação econômica acabou outra vez engolindo a sua utilidade política. No tempo em que os Templários e os Hospitalários (ou Cavaleiros de são João) floresceram e ainda atuavam na Terra Santa, a cavalaria desempenhou uma função política real e as ordens cavaleirescas tiveram uma grande importância como "organizações de classe".

Nos séculos XIV e XV, porém, a cavalaria nada mais era do que uma forma de vida elevada, e assim, nas ordens cavaleirescas mais jovens, o elemento de jogo nobre, contido em seu cerne, voltou ao primeiro plano. Não que tivesse se transformado apenas num jogo. Como ideal, ainda continua cheia de elevadas aspirações éticas e políticas. Mas não passam de sonho e delírio, de uma vã atividade de fazer planos. O notável idealista Philippe de Mézières vê a cura para o seu tempo em uma nova ordem cavaleiresca, que ele chamou de Ordre de la Passion.[1] Nela, quer admitir todas as classes sociais. Aliás, as grandes ordens cavaleirescas das cruzadas também já haviam se aproveitado da participação de membros não nobres. O grão-mestre e os cavaleiros devem vir da nobreza; o clero deve fornecer o patriarca e seus sufragâneos; os burgueses devem ser irmãos, e os camponeses e artesãos, os servos. Assim, a ordem será uma fusão sólida das

6. AS ORDENS E OS VOTOS CAVALEIRESCOS

classes sociais para o grande objetivo da luta contra os turcos. Parece que havia quatro votos. Dois deles são os antigos votos compartilhados pelos monges e pelos cavaleiros religiosos: a pobreza e a obediência. Mas no lugar do celibato completo, Philippe de Mézières estabelece a castidade conjugal [terceiro voto]; ele queria permitir o casamento por motivos práticos, pois o clima oriental o exigia, e também porque tornaria a ordem mais atraente. O quarto voto, desconhecido pelas ordens antigas, é a *summa perfectio*, o nível mais alto de perfeição moral do indivíduo. E assim, nessa imagem heterogênea de uma ordem cavaleiresca, confluem todos os ideais, desde planos políticos até o desejo de redenção.

A palavra *ordre* conciliava indistintamente uma série de significados, desde a santidade mais elevada até a simples ideia de grupo. Significava tanto status social quanto ordenação sacerdotal, ou poderia referir-se às ordens monástica e cavaleiresca. Em *ordre*, no sentido de ordem cavaleiresca, ainda havia algum valor religioso, o que se pode verificar pelo fato de que também se usava para ela a palavra *religion*, que evidentemente se imaginaria restrita apenas às ordens monásticas. Chastellain chama o Tosão de Ouro de *"une religion"*, como se fosse uma ordem monástica, e fala dele sempre com um tom de mistério sagrado.[2] Olivier de la Marche descreve um certo português como um *"chevalier de la religion de Avys"*.[3] Mas não apenas as respeitosas reverências do pomposo Polonius Chastellain são testemunha do conteúdo beato do Tosão de Ouro. Em todo o ritual da ordem, o hábito de frequentar a igreja e a missa tem um lugar predominante: os cavaleiros acomodam-se nos assentos dos cânones, e o culto austero pelos membros falecidos acontece à maneira estritamente eclesiástica.

Não é de estranhar, portanto, que se sentisse a filiação a uma ordem cavaleiresca como um forte vínculo sagrado. Os cavaleiros da Ordem da Estrela do rei João II são obrigados, se possível, a abandonar outras ordens às quais possam estar filiados.[4] O conde de Bedford quer impor ao jovem Filipe da Borgonha a Ordem da Jarreteira, para fazer com que ele tenha um vínculo mais firme com a Inglaterra, mas o borguinhão se dá conta de que assim estaria para sempre ligado ao rei inglês, e então sabe recusar polidamente a honraria.[5] Quando Carlos, o Temerário, aceita mais tarde a Jarreteira, e até mesmo a usa, Luís XI vê nisso uma quebra do Tratado de Péronne, que proibia ao conde fazer uma aliança com a Inglaterra sem a anuência do rei.[6] Pode-se considerar o costume inglês de não aceitar ordens estrangeiras como um resquício tradicional da noção de que a ordem deve fidelidade ao soberano que a outorga.

Apesar dessa aura de santidade, tem-se a impressão de que muitos nos círculos soberanos dos séculos XIV e XV consideravam todas essas belas formalidades das novas ordens cavaleirescas um divertimento fútil. De outro modo, qual seria a finalidade dessas garantias explícitas de que tudo ocorria em razão de objetivos mais importantes e elevados? Filipe da Borgonha, o nobre duque, constituiu o seu Tosão de Ouro, diz o rimador Michault Taillevent:

> *Non point pour jeu ne pour esbatement*
> *Mais à la fin que soit attribuée*
> *Loenge à Dieu trestout premierement*
> *Et aux bons gloire et haulte renommée.*[7]

> Nem por divertimento nem por recreação
> Mas com o propósito de prestar
> Louvor a Deus em primeiro lugar
> E glória e alto renome aos bons.

Também Guillaume Fillastre, no início de sua obra, fala sobre o Tosão de Ouro, dizendo que irá explicar o seu significado para que se compreenda que a ordem não

6. AS ORDENS E OS VOTOS CAVALEIRESCOS

é uma vaidade ou algo de pouca importância. Seu pai, diz ele a Carlos, o Temerário, *"n'a pas, comme dit est, en vain instituée ycelle ordre"* [não instituiu essa ordem, como se diz, em vão].[8]

Era necessário acentuar as elevadas intenções, caso o Tosão de Ouro quisesse conquistar a primazia desejada pela ambição de Filipe. Pois a criação de ordens cavaleirescas tornou-se uma verdadeira moda desde meados do século XIV. Cada soberano deveria ter a sua ordem, e nem mesmo a alta aristocracia queria ficar para trás. Tem-se Boucicaut com a sua Ordre de la Dame Blanche à l'Écu Vert em defesa do amor cortês e das mulheres oprimidas. Há também o rei João com a sua Chevaliers de Notre-Dame de la Noble Maison (1351), normalmente chamada de Ordem da Estrela, por causa de sua insígnia. Na Casa Nobre de Saint-Ouen em Saint-Denis, havia uma *table d'oneur* à qual, durante as solenidades, tomavam lugar os mais corajosos: três príncipes, três porta-estandartes (*bannerets*) e três cavaleiros (*bachelers*). Há Pierre de Lusignan com a sua Ordem da Espada, que exigia dos seus membros uma vida pura e lhes pendurava em volta do pescoço um símbolo cheio de significado: uma corrente de ouro cujos elos tinham a forma da letra S, de *silence*. E mais: Amadeus de Savoia com a Annonciade; Luís de Bourbon com a Escudo de Ouro e a Cardo; Enguerrand de Coucy, que tinha esperanças de conseguir uma coroa imperial, com a Coroa Invertida; Luís de Orléans com a Ordem do Porco-Espinho; os duques bávaros de Holland-Hainaut com a sua Ordem de Antonius, usando a cruz em T e o sininho, que chama a atenção em vários retratos.[9] O caráter de clube aristocrático, próprio das ordens cavaleirescas, fica evidente no relato de viagem do cavaleiro suábio Jörg von Ehingen. Todos os soberanos e senhores cujas terras ele visitou deram-lhe *"Gesellschaft, ritterliche Gesellschaft, Ordensgesellschaft"* [companhia, companhia cavaleiresca, companhia da ordem], como ele chamava a ordem.[10]

A fundação dessas ordens também servia para celebrar um acontecimento importante, como, por exemplo, quando Luís de Bourbon retorna do cativeiro inglês; ou então com uma intenção política implícita, como no caso do Porco-Espinho de Orléans, que voltou seus espinhos contra a Borgonha. Às vezes o caráter religioso, sempre levado em consideração, sobrepõe-se fortemente, como aconteceu na fundação de uma Ordem de São Jorge no Franco-Condado, quando Philibert de Miolans retornou do Oriente com relíquias desse santo. Às vezes a ordem não passa de uma simples fraternidade para proteção mútua de seus membros, como a do Galgo, instituída pelos nobres do ducado de Bar em 1416.

Não é necessário procurar muito longe o motivo que levou o Tosão de Ouro a situar-se acima de todas as ordens. Era a riqueza da casa de Borgonha que estava por trás disso. Talvez o esplendor excepcional da própria ordem também tenha contribuído, assim como a feliz escolha de seu símbolo. Quando se criou o Tosão de Ouro, primeiro se pensou apenas em Colchis. A lenda de Jasão era amplamente conhecida: Froissart faz um pastor contá-la numa *pastourelle*.[11] Mas havia algo de errado com Jasão como herói de fábula: ele havia quebrado seu juramento, e esse tema podia levar a insinuações desagradáveis sobre a política dos borguinhões em relação à França. Alain Chartier escreveu os seguintes versos:

> *A Dieu et aux gens detestable,*
> *Est menterie et trahison,*
> *Pour ce n'est point mis à la table*
> *Des preux l'image de Jason,*
> *Qui pour emporter la toison*
> *De Colcos se veult parjurer.*
> *Larrecin ne se peult celer.*[12]

6. AS ORDENS E OS VOTOS CAVALEIRESCOS

Detestáveis para Deus e para os homens
São a mentira e a traição,
Por isso na lista dos valorosos
Não se encontra a figura de Jasão,
Que, para poder levar o Tosão de Colcos,
Cometeu perjúrio.
O roubo não se pode ocultar.

Mas Jean Germain, o bispo erudito de Chalon e chanceler da ordem, falou a Filipe sobre o tosão, que Gideão estendeu e sobre o qual caiu o orvalho celestial.[13] Foi uma ideia especialmente feliz, pois esse tosão de Gideão era um dos símbolos mais adequados da fecundação do ventre de Maria. Assim, o herói bíblico se impõe sobre o herói pagão como o santo padroeiro do Tosão de Ouro, de modo que o próprio Jacques du Clercq pôde afirmar que Filipe deliberadamente deixou de escolher Jasão porque este havia quebrado o juramento de fidelidade.[14] "Gedeonis Signa" é como um panegirista da corte de Carlos, o Temerário, chama a ordem.[15] Outros, no entanto, como o cronista Theodericus Pauli, seguem falando do "Vellus Jasonis". O sucessor de Jean Germain como chanceler da ordem, o bispo Guillaume Fillastre, superou ainda seu antecessor e encontrou mais quatro tosões nas Sagradas Escrituras: o de Jacó, o do rei Mesa de Moab, o de Jó e o de Davi.[16] Ele fez com que cada um deles representasse uma virtude, e a cada um dos seis tosões queria dedicar um livro. Isso era, sem dúvida nenhuma, um exagero. Fillastre fez com que as ovelhas manchadas de Jacó figurassem como símbolo da *justitia*;[17] ele simplesmente havia selecionado todos os lugares na Vulgata em que constava o nome *vellus*, um exemplo curioso da complacência da alegoria. Não há indicações de que essa ideia tenha obtido um sucesso duradouro.

Uma característica dos usos das ordens merece ser mencionada, pois revela o caráter de um jogo primitivo e sagrado. Além dos cavaleiros, uma ordem também possui seus servidores: o chanceler, o tesoureiro, um secretário e mais o rei de armas com o seu séquito de arautos e passavantes. Este último grupo, especialmente responsável por servir o nobre jogo cavaleiresco, recebe nomes simbólicos. Na Ordem do Tosão de Ouro, o próprio rei de armas é chamado de Toison d'Or, a exemplo de Jean Lefèvre de Saint-Remy, bem como de Nicolaas de Hames, conhecido pela União dos Nobres de 1565. Os arautos geralmente carregam os nomes dos países de seus mestres: Charolais, Zelândia, Berry, Sicília, Áustria. O primeiro dos passavantes se chama Fusil, em homenagem ao pedernal no colar da ordem, o emblema de Filipe, o Bom. Os outros recebem nomes com um tom romântico, como Montreal, ou nomes de virtudes, como Persévérance, ou ainda nomes derivados de alegorias do *Roman de la Rose* [*O romance da Rosa*], como Humble Requeste, Doulce Pensée e Léal Poursuite. Até hoje, a Inglaterra ainda tem seus reis de armas Garter e Norroy e um passavante, Dragão Vermelho; a Escócia tem seu rei de armas Leão e o passavante Unicórnio, e assim por diante. Por ocasião das grandes festas, tais passavantes eram solenemente batizados com esses nomes pelo grão-mestre da ordem, que lhes borrifava vinho, ou então alterava seus nomes, elevando-os a uma categoria mais alta.[18]

Os votos prescritos pela ordem dos cavaleiros são apenas uma forma coletiva fixa do voto cavaleiresco pessoal de realizar algum feito heroico. Talvez esse seja o ponto em que melhor se possa observar as bases do ideal cavaleiresco. Aqueles que poderiam se inclinar a considerar como uma mera sugestão o vínculo entre a ordenação do cavaleiro, o torneio, as ordens cavaleirescas e os costumes primitivos encontrarão no voto cavaleiresco um caráter bárbaro tão perto da superfície que a dúvida não é mais possível. Os votos são verdadeiros *survivals*, que têm paralelos no *vratam* da Índia antiga, no judaísmo nazareno e, talvez mais diretamente, nos costumes dos normandos à época de suas sagas.

Aqui, no entanto, não se trata do problema etnológico, mas sim da questão de qual valor esses votos tinham na vida espiritual da Idade Média tardia. Três valores são possíveis. O voto cavaleiresco pode ter um sentido ético-religioso, que o coloca no mesmo plano dos votos religiosos; o seu conteúdo e o seu significado também podem ser de natureza erótico-romântica; por último, o voto pode ter se reduzido a um simples jogo cortesão, que tem sentido apenas como divertimento. Na verdade, todos esses três significados coexistem de forma inseparável; a ideia do voto oscila entre a suprema consagração da vida a serviço do ideal mais solene e o escárnio mais presunçoso daquele jogo de salão luxuoso, que apenas se diverte com a coragem, o amor e os interesses de Estado. O elemento lúdico predomina; os votos em grande parte se transformam em um adorno da festa cortesã. Apesar disso, continuam ligados às campanhas militares mais sérias: a invasão da França por Eduardo III e o plano da cruzada de Filipe, o Bom.

O mesmo caso dos torneios aplica-se aqui: tal como o romantismo artificial dos *pas d'armes* nos pareceu insosso e desgastado, nos parecem inúteis e falsos os votos "do faisão", "do pavão" e "da garça". A menos que também aqui estejamos cientes da própria paixão que permeou tudo isso. É o sonho de uma vida bela, tanto quanto as festas e as formas da vida florentina de um Cosimo, um Lorenzo e um Giuliano também foram um sonho. Lá na Itália, o sonho alcançou eterna beleza, mas aqui seu encanto se evaporou com as pessoas que o sonharam.

A ligação entre ascetismo e erotismo, que está na base da fantasia do herói que liberta a virgem ou sangra por ela — tema central do romantismo dos torneios —, revela-se em outras formas e de modo mais imediato no voto cavaleiresco. O cavaleiro De la Tour Landry conta nos ensinamentos a suas filhas sobre uma ordem peculiar de nobres e mulheres amantes que existiu em Poitou e em outros lugares nos tempos de sua juventude. Denominavam-se Galois et Galoises,¹⁹ e mantinham *"une ordonnance moult sauvaige"* [uma regra muito cruel], cujo preceito mais importante era que no verão tinham de se vestir com roupas quentes, peles e capas forradas, e manter o fogo aceso na lareira, enquanto no inverno podiam trajar apenas uma túnica sem forro de pele, sem capas nem outra proteção, sem chapéu nem luvas ou mangas soltas, por mais frio que estivesse. No inverno, espalhavam folhas verdes no chão e escondiam a lareira com ramos verdes, e sobre sua cama podiam ter apenas uma manta fina. Nesse desvario extraordinário — tão peculiar que é praticamente impossível o narrador tê-lo inventado —, não é difícil enxergar uma intensificação ascética da excitação erótica. Embora o conjunto não seja de todo claro e provavelmente tenha sido bastante exagerado, só mesmo uma mente sem qualquer conhecimento etnológico poderia explicar isso como se fosse a invenção de um velho tagarela.²⁰ O caráter primitivo dos Galois et Galoises é acentuado ainda mais pela regra segundo a qual um marido deveria entregar toda a sua casa e sua mulher ao *galois* que fosse seu convidado na intenção de ir ter com a *galoise* de sua visita; caso não fizesse isso, ficaria totalmente desonrado. Segundo o cavaleiro De la Tour Landry, muitos membros da ordem haviam morrido por causa do frio: *"Si doubte moult que ces Galois et Galoises qui moururent en, c'est estat et en cestes amouretes furent martirs d'amours"* [Assim, tenho uma forte suspeita de que aqueles Galois e Galoises, que morreram de tal forma e em tal enamoramento, foram mártires do amor].²¹

Existem mais exemplos a serem citados que revelam o caráter primitivo do voto cavaleiresco, tal como o poema que descreve os votos com os quais Robert d'Artois instigou o rei Eduardo III da Inglaterra e seus nobres a iniciarem a guerra contra a França: *Le Vœu du héron*. Trata-se de uma narrativa com pouco valor histórico, mas o espírito da brutalidade bárbara do qual ela fala é bem apropriado para que se possa apreender a essência do voto cavaleiresco.

O conde de Salisbury, no banquete, está sentado aos pés de sua dama. Quando chega a sua vez de fazer um voto, ele pede que sua amada ponha um dedo em seu olho direito. "Até dois", responde ela, e com dois dedos aperta o olho direito do cavaleiro. "*Belle, est-il bien clos?*" [Minha bela, está bem fechado?], pergunta. "*Oyl, certainement*" [Sim, certamente]. "Pois bem", diz Salisbury, "então prometo a Deus Todo-Poderoso e à sua doce Mãe que não abrirei mais este olho, por qualquer dor ou tortura que seja, antes que eu tenha ateado fogo à França, terra do inimigo, e tenha combatido os homens do rei Filipe":

> *Or aviegne qu'aviegne, car il n'est autrement.*
> *— Adonc osta son doit la puchelle au cors gent,*
> *Et li iex clos demeure, si que virent la gent.*[22]

> Venha o que vier, pois não há outro modo.
> — Então a bela moça tirou o seu dedo,
> E o olho permaneceu fechado, como todos viram.

Por meio de Froissart, sabe-se como esse motivo literário se refletia na realidade: ele conta como viu senhores ingleses que de fato mantinham um olho coberto com um pedaço de pano para cumprir o voto de enxergar com apenas um olho até que tivessem realizado feitos heroicos na França.[23]

A brutalidade de um passado bárbaro se manifesta em *Le Vœu du héron* no voto de Jehan de Faukenmont: ele jura que não poupará convento ou altar, mulher grávida ou criança, nem amigo ou parente, para servir ao rei Eduardo. Por fim, a rainha Filipa de Hainaut pede ao seu marido que a ela também seja permitido fazer um voto.

> *Adonc, dist la roine, je sai bien, que piecha*
> *Que sui grosse d'enfant, que mon corps senti l'a.*
> *Encore n'a il gaires, qu'en mon corps se tourna.*
> *Et le voue et prometh a Dieu qui me créa...*
> *Que ja li fruis de moi de mon corps n'istera,*
> *Si m'en arès menée ou païs par de-là*
> *Pour avanchier le veu que vo corps voué a;*
> *Et s'il en voelh isir, quant besoins n'en sera,*
> *D'un grant coutel d'achier li miens corps s'ochira;*
> *Serai m'asme perdue et li fruis perira!*

> Então, disse a rainha, eu sei bem que há algum tempo
> Estou grávida de um filho, pois meu corpo o sente.
> Ele acabou de se mexer dentro de mim.
> Faço voto e prometo a Deus, que me criou...
> Que o meu fruto não sairá do meu corpo
> Antes que tenhas me levado para as terras de acolá,
> Para levar avante o voto por ti feito;
> E se ele quiser sair antes do momento certo,
> Hei de me matar com uma faca grande de aço;
> Minha alma há de perder-se e o fruto perecerá!

O voto blasfemo é recebido com um terrível silêncio. O poeta diz apenas:

> *Et quant li rois l'entent, moult torment l'en pensa,*
> *Et dist: certainement, nuls plus ne vouera.*

> E quando então o rei o ouviu, pensou seriamente sobre
> [isso
> E disse: sem dúvida, ninguém mais jurará.

Nos votos do final da Idade Média, os cabelos e a barba, em qualquer lugar sempre detentores de um potencial mágico, continuam tendo um significado especial. Bento XIII, o papa aprisionado de Avignon, jura, em sinal de tris-

6. AS ORDENS E OS VOTOS CAVALEIRESCOS

teza, não mais fazer a barba até que tivesse recuperado a sua liberdade.[24] Quando Lumey faz o mesmo voto em relação à vingança pelo conde de Egmond, estamos lidando com um último desdobramento de um costume que, num passado distante, possuíra um significado sagrado.

Em regra, o sentido do voto implica que a pessoa se imponha uma privação como um estímulo para apressar o cumprimento da promessa. Muitas vezes, a privação diz respeito a refeição. O primeiro cavaleiro que Philippe de Mézières aceitou em sua Chevalerie de la Passion foi um polonês que durante nove anos não se sentara para comer ou beber.[25] Bertrand du Guesclin está sempre pronto a fazer votos como esse. Quando um guerreiro inglês o desafia, Bertrand declara em nome da Santíssima Trindade que somente tomará três sopas de vinho [*wijnsoepen*] até que tivesse combatido o desafiante. Em outra ocasião, declara que não comerá carne e não se despirá antes de conquistar Moncontour. Ou, ainda, que não haverá de comer antes de lutar contra os ingleses.[26]

Naturalmente, o significado mágico — o fundamento de tal jejum — já não era mais algo consciente para um nobre do século XIV. Para nós, esse significado mágico subjacente se revela sobretudo no uso frequente de grilhões como sinal de um voto. Em 1º de janeiro de 1415, o duque Jean de Bourbon, "querendo evitar a ociosidade e pensando em conquistar um bom renome e a graça da belíssima de quem somos servos" [*désirant eschiver oisiveté, pensant y acquérir bonne renommée et la grâce de la très-belle de qui nous sommes serviteurs*], faz um voto de, com mais outros dezesseis cavaleiros e pajens, portar todo domingo, por dois anos, uma algema na perna esquerda igual à de um prisioneiro — sendo de ouro a dos cavaleiros e de prata a dos pajens —, até que encontrem dezesseis cavaleiros que queiram enfrentar o grupo em uma luta a pé, "*à outrance*" [até as últimas consequências].[27] Em 1445, Jacques de Lalaing encontra em Antuérpia um cavaleiro siciliano, Jean de Boniface, que viera da corte de Aragão como *chevalier aventureux*. Em sua perna esquerda ele porta um ferro, como os escravos, pendendo de uma corrente de ouro, uma *emprise* em sinal de que ele queria lutar.[28] No romance do *Petit Jehan de Saintré*, o cavaleiro Loiselench porta duas argolas de ouro, no braço e na perna, cada uma presa a uma corrente de ouro, até que encontre um cavaleiro que o "liberte" de sua *emprise*.[29] Pois é assim que se chama: *délivrer*; toca-se no símbolo quando se trata de *pour chevalier*; arranca-se-o quando a intenção é a de um combate mortal. La Curne de Sainte-Palaye, por sua vez, notou que na antiga tribo dos catos, segundo Tácito, podia-se observar exatamente o mesmo costume.[30] Também os grilhões que os penitentes usavam durante suas peregrinações ou que os ascetas piedosos colocavam em si mesmos ligam-se às mesmas raízes das *emprises* dos cavaleiros tardo-medievais.

O que os famosos votos festivos do século XV ainda nos mostram disso tudo — mais precisamente os *Vœux du faisan* na festa da corte de Filipe, o Bom, em Lille, em 1454, como preparação para a cruzada — não é nada mais do que uma requintada forma cortesã. Não que o hábito espontâneo de fazer um voto, em caso de necessidade ou de uma emoção forte, tivesse perdido parte de sua força. Ele possui raízes psicológicas tão profundas que não está ligado nem à civilização nem à fé. Mas o voto cavaleiresco como forma de cultura, como um costume elevado à condição de ornamento da vida, passa pela sua última fase no esplendor extravagante da corte da Borgonha.

O tema da ação continua sendo indiscutivelmente o mesmo antigo tema. Faz-se o voto durante um banquete e jura-se sobre uma ave, que é oferecida à mesa e depois comida. Também os normandos conhecem os votos feitos em refeições e banquetes regados a muita bebida; uma das formas de fazer o voto consiste no toque em um javali, trazido ainda vivo antes de ser servido.[31] Essa forma foi mantida na época borgonhesa: trata-se de um faisão vivo que é

6. AS ORDENS E OS VOTOS CAVALEIRESCOS   171

servido no famoso banquete de Lille.[32] Os votos são feitos a Deus e a Nossa Senhora, às damas e à ave. Não parece arriscado supor que aqui a divindade não é a destinatária original dos votos: muitos acreditam apenas nas damas e na ave.[33] Há pouca variação nas privações autoimpostas. A maioria delas diz respeito à comida e ao sono. Aos sábados, esse cavaleiro não dormirá em uma cama antes que tenha lutado contra os sarracenos, ou então não permanecerá quinze dias consecutivos em uma mesma cidade. Um outro não consumirá nenhum alimento de origem animal às sextas-feiras até que tenha atacado o estandarte do grão-turco. Um terceiro, por sua vez, acumula privações umas sobre as outras: não vestirá nenhuma armadura, aos sábados não tomará vinho, não dormirá em uma cama, não sentará à mesa e usará um cilício. O modo como se realizará o feito heroico prometido é descrito detalhadamente.[34]

Qual a seriedade disso tudo? Quando *messire* Philippe Pot faz o voto de manter seu braço direito desprotegido de qualquer armadura durante a campanha contra os turcos, o duque faz registrar (por escrito) abaixo do voto:

> *Ce n'est pas le plaisir de mon très redoubté seigneur, que messire Phelippe Pot voise en sa compaignie ou saint voyage qu'il a voué le bras désarmé; mais il est content qu'il voist aveuc lui armé bien et soufisamment, ainsy qu'il appartient.*[35]

> Não agrada ao meu mui respeitável senhor o fato de o sr. Philippe Pot seguir em sua companhia na santa viagem que ele prometeu com o braço desprotegido; mas ele deseja que o acompanhe bem e suficientemente armado, como convém.

Obviamente, um voto ainda era considerado algo sério e perigoso. O voto do próprio duque causa uma comoção geral.[36]

Alguns fazem votos condicionais cautelosos, que ao mesmo tempo dão testemunho das intenções sérias e do contentamento com a aparência de beleza.[37] Às vezes os votos já se aproximam da *philippine* [jogo de prendas], que é um pálido resquício deles.[38] Nem mesmo no terrível *Vœu du héron* falta um elemento irônico: pois Robert d'Artois oferece ao rei, apresentado aqui como o menos beligerante, a garça como a mais medrosa entre as aves. Quando Eduardo fez seu voto, todos riram. Segundo outro relato, Jean de Beaumont, em cuja boca o *Vœu du héron* coloca as palavras[39] citadas anteriormente — e que revelam com sutil ironia o caráter passional das promessas feitas em meio a bebedeiras e sob o olhar das mulheres —, faz o voto cínico, em nome da garça, de que servirá ao senhor de quem puder receber mais dinheiro e posses. Os senhores ingleses riram.[40] Apesar de toda a importância pomposa com que foram feitos os *Vœux du faisan*, qual não deve ter sido o clima à mesa para que Jennet de Rebreviettes pudesse fazer o voto de que, se não tivesse conseguido os favores de sua dama antes de partir para a guerra, quando voltasse do Oriente haveria de se casar com a primeira mulher ou donzela que possuísse 20 mil coroas... "*se elle veult*" [se ela quiser].[41] Esse mesmo Rebreviettes corre o mundo como um "*povre escuier*" [pobre escudeiro] em busca de aventura, e luta contra os mouros em Ceuta e Granada.

É assim que uma aristocracia cansada ri de seu próprio ideal. Depois de ter enfeitado e colorido o seu sonho passional de uma vida bela — com todos os meios da fantasia, do talento artístico e da riqueza, conferindo-lhe uma forma plástica —, ela se deu conta de que a vida, na verdade, não era tão bonita, e então riu.

7. O significado do ideal cavaleiresco na guerra e na política

As glórias cavaleirescas, seu estilo e cerimônias não passam de vã ilusão, de um jogo esplêndido e insincero! A verdadeira história do final da Idade Média, diz o historiador que usa os documentos para rastrear o desenvolvimento do Estado e da economia, tem pouco a ver com esse falso renascimento cavaleiresco; era um verniz antigo que já começava a descascar. Os homens que fizeram essa história não eram sonhadores, e sim homens de Estado e comerciantes bastante frios e calculistas, quer fossem soberanos, nobres, prelados ou burgueses.

Isso eles sem dúvida eram. Mas a história da cultura tem a ver tanto com os sonhos de beleza e a ilusão de uma vida nobre quanto com o recenseamento e os impostos. Um pesquisador de hoje que estudasse a sociedade contemporânea a partir do crescimento dos bancos e do transporte, dos conflitos políticos e militares poderia afirmar no final de seus estudos: encontrei muito pouco sobre a música, que evidentemente não significou tanto para essa cultura.

Até certo ponto, acontece a mesma coisa quando nos descrevem a história da Idade Média a partir de documentos políticos e econômicos. Além disso, é possível que o ideal cavaleiresco, artificial e desgastado como estava, tenha exercido uma influência ainda mais forte e constante na história puramente política do final da Idade Média do que se costuma imaginar.

O fascínio pela forma de vida da nobreza era tão grande que até os burgueses a adotavam quando podiam. Imaginamos os irmãos Artevelde como verdadeiros homens do terceiro estado, orgulhosos de seu caráter burguês e de sua simplicidade. Pelo contrário, Filipe de Artevelde levava uma vida digna de rei. Todos os dias os menestréis tocavam diante de sua casa; quando se sentava à mesa, fazia-se servir em travessas de prata como se fosse o conde de Flandres; vestia-se de escarlate e *menu-vair*,* como um duque de Brabante ou conde de Hainaut, e saía a cavalo como um rei, com a flâmula desfraldada à sua frente, ostentando o seu brasão preto com três chapéus de prata.[1] Quem poderia nos parecer mais moderno que o magnata do dinheiro do século xv Jacques Cœur, o notável homem das finanças de Carlos vii? A se acreditar em seu biógrafo, Jacques de Lalaing, o grande banqueiro demonstrou um ardente interesse pela antiquada cavalaria errante do herói de Hainaut, Filipe de Artevelde.[2]

Todas as formas mais elevadas da vida burguesa da época moderna se baseiam em imitações das formas de vida da nobreza. Assim como o pão servido na *serviette* [guardanapo] e a própria palavra *serviette* têm origem na corte medieval,[3] os pavoneios mais burgueses da festa de casamento descendem dos grandiosos *entremets* de Lille. Para compreender completamente o significado histórico-cultural do ideal cavaleiresco, seria necessário segui-lo desde os tempos de Shakespeare e Molière até o gentleman moderno.

Aqui, no entanto, trata-se de chamar a atenção para o efeito desse ideal na realidade da própria Idade Média tardia. Será que a política e a guerra realmente se deixavam dominar pelas concepções cavaleirescas? Sem dúvida que sim. Se não por suas virtudes, ao menos por seus erros.

---

* Pele com padrão estampado, usada tipicamente pelos nobres flamengos. (N. T.)

7. O SIGNIFICADO DO IDEAL CAVALEIRESCO

Assim como os equívocos trágicos da época atual brotam do delírio do nacionalismo e da arrogância cultural, da mesma forma os enganos da Idade Média brotaram muitas vezes do pensamento cavaleiresco. Não terá sido a criação do novo Estado borguinhão — o maior erro político que a França poderia cometer — fruto de um motivo cavaleiresco? O rei João, desmiolado cavaleiro, presenteia o ducado ao filho mais novo em 1363, por este ter se mantido firme ao lado dele em Poitiers quando o filho mais velho fugiu. O mesmo vale para a ideia consciente que os borguinhões usavam para justificar a sua posterior política antifrancesa aos seus contemporâneos: a vingança pelo assassinato de Montereau, a defesa da honra cavaleiresca. Sei bem que tudo isso pode ser explicado como uma política calculista, até mesmo previdente, mas isso não altera o fato de que, para os seus contemporâneos, o acontecimento de 1363 tivesse o valor e a aparência de um caso em que a coragem cavaleiresca foi recompensada regiamente. O Estado borguinhão, em seu rápido desenvolvimento, é um edifício construído de tato político e de cálculos frios e exitosos. Mas aquilo que se poderia chamar de "ideia borguinhã" veste-se sempre com as formas do ideal cavaleiresco. As alcunhas dos duques — "Sans Peur", "Le Hardi", o "Qui qu'en Hongne" (destinado a Filipe, mas substituído por "Le Bon") — são todas invenções deliberadas dos literatos da corte, para que o soberano fosse visto sob a luz do ideal cavaleiresco.[4]

Havia uma grande aspiração política intimamente ligada ao ideal cavaleiresco: a cruzada, Jerusalém! Jerusalém ainda era a ideia que estava diante de todos os soberanos europeus, a ideia política mais nobre, que continuava impelindo-os à ação. Havia nesse caso um contraste curioso entre o interesse político na teoria e na prática. Para a cristandade dos séculos XIV e XV, existia uma questão oriental da mais extrema urgência: defender-se dos turcos, que já haviam tomado Adrianópolis (1378) e destruído o reino da

Sérvia (1389). O perigo vinha dos Bálcãs. E, no entanto, a primeira e mais imprescindível tarefa política da Europa ainda não conseguia se desvencilhar da ideia de cruzada. A questão turca só conseguia ser encarada como parte da grande missão santa em que os seus antepassados haviam fracassado: a libertação de Jerusalém.

Esse pensamento colocava o ideal cavaleiresco em primeiro plano; nesse contexto, ele poderia e deveria exercer uma influência particularmente poderosa. De fato, o conteúdo religioso do ideal cavaleiresco encontrou ali a sua promessa mais elevada, e a libertação de Jerusalém não podia ser outra coisa além de uma obra santa e nobre da cavalaria. E, em certa medida, o pouco sucesso na luta contra os turcos pode ser atribuído ao próprio fato de que, na determinação da política com o Oriente, o ideal religioso-cavaleiresco tinha um papel preponderante. As expedições, que exigiam sobretudo cálculo preciso e preparo paciente, eram planejadas e executadas sob intensa pressão, o que não levava a uma ponderação calma do que era possível alcançar, mas sim a uma romantização do plano, tornando-o inútil ou desastroso. A catástrofe de Nicópolis, em 1396, havia mostrado como era perigoso organizar uma expedição séria, contra um inimigo extremamente combativo, usando o antigo modelo das excursões cavaleirescas na Prússia ou na Lituânia, quando o intuito era apenas matar alguns pobres pagãos. Quem eram os responsáveis pelos planos das cruzadas? Sonhadores como Philippe de Mézières, que dedicou sua vida a isso, e políticos fantasistas como Filipe, o Bom, apesar de todos os seus cálculos e estratagemas.

Todos os reis continuavam a considerar a libertação de Jerusalém uma missão de vida obrigatória. Em 1422, Henrique v da Inglaterra agonizava. O jovem conquistador de Rouen e de Paris é arrebatado antes de terminar a obra com a qual ele havia lançado a França na miséria. Os médicos lhe disseram que não tinha mais do que duas horas de vida; o padre confessor e outros sacerdotes apareceram, são lidos os sete salmos penitenciais. Quando se ouvem as palavras *"Benigne fac, Domine, in bona voluntate tua Sion, ut aedificentur muri Jerusalem"* [Fazei o bem a Sião, Senhor, por vossa boa vontade, para a reconstrução das muralhas de Jerusalém],⁵ o rei pede silêncio e, em voz alta, diz ter sido sua intenção, depois de restaurar a paz na França, conquistar Jerusalém, "se fosse do agrado de Deus, seu criador, deixá-lo viver por mais tempo" [*se ce eust esté le plaisir de Dieu son créateur de le laisser vivre son aage*]. Depois disso, ele permite que terminem a leitura dos salmos e logo em seguida falece.⁶

Além disso, fazia tempo que as cruzadas haviam se tornado um pretexto para arrecadar impostos especiais; até mesmo Filipe, o Bom, se aproveitou bastante dessa oportunidade. Mas seu plano de cruzada não pode ser considerado apenas uma farsa para obter lucros financeiros.⁷ Ao que parece, era uma mistura de preocupações sérias com a intenção de assegurar para si uma fama que o destacasse dos gloriosos reis da França e da Inglaterra, superiores a ele em status, por meio desse plano lucrativo, mas também especialmente cavaleiresco, de ser o salvador da cristandade. "Le voyage de Turquie" foi um trunfo de que jamais lançou mão. Chastellain empenhou-se em demonstrar que o duque levava seu projeto a sério, mas havia grandes dificuldades a se considerar: a época não estava pronta para isso; as pessoas influentes lamentavam que o soberano, naquela idade, ainda se arriscasse num empreendimento tão perigoso; o território e a dinastia estariam ameaçados. Enquanto o papa enviava o estandarte da cruz, recebido com toda deferência por Filipe em Haia e desfraldado em uma procissão solene; enquanto na festa em Lille, e mesmo depois, eram feitos os votos para a viagem; enquanto Joffroy de Toisy explorava os portos sírios e Jean Chevrot, o bispo de Tournay, supervisionava as coletas; enquanto Guillaume Fillastre já estava com todo o seu equipamento preparado e navios tinham sido confiscados para a jornada; enquanto isso, reinava um vago pressentimento de que, apesar de tudo, a cruzada não aconteceria.[8] Em razão disso, o voto do próprio duque em Lille teve um tom bastante condicional: ele só iria se as terras que Deus confiara à sua regência estivessem em paz e segurança.[9]

As expedições de guerra, cuidadosamente preparadas e anunciadas aos quatro ventos, das quais nada ou muito pouco era concretizado, parecem ter sido populares naquele tempo como uma estratégia de propaganda política que prescindia do ideal da cruzada: assim ocorreu com a cruzada inglesa contra Flandres em 1383; a expedição de Filipe, o Temerário, contra a Inglaterra em 1387, para a qual a espetacular frota estava pronta para partir no porto de Sluis; e aquela de Carlos VI contra a Itália em 1391.

Uma forma muito peculiar de ficção cavaleiresca, visando à propaganda política, era o sempre anunciado e nunca realizado duelo entre soberanos. Em outra ocasião, expliquei como os conflitos entre Estados do século XV ainda eram considerados uma disputa de partidos, uma *querelle* pessoal.[10] Serve-se à causa da chamada *querelle des bourguignons*. O que era mais natural do que os próprios soberanos irem, eles mesmos, resolver suas questões, como ainda hoje se aventa nas conversas informais sobre política? De fato, sempre vinha à tona essa solução, que satisfazia tanto um senso de justiça primitivo como a fantasia cavaleiresca. Quando se lê sobre os preparativos meticulosos para esses duelos entre soberanos, questiona-se se tudo isso não passava de um teatro belo e hipócrita — outra vez o anseio por uma vida bela —, ou se os adversários realmente contavam com a luta. Uma coisa é certa: os historiadores da época levavam esses desafios tão a sério quanto os príncipes que deles participariam. Em Bordeaux, em 1283, tudo estava pronto para o duelo entre Carlos de Anjou e Pedro de Aragão. Em 1383, Ricardo II incumbe seu tio João de Lancaster de negociar a paz com o rei da França, propondo, como o mais adequado, um duelo entre ambos os reis, ou então de Ricardo e seus três tios contra Carlos e os seus.[11] Monstrelet dedica logo no começo de sua crônica um amplo espaço ao desafio feito por Luís de Orléans ao rei Henrique IV da Inglaterra.[12] Humphrey de Gloucester foi desafiado em 1425 por Filipe, o Bom, que era o tipo de homem que encorajava essas condutas, usando de toda a sua riqueza e seu amor pela pompa. No desafio, é claramente anunciado o motivo:

> *Pour éviter effusion de sang chrestien et la destruction du peuple, dont en mon cuer ay compacion; que par mon corps sans plus ceste querelle soit menée à fin, sans y aler avant par voies de guerres, dont il conviendroit mains gentilz hommes et aultres, tant de vostre ost comme du mien, finer leurs jours piteusement.*[13]

> Para evitar o derramamento de sangue cristão e a destruição do povo, pelo qual tenho compaixão em meu coração; que pela minha pessoa, apenas com o meu próprio corpo, se coloque um fim a essa querela, sem enveredar pelo caminho da guerra, no qual muitos nobres e outros, tanto do seu exército quanto do meu, acabariam tendo um fim lamentável.

Preparou-se tudo para o combate: fabricaram-se a armadura suntuosa e as roupas esplêndidas que o duque trajaria, e construíram-se tendas, estandartes e bandeiras, uniformes militares para os arautos e passavantes, tudo recoberto com os brasões das terras do duque, com a pederneira e a cruz de santo André. Filipe se preparava, "privando-se de comida e bebida e exercitando-se para ficar em boa forma" [*tant en abstinence de sa bouche comme en prenant painne pour luy mettre en alainne*].[14] No seu parque em Hesdin, ele se exercitava diariamente sob a orientação de mestres de luta experientes.[15] As contas registram os custos com tudo isso, e, até 1460, a caríssima tenda construída para essa ocasião ainda podia ser vista em Lille.[16] No entanto, o duelo jamais aconteceu.

Isso não impediu que, mais tarde, Filipe desafiasse o duque da Saxônia ao combate, devido à disputa por Luxemburgo, e que na festa em Lille, quando o soberano estava com quase sessenta anos, ele declarasse em seu voto de cruzado que de boa vontade enfrentaria o grão-turco corpo a corpo, se essa fosse a sua escolha.[17] O espírito combativo e teimoso de Filipe, o Bom, repercute inclusive numa historinha de Bandello, sobre como certa vez Filipe foi convencido com grande esforço a desistir de duelar com um nobre enviado para matá-lo.[18]

Essa forma ainda se mantém durante o alto Renascimento italiano. Francesco Gonzaga desafia César Bórgia ao duelo: com a espada e a adaga ele quer libertar a Itália do inimigo temido e odiado. A mediação do rei da França, Luís XII, evita o duelo, e uma reconciliação comovente encerra o caso.[19] Carlos V, em duas ocasiões, chegou a propor formalmente que a disputa entre Francisco I e ele fosse solucionada com um duelo pessoal — a primeira vez foi depois que Francisco retornou do cativeiro de guerra, quando, segundo o imperador, ele não havia cumprido com a sua palavra, e novamente em 1536.[20] O desafio que Carlos Luís, conde Palatino, faz em 1674, não ao próprio Luís XIV, mas a Turenne, se encaixa muito bem nessa série.[21]

Um verdadeiro duelo, bastante próximo de um duelo entre soberanos, ocorreu em 1397, em Bourg-en-Bresse. Ali, pelas mãos do cavaleiro Gérard d'Estavayer, tombou o famoso cavaleiro e poeta Otto de Grandson, um *grand seigneur* de sua época, acusado de cumplicidade no assassinato de Amadeus VII de Savoia, o "Conde Vermelho". Na ocasião, Estavayer lutou pelas cidades do Pays de Vaud. O caso suscitou muitos rumores.[22]

Tanto o duelo judicial como o espontâneo estavam fortemente presentes nos costumes e no modo de pensar das regiões borguinhãs e no belicoso norte da França. Nas camadas mais altas, assim como nas mais baixas, ele era tido como a decisão *par excellence*. Essa concepção tinha pouco a ver com o ideal cavaleiresco; ela era muito mais antiga. A cultura cavaleiresca deu ao duelo um certo decoro, mas ele também era honrado fora dos círculos da nobreza. Quando não se tratava de um duelo entre nobres, imediatamente aparecia toda a brutalidade da época — os próprios cavaleiros envolvidos divertiam-se duas vezes mais com o espetáculo quando deixavam de fora o código de honra.

Nesse aspecto, nada é mais notável que o espantoso interesse dos nobres e dos historiógrafos por um duelo judicial entre dois burgueses de Valenciennes em 1455.[23] Tratava-se de uma raridade; algo assim não acontecera em cem anos. Os habitantes de Valenciennes queriam que o duelo ocorresse a todo custo, pois para eles tratava-se da manutenção de um antigo privilégio. Mas o conde de Charolais, encarregado da administração durante a ausência de Filipe (que estava na Alemanha), não o queria, e assim foi adiando o confronto mês após mês, enquanto os dois adversários, Jacotin Plouvier e Mahuot, eram guardados como dois valiosos galos de briga. Tão logo o velho conde retornou de sua viagem de visita ao imperador, foi decidido que o duelo enfim teria lugar. O próprio Filipe queria assistir a ele de qualquer maneira; para tanto, escolheu o caminho que passava por Valenciennes para ir de Bruges até Leuven. Se os espíritos cavaleirescos como o de Chastellain e La Marche, apesar de todo o esforço de sua imaginação, nunca conseguem retratar a realidade nas descrições que fazem do *pas d'armes* festivo entre cavaleiros e nobres, nesse caso eles apresentam um quadro extremamente nítido. Aqui se revela, sob a vistosa *houppelande** de ouro e vermelho granada, o flamengo rude que era Chastellain.

---

* Espécie de túnica comprida. (N. T.)

Nenhum pormenor da "mui bela cerimônia" [*moult belle serimonie*] lhe escapa; ele descreve o palco do duelo e os bancos que o rodeiam nos mínimos detalhes. Cada uma das pobres vítimas é acompanhada do seu mestre de armas. Jacotin, na sua condição de querelante, entra primeiro, de cabeça descoberta, cabelos bem curtos e muito pálido. Ele traja uma única peça de cordovão, confeccionada em seu próprio corpo, sem nada por baixo. Após algumas piedosas genuflexões e o cumprimento ao duque, que se encontrava sentado atrás de um gradil, os dois combatentes aguardam pelo momento da luta, sentados um diante do outro, em duas cadeiras revestidas de preto. Os senhores ao redor deles fazem comentários em voz baixa sobre as chances de cada um; nada lhes passa despercebido. Mahuot empalidece ao beijar o Evangelho! Em seguida, aproximam-se dois serviçais que untam os combatentes com gordura, do pescoço até os tornozelos. Em Jacotin, a gordura de imediato penetra na pele; em Mahuot, não. A qual dos dois esse sinal favoreceria? Eles esfregam as mãos com cinzas e colocam açúcar em suas bocas; depois trazem-lhes as clavas e os escudos, nos quais estão pintadas figuras de santos, que eles beijam. Eles portam os escudos com a ponta para cima e têm na mão *une bannerolle de devocion*, uma faixa de pano com um lema piedoso.

Mahuot, que era baixo, começa o duelo pegando areia com a ponta de seu escudo e lançando-a nos olhos de Jacotin. Segue-se uma violenta luta de clavas que termina com a queda de Mahuot. O oponente se joga em cima dele e esfrega areia em sua boca e em seus olhos, mas Mahuot consegue prender um dedo do adversário entre os dentes. Para se libertar, Jacotin enfia o polegar no olho dele e, apesar de seu grito de clemência, gira os braços de Mahuot para trás e pula em seu dorso, para quebrar sua espinha. Mahuot, agonizando, em vão pede para se confessar, e então grita: "Ó meu senhor da Borgonha, eu vos servi tão bem em vossa guerra contra Gent! Ó meu senhor, pelo amor de Deus, eu vos imploro por clemência, poupai minha vida!" [*O monseigneur de Bourgogne, je vous ay si bien servi en vostre guerre de Gand! O monseigneur, pour Dieu, je vous prie mercy, sauvez-moy la vie!*]. Nesse ponto a história de Chastellain é interrompida; faltam algumas páginas. Por outras fontes, sabemos que Mahuot, semimorto, foi enforcado pelo carrasco.

Será que Chastellain, após descrever com tanta vivacidade essas horríveis atrocidades, teria encerrado a narrativa com uma nobre meditação cavaleiresca? La Marche o fez: ele nos relata a vergonha que a nobreza sentiu depois de ter assistido a tal coisa. E por esse motivo, diz o incorrigível poeta da corte, Deus permitiu que houvesse um duelo cavaleiresco que terminou sem feridos.

O conflito entre o espírito cavaleiresco e a realidade manifesta-se da maneira mais clara quando o ideal cavaleiresco insiste em se impor em meio à guerra de verdade. Por mais que esse ideal possa ter dado forma e força à coragem guerreira, é possível dizer que ele mais atrapalhava do que auxiliava na condução da guerra, uma vez que sacrificava as exigências de estratégia em prol da vida bela. Repetidamente, os melhores líderes, às vezes até os próprios reis, acabavam se expondo aos perigos de uma aventura guerreira romântica. Eduardo III arrisca sua vida em um ataque audacioso a um comboio de navios espanhóis.[24] Os cavaleiros da Ordem da Estrela do rei João precisam jurar que, durante o ataque, nunca recuarão mais do que quatro *arpents* [cerca de seiscentos metros], caso contrário devem morrer ou render-se ao inimigo. Essa estranha regra deve ter custado de saída, segundo Froissart, a vida de aproximadamente noventa cavaleiros.[25] Quando, em 1415, Henrique V da Inglaterra vai ao encontro dos franceses às vésperas da Batalha de Azincourt, ele ultrapassa, por engano, a aldeia que os seus oficiais haviam definido para o pouso da noite. O rei, no entanto, "como aquele que mais observava as cerimônias muito louváveis de honra" [*comme celuy qui gardoit le plus les cérimonies d'honneur très loable*], um pouco antes havia ordenado aos cavaleiros enviados em missão de reconhecimento que tirassem as suas armaduras, para que não passassem pela vergonha de retornar ao campo portando-as. Porém, ele mesmo, vestido em sua armadura, tinha avançado além do que devia e agora não podia voltar atrás. Então passa a noite onde estava e faz com que as tropas se adiantem de acordo com a nova circunstância.[26]

Durante as deliberações sobre a grande invasão francesa de Flandres, em 1382, o espírito cavaleiresco opõe-se constantemente às estratégias de guerra: "Se procurarmos outros caminhos além do correto, não mostraremos que somos soldados corretos" [*Se nous querons autres chemins que le droit, nous ne monsterons pas que nous soions droites gens d'armes*],[27] é o que se argumenta contra as recomendações de Clisson e Coucy de realizar um ataque surpresa. O mesmo acontece com a invasão francesa da costa inglesa de Dartmouth em 1404. Um dos líderes, Guillaume du Châtel, quer atacar os ingleses pelo flanco, uma vez que estes haviam se protegido em uma trincheira na praia. Mas o sire de Jaille considera os defensores um bando de aldeões; seria uma vergonha desviar o caminho por causa de adversários daquele tipo; então ele exorta os outros a não temerem. Essas palavras atingem Du Châtel em cheio: "O coração nobre de um bretão desconhece o que é temer; agora, embora preveja mais a morte do que a vitória, hei de desafiar a arriscada fortuna". E ainda acrescenta a isso o voto de que não pedirá graça ao inimigo. Em seguida, parte para o ataque e perece no combate, enquanto sua tropa é cruelmente derrotada.[28] Durante toda a campanha de Flandres, existem disputas pelas posições na linha de frente; um cavaleiro encarregado da retaguarda protesta com obstinação.[29]

A aplicação mais efetiva do ideal cavaleiresco à guerra consistia nas lutas combinadas [*aristies*], fosse entre dois combatentes, fosse entre grupos de mesmo número. O famoso Combat des Trente, ocorrido em 1351, próximo a Ploërmel, na Bretanha, entre trinta franceses sob o comando de Beaumanoir e um grupo de ingleses, alemães e bretões, é um exemplo típico. Froissart o achou tremendamente bonito, mas, no final, comenta: "Alguns consideraram-no uma proeza; outros, um ultraje e uma grande presunção" [*Li aucun le tenoient à proèce, et li aucun à outrage et grant outrecuidance*].[30] Um duelo entre Guy de la Trémoïlle e o nobre inglês Pierre de Courtenay, em 1386, cujo objetivo era provar a superioridade dos ingleses ou dos franceses, foi proibido pelos regentes franceses de Borgonha e de Berry e evitado no último instante.[31] Le Jouvencel também desaprova essa forma inútil de demonstrar bravura — já observamos anteriormente como, no caso dele, o cavaleiro dá lugar ao capitão. Quando o duque de Bedford propõe uma luta de doze contra doze, o cronista de *Le Jouvencel* faz com que o líder francês responda: "Existe um provérbio que diz: 'Não se deve fazer nada que tenha sido proposto por seu inimigo'. Estamos aqui para expulsá-lo de suas posições, e isso já nos dá trabalho suficiente". E o desafio é recusado. Em outro momento, Le Jouvencel proíbe que um de seus oficiais entre num tal duelo, com a declaração (que, aliás, ele retoma no final) de que jamais permitiria algo assim. São coisas proibidas. Quem cobiça um duelo desses quer tirar algo do outro, ou seja, sua honra, para conferir a si mesmo uma glória vã, de pouco valor, enquanto nesse meio-tempo negligencia o serviço que deve prestar ao seu rei e à causa pública.[32]

Isso soa como uma voz dos novos tempos. Não obstante, o costume desses duelos entre forças opostas permaneceu mesmo depois da Idade Média. As guerras na Itália oferecem o exemplo famoso da Disfida di Barletta, a batalha travada entre Bayard e Sotomayor em 1501. Durante a Guerra dos Oitenta Anos, tem-se a luta entre Bréauté e Lekkerbeetje nos campos de Vught em 1600, e também a de Luís de Kethulle contra um grande cavaleiro albanês em Deventer, em 1591.

Em geral, a tática e os esforços de guerra empurravam os ideais cavaleirescos para o segundo plano. A ideia de que mesmo a batalha campal não passa de um combate pelo direito honradamente acordado às vezes aparece em primeiro plano, embora quase nunca se sobreponha às exigências da guerra. Henrique de Trastamara quer a todo custo lutar com o seu inimigo em campo aberto. Voluntariamente, ele sacrifica sua posição favorável e perde a batalha em Najera (ou Navarrete, 1367). Em 1333, um exército inglês propõe aos escoceses que desçam de sua posição favorável na planície para lutarem uns contra os outros. Quando o rei da França não encontra acesso para libertar Calais, ele propõe aos ingleses de modo cortês que escolham um campo de batalha em algum outro lugar. Carlos de Anjou deixa o rei católico Guilherme de Holanda saber

> *dat hi selve ende sine man*
> *recht tote Assche op der heiden*
> *sijns dre daghe wilde verbeiden.*[33]

> que ele mesmo e seus homens
> direto de Assche nas planícies
> três dias haveriam de ficar.

Guilherme de Hainaut vai ainda mais longe: ele propõe ao rei francês uma trégua de três dias para, nesse tempo, construir uma ponte através da qual os exércitos possam se encontrar para a batalha.[34] Em todos esses casos, a proposta cavaleiresca é recusada. O interesse estratégico prevaleceu também para Filipe, o Bom, que travou uma penosa luta com sua honra de cavaleiro, quando em um mesmo dia lhe ofereceram três vezes uma batalha em campo aberto e ele não aceitou.[35]

E mesmo nos casos em que era necessário sacrificar o ideal cavaleiresco em prol dos interesses reais, ainda restavam várias oportunidades para dar uma roupagem formosa à guerra. Que exaltação de orgulho não deve ter emanado da própria decoração de guerra, colorida e ostentosa! Na noite anterior à Batalha de Azincourt, os dois exércitos, um diante do outro na escuridão, fortaleceram sua coragem com a música dos trompetes e clarins, e lamentou-se sinceramente que os franceses não tivessem o suficiente "para se entreterem" [*pour eulx resjouyr*], e por isso permaneceram com o moral baixo.[36]

No final do século XV, os lansquenetes, mercenários da infantaria alemã, introduzem os grandes tambores,[37] um modelo emprestado do Oriente. O tambor, com seu efeito hipnótico direto, não musical, indica claramente a passagem da época cavaleiresca ao período militar moderno; ele é um elemento da mecanização da guerra. Por volta de 1400, toda aquela sugestão bela e meio teatral de competição pessoal por fama e honra ainda está em pleno florescimento: mediante capacetes e brasões, bandeiras e gritos de guerra, a batalha conserva um caráter individual e um elemento desportivo. O dia inteiro ouve-se ressoar os gritos dos diferentes senhores, numa competição de orgulho.[38] Antes e depois da batalha, a ordenação de cavaleiros e as promoções na hierarquia atestam o jogo: cavaleiros são elevados à categoria de porta-estandartes ao terem cortada a ponta de suas bandeirolas.[39] O célebre acampamento de Carlos, o Temerário, próximo a Neuss, foi equipado com toda a pompa festiva de uma corte: *par plaisance*, alguns mandaram construir suas tendas em forma de um castelo, com galerias e jardins à sua volta.[40]

As descrições das façanhas de guerra precisavam ser inseridas no quadro das concepções cavaleirescas. Tentava-se distinguir com critérios técnicos o que era um ataque e o que era um confronto, pois cada batalha devia ter seu lugar e seu nome certos nos anais da fama. Assim diz Monstrelet:

> Si fut de ce jour en avant ceste besongne appellée la rencontre de Mons-en-Vimeu. Et ne fu déclairée à estre bataille, pour ce que les parties rencontrèrent l'un l'autre aventureusement, et qu'il n'y avoit comme nulles bannières desploiées.[41]

E daquele dia em diante essa empresa foi chamada de confronto de Mons-en-Vimeu. E não foi considerada uma batalha, pois as partes se encontraram por acaso e não havia bandeiras desfraldadas.

Henrique V da Inglaterra solenemente batiza sua grande vitória como Batalha de Azincourt, "porque todas as batalhas devem portar o nome da fortaleza mais próxima de onde aconteceram" [*pour tant que toutes batailles doivent porter le nom de la prochaine forteresse où eles sont faictes*].[42] Passar a noite no campo de batalha era tido como o sinal reconhecido da vitória.[43]

A coragem pessoal do soberano na batalha apresenta às vezes um caráter artificial duvidoso. Froissart descreve uma luta de Eduardo III contra um nobre francês, em Calais, usando termos que deveriam fazer supor que não se tratava de nada muito sério: "Ali o rei lutou por um longo tempo com o sr. Eustache e este com ele, de modo que foi muito agradável vê-los" [*Là se combati li rois à monsigneur Ustasse moult longuement et messires Ustasse à lui, et tant que il les faisoit moult plaisant veoir*]. Por fim, o francês se rende, e o caso é encerrado com um jantar que o rei oferece ao seu prisioneiro.[44] Na Batalha de Saint--Richier, Filipe da Borgonha fez com que um outro vestisse sua maravilhosa armadura, por causa do perigo envolvido, embora dissesse que era para que, combatendo como um guerreiro comum, provasse melhor o seu valor.[45] Quando os jovens duques de Berry e da Bretanha seguem Carlos, o Temerário, em sua *guerre du bien public*, eles vestem, como contaram a Commines, armaduras postiças de cetim com tachinhas douradas.⁴⁶

As mentiras brotam em toda parte por entre os buracos do traje cavaleiresco. A realidade nega continuamente esse ideal. Por isso, ele se refugia cada vez mais na esfera da literatura, das festas e dos jogos. Só ali a ilusão da vida bela cavaleiresca podia ser conservada; ali se está entre membros de uma mesma casta, o único lugar em que tais sentimentos têm algum valor.

É surpreendente como o ideal do cavaleirismo falha instantaneamente quando se trata de um confronto entre não semelhantes. No momento em que se faz referência às classes mais baixas, desaparece toda e qualquer necessidade da altivez cavaleiresca. O nobre Chastellain não tem a menor consideração pela honra burguesa obstinada do rico cervejeiro que não quer entregar sua filha ao soldado do duque, arriscando corpo e bens ao resistir ao nobre.⁴⁷ Froissart conta, sem nenhum respeito, como Carlos VI pediu para ver o corpo de Filipe de Artevelde: "Depois de ter sido examinado por algum tempo, ele foi tirado dali e pendurado numa árvore. Este foi o fim de Filipe de Artevelde" [*Quand on l'eust regardé une espasse on le osta de là et fu pendus à un arbre. Velà le darraine fin de che Philippe d'Artevelde*].⁴⁸ Parece que o próprio rei não teve receio de chutar o corpo "e de tratá-lo como um vilão" [*en le traitant de vilain*].⁴⁹ As mais terríveis atrocidades cometidas pelos nobres contra os burgueses de Gent na guerra de 1382, quando os primeiros mutilaram quarenta mercadores de grãos e os mandaram de volta para a cidade com os olhos arrancados, não diminuíram em nada o entusiasmo de Froissart pelo cavaleirismo.⁵⁰ Chastellain, que se deleita com os feitos heroicos de Jacques de Lalaing e seus pares, relata sem simpatia alguma o feito de um rapaz desconhecido de Gent, que sozinho atacou

Lalaing.⁵¹ La Marche narra de modo quase ingênuo os feitos heroicos realizados por um sujeito de Gent, que teria despertado interesse caso se tratasse de "um homem de bem" [*un homme de bien*].⁵²

A realidade forçava os espíritos a negarem o ideal cavaleiresco de todas as maneiras. A estratégia militar tinha desistido dos torneios havia muito tempo: a guerra nos séculos XIV e XV era feita de emboscadas e assaltos, de incursões predatórias e invasões. Os ingleses foram os primeiros a introduzir o desapear dos cavaleiros nas batalhas, e isso foi adotado pelos franceses.⁵³ Eustache Deschamps diz, com escárnio, que isso era feito para impedir que eles fugissem.⁵⁴ Froissart diz que a luta no mar é horrível, pois ali os homens não têm como se render e escapar.⁵⁵ A inadequação da ideia cavaleiresca como princípio militar mostra-se com extraordinária ingenuidade no *Débat des hérauts d'armes de France et d'Angleterre*, um tratado escrito por volta de 1455, no qual se discute, em forma de debate, a superioridade da França ou da Inglaterra. O arauto inglês perguntou ao francês por que seu rei não mantinha uma esquadra tão grande quanto a inglesa. O arauto francês respondeu que seu rei não precisava disso, e além do mais a nobreza da França gostava mais das guerras em solo do que no mar, por diversos motivos:

> *Car il y a danger et perdicion de vie, et Dieu scet quelle pitié quant il fait une tourmente, et si est la malladie de la mer forte à endurer à plusieurs gens. Item, et la dure vie dont il faut vivre, qui n'est pas bien consonante à noblesse.*⁵⁶

Porque existem perigo e perda de vidas, e Deus sabe o desespero que é quando há uma tempestade, e há ainda o enjoo, que muitas pessoas não suportam bem. Além disso, a vida dura que se leva não condiz com a nobreza.

7. O SIGNIFICADO DO IDEAL CAVALEIRESCO

Ainda que seu efeito fosse mínimo, a artilharia já anunciava as mudanças futuras da guerra. Há um simbolismo irônico no fato de o melhor de todos os cavaleiros errantes *à la mode de Bourgogne*, Jacques de Lalaing, ter sido morto pelo disparo de um canhão.[57]

Havia na carreira militar da nobreza um lado financeiro que com frequência era reconhecido abertamente. Cada página da história militar do final da Idade Média dá a entender o quão interessante era fazer prisioneiros importantes em função do resgate. Froissart não deixa de mencionar quanto faturou o autor de um ataque surpresa bem-sucedido.[58] Mas além dos rendimentos diretos da guerra, também as pensões, rendas e cargos de governo cumpriam um relevante papel na vida do cavaleiro. Ascender na carreira era francamente considerado um objetivo: "Sou um pobre homem que deseja melhorar de posição" [*Je sui uns povres homs qui desire mon avancement*], diz Eustache de Ribeumont. Froissart narra seus intermináveis *faits divers* da guerra cavaleiresca como exemplo aos corajosos "que desejam progredir por meio de suas armas" [*qui se désirent à avanchier par armes*].[59] Deschamps tem uma balada na qual os cavaleiros, pajens e sargentos da corte da Borgonha esperam ansiosamente pelo dia de pagamento, com o refrão:

Et quant venra le tresorier?[60]

E quando virá o tesoureiro?

Chastellain acha natural e apropriado alguém que anseia por fama terrena ser ávido e calculista, "muito vigilante e interessado em grandes somas de dinheiro, seja pensões, rendas, governo ou lucros" [*fort veillant et entendant à grand somme de deniers, soit en pensions, soit en rentes, soit en gouvernemens ou en pratiques*].[61] E de fato parece que mesmo o nobre Boucicaut, que era tido como exemplo para todos os cavaleiros, não estava livre de certa ganância.⁶² O sóbrio Commines media um nobre pelo seu salário, como "um nobre de vinte escudos" [*ung gentilhomme de vingt escuz*].⁶³

Em meio às vozes que enaltecem a guerra cavaleiresca, vez por outra ouvem-se os ruídos de rejeição consciente do ideal cavaleiresco: às vezes objetivos, às vezes irônicos. Os próprios nobres ocasionalmente reconheciam a miséria disfarçada e a falsidade de uma vida como essa, de guerras e torneios.⁶⁴ Não é de admirar que dois espíritos sarcásticos, que não sentiam nada além de escárnio e desprezo pela cavalaria, tivessem se encontrado: Luís XI e Philippe de Commines. A descrição do ataque em Montlhéry por Commines é totalmente moderna em seu realismo sóbrio. Aqui não há belos feitos heroicos, nenhum desenlace dramático fictício, mas apenas o relato de um ir e vir constante, da hesitação e do temor, sempre narrado com um leve sarcasmo. Ele se deleita quando conta sobre as fugas humilhantes e a coragem que só reaparece quando o perigo acaba. Ele emprega pouco a palavra *honneur*, e trata a honra quase como um mal necessário. Mesmo onde ele narra encontros sangrentos, procura-se em vão pela terminologia cavaleiresca: ele não conhece a palavra *coragem* ou *cavaleirismo*.

> *Mon advis est que s'il eust voulu s'en aller ceste nuyt, il eust bien faict... Mais sans doubte, là où il avoit de l'honneur, il n'eust point voulu estre reprins de couardise.*

> É minha opinião que se ele quisesse ter partido naquela noite, ele teria agido bem... Mas, sem dúvida nenhuma, ele, por causa da honra, não quis ser acusado de covardia.⁶⁵

7. O SIGNIFICADO DO IDEAL CAVALEIRESCO

Terá Commines herdado o espírito sensato de sua mãe zelandesa Margaretha van Arnemuiden? Parece que na Holanda, apesar do aventureiro vaidoso Henrique IV de Hainaut, o espírito cavaleiresco minguava de forma prematura, pois era justamente Hainaut que sempre havia sido o verdadeiro país da nobreza cavaleiresca. No Combat des Trente, o melhor homem no lado inglês era um certo Crokart, um antigo servo dos senhores de Arkel. Ele havia feito grande fortuna na guerra: umas boas 60 mil coroas e um estábulo com trinta cavalos. Além disso, conquistara grande fama devido à bravura, de modo que o rei da França prometeu-lhe o status de cavaleiro e um bom casamento, caso quisesse se tornar francês. Esse Crokart voltou para a Holanda com sua fama e riqueza, e manteve ali uma ótima situação. Mas os senhores holandeses ainda sabiam bem quem ele era e não lhe deram atenção, o que o fez retornar ao país onde a reputação cavaleiresca tinha mais valor.[66]

Quando João de Nevers se preparava para empreender a viagem à Turquia, onde encontraria a Batalha de Nicópolis, Froissart faz o duque Alberto da Baviera, conde de Holanda, Zelândia e Hainaut, dizer ao seu filho Guilherme:

> *Guillemme, puisque tu as la voulenté de voyagier et aler en Honguerie et en Turquie et quérir les armes sur gens et pays qui oncques riens ne nous fourfirent, ne nul article de raison tu n'y as d'y aler fors que pour la vayne gloire de ce monde, laisse Jean de Bourgoigne et nos cousins de France faire leurs emprises, et fay la tienne à par toy, et t'en va en Frise et conquiers nostre héritage.*[67]

Guilherme, considerando que desejas viajar e ir para a Hungria e a Turquia lutar contra pessoas e países que nunca nos fizeram mal algum, e que não tens outro motivo razoável para ir até lá que não seja a vanglória deste mundo, permita que João da Borgonha e nossos primos da França realizem suas empresas enquanto tu faças a tua parte e te encaminhes para a Frísia e conquiste a nossa herança.

De todas as terras sob domínio da Borgonha, a nobreza da Holanda era de longe a mais mal representada nos votos pela cruzada durante a festa em Lille. Quando, após a festa, se coletaram mais votos por escrito nos diferentes territórios, 27 vieram de Artois, 54 de Flandres, 27 de Hainaut e quatro da Holanda — e estes ainda com um tom bem condicional e prudente. Os Brederode e os Montfoort prometeram enviar representantes comuns.[68]

Mas a cavalaria não teria sido o ideal de vida durante séculos se nele não estivessem presentes valores elevados para o desenvolvimento da sociedade, se não tivesse sido social, ética e esteticamente necessário. A força desse ideal repousava justamente nesse seu exagero do belo. É como se o espírito medieval, com sua paixão sangrenta, só pudesse ser conduzido se o ideal fosse posto num plano elevado demais: assim fez a Igreja, e assim fez o pensamento cavaleiresco. "Sem essa violência de conduta, que homens e mulheres têm, sem um tempero de intolerância e de fanatismo, nada de emoção, nada de eficiência. Miramos acima do alvo para atingir o alvo. Todo ato tem algo da falsidade do exagero em si" [*Without this violence of direction, which men and women have, without a spice of bigot and fanatic, no excitement, no efficiency. We aim above the mark to hit the mark. Every act hath some falsehood of exaggeration in it*].[69]

Porém, quanto mais um ideal de cultura exige virtudes das mais elevadas, maior é a desarmonia entre a forma de vida e a realidade. O ideal cavaleiresco, com seu conteúdo ainda semirreligioso, só podia ser reconhecido por uma época suscetível à completa ilusão, que fechasse os olhos frente a realidades muito duras. A civilização que esta-

7. O SIGNIFICADO DO IDEAL CAVALEIRESCO

va despontando exigia que as aspirações elevadas demais da velha forma de vida fossem abandonadas. O cavaleiro torna-se o *gentilhomme* francês do século XVII, que ainda mantém uma série de conceitos de classe e de honra, mas não se apresenta mais como um combatente pela fé, um defensor dos fracos e dos oprimidos. No lugar da figura do nobre francês, surge o gentleman, em linha direta com o antigo cavaleiro, mas agora moderado e refinado. Desse modo, nas transformações sucessivas do ideal cavaleiresco, a camada mais epidérmica, tornada mentira, se solta.

8. A estilização do amor

Desde que os trovadores provençais do século XII começaram a tocar pela primeira vez a melodia do desejo insatisfeito, os violinos entoaram cada vez mais alto as canções de amor, até que apenas Dante conseguisse tocar o instrumento da forma mais perfeita.

O espírito medieval sofreu uma das mudanças mais importantes ao desenvolver pela primeira vez um ideal amoroso com uma tônica negativa. É certo que a Antiguidade também cantara o anseio e o sofrimento do amor. Mas será que ali, na verdade, o anseio não era apenas encarado como o adiamento e o estímulo da indubitável realização? E, nas histórias de amor com final triste da Antiguidade, a frustração do desejo não era o momento culminante, mas sim a cruel separação pela morte dos amantes já unidos, como ocorreu com Céfalo e Prócris e com Píramo e Tisbe. O sentimento de tristeza não se situava na insatisfação erótica, mas no infortúnio do destino. Foi só no amor cortês dos trovadores que a insatisfação em si se tornou o motivo principal. Criara-se uma forma de pensamento erótico capaz de assimilar uma profusão de conteúdos éticos, sem por isso renunciar por completo à sua conexão com o amor natural às mulheres. Do próprio amor sensual brotara a servidão cortês à mulher, sem nunca exigir a realização amorosa. O amor passou a ser o campo em que podia florescer todo o aperfeiçoamento estético e moral. O amante nobre, segundo a teoria do amor cortês, passa a ser virtuoso e puro graças ao seu amor. O elemento espiritual ganha cada vez mais espaço na poesia lírica, até que, por fim, o efeito do amor torna-se um estado de santo conhecimento e santa devoção: *la vita nuova*.

A partir de então, foi preciso uma nova reviravolta. No *dolce stil nuovo* de Dante e seus contemporâneos, atingira-se um ponto extremo. Petrarca já hesita entre o ideal do amor cortês espiritualizado e a nova inspiração na Antiguidade. E de Petrarca até Lorenzo de Médici, a lírica amorosa na Itália envereda pelo caminho que leva de volta à sensualidade natural que também permeava os tão admirados modelos dos antigos. O sistema artificialmente desenvolvido do amor cortês foi mais uma vez abandonado.

Na França e nos países que estavam sob o encanto do espírito francês, a mudança se deu de outra forma. O desenvolvimento do pensamento erótico, desde o florescer intenso da lírica cortesã, não foi tão simples nesses países. As formas do antigo sistema permanecem em vigor, mas são preenchidas por um novo espírito. Ali, mesmo antes que a *Vida nova* [de Dante] encontrasse a eterna harmonia de uma paixão espiritualizada, o *Roman de la Rose* já vertera um novo conteúdo nas antigas formas do amor cortês. Por cerca de dois séculos, essa obra de Guillaume de Lorris e de Jean Clopinel [ou Chopinel][1] de Meun, iniciada antes de 1240 e concluída antes de 1280, não só dominou totalmente as configurações do amor aristocrático como também, dada a riqueza de suas digressões enciclopédicas em todas as áreas possíveis, forneceu o tesouro de onde os leigos cultos extraíam os elementos mais vivos de sua educação espiritual. Não se pode avaliar o quão significativo foi o fato de a classe dominante de todo um período ter recebido a sua concepção de vida e a sua erudição na forma de uma *ars amandi* [arte do amor]. Em nenhuma outra época o ideal de cultura laica se amalgamou de tal maneira ao ideal do amor à mulher como ocorreu do século XII até o século XV. Todas as virtudes cristãs e sociais, toda a perfeição das formas de vida, foram inseridas no quadro do "amor fiel" pelo sistema do amor cortês. A concepção erótica da vida, seja na sua forma mais antiga, puramente cortês, seja em sua encarnação no *Roman de la Rose*, pode ser equiparada com a escolástica, sua contemporânea. Ambas representam a mais grandiosa tentativa do espírito medieval de compreender tudo o que faz parte da vida sob um único ponto de vista.

Todo o empenho em embelezar a vida se concentrava na representação multicolorida das formas do amor. Quem buscava a beleza na honra e na classe, quem queria enfeitar sua vida com pompa e esplendor, quem, em suma, procurava a beleza da vida no orgulho era constantemente lembrado da futilidade dessas coisas. Mas no amor, a menos que se tivesse desistido de toda a felicidade terrena, o propósito e a essência estavam no desfrute da própria beleza. Não se tratava de criar uma vida bela a partir de formas nobres para acentuar um status elevado. No amor residiam a mais profunda beleza e a máxima felicidade, que apenas aguardavam para ganhar cor e estilo. Cada coisa bela, cada flor e cada som podiam servir para construir a forma de vida do amor.

O anseio por estilizar o amor era mais do que um jogo fútil. Era a violência da própria paixão que exigia da sociedade do final da Idade Média que transformasse a vida amorosa em um belo jogo com regras nobres. E, acima de tudo, havia a necessidade de enquadrar as emoções em formas fixas, para que o homem não se entregasse à barbárie. Nas classes mais baixas da sociedade, ficou a cargo da Igreja a tarefa de frear a licenciosidade. A Igreja cumpriu como pôde essa missão, conforme permitiam as suas circunstâncias. Na aristocracia, que se sentia mais independente da Igreja, por manter parte da sua cultura

8. A ESTILIZAÇÃO DO AMOR

fora do âmbito eclesiástico, o próprio erotismo enobrecido atuou como um freio para a impetuosidade: literatura, moda e etiqueta exerciam uma influência normativa na vida amorosa.

Ou pelo menos criavam uma bela ilusão, na qual as pessoas imaginavam viver, a despeito do fato de que também entre as classes mais altas a vida amorosa era extremamente bruta. Os hábitos cotidianos ainda eram de uma franca desfaçatez, que se perdeu em épocas posteriores. O duque da Borgonha manda preparar as casas de banho para a missão inglesa que era aguardada em Valenciennes: "Para eles e para todos de sua comitiva, serão providos banhos equipados com tudo o que é necessário para o ofício de Vênus, para pegar à sua escolha e eleição o que mais se deseja, e tudo por conta do duque" [*Pour eux et pour quiconque avoient de famille, voire bains estorés de tout ce qu'il faut au mestier de Vénus, à prendre par choix et par élection ce que on désiroit mieux, et tout aux frais du duc*].[2] O recato de seu filho Carlos, o Temerário, é malvisto por muitos, como não sendo adequado para um soberano.[3] Entre as diversões mecânicas do palácio dos prazeres em Hesdin, as contas mostram "uma máquina para molhar as mulheres quando passarem embaixo" [*ung engien pour moullier les dames en marchant par dessoubz*].[4]

Mas a rudeza não significa o simples malogro do ideal. Assim como o amor enobrecido, a licenciosidade também tinha o seu próprio estilo, aliás, muito mais antigo. Pode-se chamá-lo de estilo epitalâmico. No campo das fantasias do amor, uma sociedade refinada como aquela do final da Idade Média herda tantos motivos antigos que os estilos eróticos competem entre si ou misturam-se uns aos outros. A forma primitiva de erotismo, que exalta o próprio ato sexual, tinha raízes muito mais antigas e um significado tão vital quanto o estilo de amor cortês. Apesar de a cultura cristã tê-lo despojado de seu valor como mistério sagrado, esse erotismo permaneceu vivo como sempre.

Todo o aparato epitalâmico, com o seu sorriso desavergonhado e seu simbolismo fálico, já fizera parte dos próprios ritos sagrados das celebrações matrimoniais. Houve um tempo em que a consumação do matrimônio e a festa do casamento eram uma coisa só: um grande mistério centrado na cópula. Então veio a Igreja e reivindicou para si o sagrado e o mistério, convertendo o casamento e a sua consumação no sacramento de união solene. Os aspectos secundários do mistério, a procissão e a cantoria, os gritos de júbilo, ela deixara para a festa do casamento. Mas eles subsistiram ali, despidos de seu caráter sacro, na mais voluptuosa licenciosidade, e a Igreja não foi capaz de reverter esse processo. Nenhum pudor eclesiástico poderia abafar o intenso grito de vida do *"Hymen o Hymenaee!"*. Nenhuma razão puritana conseguiu fazer desaparecer dos costumes a publicidade desavergonhada da noite de núpcias, que o século XVII ainda conhece em plena floração. Só a sensibilidade individual moderna, que desejava envolver no silêncio e na penumbra aquilo que pertence somente a dois indivíduos, conseguiu romper com esse costume.

Se lembrarmos que mesmo em 1641, no casamento do jovem príncipe de Orange com Maria da Inglaterra, não faltaram as *practical jokes* para impedir que o noivo, ainda um menino, consumasse o matrimônio, não é de espantar a euforia descarada com que os casamentos de reis e nobres costumavam ser celebrados por volta de 1400. O escárnio obsceno com que Froissart narra o casamento de Carlos VI com Isabel da Baviera ou o epitalâmio que Deschamps dedicou a Antônio da Borgonha podem servir de exemplo.[5] As *Cent nouvelles nouvelles* contam com a maior naturalidade sobre um casal de noivos que se casou na missa matinal e, após uma refeição leve, foi direto para a cama.[6] Todas as piadas sobre o casamento ou a vida amorosa em geral eram consideradas apropriadas também para as mulheres. As *Cent nouvelles nouvelles* são apresentadas, ainda que com uma certa ironia, como "uma obra honrada e edificante" [*glorieuse et édifiant euvre*], como histórias "muito agradáveis de serem contadas em qualquer boa companhia" [*moult plaisants à raconter en toute bonne compagnie*]. O *noble homme* Jean Régnier, um poeta sério, compõe uma balada lasciva a pedido de madame de Borgonha e de todas as damas e senhoritas de sua corte.[7]

É claro que todas essas coisas não eram encaradas como uma violação do elevado e rigoroso ideal de honra e decoro. Existe aqui uma contradição que, mesmo com as formas nobres e todo o excesso de pudor encontrados em outras instâncias na Idade Média, não pode ser explicada como hipocrisia. Tampouco a falta de pudor é uma fuga saturnalesca às regras. Seria ainda mais equivocado considerar as obscenidades epitalâmicas como um sinal de decadência e de hiper-refinamento aristocrático, como aconteceu em relação ao século XVII.[8] As ambiguidades, os trocadilhos obscenos, as dissimulações lascivas pertencem ao estilo epitalâmico desde sempre. Eles se tornam compreensíveis quando são considerados à luz de seu passado etnológico: como os restos atenuados do simbolismo fálico da cultura primitiva convertidos em formas de convívio social, e por conseguinte como um mistério desvendado. O que outrora havia unido a sacralidade do ritual à exuberância da alegria de viver — quando os limites entre brincadeira e seriedade ainda não tinham sido demarcados pela cultura — agora só podia continuar existindo numa sociedade cristã na forma do humor picante e do escárnio. Contrárias à devoção e à cortesia, as fantasias sexuais são conservadas em toda a sua força e vitalidade nos costumes nupciais.

Podemos, se assim quisermos, considerar todo gênero cômico-erótico como brotos selvagens do tronco do epitalâmio: o conto, a farsa, a canção. Mas a ligação com essa possível origem tinha se perdido havia muito tempo: ele passou a ser um gênero literário por si só, e o efeito cômico tornou-se o próprio objetivo. Apenas a natureza da comicidade ainda é a mesma da do epitalâmio: geralmente se baseia na insinuação simbólica dos assuntos sexuais ou na descrição do ato sexual pelo uso de imagens referentes a alguma atividade social. Na época, assim como acontece hoje, quase todo ofício ou ocupação emprestava seus termos à alegoria erótica. Parece óbvio que, nos séculos XIV e XV, sobretudo o torneio, a caçada e a música[9] fornecessem o material para tal propósito. O tratamento dos casos amorosos nas formas de disputas legais, como no *Arrestz d'amour*, não pertence na verdade a essa categoria da paródia. Havia ainda um outro terreno, especialmente popular, para disfarçar o tema erótico: o religioso. O uso de termos eclesiásticos para expressar os assuntos sexuais foi aplicado com uma extraordinária desenvoltura durante a Idade Média. Nas *Cent nouvelles nouvelles*, o uso de palavras como *bénir* ou *confesser* em sentido obsceno, ou o jogo de palavras *saints* [santos] e *seins* [seios], é repetido sem cessar. Mas numa versão mais refinada, a alegoria erótico-religiosa converte-se em uma forma literária em si. O círculo de poetas do sensível Carlos de Orléans imagina o amor melancólico sob a forma do ascetismo monástico, da liturgia e do martírio. Eles chamam a si mesmos de *les amoureux de l'observance* [os amantes da observância], aludindo à recente e bem-sucedida reforma na vida monástica dos franciscanos. É como um equivalente irônico da rígida seriedade do *dolce stil nuovo*. A tendência profana é compensada em parte pela intimidade do sentimento amoroso.

Ce sont ici les dix commandements,
Vray Dieu d'amours...

Estes são os dez mandamentos,
Verdadeiro Deus do amor...

E assim Carlos de Orléans profana os dez mandamentos. Ou no juramento feito pelo Novo Testamento:

8. A ESTILIZAÇÃO DO AMOR

> *Lors m'appella, et me fist les mains mettre*
> *Sur ung livre, en me faisant promettre*
> *Que feroye loyaument mon devoir*
> *Des points d'amour...* [10]

> Então ele me chamou, e me fez colocar as mãos
> Sobre um livro me fazendo prometer
> Que cumpriria rigorosamente o meu dever
> Nos assuntos do amor...

Ele fala sobre um amante morto:

> *Et j'ay espoir que brief ou paradis*
> *Des amoureux sera moult hault asis,*
> *Comme martir et tres honnoré saint.*

> E tenho esperança que, no paraíso dos amantes,
> Ocupará uma posição bem elevada,
> Como mártir e santo mui honrado.

E da própria amada, morta:

> *J'ay fait l'obseque de ma dame*
> *Dedens le moustier amoureux,*
> *Et le service pour son ame*
> *A chanté Penser doloreux.*
> *Mains sierges de soupirs piteux*
> *Ont esté en son luminaire,*
> *Aussi j'ay fait la tombe faire*
> *De regrets...*[11]

> Fiz o funeral da minha dama
> No templo do amor,
> E o serviço para a sua alma
> O Pensamento triste cantou.
> Muitas velas de suspiros lamentosos

Estavam acesas para a sua iluminação,
Também o seu túmulo mandei erigir
de lamentação...

No cândido poema *L'Amant rendu cordelier à l'observance d'amours* [O amante que se tornou franciscano da observância do amor], que descreve amplamente a admissão de um amante inconsolável no mosteiro dos mártires do amor, todo o efeito cômico prometido pela paródia eclesiástica é desenvolvido nos mínimos detalhes. É como se o erotismo precisasse a todo momento, ainda que de modo perverso, restabelecer o contato com o sagrado, que ele tinha perdido havia muito tempo.

O erotismo, para ser cultura, precisava a todo custo buscar um estilo, uma forma que o delimitasse, uma expressão que o encobrisse. E mesmo onde ele desprezava essa forma e se rebaixava da alegoria obscena para um tratamento claro e direto da vida sexual, ainda assim continuava estilizado. Um espírito grosseiro consideraria facilmente o gênero inteiro como um naturalismo erótico, em que os homens nunca estavam cansados e as mulheres, sempre dispostas. Como o mais nobre amor cortês, também se tratava de uma ficção romântica. O que, a não ser romantismo, seria a omissão covarde de todas as complicações naturais e sociais do amor, o disfarce sob a bela aparência do prazer impassível de tudo aquilo que é mentiroso, egoísta e trágico na vida sexual? Também aqui trata-se do grande impulso cultural: o anseio pela vida bela, a necessidade de a vida parecer mais bela do que era na realidade; por isso força-se que a vida amorosa se conforme a um desejo fantástico, mas nesse caso o faz exagerando o seu lado animalesco. Também aqui há um ideal de vida: o ideal da indecência.

A realidade sempre foi pior e mais bruta do que a visão oferecida pelo refinado ideal literário do amor, mas também era mais pura e reservada do que imaginava o erotismo vulgar, muitas vezes considerado naturalista. Eustache Deschamps, o poeta profissional, costuma rebaixar-se às indecências mais licenciosas nas várias baladas cômicas em que se apresenta falando em seu próprio nome. Mas não é ele o verdadeiro herói desses casos obscenos, e em meio a eles surge um versinho singelo em que o poeta mostra à filha as virtudes de sua falecida mãe.[12]

Como fonte de literatura e cultura, todo o gênero epitalâmico, incluídas as suas várias facetas e ramificações, teve que permanecer em segundo plano. Ele tem como tema a satisfação completa e extrema, é erotismo imediato. Mas aquilo que pode servir para dar forma e adornar a vida é o erotismo indireto, cujo tema é a possibilidade de satisfação, a promessa, o desejo, a falta, a aproximação da felicidade. Aqui, a suprema satisfação é transferida para o não dito, envolta por todos aqueles véus delicados da expectativa. Por isso, o erotismo indireto é mais viável e abarca uma parte muito mais ampla da vida. E ele não conhece o amor apenas *en majeur*, em tom maior, ou com uma máscara sorridente, mas também é capaz de transformar os sofrimentos do amor em beleza, adquirindo, com isso, um valor vital infinitamente maior. O erotismo indireto consegue assimilar os elementos éticos da fidelidade, da coragem, da ternura nobre, unindo-se assim a outras aspirações além do mero ideal do amor.

Em completo acordo com o espírito geral da Idade Média tardia, que queria representar o pensamento do modo mais detalhado possível e sistematizá-lo, o *Roman de la Rose* dera a toda a cultura erótica uma forma tão colorida, tão hermética e tão rica que era como um tesouro da liturgia, doutrina e lenda profanas. E justo o caráter ambivalente do *Roman de la Rose*, obra composta por dois poetas de natureza e opiniões completamente distintas, tornava-o ainda mais útil como uma bíblia da cultura erótica: nele encontravam-se textos para os mais variados propósitos.

Guillaume de Lorris, o primeiro poeta, ainda celebrava o antigo ideal cortesão. É ele o responsável pelo esquema encantador e pela representação doce e alegre do assunto. Aqui reaparece o velho tema de um sonho. O poeta se vê saindo logo cedo, numa manhã de maio, para ouvir o canto do rouxinol e da cotovia. O caminho, ao longo de um rio, leva-o até o muro do misterioso jardim do amor. No muro ele vê desenhadas as figuras alegóricas de Ódio, Traição, Vilania, Avareza, Inveja, Melancolia, Velhice, Bigotismo e Pobreza: as qualidades anticortesãs. Mas Dame Oiseuse (Ociosidade), amiga de Déduit (Lazer), abre-lhe o portão. Lá dentro, Liesse (Alegria) conduz a dança. O Deus do Amor dança com a Beleza em uma roda em que participam também a Riqueza, a Generosidade, a Franqueza, a Cortesia e a Juventude. Enquanto o poeta está absorto em admiração pelo botão de rosa que ele descobre junto à Fonte de Narciso, o Deus do Amor atinge-o com suas flechas: Beleza, Simplicidade, Cortesia, Companhia e Belo-Semblante. O poeta se declara um vassalo (*homme lige*) do Amor (Amour), que lhe tranca o coração com uma chave e lhe revela os mandamentos do amor, seus males (*maux*) e suas coisas boas (*biens*), e estas são Espérance (Esperança), Doux-Penser (Doce-Pensamento), Doux-Parler (Doce-Conversação) e Doux-Regard (Doce-Olhar).

Bel-Accueil (Doce-Abrigo), o filho de Courtoisie (Cortesia), convida-o para ir ver a Rosa, mas logo aparecem os guardas da rosa: Danger (Perigo), Male-Bouche (Má-Língua), Peur (Medo) e Honte (Vergonha), que o expulsam dali. Agora começa a complicação. Razão desce de sua torre alta para apelar ao amante. Ami (Amigo) o consola. Vênus usa seu charme contra Castidade. Franqueza e Piedade levam-no de volta a Bel-Accueil, que lhe permite beijar a rosa. Mas Male-Bouche sai contando o acontecido, Jalousie (Ciúme) vem correndo, e então se constrói um muro resistente em volta da Rosa. Bel-Accueil é trancafiado numa torre. Perigo e seus companheiros guardam

8. A ESTILIZAÇÃO DO AMOR

os portões. A obra de Guillaume de Lorris termina com o lamento do amante.

Então entra Jean de Meun, provavelmente bem depois, e dá prosseguimento à obra com uma sequência bem mais extensa e um desfecho. O decorrer da ação, o ataque e a conquista do castelo da Rosa por Amor e todos os seus aliados — as virtudes cortesãs auxiliadas por Discrição e Belo-Semblante —, quase se afoga na enxurrada de digressões, considerações e narrativas por meio das quais o segundo poeta fez da obra uma verdadeira enciclopédia. No entanto, o mais importante é: aqui falava um espírito franco, tão friamente cético e tão cinicamente cruel como raras vezes se produziu na Idade Média; junte-se a isso uma mente que dominava o idioma francês como poucos. O idealismo ingênuo e leve de Guillaume de Lorris foi ofuscado pelo espírito negativo de Jean de Meun, que não acreditava em fantasmas e feiticeiros, nem no amor fiel e na honra feminina; que compreendia os problemas patológicos; que pôs na boca de Vênus, Natureza e Gênio a defesa mais audaciosa dos ímpetos sensuais da vida.

Quando Amor teme sofrer uma derrota com o seu exército, ele envia Franqueza e Doce-Olhar para Vênus, sua mãe, que ouve o seu chamado e, em sua carruagem puxada por pombas, vem em auxílio do filho. Quando Amor lhe comunica a situação, ela jura que nunca mais deixará qualquer mulher permanecer casta, e convence Amor a fazer o mesmo juramento em relação aos homens. Ele o faz, assim como todo o exército.

Nesse ínterim, Natureza está na forja, ocupada na manutenção das espécies, na sua eterna luta contra a Morte. Ela reclama amargamente que, de todas as criaturas, somente o ser humano transgride os seus mandamentos e se abstém da procriação. Por ordem dela, Gênio, seu sacerdote, após a longa confissão em que Natureza lhe revela todos os seus trabalhos, vai até o exército de Amor para lançar a maldição da Natureza sobre todos aqueles que desafiam os seus mandamentos. Amor veste Gênio com uma batina sagrada, um anel, um cajado e uma mitra. Vênus, gargalhando, põe em sua mão uma vela acesa "que não era feita de cera virgem" [*qui ne fu pas de cire vierge*].

A excomunhão começa com a rejeição da virgindade, uma simbologia audaciosa que leva a um misticismo peculiar. Para aqueles que não seguem os mandamentos da natureza e do amor, o inferno; aos outros, o prado florido, onde o Filho da Virgem pastoreia suas ovelhas alvas, que ali se deliciam eternamente com as flores e a grama, que ali crescem sem apodrecer.

Quando Gênio lança na fortaleza a vela cuja chama incendeia todo o mundo, começa a batalha final pela torre. A própria Vênus também lança a sua tocha. Então Vergonha e Medo fogem, e Doce-Abrigo permite que o amante colha a rosa.

Aqui, o motivo sexual foi conscientemente devolvido à sua posição central e envolto num mistério tão refinado, de tanta santidade, que um desafio maior ao ideal eclesiástico de vida não era possível. Em sua tendência completamente pagã, o *Roman de la Rose* pode ser considerado como estando a um passo do Renascimento. Em sua forma externa, ele parece verdadeiramente medieval. Pois o que há de mais medieval do que a personificação extrema das emoções e das circunstâncias do amor? As figuras do *Roman de la Rose* — Doce-Abrigo, Doce-Olhar, Falso-Semblante, Má-Língua, Perigo, Vergonha e Medo — situam-se no mesmo plano das representações tipicamente medievais das virtudes e dos pecados em forma humana: alegorias ou, um pouco mais do que isso, mitologemas em que se acredita parcialmente. Mas onde se situa o limite entre essas representações e as ninfas, sátiros e espíritos ressuscitados no Renascimento? Eles foram emprestados de uma outra esfera, mas o seu valor simbólico é o mesmo, e a elegância das figuras do *Roman de la Rose* muitas vezes leva a pensar nas fantásticas figuras floridas de Botticelli.

Aqui, o sonho do amor foi retratado de uma forma ao mesmo tempo artificial e apaixonada. A alegoria detalhada satisfazia todas as exigências da imaginação medieval. Sem as personificações, o espírito não poderia ter expressado nem compreendido as suas próprias emoções. Todo o colorido e o traçado elegante desse incomparável teatro de marionetes eram necessários para formar um sistema conceitual do amor com o qual as pessoas podiam se entender umas às outras. As figuras Perigo, Novo-Pensamento e Má-Língua eram empregadas como os termos correntes de uma psicologia científica. O tema fundamental manteve a paixão viva ao longo do poema. Pois no lugar do culto insosso a uma dama casada, alçado às alturas pelos trovadores como um objetivo inalcançável de uma lânguida adoração, agora usava-se outra vez o motivo erótico mais natural: a forte excitação do segredo da virgindade, simbolizada pela Rosa, a ser conquistada com arte e persistência.

Na teoria, o amor do *Roman de la Rose* continuava a ser cortês e nobre. O jardim das delícias é destinado apenas aos eleitos e acessível somente por meio do amor. Para nele entrar, é preciso estar livre de ódio, infidelidade, vilania, ganância, avidez, inveja, velhice e hipocrisia. Porém, as virtudes positivas, contra as quais ele deve se opor, demonstram que o ideal já não é mais ético como no amor cortês, mas apenas aristocrático. São elas: ociosidade, prazer, jovialidade, amor, beleza, riqueza, generosidade, franqueza e cortesia. Já não se trata do enobrecimento do amante pelo brilho irradiado da amada, mas de meios eficazes para conquistá-la. E já não é mais a veneração da mulher, por mais falsa que possa ter sido, o que anima a obra, mas sim — ao menos no caso do segundo poeta, Jean Clopinel — o desprezo cruel pela sua fragilidade, desprezo cuja origem está no próprio caráter sensual desse amor.

Apesar de seu grande domínio sobre os espíritos da época, o *Roman de la Rose* não conseguiu suplantar completamente a concepção mais antiga do amor. Além da exaltação do flerte, preservava-se também a ideia do amor puro, cavaleiresco, fiel e abnegado, pois este era uma parte essencial do ideal de vida cavaleiresco. No círculo colorido de luxuosa vida aristocrática em torno do rei francês e dos seus tios, os duques de Berry e da Borgonha, tornou-se tema de uma disputa cortesã a questão sobre qual concepção do amor seria preferível para o verdadeiro nobre: aquela da cortesia genuína, com seu desejo fiel e honrado de servir a uma única dama, ou aquela do *Roman de la Rose*, na qual a fidelidade não passava de um meio para conquistar a mulher. O nobre cavaleiro Boucicaut, junto com os seus companheiros de jornada numa viagem ao Oriente em 1388, tornara-se o defensor da fidelidade cavaleiresca e passava o seu tempo escrevendo o *Livre des cent ballades*. A decisão entre o flerte e a fidelidade é delegada aos *beaux esprits* (espíritos refinados) da corte.

De uma seriedade bem mais profunda foram as palavras com que Christine de Pisan aventurou-se na disputa alguns anos mais tarde. Essa corajosa defensora da honra feminina e dos direitos da mulher dirigiu-se ao deus do amor numa carta poética que continha a reclamação das mulheres contra toda traição e toda calúnia dos homens.[13] Ela rejeitou, indignada, a doutrina do *Roman de la Rose*. Alguns se uniram a ela, mas a obra de Jean de Meun continuou a ter uma multidão de admiradores e defensores apaixonados. Seguiu-se uma querela literária em que vários apoiadores e oponentes tomaram a palavra. E não eram poucos os entusiastas que mantinham o *Roman de la Rose* em seu pódio. Muitos homens brilhantes, eruditos e estudados — garantiu Jean de Montreuil, o reitor de Lille — davam tanto valor ao *Roman de la Rose* que quase lhe dedicavam um culto reverencial (*paene ut colerent*) e prefeririam ceder a própria camisa a perder aquele livro.[14]

8. A ESTILIZAÇÃO DO AMOR

Não é fácil compreendermos a atmosfera espiritual e emocional de onde partia a defesa. Pois não se tratava de cortesãos frívolos, mas de funcionários sérios em altas posições, em parte até de membros do clero, como Jean de Montreuil, o já mencionado preboste de Lille, secretário do delfim e mais tarde do duque da Borgonha, que se correspondia com seus amigos Gontier e Pierre Col sobre o assunto em cartas poéticas em latim e encorajava outros a tomarem para si a defesa de Jean de Meun. O mais peculiar disso tudo é que esse círculo, que então se apresentava como defensor dessa obra medieval colorida e frívola, é o mesmo em que são cultivados os primeiros germes do humanismo francês. Jean de Montreuil é o autor de uma grande quantidade de cartas ciceronianas repletas de expressões humanistas, retórica humanista e vaidade humanista. Ele e os amigos Gontier e Pierre Col trocam correspondência com o sério teólogo reformista Nicolas de Clémanges.[15]

Jean de Montreuil levava muito a sério sua convicção literária. "Quanto mais estudo a importância dos mistérios e os mistérios da importância desta obra famosa e profunda do mestre Jean de Meun, tanto mais me abisma vossa rejeição", escreve ele a um acadêmico anônimo do direito, que havia atacado o *Roman de la Rose*. Até o último suspiro de vida ele defenderá o livro, e há muitos como ele que, com a pluma, com a voz e com a mão, hão de defender essa causa.[16]

Para provar que a querela sobre o *Roman de la Rose* tinha sido mais do que uma peça no grande tabuleiro da vida social de corte, tomou finalmente a palavra um homem que sempre defendera a mais alta moralidade e a mais pura doutrina: o famoso teólogo e chanceler da Universidade de Paris Jean Gerson. Em sua biblioteca, na noite de 18 de maio de 1402, escreveu um tratado contra o *Roman de la Rose*.[17] Trata-se de uma resposta à contestação de Pierre Col[18] a um artigo que Gerson havia escrito anteriormente, e mesmo esse não fora o primeiro artigo que o chanceler tinha dedicado ao *Roman de la Rose*. Para ele, o livro era a mais perigosa das pestes, a fonte de toda imoralidade. Queria contestá-lo em qualquer oportunidade que surgisse, e repetidamente se posiciona contra a influência perniciosa *"du vicieux romant de la Rose"*.[19] Se dele tivesse um exemplar, diz Gerson, e este fosse o único e valesse mil libras, mesmo assim preferiria queimá-lo a vendê-lo para ser publicado.

Gerson tomou emprestada a forma de argumentação do seu próprio oponente: uma visão alegórica. Ao despertar numa certa manhã, ele sente o coração escapar-se-lhe "por meio de penas e asas de pensamentos diversos, de um lugar para outro, até chegar à corte sagrada da cristandade" [*moyennant les plumes et les eles de diverses pensees, d'un lieu en autre jusques a la court saincte de crestienté*]. Lá encontra-se com Justiça, Consciência e Sensatez, e ouve como Castidade acusa Amor-Tolo — a saber, Jean de Meun — de havê-la banido da terra com todos os seus seguidores. Os seus "bons guardas" são justamente as figuras más do romance: "Vergonha, Medo e Perigo, o bom porteiro, que não ousaria nem se dignaria a permitir sequer um beijo desonroso ou um olhar libidinoso ou um sorriso sedutor ou uma palavra leviana" [*Honte, Paour et Dangier le bon portier, qui ne oseroit ne daigneroit ottroyer neïs un vilain baisier ou dissolu regart ou ris attraiant ou parole legiere*]. Castidade lança uma série de acusações contra Amor-Tolo: "Ele lança fogo para todos os lados, mais inflamável e fétido do que fogo grego ou enxofre" [*Il gette partout feu plus ardant et plus puant que feu gregeois ou de souffre*]. E continua dizendo que, com ajuda da velha maldita, ele ensina a doutrina de "como todas as meninas novas devem vender seu corpo cedo e por muito dinheiro, sem medo ou vergonha, e que não levem em conta mentiras ou perjúrios" [*comment toutes jeunes filles doivent vendre leurs corps tost et chierement sans paour et sans vergoigne, et qu'elles ne tiengnent compte de decevoir ou parjurer*]. Ele ridiculariza o casamento e a vida monástica, voltando toda a sua fantasia para os prazeres da carne, e, o pior de tudo, deixa que Vênus e até mesmo a Dama-Razão misturem as noções de paraíso e dos mistérios cristãos com as do prazer sensual.

De fato, era aí que morava o perigo. Essa grande obra que unia sensualidade, cinismo debochado e simbolismo elegante despertava nos espíritos um misticismo sensual que devia parecer um verdadeiro abismo de pecado para o teólogo sério. Quão ousado deve ter sido Pierre Col, o oponente de Gerson, em suas afirmações![20] Só o próprio Amor-Tolo pode julgar o valor dessa paixão desenfreada. Quem não a conhece a vê somente em um espelho e como um enigma. Assim ele emprestou ao amor terreno a palavra sagrada da Carta aos Coríntios, para dele falar como um místico fala do seu êxtase! Ele ousou declarar que o Cântico dos Cânticos de Salomão havia sido escrito em louvor à filha do faraó. E que aqueles que difamaram o *Roman de la Rose* tinham se ajoelhado diante de Baal. Natureza não quer que uma mulher se contente com apenas um homem, e o Gênio da Natureza é Deus. Sim, ele ousa fazer mau uso de Lucas 2,23, para provar a partir do próprio Evangelho que outrora os órgãos sexuais femininos, a rosa do romance, eram sagrados. E, cheio de confiança em toda essa blasfêmia, ele convoca os defensores da obra, uma turba de testemunhas, e ameaça Gerson, dizendo que ele se veria arruinado por um amor irracional, como já ocorrera com outros teólogos antes dele.

A autoridade do *Roman de la Rose* não se enfraqueceu com o ataque de Gerson. Em 1444, um cônego de Lisieux, Estienne Legris, oferece a Jean Lebègue, escrivão do Tribunal de Contas de Paris, um *Répertoir du roman de la Rose* escrito por ele mesmo.[21] Ainda no final do século XV, Jean Molinet pôde declarar que as citações do livro eram tão correntes como os provérbios populares.²² Ele se sente impelido a fazer um comentário moralizante sobre todo o romance, no qual a fonte do início desse poema se torna o símbolo do batismo; o rouxinol, que convoca para o amor, se transforma na voz de pregadores e teólogos; a rosa seria o próprio Jesus. Clément Marot ainda deu um toque moderno à obra, e até mesmo Ronsard se serviu das figuras alegóricas de Doce-Abrigo [Bel-Accueil], Falso-Perigo [Faux-Danger] etc.²³

Enquanto os distintos literatos prosseguiam com a sua querela literária, a aristocracia encontrou nessa disputa um ótimo pretexto para conversas alegres e diversões pomposas. Boucicaut, elogiado por Christine de Pisan por preservar o velho ideal da fidelidade cavaleiresca no amor, talvez tenha encontrado em suas palavras o motivo para a criação da Ordre de la Dame Blanche à l'Écu Vert, para a defesa das mulheres oprimidas. Mas ele não podia competir com o duque da Borgonha, e a sua ordem logo foi eclipsada pela grandiosa Cour d'Amours [Corte do Amor], fundada em grande estilo em 14 de fevereiro de 1401, no Hôtel d'Artois, em Paris. Tratava-se de um salão literário esplendidamente decorado. Filipe, o Temerário, duque da Borgonha, o velho estadista astuto, cujos pensamentos jamais se esperaria que estivessem voltados para tais assuntos, pedira ao rei, junto com Luís de Bourbon, que instituísse a Corte do Amor como distração durante a epidemia de peste que grassava em Paris, "para passar uma parte do tempo de forma mais agradável e encontrar novos prazeres" [*pour passer partie du tempz plus gracieusement et affin de trouver esveil de nouvelle joye*].²⁴ A Corte do Amor fora fundada com base nas virtudes da humildade e da fidelidade "para a honra, louvação, recomendação e serviço de todas as damas e donzelas" [*à l'onneur, loenge et recommandacion et service de toutes dames e demoiselles*]. Os numerosos membros eram agraciados com os títulos mais grandiosos: os dois fundadores e Carlos VI eram *grands conservateurs*; entre os *conservateurs* estavam João Sem Medo, seu irmão Antônio de Brabante e seu filho mais jovem, Filipe. Havia um *prince d'amour*, Pierre de Hauteville, nascido em Hainaut, e seus ministros, auditores, cavaleiros de honra, conselheiros, cavaleiros tesoureiros, secretários, *grands veneurs, ecuyers d'amour, maîtres des requêtes*; ou seja, imitou-se todo o aparato da corte e do governo. Além de príncipes e prelados, também havia burgueses e membros do baixo clero. As atividades e o cerimonial eram organizados meticulosamente. Era muito semelhante a uma câmara de retórica comum. Os membros recebiam refrões para serem elaborados em todas as formas poéticas tradicionais: *ballades couronnées ou chapelées, chansons, sirventois, complaintes, rondeaux, lais, virelais* etc. Ali deveriam ser realizados debates "na forma processual de uma causa de amor, para defender diversas opiniões" [*en forme d'amoreux procès, pour différentes opinions soustenir*]. As damas entregariam os prêmios, e era proibido fazer versos que maculassem a honra do sexo feminino.

É incrivelmente borguinhão esse esquema pomposo e solene, essas formas sérias para um entretenimento elegante. É admirável, porém compreensível, o fato de a corte aderir ao ideal rígido da fidelidade nobre. No entanto, se fôssemos esperar que os setecentos membros conhecidos dessa sociedade, ao longo dos seus quinze anos de existência, tenham sido como Boucicaut — sinceros seguidores de Christine de Pisan, ou seja, inimigos do *Roman de la Rose* —, entraríamos em conflito com os fatos. O que se conhece sobre a moralidade de Antônio de Brabante e de outros grandes senhores os torna pouco adequados ao papel de defensores da honra feminina. Um dos membros, um tal de Regnault d'Azincourt, é o autor do rapto fracassado da jovem viúva de um comerciante, feito em grande estilo, com vinte cavalos e a presença de um padre.[25] Outro membro, o conde de Tonnerre, também é culpado de uma transgressão parecida. E apenas para comprovar de maneira conclusiva que tudo não passava de um belo jogo de salão, os próprios adversários de Christine de Pisan na querela literária sobre o *Roman de la Rose* estão entre os membros da Corte do Amor: Jean de Montreuil, Gontier e Pierre Col.[26]

9. As convenções do amor

É na literatura que podemos aprender sobre as formas do amor na época, mas precisamos tentar imaginar como elas funcionavam na própria vida. Havia todo um sistema de formas convencionais para preencher a vida de um jovem aristocrático. Quantos símbolos e figuras do amor os séculos seguintes aos poucos abandonaram! Em lugar de Amor, por si só, havia toda a peculiar mitologia pessoal do *Roman de la Rose*. Sem dúvida alguma, Doce-Abrigo, Doce-Pensamento, Falso-Semblante e o resto também viveram fora das obras literárias, na imaginação. Além disso, existiam todos aqueles significados ternos das cores nas roupas, nas flores e nos adornos. O simbolismo das cores, que ainda hoje não foi totalmente esquecido, assumia um lugar importante na vida amorosa medieval. Quem não o conhecesse direito poderia consultar o manual *Le Blason des couleurs*, escrito por volta de 1458 pelo Arauto da Sicília,[1] transformado em versos no século XVI e ridicularizado por Rabelais, não tanto por desprezar o assunto, mas talvez porque também ele desejasse escrever a respeito.[2]

Quando Guillaume de Machaut vê a sua amada desconhecida pela primeira vez, fica encantado com o fato de ela trajar um vestido branco acompanhado de uma touca de tecido azul-celeste ornamentado com papagaios verdes, pois verde é a cor do amor novo e azul, a da fidelidade. Mais tarde, quando o ápice de seu amor de poeta já havia passado, ele sonha que o retrato da amada, pendurado acima de sua cama, tem a cabeça voltada para o lado, e que ela está totalmente vestida de verde, "significando algo novo" [*qui nouvelleté signifie*]. Ele compõe uma balada de reprovação:

> *En lieu de bleu, dame, vous vestez vert.*[3]

Em vez de azul, dama, você se veste de verde.

Os anéis, os véus, todas as joias e presentes do amor possuíam uma função especial, com suas divisas e emblemas misteriosos, que muitas vezes descambavam nas charadas mais complicadas. O delfim, em 1414, parte para a batalha portando um estandarte que trazia um K dourado, um cisne (*cygne*) e um L, indicando o nome de uma dama da corte de sua mãe, Isabeau, chamada La Cassinelle.[4] Um século mais tarde, Rabelais ainda zomba dos "gloriosos da corte e aqueles que queriam mudar o nome" [*glorieux de court et transporteurs de noms*], que em suas divisas representavam *espoir* [esperança] com uma *sphere* [esfera], *peine* [pena] com *pennes d'oiseaux* [penas de pássaros], *melancholie* com aquilégia [*ancholie*].[5]

E havia ainda os perspicazes joguinhos amorosos, como *le roi qui ne ment, le chastel d'amours, ventes d'amour, jeux à vendre*. A moça cita o nome de uma flor ou de alguma outra coisa; o rapaz deve rimá-lo com um elogio:

> *Je vous vens la passerose.*
> *— Belle, dire ne vous ose*
> *Comment Amours vers vous me tire.*
> *Si l'apercevez tout sanz dire.*[6]

A vós vendo a malva-rosa.
— Bela, não vos ouso dizer
Como Amor me atrai a vós
Haveis de notá-lo, sem nada dizer.

9. AS CONVENÇÕES DO AMOR

O *chastel d'amours* era um jogo de perguntas e respostas baseado nas figuras do *Roman de la Rose*:

Du chastel d'Amours vous demant:
Dites le premier fondement!
— Amer loyaument.

Do castelo do Amor vos pergunto:
Dizei-me o primeiro fundamento!
— Amar lealmente.

Or me nommez le mestre mur
Qui joli le font, fort et seur!
— Celer sagement.

Citai agora o principal muro,
Que o torna belo, forte e seguro
— Silenciar sabiamente.

Dites moy qui sont li crenel,
Les fenestres et li carrel!
— Regart atraiant.

Dizei-me quais são os merlões,
As janelas e as pedras!
— O olhar atraente.

Amis, nommez moy le portier!
— Dangier mauparlant.
Qui est la clef qui le puet deffermer?
— Prier courtoisement.[7]

Amigo, dizei-me quem é o porteiro!
— O perigo maledicente.
Qual é a chave que pode destrancá-lo?
— Solicitar cortesmente.

Desde os tempos dos trovadores, a casuística do amor ocupava um lugar central nas conversações da corte. Era como se a curiosidade e a maledicência tivessem sido promovidas a forma literária. Na corte de Luís de Orléans, as refeições eram animadas pelos "belos livros, ditos e baladas" [*beaulx livres, dits, ballades*] e pelas "perguntas galantes" [*demandes gracieuses*].[8] Estas últimas são apresentadas sobretudo aos poetas, para que tomem uma decisão. Um grupo de senhoras e senhores apresenta a Machaut uma série de *"partures d'amours et de ses aventures"* [poemas de amor e de suas aventuras].[9] Em seu *Jugement d'amour*, ele defendia a tese de que a dama que perdia seu amante para a morte tinha menos a reclamar do que o amante de uma amada infiel. Assim, cada caso amoroso era discutido seguindo normas rígidas. *"Beau sire*, o que haveis de preferir: que falem mal de vossa amada mas o senhor a julgue fiel, ou que dela se fale bem mas o senhor saiba que é infiel?" A isso, de acordo com o elevado conceito formal de honra e o estrito dever do amante de proteger o bom nome da amada, a resposta deveria ser: "Senhora, eu preferiria ouvir falar bem dela e achá-la má" [*Dame, j'aroie plus chier que j'en oïsse bien dire et y trouvasse mal*]. Se uma dama é negligenciada por seu primeiro amante, estaria ela sendo infiel ao aceitar um segundo, que é mais sincero? Um cavaleiro que perdeu qualquer esperança de ver sua dama, trancafiada por um marido ciumento, poderia finalmente dedicar-se a um novo amor? Se um cavaleiro se afasta da amada e a troca por uma mulher mais bem-nascida, mas depois, rejeitado, volta a pedir o perdão da primeira, será que a honra da moça permite perdoá-lo?[10] Essa casuística está a apenas um passo de tratar as questões amorosas de uma forma inteiramente processual, como fez Martial d'Auvergne no *Arrestz d'amour*.

Todas essas convenções do amor são conhecidas por nós apenas através da sua repercussão na literatura. Mas elas pertenciam à vida real. O código dos conceitos, regras e formas corteses não se destinava unicamente à poesia, mas tinha a pretensão de ser aplicado na vida aristocrática ou, pelo menos, na conversação. No entanto, é muito difícil enxergar a vida daquela época por trás dos véus da poesia. Pois mesmo quando um amor verdadeiro é descrito da forma mais precisa possível, isso é feito a partir da ilusão do ideal consagrado, com todo o aparato técnico de conceitos amorosos correntes e na estilização do caso literário. É isso que acontece no relato demasiado longo do amor poético entre um velho poeta e uma certa Marianne do século XIV, no *Livre du Voir-Dit* (ou seja, "história verdadeira") de Guillaume de Machaut.[11] Ele devia ter cerca de sessenta anos quando Peronnelle d'Armentières,[12] de uns dezoito anos, vinda de uma família proeminente da Champagne, em 1362, enviou-lhe o primeiro rondel em que oferecia seu coração ao famoso poeta, que ela não conhecia, e ao mesmo tempo propunha a ele que iniciassem uma correspondência poético-amorosa. O pobre poeta, enfermo, cego de um olho, atormentado pela gota, inflama-se na mesma hora. Ele responde ao rondel da moça e começa uma troca de cartas e poemas. Peronnelle está orgulhosa desse enlace literário. Num primeiro momento, ela não mantém isso em segredo. Seu intuito é que ele escreva um livro para contar toda a verdade sobre o amor dos dois, incluindo suas cartas e seus poemas no relato. Ele cumpre a tarefa com prazer: "Eu farei, em vossa glória e louvor, algo que será bem lembrado" [*Je feray, à vostre gloire et loenge, chose dont il sera bon memoire*].[13] E escreve para ela: "E, minha doce amada, estais aflita por termos começado tão tarde?". Como poderia ser antes? "Por Deus, também eu estou." E com mais razão. "Mas vede aqui o remédio: vivamos tão bem quanto nos é possível, aqui e agora, que compensemos o tempo perdido; que do nosso amor se fale daqui a cem anos, sempre bem e honradamente, pois se algum mal nele houvesse, vós o ocultaríeis de Deus, se pudésseis" [*Et, mon très-dourt cuer vous estes courrecié de ce que nous avons si tart commencié? Par Dieu aussi suis-je; mais ves-cy le remede: menons si bonne vie que nous porrons, en lieu et en temps, que nous recompensons le temps que nous avons perdu; et qu'on parle de nos amours jusques à cent ans cy après, en tout bien et en toute honneur; car s'il y avoit mal, vous le celeriés à Dieu, se vous poviés*].[14]

O que estava dentro dos limites de um amor honrado nos é ensinado pela narração em que Machaut insere as cartas e os poemas. Ele recebe o retrato pintado da amada, que fora um pedido dele, e passa a venerá-lo como se fosse seu Deus na terra. Receoso por causa das próprias deficiências físicas, ele vai ao primeiro encontro; e a felicidade é imensa quando a jovem amada não se assusta com a aparência dele. Ela se deita em seu colo para dormir, ou fingir dormir, sob uma cerejeira. A amada lhe concede grandes liberdades. Uma peregrinação até Saint-Denis e a feira do Lendit é a oportunidade para passarem alguns dias juntos. Numa tarde, em meados de junho, o grupo está exausto da grande agitação e do calor de verão. Na cidade abarrotada, eles encontram acomodação com um homem que lhes cede um quarto com duas camas. Numa delas, no aposento escurecido para o descanso da tarde, deita-se a cunhada de Peronnelle; na outra, ela mesma, junto com sua camareira. Ela força o tímido poeta a deitar-se entre as duas; ele fica ali deitado, completamente imóvel, com medo de incomodá-la; quando desperta, ela ordena que ele a beije. Com a proximidade do final da pequena viagem, ao notar a tristeza do poeta, ela permite que ele a acorde para se despedirem. E, embora ele, também nesta oportunidade, siga falando de *onneur* e *onnesté*, não fica claro em sua narrativa bastante franca o que mais ela pode lhe ter negado. Ela entrega a chavinha dourada de sua honra ao poeta, o seu tesouro, para que ele a guarde cuidadosamente, mas o que restou a ser guardado talvez deva ser entendido como a sua honradez perante as outras pessoas.[15]

Essa foi toda a felicidade concedida ao poeta, e, na falta de outras aventuras, ele preenche a segunda parte do livro com intermináveis histórias mitológicas. Finalmente, ela comunica que será necessário pôr um fim à relação dos dois, ao que tudo indica em razão de seu casamento. Mas ele decide amá-la e honrá-la para sempre, e, após a morte de ambos, seu espírito pedirá a Deus a permissão para continuar chamando, na glória eterna, a alma da mulher amada de *"toute-belle"*.[16]

E sobre os costumes, assim como sobre os sentimentos, o *Voir-Dit* nos ensina mais do que a maior parte da literatura amorosa da época. Para começar, a extraordinária liberdade que essa jovem moça podia se permitir sem causar escândalo. Depois, a ingênua impassibilidade com que tudo, até o mais íntimo, se desenrola na presença dos outros, seja a cunhada, a camareira ou o secretário. Este último até inventa uma artimanha graciosa quando os amantes estão juntos sob a cerejeira: enquanto ela cochila, ele coloca uma folha verde na boca de Peronnelle e diz a Machaut que ele deve beijar a folha. Quando este enfim cria coragem, o secretário puxa a folha, de modo que o poeta, por um instante, toca a boca de Peronnelle.*
Igualmente admirável é a convergência de deveres amorosos e religiosos. O fato de Machaut pertencer ao clero, como cônego da catedral de Reims, não deve ser levado muito a sério. Naquele tempo, as ordenações inferiores,

---

* O beijo com uma folha isolante aparece outras vezes: ver "Le Grand garde derrière", estrofe 6, em W. G. C. Bijvanck, *Un Poète inconnu de la société de François Villon* (Paris: Champion, 1891), p. 27. Compare a nossa expressão [em holandês]: "ele não põe nenhuma folha na frente da boca" [equivalente à expressão "ele não tem papas na língua", em português (N. E.)].

que eram o bastante para o canonicato, não exigiam o celibato. Petrarca também era cônego. E o fato de uma peregrinação ter sido escolhida para se conhecerem também não é nada incomum. As peregrinações eram muito populares para as aventuras amorosas. Mas, apesar disso, a peregrinação de Machaut e sua amada foi realizada com toda a seriedade, *très devotement*.[17] Em um encontro prévio, eles assistem juntos à missa, ele sentado atrás dela:

> *Quant on dist: Agnus Dei,*
> *Foy que je doy à Saint-Crepais,*
> *Doucement me donna la pais,*
> *Entre deux pilers du moustier,*
> *Et j'en avoie bien mestier,*
> *Car mes cuers amoureus estoit*
> *Troublés, quant si tost se partoit.* [18]

> Quando se disse o agnus dei,
> Pela fé que devo a são Crispino,
> Docemente ela me deu a paz,
> Entre duas pilastras da igreja.
> E eu disso necessitava,
> Pois meu coração apaixonado estava
> Perturbado, por termos de nos separar tão cedo.

A *paix* era a pequena placa de madeira que circulava para ser beijada, em lugar do beijo da paz, dado de boca em boca.[19] Aqui, naturalmente, o sentido é que Peronnelle lhe ofereceu seus próprios lábios. Ele espera por ela no jardim, recitando seu breviário. Ao iniciar uma novena (um ciclo de nove dias de orações), ele, quando entra na igreja, promete para si mesmo que em cada um desses dias fará um novo poema para a amada, o que não o impede de falar da grande devoção com que rezava.[20]

Diante de tudo isso, não se deve imaginar uma intenção frívola ou profana; afinal de contas, Guillaume de

Machaut é um poeta sério e muito digno. Trata-se da ingenuidade, para nós quase incompreensível, com que as atividades religiosas estavam misturadas às ocupações da vida cotidiana nos dias que antecedem o Concílio de Trento. Logo teremos de falar mais a esse respeito.

O sentimento que transparece nas cartas e nas descrições desse caso amoroso histórico é débil, adocicado e ligeiramente doentio. A expressão dos sentimentos permanece envolta no longo circunlóquio de considerações argumentativas e no ornamento das fantasias alegóricas e dos sonhos. Existe algo de comovente no fervor com que o poeta grisalho descreve a sua felicidade gloriosa e a excelência de Toute-Belle, sem se dar conta de que ela, na verdade, apenas brincou com ele e com seu próprio coração.

Quase na mesma época do *Voir-Dit* de Machaut, surge uma obra que, em alguns aspectos, poderia servir-lhe como contrapartida: *Le Livre du chevalier De la Tour Landry pour l'enseignement de ses filles*.[21] Trata-se de uma obra proveniente do círculo aristocrático, assim como o romance de Machaut e Peronnelle d'Armentières. Mas enquanto este último se passava na Champagne e em Paris e seus arredores, o cavaleiro de *De la Tour Landry* nos transporta para Anjou e Poitou. Aqui, porém, não se trata de um velho poeta enamorado, e sim de um pai bastante prosaico que relata suas lembranças de juventude, anedotas e histórias "*pour mes filles aprandre à roumancier*". Diríamos: para ensinar as filhas as formas corteses do amor. O ensinamento, na verdade, não tem nada de romântico. Os exemplos e as advertências que o nobre cuidadoso apresenta às filhas servem mais para alertá-las dos perigos do flerte romântico: tomem cuidado com essa gente bem articulada, sempre pronta com "olhares dissimulados, longos e meditativos, e pequenos suspiros e maravilhosas atitudes afetadas e de palavras mais fáceis do que ninguém" [*faulx regars longs et pensifs et petits soupirs et de merveilleuses contenances affeetées et ont plus de paroles à main que au tres genz*].²² Não sejam complacentes demais. Quando jovem, certa vez o pai o levou até um castelo para conhecer a filha do dono, pensando num noivado. A menina o recebera de forma especialmente gentil. Para descobrir o íntimo da pretendente, ele conversou com ela sobre vários assuntos. O diálogo tocou no tema dos prisioneiros, e o jovem nobre fez um elogio respeitoso à moça:

Ma demoiselle, il vaudroit mieulx cheoir à estre vostre prisonnier que à tout plain d'autres, et pense que vostre prison ne seroit pas si dure comme celle des Angloys. — Si me respondit qu'elle avoyt vue nagaires cel qu'elle vouldroit bien qu'il feust son prisonnier. Et lors je luy demanday se elle luy feroit male prison, et elle me dit que nennil et qu'elle le tandroit ainsi chier comme son propre corps, et je lui dis que celui estoit bien eureux d'avoir si doulce et si noble prison. Que vous dirai-je? Elle avoit assez de langaige et lui sambloit bien, selon ses parolles, qu'elle savoit assez, et si avoit l'ueil bien vif et legier.

Senhorita, seria melhor ser vosso prisioneiro do que de qualquer outro, e creio que vossa prisão não seria tão dura quanto a dos ingleses. — Ela me respondeu que havia bem pouco tempo vira alguém que ela desejava, sim, que fosse seu prisioneiro. E quando então lhe perguntei se haveria de preparar uma prisão má para ele, ela disse que de maneira nenhuma, e que ela o trataria tão ternamente como a si mesma, e eu disse que essa pessoa seria muito feliz em ter uma prisão tão doce e nobre. O que posso lhe dizer? Ela falava muito bem e parecia, por suas palavras, que sabia bastante, e além disso tinha olhos muito vivos e ligeiros.

9. AS CONVENÇÕES DO AMOR

Na despedida, ela pediu duas ou três vezes para que ele voltasse logo, como se já o conhecesse havia muito tempo. "E quando então partimos, o senhor meu pai me disse: 'O que achaste dela, agora que a viste? Dize-me a tua opinião a respeito'" [*Et quant nous fumes partis, mon seigneur de père me dist: Que te samble de celle que tu as veue. Dy m'en ton avis*]. Mas aquele encorajamento tão imediato lhe havia tirado toda e qualquer vontade de conhecê-la mais intimamente. "Meu senhor, ela me parece bela e boa, mas não hei de conhecê-la mais do que já a conheço, se vos aprouver" [*Mon seigneur, elle me samble belle et bonne, maiz je ne luy seray jà plus de près que je suis, si vous plaist*]. O noivado não deu em nada e, é claro, o cavaleiro encontrou motivos para mais tarde não se arrepender de sua decisão.[23] Trechos como esses, registros espontâneos da vida que nos mostram como os costumes se adaptavam ao ideal, infelizmente são muito raros nos séculos de que tratamos aqui. Se ao menos o cavaleiro De la Tour Landry nos tivesse contado um pouco mais sobre a própria vida... A maior parte de suas reminiscências trata de generalidades. Para as filhas, a primeira coisa que ele tem em mente é um bom casamento. E o casamento tinha pouco a ver com amor. Ele se refere a um "debate" detalhado entre ele e a esposa sobre o que era permitido no amor, *le fait d'amer par amours* [amar por amor]. Na opinião dele, em certos casos uma moça pode amar honrosamente, por exemplo "na esperança de um casamento" [*en esperance de mariage*]. A mulher é contra. O melhor é a moça não se apaixonar de forma nenhuma, nem mesmo pelo noivo. Isso só a afasta da verdadeira devoção.

> *Car j'ay ouy dire à plusieurs, qui avoient esté amoureuses en leur juenesce, que, quant elles estoient à l'église, que la pensée et la merencolie*[24] *leur faisoit plus souvent penser à ces estrois pensiers et deliz de leurs amours que ou (au) service de Dieu,*[25] *et est l'art d'amours de telle nature que quant l'en (on) est*

plus au divin office, c'est tant comme le prestre tient nostre seigneur sur l'autel, lors leur venoit plus de menus pensiers.[26]

Pois ouvi dizer de muitas que se apaixonaram na juventude que, quando estavam na igreja, seu pensamento e sua imaginação as faziam pensar muito mais em pensamentos íntimos e nas delícias de seu amor do que no ofício divino, e a arte do amor é de tal natureza que quando se está no momento mais santo do ofício, ou seja, quando o padre tem o Nosso Senhor sobre o altar, então lhes vinha a maior parte desses pequenos pensamentos.

Machaut e Peronnelle estariam de acordo com essa observação psicológica. Mas, a propósito, que diferença entre a opinião do poeta e a do cavaleiro! E como conciliar essa austeridade com o fato de que o pai, para instruir as filhas, várias vezes lhes conte histórias que, por seu conteúdo obsceno, caberiam perfeitamente nas *Cent nouvelles nouvelles*?

A pouca ligação das formas belas do ideal do amor cortês com a realidade do noivado e do casamento fez com que esse elemento de jogo, de conversação e de prazer literário pudesse se desenvolver livremente em tudo o que se referisse à refinada vida amorosa. O ideal do amor, a bela ficção de fidelidade e sacrifício, não tinha lugar nas considerações bastante materiais que levavam ao casamento, sobretudo ao casamento da nobreza. Só se podia vivenciar esse ideal na forma de um jogo encantador ou edificante. O torneio dava ao jogo do amor romântico a sua forma heroica. A ideia pastoral fornecia a sua forma idílica.

10. A imagem idílica da vida

A forma cavaleiresca de vida estava repleta de ideais de beleza, virtude e utilidade. Se a analisássemos com um olhar realista sóbrio, como fez Commines, toda essa celebrada *chevalerie* [cavalaria] pareceria inútil e falsa, um espetáculo artificial, um anacronismo ridículo. Ficavam de fora os verdadeiros motivos que impeliam as pessoas a agir e que determinavam a sorte dos Estados e das sociedades. Se a utilidade social do ideal cavaleiresco se tornara extremamente fraca, mais enfraquecido ainda estava o seu lado ético, ou seja, a prática da virtude, coisa que também era reivindicada por esse ideal. Considerando as aspirações deveras espirituais, toda essa vida nobre não passava de pecado e vaidade. Mas, mesmo do ponto de vista puramente estético, o ideal era deficiente: até a beleza dessa forma de vida podia ser negada em todos os sentidos. Ainda que o ideal cavaleiresco às vezes parecesse atraente aos burgueses, a própria nobreza dava sinais de grande cansaço e insatisfação. O belo jogo da vida na corte era intrincado, falso, agitado em demasia. Era preciso deixar aquela arte de viver tão exaustivamente elaborada e buscar segurança na simplicidade e na paz.

Havia dois caminhos que levavam para longe do ideal cavaleiresco: um voltado à vida real ativa e ao moderno espírito de investigação, e outro que conduzia a uma renúncia do mundo. Mas este último dividia-se em dois, como o *y* de Pitágoras: a linha principal era aquela da vida espiritual autêntica, enquanto a linha lateral mantinha-se à margem do mundo e de seus prazeres. O anseio pela vida mais bela era tão forte que, mesmo onde se reconhecia a vaidade e a imoralidade da vida cortesã e guerreira, um outro caminho parecia se abrir para a beleza terrena, para um sonho ainda mais doce e luminoso. A velha ilusão da vida bucólica continuava a brilhar como uma promessa de felicidade natural, mantendo o mesmo esplendor desde a época de Teócrito. Parecia que era possível libertar-se sem lutar, mediante uma fuga para longe da rivalidade cheia de ódio e de inveja por honras vãs e status social, para longe do luxo e da pompa opressivos e exagerados, longe da guerra cruel e perigosa.

O elogio da vida simples era um tema que a literatura medieval havia herdado da Antiguidade. Não é idêntico ao gênero pastoral; trata-se na verdade da expressão, uma positiva e outra negativa, de um mesmo sentimento. O gênero pastoral descreve a antítese positiva da vida cortesã; a expressão negativa consiste na fuga da corte, no louvor da *aurea mediocritas* [mediocridade áurea], na renúncia do ideal de vida aristocrático, do qual se escapa através do estudo, do repouso solitário ou do trabalho. Mas os dois motivos confluem constantemente. Quanto ao tema da miséria da vida na corte, João de Salisbury e Walter Map, já no século XII, haviam escrito seus tratados "sobre as frivolidades dos cortesãos" [*De nugis curialium*]. Na França do século XIV, o tema ganhou sua expressão clássica num poema de Philippe de Vitri, bispo de Meaux, que era músico e poeta e muito estimado por Petrarca: *Le Dit de Franc Gontier*.[1] Aqui, a fusão com o gênero pastoral é completa:

> *Soubz feuille vert, sur herbe delitable*
> *Lez ru bruiant et prez clere fontaine*
> *Trouvay fichee une borde portable,*
> *Ilec mengeoit Gontier o dame Helayne*

10. A IMAGEM IDÍLICA DA VIDA

> *Fromage frais, laict, burre fromaigee,*
> *Craime, matton, pomme, nois, prune, poire,*
> *Aulx et oignons, escaillongne froyee*
> *Sur crouste bise, au gros sel, pour mieulx boire.*

> Sob a folhagem verde, sobre a deliciosa relva,
> Junto a um rumoroso regato e uma fonte límpida,
> Encontrei uma cabana portátil.
> Ali, Gontier e a dama Helayne comiam
> Queijo fresco, leite e coalhada,
> Creme, nata, maçã, noz, ameixa, pera,
> Alho e cebolas, chalotas picadas
> Sobre um pão rústico, com sal grosso, para melhor se
>   [beber.

Depois da refeição, eles se beijam, "e a boca e o nariz, o liso e o barbudo" [*et bouche et nez, polie et bien barbue*]. Em seguida, Gontier adentra o bosque para cortar uma árvore, enquanto a dama Helayne se põe a lavar as coisas:

> *J'oy Gontier en abatant son arbre*
> *Dieu mercier de sa vie seüre:*
> *"Ne sçay — dit il — que sont pilliers de marbre,*
> *Pommeaux luisans, murs vestus de paincture;*
> *Je n'ay paour de traïson tissue*
> *Soubz beau semblant, ne qu'empoisonné soye*
> *En vaisseau d'or. Je n'ay la teste nue*
> *Devant thirant, ne genoil qui s'i ploye.*
> *Verge d'ussier jamais ne me deboute,*
> *Car jusques la ne m'esprent convoitise,*
> *Ambicion, ne lescherie gloute.*
> *Labour me paist en joieuse franchise;*
> *Moult j'ame Helayne et elle moy sans faille,*
> *Et c'est assez. De tombel n'avons cure".*
> *Lors je dy: "Las! serf de court ne vault maille,*
> *Mais Franc Gontier vault en or jame pure".*

Ouvi Gontier cortando sua árvore,
Agradecendo a Deus por sua vida segura:
"Não sei — disse ele — o que são pilares de mármore,
Maçanetas brilhantes, paredes decoradas com quadros;
Não temo, sob uma bela aparência, a traição oculta,
Nem ser envenenado em taça d'ouro.
Diante de um tirano, não fico de cabeça descoberta,
Nem meu joelho para ele se dobra.
Bastão de porteiro jamais me expulsa,
Pois não me levam até lá a ganância,
A ambição, nem a ávida glutonaria.
O trabalho me alimenta em alegre liberdade;
Amo muito Helayne e sem dúvida ela a mim,
E isso basta. Não temos medo da sepultura".
Então eu disse: "Que pena! O escravo da corte não
[vale um vintém,
Mas um Gontier livre vale uma gema pura em ouro".

Esse poema tornou-se para as gerações seguintes a expressão clássica do ideal de uma vida simples, repleta de segurança e independência, o gozo da moderação, saúde, trabalho e amor conjugal sem complicação.

Eustache Deschamps cantou o louvor da vida simples e da aversão à corte em numerosas baladas. Entre outras, ele nos dá uma imitação fiel de *Franc Gontier*:

En retournant d'une court souveraine
Ou j'avoie longuement sejourné,
En un bosquet, dessus une fontaine
Trouvay Robin le franc, enchapelé,
Chapeauls de flours avoit cilz afublé
Dessus son chief, et Marion sa drue...[2]

No retorno de uma corte,
Onde por um longo tempo fiquei,
Num bosquezinho junto a uma fonte encontrei

10. A IMAGEM IDÍLICA DA VIDA

> Robin, o livre, coroado,
> Guirlanda de flores ele colocara
> Sobre sua cabeça, e Marion, sua amada...

Ele amplia o tema zombando da cavalaria e da vida guerreira. Com uma seriedade sóbria, ele lamenta a miséria e a crueldade da guerra: não há posição pior do que a do guerreiro — os sete pecados capitais são o seu trabalho diário, a ganância e a vanglória são a essência da guerra.

> *Je vueil mener d'or en avant*
> *Estat moien, c'est mon oppinion,*
> *Guerre laissier et vivre en labourant:*
> *Guerre mener n'est que dampnacion.*[3]

> Quero viver de agora em diante
> No estado médio, essa é a minha decisão,
> Deixar a guerra e viver trabalhando:
> Guerrear não passa de danação.

Então, ou ele amaldiçoa com deboche quem quisesse desafiá-lo, ou pede à dama pela qual querem lhe impor um duelo que o proíba expressamente de lutar.[4] Mas na maioria das vezes os poemas tratam do tema da própria *aurea mediocritas*.

> *Je ne requier à Dieu fors qu'il me doint*
> *En ce monde lui servir et loer,*
> *Vivre pour moy, cote entiere ou pourpoint,*
> *Aucun cheval pour mon labour porter,*
> *Et que je puisse mon estat gouverner*
> *Moiennement, en grace, sanz envie,*
> *Sanz trop avoir et sanz pain demander,*
> *Car au jour d'ui est la plus seure vie.*[5]

> Só peço a Deus que a mim permita
> Neste mundo servi-lo e louvá-lo,
> Viver para mim mesmo, com túnica inteira ou gibão,
> Um cavalo para carregar o meu trabalho,
> E que eu possa manter o meu estado
> Mediocremente, em graça, sem inveja,
> Sem ter demais nem ter de esmolar,
> Pois esta é hoje a vida mais segura.

A busca por glória e fortuna não traz nada além de desgraça. O homem pobre é feliz e está satisfeito, vive uma vida longa e tranquila:

> *Un ouvrier et uns povres chartons*
> *Va mauvestuz, deschirez et deschaulx,*
> *Mais en ouvrant prant en gré ses travaulx*
> *Et liement fait son euvre fenir.*
> *Par nuit dort bien; pour ce uns telz cueurs loiaulx*
> *Voit quatre roys et leur regne fenir.*[6]

> Um trabalhador, um pobre cocheiro,
> Anda malvestido, em farrapos e descalço,
> Mas, labutando, faz seu trabalho com prazer,
> E alegremente o termina.
> À noite, dorme bem; por isso um coração leal como esse
> Vê acabar quatro reis e seus governos.

A ideia de o trabalhador simples sobreviver a quatro reis agradou tanto ao poeta que ele a empregou repetidamente.[7]

O editor da obra poética de Deschamps, Gaston Raynaud, acredita que todos os poemas de mesmo teor[8] — sendo que a maior parte deles está entre o melhor que Deschamps compôs — devem ser atribuídos à sua última fase, quando ele, destituído de seus cargos, abandonado e decepcionado, compreendeu a vaidade da vida na corte.[9] Ele teria, portanto, se arrependido. Ou seria antes uma reação, um sinal de cansaço? Imagino que a própria nobreza, em meio à sua vida de paixões palpitantes e de excessos, ansiava por essas criações e apreciava o seu poeta profissional, que mais uma vez prostituía o seu talento para satisfazer-lhes a mais crassa vontade de rir.

O círculo onde se cultivava esse tema do menosprezo pela vida cortesã é o dos primórdios do humanismo francês, por volta de 1400, estreitamente ligado ao partido da reforma dos grandes concílios. O próprio Pierre d'Ailly, grande teólogo e político da Igreja, compõe, como contrapartida ao *Franc Gontier*, um retrato do tirano cuja vida servil é repleta de temores.[10] Seus companheiros espirituais empregam a recém-renovada forma epistolar latina para isso: assim fizeram Nicolas de Clémanges[11] e o seu correspondente Jean de Montreuil.[12] A esse círculo pertencia o milanês Ambrosius de Miliis, secretário do duque de Orléans, que escreveu uma epístola literária a Gontier Col em que um cortesão tenta dissuadir seu amigo de entrar nos serviços da corte.[13] Essa epístola, ela própria caída no esquecimento, foi traduzida pelo famoso poeta da corte Alain Chartier e ganhou um lugar em suas obras sob o título *Le Curial*.[14] Mais tarde, *Le Curial* foi novamente traduzida para o latim pelo humanista Robert Gaguin.[15]

Um certo Charles de Rochefort tratou o tema na forma de um poema alegórico, no estilo do *Roman de la Rose*. O seu *L'Abuzé en court* [A ilusão na corte] fora atribuído ao rei René.[16] Jean Meschinot compõe poemas como os de todos os seus antecessores:

> *La cour est une mer, dont sourt*
> *Vagues d'orgueil, d'envie orages...*
> *Ire esmeut debats et outrages,*
> *Qui les nefs jettent souvent bas;*
> *Traison y fait son personnage.*
> *Nage aultre part pour tes ebats.*[17]

> A corte é um mar, donde surgem
> Ondas de orgulho, tempestades de inveja...
> A ira desperta brigas e mágoas,
> Que muitas vezes fazem afundar os navios;
> A traição desempenha o seu papel.
> Navegue a outro lugar para o seu divertimento.

Mesmo no século XVI, o velho tema ainda não havia perdido o seu encanto.

Segurança, sossego e independência: essas são as coisas boas pelas quais se quer fugir da corte para levar uma vida simples de trabalho e moderação, em meio à natureza. Esse é o lado negativo do ideal. Porém, o lado positivo não é tanto a alegria do trabalho e a simplicidade em si, e sim o prazer do amor natural.

Em seu sentido essencial, a pastoral é mais do que um mero gênero literário. Não se trata de descrever a vida pastoril com seus prazeres simples e naturais, mas de viver conforme seus princípios. Trata-se de uma *imitatio* [imitação]. Existia uma ficção de que a tranquila naturalidade do amor se concretizava na vida pastoril. Era para lá que se queria fugir — se não na realidade, ao menos em sonho. Muitas vezes o ideal pastoril serviu de remédio para libertar os espíritos das garras de uma dogmatização e formalização extremas do amor. Desejava-se ardentemente a libertação das ideias opressivas de fidelidade e veneração cavaleirescas, assim como do aparato intrincado da alegoria. Também queriam se libertar da rudeza, do egoísmo e dos pecados sociais da vida amorosa real. Um amor simples e fácil em meio aos prazeres inocentes da natureza: assim parecia ser a sorte reservada a Robin e Marion, a Gontier e Helayne. Eram eles os felizes, os invejáveis. O vilão que fora tão ridicularizado, por sua vez, torna-se o ideal.

A Idade Média tardia, no entanto, ainda é tão profundamente aristocrática e tão vulnerável à ilusão bela que o entusiasmo pela vida natural não consegue conduzir a um realismo vigoroso; sua aplicação continua limitada a uma ornamentação artificiosa dos costumes cortesãos. Quando a nobreza do século XV brinca de pastor e pastora, o conteúdo desse jogo em termos de um culto verdadeiro da natureza e de uma admiração genuína da simplicidade e do trabalho ainda é muito tênue. Três séculos mais tarde, quando Maria Antonieta ordenha vacas e faz manteiga no Trianon, o ideal já está preenchido com a seriedade dos fisiocratas: natureza e trabalho se tornaram as grandes divindades adormecidas da época, mesmo que a cultura aristocrática continuasse a transformá-los num jogo. Quando, por volta de 1870, a juventude intelectual russa se mistura com o povo, para viver como camponeses em prol dos camponeses, nesse momento o ideal havia adquirido uma amarga seriedade. E também ali sua realização se revelou uma ilusão.

Existia uma forma poética que representava a transição entre o gênero pastoral propriamente dito e a realidade: a *pastourelle*, o poema curto que canta a aventura oportuna do cavaleiro com a mocinha camponesa. Ali, o erotismo direto encontrou uma forma nova e elegante que o eleva acima do vulgar, mantendo mesmo assim todo o encanto do natural. Poder-se-ia compará-lo a algumas cenas de Guy de Maupassant.

O sentimento será realmente pastoral apenas quando o próprio amante também se imaginar como um pastor. Com isso desaparece qualquer contato com a realidade. Todos os elementos da concepção cortês de amor são simplesmente transportados para um ambiente pastoril; uma terra dos sonhos ensolarada envolve o desejo numa névoa de música de flauta e de algaravia de pássaros. É um som alegre, pois mesmo as tristezas do amor, os desejos e as queixas, o sofrimento de quem foi abandonado, são incorporados nesse doce som. No gênero pastoral, o erotismo sempre retoma o contato com o prazer da natureza, algo imprescindível. Dessa forma, o gênero pastoral passa a ser o campo em que se desenvolve a expressão literária do sentimento da natureza.

De início, ele não se ocupa em descrever a beleza da natureza, mas sim os prazeres imediatos do sol e do verão, da sombra e da água fresca, das flores e dos pássaros. A observação e a pintura da natureza vêm apenas em segundo plano; o objetivo principal continua sendo o sonho do amor; todo o realismo gracioso oferecido pela poesia pastoril aparece como um subproduto. A descrição da vida no campo em um poema como o "Le Dit de la pastoure", de Christine de Pisan, inaugura um gênero.

Uma vez assimilado como ideal cortesão, o pastoril se transforma numa máscara. Pode se vestir tudo com o traje pastoril. As esferas da fantasia idílica e do romantismo cavaleiresco se fundem. Um torneio é encenado como se fosse uma peça pastoril. O rei René mantém o seu "desfile da pastora" [*pas d'armes de la bergère*].

Parece que os contemporâneos realmente viam algo de verdadeiro naquele espetáculo. Chastellain confere um lugar à vida pastoril do rei René entre as "maravilhas do mundo" [*merveilles du monde*]:

> *J'ay un roi de Cécille*
> *Vu devenir berger*
> *Et sa femme gentille*
> *De ce mesme mestier,*
> *Portant la pannetière,*
> *La houlette et chappeau,*
> *Logeans sur la bruyère*
> *Auprès de leur trouppeau.*[18]

> Eu vi um rei da Sicília
> Virar pastor
> E sua nobre mulher
> Com a mesma ocupação,
> Eles levavam a cesta de pão,
> O cajado e o chapéu,
> Moravam na charneca
> Junto de seu rebanho.

Em outro momento, o gênero pastoral servirá para emprestar uma aparência poética à sátira política mais caluniosa. Não há criação mais singular do que o longo poema pastoril *Le Pastoralet*.[19] O autor, partidário dos borguinhões, abordou o assassinato de Luís de Orléans com essa roupagem encantadora para desculpar o crime de João Sem Medo e aliviar o ódio partidário borguinhão. Léonet é o nome pastoril de João, e Tristifer, o de Orléans; a atmosfera fantasiosa de danças e adornos florais é construída de maneira maravilhosa; mesmo a Batalha de Azincourt é descrita nos trajes da pastoral.[20]

Nas festas cortesãs, o elemento pastoral nunca está ausente. Ele era excepcionalmente adequado para as mascaradas, que, como *entremets*, davam brilho aos banquetes; e era especialmente apropriado para alegorias políticas. A imagem do soberano como pastor e o povo como seu rebanho já penetrara o espírito por um outro lado: os pais da Igreja haviam ensinado que a origem do Estado era uma sociedade pastoral. Os patriarcas tinham vivido como pastores. O papel correto de uma autoridade pública, fosse secular ou espiritual, não era dominar, e sim cuidar.

> *Seigneur, tu es de Dieu bergier;*
> *Gardes ses bestes loyaument,*
> *Mets les en champ ou en vergier,*
> *Mais ne les perds aucunement,*
> *Pour ta peine auras bon paiement*
> *En bien le gardant, et se non,*
> *A male heure reçus ce nom.*[21]

> Senhor, tu és o pastor de Deus;
> Guarde os seus animais lealmente,
> Conduze-os ao campo ou ao pomar,
> Mas não os percas de modo algum,
> Serás bem recompensado por teu esforço

De os guardares bem, e caso não,
Recebeste esse nome de pastor em má hora.

Nesses versos extraídos de *Les Lunettes des princes*, de Jean Meschinot, não há uma representação pastoral propriamente dita. Contudo, logo que se tentava representar visualmente algo assim, as duas noções se juntavam de imediato: a do príncipe como guardião e a do pastor simples. Um *entremet* numa festa de casamento de Bruges, em 1468, enaltecia as primeiras soberanas como as "pastoras nobres, que em outro tempo foram as pastoras e guardiãs das ovelhas do lado de cá" [*nobles bergieres qui par cy devant ont esté pastoures et gardes des brebis de pardeça*].²² Um espetáculo em Valenciennes, por ocasião do retorno da França de Margarida da Áustria em 1493, mostrou "totalmente em estilo pastoril" [*le tout en bergerie*] como o país havia se recuperado de sua destruição.²³ Nós todos conhecemos o pastoral político de *De Leeuwendalers*.* A imagem do rei como pastor também aparece no *Wilhelmus*:**

> *Oirlof mijn arme schapen*
> *Die sijt in grooter noot,*
> *Uw herder sal niet slapen,*
> *Al sijt gij nu verstroyt.*

Adeus, minhas pobres ovelhas,
Que estais em grande necessidade,
Vosso pastor não há de dormir
Enquanto estejais vós dispersas.

Mesmo na guerra de verdade as pessoas brincam com a fantasia pastoral. As bombardas de Carlos, o Temerá-

---

* *De Leeuwendalers*, peça de um ato de Joost van den Vondel (1587-1679), dramaturgo e escritor holandês. (N. E.)
** O hino nacional holandês. (N. E.)

rio, em Granson, são chamadas de "o pastor e a pastora" [*le berger et la bergère*]. Quando os franceses debocham dos flamengos, dizendo que não passam de pastores, incapazes de realizar o ofício militar, Filipe de Ravenstein parte para o campo de batalha com 24 nobres trajados de pastor, com cajado e cesto de pão.[26]

A representação dos pastores de Belém na encenação dos mistérios incluía quase naturalmente os temas pastorais. Aqui, porém, o caráter sagrado do tema proibia qualquer alusão amorosa, e os pastores precisavam atuar sem as pastoras.[27]

Assim como a oposição entre o amor fiel cavaleiresco e as ideias do *Roman de la Rose* havia fornecido material para uma elegante querela literária, o ideal pastoril também foi tema de uma disputa semelhante. Do mesmo modo, sentia-se que as mentiras eram óbvias demais e que era preciso ridicularizá-las. Quão pouco a vida colorida, exagerada e hiperbolicamente artificializada da aristocracia tardo-medieval se assemelhava ao ideal de simplicidade, liberdade e amor fiel, despreocupado em meio à natureza! O tema do *Franc Gontier* de Philippe de Vitri — um tipo da simplicidade da Idade de Ouro — ganhou infinitas variações. Todos afirmavam desejar a refeição de Franc Gontier na relva, à sombra do arvoredo, com a dama Helayne, seu menu de queijo, manteiga, creme, maçãs, cebolas e pão preto, seu alegre trabalho de lenhador, seu espírito de liberdade e despreocupação:

> *Mon pain est bon; ne faut que nuiz me veste;*
> *L'eaue est saine qu'à boire sui enclin,*
> *Je ne doubte ne tirant ne venin.*[28]

> Meu pão é bom, ninguém precisa me vestir,
> A água que quero beber é boa,
> Não temo nem tirano nem veneno.

Às vezes saía-se um pouco do personagem. O mesmo Eustache Deschamps, que em vários momentos canta a vida de Robin e Marion e o louvor à simplicidade natural e à vida laboriosa, deplora o fato de a corte dançar ao som da cornamusa, "esse instrumento dos homens selvagens" [*cet instrument des hommes bestiaulx*].[29] Mas foram necessários a sensibilidade muito mais profunda e o ceticismo aguçado de François Villon para que se conseguisse enxergar toda a falsidade desse belo sonho de vida. Há um deboche impiedoso na balada *Les Contrediz Franc Gontier*. Villon contrapõe de modo cínico a despreocupação do camponês ideal ao seu prato de cebolas "que provocam um hálito forte" [*qui causent fort alaine*], e seu amor sob a roseira ao conforto do pároco gordo que desfruta dos prazeres do amor em um quarto bem mobiliado, com lareira, um bom vinho e uma cama macia. E o pão preto e a água de Franc Gontier? "Todos os pássaros daqui até a Babilônia" [*tous les oyseaulx d'ici en Babiloine*] não fariam com que Villon passasse por aquilo nem sequer por uma manhã.[30]

Assim como ocorre com o belo sonho de coragem cavaleiresca, é necessário repudiar como falsas e mentirosas as outras formas em que a vida amorosa pretendia se transformar em cultura. Nem o venerado ideal de fidelidade cavaleiresca casta e nobre, nem a volúpia refinada do *Roman de la Rose*, nem a fantasia açucarada e fácil da pastoral podiam resistir à tempestade da própria vida. Essa tempestade soprava de todos os lados. Do lado espiritual, ressoa a maldição de tudo o que diz respeito ao amor, pois o sexo é o pecado que perverte o mundo. No fundo do cálice resplandecente do *Roman de la Rose*, o moralista vê toda a borra amarga. "De onde vêm", indaga Gerson, "de onde vêm os bastardos, de onde vêm os infanticídios, os abortos, de onde vêm o ódio e o envenenamento nos casamentos?"[31]

Do lado das mulheres ressoa uma outra acusação. Todas essas formas convencionais do amor são obra masculina. Mesmo quando assume formas idealizadas, a cultura erótica como um todo permanece completamente masculino-egoísta. O que mais seria a difamação sempre repetida contra o casamento e as fraquezas da mulher, a infidelidade e a vaidade delas, além de um pretexto para o egoísmo masculino? A toda essa difamação, tenho apenas uma resposta, diz Christine de Pisan: não foram as mulheres que escreveram os livros.[32]

Na verdade, não há muitos rastros — nem na literatura erótica, nem na literatura religiosa da Idade Média — a serem descobertos de compaixão genuína em relação à mulher e à sua fragilidade, aos perigos e sofrimentos que o amor lhe ocasiona. A compaixão formalizara-se na ficção do ideal cavaleiresco de libertação da virgem, em que de fato não passava de estímulo sensual e autossatisfação [masculina]. Depois de o escritor de *Les Quinze joyes de mariage* [As quinze alegrias do casamento] enumerar todas as fraquezas das mulheres em uma sátira enfadonha e com cores pálidas, ele se propõe também a descrever a injustiça para com elas,[33] mas acaba não o fazendo. Se quisermos encontrar a manifestação de uma voz delicada e feminina, será preciso recorrer aos versos da própria Christine:

Doulce chose est que mariage,
Te le puis bien par moy prouver...[34]

O casamento é algo suave,
Posso prová-lo muito bem por mim mesma...

Mas quão fraca soa a voz de uma única mulher contra esse coro ridículo, em que a licenciosidade vulgar concordava com o sermão moralista. Há uma distância tênue entre o desprezo da mulher nas homilias e a negação grosseira do amor ideal pela sensualidade prosaica, pela sabedoria de mesa de bar.

O belo jogo do amor como forma de vida continuou a ser jogado no estilo cavaleiresco, no gênero pastoral e na montagem engenhosa da alegoria da rosa, e, embora de todos os lados se ouvisse a negação de toda essa convenção, mesmo assim essas formas mantiveram o seu valor na vida e na cultura até muito tempo depois da Idade Média. Pois as formas com as quais o ideal do amor precisa ser encoberto são poucas e para todas as épocas.

11. A imagem da morte

Nenhuma época impôs a toda a população a ideia da morte com tanta frequência e com tanta ênfase quanto o século XV. Ininterruptamente, o chamado do *memento mori* [lembrança da morte] ressoa pela vida. Em seu *Directorium vitae nobilium*, o livro de conselhos para o homem nobre, Dionísio Cartuxo adverte: "E quando se deita na cama, lembra que, como agora o faz por si mesmo, em breve seu corpo será deitado por outros na sepultura".[1] Em tempos anteriores, também a religião havia incutido com seriedade o pensamento constante da morte, mas os tratados religiosos do começo da Idade Média atingiam apenas aqueles que já tinham se retirado do mundo. Foi somente depois da ascensão das ordens mendicantes que a pregação popular se ampliou, fazendo com que essa advertência se transformasse num coro ameaçador que ressoava pelo mundo com a intensidade de uma *fuga*. Já mais para o fim da Idade Média, à palavra do pregador juntou-se uma nova forma de representação: a gravura em madeira, que encontrou seu caminho em todos os círculos da sociedade. Esses dois meios de expressão de massa, a pregação e a gravura, só podiam representar a ideia da morte em uma imagem muito simples, direta e vívida, de modo incisivo e violento. Toda a meditação sobre a morte feita pelos monges dos tempos antigos condensava-se agora numa imagem primitiva, popular e lapidar, e sob essa forma, em palavras e figuras, a ideia foi apresentada às massas.

Essa imagem da morte foi capaz de assimilar apenas um elemento do grande complexo de ideias e de concepções relacionadas à morte: a noção de perecibilidade. É como se o espírito do final da Idade Média não pudesse enxergar a morte sob outro aspecto além do da fugacidade.

Eram três os temas que forneciam a melodia para aquele lamento interminável sobre o fim de toda a glória terrena. Primeiro havia o motivo que perguntava: onde estavam todos aqueles que outrora encheram o mundo com a sua glória? Depois havia o motivo da contemplação horripilante da decomposição de tudo aquilo que um dia fora beleza humana. Por fim, o motivo da dança macabra, a morte que arrasta consigo as pessoas de todas as condições e idades.

Comparado ao horror angustiante dos dois últimos motivos, o primeiro deles — onde está toda a glória de outrora? — não passava de um leve suspiro elegíaco. Ele é extremamente antigo e encontra-se espalhado por todo o mundo cristão e islâmico: origina-se no paganismo grego, e os pais da Igreja o conhecem; está presente em Hafiz, e Byron ainda o emprega.[2] Na Idade Média tardia, no entanto, ele é especialmente popular. Há indicações dele nos hexâmetros de rima pesada do monge cluniacense Bernardo de Morlay, por volta de 1140:

> *Est ubi gloria nunc Babylonia? Nunc ubi dirus*
> *Nabugodonosor, et Darii vigor, illeque Cyrus?*
> *Qualiter orbita viribus incita praeterierunt,*
> *Fama relinquitur, illaque figitur, hi putruerunt.*
> *Nunc ubi curia, pompaque Julia? Caesar abisti!*
> *Te truculentior, orbe potentior ipse fui sti.*
>
> [...]
> *Nunc ubi Marius atque Fabricius inscius auri?*
> *Mors ubi nobilis et memorabilis actio Pauli?*
> *Diva phillippica vox ubi coelica nunc Ciceronis?*

11. A IMAGEM DA MORTE

> *Pax ubi civibus atque rebellibus ira Catonis?*
> *Nunc ubi Regulus? Aut ubi Romulus, aut ubi Remus?*
> *Stat rosa pristina nomine, nomina nuda tenemus.*[3]

> Onde está a sua glória agora, Babilônia? Onde está
> O terrível Nabucodonosor, e a força de Dario e a de
> [Ciro?
> Passaram, como roda violentamente posta em
> [movimento,
> Restou a fama, que ficou firme, eles apodreceram.
> Onde estão agora a cúria e a procissão juliana?
> [Desapareceste, César!
> Foste o mais cruel e mais poderoso que o mundo.
>
> [...]
> Onde estão agora Mário e Fabrício, que o ouro não
> [conhecia?
> Onde está a morte honrada, e o feito memorável de
> [Paulo?
> Onde está agora a filípica divina [Demóstenes],
> [e a voz celestial de Cícero?
> Onde está a paz para os cidadãos, e a ira de Catão
> [para os rebeldes?
> Onde está Régulo agora? Ou Rômulo? Ou Remo?
> A rosa [Roma] de ontem existe como nome, meros
> [nomes conservamos.

Com menos pedantismo, esse motivo é novamente ouvido na poesia franciscana do século XIII, em versos que, embora tenham uma estrutura mais curta, ainda mantêm a monotonia do hexâmetro rimado. Jacopone da Todi, o "bufão de Deus" [*joculator Domini*], foi muito provavelmente o poeta das estrofes a seguir, sob o título *Cur mundus militat sub vana gloria* [Por que o mundo entra em guerras por glória vã]:

Dic ubi Salomon, olim tam nobilis
Vel Sampson ubi est, dux invincibilis,
Et pulcher Absalon, vultu mirabilis,
Aut dulcis Jonathas, multum amabilis!
Quo Cesar abiit, Celsus imperio!
Quo Dives splendidus totus in prandio!
Dic ubi Tullius, clarus eloquio,
Vel Aristoteles, summus ingenio?[4]

Diga, onde está Salomão, outrora tão nobre,
Ou Sansão, o líder invencível, onde está?
E o belo Absalão, de rosto maravilhoso,
Ou o terno Jonas, muito afável?
Para onde foi César, alto no poder supremo?
Para onde foi o famoso Rico (Crasso), totalmente
[absorvido na refeição?
Diga onde está Túlio (Cícero), famoso pela eloquência,
Ou Aristóteles, o sumo da razão?

Deschamps retoma várias vezes esse mesmo tema. Gerson o adapta em um sermão. Dionísio Cartuxo fala dele em seu tratado *De quatuor hominum novissimis* [Das quatro últimas coisas do homem]. Chastellain o desenvolve no longo poema *Le Miroir de mort* [O espelho da morte], para não mencionar outros.[5] Villon consegue imprimir nele um novo acento de doce melancolia na *Ballade des dames du temps jadis* [Balada das damas dos tempos idos], com o refrão:

Mais où sont les neiges d'antan?[6]

E onde estão as neves de outrora?

Em seguida, ele salpica o tema com ironia na *Ballade des seigneurs du temps jadis* [Balada dos senhores dos tempos idos], na qual, depois de refletir sobre reis, papas e soberanos de sua época, de repente lhe ocorre:

Helas! et le bon roy d'Espaigne
Duquel je ne sçay pas le nom![7]

Ai de mim! E o bom rei de Espanha,
Do qual não sei o nome!

O comportado cortesão Olivier de la Marche jamais teria se permitido algo assim em seu *Le Parement et triumphe des dames* [O ornamento e o triunfo das damas], no qual lamenta todas as soberanas falecidas de seu tempo à luz desse tema conhecido.

O que resta de toda essa beleza e glória humanas? Lembranças, um nome. Mas a melancolia desse pensamento não é suficiente para satisfazer a necessidade de um intenso calafrio perante a face da morte. Por essa razão, a época coloca diante de seus olhos um medo mais visível, a perecibilidade a curto prazo: o apodrecimento do corpo.

O espírito do homem medieval que renuncia ao mundo sempre apreciou demorar-se junto ao pó e aos vermes: nos tratados religiosos sobre o desprezo do mundo, todos os horrores da decomposição já tinham sido evocados. Mas a elaboração dos detalhes da representação só vem mais tarde. É somente no final do século XIV que as artes plásticas dominaram esse motivo.[8] Um certo grau de expressividade realista era necessário para incorporá-lo de forma adequada na escultura ou na pintura, e essa capacidade foi atingida por volta de 1400. Ao mesmo tempo, o motivo difunde-se da literatura religiosa para a literatura popular. Até muito tarde no século XVI, os túmulos serão adornados com imagens horrivelmente variadas de cadáveres nus, apodrecidos ou enrugados, com mãos e pés contraídos e as bocas abertas, com os vermes se retorcendo nas entranhas. O pensamento sempre se demora frente a esse espetáculo horroroso. Não é estranho que eles não ousem dar um passo adiante para ver como a própria podridão também perece, transformando-se em terra e flores?

É realmente religioso um pensamento que tanto se prende ao horror da morte? Ou será a reação de uma sensualidade intensa demais que só assim pode despertar da embriaguez produzida por sua sede de viver? Ou será o pavor da vida — muito impregnado na época —, a sensação de frustração e desânimo de quem lutou e venceu, preferindo agora a verdadeira rendição, mas que ainda está muito preso a tudo que é paixão terrena? Todos esses sentimentos estão inseparavelmente unidos nessa expressão da ideia da morte.

Medo da vida: negação da beleza e da felicidade porque desgraças e sofrimento estão ligados a elas. Há uma semelhança incrível entre a antiga expressão indiana (particularmente a budista) e a expressão cristã medieval desse sentimento. Também ali é encontrada essa aversão à velhice, à doença e à morte. Também ali estão as cores fortes do apodrecimento. O monge de Cluny achava que estava certo quando mostrava a superficialidade da beleza física.

> A beleza do corpo existe apenas na pele. Pois se as pessoas vissem o que há sob a pele, assim como acontece ao lince da Beócia, que vê as entranhas, sentiriam asco ante a visão de uma mulher. Toda aquela graça consiste em mucosidades e em sangue, em fluidos e bile. Se alguém pensar naquilo que se oculta nas narinas, naquilo que se oculta na garganta e no ventre, sempre achará imundice. E se nem mesmo com as pontas dos dedos conseguimos tocar o muco ou os excrementos, como podemos querer abraçar o próprio saco dos excrementos?[9]

O desanimado refrão de desprezo pelo mundo já havia sido registrado em muitos tratados, mas sobretudo naquele de Inocêncio III, *De contemptu mundi* [O desprezo do mundo], que parece ter conseguido maior difusão somente no final da Idade Média. É de admirar que esse estadista, o mais poderoso e próspero a sentar no trono de são Pedro, envolvido em tantos assuntos e interesses terrenos, tenha sido, em seus primeiros anos no ofício, o autor de tal vilipêndio à vida. "A mulher concebe com imundice e fedor, ela dá à luz com tristeza e dor, amamenta com angústia e labor, ela cuida com empenho e temor" [*Concipit mulier cum immunditia et fetore, parit cum tristitia et dolore, nutrit cum angustia et labore, custodit cum instantia et timore*].[10] As alegrias da maternidade não tinham então nenhum valor? "Quem alguma vez já passou um único dia inteiramente agradável sem ser ofendido por uma visão, um ruído ou um golpe?" [*Quis unquam vel unicam diem totam duxit in sua delectatione jucundam quem denique visus vel auditus vel aliquis ictus non offenderit?*].[11] Seria isso sabedoria cristã ou o resmungar de uma criança mimada?

Sem dúvida nenhuma, há nisso tudo um espírito de tremendo materialismo que não podia suportar a ideia do fim da beleza sem questionar a própria beleza. E note como (mais na literatura, não tanto nas artes plásticas) se lamenta especialmente a beleza feminina. Aqui, quase não há diferença entre a advertência religiosa para que se pense na morte e na transitoriedade do terreno e o lamento da velha amante sobre a perda da beleza, que ela já não pode mais oferecer.

Temos um exemplo em que a advertência edificante ainda se situa em primeiro plano. No convento dos celestinos em Avignon, antes da revolução, existia um quadro que a tradição atribuía ao próprio fundador do mosteiro, o rei René. Ele representava um cadáver feminino em pé, com um penteado gracioso, envolto em sua mortalha; os vermes devoravam o corpo. As primeiras estrofes da inscrição diziam:

> *Une fois sur toute femme belle*
> *Mais par la mort suis devenue telle.*
> *Ma chair estoit très belle, fraische et tendre,*
> *Or est-elle toute tournée en cendre.*
> *Mon corps estoit très plaisant et très gent,*
> *Je me souloye souvent vestir de soye,*
> *Or en droict fault que toute nue je soye.*
> *Fourrée estois de gris et de menu vair,*
> *En grand palais me logeois à mon vueil,*
> *Or suis logiée en ce petit cercueil.*
> *Ma chambre estoit de beaux tapis ornée,*
> *Or est d'aragnes ma fosse environnée.*[12]

Já fui a mais bela das mulheres,
Mas graças à morte fiquei assim.
Minha carne era muito bela, fresca e macia,
Agora está toda transformada em cinzas.
Meu corpo era muito encantador e muito formoso,
Muitas vezes costumava vestir-me em sedas.
Agora, como é o certo, devo ficar totalmente nua.
Trajava peles de cor cinza e *menu vair*,
Morava como queria, num grande palácio,
Agora moro neste pequeno sarcófago.
Meu quarto era decorado com belos tapetes,
Agora minha cova é rodeada por teias de aranha.

O fato de que essas advertências tiveram o efeito desejado é comprovado pela lenda que surge mais tarde, segundo a qual o próprio rei artista, o amante da vida e da beleza por excelência, teria visto sua amada no túmulo três dias após ter sido sepultada, e então a pintou.

O estado de ânimo já começa a mudar um pouco na direção da sensualidade mundana quando a advertência da perecibilidade não é mais ilustrada por um horrendo cadáver de outrem, mas sim pelos próprios corpos dos vivos, que agora ainda são belos, mas logo servirão de comida

11. A IMAGEM DA MORTE

para os vermes. Olivier de la Marche conclui o seu edificante poema alegórico sobre a vestimenta feminina *Le Parement et triumphe des dames* com a Morte, que segura um espelho diante de toda beleza e vaidade:

> *Ces doulx regards, ces yeulx faiz pour plaisance,*
> *Pensez y bien, ils perdront leur clarté,*
> *Nez et sourcilz, la bouche d'eloquence*
> *Se pourriront...*[13]

> Esses olhares meigos, os olhos feitos para agradar,
> Pensem bem, eles hão de perder o brilho,
> Nariz e sobrancelhas, a boca eloquente,
> Hão de apodrecer...

Até aqui, trata-se de um honesto *memento mori*. Mas imperceptivelmente ele se transforma num lamento penoso, mundano e egoísta sobre as desvantagens da velhice:

> *Se vous vivez le droit cours de nature*
> *Dont LX ans est pour ung bien grant nombre,*
> *Vostre beaulté changera en laydure,*
> *Vostre santé en maladie obscure,*
> *Et ne ferez en ce monde que encombre.*
> *Se fille avez, vous luy serez ung umbre,*
> *Celle sera requise et demandée,*
> *Et de chascun la mère habandonnée.*[14]

> Se viverdes o curso normal da natureza,
> Do qual sessenta anos é um número bem grande,
> Vossa beleza em feiura se transformará,
> Vossa saúde, em doença obscura,
> E não haveis de passar de um estorvo neste mundo.
> Se uma filha tiverdes, sereis para ela uma sombra,
> Ela será procurada e requisitada,
> E a mãe será abandonada por todos.

Todo o sentido pio e edificante está distante quando Villon compõe as baladas em que "a bela armeira" [*la belle heaulmièr*], no passado uma famosa cortesã parisiense, compara seus antigos encantos irresistíveis com a triste decadência de seu corpo velho.

> *Dont prenoie les plus soubtilz;*
> *Ce beau nez droit, grant ne petiz,*
> *Ces petites joinctes oreilles,*
> *Menton fourchu, cler vis traictiz*
> *Et ces belles levres vermeilles?*
> [...]
> *Le front ridé, les cheveux gris,*
> *Les sourcilz cheuz, les yeuls estains...*[15]

Que se fez de fronte tão lisa,
Louros cabelos, arcocílios,
Claro cenho, olhos de riso,
Que enredavam os mais sutis;
Médio o talhe, reto o nariz,
Bem pequenas, juntas orelhas,
Queixo em cova, claro o matiz
E essa bela boca vermelha?
[...]
Fronte enrugada, cabelos gris,
Sobrancelhas baixas, olhos destintos

A forte aversão pela putrefação do corpo terreno explica a grande importância que se atribuía aos corpos intatos de alguns santos, como santa Rosa de Viterbo. Considera-se uma das glórias mais preciosas de Maria o fato de seu corpo ter sido poupado da decomposição terrena em virtude de sua assunção.[16] Aqui, trata-se fundamentalmente de um espírito materialista que não conseguia se livrar do pensamento voltado para o corpo. É o mesmo espírito que se manifesta no cuidado especial com que se

preparam alguns cadáveres. Existia um hábito de, logo
após o falecimento de uma pessoa ilustre, retocar os traços do rosto para que não houvesse nenhum sinal visível
de putrefação antes do enterro.[17] O corpo de um pregador
da seita herética dos turlupinos, que falecera na prisão
em Paris antes da sentença, foi mantido por catorze dias
em um tonel com cal, pois assim poderia ser queimado
junto com uma herética viva.[18] No caso de cadáveres de
pessoas importantes falecidas longe de onde moravam,
havia a prática amplamente difundida de cortá-los em pedaços e cozinhá-los durante o tempo necessário para que
a carne se soltasse dos ossos, que em seguida eram limpos
e enviados em uma mala para que pudessem ser enterrados com solenidade, enquanto as entranhas e a carne
eram enterradas no local da morte. Nos séculos XII e XIII,
isso estava tão em voga que alguns bispos e vários reis
tiveram esse tratamento.[19] Em 1299, e de novo em 1300,
o papa Bonifácio VIII proíbe terminantemente a prática,
por ser um "abuso de barbárie abominável, praticado por
alguns fiéis de modo horrível e sem consideração" [*detestandae feritatis abusus, quem ex quodam more horribili
nonnulli fideles improvide prosequuntur*]. Não obstante, ainda no século XIV, houve algumas ocasiões em que
se concedeu a dispensa papal da proibição, e no século
XV o costume ainda era honrado pelos ingleses na França. Os corpos de Eduardo de York e Michael de la Pole,
conde de Suffolk, ingleses da alta aristocracia mortos em
Azincourt, receberam esse tratamento.[20] O mesmo aconteceu com o próprio Henrique V e com William Glasdale,
que se afogou durante a libertação de Orléans por Joana
d'Arc, e também com um sobrinho de Sir John Fastolfe,
que morreu no cerco a Saint-Denis em 1435.[21]

A figura da Morte havia séculos aparecia nas representações plásticas e literárias sob mais de uma forma:
como cavaleiro apocalíptico galopando sobre um grupo
de pessoas jogadas no chão, como megera com patas de

morcego estendidas para baixo, como no Campo-Santo em Pisa, o esqueleto com a foice, ou com o arco e flecha, por vezes indo em uma carruagem puxada por bois ou ainda montada num boi ou numa vaca.[22] Mas a figura personificada da Morte não satisfazia a fantasia.

No século XIV, surge a maravilhosa palavra *macabre*, ou como ela soava originalmente: *Macabré*. "Eu fiz a dança de Macabré" [*Je fis de Macabré la dance*], diz o poeta Jean le Fèvre em 1376. Trata-se de um nome próprio, seja qual for a tão discutida etimologia da palavra.[23] Foi só bem mais tarde que se extraiu de *La Danse Macabre* o adjetivo que para nós adquiriu uma conotação tão precisa e peculiar, que podemos indicar com o termo "macabro" toda a visão tardo-medieval da morte. A concepção *macabre* de morte na nossa época ainda pode ser encontrada sobretudo em cemitérios de aldeias, onde se ouve o seu eco em versos e imagens. No final da Idade Média, ela se tornara uma importante concepção cultural. À representação da morte juntou-se um novo e hipnotizante elemento fantástico, um arrepio que brotou da esfera da consciência onde habitam o pavor gélido dos fantasmas e o calafrio de terror. O pensamento religioso que a tudo controlava transformou-o imediatamente em moral, convertendo-o em *memento mori*, mas gostava de usar toda a sugestão horripilante que o caráter espectral da imagem trazia consigo.

Em torno da Dança Macabra agrupam-se algumas representações afins ligadas à morte, igualmente apropriadas para serem usadas como elemento de advertência e terror. O conto dos três mortos e dos três vivos é anterior à Dança Macabra.[24] Ele aparece na literatura francesa já no século XIII: três jovens da nobreza encontram de repente três mortos horríveis que lhes contam sobre suas glórias terrenas do passado e os alertam para o fim próximo que os aguarda. As figuras tocantes no Campo-Santo de Pisa constituem a representação mais antiga do

11. A IMAGEM DA MORTE

tema na grande arte. O duque de Berry, em 1408, fez com que o tema fosse representado nas esculturas do portal da igreja dos Inocentes de Paris, porém elas se perderam. Mas a miniatura e a gravura em madeira transformam o tema em um bem público no século XV, e ele também se encontra disseminado na pintura mural.

A representação dos três mortos e dos três vivos constitui o elo entre a imagem repugnante da putrefação e o pensamento, retratado na Dança Macabra, de que todos são iguais perante a morte. O desenvolvimento desse motivo na história da arte pode ser mencionado aqui apenas de passagem. Parece que a França também é o país de origem da Dança Macabra. Mas como ela surgiu? Foi como um espetáculo verdadeiramente encenado ou como uma imagem? Sabe-se que a tese de Emile Mâle, que considerava que os temas nas artes plásticas do século XV costumavam ser emprestados das performances dramáticas, não passou totalmente incólume às críticas. No que diz respeito à Dança Macabra, contudo, talvez devesse ser feita uma exceção: aqui a encenação dramática de fato precedeu a representação pictórica. Em todo caso, mais cedo ou mais tarde, a Dança Macabra foi tanto encenada como pintada e gravada. O duque da Borgonha fez com que ela fosse representada em 1449, na sua residência em Bruges.[25] Se pudéssemos ter alguma ideia da execução de tal espetáculo — as cores, os movimentos, o jogo de luz e sombras sobre os dançarinos —, compreenderíamos ainda melhor o grave horror que a Dança Macabra infligia aos ânimos, melhor até do que nos fazem compreender as xilogravuras de Guyot Marchant e de Holbein.

É quase certo que as xilogravuras com que o impressor parisiense Guyot Marchant ornamentou a primeira edição da *Danse Macabre* em 1485 foram emprestadas da Dança Macabra mais famosa de todas, aquela que, desde 1424, cobria o muro da galeria do cemitério dos Inocentes em Paris. Os versos inscritos abaixo dessa pintura mural, preservados na edição de 1485, talvez se baseiem no poema perdido de Jean le Fèvre, que por sua vez deve ter seguido um original em latim. Seja como for, a Dança Macabra do cemitério dos Inocentes, desaparecida no século XVII devido à demolição da galeria, foi a representação mais popular da morte que a Idade Média conheceu. Dia após dia, no singular e macabro local de encontros que era o cemitério dos Inocentes, milhares de pessoas contemplaram as figuras simples, leram os versos fáceis em que cada estrofe terminava com um provérbio conhecido, consolaram-se com a igualdade de todos na morte e estremeceram diante do fim. Em nenhum outro lugar essa morte simiesca podia estar tão em casa, ela que, sorrindo maliciosamente, com os passos enferrujados de um velho mestre de dança, convida o papa, o imperador, o nobre, o trabalhador, o religioso, a criança, o louco e todas as demais ocupações e classes para acompanhá-la. As xilogravuras de 1485 provavelmente reproduzem apenas parte da impressão que causava o famoso mural. As vestimentas das figuras provam que elas não foram uma cópia fiel da obra de 1424. Para que se possa ter uma ideia aproximada do efeito da Dança Macabra do cemitério dos Inocentes, dever-se-ia observar o afresco da igreja de La Chaise-Dieu,[26] onde o aspecto fantasmagórico é ainda mais intensificado pelo estado semiacabado da pintura.

O cadáver, que retorna quarenta vezes para buscar os vivos, ainda não é de fato a Morte, mas o morto. Os versos chamam a figura de Le Mort (na dança macabra das mulheres, La Mort); trata-se de uma dança "dos mortos" [des morts], não "da Morte" [de la Mort].[27] Aqui também não se trata de um esqueleto, mas de um corpo ainda não completamente descarnado, com o ventre oco aberto. É só por volta de 1500 que a figura do grande dançarino passa a ser um esqueleto, como o conhecemos em Holbein. Nesse meio-tempo, também a imagem de um sósia indefinido se condensou na imagem da Morte como ser ativo e individual que põe fim à vida. "*Yo soy la Muerte cierta a todas criaturas*", é como começa a impressionante dança macabra espanhola do final do século xv.[28] Na dança macabra mais antiga, o infatigável dançarino ainda é o próprio vivo, como deverá ser no futuro próximo, uma assustadora duplicação de sua pessoa, a imagem que ele vê no espelho; e não, como querem alguns, um morto de mesma posição social e valor que partiu antes. Era justamente isso, o "sois vós mesmos", o que dava à dança macabra o seu poder mais horripilante.

Também no afresco que decorava a abóbada do monumento tumular do rei René e de sua esposa Isabel na catedral de Angers, ainda era o próprio rei que estava sendo representado. Via-se um esqueleto (ou seria antes um cadáver?) coberto com um longo manto, sentado num trono dourado, que com os pés chutava para longe mitras, coroas, livros e um globo terrestre. A cabeça apoiava-se na mão ressecada, que tentava sustentar a coroa vacilante.[29]

A dança macabra original mostrava apenas homens. A tentativa de ligar a advertência sobre a transitoriedade e a vaidade das coisas terrenas à lição da igualdade social naturalmente trouxe os homens ao primeiro plano, por serem os detentores de profissões e dignidades sociais. A dança macabra não era somente uma advertência piedosa, mas também uma sátira social, e existe uma leve ironia nos versos que a acompanham. O mesmo Guyot Marchant, como sequência de sua edição, apresenta uma dança macabra feminina, para a qual Martial d'Auvergne compôs os versos. O desenhista desconhecido das xilogravuras não esteve à altura do modelo fornecido pela edição anterior: sua originalidade se resume a ter inventado a horrenda figura do esqueleto em cujo crânio balançam uns poucos cabelos de mulher. No texto da dança macabra feminina reaparece imediatamente o elemento sensual, que também permeava o tema da lamentação pela beleza que apodrece. Como poderia ter sido diferente? Não havia quarenta ofícios e dignidades femininas para mencionar. Depois das posições mais importantes, como rainha, mulher da nobreza etc., de algumas funções de Estado ou espirituais, como abadessa e freira, e de algumas atividades, como mercadora, padeira etc., a lista logo se esgotava. O resto só podia ser completado considerando-se a mulher nos diversos estados da própria vida feminina: virgem, amada, noiva, recém-casada, grávida. E da mesma forma aqui também é a queixa sobre o prazer e a beleza, perdidos ou nunca desfrutados, o que faz o tom do *memento mori* soar mais estridente.

Ainda faltava uma imagem na representação assustadora do ato de morrer: aquela da própria hora da morte. O susto diante desse momento não podia ser impresso nos espíritos de forma mais vívida do que com a lembrança de Lázaro: este, após sua ressurreição, só conhecera o triste pavor diante da morte, que já sofrera uma vez. E se o justo precisava temê-la tanto assim, o que dizer do pecador?[30] A imagem da agonia era a primeira das *quatuor hominum novissimis* [quatro últimas coisas do homem], sobre as quais cabe ao homem refletir constantemente: morte, juízo final, céu e inferno. Como tal, essa imagem pertence ao campo das representações da vida após a morte. Aqui, por enquanto, trata-se apenas da representação da morte física em si. Estreitamente relacionada ao tema das "quatro últimas coisas" está a *Ars moriendi*, uma criação do século xv que, tal como a Dança Macabra, obteve por meio da imprensa e da xilogravura uma influência muito mais ampla do que qualquer ideia religiosa anterior. Ela trata das cinco tentações com as quais o diabo assedia o moribundo: a dúvida na fé, o desespero com relação aos seus pecados, o apego aos bens terrenos, a falta de esperança em relação ao próprio sofrimento e, finalmente, o orgulho da própria virtude. A cada vez surge um anjo para repelir os ataques de Satã com o seu conforto. A descrição da própria agonia era um tema antigo da literatura religiosa; nela se reconhece sempre o mesmo modelo.[31]

11. A IMAGEM DA MORTE

Chastellain, em seu *Miroir de Mort*,³² resumiu todos os motivos aqui tratados. Ele começa com uma narrativa comovente que, apesar da solene prolixidade, própria desse autor, acerta em cheio quanto a seu efeito. Sua amada moribunda o chama para junto de si e, com uma voz entrecortada, lhe diz:

> *Mon amy, regardez ma face.*
> *Voyez que fait dolante mort*
> *Et ne l'oubliez désormais;*
> *C'est celle qu'aimiez si fort;*
> *Et ce corps vostre, vil et ort,*
> *Vous perderez pour un jamais;*
> *Ce sera puant entremais*
> *A la terre et à la vermine:*
> *Dure mort toute beauté fine.*

> Meu amigo, vê minha face,
> Vê o que a triste morte faz,
> E não te esqueças jamais.
> Esta é aquela que tanto amaste,
> E este é o seu corpo, feio e sujo,
> Que para sempre perderás;
> Ele será refeição fedorenta
> Para a terra e os vermes:
> A dura morte põe fim a toda beleza.

Isso induz o poeta a compor um "espelho da morte" [*Miroir de Mort*]. De início ele desenvolve o tema "Onde estão os grandes da terra agora?", e o faz de maneira demasiado longa, um tanto professoral, sem nada da leve melancolia de Villon. Segue-se então algo como um primeiro esboço de uma dança macabra, mas sem força ou imaginação. Por fim ele compõe as rimas da *Ars moriendi*. Aqui está a sua descrição da agonia:

> *Il n'a membre ne facture*
> *Qui ne sente sa pourreture,*
> *Avant que l'esperit soit hors,*
> *Le cœur qui veult crevier au corps*
> *Haulce et souliève la poitrine*
> *Qui se veult joindre à son eschine.*
> *— La face est tainte et apalie,*
> *Et les yeux treilliés en la teste.*
> *La parolle luy est faillie,*
> *Car la langue au palais se lie.*
> *Le poulx tressault et sy halette.*
> *[...]*
> *Les os desjoindent à tous lez;*
> *Il n'a nerf qu'au rompre ne tende.*[33]

> Não há membro ou parte
> Que não sinta sua decomposição.
> Antes mesmo que a alma tenha saído,
> O coração que quer explodir no corpo
> Ergue o peito,
> Que quer se unir à espinha dorsal.
> — A face está pálida, sem cor.
> E os olhos velados na cabeça.
> A fala se foi,
> Pois a língua está grudada no céu da boca.
> O pulso treme, e ele arfa.
> [...]
> Os ossos se esparramam por todo lado,
> Nenhum nervo que não se estenda até romper.

Villon conclui tudo isso numa meia estrofe, muito mais comovente.[34] Mesmo assim, reconhece-se nos dois um modelo comum.

> *La mort le fait fremir, pallir,*
> *Le nez courber, les vaines tendre,*

11. A IMAGEM DA MORTE

*Le col enfler, la chair mollir,
Joinctes et nerfs croistre et estendre.*

Com a morte, treme e empalidece,
A veia engrossa, o nariz curva,
Incha o pescoço, o corpo amolece,
Juntas e nervos, tudo se turva.

E mais uma vez aquele pensamento sensual, latente em todas essas representações do terror:

*Corps femenin, qui tant est tendre,
Poly, souef, si precieux,
Te fauldra il ces maulx attendre?
Oy, ou tout vif aller es cieulx.*

Corpo femíneo, suave curva,
Tão preciso, polido e liso,
A tais males também se encurva?
Sim. Ou vi vivo ao paraíso.

Nenhum outro lugar reunia tão vividamente todas as coisas que evocavam a morte quanto o cemitério dos Inocentes em Paris. Ali, o espírito sentia o calafrio do macabro em sua plenitude. Tudo contribuía para dar a esse lugar a sombria santidade e o horror multicolorido que a Idade Média tardia desejava tão intensamente. Já os santos, aos quais a igreja e o cemitério eram consagrados, as crianças inocentes que haviam sido mortas no lugar de Cristo, provocavam com seu lamentável martírio aquela compaixão cruel e aquela ternura sangrenta que eram o deleite da época. Foi justamente nesse século que a veneração dos Santos Inocentes veio com força para o primeiro plano. Possuía-se mais do que uma relíquia dos meninos de Belém: Luís XI ofereceu à igreja consagrada a eles em Paris "um inocente inteiro" [*un innocent entier*], fechado dentro de um enorme relicário de cristal.³⁵ O cemitério dos Inocentes era o lugar preferido para o descanso. Um bispo de Paris fez com que colocassem um pouco de terra do cemitério dos Inocentes em seu túmulo, uma vez que não poderia ser enterrado lá.³⁶ Pobres e ricos jaziam ali todos juntos e não por muito tempo, pois era tão intenso o uso do cemitério, onde vinte paróquias tinham o direito de realizar seus sepultamentos, que após algum tempo os ossos eram desenterrados e as lápides, vendidas. Dizia-se que um corpo apodrecia em nove dias, só restando os ossos.³⁷ Crânios e ossos eram então empilhados nos ossuários acima da colunata que circundava o cemitério em três lados: ficavam expostos ali às dúzias, pregando a lição da igualdade.³⁸ Sob as arcadas, na pintura e nos versos da Dança Macabra, via-se e lia-se a mesma lição. Para a construção dos *beaux charniers* [belos ossuários], o nobre Boucicaut, entre outros, havia feito uma contribuição.³⁹ No portal da igreja, o duque de Berry, que queria ser enterrado ali, mandara esculpir a cena dos três mortos e dos três vivos. Mais tarde, no século XVI, ainda se ergueu no cemitério a grande Morte, que, agora solitária no Louvre, é a única coisa que restou de tudo o que ali estava reunido.

Esse lugar era para os parisienses do século XV como uma lúgubre versão do Palais Royal de 1789. Em meio ao constante enterrar e desenterrar, era um lugar para passear e um ponto de encontro. Havia lojinhas junto aos ossuários e prostitutas sob as arcadas. Havia até uma reclusa vivendo enclausurada no muro ao lado da igreja. Às vezes um monge mendicante vinha pregar no local, que já era, por si mesmo, um sermão no estilo medieval. Às vezes reunia-se ali uma procissão de crianças. O Burguês de Paris diz que 12 500 crianças, todas com velas, levaram um *innocent* à Notre-Dame e depois o trouxeram de volta. Até festividades aconteciam ali.⁴⁰ O horripilante tornara-se familiar.

11. A IMAGEM DA MORTE

Na ânsia por uma imagem concreta da morte, que implicava abandonar tudo o que era irrepresentável, somente os aspectos mais grosseiros da morte penetraram na consciência. Na visão macabra da morte, faltam praticamente toda a ternura e todo o elegíaco. E no fundo é de uma visão muito terrena e egoísta da morte. Não se trata do luto pela perda de entes queridos, mas do pesar pela proximidade da própria morte, vista apenas como desgraça e horror. Não se pensa na morte como um consolo, o final do sofrimento, o descanso desejado, a tarefa concluída ou interrompida, nenhuma lembrança terna, nenhuma resignação. Nada do *divine depth of sorrow* [a profundeza divina do sofrimento]. Apenas uma única vez ouve-se um tom mais brando. Na dança macabra, o morto dirige-se ao trabalhador:

> *Laboureur qui en soing et painne*
> *Avez vescu tout vostre temps,*
> *Morir fauit, c'est chose certainne,*
> *Reculler n'y vault ne contens.*
> *De mort devez estre contens*
> *Car de grant soussy vous delivre...*

> Trabalhador que com preocupação e dificuldade
> Todo o teu tempo viveste,
> Tens de morrer, isto é certo,
> Não adianta fugir ou resistir.
> Da morte tens que ficar contente,
> Pois te libertará de grande preocupação...

Mas mesmo assim o trabalhador lamenta a vida, da qual ele muitas vezes desejou o fim.

Em sua dança macabra feminina, Martial d'Auvergne faz com que a pequena menina diga à sua mãe: cuide bem da minha boneca, dos meus dados e do meu vestido bonito. Mas esse tom comovente da infância é extremamente raro na literatura da Idade Média tardia; não havia lugar para isso na rigidez pomposa do grande estilo. Nem a literatura religiosa nem a literatura profana conheciam de fato a criança. Quando Antoine de la Salle, em *Le Reconfort* [O consolo],[41] quer confortar uma mulher da nobreza por ocasião da perda de seu filhinho, a única coisa que ele sabe lhe oferecer é a história de um rapaz que perdera sua jovem vida de uma forma mais cruel ainda, assassinado como refém. Para superar a dor, a única coisa que ele pode oferecer é o ensinamento de não se prender a nada que seja terreno. E então ele continua com o que conhecemos como o conto popular "A pequena mortalha": a história da criancinha falecida que vem pedir à sua mãe que não chore mais, pois só assim sua pequena mortalha poderá secar. E ali, de repente, o som se torna muito mais terno do que o *memento mori* cantado a mil vozes. Será que nesses séculos os contos e as canções populares conservaram sentimentos que a literatura mal conhece?

O pensamento religioso do final da Idade Média conhece apenas os dois extremos: de um lado, o lamento pela fugacidade, pelo fim do poder, da honra e do prazer, pela perecibilidade da beleza; de outro, o júbilo pela alma que foi salva em sua bem-aventurança. Tudo o que está entre esses dois extremos permanece não dito. Na representação perene da dança macabra e do esqueleto horrendo, as emoções vivas ossificam.

12. A representação do sagrado

A representação da morte pode servir de exemplo da vida no pensamento tardo-medieval como um todo: o pensamento vivo costuma confluir e se solidificar na imagem. É como se todo o conteúdo da vida espiritual almejasse uma expressão concreta; como se todo o ouro estivesse cunhado numa moeda. Há uma necessidade irrefreável de dar forma pictórica a tudo o que é sagrado, de dar contornos nítidos a toda representação de caráter religioso, de modo que ela se imprima na mente tal qual uma gravura de traços bem marcados. Devido a essa tendência à expressão pictórica, o sagrado está continuamente exposto ao perigo de tornar-se rígido ou de se externalizar demais.

Todo o processo de externalização da devoção popular no fim da Idade Média não pode ser expresso de forma mais concisa do que nas seguintes palavras de Jacob Burckhardt, em *Weltgeschichtliche Betrachtungen* [*Reflexões sobre a história*]:

> Uma religião poderosa impregna todas as coisas da vida e colore cada movimento do espírito, cada elemento da cultura. Sem dúvida, com o tempo, essas coisas reagem à religião; de fato, seu próprio núcleo pode ser sufocado pelo círculo de representações e imagens que outrora ela atraíra para dentro de seu campo. A "santificação de todos os aspectos da vida" tem o seu lado fatídico.

E mais adiante:

> Mas, por sua vez, nenhuma religião jamais foi totalmente independente da cultura dos povos e das épocas. É justamente quando ela reina soberana por meio da interpretação literal dos textos sagrados e tudo aparentemente se orienta por ela, quando ela "se encontra entrelaçada à vida como um todo", então essa vida infalivelmente também haverá de influenciá-la, também com ela há de se emaranhar. Mais tarde, esses íntimos entrelaçamentos com a cultura não lhe serão mais úteis, mas apenas fonte de perigos. Apesar disso, uma religião sempre agirá assim enquanto ela for realmente vigorosa.[1]

A vida da cristandade medieval está, em todos os seus aspectos, permeada e saturada de representações religiosas. Não há coisa ou ação em que não se procure estabelecer constantemente uma relação com Cristo e com a fé. De fato, tudo está orientado para uma concepção religiosa de todas as coisas, e há um imenso florescimento da fé interior. Mas nessa atmosfera supersaturada, a tensão religiosa, a verdadeira transcendência, o abandono do *aqui e agora* podem não estar sempre presentes. Na ausência dessa tensão, tudo o que se destinava a estimular a consciência de Deus se enrijece numa profanidade terrível e banal, numa surpreendente mundanidade envolta em formas elevadas. Mesmo no caso de um santo magnífico como Henrique Suso, de quem a tensão religiosa talvez nunca tenha se ausentado, a distância entre o sublime e o ridículo torna-se muito pequena para a nossa sensibilidade não mais medieval. Ele é sublime quando, assim como o cavaleiro Boucicaut fez por sua amada terrena, rende homenagem a todas as mulheres em nome de Maria, ou quando dá passagem a uma mulher pobre, pisando na lama. Ele segue os costumes do amor cortês e, no primeiro dia do ano e no primeiro dia de maio, comemora o seu amor pela Sabedoria, sua noiva, com uma coroa de flores e uma cantiga. Ao ouvir uma cantiga de amor, na mesma hora ele a adapta aos termos da Sabedoria. Mas o que pensar da passagem a seguir? À mesa, quando comia uma maçã, Suso costumava cortá-la em quatro partes: três partes ele comia em nome da Trindade, e a quarta parte ele comia em memória "do amor com que a mãe divina dava uma maçãzinha para o seu querido filho Jesus comer" [*In der minne, als diu himelsch muter irem zarten kindlein Jesus ein epfelli gab zu essen*]. E por isso ele comia essa quarta parte com a casca, pois meninos pequenos comem as maçãs com a casca. E alguns dias após o Natal — quando o menino ainda era muito pequeno para comer maçãs —, ele não comia essa quarta parte, mas a oferecia a Maria, para que ela a entregasse ao filho. Tomava as bebidas em cinco goles, pelas cinco chagas do Senhor, mas, como sangue e água fluíram do flanco de Cristo, ele tomava o quinto gole duas vezes.[2] Eis o *Heiligen aller Lebensbeziehungen* [santificação de todos os aspectos da vida] levado ao extremo.

Considerando apenas as formas religiosas, sem por ora levar em conta o grau de intensidade da fé, há na devoção da Idade Média tardia muitos aspectos que podem ser vistos como excessos da vida religiosa, desde que não se interprete o conceito de um ponto de vista protestante dogmático. Na Igreja, ocorreu um aumento quantitativo de práticas e conceitos que, a despeito das mudanças qualitativas que traziam consigo, atemorizavam os teólogos sérios. Não é tanto contra a falta de devoção ou contra a superstição de todas essas novas práticas, e sim contra a sobrecarga da própria fé que o espírito reformista do século XV se opõe. Os sinais da misericórdia divina sempre a postos tornaram-se cada vez mais numerosos: além dos sacramentos, floresciam de todos os lados as bênçãos; das relíquias passou-se então aos amuletos; o poder da oração foi formalizado nos rosários; a multicolorida galeria dos santos ganhou ainda mais cores e vida. E, embora a teologia zelasse por uma distinção clara entre sacramentos e sacramentais, que meio existia para impedir o povo de depositar sua esperança e sua fé no mágico e no multicolorido? Gerson encontrara alguém em Auxerre que afirmava que a festa do Dia dos Bobos [*Dwazenfeest*], a qual comemorava os meses de inverno nas igrejas e nos conventos, era tão santificada quanto a festa da Imaculada Conceição.[3] Nicolas de Clémanges escreveu um tratado contra a criação e comemoração de novas festas. Ele declarou que em algumas delas a liturgia era quase toda de natureza apócrifa, mencionando com aprovação a atitude do bispo de Auxerre, que abolira a maior parte dos dias festivos.[4] No escrito *De reformatione*,[5] Pierre d'Ailly volta-se contra a contínua multiplicação de igrejas, festas, santos e dias de descanso; contra a profusão de imagens e pinturas, a excessiva e tediosa duração da missa, a adoção de escritos apócrifos na liturgia das festividades; contra a introdução de novos hinos e orações ou outras novidades arbitrárias; e contra a intensificação das já excessivamente rigorosas vigílias, orações, jejuns e abstinências. Havia uma tendência a associar um ofício especial a cada um dos pontos de veneração da Mãe de Deus. Havia missas especiais, posteriormente abolidas pela Igreja, de devoção a Maria, das suas sete dores, do conjunto de festas marianas, de suas irmãs Maria Jacobé e Maria Salomé, do anjo Gabriel, de todos os santos que formavam a árvore genealógica do Senhor Jesus.[6] O culto da Via-Crúcis, das Cinco Chagas, a Hora do Angelus pela manhã e à noite, originam-se todos no final da Idade Média. Além disso, há ordens religiosas demais, diz D'Ailly, e isso acaba levando a uma variedade de costumes, ao isolamento e ao orgulho, à exaltação vã de uma ordem espiritual sobre as outras. Ele quer, sobretudo, restringir as ordens mendicantes. A existência delas prejudica os leprosários e hospitais, além dos verdadeiros pobres e necessitados a quem cabem o direito e o título justo da mendicância.[7] Ele quer banir da Igreja os vendedores de indulgência, que a maculam com suas mentiras e a tornam ridícula.[8] Onde vai parar a contínua criação de novos conventos femininos, sem meios suficientes para mantê-los?

Percebe-se que Pierre d'Ailly luta mais contra o mal quantitativo do que contra o qualitativo. Exceto na crítica à pregação da indulgência, ele não questiona explicitamente a devoção e a santidade de todas essas práticas; ele se incomoda apenas com o crescimento desenfreado; ele vê a Igreja sufocada sob o peso de detalhes fúteis. Quando Alain de la Roche propaga a sua nova Irmandade do Rosário, a resistência com que se depara se volta mais contra a novidade em si do que contra o seu conteúdo. Os opositores argumentavam que, confiando no poder de uma comunidade de oração tão grande como a que Alanus imaginava, o povo negligenciaria as penitências prescritas, e o clero, o breviário. As igrejas paroquiais ficariam vazias se a irmandade somente se reunisse nas igrejas dos franciscanos e dominicanos. Dessas reuniões, seria fácil surgirem lutas de facções e conspirações. E, por fim, lançam-lhe mais uma acusação: aquilo que a irmandade vende como grandes e milagrosas revelações não passa de ilusões, fantasias e mexericos de comadres.[9]

A veneração semanal dos Santos Inocentes é um exemplo característico da maneira quase mecânica com que os costumes religiosos tendiam a se multiplicar quando uma autoridade severa não intervinha para restringi-los. Durante as comemorações do Massacre dos Inocentes em 28 de dezembro, várias superstições semipagãs do solstício de inverno mesclavam-se a um sentimentalismo piegas pelo horror desse martírio; a data era considerada um dia de azar. Muitos achavam que o dia da semana em que caíra a última festa dos Santos Inocentes seria um dia de azar durante o ano inteiro. Nesse dia não se devia nem começar um trabalho nem empreender uma viagem. O dia se chamava simplesmente Les Innocents, assim como a própria comemoração. Luís XI seguiu esse costume meticulosamente. A coroação de Eduardo IV foi repetida, porque a primeira vez fora realizada no dia de azar. René da Lorena precisou desistir de uma batalha, pois seus lansquenetes se recusaram a lutar no dia da semana dos Santos Inocentes.[10]

Jean Gerson toma esse costume como motivo para um tratado contra a superstição em geral e contra esta em particular.[11] Ele foi um dos que enxergaram nitidamente o perigo da proliferação de crenças religiosas para a vida eclesiástica. Com seu espírito aguçado, e de certa forma frio, ele também percebe algo do fundamento psicológico por trás do surgimento de todas essas crenças. Elas nascem *ex sola hominum phantasiatione et melancholica imaginatione* [exclusivamente da fantasia e da imaginação melancólica das pessoas]; é uma corrupção da imaginação causada por uma lesão cerebral interna, e esta, por sua vez, é resultado de ilusões diabólicas. Assim, o diabo ainda acaba por conseguir seu quinhão.

Trata-se de um processo de contínua redução do infinito às coisas finitas, uma desintegração do milagre em átomos. A cada mistério, mesmo o mais sagrado, adere-se, como uma crosta de conchas num navio, um acúmulo de elementos religiosos externos que o dessacralizam. O próprio milagre da Eucaristia é permeado da superstição mais prosaica e materialista: por exemplo, acreditava-se que não se podia ficar cego ou ter um derrame no dia em que se assistiu à missa, e que não se envelhecia durante o tempo em que se estava na missa.[12] A Igreja precisa ficar sempre alerta para que Deus seja trazido para muito perto do mundo terreno. Ela declara ser heresia afirmar que Pedro, João e Jacó, no momento da transfiguração de Cristo, viram o ser divino tão claramente, como agora eles o fazem no céu.[13] Era uma blasfêmia o fato de uma das imitadoras de Joana d'Arc afirmar ter visto Deus vestindo um longo traje branco com um manto vermelho por cima.¹⁴ Mas que culpa tinha o povo se não sabia fazer as sutis distinções prescritas pela teologia e a Igreja oferecia materiais tão ricos para a imaginação?

O próprio Gerson não se manteve livre do mal que combatia. Ele ergue a voz contra a vã curiosidade,¹⁵ referindo-se ao espírito de investigação, que quer conhecer a natureza em seus segredos mais profundos. Mas ele mesmo explora com uma indiscreta curiosidade as mais diminutas particularidades exteriores das coisas santas. Sua particular veneração por são José, para cujas festividades ele se empenha de todas as formas possíveis, instigou a sua curiosidade por tudo que dizia respeito ao santo. Ele se aprofunda em todos os detalhes do casamento com Maria, sua vida conjugal, a abstinência de José, a maneira como ficou sabendo da gravidez, quantos anos ele tinha. Da caricatura que a arte ameaçava fazer de José — o velho extenuado que Deschamps lamentou e Broederlam pintou —, Gerson não quer nem saber: José não tinha ainda cinquenta anos, diz ele.¹⁶ Em outro lugar, ele se permite fazer uma especulação sobre a constituição física de são João Batista: "E portanto o sêmen material de onde o corpo seria construído não era nem duro demais, nem fluido demais" [*semen igitur materiale ex qua corpus compaginandum erat, nec durum nimis nec rursus fluidum abundantius fuit*].¹⁷ O famoso pregador popular Olivier Maillard costumava presentear sua audiência, após o exórdio, com *une belle question théologale* [uma bela questão teológica], como, por exemplo, se a Virgem tinha contribuído de forma ativa na concepção de Cristo, a ponto de poder ser chamada realmente de Mãe de Deus, ou se o corpo de Cristo se teria reduzido a cinzas caso a ressurreição não tivesse se interposto.¹⁸ A controvérsia sobre a imaculada concepção de Maria, em que os dominicanos formavam o partido de oposição contra a demanda crescente do povo de ver a Virgem absolvida do pecado original, causou uma mescla de especulações teológicas e embriológicas que hoje nos parece pouco edificante. No entanto, os teólogos mais sérios estavam tão obstinadamente convencidos do peso de seus argumentos que não hesitavam em tratar da disputa diante do grande público em suas pregações.[19] Se os espíritos mais sérios tinham essa orientação, não deve causar espanto que numa esfera mais ampla de vida, em razão dessa contínua elaboração dos detalhes, todas as coisas sagradas acabassem por se dissolver numa banalidade, da qual as pessoas conseguiam se elevar apenas de vez em quando pelo arrepio do milagre.

A familiaridade com que se lidava com Deus na vida cotidiana deve ser analisada sob dois aspectos. Por um lado, ela testemunha a absoluta firmeza e espontaneidade da fé. Por outro, uma vez enraizada nos costumes, essa familiaridade cria o perigo de que os ímpios (que sempre existem), e também os crentes em momentos de pouca tensão religiosa, profanem continuamente a fé, de forma mais ou menos consciente e deliberada. É justo o mistério mais íntimo, a Eucaristia, que fica exposto a esse perigo. Entre as emoções da fé católica, não há nenhuma mais forte e mais profunda do que a noção da presença imediata e essencial de Deus na hóstia consagrada. Tanto na Idade Média quanto agora, ela é considerada o ponto central da comoção religiosa. Mas, na Idade Média, a familiaridade ingênua e audaz com que se falava sobre as coisas mais sagradas dá origem a um linguajar que às vezes pode parecer bastante profano. Um viajante apeia por um momento e entra na igreja de um povoado "para ver Deus de passagem" [*pour veoir Dieu en passant*]. De um padre, que com a hóstia segue seu caminho montado num asno, diz-se: "Um Deus montado num asno" [*Un Dieu sur un asne*].[20] De uma mulher no leito de morte, diz-se: "Ela achou que ia morrer e mandou chamar o bonito senhor Deus" [*Sy cuidoit transir de la mort, et se fist apporter beau sire Dieux*].²¹ *Veoir Dieu* [Ver Deus] era o termo mais comum para designar a elevação da hóstia.²² Em todos esses casos, o modo de falar não é profano em si, mas se torna profano quando a intenção é sacrílega, ou quando vem empregado sem pensar, ou seja, tão logo falte o sentimento do mistério. E que profanação um tal linguajar trazia consigo! Daí até a irrefletida familiaridade, era só um pequeno passo, como no provérbio: "Deixe por conta de Deus, que é um homem de idade" [*Laissez fuire à Dieu, qui est homme d'aage*].²³ Ou conforme Froissart: "E ele ora com as mãos juntas, pelo grande homem que Deus é" [*Et li prie à mains jointes, pour si hault homme que Diex est*].²⁴ Um caso em que se nota claramente como o termo "Dieu" aplicado à hóstia podia contaminar a própria crença religiosa é o que vem a seguir. O bispo de Coutances celebra uma missa na igreja de Saint-Denis. No momento em que ele vai erguer o corpo do Senhor, as pessoas admoestam Hugues Aubriot, o preboste de Paris, que vagava pela capela onde a missa estava sendo celebrada, para que venha rezar. Mas Hugues, conhecido *esprit fort*, responde com uma imprecação, dizendo que não acreditava no Deus de um bispo como aquele, que morava na corte.²⁵

Mesmo sem a menor intenção de zombaria, a familiaridade com as coisas sagradas e a ânsia de representá-las com imagens concretas podiam levar a formas que nos parecem insolentes. As pessoas possuíam miniaturas de Maria que eram uma variação do jogo de xícaras conhecido como "Hansje in de kelder" [João no porão]. Eram pequenas estatuetas douradas, fartamente decoradas com pedras preciosas, cujo ventre podia ser aberto para que fosse vista a Trindade. Na câmara do tesouro dos duques da Borgonha havia uma dessas.²⁶ Gerson viu uma no monastério dos carmelitas em Paris. Ele desaprovava tais estatuetas, mas não por causa da falta de devoção demonstrada por uma representação tão grosseira do mistério, e sim devido à heresia de representar toda a Trindade como fruto do ventre de Maria.²⁷

A vida estava tão saturada de religião que a distância entre o terreno e o espiritual ameaçava se dissolver a qualquer instante. Se, por um lado, tudo da vida diária era elevado à esfera do divino, por outro, o sagrado permanecia ligado à esfera do mundano em razão de sua indissolúvel mistura com a vida cotidiana. Já falamos sobre o cemitério dos Inocentes em Paris, aquela quermesse horrenda da morte com os restos mortais empilhados e exibidos por todos os lados. É possível imaginar algo mais pavoroso do que a vida da reclusa senhora enclausurada no muro da igreja, nesse lugar de terror? Mas vejamos agora como os contemporâneos falam sobre isso: as reclusas moravam em uma casinha nova e decente, eram enclausuradas com um bonito sermão e recebiam um salário do rei de oito libras por ano, pagas em oito parcelas.²⁸ Tudo como se falassem de simples beatas. Onde está o páthos religioso? Onde ele está quando uma indulgência é vinculada às atividades domésticas mais comuns: preparar o forno, ordenhar uma vaca, arear uma panela?²⁹ Num sorteio em Bergen op Zoom, em 1518, podiam-se ganhar tanto "prêmios preciosos" como indulgências.³⁰ Durante as entradas reais nas cidades, em altares colocados nas esquinas — lado a lado com performances maliciosas, muitas vezes de nudez pagã —, ostentavam-se as preciosas relíquias da cidade, que eram cuidadas por prelados e oferecidas aos soberanos para que as beijassem respeitosamente.³¹

Essa aparente indistinção entre a esfera religiosa e a secular é mais claramente expressa pelo fato bem conhecido de que uma melodia secular podia ser usada, sem alterações, pelo canto eclesiástico, ou o contrário. Guillaume Dufay compôs suas missas baseado em temas de canções seculares, como "Tant je me déduis", "Se la face ay pale", "L'Homme armé".

12. A REPRESENTAÇÃO DO SAGRADO

Há um intercâmbio contínuo entre a terminologia religiosa e a secular. Sem objeção, emprestam-se expressões religiosas para as coisas terrenas, e vice-versa. Acima da entrada do Tribunal de Contas em Lille, exibia-se um verso que lembrava a todos como um dia se haveria de prestar contas de seus dons celestiais perante Deus:

> *Lors ouvrira, au son de buysine*
> *Sa générale et grant chambre des comptos.*[32]

Então, Ele, ao som das trombetas,
Haverá de abrir o seu grande e geral tribunal de contas.

Em contrapartida, o anúncio de um torneio soa como uma solenidade em que se vendem indulgências:

> *Oez, oez, l'oneur et la louenge*
> *Et des armes grantdisime pardon.*[33]

Ouçam, ouçam, a honra e o louvor
E o maior perdão conferido pelas armas.

Por coincidência, na palavra *mistère*, *mysterium* e *ministerium* se confundiam. Essa homonímia ajudava a enfraquecer a ideia de mistério na linguagem do dia a dia, na qual tudo se chamava *mistère*: os unicórnios, os escudos e a boneca utilizada no Pas d'Armes de la Fontaine des Pleurs.[34]

Como contraparte do simbolismo religioso, isto é, da interpretação de todas as coisas e eventos terrenos como símbolos e prefiguração do divino, encontramos a homenagem ao soberano transposta em metáfora religiosa. Tão logo a admiração pela autoridade terrena apodera-se do homem medieval, a língua da veneração sagrada serve-lhe para expressar seu sentimento. Os servidores do soberano do século XV não se detinham diante de nenhuma profanação. No processo do assassinato de Luís de Orléans, o advogado de defesa faz o espírito do soberano assassinado falar ao seu filho: "Veja minhas feridas, das quais cinco em especial foram cruéis e mortais".[35] Dessa forma, a vítima é aproximada a Cristo. O bispo de Chalon, por sua vez, não hesita em comparar João Sem Medo, que foi vítima da vingança dos Orléans, com o Cordeiro de Deus.[36] Molinet compara o imperador Frederico, que envia seu filho Maximiliano para casar com Maria da Borgonha, com o Deus Pai, que envia o Filho para a terra, sem poupar nenhuma linguagem devota para obter o efeito desejado. Quando mais tarde Frederico e Maximiliano, juntamente com o jovem Filipe, o Belo, entram em Bruxelas, Molinet diz aos cidadãos que traziam lágrimas nos olhos: "Vejam a imagem da Trindade, o Pai, o Filho e o Espírito Santo" [*Véez-ci figure de la Trinité, le Père, le Fils et Sainct Esprit*]. Ele oferece uma coroa de flores a Maria da Borgonha, digna imagem de Nossa Senhora, "exceto por sua virgindade".[37]

"Não que eu queira deificar os soberanos", diz o arquicortesão Molinet.[38] Talvez essas sejam mais palavras vazias do que um sentimento verdadeiro de devoção, mas elas provam mesmo assim a depreciação das noções sagradas em razão de seu uso cotidiano. Aliás, como se pode repreender um poeta menor da corte, quando o próprio Gerson confere aos ouvintes reais de seus sermões anjos da guarda especiais, de hierarquia e posto mais elevados do que aqueles dos outros mortais?[39]

Na aplicação de termos religiosos ao erótico, que já mencionamos anteriormente, lida-se, é claro, com algo completamente diferente. Nesse caso, existe um elemento de deliberada falta de devoção e de escárnio que não estava presente no modo de falar tratado há pouco; os dois só estão relacionados na medida em que surgem da grande familiaridade com o sagrado. O escritor de *Les Quinze joyes de mariage* escolhe o título em referência às quinze alegrias de Maria.[40] Já falamos anteriormente sobre a representação do amor como uma observância religiosa. Ainda mais significativo é o fato de o defensor do *Roman de la Rose* empregar termos sacros para designar "as partes corporais indecentes e os pecados imundos e abomináveis" [*partes corporis inhonestas et peccata immunda atque turpia*].[41] Com certeza, há algo aqui da perigosa aproximação do sentimento religioso e do erótico em uma forma muito temida pela Igreja. Talvez não exista exemplo mais vívido dessa aproximação do que a Madona de Antuérpia, atribuída a Fouquet, que outrora ficava no coro da igreja de Nossa Senhora em Melun, e fazia parte de um díptico com o painel, hoje em Berlim, que retratava o doador Etienne Chevalier com santo Estêvão. Uma velha tradição, registrada no século XVII por Denis Godefroy, diz que a Madona se assemelha a Agnès Sorel, a amante do rei, por quem Chevalier não escondia sua paixão. Mesmo considerando todas as grandes qualidades da pintura, trata-se de um manequim que vemos à nossa frente, com a testa raspada e arredondada, os seios esféricos bem separados, a cintura alta e fina. A bizarra e hermética expressão facial, os anjos rígidos vermelhos e azuis que a rodeiam, tudo contribui para dar um toque de irreligiosidade decadente, especialmente em contraste à representação vigorosa e austera do doador e seu santo no painel ao lado. Godefroy viu na moldura larga de veludo azul várias letras E formadas por pérolas e unidas entre si por laços de amor [*lacs d'amour*] em fios de ouro e prata.[42] Não haveria nisso tudo uma irreverência blasfema para com o sagrado, não superada nem mesmo pelo espírito renascentista?

A profanação da vida religiosa diária quase não tinha limites. A forma musical do moteto, baseada no entrelaçamento de diversos textos cantados, degenerou-se a tal ponto que não se temiam as combinações mais estranhas: durante a missa, as palavras das canções profanas que haviam servido de tema para a composição, como *baisez-moi* e *rouges nez*, eram cantadas junto com a letra litúrgica.⁴³ David da Borgonha, o filho bastardo de Filipe, o Bom, faz sua entrada como bispo de Utrecht em meio a uma comitiva militar formada apenas por nobres, com a qual seu irmão, o Bastardo da Borgonha, foi resgatá-lo em Amersfoort. O novo bispo está completamente armado, "como se fosse um conquistador do país, um soberano secular" [*comme seroit un conquéreur de païs, prince séculier*], diz Chastellain com evidente desaprovação; assim ele cavalga até a catedral e nela ingressa em meio a uma procissão com bandeiras e cruzes, para ir rezar diante do altar principal.⁴⁴ Ao lado dessa arrogância borguinhã, tem-se a insolência despretensiosa do pai de Rodolfo Agrícola, o pároco de Baflo que, no mesmo dia em que foi escolhido para ser abade de Selwert, recebeu a notícia de que sua concubina lhe dera um filho e disse: "Hoje me tornei pai duas vezes: que isso seja abençoado por Deus".⁴⁵

Os contemporâneos consideravam o crescente desrespeito à Igreja como uma deterioração mais recente dos costumes:

> *On souloit estre ou temps passé*
> *En l'église benignement*
> *A genoux en humilité*
> *Delez l'autel moult closement,*
> *Tou nu le chief piteusement,*
> *Maiz au jour d'uy, si come beste,*
> *On vient à l'autel bien souvent*
> *Chaperon et chapel en teste.*⁴⁶

> Em tempos passados, costumava-se
> Ser respeitoso na igreja,
> De joelhos com humildade
> Bem perto do altar,
> A cabeça descoberta piedosamente,

12. A REPRESENTAÇÃO DO SAGRADO

> Mas hoje em dia, como animais,
> Vai-se muitas vezes ao altar
> Com gorro e chapéu na cabeça.

Nos dias festivos, queixa-se Nicolas de Clémanges, apenas poucos vão à missa. Eles não a assistem até o fim e contentam-se em tocar a água benta, saudar Nossa Senhora ajoelhando-se ou beijar a imagem de um santo. Se chegassem a ver a hóstia ser erguida, vangloriavam-se como se tivessem feito um grande favor a Cristo. As matinas e as vésperas geralmente são oficiadas apenas pelo padre e seu ajudante.[47] O senhor do vilarejo e patrono da igreja, com toda a calma do mundo, deixa o padre esperando para começar a missa até que ele e sua mulher tenham se levantado e se vestido.[48]

As festas mais sagradas, até mesmo a noite de Natal, são passadas em devassidão, com jogos de cartas, injúrias e linguagem escandalosa. Se repreendido, o povo alega que os grandes senhores, o alto e o baixo clero fazem o mesmo impunemente.[49] Nas vigílias dos feriados religiosos, as pessoas dançam dentro da própria igreja ao som de canções libertinas; os padres dão o exemplo, passando essas noites de vigília em meio a jogos de dados e blasfêmias.[50] Esses são testemunhos dos moralistas, inclinados talvez a uma visão sombria demais. Mas os documentos confirmam mais de uma vez essa imagem soturna. O conselho de Estrasburgo servia anualmente 1100 litros de vinho para aqueles que passavam a noite de santo Adolfo na igreja "em vigília e em oração".[51] Um magistrado municipal queixou-se junto a Dionísio Cartuxo de que a procissão anual, realizada na cidade com uma relíquia santa, era motivo para uma série de indecências e bebedeiras. Como pôr um fim a isso? Não seria fácil convencer nem o próprio magistrado, pois a procissão trazia recursos para a cidade; ela atraía muita gente que precisava pernoitar, comer e beber. Acima de tudo, esse era o costume. Dionísio conhecia o problema; ele sabia quão indisciplinadamente as pessoas agiam nas procissões, falando, rindo, olhando com descaramento ao redor, ávidas por bebida e divertimentos grosseiros.[52] A queixa dele encaixa-se perfeitamente no que diz respeito à procissão dos habitantes de Gent para conduzir o relicário de são Liévin até a feira de Houthem. Em outros tempos, diz Chastellain, os notáveis costumavam carregar o corpo santo "com grande e elevada solenidade e reverência" [*en grande et haute solenité et révérence*], mas agora é "uma massa de malandros e de jovens arruaceiros" [*une multitude de respaille et de garçonnaille mauvaise*]; eles carregam-no gritando e fazendo algazarra, cantando e dançando, gozando de tudo, e todos estão bêbados. E ainda por cima estão armados e se permitem as maiores depravações por onde passam. Nesse dia, tudo lhes é consentido sob o pretexto de seu encargo sagrado.[53]

Ir à igreja era um elemento importante na vida social. As pessoas iam para ostentar o seu traje mais formoso, para rivalizar em status e dignidade, em cortesia e polidez. Antigamente, como já foi mencionado,[54] beijar a pátena, *la paix*, era um motivo frequente para as disputas mais irritantes de boas maneiras. Se um jovem nobre entrava na igreja, a senhora, mesmo com o padre consagrando a hóstia e o povo rezando, levantava-se e o beijava na boca.[55] Parece que era muito comum conversar e passear dentro da igreja enquanto a missa era celebrada.[56] O uso da igreja como ponto de encontro aonde os jovens iam para olhar as moças era tão comum que só os moralistas ainda se aborreciam com isso. Os jovens raramente vão à igreja, exclama Nicolas de Clémanges,[57] a não ser para ver as mulheres que ali estão para exibir seus penteados requintados e seus decotes generosos. A honrada Christine de Pisan escreve sem sinal de irritação:

Se souvent vais ou moustier,
C'est tout pour veoir la belle
*Fresche com rose nouvelle.*⁵⁸

Se frequentemente vou à igreja,
É só para ver a bela
Fresca como rosa nova.

A igreja sofria de profanações muito mais graves do que esses pequenos serviços amorosos que aconteciam durante as missas: o amante que oferecia água benta à amada, estendia-lhe a *paix*, acendia uma vela para ela e ajoelhava-se a seu lado, não sem fazer sinais e lançar olhares sedutores.⁵⁹ Até as prostitutas procuravam clientes dentro das igrejas,⁶⁰ e ali, mesmo em dias santos, vendiam-se imagens obscenas que corrompiam a juventude. Nenhum sermão ajudava contra tais males.⁶¹ Mais de uma vez a igreja e o altar foram maculados por atos imorais.⁶²

Assim como a ida regular à igreja, as peregrinações serviam de motivo para todo tipo de diversão e sobretudo para encontros amorosos. Na literatura, muitas vezes elas foram tratadas como simples viagens de prazer. O cavaleiro De la Tour Landry, que leva a sério sua tarefa de instruir as filhas nas boas e virtuosas maneiras, fala das damas ávidas por diversão que gostam de ir a torneios e peregrinações. Como advertência, ele cita exemplos de mulheres que empreenderam uma peregrinação como pretexto para um encontro com o amado: "E por isso tem-se aqui um bom exemplo de que não se deve empreender uma peregrinação por um prazer tolo qualquer" [*Et pour ce a cy bon exemple comment l'on ne doit pas aler aux sains voiaiges pour nulle folle plaisance*].⁶³ Nicolas de Clémanges concorda: em dias comemorativos, as pessoas fazem peregrinações até igrejas distantes não apenas para pagar promessas mas também para cometer desvios mais livremente. Trata-se de uma ocasião para as mais diversas transgressões. Junto aos lugares sagrados, sempre há detestáveis alcoviteiras para atrair as meninas novas.[64] É um caso comum em *Les Quinze joyes de mariage*: a jovem esposa deseja um pouco de distração e convence o marido de que o filho está doente porque ela ainda não cumpriu a peregrinação prometida por ocasião do parto.[65] Os preparativos do casamento de Carlos VI com Isabel da Baviera se iniciam com uma peregrinação.[66] Não é de admirar que os homens austeros da *devotio moderna* vissem pouca utilidade nas peregrinações. Aqueles que empreendem muitas peregrinações raramente se tornam santos, diz Tomás de Kempis, e Frederik van Heilo dedica um tratado especial ao assunto, o *Contra peregrinantes*.[67]

Em todas essas profanações da fé, em razão da mistura descarada com a vida de pecado, o que existe é mais uma ingênua familiaridade com a religião do que uma verdadeira falta de devoção. Apenas uma sociedade totalmente permeada de sentimento religioso, e que aceita a fé como algo óbvio, conhece todos esses excessos e degenerações. As mesmas pessoas que seguiam uma rotina diária de práticas religiosas meio deterioradas tornavam-se de repente suscetíveis, sob as palavras inflamadas do sermão de um monge mendicante, aos extremos do fervor religioso.

Mesmo um pecado bobo como a blasfêmia só pode surgir de uma fé forte. Pois em sua origem, como uma invocação consciente, a blasfêmia é o sinal de uma fé na presença do divino, que se faz sentir até nas coisas mais insignificantes. Apenas o sentimento de uma verdadeira afronta ao céu proporciona à blasfêmia sua atração pecaminosa. Quando a consciência de jurar e o temor diante do cumprimento da maldição desaparecem, a blasfêmia se enfraquece até se tornar a grosseria monótona dos tempos posteriores. No final da Idade Média, ainda possui aquele ímpeto de ousadia e orgulho que fazia dela um esporte aristocrático. "Como", diz o nobre ao camponês, "você entrega a alma ao diabo e nega a Deus, embora não seja um nobre?"⁶⁸ Deschamps constata que a prática da blasfêmia já havia se estendido aos mais humildes:

> *Si chetif n'y a qui ne die*
> *Je renie Dieu et sa mère.*⁶⁹
>
> Não existe uma pessoa humilde que não diga:
> Eu nego a Deus e a sua Mãe.

As pessoas rivalizam entre si para inventar novas e espirituosas blasfêmias. Quem sabe blasfemar do modo mais imoral é honrado como mestre.⁷⁰ De início, diz Deschamps, as pessoas blasfemavam em toda a França à maneira dos gascões e dos ingleses; depois, à maneira dos bretões; e agora, dos borguinhões. Ele compôs duas baladas consecutivas sobre as imprecações mais populares para, no fim, dar-lhes um significado devoto. A blasfêmia borguinhã, *"Je renie Dieu"* [Eu renego a Deus],⁷¹ a pior de todas, é atenuada para *"Je renie de bottes"* [Eu renego as botas]. Os borguinhões tinham fama de ser blasfemadores da pior espécie. Aliás, queixa-se Gerson, a França de um modo geral, por mais cristã que fosse, sofre mais do que outros países desse pecado repugnante, que é a causa de peste, guerras e fome.⁷² Até os monges blasfemam, ainda que de forma atenuada.⁷³ Gerson propõe que todas as autoridades e todas as corporações ajudem a extirpar o mal mediante regulamentos rígidos e penas leves, que possam realmente ser aplicadas. E, de fato, em 1397 surgiu uma regulamentação régia que renovava os velhos decretos de 1269 e 1347 contra a blasfêmia; contudo, não com penas brandas e exequíveis, mas com as antigas ameaças de fissurar os lábios e cortar fora a língua, expressão do horror sagrado à blasfêmia. No registro que contém a regulamentação, há uma anotação na margem: "Todas essas blasfêmias na data de hoje, 1411, estão amplamente em uso em todo o reino, sem nenhuma punição".[74] No Concílio de Constança, Pierre d'Ailly volta a insistir para que se combata energicamente esse mal.[75]

Gerson conhece os dois extremos entre os quais oscila o pecado de blasfemar. Em sua experiência como padre confessor, ele conheceu jovens que, inocentes, simples e castos, viam-se atormentados por uma forte tentação de negar Deus e blasfemar. Ele os aconselha a não se entregarem por completo à contemplação de Deus e de seus santos, pois ainda não são suficientemente fortes para isso.[76] Ele também conhece aqueles que blasfemam por costume, como os borguinhões, cujo ato, por mais execrável que seja, não pode ser considerado perjúrio, uma vez que não há nenhuma intenção de jurar.[77]

Não é possível determinar o momento em que o costume de tratar as coisas da fé de modo leviano se converte em irreligiosidade consciente. Sem sombra de dúvida, no final da Idade Média existe uma forte tendência para ridicularizar a devoção e os devotos. As pessoas gostam de ser consideradas *esprit fort* e de falar contra a fé como se fosse piada.[78] Os escritores populares são frívolos e indiferentes, como na história das *Cent nouvelles nouvelles*, em que o pastor enterra seu cão em solo sagrado e diz a ele: "Meu bom cão, a quem Deus perdoa" [*Mon bon chien, à qui Dieu pardoint*]. E o cão vai então "diretamente para o paraíso dos cães" [*tout droit au paradis des chiens*].[79] Há uma enorme aversão à devoção hipócrita ou frívola: a palavra *papelard* [hipócrita] está sempre na ponta da língua. O provérbio muito empregado "*De jeune angelot vieux diable*" [jovem, um anjo; velho, um diabo] — ou em belo latim escolar: "*Angelicus juvenis senibus sathanizat in annis*" — é um tormento para Gerson. Assim se corrompe a juventude, diz ele. Elogiam-se nas crianças um semblante descarado, a boca suja e palavrões, indecência no gesto e no olhar.

Então, diz ele, o que se pode esperar da velhice de um jovem que brinca de diabo?[80]

Entre os próprios clérigos e teólogos, Gerson distingue um grupo de faladores ignorantes e encrenqueiros para quem toda conversa sobre religião é um fardo e uma fábula; tudo o que ouvem sobre aparições e revelações é rejeitado em meio a gargalhadas e com grande indignação. Outros descambam para o extremo oposto, e aceitam todas as fantasias de pessoas perturbadas, seus sonhos e delírios de doentes e loucos, como revelações.[81] O povo não consegue encontrar o meio-termo entre esses dois extremos: acredita-se em tudo o que videntes e profetas preveem, mas se um religioso sério ou alguém que pertença ao clero, que muitas vezes teve revelações verdadeiras, comete um simples deslize, as pessoas leigas o insultam, chamam-no de impostor e *papelard* e, daí em diante, não querem mais dar ouvidos aos religiosos, por considerá-los hipócritas e malévolos.[82]

A maioria dos casos da tão lamentada falta de devoção diz respeito à repentina ausência de tensão religiosa numa vida espiritual saturada de conteúdo e formas religiosas. Ao longo de toda a Idade Média, existem numerosos casos de descrença espontânea,[83] que não devem ser considerados um desvio da doutrina da Igreja por razões teológicas, mas apenas como uma reação imediata. E mesmo que não signifique muito o fato de poetas ou historiadores, que presenciavam os enormes pecados de seu tempo, terem proclamado que ninguém mais acreditava no paraíso ou no inferno,[84] em mais de um caso a descrença latente tornara-se consciente e se fortalecera, a ponto de ser de conhecimento geral e confessada abertamente por eles mesmos. O capitão Bétisac diz a seus companheiros:

> *Beaux seigneurs, je ay regardé à mes besongnes et en ma conscience je tiens grandement Dieu avoir courrouchié, car jà de long temps j'ay erré contre la foy,*

> *et ne puis croire qu'il soit riens de la Trinité, ne que
> le Fils de Dieu se daignast tant abaissier que il venist
> des chieulx descendre en corps humain de femme, et
> croy et dy que, quant nous morons, que il n'est riens
> de âme... J'ay tenu celle oppinion depuis que j'eus
> congnoissance, et la tenray jusques à la fin.*[85]

Caros senhores, examinei meus assuntos e tenho em minha consciência que contrariei profundamente a Deus, pois há muito já agi contra a fé, e não consigo acreditar nem um pouco na Trindade, nem que o Filho de Deus se dignou a se rebaixar tanto que desceu do céu no corpo humano de uma mulher, e eu creio e afirmo que, quando morremos, não há nada de alma... Tive essa minha opinião desde que me tornei consciente das coisas, e hei de mantê-la até o final.

Hugues Aubriot, preboste de Paris, é um antipapista fervoroso; ele não acredita no sacramento do altar, ri dele, não comemora a Páscoa nem se confessa.[86] Jacques du Clercq narra diversos casos de nobres que manifestaram sua descrença e recusaram com plena consciência os últimos sacramentos.[87] Jean de Montreuil, reitor de Lille, escreve a um de seus amigos eruditos, mais no estilo leve de um humanista esclarecido do que de um verdadeiro devoto: "Conheceis o nosso amigo Ambrosius de Miliis, ouvistes várias vezes a opinião dele sobre religião, sobre a fé, sobre as Escrituras Sagradas e sobre todos os preceitos da Igreja, a tal ponto que, perto dele, Epicuro deveria ser chamado de católico. Pois bem, esse homem está agora completamente convertido". Mas, antes de sua conversão, ele foi tolerado no círculo dos primeiros humanistas, repletos de disposição devota.[88]

Nesses casos espontâneos de descrença, de um lado estão o paganismo literário do Renascimento e a forma culta e circunspecta do epicurismo, que já no século XIII, sob a influência de Averróis, havia florescido em círculos tão variados. De outro lado está a negação ardorosa dos pobres e ignorantes heréticos que, não importa como fossem chamados, turlupinos ou begardos, ou Irmãos do Espírito Livre, haviam ultrapassado a linha que separava o misticismo do panteísmo. Porém, esses fenômenos precisarão ser tratados mais tarde, num outro contexto. Por enquanto, ainda temos de permanecer na esfera da representação externa da fé e das formas e costumes externos.

Para a fé cotidiana das pessoas comuns, a simples presença de uma imagem visível tornava totalmente supérflua a comprovação intelectual da verdade do que era representado. Entre o que viam retratado em cor e forma diante delas — as figuras da Trindade, as chamas do inferno, os inúmeros santos — e a sua fé nisso tudo, não havia espaço para a pergunta: será verdade? Todas essas representações, *enquanto* imagens, se transformavam imediatamente em artigos de fé. Graças aos seus contornos destacados e às suas cores vivas, elas se fixavam no espírito com toda a realidade que a Igreja podia exigir da fé e até algo mais.

Entretanto, quando se apoia diretamente em uma representação pictórica, a fé mal consegue fazer distinções qualitativas entre a natureza e o grau de santidade dos seus diferentes elementos. Uma imagem é tão real e tão respeitável quanto a outra. Que se deva adorar a Deus e venerar apenas os santos, a imagem não ensina por si mesma, e a Igreja não adverte sobre isso com frequência em seus ensinamentos. Em nenhum outro lugar o pensamento religioso estava tão forte e constantemente ameaçado de ser sufocado pela exuberância da imaginação como no domínio da veneração dos santos.

A posição rígida da Igreja era simples e elevada o bastante. Considerando a ideia da sobrevivência pessoal, a veneração dos santos era natural e inquestionável. É permitido louvá-los e honrá-los *per imitationem et reductionem ad Deum*. Da mesma maneira, pode-se também venerar imagens, relíquias, lugares sagrados e coisas consagradas a Deus, na medida em que isso acabe levando à adoração do próprio Deus.[89] Também a distinção técnica entre o santo e o beato comum e o ordenamento do instituto da santidade pela canonização oficial, embora fosse uma formalização perigosa, não continha nada que contradissesse o espírito do cristianismo. A Igreja estava ciente de que a santidade e a beatitude eram equivalentes, assim como de que a canonização era, de certo modo, imperfeita. "Pode-se acreditar", diz Gerson, "que infinitamente mais santos morreram e morrem diariamente do que aqueles que são canonizados."[90] A permissão de usar imagens ia de encontro ao segundo mandamento de Deus. No entanto, a Igreja as considerava lícitas com o argumento de que essa proibição fora necessária até a encarnação, pois Deus era então apenas espírito, mas com a vinda de Cristo a lei havia sido anulada. Contudo, a Igreja queria obedecer incondicionalmente à continuação do segundo mandamento — *"Non adorabis ea neque coles"* ["Não as adorarás, nem lhes prestarás culto"]. "Nós não adoramos as imagens, mas honramos e adoramos ao representado, ou seja, a Deus, ou ao seu santo, de quem a imagem é a representação", escreve Gerson.[91] As imagens servem apenas para mostrar às pessoas simples, que não conhecem as Escrituras, no que precisam acreditar.[92] Elas são os livros dos ignorantes.[93] Um exemplo desse pensamento é a oração a Maria que Villon compôs para a sua própria mãe:

> *Femme je suis pourette et ancienne,*
> *Qui riens ne sçai; oncques lettre ne leuz;*
> *Au moustier voy dont suis paroissienne*
> *Paradis paint, où sont harpes et luz,*
> *Et ung enfer ou dampnez sont boulluz:*
> *L'ung me fait paour, l'autre joye et liesse...*[94]

12. A REPRESENTAÇÃO DO SAGRADO

Sou uma pobre e velha mulher
Que nada sabe; nunca consegui ler uma letra.
Na Igreja que frequento
Vejo o paraíso pintado com harpas e alaúdes
E um inferno onde os condenados são fervidos:
Um me causa medo, o outro, alegria e prazer.

A Igreja jamais se alarmou com o fato de que, ao abrir o livro de imagens multicoloridas, oferecia ao espírito simples tanto material para se desviar da doutrina quanto a interpretação pessoal das Sagradas Escrituras. Ela sempre julgou de maneira branda o pecado daqueles que, por ignorância e simplicidade, sucumbiram à adoração das imagens. Já é suficiente, diz Gerson, que as pessoas tenham a intenção de agir como a Igreja solicita na veneração das imagens.[95]

Não nos preocuparemos aqui em saber até que ponto a Igreja conseguiu manter a proibição de venerar ou mesmo de adorar diretamente os santos — não como intercessores, mas como fiadores de graças solicitadas. Essa é uma questão da história do dogma que deve ser deixada de lado. O que nos interessa aqui é a questão histórico-cultural sobre até que ponto ela foi bem-sucedida em manter o povo longe dessa adoração. Em outras palavras: qual realidade, qual valor representativo os santos tinham na crença popular tardo-medieval? Para essa questão, só há uma resposta possível: os santos eram figuras tão reais, tão tangíveis e tão familiares na vida religiosa cotidiana que todos os impulsos religiosos mais superficiais e sensuais se ligavam a eles. Enquanto as emoções mais profundas eram dirigidas a Cristo e a Maria, todo um tesouro da vida religiosa cotidiana, acolhedora e ingênua, se cristalizava em torno da veneração dos santos. Tudo convergia para dar aos santos populares uma realidade que os trazia constantemente para o interior da própria vida. A imaginação popular se apossou deles: sua aparência era tão familiar quanto seus atributos, e seus horrendos martírios eram tão conhecidos como os milagres surpreendentes. Eles se vestem como o próprio povo. Todo dia podia-se encontrar o sr. são Roque ou o sr. são Tiago na pessoa de um pestilento ou de um peregrino. Seria interessante pesquisar até quando as vestimentas dos santos correspondiam à moda da época — certamente durante todo o século XV. Mas em que momento a arte religiosa os retira da viva imaginação popular, cobrindo-os com uma roupagem retórica? Não se trata apenas da preferência renascentista pelas vestimentas históricas. A própria imaginação popular começa a abandoná-los, ou pelo menos não conseguem mais se impor na arte religiosa. Durante a Contrarreforma, os santos escalaram muitos degraus, exatamente como queria a Igreja, até perderem o contato com a vida do povo.

A corporeidade, que os santos já possuíam na forma de suas imagens, era intensificada ainda mais pelo fato de a Igreja sempre ter permitido e encorajado o culto de seus restos corporais. E como não podia deixar de ser, esse apego à matéria tinha uma influência materializante na fé, que às vezes levava a extremos espantosos. Quando se trata das relíquias, a fé robusta da Idade Média não teme nem desilusão nem profanação. Os habitantes das montanhas da Úmbria, por volta do ano 1000, quiseram matar a pancadas o monge são Romualdo para não perderem seus ossos. Os monges de Fossanuova, onde morreu Tomás de Aquino, temendo ficar sem a sua valiosa relíquia, não hesitaram em decapitar, cozinhar e preservar o cadáver do nobre mestre.[96] Antes mesmo de santa Isabel da Turíngia ter sido enterrada, uma multidão de devotos veio não só cortar ou arrancar pedaços dos panos que envolviam seu rosto, como também cortar seus cabelos e unhas, pedaços das orelhas e os mamilos.[97] Por ocasião de uma festa solene, Carlos VI distribui as costelas de seu antepassado, são Luís de França, entre Pierre d'Ailly e seus tios de Berry e da Borgonha. Aos prelados ele deu uma perna para que a repartissem, o que fazem após a refeição.[98]

Por mais viva e corpórea que fosse a imagem dos santos, eles aparecem relativamente pouco na esfera da experiência sobrenatural. Tudo o que se refere a visões, sinais, aparições e fantasmas permanece em grande parte separado do imaginário da veneração aos santos. Mas há exceções, claro. O exemplo mais bem documentado da visão de santos diz respeito à aparição do arcanjo Miguel, de santa Catarina e de santa Margarida, para aconselhar Joana d'Arc. É bem provável, contudo, que no espírito de Joana a interpretação daquilo pelo que ela passou só tenha se formado gradualmente, talvez mesmo apenas por ocasião dos interrogatórios durante o seu processo. De início, ela fala somente de seu Conseil, sem dar a ele um nome; só mais tarde ela se refere a figuras específicas de santos.[99] Em geral, onde os próprios santos se apresentam, trata-se de visões interpretadas ou elaboradas de maneira literária. Quando os catorze santos auxiliares aparecem para um jovem pastor em Frankenthal, perto de Bamberg, em 1446, ele não os vê com seus respectivos atributos, embora fossem figuras muito distintas na iconografia, mas apenas como catorze querubins completamente idênticos, que lhe *dizem* ser os catorze santos auxiliares. A fantasmagoria da crença popular espontânea é recheada de anjos e diabos, de espíritos de pessoas mortas e damas brancas, mas não de santos. Só excepcionalmente o santo desempenha um papel na superstição genuína, isto é, independente de toda influência literária ou teológica. São Bertoldo o faz em Gent. Quando algo ruim está para acontecer, ele bate no seu caixão na abadia de são Pedro "repetidamente e bem forte" [*moult dru et moult fort*]. Às vezes a batida vem acompanhada de um leve terremoto, assustando a cidade de tal forma que grandes procissões são organizadas na tentativa de deter o mal desconhecido.[100] Contudo, em geral, o medo paralisante se associa a figuras retratadas apenas de maneira vaga que não foram esculpidas e pintadas nas igrejas com atributos fixos, características familiares e vestes coloridas, mas que aparecem perambulando como vultos assustadores, envoltos numa mortalha nebulosa, ou se apresentam num mero brilho celestial, ou vêm à tona em terríveis formas ilusórias, pálidas e monstruosas, saídas dos cantos escondidos da mente.

Isso não deveria nos surpreender. E justamente pelo fato de ter assumido uma forma tão definida, atraindo e cristalizando em torno de si tanto material para a imaginação, faltava ao santo o mistério terrificante. O temor diante do sobrenatural está no caráter indefinido da representação, na expectativa de que algo subitamente poderia se manifestar em um horror novo, nunca antes visto. Tão logo a representação é delineada e determinada, surge um sentimento de segurança e familiaridade. Os santos com as suas figuras bem conhecidas tinham o mesmo efeito reconfortante de se ver um policial numa cidade grande e desconhecida. A veneração dos santos e sobretudo as suas imagens criavam, por assim dizer, uma zona neutra de fé calma e acolhedora entre, de um lado, o êxtase da contemplação de Deus e os doces arrepios do amor de Cristo e, de outro, os horríveis fantasmas criados pelo medo do demônio e da bruxaria. Poderíamos ousar afirmar que a veneração dos santos, ao direcionar as excessivas efusões e ansiedades religiosas e reduzi-las a imagens familiares, atuou como um calmante saudável no espírito exuberante da Idade Média.

Devido a essa completa expressão em imagens, o culto aos santos acontece do lado de fora da vida religiosa. Ele segue o fluxo do pensamento cotidiano e nele às vezes perde a sua dignidade. Característico nesse aspecto é o culto tardo-medieval a são José. Pode-se considerá-lo uma consequência e uma reação ao apaixonado culto de Maria. É como se o interesse desrespeitoso pelo padrasto fosse a outra face de todo o amor e toda a glorificação dedicados à virgem Mãe.

12. A REPRESENTAÇÃO DO SAGRADO

À medida que Maria ascendia cada vez mais alto, José tornava-se cada vez mais caricato. As artes plásticas já lhe haviam atribuído um tipo que se aproximava perigosamente de um aldeão rude e ridículo. É assim que ele aparece no díptico de Melchior Broederlam em Dijon. Mas os aspectos mais profanos não foram expressos nas artes plásticas. Em vez de reconhecer José como o mais privilegiado dos seres humanos, que pôde servir à Mãe de Deus e criar o seu Filho, Eustache Deschamps, que não deve absolutamente ser considerado um zombador sacrílego, prefere vê-lo como o tipo do pai de família extenuado e deplorável:

> *Vous qui servez a femme et a enfans*
> *Aiez Joseph toudis en remembrance;*
> *Femme servit toujours tristes, dolans,*
> *Et Jhesu Crist garda en son enfance;*
> *A piè trotoit, son fardel sur sa lance;*
> *En plusieurs lieux est figuré ainsi,*
> *Lez un mulet, pour leur faire plaisance,*
> *Et si n'ot oncq feste en ce monde ci.*[101]

> Vós que servis à mulher e aos filhos,
> Recordai sempre de José;
> Ele serviu a uma mulher, sempre triste e dolente,
> E cuidou de Jesus Cristo em sua infância;
> Seguia a pé, seu fardo atado à sua lança;
> Em vários lugares está representado assim,
> Junto a uma mula, para lhes satisfazer,
> E então não teve jamais distração neste mundo.

Se fosse unicamente para consolar pais de família zelosos com um exemplo nobre, até seria aceitável, mesmo que faltasse dignidade à representação. Mas Deschamps usa José como um exemplo desencorajador para aqueles que desejam se encarregar de uma família:

Qu'ot Joseph de povreté
De durté,
De maleurté,
Quant Dieux nasqui!
Maintefois l'a comporté
Et monté
Par bonté
Avec sa mère autressi,
Sur sa mule les ravi:
Je le vi
Paint ainsi;
En Egipte en est alé.
Le bonhomme est painturé
Tout lassé,
Et troussé,
D'une cote et d'un barry:
Un baston au coul posé,
Vieil, usé
Et rusé.
Feste n'a en ce monde cy,
Mis de lui
Va le cri:
C'est Joseph le rassoté.[102]

O que José tinha de pobreza,
De dureza,
De infelicidade,
Quando Deus nasceu!
Ele o carregou várias vezes,
E montado
Por bondade
Junto com a sua Mãe,
Ele os levou sobre a sua mula:
Eu o vi
Assim pintado.
Ao Egito ele se foi.

> O bom homem está pintado
> Todo cansado
> E vestido
> Numa túnica e andrajos,
> Um cajado sobre o ombro,
> Velho, gasto
> E quebrado.
> Ele não tem distração neste mundo,
> Mas dele
> se diz:
> Este é o tolo José.

Aqui podemos ver como de uma imagem familiar se desenvolveu uma concepção também muito familiar que profanava todo o sentido de santidade. José permaneceu uma figura semicômica na imaginação popular. O dr. Johannes Eck ainda precisou insistir para que ele ou fosse excluído do auto de Natal ou pelo menos que o representassem de forma mais decente, e não só como aquele que prepara o mingau, *ne ecclesia Dei irrideatur* [de forma que a igreja de Deus não fosse ridicularizada].[103] É contra esses excessos indignos que se dirigia o movimento de Gerson em favor de uma veneração adequada a José, o que o levou a ser incorporado à liturgia com primazia sobre todos os outros santos.[104] Porém, como vimos anteriormente, a seriedade do anseio de Gerson não o mantém livre da *curiositas* indiscreta, que parecia estar quase inevitavelmente ligada ao tema do casamento de José. Mesmo em um espírito sensato (e Gerson, apesar de sua predileção pelo misticismo, em muitos aspectos era um espírito sensato), a reflexão sobre o casamento de Maria sempre acabava se misturando com considerações de conteúdo bastante mundano. O cavaleiro De la Tour Landry, também ele um sujeito de fé sensata e bem-intencionada, analisa o caso sob este ângulo:

> *Dieux voulst que elle espousast le saint homme Joseph qui estoit vieulx et preudomme; car Dieu voulst naistre soubz umbre de mariage pour obéir à la loy qui lors couroit, pour eschever les paroles du monde.*[105]

Deus quis que ela se casasse com o santo homem José, que era velho e correto; pois Deus quis nascer sob a sombra do casamento, para obedecer à lei vigente, *para evitar o falatório do mundo.*

Uma obra não publicada do século XV retrata o casamento místico da alma com o noivo divino nos termos de um relacionamento burguês. Jesus, o noivo, diz a Deus Pai: "Se lhe agradar, eu me casarei e terei um monte de filhos e de família" [*S'il te plaist, je me mariray et auray grant foueson d'enfans et de famille*]. O Pai faz objeções, pois a escolha do Filho foi uma negra etíope. Aqui, a passagem do Cântico dos Cânticos se faz ouvir: "Sou negra mas sou formosa" [*Nigra sum sed formosa*]. Seria uma *mésalliance* [casamento inadequado] e uma desonra para a família. O anjo, que faz as vezes do intermediário, fala em prol da noiva: "Apesar de essa moça ser negra, mesmo assim ela é graciosa e tem corpo e membros bem formados, e é capaz de carregar um monte de filhos" [*Combien que ceste fille soit noire, neanmoins elle est gracieuse, et a belle composicion de corps et de membres, et est bien habile pour porter fouezon d'enfans*]. O Pai responde: "Meu querido filho me disse que ela era negra e morena. Certamente quero que sua esposa seja jovem, bem-comportada, terna, graciosa e bonita, e que tenha belos membros" [*Mon cher fils m'a dit qu'elle est noire et brunete. Certes je vueil que son espouse soit jeune, courtoise, jolye, gracieuse et belle et qu'elle ait beaux membres*]. E então o anjo elogia sua face e todos os membros de seu corpo, que são as virtudes da alma. O Pai dá-se por vencido e diz ao Filho:

12. A REPRESENTAÇÃO DO SAGRADO

Prens la, car elle est plaisant
Pour bien amer son doulx amant;
Or prens de nos biens largement,
Et luy en donne habondamment.[106]

Aceite-a, pois ela é agradável
Para bem amar o seu doce amado;
Agora sirva-se generosamente de nossos bens,
E os dê a ela em abundância.

Não se deve duvidar nem por um instante da seriedade e da intenção edificante dessa obra. Trata-se apenas de um exemplo de como a imaginação desenfreada podia levar à trivialidade.

Cada santo tinha um caráter individual, graças à sua imagem bem definida e expressiva,[107] ao contrário dos anjos, que, com exceção dos três grandes arcanjos, nunca foram retratados em figuras específicas. A individualidade de cada santo era reforçada pela função especial que cabia a cada um deles: recorria-se a este para uma determinada urgência, recorria-se àquele para a cura de uma certa doença. Normalmente, um detalhe da lenda do santo ou um atributo de sua imagem dava origem a essa especialização, como, por exemplo, no caso de santa Apolônia, que era invocada contra a dor de dente, pois teve os próprios dentes arrancados durante o seu martírio. Uma vez que a tarefa benevolente dos santos havia se tornado tão particularizada, era impossível evitar o aparecimento de um elemento semimecânico em sua veneração. Se a cura da peste fazia parte da jurisdição de são Roque, era quase inevitável que a ação do santo fosse considerada de maneira muito direta, e corria-se o risco de esquecer que ele operava a cura graças à sua intercessão junto a Deus, como ensinava a doutrina cristã. Esse é precisamente o caso dos catorze santos auxiliares (que podem ser cinco, oito, dez ou quinze), cuja

veneração era bastante proeminente no final da Idade
Média. Santa Bárbara e são Cristóvão, os mais representados de todos, pertenciam a esse grupo. A esses catorze, segundo a crença popular, Deus havia concedido
o poder de salvar de perigos iminentes qualquer um que
invocasse os seus nomes.

> *Ilz sont cinq sains, en la genealogie,*
> *Et cinq sainctes, a qui Dieux octria*
> *Benignement a la fin de leur vie,*
> *Que quiconques de cuer les requerra*
> *En tous perilz, que Dieux essaucera*
> *Leurs prieres, pour quelconque mesaise.*
> *Saiges est donc qui ces cinq servira,*
> *Jorges, Denis, Christofle, Gille et Blaise.*[108]

Na genealogia, há cinco santos
E cinco santas a quem Deus,
Cheio de bondade, concedeu, no final de suas vidas,
Que todo aquele que os invoque de coração
Em todos os perigos, Deus há de ouvir
Suas preces, seja qual for o infortúnio.
Sábio então aquele que a esses cinco há de servir:
Jorge, Dionísio, Cristóvão, Egídio e Brás.

Na consciência popular, a delegação da onipotência
divina e o efeito instantâneo da prece contribuíam para
que se perdesse de vista a função meramente intercessora dos santos: os santos auxiliares haviam se tornado
os procuradores da divindade. Vários missais do fim da
Idade Média, que contêm o ofício aos catorze santos auxiliares, expressam claramente o caráter obrigatório de
sua intercessão: "Deus que elegeste santo o teu Jorge etc.
com privilégios especiais acima de todos os outros, de
forma que todos que em sua necessidade implorarem por
sua ajuda, segundo a promessa de sua graça, obterão o

resultado curador de sua reza" [*Deus qui electos sanctos tuos Georgium etc. etc. specialibus privilegiis prae cunctis aliis decorasti, ut omnes, qui in necessitatibus suis eorum implorant auxilium, secundum promissionem tuae gratiae petitionis suae salutarem consequantur effectum*].[109] Por isso, depois do Concílio de Trento, a Igreja proibiu a missa dos catorze santos auxiliares, tendo em vista o risco de a fé se vincular a eles como a um talismã.[110] E, de fato, já havia uma superstição segundo a qual era suficiente ver a imagem ou a estátua de são Cristóvão para estar a salvo pelo resto do dia de uma morte acidental.[111]

Quanto à razão pela qual esses catorze se transformaram em uma companhia da salvação, é preciso notar que, em suas representações, todos possuíam atributos sensacionais que estimulavam a imaginação. Santo Acácio tinha uma coroa de espinhos; Egídio era acompanhado por uma corça; são Jorge por um dragão; Brás se encontrava em um covil com animais selvagens; são Cristóvão tinha o tamanho de um gigante; são Ciríaco trazia o diabo numa corrente; Dionísio carregava a própria cabeça embaixo do braço; Erasmo martirizado pelo molinete que lhe extirpa os intestinos; Eustáquio com o cervo que carrega a cruz entre os chifres; Pantaleão como um médico, junto ao seu leão; Vito em um caldeirão; santa Bárbara com a sua torre; Catarina com a roda e a espada; santa Margarida com um dragão.[112] Não é improvável que a especial atenção concedida a esses catorze se deve ao caráter impressionante de suas imagens.

Muitos nomes de santos ficaram vinculados a certas doenças: santo Antônio era associado a várias doenças de pele; são Mauro, à gota; são Sebastião, são Roque, santo Egídio, são Cristóvão, são Valentino e santo Adriano, à peste. Eis aqui mais um perigo para a degeneração da fé popular: a doença era chamada pelo nome do santo, como o "fogo de santo Antônio", o "mal de

Saint-Maur" e mais uma série deles. O santo, portanto, era o primeiro a vir à mente dos que pensavam na doença. Esses pensamentos estavam carregados de emoções intensas, como medo e horror, sobretudo onde grassava a peste. Os santos relacionados à peste eram intensamente cultuados no século XV: nos ofícios das igrejas, nas procissões e nas irmandades, como se fossem um seguro de saúde espiritual. A forte convicção da ira de Deus, reforçada a cada epidemia, podia se deslocar facilmente para o santo que representava a causa. A doença não foi causada pela justiça insondável de Deus, mas pela ira do santo que a enviou e que deve ser aplacada. Se ele cura a enfermidade, por que também não poderia causá-la? Com isso, houve um deslocamento pagão da fé, que saía da esfera ético-religiosa para a mágica. A Igreja poderia ser responsabilizada por isso apenas na medida em que não levou suficientemente em consideração o fato de que seus ensinamentos puros se tornavam confusos nas mentes ignorantes.

Os testemunhos da presença dessa noção entre o povo são numerosos o bastante para excluir qualquer dúvida de que, no círculo dos ignorantes, por vezes se considerava que os santos fossem de fato os causadores das doenças. "*Que Saint-Antoine me arde*" [Que santo Antônio me queime] é uma imprecação comum; "*Saint-Antoine arde le tripot! Saint-Antoine arde la monture!*" [Que santo Antônio queime o bordel! Que santo Antônio queime a cavalgadura!][113] são maldições em que o santo atua como um demônio do fogo maligno.

> *Saint-Anthoine me vent trop chier*
> *Son mal, le feu ou corps me boute.*

> Santo Antônio me vende seu mal caro demais
> Ele atiça o fogo em meu corpo.

Desse modo, Deschamps faz falar o mendigo atormentado por uma doença de pele. E àquele que sofre de gota, acrescenta: "Se não podes andar, tanto melhor, assim economizas o pedágio".

Saint-Mor ne te fera fremir.[114]

São Mauro haverá de fazer com que não tremas.

Robert Gaguin, que não pode ser considerado um opositor do culto aos santos, em seu poema de escárnio "A astúcia versátil do mendigo saudável na França" [*De validorum per Franciam mendicantium varia astucia*], descreve os mendigos desta forma: "Este vai ao chão enquanto cospe catarro fedorento e atribui o seu mal a são João. Outros são afligidos por são Fiacre, o eremita, com pústulas. E vós, ó Damião, impedis a micção. Santo Antônio queima suas articulações com fogo deplorável, e são Pio torna-os aleijados e paralíticos".[115]

Erasmo ironiza essa mesma crença popular quando faz com que Theotimus responda à pergunta de Phielcous sobre se os santos são piores no céu do que na terra: "Sim, os santos que reinam no céu não querem ser insultados. Quem, ainda em vida, era mais meigo do que Cornélio, mais terno do que Antônio, mais paciente do que João Batista? Mas agora, que doenças mais terríveis eles enviam quando não são venerados como o devem ser!".[116] Rabelais afirma que os próprios pregadores populares diziam às congregações que são Sebastião era o causador da peste e que santo Eutrópio (por causa da assonância com *ydropique*) era o causador da hidropisia.[117] Henri Estienne também menciona essas mesmas crenças.[118]

O conteúdo afetivo e intelectual da veneração dos santos se fixara de tal modo nas cores e formas das imagens que a visão estética imediata continuamente ameaçava abolir o pensamento religioso. Entre a contemplação do brilho do ouro, a reprodução fiel e meticulosa dos trajes, o olhar pio que emanava dos olhos e a viva representação dos santos na consciência, mal sobrava espaço para refletir sobre o que a Igreja permitia e o que ela proibia de oferecer como tributo e devoção a esses seres gloriosos magníficos. Os santos viviam como deuses no espírito do povo. Não surpreende, portanto, que os círculos rigidamente ortodoxos dos devotos de Windesheim tenham enxergado na veneração dos santos um perigo para a devoção popular. Mas é surpreendente, no entanto, quando este pensamento aparece de repente num espírito como o de Eustache Deschamps, o poeta banal e superficial da corte que, justamente por sua mediocridade, é um excelente espelho da vida espiritual comum de seu tempo:

> *Ne faictes pas les dieux d'argent,*
> *D'or, de fust, de pierre ou d'arain,*
> *Qui font ydolatrer la gent...*
> *Car l'ouvrage est forme plaisant;*
> *Leur painture dont je me plain,*
> *La beauté de l'or reluisant,*
> *Font croire à maint peuple incertain*
> *Que ce soient dieu pour certain,*
> *Et servent par pensées foles*
> *Telz ymages qui font caroles*
> *Es moustiers où trop en mettons;*
> *C'est tresmal fait: a brief paroles,*
> *Telz simulacres n'aourans.*
> [...]
> *Prince, un Dieu croions seulement*
> *Et aourons parfaictement*
> *Aux champs, partout, car c'est raisons,*
> *Non pas faulz dieux, fer n'ayment,*
> *Pierres qui n'ont entendement:*
> *Telz simulacres n'aourons.*[119]

12. A REPRESENTAÇÃO DO SAGRADO

> Não façam deuses de prata,
> De ouro, de madeira, de pedra ou de bronze
> Que levem o povo à idolatria...
> Pois a obra é uma forma agradável;
> Sua pintura, da qual me queixo,
> A beleza do ouro reluzente
> Faz muita gente ignorante do povo crer
> Que esses sejam deuses realmente,
> E com pensamentos tolos eles servem
> Tais imagens que estão ao redor
> Nas igrejas, onde são colocadas em demasia.
> Isso é malfeito: em poucas palavras,
> Não adoremos tais simulacros.
> [...]
> Príncipe, creiamos em um só Deus.
> A ele adoremos plenamente,
> No campo, em todo lugar, pois isso é razoável.
> Nada de deuses falsos, nem de ferro nem de calamita,
> Nem pedras sem consciência:
> Não adoremos tais simulacros.

Não se poderia considerar como uma reação inconsciente contra o culto dos santos o fato de defender-se tão ardorosamente a veneração do anjo da guarda no final da Idade Média? No culto aos santos, a fé viva havia se cristalizado demais. As pessoas necessitavam de uma compreensão mais fluida do sentimento de veneração e da noção de proteção. Tudo isso podia se ligar à figura do anjo, raramente retratada, e assim retornar ao imediatismo do sobrenatural. E mais uma vez é Gerson, o paladino zeloso da pureza da fé, quem repetidamente recomenda a veneração do anjo da guarda.[120] Mas também aqui há a ameaça de que a tendência à elaboração dos detalhes pudesse prejudicar o conteúdo devoto da veneração. A *studiositas theologorum* [ânsia de saber dos teólogos], diz Gerson, faz todo tipo de pergunta a respeito dos anjos: se eles algum dia vão nos deixar, se sabem de antemão se seremos salvos ou condenados, se Cristo e Maria tinham um anjo da guarda, e se o Anticristo terá um. Se o nosso bom anjo pode falar com a nossa alma sem as imagens de fantasmas, ou se eles incentivam o bem assim como os diabos encorajam o mal. Se eles podem ler nossos pensamentos. Quantos são. Essa *studiositas*, conclui Gerson, pertence aos teólogos, mas qualquer *curiositas* deve ficar bem longe de todos aqueles que devem se dedicar mais à devoção do que a especulações sutis.[121]

A Reforma, um século mais tarde, encontrou o culto aos santos quase indefeso. Por outro lado, não lançou nenhum ataque contra a crença em bruxas e no diabo, e nem quis fazê-lo, pois ela própria ainda estava dominada por essa crença. A razão dessa falta de resistência não estaria no fato de que os santos, em grande parte, haviam se transformado em *caput mortuum*? Ou de que quase tudo o que se referia à esfera espiritual da veneração ter se expressado tão plenamente na imagem, na lenda e na oração, a ponto de não existir mais um lugar para o temor reverente? O culto aos santos perdera suas raízes no inimaginável, no indizível — raízes nas quais o pensamento demonológico ainda estava firmemente preso.[122] E quando a Contrarreforma volta a cultivar uma veneração mais pura aos santos, ela precisa primeiro podar o espírito com a tesoura de uma severa disciplina, para aparar todas as exuberantes proliferações da imaginação popular.

13. Os tipos de vida religiosa

O povo costumava viver na rotina de uma religião totalmente exteriorizada, com uma fé muito firme que provocava medos e êxtases, mas não impunha aos ignorantes perguntas ou conflitos espirituais, como faria o protestantismo. A irreverência descontraída e a sensatez do dia a dia alternavam-se com as emoções mais profundas de devoção passional, que de maneira espasmódica se apossavam do povo. Esse contraste contínuo entre um estado de tensão religiosa forte e outro fraco não deve ser compreendido pela divisão do rebanho em dois grupos, os devotos e os mundanos, como se uma parte do povo vivesse sempre na mais alta religiosidade, enquanto os outros fossem devotos apenas na aparência. Nossa percepção do pietismo tardo-medieval no norte da Holanda e no sul da Alemanha poderia facilmente nos induzir ao erro. Os círculos pietistas haviam de fato se separado da vida secular na *devotio moderna* dos Irmãos da Vida Comum e da Congregação de Windesheim. Entre eles, a tensão religiosa se tornara algo normal, e, como devotos por excelência, eles contrastavam com a grande maioria. A França e os Países Baixos do Sul, por outro lado, mal conheceram esse fenômeno na forma de um movimento organizado. Ainda assim, os sentimentos que formavam a base na *devotio moderna* tiveram ali o mesmo efeito que nas terras tranquilas ao longo do Yssel. Mas no sul nunca ocorreu essa separação da vida secular; a devoção fervorosa permaneceu fazendo parte da vida religiosa corrente; ela se manifestava ocasionalmente, mais intensa e mais breve. É a diferença que até os dias de hoje distingue os povos latinos dos povos do norte: os do sul encaram as contradições de forma mais leve, sentem menos a necessidade de chegar às últimas consequências, conseguem conciliar com mais facilidade a atitude familiar e irrevente do dia a dia com o êxtase dos momentos de graça.

O menosprezo pelo clero, que como uma corrente subterrânea atravessa toda a cultura medieval ao lado da elevada reverência pela posição sacerdotal, pode ser explicado em parte pela mundanidade do alto clero e a degradação do baixo clero, e em parte pelos velhos instintos pagãos. A alma popular, apenas parcialmente cristianizada, nunca perdeu por completo a aversão pelo homem que era proibido de lutar e obrigado a ser casto. O orgulho cavaleiresco, enraizado na coragem e no amor, assim como a rude consciência popular, rechaçava o ideal eclesiástico. A degeneração dos próprios religiosos fazia o resto. E assim, durante séculos, as camadas sociais altas e baixas se deleitaram com a figura do monge indecente e do padreco gordo e glutão. Um ódio latente contra o clero sempre esteve presente. Quanto mais um pregador era veemente contra os pecados de sua própria classe, mais o povo gostava de ouvi-lo.[1] Tão logo o pregador ataca os clérigos, diz Bernardino de Siena, os ouvintes esquecem todo o resto; não existe jeito melhor de manter a atenção presa quando o auditório começa a ficar sonolento ou quando sofre de calor ou de frio; na mesma hora, todos despertam e ficam animados.[2] Se a comoção religiosa intensa causada pelos pregadores viajantes nos séculos XIV e XV tem origem no ressurgimento das ordens mendicantes, são justamente os mendicantes que acabam se transformando, por sua corrupção, em objeto habitual de escárnio e desprezo. O sacerdote indigno da literatura popular, que como um pobre assalariado recebe três *grootens* para ler a missa, ou como confessor é pago *pour absoudre du tout* [para absolver a todos], costuma ser um monge mendicante.[3] Molinet, que é em geral muito devoto, expressa a pilhéria usual contra as ordens mendicantes num voto de Ano-Novo:

> *Prions Dieu que les Jacobins*
> *Puissent manger les Augustins,*
> *Et les Carmes soient pendus*
> *Des cardes des Frères Menus.*[4]

> Roguemos a Deus para que os jacobinos
> Devorem os agostinianos,
> E que os carmelitas sejam enforcados
> Com os cordões dos franciscanos.

O conceito dogmático de pobreza encarnado nas ordens mendicantes já não satisfazia mais o espírito. Em oposição à ideia espiritual de pobreza simbólica e formal, começou-se a perceber a verdadeira miséria social. Essa nova visão tem início na Inglaterra, por volta do final do século XIV, onde, mais cedo do que nos outros países, os olhos se abriram para a apreciação dos aspectos econômicos da vida. O autor do poema estranhamente sonhador e nebuloso *The Vision of William Concerning Piers the Plowman* foi o primeiro a ver as multidões servis e trabalhadoras, e também o primeiro que, cheio de ódio contra os monges mendicantes, contra os ociosos, os esbanjadores e os falsos aleijados — os *validi mendicantes*, a praga da Idade Média —, louvou a santidade do trabalho. Mas mesmo nos círculos da alta teologia, algumas pessoas como Pierre d'Ailly não hesitam em contrastar os *vere pauperes*, os verdadeiros pobres, com as ordens mendicantes. Sem dúvida, a abordagem mais séria da fé adotada pela *devotio moderna* de certa forma contrapunha os seus seguidores às ordens mendicantes.

Tudo o que sabemos sobre a vida religiosa cotidiana da época mostra uma contínua alternância entre extremos quase diametralmente opostos. A difamação e o ódio contra padres e monges são apenas o lado oposto de um apego e de uma veneração geral e profunda. Da mesma forma, a compreensão ingênua e superficial das obrigações religiosas dá lugar ao excesso de devoção. Em 1437, depois da volta do rei francês para a sua capital, houve uma cerimônia fúnebre muito solene pela alma do conde de Armagnac, a vítima, cujo assassinato marcara o início da turbulência dos últimos anos. O povo se aglomera, mas fica muito decepcionado por não haver distribuição de dinheiro. Pois umas boas 4 mil pessoas, diz o Burguês de Paris de modo descontraído, não teriam ido até lá se não achassem que haveria a distribuição de alguma coisa. "E eles amaldiçoaram aquele por quem antes tinham rezado" [*Et le maudirent qui avant prierent pour lui*].[5] No entanto, esses são os mesmos parisienses que derramavam rios de lágrimas nas inúmeras procissões e se encolhiam diante das palavras de um pregador ambulante. Em Rotterdam, Ghillebert de Lannoy viu um padre apaziguar uma rebelião ao erguer o Corpus Domini.[6]

As grandes contradições e as fortes alternâncias de tensão se manifestam tanto na vida religiosa do indivíduo culto como na das massas ignorantes. A iluminação religiosa chega sempre de um só golpe, sempre como uma pálida repetição da experiência de são Francisco, quando ouviu as palavras do Evangelho como se fossem ordens diretas. Um cavaleiro ouve a leitura da fórmula batismal provavelmente pela vigésima vez, e logo se dá conta de toda a santidade e a milagrosa eficácia daquelas palavras. Então, dali em diante, ele se propõe a afastar o diabo apenas com a lembrança do próprio batismo, sem fazer o sinal da cruz.[7] Le Jouvencel assistirá a um duelo em que os adversários estão prontos para jurar pela hóstia a justiça de suas causas. De repente, o cavaleiro compreende a absoluta obrigatoriedade de que um dos dois juramentos devesse ser falso, que um dos dois haverá de ser amaldiçoado, e diz: não jurem, apenas lutem pela aposta de quinhentos escudos, sem fazer um juramento.[8]

A devoção das camadas mais altas, com o seu pesado fardo de pompa excessiva e prazeres desenfreados justamente por essa razão, tem muitas vezes o aspecto espasmódico que também caracteriza a devoção popular. Carlos v da França tinha o hábito de abandonar a caçada no momento mais excitante para ir à missa.[9] A jovem Ana da Borgonha, esposa de Bedford, o regente inglês da França conquistada, certa vez irrita os habitantes de Paris ao espirrar lama numa procissão durante uma de suas loucas cavalgadas. Porém, em outra ocasião, ela abandona uma animada festa da corte à meia-noite para ouvir as matinas junto aos celestinos. E sua triste morte prematura foi causada por uma doença contraída nas visitas aos pobres enfermos no Hôtel Dieu.[10]

O contraste entre devoção e pecado chega a extremos enigmáticos na figura de Luís de Orléans, que era o homem mundano mais passional entre todos os grandes servos da luxúria e do prazer. Ele se entrega até mesmo à feitiçaria, negando-se a renunciá-la.[11] Apesar disso, esse mesmo Orléans é tão devoto que possui uma cela no dormitório comum dos celestinos, participa da vida do convento, assiste às matinas à meia-noite e às vezes a cinco ou seis missas por dia.[12] Abominável é a mistura de religiosidade e crime na vida de Gilles de Rais, que, durante os seus infanticídios em Machecoul, manda rezar uma missa em honra aos Santos Inocentes, para salvar a alma dele, e fica abismado quando seus juízes o acusam de ser um herege. Embora em outros indivíduos a devoção se associe a pecados menos sangrentos, muitos deles encarnam o tipo do mundano devoto: o bárbaro Gaston Phébus, conde de Foix, o frívolo rei René, o requintado Carlos de Orléans. O cruel e ambicioso João da Baviera vai disfarçado consultar Lidwina van Schiedam sobre o estado de sua alma.[13] Jean Coustani, o servo desleal de Filipe, o Bom, um ímpio que raramente assistia à missa e jamais dava esmolas, sob as mãos do carrasco volta-se para Deus em seu dialeto borguinhão grosseiro com uma invocação apaixonada. [14]

O próprio Filipe, o Bom, é um dos exemplos mais impressionantes desse entrelaçamento de devoção e mundanidade. O homem das festas luxuriantes e de inúmeros filhos bastardos, o político astuto e calculista, de orgulho e ira tremendos, é um devoto muito sério. Ele costuma permanecer em seu oratório por um longo tempo após a missa ter acabado. Faz jejum quatro dias por semana a pão e água e durante todas as vigílias de Nossa Senhora e dos apóstolos. Às vezes não come nada até as quatro horas da tarde. Dá muitas esmolas, sempre em segredo. Igualmente sem ninguém saber, manda rezar missas pela alma de cada um dos membros já falecidos do seu séquito, mediante um valor fixo: quatrocentas a quinhentas para um barão, trezentas para um cavaleiro, duzentas para um nobre e cem para um valete.[15] Após o ataque surpresa de Luxemburgo, ele permanece tanto tempo imerso em seus breviários depois da missa e ainda em orações especiais de agradecimento que a sua comitiva, aguardando-o a cavalo, se impacienta, pois a batalha ainda não havia terminado: o duque bem poderia deixar para outra hora a reza de todos esses pais-nossos. Avisado de que o atraso podia ser perigoso, Filipe responde apenas: "Se Deus me deu a vitória, ele há de guardá-la para mim" [*Si Dieu m'a donné victoire, il la me gardera*].[16]

Não se deve enxergar nisso tudo somente hipocrisia ou um bigotismo arrogante, e sim uma tensão entre dois polos espirituais que é quase inconcebível para o espírito moderno. Isso é possível para eles pois existe um dualismo absoluto entre o mundo pecador e o reino de Deus. No espírito medieval, todos os sentimentos mais puros e elevados foram absorvidos pela religião, enquanto os impulsos sensuais e naturais, deliberadamente rejeitados, tiveram de se rebaixar ao nível de uma mundanidade pecaminosa. Na consciência medieval coexistem, por assim dizer, duas concepções de vida: a concepção devota, ascética, que se apropria de todos os sentimentos morais, e a concepção mundana, toda ela deixada ao diabo, que se vinga terrivelmente. Se uma das duas predomina por completo, então surge o santo ou o pecador irrefreado; mas em geral elas se mantêm num equilíbrio instável, com oscilações da balança. Veem-se pessoas apaixonadas, cujos pecados em flor por vezes fazem sua devoção transbordar e explodir ainda mais violentamente.

Quando observamos um poeta medieval compor os hinos mais devotos ao lado de todo tipo de profanação e obscenidade, como o fizeram Deschamps, Antoine de la Salle e Jean Molinet, então existe menos razão ainda para atribuir essas produções a períodos hipotéticos de mundanidade e arrependimento, como fazemos quando se trata de um poeta moderno. A contradição, não importa quão incompreensível seja para nós, precisa ser aceita.

Nessa época, acontecem misturas bastante peculiares de devoção austera e de amor bizarro pelo esplendor. A necessidade de decorar e representar todos os aspectos da vida e do pensamento com formas coloridas não se restringe a sobrecarregar a fé com pinturas, ourivesaria e escultura. Às vezes essa fome por cor e resplendor penetra na ornamentação da própria vida eclesiástica. Frei Tomás reclama violentamente contra o luxo e a opulência, mas o próprio púlpito de onde ele realiza os sermões foi decorado pelo povo com as tapeçarias mais ricas que se podiam encontrar.[17] Philippe de Mézières é o tipo mais perfeito de toda essa devoção esplendorosa. Ele determinou nos mínimos detalhes tudo o que se referia aos trajes da Ordem da Paixão que queria fundar. Seu sonho se assemelha a um festival de cores. Os cavaleiros, conforme a sua posição, deverão se vestir de vermelho, verde, escarlate ou azul-celeste; o grão-mestre de branco; e igualmente brancos devem ser os trajes cerimoniais. A cruz será vermelha, e os cintos serão de couro ou de seda, com fivelas de chifre e enfeites de cobre dourado. As botas serão pretas e os capuzes, vermelhos. Também a vestimenta dos irmãos da ordem, serviçais, membros do clero e das mulheres é minuciosamente descrita.[18] Essa ordem acabou por não vingar. Durante toda a sua vida, Philippe de Mézières foi um grande visionário e idealizador das cruzadas. Mas foi em Paris, no convento dos celestinos, que encontrou o lugar que podia satisfazê-lo: por mais rígida que fosse a ordem, a igreja e o convento resplandeciam de ouro e pedras preciosas, um mausoléu de reis e rainhas.[19] Christine de Pisan considerava a igreja de uma beleza perfeita. Mézières viveu ali como irmão laico, participando da vida austera do claustro, mas ao mesmo tempo permaneceu em contato com os grandes senhores e os belos espíritos de sua época, um equivalente mundano e artístico de Gerard Groote. Ele ainda atraíra para o convento seu amigo, o príncipe Orléans, que ali encontrou momentos de arrependimento por sua vida dissoluta e também sua prematura última morada. Portanto, não é coincidência que dois amantes do esplendor, Luís de Orléans e seu tio Filipe, o Temerário, duque da Borgonha, tenham escolhido, como lugar para desenvolver o seu amor pela arte, as casas das ordens religiosas mais rígidas, onde o contraste com a vida dos monges fazia o esplendor brilhar ainda mais intensamente: Orléans, junto aos celestinos, e o borguinhão, com os cartuxos de Champmol, perto de Dijon.

Por ocasião de uma caçada na região de Angers, o velho rei René descobriu um eremita: um padre que havia abandonado sua prebenda e vivia de pão preto e frutas do campo. O rei ficou comovido com sua virtude austera e mandou construir para ele um eremitério e uma capelinha. Acrescentou para si um jardim e uma modesta casa de campo, que mandou decorar com pinturas e alegorias. Muitas vezes ele se dirigia até o "seu querido eremitério de Reculée" [*son cher ermitage de Reculée*] para conversar com seus artistas e com os sábios.[20] Trata-se de algo que pertence à Idade Média, ao Renascimento ou ao século XVIII?

Um duque da Savoia, junto com mais seis cavaleiros da Ordem de São Maurício, se torna um eremita com cinto dourado, capuz vermelho, cruz dourada e bom vinho.[21]

Apenas um passo separa essa devoção esplendorosa das expressões de humildade hiperbólica, que por sua vez também são marcadas pela ostentação. Olivier de la Marche guardava a lembrança de juventude de uma entrada solene do rei Jacques de Bourbon de Nápoles, que, sob a influência de santa Colette, renunciara ao mundo. O rei, vestido como um miserável, fez com que o carregassem dentro de uma carroça aviltante, "exatamente igual a essas carroças em que normalmente se transportam estrume e lixo" [*telle sans aultre difference que les civieres en quoy l'on porte les fiens et les ordures communement*]. Atrás dele seguia um elegante cortejo. "E ouvi contar e dizer que ele, em todas as cidades por onde passou, sempre fazia tais entradas por humildade" [*Et ouys racompter et dire que en toutes les villes où il venoit, il faisoit semblables entrées par humilité*], diz La Marche cheio de admiração.[22]

De uma humildade não tão pitoresca são as instruções, recomendadas por muitos exemplos santos, para que o funeral retratasse de modo comovente toda a insignificância do falecido. O santo Pedro Tomás, amigo íntimo e mestre espiritual de Philippe de Mézières, quando sente que a morte se aproxima, faz com que o envolvam num saco, amarrem uma corda em volta do pescoço e o deitem no chão. Com isso ele segue o exemplo de são Francisco, que de fato fez com que o deitassem no chão na hora de sua morte. "Enterrem-me", diz Pedro Tomás, "na entrada do coro, se possível, para que todo mundo tenha de pisar em meu corpo, até mesmo as cabras e os cães."[23] Mézières, o discípulo cheio de admiração pelo mestre, quer superá-lo em humildade fantástica. Uma pesada corrente deverá ser colocada em torno de seu pescoço nas últimas horas de vida. Tão logo o espírito tenha abandonado o corpo, ele será arrastado pelos pés, nu, para o coro; ali ficará até o seu enterro, com os braços abertos em cruz, amarrado com três cordas a uma tábua, que deverá tomar o lugar de um ataúde ricamente ornamentado sobre o qual talvez seria pintado o seu vaidoso e mundano brasão de armas, *"se Dieu l'eust tant hay qu'il fust mors ès cours des princes de ce monde"* [se Deus o tivesse odiado tanto que o fizesse morrer nas cortes dos soberanos deste mundo]. A tábua, coberta por duas varas* de lona ou linho preto ordinário, deve ser arrastada da mesma forma até a cova onde "a carcaça do pobre peregrino", nu em pelo, será jogada. Uma pequena lápide vai ser erigida. E ninguém deverá ser avisado da morte, exceto o bom amigo em Deus, Martim, e os executores de sua última vontade.

É quase óbvio que esse apreciador de protocolos e cerimônias, planejador detalhista, tenha feito vários testamentos. Nos documentos posteriores, não se menciona mais essa disposição de 1392, e quando morreu, em 1405, Mézières teve um enterro comum nos trajes da sua amada ordem, a dos celestinos, e dois epitáfios, provavelmente escritos por ele mesmo.[24]

Quanto ao ideal da santidade — quase se poderia falar num romantismo da santidade —, o século XV não trouxe nada ainda que anunciasse a nova época. O próprio Renascimento não modificou esse ideal. Apesar das grandes correntes que guiam a cultura por novas veredas, o ideal de vida santa permanece, antes e depois da grande crise, o que sempre foi. O santo está fora do tempo, como o místi-

---

* Uma vara: antiga unidade de medida, equivalente a 1,10 metro. (N. E.)

co. Os tipos de santos da Contrarreforma são os mesmos do final da Idade Média, que por sua vez não diferem em nenhum aspecto essencial daqueles do começo da Idade Média. Tanto numa época quanto na outra, eles são os grandes santos da palavra inflamada e da ação forjada a ferro e fogo: em uma, Inácio de Loyola, Francisco Xavier, Carlos Borromeu; em outra, Bernardino de Siena, Vicente Ferrer, João de Capistrano. Junto a eles estão os extasiados silenciosamente no amor divino, que se aproximam dos tipos santos muçulmanos e budistas, como Aloísio Gonzaga no século XVI, ou Francisco de Paula, Colette e Pedro de Luxemburgo nos séculos XIV e XV. Entre esses dois tipos encontram-se todas as figuras que partilham um pouco de cada um dos extremos, e às vezes chegam a reunir essas qualidades na sua máxima potência.

O romantismo da santidade pode ser equiparado ao romantismo cavaleiresco: ambos nascem da necessidade de ver certas representações de uma forma ideal de vida concretizada num indivíduo ou de criá-las na literatura. É notável que esse romantismo da santidade tenha sempre se deleitado, em todas as épocas, muito mais com os extremos fantasticamente excitantes da humildade e da abstinência do que com os grandes feitos para a elevação da cultura religiosa. A santidade não é alcançada por meio dos serviços religiosos e sociais — por maiores que sejam estes —, mas por meio da devoção milagrosa. Os grandes indivíduos ativos só obtêm a reputação de santidade quando suas ações estão impregnadas da aparência de uma vida sobrenatural. Isso exclui Nicolau de Cusa, mas não seu companheiro Dionísio Cartuxo.[25]

Nesse momento, é importante observar como os círculos aristocráticos de refinada cultura de pompa, que continuaram a venerar e cultivar o ideal cavaleiresco para além dos limites da Idade Média, se posicionaram diante do ideal de vida santa. Embora os seus contatos não sejam naturalmente muito numerosos, eles existem. Os círculos da realeza conseguiram vez ou outra produzir um santo. Um deles é Carlos de Blois, tio do nosso conhecido João de Blois de Gouda e Schoonhoven. Por parte de mãe, ele descendia da casa de Valois, e pelo casamento com a herdeira da Bretanha, Jeanne de Penthièvre, se viu envolvido em uma disputa sucessória que preencheu a maior parte de sua vida. Como condição para o casamento, ele teria de adotar as armas e o grito de guerra do ducado. Ele se depara com um outro pretendente, Jean de Montfort, e a disputa pela Bretanha coincide com o começo da Guerra dos Cem Anos. A defesa dos direitos de Montfort foi uma das complicações que levaram Eduardo III para a França. O conde de Blois aceita a disputa cavaleirescamente, e luta como os melhores líderes de sua época. Aprisionado em 1347, um pouco antes do cerco a Calais, foi mantido na Inglaterra até 1356. Só em 1362 ele pôde retomar a disputa pelo ducado, para encontrar a morte perto de Aurai, em 1364, lutando bravamente ao lado de Bertrand du Guesclin e Beaumanoir.

Esse herói de guerra, cuja trajetória de vida parece não diferir em nada daquelas de tantos pretendentes reais e líderes dessa época, desde a juventude levara uma vida de austeridade. Quando garoto, o pai o manteve longe dos livros edificantes, que não pareciam adequados a alguém com o seu futuro. Mais tarde, dormirá no chão, sobre palha, ao lado do leito da esposa. Um cilício foi encontrado sob sua armadura no momento de sua morte na batalha. Ele se confessa toda noite antes de deitar-se, dizendo que nenhum cristão deveria adormecer em pecado. Durante o período de cativeiro em Londres, costumava entrar nos cemitérios para, de joelhos, recitar o *De profundis*. O escudeiro bretão, a quem pede que recite as respostas, recusa-se, dizendo: "Não, aí jazem aqueles que mataram os meus pais e amigos e queimaram as suas casas".

Após a sua libertação, ele pretendia atravessar descalço as terras cobertas de neve de La Roche-Derrien, onde fora aprisionado, até Tréguier, local do santuário de santo Ivo, o venerado padroeiro da Bretanha, cuja biografia ele havia escrito no cativeiro. O povo fica sabendo disso e cobre seu caminho com palha e mantas, mas o conde de Blois escolhe um outro trajeto e machuca tanto os pés que acaba impossibilitado de andar por quinze semanas.[26] Imediatamente após a sua morte, seus parentes da realeza, entre eles o genro Luís de Anjou, tentam canonizá-lo. Em Angers, em 1371, corre o processo que leva à sua beatificação.

Esse mesmo Carlos de Blois — se é que se pode confiar em Froissart — teria tido um filho bastardo. "Ali foi morto em bom estilo o supracitado Carlos de Blois, com o rosto voltado para os seus inimigos, e um filho bastardo dele, chamado João de Blois, e diversos outros cavaleiros e escudeiros da Bretanha" [*Là fu occis en bon couvenant li dis messires Charles de Blois, le viaire sus ses ennemis, et uns siens filz bastars qui s'appeloit messires Jehans de Blois, et pluiseur aultre chevalier et escuier de Bretagne*].[27] Isso é estranho, considerando que Carlos de Blois não era um convertido, mas um entusiasta da penitência desde a juventude. Devemos supor que Froissart se enganou? Ou será que o século XIV admitia contradições que hoje nos parecem inaceitáveis?

Semelhante questão não pode ser levantada em relação a Pedro de Luxemburgo, outro santo da alta nobreza da época. Esse descendente do ducado de Luxemburgo, que no século XIV ocupava um lugar muito respeitável tanto no Império Germânico como nas cortes da França e da Borgonha, é um exemplo impressionante do que William James chama de "*the under-witted saint*" [o santo tolo]:[28] um espírito restrito, que apenas consegue viver em um pequeno e fechado mundo de pensamentos devotos. Ele nasceu em 1369, portanto não muito tempo antes de seu pai Guy ser morto no conflito entre Brabante e Geldern perto de Baesweiler, em 1371. Sua história espiritual nos

leva outra vez ao convento dos celestinos em Paris, onde
o menino de oito anos de idade já está em contato com
Philippe de Mézières. Ainda criança, já lhe cobrem de
dignidades eclesiásticas: primeiro, diversos canonicatos;
depois, aos quinze anos, o bispado de Metz; em seguida,
o cardinalato. Ele morre em 1387, antes mesmo de completar dezoito anos, e de imediato todos os esforços são
feitos para a sua canonização em Avignon. As autoridades mais importantes se envolvem nessa missão: o rei da
França faz a petição, apoiado pelo capítulo da catedral
de Paris e pela universidade. No processo, que ocorreu
em 1389, os maiores senhores da França apresentam-se
como testemunhas: o irmão de Pedro, André de Luxemburgo, Luís de Bourbon, Enguerrand de Coucy. Devido
à negligência do papa de Avignon, a canonização não se
realizou (a beatificação será proclamada em 1527), mas a
veneração, que poderia justificar a petição, já tinha sido
reconhecida havia muito tempo e prosseguiu sem interferências. Em Avignon, no local em que o corpo de Pedro de
Luxemburgo foi enterrado, e onde diariamente se registravam os milagres mais surpreendentes, o rei mandou construir um convento dos celestinos, imitando o parisiense,
que naqueles dias era o santuário preferido dos círculos
cortesãos. Os duques de Orléans, de Berry e da Borgonha
vieram para colocar a primeira pedra para o rei.[29] Alguns
anos mais tarde, Pierre Salmon narra como assistiu a missas na capela do santo.[30]

A imagem que as testemunhas do processo de canonização apresentam desse príncipe asceta, morto prematuramente, tem algo de lamentável. Pedro de Luxemburgo
é um rapaz muito alto, tuberculoso, que desde criança
não conhece nada além da austeridade de uma fé rígida
e meticulosa. Ele repreende o irmãozinho quando este ri,
porque está escrito que Nosso Senhor chorou, mas não
que alguma vez tenha rido. "Delicado, cortês e bondoso", é como Froissart o chama, "virgem de corpo e um

grande ofertante de esmolas. A maior parte do dia e da noite ele passava rezando. Em toda a sua vida não houve nada além de humildade" [*Douls, courtois et debonnaire, vierge de son corps, moult large aumosnier. Le plus du jour et de la nuit il estoit en oroisons. En toute sa vye il n'y ot fors humilité*].[31] No começo, o meio aristocrático tentou demovê-lo de seus planos de renunciar ao mundo. Quando ele fala de sair pelo mundo pregando, respondem-lhe: "Você é alto demais; todo mundo o reconheceria na mesma hora. Não resistiria ao frio. Como você conseguiria pregar em prol de uma cruzada?". Por um instante, é como se conseguíssemos ver o âmago daquele pequeno espírito inflexível. "Vejo bem", diz Pedro, "que estão tentando me desviar do bom caminho para o mal: tudo bem, tudo bem, se eu trilhar esse caminho, farei tanto que todo o mundo há de falar de mim" [*Je vois bien qu'on me veut faire venir de bonne voye à la malvaise: certes, certes, si je m'y mets, je feray tant que tout le monde parlera de moy*]. "Senhor", responde o mestre Jean de Marche, seu padre confessor, "ninguém quer que você faça o mal, apenas o bem."

É claro que, quando as tendências ascéticas do rapaz se mostraram inextirpáveis, os parentes nobres passaram a sentir orgulho e admiração. Um santo, um jovem santo como aquele, saído do meio deles! Imaginemos o pobre rapaz doente, oprimido pela sua alta dignidade eclesiástica, em meio à pompa exagerada e à altiva vida cortesã de Berry e da Borgonha, ele, inapresentável, coberto de sujeira e piolhos, sempre preocupado com os seus pecadinhos insignificantes. A própria confissão tornara-se para ele um mau hábito. Todo dia ele fazia uma lista de seus pecados, e se uma viagem o impedisse de fazê-lo, esperava que esta terminasse para reparar sua omissão, passando horas a fio a arrolar pecados. À noite era possível vê-lo escrevendo, ou lendo suas listas à luz de vela. Então, ele se levantava na escuridão para se confessar com um de seus capelães. Às vezes batia em vão na porta do dormitório deles, que se faziam de surdos. Assim que alguém lhe dava ouvidos, ele lia os pecados das listas. Essas confissões passaram de duas ou três vezes por semana para duas vezes ao dia em seus últimos dias, quando o padre confessor não podia sair de seu lado. E quando ele finalmente morreu de tuberculose, depois de ter pedido que fosse enterrado como um indigente, encontrou-se uma caixa cheia de listinhas, nas quais os pecados de sua pequena vida foram registrados, dia após dia.[32]

O desejo de possuir um santo entre os antepassados mais próximos da família real fez com que, em 1518, Luísa de Savoia, mãe de Francisco I, persuadisse o bispo de Angoulême a conduzir uma pesquisa com vistas à beatificação de João de Angoulême. João de Orléans, ou de Angoulême, era o irmão mais novo de Carlos, o poeta, e avô de Francisco I. Dos doze até os 45 anos de idade, ele viveu como prisioneiro na Inglaterra, e depois levou uma vida devota e reclusa em seu castelo em Cognac, até a sua morte, em 1467. Ele não só colecionou livros (como outros soberanos), mas também os leu; compilou para si um índice dos *Contos da Cantuária*, de Chaucer; compôs poemas devotos; transcreveu receitas; e parece ter sido alguém de uma devoção bastante objetiva. Dele se sabe com toda a certeza que teve um filho bastardo, pois a carta de legitimação foi preservada. Os esforços para a beatificação seguiram até o século XVII, mas sem chegar a bom termo.[33]

Há ainda um outro caso que nos permite compreender a relação entre círculos cortesãos e santidade: a estada de são Francisco de Paula na corte de Luís XI. O tipo singular de devoção do rei é tão conhecido que não se faz necessário tratá-lo aqui de forma detalhada. Luís, "que comprou a graça de Deus e da Virgem Maria por mais dinheiro do que qualquer outro rei jamais havia feito" [*qui achetoit la grace de Dieu et de la Vierge Marie à plus grans deniers que oncques ne fist roy*],[34] apresenta todas as qualidades do fetichismo mais direto e vulgar. Sua adoração de relíquias, a paixão por peregrinações e procissões, tudo parecia carecer de impulsos espirituais mais elevados e de qualquer sinal de respeitosa reverência. Ele resolve tudo com os objetos sagrados, como se fossem apenas remedinhos caseiros caros. Ele faz com que a cruz de Saint Laud de Angers seja levada para Nantes, simplesmente para que fizesse um juramento,[35] pois um juramento na cruz de Saint-Laud valia para Luís mais do que qualquer outro. Quando o condestável de Saint-Pol, chamado à presença do rei, lhe pede que jure sua segurança pela cruz de Saint-Laud, o rei responde: "Qualquer outro juramento, menos este".[36] Quando seu fim se aproxima, algo que tanto temia, as mais preciosas relíquias são enviadas para ele de todos os lugares: entre outras, o papa lhe manda o próprio *corporale* de são Pedro, e até mesmo o grão-turco oferece uma coleção de relíquias que ainda estavam em Constantinopla. Sobre a mesa, ao lado do leito de convalescente do rei, está a própria santa Ampola, trazida de Reims, de onde nunca tinha saído. Alguns diziam que o rei queria experimentar o efeito milagroso do óleo contido na ampola sagrada, ungindo com ele todo o seu corpo.[37] Esses são traços religiosos encontrados nos reis merovíngios.

Mal se distingue a paixão de Luís por colecionar animais exóticos, como renas e alces, da sua paixão por relíquias preciosas. Ele se corresponde com Lorenzo de Médici a respeito do anel de são Zenóbio, um santo florentino local, e de um *Agnus Dei*, uma planta também chamada de *agnus scythicus*, considerada uma raridade milagrosa.[38] Na vida doméstica peculiar do castelo de Plessis-les-Tours, nos últimos dias de Luís, podia-se encontrar uma mistura inusitada de intercessores devotos e músicos.

> *Oudit temps le roy fist venir grant nombre et grant quantité de joueurs de bas et doulx instrumens, qu'il fist loger à Saint-Cosme près Tours, ou illec ilz se assemblerent jusques au nombre de six vingtz, entre lesquelz y vint pluseurs bergiers du pays de Poictou. Qui souvent jouerent devant le logis du roy, mais ilz ne le veoyent pas, affin que ausdiz instrumens le roy y prensist plaisir et passetemps et pour le garder de dormir. Et d'un autre costé y fist aussy venir grant nombre de bigotz, bigottes et gens de devocion comme hermites et sainctes créatures, pour sans cesser prier à Dieu qu'il permist qu'il ne mourust point et qu'il le laissast encores vivre.*[39]

Nessa época, o rei mandou chamar um grande número de tocadores de instrumentos de corda e de sopro, os quais hospedou em Saint-Cosme, perto de Tours, onde havia um total de 120 deles, entre os quais vários pastores das terras de Poitou. Muitas vezes eles tocavam diante da residência do rei, sem vê-lo, para que os instrumentos o divertissem e ajudassem a passar o tempo, mas também para mantê-lo acordado. E, por outro lado, ele também mandou chamar muitos beatos, beatas e pessoas devotas, como eremitas e criaturas santas, para que rogassem ininterruptamente a Deus que não permitisse a morte do rei e o deixasse viver ainda.

São Francisco de Paula, o eremita da Calábria que superou a humildade dos franciscanos com a fundação da Ordem dos Mínimos, também é, literalmente, objeto da mania colecionista de Luís. Durante sua última doença, o rei demanda a presença do santo com o claro intuito de que, por meio de sua intercessão, ele prolongasse sua vida.[40] Depois que várias negociações com o rei de Nápoles não deram em nada, o rei, mediante uma manobra diplomática junto ao papa, consegue garantir a visita do homem milagroso, contra a vontade deste. Uma comitiva de nobres vai buscá-lo na Itália.[41] Mesmo depois de sua chegada, Luís ainda não se sente seguro, "porque já fora ludibriado por muitos sob o pretexto da santidade". Incitado pelo seu médico pessoal, manda espiar o homem de Deus, pondo à prova suas virtudes de todas as formas.[42] O santo passou por todos os testes com louvor. Seu ascetismo era do tipo mais bárbaro possível, reminiscente dos seus compatriotas do século x, são Nilo e são Romualdo. Ele foge quando vê mulheres. Não tocava numa moeda desde a infância. Dorme geralmente em pé ou encostado. Não corta os cabelos nem raspa a barba. Nunca come nenhum alimento de origem animal e pede que lhe deem apenas raízes.[43] Mesmo em seus últimos meses de vida, enfermo, o rei escreve pessoalmente para conseguir a comida apropriada para o seu santo excepcional:

> *Monsieur de Genas, je vous prie de m'envoyer des citrons et des oranges douces et des poires muscadelles et des pastenargues, et c'est pour le saint homme qui ne mange ny chair ny poisson; et vous me ferés ung fort grant plaisir.*[44]

> Monsenhor de Genas, peço-lhe que me envie limões e laranjas bem doces, peras moscatel e pastinacas, que são para o santo homem que não come nem carne nem peixe; e com isso o senhor me dará grande satisfação.

Ele nunca o chama de outra forma que *"le saint homme"*, de modo que mesmo Commines, que viu o santo várias vezes, parece jamais ter sabido o seu nome.[45] Mas de *saint homme* também o chamavam aqueles que faziam chacota da vinda desse curioso hóspede, ou aqueles que não confiavam na sua santidade, como o médico pessoal do rei, Jacques Coitier. Nos relatórios de Commines, nota-se um tom de sóbria reserva:

> *Il est encores vif, par quoy se pourroit bien changer ou en myeulx ou en pis, par quoy me tays, pour ce que plusieurs se mocquoient de la venue de ce hermite, qu'ilz appelloient, "sainct homme".*[46]

Ele ainda está vivo, de modo que poderia mudar para melhor ou pior, por isso me calo, pois muitos caçoam da vinda desse eremita, a quem eles chamam de "santo homem".

Mas o próprio Commines testemunha nunca ter visto alguém "de vida tão santa, nem alguém de cuja boca o Espírito Santo parecia falar tão claramente" [*de si saincte vie, ne ou il semblast myeulx que le Sainct Esperit parlast par sa bouche*]. E os teólogos eruditos de Paris, Jean Standonck e Jean Quentin, enviados para falar com o santo a respeito do pedido de fundação de um convento dos mínimos em Paris, ficam extremamente impressionados com a pessoa dele e voltam curados de suas objeções.[47]

O interesse dos duques borguinhões pelos santos de seu tempo é de uma natureza menos egoísta que a de Luís XI por são Francisco de Paula. E chama a atenção que mais de um dos grandes visionários e ascetas atue regularmente como intermediário e conselheiro em assuntos políticos. É o que acontece com santa Colette e com o beato Dionísio de Ryckel, ou o Cartuxo. Colette foi tratada com especial deferência pela casa de Borgonha; Filipe, o Bom, e sua mãe, Margarida da Baviera, conheciam-na pessoalmente e recorriam a seus conselhos. Ela serve como intermediária nas complicações surgidas entre as casas de França, Savoia e Borgonha. Carlos, o Temerário, Maria e Maximiliano e Margarida da Áustria insistem várias vezes em sua canonização.[48] Ainda mais importante é o papel que Dionísio Cartuxo desempenhou na vida pública de seu tempo. Ele também mantém contato frequente com a casa de Borgonha e atua como conselheiro de Filipe, o Bom. Junto com o cardeal Nicolau de Cusa, a quem acompanha na famosa viagem pelo Império Germânico, ele é recebido em Bruxelas pelo duque em 1451. Dionísio, constantemente oprimido pela sensação de que as coisas estavam indo mal para a Igreja e para a cristandade e de que grandes desgraças se aproximavam, pergunta em uma visão: "Senhor, os turcos virão a Roma?". Ele conclama o duque à cruzada.[49] É improvável que o *inclytus devotus ac optimus princeps et dux* [honrado devoto e o melhor soberano e duque], a quem ele dedica seu tratado sobre a vida e o governo dos príncipes, seja outro que não Filipe. Carlos, o Temerário, colaborou com Dionísio em seus esforços para a fundação da Cartuxa em Hertogenbosch, em honra a santa Sofia de Constantinopla, que o duque tomava, compreensivelmente, por uma santa, quando na verdade se tratava da Eterna Sabedoria.[50] O duque Arnold de Gelre pede conselho a Dionísio sobre o seu conflito com o filho Adolf.[51] Não apenas os soberanos, mas também muitos nobres, clérigos e burgueses vinham à sua cela em Roermond para pedir conselhos, onde ele não parava de oferecer incontáveis soluções para dificuldades, dúvidas e questões de consciência.

Dionísio Cartuxo é o tipo mais perfeito de um poderoso entusiasta religioso que a Idade Média tardia produziu. Sua vida foi surpreendentemente enérgica. Ele une os êxtases dos grandes místicos, o mais feroz ascetismo, as constantes visões e revelações de um clarividente com uma vasta atividade de escritor teológico e conselheiro espiritual prático. Ele é próximo tanto dos grandes místicos como dos práticos devotos de Windesheim; tanto de Johannes Brugman, para quem escreve o famoso manual para a vida cristã,[52] como de Nicolau de Cusa; tanto dos caçadores de bruxas[53] como dos entusiastas da purificação da Igreja. Sua energia para o trabalho deve ter sido inesgotável. Seus escritos enchem 45 volumes in-quarto. É como se toda a teologia medieval revivesse mais uma vez nele. *Qui Dionysium legit, nihil non legit* [Quem leu Dionísio, leu tudo], dizia-se entre os teólogos no século XVI. A pedido de um velho irmão leigo, Guilherme, ele escreve sobre o reconhecimento mútuo das almas no outro mundo com o mesmo afinco com que tratava as questões mais profundas de natureza filosófica. Ele promete ao irmão Guilherme que escreverá da forma mais simples possível e que poderá mandar traduzi-lo para o holandês.[54] Em uma interminável enxurrada de pensamentos expressos de forma simples, ele retoma tudo o que os seus grandes antecessores haviam pensado. É uma obra realmente tardia: resume, conclui, mas não cria nada de novo. As citações de Bernardo de Claraval ou Hugo de São Vítor brilham como pedras preciosas no tecido monocromático da prosa de Dionísio. Todas as suas obras foram escritas, revisadas, corrigidas, indexadas e ilustradas por ele mesmo, até que no fim de sua vida deliberadamente põe a pena de lado: *Ad securae taciturnitatis porturn me transferre intendo* [Quero agora me dirigir ao porto de um silêncio seguro].[55]

Ele não sabe o que é descanso. Recita diariamente quase todos os salmos: "Pelo menos a metade é necessária", declara. Durante todas as suas atividades, ao se vestir e se despir, ele reza. Depois da missa da meia-noite, quando os outros vão descansar, ele permanece acordado. Ele é forte e alto, e pode demandar qualquer coisa de seu corpo: "Tenho uma cabeça de ferro e um estômago de cobre", diz. Sem nojo, aliás por preferência, ingere alimentos apodrecidos, como manteiga com vermes, cerejas parcialmente comidas por lesmas: "Esse tipo de animal não tem veneno mortal", diz, "pode-se comê-los sem medo". Pendura arenques muito salgados até que apodreçam: "Prefiro comer comida que fede a muito salgada".[56]

Ele realiza todo trabalho mental acerca das mais profundas especulações e definições teológicas, não no contexto de uma vida estudiosa equilibrada e imperturbável, mas sob os constantes sobressaltos de um espírito suscetível a toda sensação intensa do sobrenatural. Quando garoto, ele se levantava ainda à luz da lua acreditando ser hora de ir para a escola.[57] Ele gagueja. "Tagarela", xinga-o um diabo que ele está tentando exorcizar. Ele vê o quarto da moribunda Dama de Vlodrop repleto de diabos, e estes arrancam o bastão de sua mão. Ninguém sofreu como ele a terrível opressão das "quatro últimas coisas". O violento ataque do diabo no momento da morte é um tema recorrente em seus sermões. Ele se comunica constantemente com os mortos. Um irmão pergunta-lhe se os espíritos dos mortos lhe aparecem com frequência. "Oh, centenas e centenas de vezes", ele responde. Ele reconhece o pai no purgatório e consegue a sua libertação. As aparições, revelações e visões ocupam-no sem cessar, mas só fala sobre elas a contragosto. Ele se envergonha dos êxtases que experimenta como resultado de todo tipo de motivos exteriores: especialmente através da música, e às vezes em meio a um grupo de nobres que escuta suas sábias palavras e advertências. Entre os títulos honoráveis dos grandes teólogos, o seu é o de Doctor Ecstaticus.

Não devemos pensar que uma grande figura como Dionísio Cartuxo fosse poupada da suspeita e da zombaria que cobriam o taumaturgo Luís XI. Ele também precisou lutar continuamente contra a difamação e o vilipêndio do mundo. Assim, frente às mais altas manifestações da fé medieval, o espírito do século XV se mantém em um equilíbrio instável entre o entusiasmo e a desconfiança.

14. Emoção religiosa
e imaginação religiosa

No século XII, a partir do momento em que o doce misticismo lírico de Bernardo de Claraval dera início à *fuga* da emotividade em flor pelo sofrimento de Cristo, o espírito foi cada vez mais tomado da comoção terna pela história da Paixão, e estava completamente impregnado e saturado de Cristo e da cruz. Desde a mais tenra infância, a imagem do crucificado já era plantada na alma delicada como algo tão grande e sombrio que, com sua severidade, encobria todas as outras emoções. Quando Jean Gerson ainda era criança, seu pai se pôs contra a parede com os braços estendidos e disse: "Vê, meu filho, assim teu Deus foi crucificado e morreu, aquele que te criou e libertou". Essa imagem seguiu o garoto até a velhice, crescendo ao longo dos anos, e por isso ele abençoou o pai devoto, que morreu justamente no dia da Exaltação da Cruz.[1] Colette, quando era uma criança de quatro anos de idade, ouvia todos os dias a mãe chorar e suspirar durante as orações pela Paixão, como se padecesse da difamação, dos golpes e dos tormentos de Cristo. Essa recordação fincou-se de forma tão intensa em sua alma supersensível que, em todos os dias de sua vida, sentia uma angústia forte e uma dor n'alma na hora da crucificação, e, quando lia sobre a Paixão, sofria mais do que qualquer mulher com as dores do parto.[2] Às vezes um pregador ficava em silêncio diante de seu auditório por um quarto de hora, com os braços em cruz.[3]

O espírito estava tão repleto de Cristo que, à menor semelhança de um ato ou pensamento com a vida ou com a Paixão, soava na mesma hora a melodia de Cristo. Uma pobre freira que leva lenha para a cozinha imagina estar carregando a cruz: a simples ideia de carregar madeira é suficiente para banhar a atividade no brilho luminoso do ato supremo de amor. Uma mulher cega que lava roupa considera a tina e o lavatório como a manjedoura e o estábulo.[4] Outro efeito desse excesso de conteúdo religioso é o transbordamento profano da imaginação religiosa nas homenagens principescas, como a comparação de Luís XI com Jesus, ou a do imperador, seu filho e neto com a Trindade.[5]

No século XV, essa intensa sensibilidade religiosa se manifesta duplamente. Por um lado, ela se revela nas emoções violentas que de tempos em tempos se apoderavam de todo o povo quando um pregador itinerante inflamava com suas palavras todo o combustível espiritual como um feixe de galhos secos. Essa é a expressão espasmódica, passional e violenta, mas que logo se dissipa novamente. Por outro lado, algumas pessoas conduziam essa sensibilidade pelas veredas da tranquilidade, transformando-a em uma nova forma de vida, a da interioridade. É o círculo pietista dos que, conscientes de serem inovadores, chamam a si mesmos de devotos modernos, ou seja, o povo piedoso da atualidade. Como movimento organizado, a *devotio moderna* limita-se aos Países Baixos do Norte e à região germano-holandesa, mas o espírito que lhe dava vida era também encontrado na França.

Pouco restou do poderoso efeito dos sermões como elemento duradouro na cultura espiritual. Sabemos da terrível impressão que os pregadores causavam,[6] mas não podemos sentir a emoção que deles emanava. A tradição escrita dos sermões não permite que essa emoção chegue até nós. E como poderia ser diferente? O sermão escrito não falava mais aos contemporâneos. Muitos dos que ouviram Vicente Ferrer e agora leem suas pregações, diz o seu biógrafo, asseguram que mal conseguem encontrar ali uma pálida sombra do que ecoava de sua própria boca.[7] Não é de admirar. O que aprendemos nos sermões impressos de Vicente Ferrer ou de Olivier Maillard[8] é pouco mais do que o substrato de sua eloquência, desprovida de todo o ardor oratório, e aparentemente formal em sua divisão em seções — primeira, sétima e assim por diante. Sabemos que o que impressionava o povo era sempre a descrição emocionante dos horrores do inferno, a ameaça retumbante da punição do pecado, as efusões líricas sobre a Paixão e o amor divino. Conhecemos os meios que os pregadores utilizavam: nenhum efeito era grosseiro demais, nenhuma transição do riso para o choro era abrupta demais, nenhuma elevação da voz era crassa demais.[9] Mas só podemos conceber os abalos que eles provocavam a partir dos relatos, sempre idênticos, sobre como as cidades brigavam entre si para ver qual seria o palco da próxima pregação, sobre como o magistrado e o povo iam receber os pregadores com a pompa digna de um rei, e como o pregador às vezes tinha de parar por causa do pranto ruidoso da multidão. Certa feita, enquanto Vicente Ferrer estava pregando, dois condenados à morte, um homem e uma mulher, passaram por ele a caminho da execução. Vicente pediu que o trabalho do carrasco fosse suspenso, e então escondeu as vítimas embaixo de seu púlpito enquanto pregava sobre os seus pecados. Após a pregação, nada foi achado debaixo do púlpito, salvo alguns ossos, e com isso, como não podia deixar de ser, o povo acreditou que a palavra do santo homem havia queimado os pecadores, salvando-os ao mesmo tempo.[10]

A emoção espasmódica das massas diante da palavra dos pregadores sempre evaporou sem que pudesse ficar registrada na tradição escrita. Tanto melhor conhecemos a "interioridade" dos devotos modernos. Como em todo círculo pietista, a religião ditava não só as formas de vida como também as formas de sociabilidade: a convivência espiritual acolhedora na intimidade tranquila de homens e mulheres simples, cujo vasto céu encobria um mundinho minúsculo onde não chegava o forte murmúrio do tempo. Os amigos admiravam a ignorância das coisas mundanas em Tomás de Kempis; um prior de Windesheim recebeu o apelido honorífico de João Eu-Não-Sei. Eles só podem viver num mundo simplificado; eles o purificam fechando as portas de seu círculo para todo o mal.[11] Dentro do círculo restrito, eles vivem na alegria de uma afeição sentimental mútua: o olhar de um não desgruda do outro para perceber todos os sinais da graça; visitar um ao outro é a distração deles.[12] Daí a sua predileção especial pela biografia, graças à qual temos o conhecimento preciso dessa atitude espiritual.

Na forma regulamentada que assumiu na Holanda, a *devotio moderna* criou uma convenção rigorosa para a vida devota. Conheciam-se os devotos por seus movimentos calmos e comedidos, sua postura curvada, alguns pelo sorriso largo no rosto ou pelas roupas novas remendadas de propósito.[13] E sobretudo por suas lágrimas abundantes: *Devotio est quaedam cordis teneritudo, qua quis in pias faciliter resolvitur lacrimas* [A devoção é uma certa ternura do coração, que faz alguém derreter-se facilmente em lágrimas piedosas]. Deve-se pedir a Deus pelo "batismo diário das lágrimas", pois elas são as asas da oração ou, nas palavras de são Bernardo, o vinho dos anjos. As pessoas devem se entregar à graça das louvadas lágrimas, preparar-se para recebê-las e encorajá-las o ano inteiro, mas sobretudo na Quaresma, de modo que se possa dizer junto com o salmista: *Fuerunt mihi lacrimae meae panes die ac nocte* [As minhas lágrimas têm sido o meu alimento de dia e de noite]. Às vezes elas vêm tão abundantes que rezamos soluçando e gemendo (*ita ut suspiriose ac cum rugitu oremus*); mas quando não surgem espontaneamente, não se deve tentar forçá-las além da conta; que se contentem com as lágrimas do coração. E na presença de outras pessoas devem-se evitar a todo custo os sinais de uma devoção espiritual excessiva.[14]

Vicente Ferrer, sempre que consagrava a hóstia, vertia tantas lágrimas que quase todos os presentes choravam com ele, e às vezes surgia um uivo de dor como no lamento fúnebre. As lágrimas eram-lhe tão doces que só as detinha a contragosto.[15]

Na França, falta a normatização especial da nova devoção em uma forma específica, como nas comunidades holandesas dos Irmãos da Vida Comum ou na Congregação de Windesheim. Na França, espíritos semelhantes permanecem ou completamente no mundo secular ou então entram para ordens já existentes, nas quais, naquele momento, a nova devoção promove a implementação de uma observância mais rigorosa. Mas como uma atitude geral de amplos círculos burgueses, este fenômeno não é conhecido. Talvez contribuísse para isso o fato de a devoção francesa possuir um caráter mais apaixonado, mais espasmódico do que a holandesa, atingindo rapidamente formas exageradas, mas também desaparecendo com maior facilidade. Próximo ao fim da Idade Média, visitantes do norte da Holanda vindos das terras do sul impressionam-se mais de uma vez com a devoção séria e generalizada que percebem como algo especial entre aquele povo.[16]

Os devotos holandeses, de modo geral, abandonaram o contato com o misticismo intensivo, a partir do qual, nos estágios preparatórios, florescera a sua forma de vida. Com isso, eles também haviam esconjurado em grande parte o perigo de desvios fantásticos que tendem para a heresia. A devoção moderna holandesa era obediente, ortodoxa, de uma moralidade prática e às vezes até mesmo fria. O tipo devoto francês, ao contrário, parece ter experimentado uma oscilação muito mais ampla: ele sempre resvala em fenômenos extravagantes da fé.

14. EMOÇÃO RELIGIOSA E IMAGINAÇÃO RELIGIOSA

Quando o dominicano de Groningen, Mattheus Grabow, partiu para Constança com o intuito de apresentar ao Concílio todas as reclamações das ordens mendicantes contra os novos Irmãos da Vida Comum e, se possível, conseguir a condenação deles,[17] os seguidores de Gerard Groote encontraram seu defensor no grande líder da política eclesiástica, Jean Gerson. Gerson era competente em todos os sentidos para julgar se aqui se estava lidando com uma expressão de devoção genuína e com uma forma legítima de organização, visto que a distinção entre devoção genuína e crenças exageradas é um dos temas que sempre mantiveram sua mente ocupada. Gerson era um espírito acadêmico prudente e escrupuloso, honesto, puro e bem-intencionado, com aquele cuidado um tanto ansioso pela boa forma que, num espírito refinado, saído de circunstâncias modestas para alcançar uma postura deveras aristocrática, muitas vezes denuncia suas origens. Além do mais, ele era um psicólogo e alguém com senso de estilo. Como sabemos, senso de estilo e ortodoxia estão intimamente relacionados. Não é de admirar, portanto, que as expressões da vida religiosa de seu tempo lhe despertassem desconfiança e preocupação. Mas é curioso notar como os tipos de devoção que Gerson desaprova, por serem exagerados e perigosos, nos lembram vividamente os devotos modernos que ele mesmo havia defendido. No entanto, isso é fácil de ser explicado. Faltava às suas ovelhas francesas um cercado seguro, a disciplina e a organização que manteriam os mais fervorosos dentro dos limites que a Igreja podia tolerar.

Gerson vê os perigos da devoção popular em toda parte. Ele considera errado que o misticismo seja levado às ruas.[18] O mundo, diz ele, encontra-se no último período antes do seu fim, como um velho senil, sujeito a todo tipo de fantasias, visões sonhadoras e ilusões que desviam muitos da verdade.[19] Sem um aconselhamento adequado, as pessoas se rendem a jejuns muito rígidos, vigílias longas demais, lágrimas demasiado abundantes, que turvam suas mentes. Eles não escutam nenhuma advertência para serem mais moderados. Eles que se cuidem, pois podem facilmente cair nas ilusões do diabo. Pouco antes, em Arras, ele visitou uma mãe e esposa que, contra a vontade do marido, se envolveu em um jejum absoluto que durou de dois a quatro dias, causando a admiração de muita gente. Gerson conversou com ela, colocou-a seriamente à prova e descobriu que sua abstinência não passava de petulância e teimosia frívola, já que, depois de um jejum desses, ela comia com uma voracidade insaciável. A única razão que dava para a sua penitência era a de ser indigna de comer pão. Sua aparência já indicava que estava próxima da insanidade.[20] Uma outra senhora, uma epiléptica, cujos calos latejavam toda vez que uma alma ia para o inferno, e dizia conseguir ver os pecados na testa das pessoas, e afirmava salvar três almas por dia, quando ameaçada de tortura, confessou que se comportava dessa forma porque era o seu ganha-pão.[21]

Gerson não dava muito valor às visões e revelações dos tempos mais recentes, que eram relatadas por toda parte. Ele nega até mesmo aquelas de santos famosos como Brígida da Suécia e Catarina de Siena.[22] Ele ouvia tantas coisas que já não confiava em mais nada. Muitos afirmavam que lhes fora revelado que seriam papas; um homem culto até o tinha descrito de próprio punho e corroborado com provas. Um outro, no início, se convencera de que seria papa; depois, que seria o Anticristo, ou ao menos o seu precursor, e por isso considerara tirar a própria vida, para poupar a cristandade de semelhante mal.[23] Nada é tão perigoso, diz Gerson, quanto uma devoção ignorante. Quando os pobres devotos ouvem que o espírito de Maria se exultava em Deus, então eles também tratam de exultar, imaginando uma infinidade de coisas por acontecer, ora no amor, ora no medo. Eles veem todo tipo de imagens e não conseguem distingui-las da verdade, tomando todas por milagre e como prova de sua grande devoção.[24] Mas isso era justamente o que recomendava a moderna devoção: "Assim, aquele que, nesse critério, quer se assemelhar e se conformar intimamente aos sofrimentos do Nosso Senhor, deve se esforçar para ser triste e aflito. E se estiver sob ameaça de alguma adversidade, deverá uni-la às aflições de Cristo e almejar compartilhá-la com Ele".[25]

A vida contemplativa apresenta grandes perigos, e muitas pessoas acabam ficando melancólicas ou loucas, diz Gerson.[26] Ele sabe quão facilmente um jejum contínuo pode levar à loucura ou a alucinações, e sabe também o papel que o jejuar tem nas práticas de magia.[27] Mas onde um homem com um olhar tão perspicaz para o elemento psicológico nas manifestações da fé deveria traçar a fronteira entre o que é sagrado e permitido e o que é repreensível? Ele mesmo sentia que apenas a sua ortodoxia não lhe oferecia o suficiente nesse caso. Como teólogo erudito, era fácil demais condenar as pessoas sempre que se percebia um desvio evidente do dogma. No entanto, existiam ainda todos os casos em que a apreciação ética das manifestações de devoção precisava guiar o julgamento, em que o senso de proporção e o bom gosto deveriam inspirar seu veredicto. Como diz Gerson, não há virtude que, nesses tempos miseráveis do Cisma, tenha sido mais negligenciada que a Discretio.[28]

Se para Jean Gerson o dogma já não era mais o único critério decisivo para diferenciar a devoção verdadeira da falsa, para nós os tipos de emoção religiosa já não se distinguem mais segundo as linhas de sua ortodoxia ou heresia, mas conforme a sua natureza psicológica. O povo da Idade Média não enxergava as distinções dogmáticas. A palavra do herege frei Tomás edificava tanto quanto a do santo dominicano Vicente Ferrer; denunciavam santa Colette e seus seguidores por serem begardos e hipócritas.[29] Colette apresenta todas as características do que James denomina condição teopática,[30] que se enraíza no

solo da mais penosa hipersensibilidade. Ela não pode ver
nenhum fogo nem tolera o seu calor, exceto o das velas.
Ela sente um medo exagerado de moscas, caracóis, formigas, de fedor e de impurezas. Ela tem a mesma aversão
raivosa à sexualidade manifestada mais tarde por Aloísio
Gonzaga, preferindo ter somente virgens em sua congregação; não gosta de santos casados e lamenta ser filha
do segundo casamento da mãe.[31] Essa paixão pela mais
pura virgindade sempre foi valorizada pela Igreja como
edificante e exemplar, e isso era inofensivo desde que se
manifestasse na forma de uma aversão pessoal contra
tudo o que fosse sexual. Mas esse mesmo sentimento,
numa outra forma, tornava-se perigoso para a Igreja e
também para a pessoa que o professasse: quando esta,
afinal, não mais recolhia as suas antenas como o caracol,
fechando-se com segurança numa esfera própria de pureza, mas queria ver o seu anseio por castidade aplicado
à vida social e eclesiástica dos outros. E, como sempre,
quando essa ânsia assumia formas revolucionárias e se
manifestava através de acusações veementes contra a indecência dos padres e a devassidão dos monges, a Igreja
medieval tinha de negá-la, pois sabia que não detinha o
poder para reverter esses males. Jean de Varennes pagou
por sua insistência na horrível masmorra em que fora encarcerado pelo arcebispo de Reims. Esse Jean de Varennes
era um teólogo erudito e um pregador famoso que, capelão do jovem cardeal de Luxemburgo na corte papal de
Avignon, parecia destinado a um episcopado ou ao chapéu
cardinalício. Subitamente, porém, ele renunciou a todos os
seus benefícios, exceto um canonicato de Notre-Dame de
Reims; ele abriu mão de sua posição e saiu de Avignon,
voltando para Saint-Lié, sua terra natal, onde passou a
viver e pregar uma vida santa. "E muita gente ia até lá
para vê-lo, vinda de todos os países, por causa da vida
muito nobre, honrada e simples que ele levava" [*Et avoit
moult grant hantise de poeuple qui le venoient veir de*

tous pays pour la simple vie très-noble et moult honneste que il menoit]. As pessoas achavam que ele seria papa; chamavam-no de *"le saint homme de Saint-Lié"*; muitos tentavam tocar sua mão ou suas vestes por causa de seus poderes milagrosos; alguns consideravam-no um enviado de Deus ou até mesmo um ser divino. Durante algum tempo, a França toda não falava de outra coisa.³²

Mas nem todos acreditavam na sinceridade de suas intenções. Também havia aqueles que o chamavam de *"le fou de Saint-Lié"* [o louco de Saint-Lié], ou suspeitavam que ele, por essa via espetacular, quisesse alcançar as elevadas dignidades religiosas que lhe haviam escapado. Através desse Jean de Varennes, assim como muitos outros antes dele, vemos agora como a paixão pela pureza sexual assume um sentido revolucionário. Ele reduz, por assim dizer, todas as queixas sobre a degeneração da Igreja a este único mal: a luxúria. A partir dela, prega com uma fervorosa indignação a resistência e a revolta contra as autoridades eclesiásticas, e em particular contra o arcebispo de Reims. *"Au loup, au loup"* [Ao lobo, ao lobo], ele bradava para a multidão, e esta sabia muito bem quem era o lobo, e então gritava de bom grado: *"Hahay, aus leus, mes bones genz, aus leus"* [Hahay, aos lobos, minha boa gente, aos lobos]. Mas parece que Jean de Varennes não teve coragem para levar suas convicções às últimas consequências: nunca dissera que se referia ao arcebispo, segundo a sua defesa para evitar o cárcere. Ele apenas citava o provérbio: *"Qui est tigneus, il ne doit pas oster son chaperon"* [Quem tem piolho não deve tirar o chapéu].³³ Mas seja lá o quão longe ele tenha ido, de sua pregação os ouvintes extraíam a velha doutrina, que tantas vezes ameaçara desestabilizar a vida da Igreja: os sacramentos de um padre que não é casto são inválidos, a hóstia que ele consagra nada mais é do que pão, seu batismo e sua absolvição não valem nada. No caso de Jean de Varennes, isso era apenas uma parte de um programa extremista de castidade mais geral: os padres não podiam nem mesmo morar com uma freira ou uma senhora idosa; havia 22 ou 23 pecados ligados ao casamento; era preciso punir os adúlteros segundo os ensinamentos do Velho Testamento; até Cristo, se tivesse certeza quanto à culpa da adúltera, teria ordenado que fosse apedrejada; não existia uma mulher casta em toda a França; nenhum bastardo poderia fazer algo de bom nem ser salvo.[34]

A Igreja precisou se defender continuamente contra essa forma drástica de rejeição da luxúria para se preservar: uma vez despertada a dúvida sobre a validade dos sacramentos de padres indignos, então toda a vida religiosa estaria em perigo. Gerson coloca Jean de Varennes ao lado de João Hus, como alguém que, inicialmente com boas intenções, acabou trilhando o caminho errado por culpa de seu ardor.[35]

Por outro lado, a Igreja foi em geral muito complacente em outra área: na tolerância às representações extremamente sensuais do amor divino. No entanto, Gerson, o escrupuloso chanceler da Universidade de Paris, percebeu também aqui o perigo e se propôs a denunciá-lo.

Ele o conhecia graças à sua grande experiência psicológica, e sob vários aspectos, tanto dogmáticos como éticos. "O dia não me seria suficiente", diz ele, "se eu quisesse enumerar as incontáveis tolices dos amantes, dos insensatos: *amantium, immo et amentium.*"[36] De fato, ele sabia por experiência própria: *Amor spiritualis facile labitur in nudum carnalem amorem* [O amor espiritual facilmente se degenera em puro amor carnal].[37] Pois a quem mais ele poderia estar se referindo senão a si mesmo, quando relata o caso desse homem que ele conhecia, que desenvolvera uma amizade no Senhor com uma irmã espiritual?

> De início, faltava o fogo da carnalidade, mas com o passar do tempo, com o convívio regular, surgiu um

amor que já não era mais totalmente voltado para Deus, de forma que ele já não podia deixar de vê-la ou, na sua ausência, de pensar nela. Ele ainda não suspeitava de nada pecaminoso, nenhuma artimanha diabólica, até que um afastamento mais longo o fez ver o perigo que Deus, ainda em tempo, havia afastado dele.[38]

A partir de então, ele passava a ser *un homme averti* [um homem avisado], e tirou proveito disso. Todo o seu tratado, *De diversis diaboli tentationibus* [Sobre as diversas tentações do diabo],[39] é uma análise aguçada do estado espiritual que era também o dos devotos modernos holandeses. Ele desconfia sobretudo da *dulcedo Dei*, a "doçura do amor de Cristo" dos devotos de Windesheim. O diabo, diz ele, às vezes suscita nas pessoas uma doçura (*dulcedo*) imensa e maravilhosa muito parecida com a devoção, de modo que o único objetivo da pessoa passa a ser desfrutar dessa docilidade (*suavitas*), e só quer amar e seguir a Deus para poder desfrutar desse prazer.[40] Em uma outra passagem sobre essa mesma *dulcedo Dei*,[41] ele diz que muitos já se iludiram ao cultivar sem moderação tais sentimentos; eles tomaram os disparates do seu coração como se fosse a sensação de Deus, e assim se enganaram lamentavelmente. Isso leva a todo tipo de aspiração: alguns tentam alcançar um estado de completa insensibilidade ou passividade em que todos os atos são resultado da vontade de Deus, ou um conhecimento místico e uma união com Deus, que não é mais concebido como um conceito do ser, da verdade ou da bondade. Aqui residem também as objeções de Gerson contra Ruysbroeck, cuja simplicidade não o convence, e a quem censura as ideias expressas em *Die chierheit der gheesteleker brulocht* [O ornamento do casamento espiritual], de que a alma perfeita, quando contempla a Deus, não o vê apenas em virtude da clareza, que é a essência divina, mas que ela mesma é a clareza divina.[42]

A sensação de aniquilação absoluta da individualidade, apreciada pelos místicos de todos os tempos, não podia ser tolerada pelo defensor de um misticismo bernardino moderado e antiquado como Gerson. Uma vidente lhe contara que, durante a contemplação de Deus, o espírito dela tinha sido destruído por meio de uma verdadeira aniquilação, e depois fora recriado novamente. "Como sabes?", ele pergunta. "Eu o senti", ela responde. O absurdo lógico dessa resposta é para o culto chanceler a prova triunfante de quão repreensível era um sentimento como esse.[43] Era perigoso expressar tais sensações por meio de conceitos. A Igreja apenas podia tolerá-las na forma de imagens: o coração de Catarina de Siena transforma-se no coração de Cristo. Mas Margarida Porete de Hainaut, integrante dos Irmãos do Espírito Livre, que também acreditava que sua alma havia sido aniquilada em Deus, foi queimada em Paris em 1310.[44]

O grande perigo do sentimento de autoaniquilação estava na conclusão, à qual chegavam tanto os místicos indianos quanto alguns místicos cristãos, de que a alma perfeita, contemplativa e amorosa não é mais capaz de pecar. Uma vez absorvida em Deus, ela não tem mais vontade própria: resta simplesmente a vontade divina, e se surgirem quaisquer inclinações carnais, não pode haver pecado nelas.[45] Muitas pessoas pobres e ignorantes foram seduzidas por tais doutrinas a uma vida da mais terrível licenciosidade, como provam, por exemplo, a seita dos turlupinos e a seita dos begardos, ou dos Irmãos do Espírito Livre. Cada vez que Gerson fala dos perigos do louco amor por Deus, o exemplo dessas seitas lhe vem à mente como uma advertência.[46] Mas também encontram-se emoções quase idênticas nos círculos dos devotos modernos. Hendrik van Herp, devoto de Windesheim, acusa seus próprios irmãos espirituais de adultério espiritual.[47] Nesse círculo havia armadilhas diabólicas que levavam à mais perversa impiedade. Gerson relata o caso de um homem respeitado que confessara a um cartuxo que um pecado mortal, e mencionava em particular o da luxúria, não o impedia de amar a Deus, mas, pelo contrário, o inflamava, fazendo com que apreciasse e desejasse ainda mais intensamente a docilidade divina.[48]

A Igreja ficava atenta tão logo as emoções do misticismo se transformavam em convicções bem formuladas ou passavam a ser aplicadas à vida social. Enquanto as coisas permanecessem apenas como imaginações apaixonadas de natureza simbólica, ela permitia até mesmo as mais exuberantes. Johannes Brugman podia aplicar impunemente à encarnação de Jesus todas as características de um bêbado — um bêbado que esquece de si mesmo, que não vê perigo, que não fica bravo quando zombam dele, que dá tudo aos outros. "Oh, e não estava ele bêbado quando o amor o obrigou a descer do mais alto céu para o vale mais fundo da terra?" Ele anda pelo céu "servindo os profetas com jarros bem cheios", "e eles bebiam até explodirem, e então Davi com sua harpa saltou diante das mesas como se fosse o bobo do meu Senhor".[49]

Não só o grotesco Brugman, mas também o puro Ruysbroeck gostava de representar o amor divino por meio da imagem da embriaguez. Ao lado da embriaguez está a imagem da fome. Possivelmente, ambas eram uma alusão às palavras bíblicas *"qui edunt me, adhuc esurient, et qui bibunt me, adhuc sitient"* [quem me come, ainda terá fome; quem me bebe, ainda terá sede],[50] que, proferidas pela Sapientia, foram interpretadas como a palavra do Senhor. Assim, surgia a representação do espírito humano afligido por uma eterna fome de Deus:

> Aqui começa uma fome eterna que nunca será saciada, que é uma avidez interior e um desejo da força amorosa e de espírito criado por um bem não criado... Os que a experimentam são as pessoas mais pobres que existem, pois são ávidas e vorazes e têm

uma fome insaciável. Não importa o quanto comam e bebam, elas nunca se saciam, pois essa fome é eterna... E se Deus desse a essas pessoas todas as dádivas dos santos, salvo a dádiva dele mesmo, ainda assim a avidez do espírito continuaria insaciada.

Mas, assim como a imagem da embriaguez, também a da fome é suscetível à reversão:

> A fome de Cristo é desmesuradamente grande; nos devora a todos até o fim; pois ele é um glutão ávido e tem uma fome insaciável; devora até o tutano de nossos ossos... Todavia, nós lhe concedemos de boa vontade; e quanto mais lhe concedemos, melhor ele sentirá o nosso gosto. E não importa o que coma de nós, ele não consegue se saciar, pois sua fome é insaciável e desmedida; e mesmo que sejamos pobres, ele não se importa, pois não quer nos deixar nada. Primeiro ele prepara sua refeição, e no seu amor queima todos os nossos pecados e defeitos. E quando já estamos purificados e assados no fogo do amor, ele abre sua boca como um ser voraz que quer engolir tudo... Se pudéssemos ver o desejo voraz que Cristo tem por nossa salvação, não conseguiríamos nos conter de voar para dentro de sua garganta. E mesmo que Jesus nos devore inteiramente, ele nos dá a si mesmo em troca; e ele nos dá fome e sede espirituais para saboreá-lo com prazer eterno. Ele nos dá fome espiritual e oferece como alimento o seu corpo para o nosso amor caloroso. E se nós o comemos e o consumimos com profunda devoção, então fluirá de seu corpo o seu glorioso sangue quente em nossa natureza e em todas as nossas veias... Vejam, assim comeremos e seremos comidos sempre, e com amor morreremos e renasceremos, e essa é a nossa vida pela eternidade.[51]

14. EMOÇÃO RELIGIOSA E IMAGINAÇÃO RELIGIOSA

Um pequeno passo a mais e, desses êxtases supremos da mística, retornamos a um simbolismo vulgar. "Havereis de comê-lo", diz *Le Livre de crainte amoureuse* [O livro do temor amoroso], de Jean Berthelemy, sobre a Eucaristia:

> *Vous le mangerés rôti au feu, bien cuit, non point ars ou brulé. Car ainsi l'aigneau de Pasques entre deux feux de bois ou de charbon estoit cuit convenablement et roty, ainsi le doulx Jésus, le jour du Vendredi sacré, fut en la broche de la digne croix mis, attachié, et lié entre les deux feux de tres angoisseuse mort et passion, et de tres ardent es charité et amour qu'il avoit à nos ames et à nostre salut, il fut comme roty et langoureusement cuit pour nous saulver.*[52]

Vós o comereis assado no fogo, bem cozido, mas não tostado ou queimado. Pois assim como o Cordeiro da Páscoa foi bem cozido e assado entre dois fogos de madeira ou de carvão, assim também o doce Jesus, na Sexta-Feira Santa, foi pregado e amarrado no espeto da digna cruz; entre os dois fogos de sua terrível morte e sofrimento, e do amor muito ardente que ele sentia por nossas almas e por nossa salvação, ele foi assado e lentamente cozido para nos salvar.

As imagens da embriaguez e da fome já são em si mesmas uma refutação à opinião de que todo sentimento religioso de salvação deveria ser interpretado eroticamente.[53] O influxo da graça divina era comparado a beber ou ser banhado. Uma devota de Diepenveen se sente inundada pelo sangue de Cristo e desmaia.[54] A fantasia do sangue, constantemente mantida viva e estimulada pela crença na transubstanciação, manifesta-se nos extremos mais inebriantes de labaredas escarlates. "As chagas de Jesus", diz Bonaventura, são as flores vermelho-sangue de nosso doce e florido paraíso, sobre o qual a nossa alma deve voar como uma borboleta, sorvendo ora uma flor, ora outra. A alma precisa penetrar pela ferida em seu flanco, até atingir o próprio coração de Cristo. Ao mesmo tempo, o sangue flui como córregos no paraíso. Todo o sangue quente e vermelho de todas as chagas fluiu através da boca de Suso, até a sua alma e o seu coração.[55]

Catarina de Siena é uma das santas que beberam da chaga no flanco de Cristo, assim como outros provaram do leite dos seios de Maria: são Bernardo, Henrique Suso e Alain de la Roche, por exemplo.

Alain de la Roche, em latim Alanus de Rupe, chamado de Van der Klip por seus amigos holandeses, pode ser considerado um dos tipos mais característicos da mais fantástica devoção francesa e da fantasia religiosa ultraconcreta do fim da Idade Média. Nascido por volta de 1428 na Bretanha, trabalhou como dominicano principalmente no norte da França e nos Países Baixos. Ele morreu em Zwolle, em 1475, em meio aos Irmãos da Vida Comum, com quem mantinha vivas relações. Seu trabalho mais importante foi ter promovido o uso do rosário. Para esse propósito, fundou uma irmandade de preces espalhada pelo mundo inteiro, à qual ele prescreveu um sistema fixo de rezas de ave-marias alternadas com pais-nossos. Na obra desse visionário — sobretudo pregações e descrições de suas visões —,[56] surpreende o forte caráter sexual de sua imaginação, mas ao mesmo tempo a ausência daquele tom de paixão ardente, que podia justificar a representação sexual do sagrado. A expressão sensual do amor divino que se derrete de ternura transformou-se aqui num mero artifício. Não há nada do fervor transbordante que torna elevadas as fantasias de fome, sede, sangue e amor dos grandes místicos. Nas meditações que ele recomenda sobre cada uma das partes do corpo de Maria, na descrição minuciosa de como ele teria muitas vezes se refrescado com o leite de Maria, no sistema simbólico em que ele associa cada uma das palavras do pai-nosso ao leito nupcial de uma das virtudes, tudo isso revela um espírito em franco declínio, a decadência da devoção imensamente colorida do final da Idade Média na forma de uma flor que perdeu o viço.

Também na fantasia dos demônios o elemento sexual tinha um lugar: Alain de la Roche vê as bestas do pecado com órgãos genitais asquerosos, dos quais brota uma enxurrada flamejante e sulfurosa, que obscurece a terra com sua fumaça; ele vê a *meretrix apostasiae* [prostituta da apostasia] devorar os infiéis, vomitá-los e excretá-los, para novamente os devorar e, como uma mãe, os beijar e acarinhar, parindo-os repetidamente de seu ventre.[57]

Aqui está o lado oposto da "docilidade" dos devotos. Como um complemento inevitável da doce fantasia celestial, o espírito escondia um abismo sombrio de representações infernais, que também encontravam sua expressão na linguagem ardente da sensualidade terrena. Não é tão estranho que haja ligações entre os tranquilos círculos dos devotos de Windesheim e o mais obscuro que a Idade Média produziu nos seus últimos anos: a crença nas bruxas, em que se havia convertido aquele sistema sinistro de zelo teológico e severidade judicial. Alanus de Rupe é um elo dessa corrente. Ele, o caro convidado dos Irmãos da Vida Comum de Zwolle, também era o mestre de seu irmão de ordem Jacob Sprenger, que não só escreveu o *Malleus maleficarum* [*O martelo das feiticeiras*] com Heinrich Institoris, como ainda foi o fervoroso promotor da Irmandade do Rosário de Alanus na Alemanha.

15. O simbolismo fenecido

A fé comovida daquela época tendia a se transformar imediatamente em imagens vívidas e radiantes. O espírito acreditava ter compreendido o mistério quando o via diante de seus olhos. A necessidade de reverenciar o inefável sob a forma de símbolos visíveis resultou na constante criação de novas figuras. No século xiv, a cruz e o cordeiro já não eram mais suficientes para dar ao amor transbordante por Jesus um objeto visível: a eles somava-se a veneração do próprio nome de Jesus, que em alguns casos até ameaçava eclipsar a da própria cruz. Henrique Suso tatua o nome de Jesus no peito, na altura do coração, e se compara à imagem do amante que traz o nome da amada bordado em suas vestes. Ele envia lencinhos bordados com o doce nome aos seus filhos espirituais.[1] Ao fim de um magnífico sermão, Bernardino de Siena acende duas velas e apresenta um painel de quase um metro de comprimento no qual, em letras douradas sobre fundo azul, está escrito o nome Jesus, cercado por raios: "O povo que enchia a igreja caiu de joelhos, todos juntos chorando e gritando de doce comoção e de terno amor por Jesus".[2] Muitos outros franciscanos, e também pregadores de outras ordens, imitaram a prática; Dionísio Cartuxo foi retratado erguendo um desses painéis. Os raios de sol no topo do brasão de Genebra derivam dessa veneração.[3] Essa prática preocupava as autoridades eclesiásticas; falava-se de superstição e idolatria, e houve tumultos a favor e contra o uso. Bernardino foi intimado a se apresentar perante a Cúria, e o papa Martinho v proibiu o costume.[4] Mas a necessidade de venerar o Senhor de forma visível logo encontrou uma forma lícita: o ostensório, que expunha a própria hóstia sagrada como objeto de adoração. Em lugar do formato de torre, que apareceu pela primeira vez no século xiv, o ostensório logo passou ao formato do sol radiante, símbolo do amor divino. Também nesse caso a Igreja teve inicialmente algumas reservas: a princípio, o uso do ostensório era permitido apenas durante a semana da celebração do Corpus Domini.

O excesso de imagens, no qual o pensamento medieval em seu outono dissolvia quase tudo, teria sido uma mera fantasmagoria selvagem, não fosse o fato de que quase toda figura, toda imagem, tivesse o seu lugar no sistema vasto e abrangente do simbolismo.

Nenhuma verdade era mais certa para o espírito medieval do que a palavra de são Paulo aos Coríntios: "*Videmus nunc per speculum in aenigmate, tunc autem facie ad faciem*" ["Porque agora vemos por espelho em enigma, mas então veremos face a face"]. Esse espírito nunca esqueceu que tudo seria absurdo se o seu significado se esgotasse em sua função imediata e em suas formas de manifestação, e que tudo se prolonga até alcançar o além-mundo. Esse saber também é familiar para nós, a todo momento, como uma sensação indefinida, sempre que o som da chuva nas folhas ou o brilho da lâmpada sobre a mesa alcança por um instante um nível de percepção mais profundo do que aquele do senso prático do pensamento e da ação. Ela pode vir à tona como uma obsessão doentia, de modo que todas as coisas parecem estar prenhes de uma intenção pessoal ameaçadora ou de um enigma que precisamos mas não podemos resolver. Ela também pode nos preencher, e o fará com frequência, com a certeza calma e reconfortante de que nossas próprias vidas participam do sentido misterioso do mundo. E quanto mais essa sensação se condensa no temor por Aquele do qual emanam todas as coisas, tanto mais facilmente há de se passar da certeza de alguns momentos de clareza para uma concepção de vida permanente, ou mesmo uma convicção articulada.

> Pela cultivação do senso contínuo da nossa conexão com o poder que fez as coisas como elas são, estamos mais preparados para recebê-las. A face externa da natureza não precisa se modificar, mas modificam-se nela as expressões de significado. Estava morta e agora está viva outra vez. É como a diferença entre olhar para uma pessoa sem amor e olhar para a mesma pessoa com amor... Quando vemos todas as coisas em Deus e as referimos todas a Ele, lemos nas matérias mais comuns expressões de um significado superior.[5]

Esse é o fundo psicológico a partir do qual se desenvolve o simbolismo. Em Deus, nada é vazio ou sem significado: *nihil vacuum neque sine signo apud Deum*.[6] Tão logo se tenha imaginado Deus, tudo o que partia Dele e que Nele encontrava o seu sentido se solidificava ou cristalizava em pensamentos articulados em palavras. E assim surge a nobre e sublime imagem do mundo como uma grande conexão simbólica, uma catedral de ideias, a mais rica expressão rítmica e polifônica de tudo o que é imaginável.

O modo simbólico do pensamento é independente e de valor igual ao modo genético. Este último, que compreendia o mundo como evolução, não era tão estranho para a Idade Média quanto às vezes se imagina. Mas o surgimento de uma coisa a partir de outra era visto unicamente através da imagem ingênua da procriação direta ou da ramificação, e, por dedução lógica, aplicado apenas às coisas do espírito. Estas eram vistas de preferência na estrutura das genealogias ou de árvores com ramificações: uma *arbor de origine juris et legum* [árvore da origem do direito e das leis] classificava tudo o que dizia respeito ao direito na imagem de uma árvore com seus inúmeros galhos. Aplicada apenas dedutivamente, a ideia de evolução tinha algo de esquemático, arbitrário e infrutífero.

Do ponto de vista do pensamento causal, o simbolismo é considerado um curto-circuito intelectual. O pensamento procura a conexão entre duas coisas não ao longo das sinuosidades ocultas de sua conexão causal, mas a encontra subitamente por um salto, não como uma relação de causa e efeito, mas de significado e finalidade. A convicção sobre tal conexão surge sempre que duas coisas tenham uma qualidade essencial em comum que possa ser relacionada a algo de valor geral. Em outras palavras: toda associação baseada em algum tipo de semelhança pode imediatamente se transformar na consciência de uma conexão essencial e mística. Do ponto de vista psicológico, isso pode parecer uma função intelectual bastante pobre. Do ponto de vista etnológico, pode-se dizer que é, além disso, bem primitiva. O pensamento primitivo caracteriza-se por uma fraqueza na percepção dos limites da identidade entre as coisas; ele incorpora na representação de uma coisa determinada tudo o que se liga a ela por uma relação de semelhança ou de pertencimento. A função simbolizadora está intimamente ligada a isso.

O simbolismo, no entanto, perde esse aspecto de arbitrariedade e imaturidade assim que nos damos conta de que ele está inseparavelmente ligado à concepção de mundo que era conhecida como realismo na Idade Média e que nós passamos a chamar, ainda que de forma menos apropriada, de idealismo platônico.

A assimilação simbólica baseada em características comuns tem sentido apenas quando essas características são essenciais às coisas, quando as propriedades que o símbolo e o simbolizado têm em comum são consideradas realmente como essências. Rosas brancas e vermelhas florescem entre espinhos. O espírito medieval vê logo um significado simbólico: virgens e mártires brilhando gloriosamente entre os seus perseguidores. Como se produz a assimilação? Ela se produz porque as qualidades são as mesmas: a beleza, a delicadeza, a pureza e a vermelhidão sanguínea das rosas também são qualidades das virgens e dos mártires. Mas essa conexão só é de fato significativa e cheia de sentido místico se a essência dos dois termos do simbolismo estiver encapsulada no termo conector, isto é, na qualidade. Em outras palavras, quando a vermelhidão e a brancura não são meras denominações para uma distinção física baseada em fatores quantitativos, mas vistas como realidades, como essências. O nosso pensamento ainda é capaz de vê-las dessa maneira a qualquer momento,[7] desde que regresse por um instante à sabedoria do selvagem da criança, do poeta e do místico, para os quais a condição natural das coisas está encapsulada em suas qualidades gerais. A qualidade é sua essência, o núcleo de seu ser. Beleza, delicadeza, brancura, por serem essências, são entidades: tudo o que é belo, delicado, branco, deve estar essencialmente conectado, precisa ter a mesma razão de ser, o mesmo significado perante Deus.

Portanto, existe uma ligação inseparável entre simbolismo e realismo (no sentido medieval da palavra).

Não devemos nos preocupar demais com a "querela dos universais". Sem dúvida, o realismo que propôs os *universalia ante res* e atribuiu essencialidade e preexistência aos conceitos gerais não foi o soberano absoluto no campo do pensamento medieval. Também havia os nominalistas: os *universalia post rem* tiveram os seus defensores. Contudo, não há muito risco em afirmar que o nominalismo radical nunca foi mais do que uma contracorrente, uma reação, uma oposição, e que o nominalismo mais recente e moderado apenas propunha certas objeções filosóficas contra um realismo extremo, mas sem colocar nenhum obstáculo ao modo de pensar inerentemente realista de toda a cultura espiritual da Idade Média.

Aliás, inerente à cultura como um todo. Pois o que importa em primeiro lugar não é a querela de teólogos perspicazes, mas as representações que dominam toda a vida da imaginação e do pensamento, como ela se manifesta na arte, na moral e na vida cotidiana. Essas são extremamente realistas, e não porque a alta teologia tenha se formado em uma longa tradição neoplatônica, mas porque o realismo, independente de qualquer filosofia, é o modo primitivo de pensamento. Para o espírito primitivo, tudo o que se pode nomear torna-se imediatamente um ser, quer se trate de uma qualidade, de um conceito, o que for. Todas se projetam de forma instantânea e automática sobre o céu. Seu ser pode quase sempre (mas não necessariamente) vir concebido como um ser pessoal; a dança dos conceitos antropomórficos pode começar a qualquer momento.

Todo realismo, no sentido medieval, acaba sendo antropomorfismo. Quando o pensamento quer tornar visível uma ideia à qual atribui uma existência independente, não há outro modo de fazê-lo além da personificação. É aqui que se situa a transição do simbolismo e do realismo para a alegoria. A alegoria é o simbolismo projetado sobre a superfície da imaginação; é a expressão intencional de um símbolo, e por isso também o seu esgotamento; é a transposição de um grito apaixonado para uma sentença gramaticalmente correta. Goethe descreve o contraste assim:

> A alegoria transforma o fenômeno num conceito, o conceito numa imagem, mas de tal modo que na imagem o conceito permanece limitado e suscetível de ser completamente apreendido e usado, e pronto para ser expresso por essa mesma imagem. O simbolismo transforma o fenômeno em ideia, a ideia em imagem, de tal modo que na imagem a ideia permanece sempre infinitamente eficaz e inatingível e, ainda que pronunciada em todas as línguas, continuaria a ser inefável.[8]

A própria alegoria já tem, portanto, o caráter de uma normalização escolástica e ao mesmo tempo o de uma redução, de uma absorção do pensamento na imagem. A maneira como a alegoria entrou no pensamento medieval — a saber, como despojo literário da Antiguidade tardia nas obras alegóricas de Martianus Capella e Prudentius — aumentava o seu caráter pedante e antiquado. No entanto, não se deve acreditar que faltavam autenticidade e vitalidade na alegoria e na personificação medievais. Aliás, se isso fosse verdade, por que a civilização medieval as cultivaria com tanta persistência e dedicação?

Juntos, estes três modos de pensamento — o realismo, o simbolismo e a personificação — atravessaram o espírito medieval como uma corrente de luz. A psicologia parece ter a intenção de resolver toda a questão do simbolismo por meio do conceito de associação de ideias. Mas a história da cultura espiritual deve considerar essa forma de pensamento com mais respeito. O valor vital da explicação simbólica de tudo o que existe era incalculável. O simbolismo criou uma imagem do mundo mais rigorosamente unificada e com conexões mais profundas do que o pensamento científico causal é capaz de produzir. Com seus braços fortes, abraçou toda a natureza e toda a história, criando entre elas uma ordem indissolúvel, uma divisão arquitetônica, uma subordinação hierárquica. Pois em cada relação simbólica é necessário que haja uma coisa acima e outra abaixo: coisas de mesmo valor não podem ser símbolo uma da outra, mas apenas denotar juntas uma terceira coisa, que está acima delas. No pensamento simbólico, existe espaço para uma variedade incomensurável de relações entre as coisas. Pois cada coisa pode ser, com as suas diferentes qualidades, o símbolo de muitas outras, e uma única e mesma qualidade também pode significar coisas diferentes. As coisas mais elevadas têm milhares de símbolos. Nada é demasiado humilde para significar a mais elevada das coisas e designá-la para a glorificação. A noz significa Cris-

15. O SIMBOLISMO FENECIDO

to: o doce miolo é a sua natureza divina; a casca carnuda, a sua humanidade; a película lenhosa entre elas, a cruz. Assim, todas as coisas oferecem sustentação e apoio para que o pensamento seja alçado ao eterno; uma coisa ergue a outra, de degrau em degrau, em direção às alturas. O pensamento simbólico propicia uma contínua transfusão do sentimento da majestade e da eternidade de Deus para tudo o que é perceptível e concebível. Ele mantém continuamente aceso o fogo do sentido místico da vida, infunde na representação de todas as coisas um valor ético e estético mais elevado. Imagine o prazer que se sente quando cada pedra preciosa cintila com o brilho de todos os seus valores simbólicos, quando a identificação das rosas com a virgindade é mais do que uma roupa de domingo poética, quando ela expressa a essência de ambas. É uma verdadeira polifonia do pensamento. Num simbolismo pensado a fundo, um acorde harmônico de símbolos ressoa em toda representação. O pensamento simbólico proporciona aquela intoxicação, aquela liquefação pré-intelectual das fronteiras entre a identidade das coisas, aquele embotamento do pensamento racional que eleva o sentimento da vida ao seu ponto máximo.

Um nexo harmônico conecta constantemente todos os campos do pensamento. Os fatos do Velho Testamento significam e prefiguram os do Novo Testamento, que se refletem também nos fatos da história profana. Como num caleidoscópio, em cada pensamento forma-se uma imagem bela e simétrica a partir da massa desordenada de partículas. Cada símbolo recebe uma sobrevalia, um grau de realidade muito mais intenso, pois todos terminam por se reunir em torno do milagre central da Eucaristia, em que a analogia não é mais simbólica, e sim identidade: a hóstia é Cristo. E o padre que a ingere se transforma no sepulcro do Senhor. O símbolo derivado participa da realidade do mistério supremo, e cada significação torna-se um ser único místico.[9]

Por meio do simbolismo, tornou-se possível apreciar e desfrutar o mundo, que por si mesmo é condenável, e também enobrecer as ocupações terrenas, dado que cada profissão tem a sua relação simbólica com o mais sublime e o mais santo. O trabalho do artesão é a eterna geração e encarnação do Verbo e a aliança entre Deus e a alma.[10] E mesmo entre o amor terreno e o amor divino estendiam-se os fios do contato simbólico. O forte individualismo religioso, ou seja, o cultivo da própria alma para obter a virtude e a bem-aventurança, encontrou o seu contrapeso salutar no realismo e no simbolismo, que desvinculavam o sofrimento e a virtude da singularidade pessoal e os elevavam à esfera dos universais.

O valor moral do modo de pensar simbólico é inseparável de seu valor imaginativo. A imaginação simbólica é como a música adicionada à letra de doutrinas expressas por fórmulas lógicas, que sem essa música soariam muito rígidas e áridas. "Nesse momento em que a especulação é ainda completamente escolar, os conceitos definidos estão facilmente em desacordo com as intuições profundas" [*En ce temps où la spéculation est encore toute scolaire, les concepts définis sont facilement en désaccord avec les intuitions profondes*].[11] Por meio do simbolismo, toda a riqueza das concepções religiosas abriu-se para a arte, que foi capaz de expressá-las com formas coloridas e sonoras e, ao mesmo tempo, vagas e incertas, de modo que as intuições mais profundas pudessem afluir na consciência do inefável.

O desvanecer da Idade Média apresenta toda essa forma de pensamento em sua última floração. O mundo estava completamente representado naquele grande sistema de relações simbólicas, e os símbolos se transformaram em flores petrificadas. Desde sempre, aliás, o simbolismo possuíra uma tendência a se tornar puramente mecânico. Uma vez estabelecido como princípio, ele não só brota da imaginação poética e do êxtase, mas se acopla ao pensamento como uma planta parasita e degenera até virar mero

15. O SIMBOLISMO FENECIDO

hábito e uma doença do pensamento. Surge um panorama inteiro de dependências ideais, em especial quando o contato simbólico resulta da simples analogia numérica. Tudo se transforma em um mero cálculo aritmético. Os doze meses devem significar os doze apóstolos; as quatro estações, os evangelistas; e o ano inteiro, então, só pode ser Cristo.[12] Forma-se todo um aglomerado de sistemas septenários, ou seja, baseados no número sete. As sete virtudes capitais correspondem às sete orações do pai-nosso, às sete dádivas do Espírito Santo, às sete beatitudes e aos sete salmos penitenciais. Todos esses, por sua vez, referem-se aos sete momentos da Paixão e aos sete sacramentos. Cada número de cada grupo de sete corresponde de novo, como oposição ou cura, aos sete pecados capitais, que por sua vez são representados por sete animais, seguidos de sete doenças.[13] Para um pastor de almas e moralista como Gerson, de quem tomamos esses exemplos, predomina o valor moral prático da relação simbólica. Quando se trata de um visionário como Alain de la Roche, o mais importante é o valor estético.[14] Ele precisa estabelecer um sistema com os números quinze e dez, pois os ciclos de oração da Irmandade do Rosário, que ele defendia ardorosamente, abrangem 150 ave-marias, intercaladas por quinze pais-nossos. Esses quinze pais-nossos são os quinze momentos da Paixão, e as 150 ave-marias são os salmos. Mas eles significam muito mais. Multiplicando-se as onze esferas celestes pelos quatro elementos pelas dez categorias (*substantia*, *qualitas*, *quantitas* etc.), obtém-se 150 *habitudines naturales*. E do mesmo modo as *habitudines morales* são obtidas multiplicando-se os dez mandamentos pelas quinze virtudes: as três virtudes teologais, as quatro cardinais e as sete capitais somam catorze. Então, *restant duae: religio et poenitentia*, ou seja, tem uma a mais. Mas como a *temperantia*, virtude cardinal, corresponde à *abstinentia*,[15] virtude capital, restam, portanto, quinze. Cada uma dessas quinze virtudes é uma rainha, que tem o seu leito nupcial em uma das partes do pai-nosso. Cada uma das palavras da ave-maria significa uma das quinze perfeições de Maria, e ao mesmo tempo uma pedra preciosa na *rupis angelica* [rocha angelical], que é a própria virgem; cada palavra expulsa um pecado, ou o animal que o representa. Além disso, elas são os galhos de uma árvore repleta de frutos nos quais se sentam todos os bem-aventurados, e também os degraus de uma escada. Assim, por exemplo, a palavra Ave significa a inocência de Maria e o diamante, e expulsa a soberba que tem como animal o leão. A palavra Maria significa a sua sabedoria e o carbúnculo, e expulsa a inveja, que é um cão preto. Em suas visões, Alain de la Roche enxerga as terríveis silhuetas dos animais do pecado e as cores brilhantes das pedras preciosas, cujo famoso poder milagroso suscita por sua vez novas associações simbólicas. A pedra sárdonix é negra, vermelha e branca, assim como Maria era negra em sua humildade, vermelha no seu sofrimento e branca na glória e na graça. Utilizada como sinete, ela não fixa a cera, significando com isso a virtude da honestidade; ela expulsa a luxúria e faz as pessoas serem dignas e castas. A pérola é a palavra *gratia*, e também a própria graça de Maria; ela nasce na concha do mar a partir do orvalho celestial *sine admixtione cuiuscunque seminis propagationis* [sem acréscimo de qualquer semente procriadora]. A própria Maria é a concha. Aqui o simbolismo dá um breve salto, pois, seguindo o padrão do resto da série, era de esperar que Maria fosse a pérola. Aqui também se revela com nitidez a natureza caleidoscópica do simbolismo: com as palavras "nascida do orvalho celestial", evoca-se implicitamente o outro tropo do nascimento virginal: o tosão sobre o qual Gideão implorou por um sinal dos céus.

O modo simbólico de pensamento estava quase todo desgastado. Encontrar símbolos e alegorias transformara-se num jogo frívolo, um fantasiar superficial em torno de uma única analogia. O símbolo conserva o seu valor emocional apenas em função da santidade das coisas que ele representa: tão logo a simbolização passa do puro domínio religioso para o exclusivamente moral, a sua degeneração irremediável é exposta. Froissart, em seu longo poema "Li orloge amoureus", compara todas as características do amor com as partes do mecanismo de um relógio.[16] Chastellain e Molinet competem nos simbolismos políticos: nas três classes as qualidades de Maria estão representadas; os sete príncipes-eleitores, três eclesiásticos e quatro seculares, significam as três virtudes teologais e as quatro cardinais; as cinco cidades de Saint-Omer, Aire, Lille, Douai e Valenciennes, que permaneceram fiéis à Borgonha em 1477, transformam-se nas cinco virgens sábias.[17] Na verdade, trata-se aqui de um simbolismo invertido, no qual o inferior não aponta para o superior, e sim o superior para o inferior. Pois, na mente do escritor, as coisas terrenas, que ele quer exaltar com um pouco de ornamentação celestial, estão em primeiro plano. O *Donatus moralisatus seu per allegoriam traductus*, que foi erroneamente atribuído a Gerson, apresentava a gramática latina misturando-a ao simbolismo teológico: o substantivo é o homem, o pronome significa que ele é um pecador. No nível mais baixo da simbolização está um poema como o *Le Parement et triumphe des dames*, de Olivier de la Marche, em que a vestimenta feminina inteira é comparada a virtudes e excelências. É um sermão bem-comportado do velho cortesão, com uma única piscadela de soslaio. O chinelo significa a humildade:

> *De la pantouffle ne nous vient que santé*
> *Et tout prouffit sans griefve maladie,*
> *Pour luy donner tiltre d'auctorité*
> *Je luy donne le nom d'humilité.*

> O chinelo só nos traz saúde
> E todo proveito sem doença grave,
> Para lhe dar um título de autoridade
> Dou-lhe o nome de humildade.

Do mesmo modo, os sapatos se tornam cuidado e diligência; as meias, perseverança; a liga, determinação; a blusa, honradez; e o espartilho, castidade.[18]

Porém, mesmo nas manifestações mais insossas, o simbolismo e a alegoria tinham para o espírito medieval um valor emotivo muito mais vivo do que imaginamos. A função da assimilação simbólica e da personificação estava tão desenvolvida que qualquer pensamento podia se transformar, quase por si mesmo, em um *personnage*, ou seja, um espetáculo. Toda ideia era considerada uma entidade, e toda qualidade, uma substância, e, como entidade, ela era imediatamente investida pela visão pictórica de uma forma personificada. Dionísio Cartuxo, em suas revelações, vê a Igreja tão pessoal e cenográfica tal como foi encenada na festa da corte em Lille. Em uma de suas visões, ele vê a futura *reformatio*, pela qual ansiavam os pais do Concílio e Nicolau de Cusa, o correligionário de Dionísio: a Igreja em sua futura pureza. Ele vê a beleza espiritual dessa Igreja purificada como uma veste maravilhosa e preciosíssima, de uma beleza indescritível na sua mais graciosa mistura de cores e figuras. Em outro momento, ele vê a Igreja oprimida: feia, grosseira e exangue, pobre, fraca e humilhada. O Senhor diz: "Ouça a vossa mãe, a minha esposa, a santa Igreja". E em seguida Dionísio escuta a voz interior como se partisse da figura da Igreja: *quasi ex persona Ecclesiae*.[19] Nesse caso, a forma figurativa que o pensamento assume é tão direta que é quase desnecessário traçar o caminho contrário, da imagem ao pensamento, ou mesmo que a alegoria seja explicada em detalhe — basta indicar o tema. A veste colorida é totalmente adequada para a representação da perfeição espiritual: assim como nos é familiar que o pensamento se dissolva na música, trata-se aqui de uma dissolução do pensamento na imagem.

Pensemos novamente nas figuras alegóricas do *Roman de la Rose*. É só com grande esforço que podemos imaginar algo como Bel-Accueil, Doulce Mercy, Humble Requeste. Mas, para as pessoas da época, essas figuras eram uma realidade vestida de formas vivas e embebida de paixão, que as coloca no mesmo patamar das figuras das divindades romanas formadas a partir de abstrações, como Pavor e Pallor, Concordia etc. O que Usener diz delas pode ser quase integralmente aplicado aos personagens alegóricos medievais: "A representação se apresentava à alma com força sensível, e exercia um tal poder que a palavra que ela criava podia designar um ser divino individual, apesar da mobilidade adjetival que seguia tendo".[20]

Caso contrário, o *Roman de la Rose* teria sido ilegível. Doux-Penser, Honte, Souvenirs e todos os demais tiveram uma vida quase divina nas mentes do final da Idade Média. Uma das figuras do *Roman* sofreu uma concretização ainda mais drástica: Danger, que originalmente era o perigo a ameaçar o amante enquanto ele fazia a corte ou também as reservas da dama, passou a significar, no jargão amoroso, o próprio marido que devia ser enganado.

Repetidas vezes vemos como a alegoria é empregada para expressar uma ideia particularmente importante. Assim, quando o bispo de Chalon quer dar um aviso muito sério a Filipe, o Bom, sobre sua conduta política, ele compõe a *remonstrance*, que é apresentada ao duque, à duquesa e ao seu séquito no castelo de Hesdin, no dia de santo André, em 1437, em uma forma alegórica. Ele encontra a Haultesse de Signourie sentada, inconsolável, ela que primeiro vivera no Império Germânico, depois na corte francesa e por fim na corte de Borgonha, e que agora se queixa de que também ali é importunada pela Negligência dos Soberanos, pela Fraqueza do Conselho, pela Inveja dos Serviçais e pela Extorsão dos Súditos. A essas figuras ele contrapõe outros personagens, como a Vigilância do Soberano, que deve expulsar os membros infiéis da corte.[21] Aqui, cada qualidade tornou-se autônoma e foi representada como uma pessoa. Evidentemente, essa era a maneira de causar uma boa impressão, o que é compreensível apenas quando se leva em conta que a alegoria ainda tinha uma função muito viva no pensamento da época.

O Burguês de Paris é um homem prosaico, que raramente aprecia o estilo rebuscado ou os jogos mentais. Contudo, quando chegou ao evento mais terrível que precisava descrever — os assassinatos borguinhões que deram à Paris de junho de 1418 o mesmo cheiro de sangue de setembro de 1792 —, ele lança mão das alegorias.[22]

> *Lors se leva la deesse de Discorde, qui estoit en la tour de Mau-conseil, et esveilla Ire la forcenée et Convoitise et Enragerie et Vengence, et prindrent armes de toutes manières et bouterent hors d'avec eulx Raison, Justice, Memoire de Dieu et Atrempance moult honteusement.*

> Então levantou-se a deusa Discórdia, que vivia na torre do Mau-Conselho, e despertou Ira, a furiosa, bem como Ganância, Raiva e Vingança, e pegaram em armas de todos os tipos e expulsaram de seu meio Razão, Justiça, Lembrança de Deus e Moderação com muita humilhação.

E assim prossegue, alternando com a descrição direta das atrocidades:

> *Et en mains que on yroit cent pas de terre depuis que mors estoient, ne leur demouroit que leurs brayes, et estoient en tas comme porcs ou millieu de la boe...*

> E em menos tempo que se leva para dar cem passos, depois de mortos, não lhes restava nada além das ceroulas, e jaziam amontoados como porcos em meio à lama...

As chuvas torrenciais limpavam suas feridas. Por que usar a alegoria justamente aqui? Porque o escritor quer se alçar a um nível de pensamento acima daquele dos acontecimentos cotidianos, descritos no resto de seu diário. Ele sente a necessidade de ver esses terríveis eventos como se tivessem brotado de algo superior à vontade dos homens, e a alegoria serve-lhe para expressar esse sentimento trágico.

O quão viva ainda estava a função da personificação e da alegoria no final da Idade Média revela-se precisamente onde ela mais nos incomoda. De certa forma, ainda podemos apreciar a alegoria num *tableau vivant*, em que as figuras convencionais enfeitadas com um drapeado irreal evidenciam para qualquer um que tudo isso não passa de uma brincadeira. Mas, no século XV, as figuras alegóricas, assim como os santos, ainda podem andar por aí vestidas com roupas da época. A qualquer momento, novas personificações podiam ser criadas para cada ideia que se quisesse expressar. Quando Charles de Rochefort, em *L'Abuzé en court*, quer narrar a moralidade do jovem imprudente que por causa da vida na corte é levado para o mau caminho, ele tira da manga uma série de novas alegorias à moda do *Roman de la Rose*, e então todas essas criaturas para nós tão desbotadas — Fol Cuidier [Crendice Tola], Folle Bombance [Farra Estúpida], até o final, quando Pauvreté e Maladie levam o jovem ao hospital — aparecem nas miniaturas que ilustram o poema como nobres da época. Até mesmo Le Temps [Tempo] não precisa da barba nem da foice, e se apresenta de calções e gibão. A representação parece-nos ainda mais primitiva, devido à ingênua rigidez das ilustrações: toda a ternura e a vivacidade que a própria época apreciava nessas invenções se perderam para nós. Mas é justamente o caráter cotidiano da alegoria que comprova a sua vitalidade. Para Olivier de la Marche, não há nada de estranho no fato de as doze virtudes, encenadas num *entremet* durante o banquete da corte de Lille em 1454, depois de terem lido seus poemas, começarem a dançar "à maneira da mascarada e por divertimento, para tornar a festa mais alegre" [*en guise de mommerie et à faire bonne chiere, pour la feste plus joyeusement parfournir*].[23] A representação em forma humana associada a virtudes e emoções ainda é em certa medida involuntária; mas mesmo nos casos em que o conceito não parece ter nada de antropomórfico para nós, o espírito medieval não hesita em transformá-lo numa pessoa. A Quaresma como figura personificada, marchando contra o exército do Carnaval, não é uma criação da cabeça insana de Brueghel. O poema *La Bataille de Caresme et de Charnage* [A batalha da Quaresma e do Carnaval], em que o queijo luta contra a arraia e a linguiça contra a enguia, é uma criação do final do século XIII, e por volta de 1330 já era imitada pelo poeta espanhol Juan Ruiz.[24] O provérbio também a conhece desta forma: "*Quaresme fait ses flans la nuit de Pasques*" [Na madrugada de Páscoa, a Quaresma assa seus pudins]. Em outros lugares, o processo de personificação vai ainda mais longe: em algumas cidades do norte da Alemanha, um boneco era pendurado no coro da igreja e recebia o nome de Quaresma; na quarta-feira antes da Páscoa, cortava-se a corda desse *hungerdock* [boneco da fome] durante a missa.[25]

Existia diferença entre o grau de realidade atribuído à representação dos santos e aquela das figuras puramente simbólicas? Os primeiros tinham a confirmação da Igreja, o seu caráter histórico, as suas imagens de madeira e de pedra. Por outro lado, as últimas possuíam uma relação com a vida íntima de cada um e com a livre fantasia. Pode-se pensar seriamente que alegorias como Fortune e Faux-Semblant foram tão "vivas" quanto santa Bárbara e são Cristóvão. Não podemos nos esquecer que uma figura surgida a partir da livre imaginação, sem nenhuma sanção dogmática, adquirira mais realidade do que qualquer santo, e a todos eles sobreviveu: a Morte.

15. O SIMBOLISMO FENECIDO

Não há de fato um contraste essencial entre a alegoria medieval e a mitologia do Renascimento. Antes de tudo, as figuras mitológicas já acompanham a alegoria livre durante boa parte da Idade Média: Vênus desempenha seu papel na poesia mais genuinamente medieval. Por outro lado, a alegoria livre ainda mantém o esplendor por muito tempo, no século XVI e mesmo depois. No século XIV tem início uma espécie de competição entre alegoria e mitologia. Nos poemas de Froissart, ao lado de Doux-Semblant, Joncce, Plaisance, Refus, Dangier, Escondit, Franchise, surge uma excêntrica coleção de figuras mitológicas, às vezes irreconhecíveis de tão mutiladas: Atropos, Cloto, Lachesis, Telephus, Ydrophus, Neptisphoras! No que se refere à riqueza da representação, os deuses e deusas ainda levam a pior na comparação com os personagens do *Roman de la Rose*; eles permanecem obscuros e ocos. Ou, quando dominam a cena, eles se tornam extremamente barrocos e não clássicos, como em *Épître d'Othéa à Hector*, de Christine de Pisan. A chegada do Renascimento opera uma inversão completa dessa relação. Aos poucos, os deuses do Olimpo e as ninfas passam à frente do *Roman de la Rose* e das figuras alegóricas dos *Sinnekens*. Dos tesouros da Antiguidade, chegam-lhes uma riqueza de estilo e sentimento, uma beleza poética e, sobretudo, um senso de unidade com a natureza, diante do que a alegoria, uma vez tão viva, desbotou e desapareceu.

O simbolismo, com a sua serva, a alegoria, tornara-se um mero passatempo intelectual; o que era rico em sentido ficou sem sentido. O modo de pensar simbólico obstruía o desenvolvimento do pensamento causal-genético. Não que o simbolismo o excluísse. A conexão genética-natural das coisas tinha o seu lugar ao lado da conexão simbólica, mas ela permaneceu irrelevante enquanto o interesse não tinha se deslocado do simbolismo para o desenvolvimento natural. Um exemplo esclarecedor é que, para indicar a relação entre a autoridade espiritual e a autoridade temporal na Idade Média, haviam sido estabelecidas duas comparações simbólicas: uma trata as duas autoridades como sendo os dois corpos celestiais, que Deus colocou um acima do outro na Criação; e a outra diz respeito às duas espadas que os discípulos portavam consigo quando Cristo foi preso. Ora, para o pensamento medieval, esses símbolos não são de modo algum uma simples comparação engenhosa; eles proporcionam o fundamento da relação de autoridade que não pode se subtrair dessa conexão mística. Eles possuem o mesmo valor representativo de Pedro como a rocha da Igreja. A coerção do símbolo obstrui o caminho da investigação do desenvolvimento histórico dos dois poderes. Quando reconhece essa investigação como necessária e decisiva em sua *Monarchia*, Dante precisa inicialmente refutar o poder do símbolo questionando a sua aplicabilidade, antes que o caminho esteja livre para a investigação histórica.

Um comentário de Lutero volta-se contra os males da alegoria arbitrária e frívola na teologia. Ele se refere aos grandes mestres da teologia medieval — a Dionísio Cartuxo, a Guilielmus Durandus (autor do *Rationale divinorum officiorum* [Manual dos ofícios divinos]), a Bonaventura e Gerson — quando exclama: "Estudos alegóricos são obra de pessoas desocupadas. Ou achais que me seria difícil brincar com alegorias sobre qualquer coisa criada? Quem é tão pobre de espírito que não possa exercitar-se com alegorias?".[26]

O simbolismo era um meio inadequado para expressar as conexões que sabemos ser essenciais, tal como elas às vezes se tornam conscientes ao ouvirmos música — *Videmus nunc per speculum in aenigmate*. Existia a consciência de que se via através de um enigma, e mesmo assim tentava-se distinguir as imagens no espelho, e explicaram-se imagens com imagens, e colocou-se espelho diante de espelho. O mundo todo estava representado em figuras independentes: trata-se de uma era que amadureceu demais e feneceu. O pensamento tornara-se demasiado dependente das imagens; a tendência visual, tão própria do fim da Idade Média, tornara-se poderosa demais. Tudo o que podia ser pensado havia se tornado plástico e pictórico. A concepção de mundo havia atingido a quietude de uma catedral ao luar, na qual o pensamento podia adormecer.

16. O realismo e o sucumbir da imaginação no misticismo

O simbolismo era como o sopro vital do pensamento medieval. O costume de ver todas as coisas em sua conexão significativa e em sua relação com o eterno mantinha vivo no mundo das ideias o esplendor de cores desbotadas, ao mesmo tempo que atenuava a fronteira entre todas as coisas. Mas quando a função simbolizadora deixa de existir ou passa a ser puramente mecânica, o grandioso edifício das dependências desejadas por Deus transforma-se numa necrópole. Um idealismo sistemático, que em todo lugar pressupõe relações entre as coisas em função de sua qualidade geral, considerada essencial, conduz facilmente à rigidez e à classificação estéril. A divisão e a subdivisão dos conceitos, realizadas de forma dedutiva, são demasiado cômodas; as ideias se deixam encaixar de bom grado na abóbada da estrutura do mundo. Excetuando as regras da lógica abstrata, não há corretivo que alguma vez aponte um erro na classificação. Com isso, o espírito é enganado quanto ao valor de suas próprias conclusões, e a infalibilidade do sistema é superestimada. Todos os conceitos e noções mantêm-se fixos como estrelas no firmamento. Para conhecer a essência de uma coisa, não se leva em conta sua estrutura interna ou a vasta sombra da história por trás dela, mas volta-se o olhar para o céu, onde ela cintila como ideia.

O costume de sempre prolongar as coisas com uma linha imaginária na direção do ideal é continuamente visto no tratamento medieval das questões políticas, sociais ou morais. Até mesmo o mais insignificante e mais banal só pode ser considerado dentro de um contexto universal. Na Universidade de Paris, por exemplo, há uma controvérsia sobre se deveria ou não ser permitido cobrar algum pagamento para a obtenção de uma licenciatura. O próprio Pierre d'Ailly toma a palavra para contestar a exigência do chanceler da universidade. Em vez de investigar os fundamentos históricos da exigência ou examinar sua legitimidade no direito positivo, a argumentação é toda montada com base na escolástica. Partindo do texto *Radix omnium malorum cupiditas* [A raiz de todo o mal é a cobiça], D'Ailly elabora sua objeção pautado em três questões: que a exigência desse direito constituía simonia; que era incompatível com o direito natural e divino; e que se tratava de heresia.[1] Para reprovar certas licenciosidades que deturpam uma determinada procissão, Dionísio Cartuxo levanta tudo o que diz respeito às procissões desde a sua origem, de como elas aconteciam nos moldes da lei antiga etc.,[2] sem, no entanto, abordar a questão em si. Isso é o que torna quase todas as argumentações medievais tão cansativas e decepcionantes: elas logo apontam para o céu e desde o início se perdem em casos das Escrituras Sagradas e generalidades morais.

O idealismo elaborado à perfeição manifesta-se em todos os lugares. Para cada forma de vida, cada estrato social ou profissão, define-se um ideal moral-religioso ao qual todos devem se conformar segundo as exigências de seu próprio ofício, a fim de servir dignamente ao Senhor.[3] Na maneira enfática como Dionísio Cartuxo destaca a santidade das "profissões" terrenas, há quem deseje ver algo dos novos tempos, algo que anunciaria a Reforma. Em seu tratado *De vita et regimine nobilium etc.* [Sobre a vida e a condução dos nobres etc.], que ele afinal resumiu para o amigo Brugman em dois volumes intitulados *De doctrina et regulis vitae christianorum* [Sobre o ensinamento e as regras de vida dos cristãos], Dionísio propôs para cada profissão um ideal de cumprimento santificado do dever: para o bispo, o prelado, o arquidiácono, o cônego, o pastor, o acadêmico, o soberano, o nobre, os cavaleiros, os comerciantes, os casados, os monges, as viúvas, as donzelas.[4] Mas há algo de verdadeiramente medieval nessa rígida particularização de cada classe como algo independente, e o resultado dessa teoria sobre os deveres possui um caráter abstrato e geral, que não se aproxima em nada da realidade de uma profissão.

Nessa redução de todas as coisas ao geral, manifesta-se a tendência que Lamprecht considerou, sob o nome de "tipismo", como a característica por excelência do espírito medieval. Mas ela é, na verdade, uma consequência da necessidade espiritual de subordinação, nascida de um idealismo profundamente enraizado. Não se trata propriamente de uma incapacidade de ver a singularidade das coisas, e sim da vontade consciente de explicar o sentido das coisas na sua relação com o absoluto, na sua idealidade ética e no seu significado geral. Busca-se em tudo precisamente o elemento impessoal. Tudo pode ter valor de modelo, exemplo, norma. A falta de uma concepção individual, até certo ponto proposital, é mais o resultado do hábito mental universalizante que tudo domina do que o traço característico de um nível inferior de desenvolvimento espiritual.

A atividade por excelência do espírito medieval consistia em decompor o mundo inteiro e toda a vida em ideias independentes, para depois ordená-las em grandes e numerosas relações feudais ou hierarquias conceituais. Aqui tem origem a capacidade do espírito medieval de separar cada qualidade, em sua independência essencial, do complexo de um único caso. Por isso, o espírito medieval tinha a capacidade de separar cada qualidade do contexto ao qual ela pertencia e considerá-la em sua independência essencial. Quando o bispo Fulco de Toulouse é criticado por ter dado esmola a uma albigense, ele responde: "A esmola não é para a mulher herética, mas para a mulher pobre".[5] E a rainha francesa Margarida da Escócia, que beija o poeta Alain Chartier na boca enquanto ele dormia, desculpa-se: "Não beijei o homem, mas a boca preciosa da qual saíram palavras tão boas e sentenças tão virtuosas" [*Je n'ay pas baisé l'homme mais la précieuse bouche de laquelle sont yssuz et sortis tant de bons mots et vertueuses paroles*].[6] Um provérbio dizia: "*Haereticare potero, sed haereticus non ero*" [Posso dizer heresias, mas não sou um herético].[7] Será que esses exemplos retirados da esfera do pensamento comum não correspondem à distinção, elaborada na mais alta especulação teológica, entre a *voluntas antecedens* [vontade antecedente] de Deus, em virtude da qual Ele deseja a salvação de todos, e a *voluntas consequens* [vontade consequente], que se aplica apenas aos escolhidos?[8]

Tudo se torna uma longa reflexão insone sobre todas as coisas, sem que a limitação das relações causais fosse realmente levada a sério. É uma análise quase automática que resulta, enfim, num eterno exercício de enumerar. Nenhum campo era tão atraente para essas elaborações quanto o das virtudes e pecados. Cada pecado tem o seu número fixo de causas, seus tipos, suas filhas e seus efeitos prejudiciais. Doze tolices, diz Dionísio, enganam o pecador: ele ilude a si mesmo, rende-se ao diabo, tira a própria vida, rejeita sua riqueza (a virtude), vende-se por nada (enquanto ele mesmo foi comprado com o sangue de Cristo), afasta-se do amante mais fiel, acredita poder resistir ao Todo-Poderoso, serve ao diabo, sente-se insatisfeito, abre-se para a entrada do inferno, obstrui o seu caminho para o céu e segue aquele que vai dar no inferno. Cada número é ilustrado, representado e definido com passagens das Escrituras, imagens e detalhes, a fim de obter a certeza sólida e a independência de uma figura no portal de uma igreja. Logo depois, a mesma série é reconstruída de novo com um sentido mais profundo. A gravidade do pecado deve ser considerada sob sete pontos de vista: o de Deus, o do pecador, o da matéria, o das circunstâncias, o da intenção, o da própria essência do pecado e o das consequências. Alguns desses pontos, por sua vez, são subdivididos em outros oito, ou catorze. Como no caso do segundo, por exemplo: o pecado é mais grave de acordo com os benefícios obtidos pelo pecador, o seu conhecimento, as virtudes anteriores, o seu ofício, a sua consagração, a habilidade de resistir, a fé, a idade. Existem seis fraquezas do espírito que propiciam o pecado.[9] Tudo se passa como no budismo: também ali existe uma sistematização da moral que serve de base para os exercícios de virtude.

Essa anatomia do pecado, por desviar a atenção para a análise minuciosa da classificação, poderia facilmente enfraquecer a consciência do pecado em vez de reforçá-la, se ela não tivesse, ao mesmo tempo, exacerbado a fantasia do pecado e a representação do castigo. Ninguém é capaz de abarcar ou entender toda a enormidade do pecado durante a vida terrena.[10] Colocadas sempre em relação imediata com a majestade de Deus, todas as noções morais são sobrecarregadas de um fardo intoleravelmente pesado. Cada pecado, por menor que seja, turva o universo inteiro. Assim como a literatura budista conhece o aplauso das criaturas celestiais sob a forma de chuvas de flores, labaredas incandescentes e leves tremores de terra quando um bodisatva realiza um grande feito, da mesma forma Dionísio, com ânimo mais sombrio, ouve como todos os abençoados e os justos, as esferas celestes, todos os elementos, e até mesmo os seres irracionais e as coisas inanimadas, clamam por vingança contra os injustos.[11] Por meio de uma descrição detalhada e representações intencionalmente aterrorizantes, sua tentativa de aguçar o medo do pecado, da morte, do juízo final e do inferno, até o nível mais doloroso, não perde o seu efeito sinistro, talvez pela sua própria falta de lirismo. Dante deu um toque de beleza às trevas e aos tormentos do inferno: Farinata e Ugolino são heroicos em sua abjeção, e Lúcifer, batendo suas asas, nos consola pela sua majestade. No entanto, um monge como Dionísio Cartuxo, nada poético a despeito de toda a sua intensidade mística, retrata o inferno exclusivamente em termos de pavor e miséria. As dores e sofrimentos físicos são pintados em cores escaldantes. O pecador deve tentar imaginá-los da maneira mais vívida possível. Diz Dionísio:

> Imaginemos um forno ardendo em brasa e dentro dele um homem nu, que nunca será libertado de tal suplício. Esse tormento, ou apenas a visão dele, não nos pareceria insuportável? Quão miserável pensamos ser esse homem! Imaginemos como ele se contorceria naquele forno, como berraria, choraria, *viveria*, qual pavor o consumiria, que angústia o atravessaria sobretudo quando percebesse que um tal castigo insuportável jamais terminaria![12]

A pergunta surge involuntariamente: como aqueles que imaginavam tais representações dos tormentos infernais podiam mandar queimar uma pessoa viva na terra? O calor do fogo, o frio abominável, os vermes repugnantes, o fedor, a fome e a sede, os grilhões e as trevas, a sujeira indescritível do inferno, o eco sem fim do choro e dos gemidos nos ouvidos, a visão do diabo — tudo isso é estendido como uma sufocante mortalha de pesadelos sobre a alma e os sentidos do leitor. Mas ainda mais intenso é o medo das dores espirituais: a tristeza, o pavor, a sensação de vazio por eterna privação e condenação, o ódio indizível contra Deus e a inveja pela salvação dos eleitos; nas cabeças, nada além de confusão e opressão, a consciência repleta de engano e falsas ideias, de cegueira e quimeras. E a noção de que tudo isso irá durar por toda a eternidade eleva-se por meio de engenhosas comparações às alturas de um horror vertiginoso.[13]

Não é preciso comprovar ou demonstrar o fato de que o medo da dor eterna, quer se manifestasse como um repentino "temor divino", quer corroesse como uma longa e opressora doença, sempre é mencionado como motivo para o arrependimento e a devoção.[14] Tudo estava voltado para esse fim. Um tratado sobre as *quatuor hominum novissimis* (as quatro últimas coisas do homem: morte, juízo final, inferno e vida eterna), provavelmente uma tradução do tratado de Dionísio, era a leitura habitual à mesa para os convidados do convento de Windesheim.[15] Um tempero bem amargo! Mas esses meios tão drásticos motivavam as pessoas a buscar continuamente a perfeição moral. O homem medieval lembra uma pessoa que há muito tempo é tratada com remédios muito fortes. Ele reage apenas aos estimulantes mais potentes. Para fazer com que o mérito de uma virtude resplandeça com todo o seu brilho, o espírito medieval serve-se dos exemplos mais extremos, nos quais um senso de moralidade menos exacerbado veria uma caricatura da virtude. Para a paciência, há o exemplo de santo Eustáquio, que, ferido por uma flecha, implorou a Deus para não curar sua ferida enquanto vivesse. Para a temperança, o dos santos que misturavam cinzas às suas refeições. Para a castidade, o daqueles que iam para a cama acompanhados de uma mulher para testar sua firmeza moral, ou as deploráveis fantasias de virgens que, para escapar aos inimigos de sua castidade, cultivavam uma barba ou pelos grossos por todo o corpo. Ou então o estímulo provinha da extrema juventude daquele que servia de modelo: são Nicolau, nos dias santos importantes, recusava o leite materno. Para a perseverança, Gerson recomenda o exemplo de são Ciríaco, um pequeno mártir de três anos, ou talvez de nove meses, que se recusou a ser consolado pelo prefeito e foi lançado no abismo.[16]

A necessidade de desfrutar da glória da virtude em doses tão fortes também está ligada ao idealismo dominante. Enxergar a virtude como ideia extraiu de sua apreciação, por assim dizer, o fundamento da vida cotidiana. Sua beleza era vista em sua essência autônoma como perfeição suprema, e não na árdua rotina diária, cheia de altos e baixos.

O realismo medieval (ou seja, o hiperidealismo), apesar das contribuições do neoplatonismo cristianizado, deve ser considerado uma atitude espiritual primitiva. Mesmo que a filosofia já tivesse sublimado, depurado e diluído o realismo como atitude espiritual, ele se mantinha como atitude vital do homem primitivo, que atribui essência e substância a todas as coisas abstratas. A veneração hiperbólica da virtude pode ser considerada, na sua forma mais ideal, como um pensamento altamente religioso, mas em seu reverso, isto é, no desprezo do mundo, reconhecemos com clareza o elo entre o pensamento medieval e as formas de pensamento de um passado distante. Refiro-me ao fato de que os tratados *de contemptu mundi* não conseguem deixar de atribuir um peso excessivo ao mal contido nas coisas materiais. Não há motivo maior para desprezar o mundo do que a repugnância provocada pelas funções corporais, especialmente as excreções e a procriação. Trata-se da parte mais mesquinha da moral medieval: o horror ao humano por ser *formatus de spurcissimo spermate, conceptus in pruritu carnis* [formado de semente muito suja, concebido numa comichão da carne].[17] O que seria essa sensualidade convertida em seu oposto senão um rebento do realismo primitivo que faz os selvagens temerem as substâncias e poderes mágicos contidos em excrementos e em tudo o que acompanha a concepção e o nascimento? Existe uma linha reta e não muito longa entre o temor mágico com o qual os povos primitivos dão as costas à mulher e às suas funções mais femininas e o ódio e a difamação ascéticos contra a mulher, que haviam enfeiado a literatura cristã desde Tertuliano e Jerônimo.

Acredita-se que tudo tem uma substância. Em nenhum lugar isso é tão visível quanto na doutrina do *thesaurus ecclesiae*, o tesouro de *operum supererogationum* [méritos superabundantes] de Cristo e de todos os santos. Embora a ideia de um tal tesouro — e a noção de que todos os fiéis como membros do *corpus mysticum Christi*, a Igreja, participam desse tesouro — seja já muito antiga, a doutrina de que essas boas ações formam uma reserva inesgotável que pode ser empregada pela Igreja, particularmente pelo papa, surge apenas no século XIII. Alexandre de Hales é o primeiro a empregar a palavra *thesaurus* no sentido técnico que ela conservou desde então.[18] A doutrina encontrou resistência até receber sua descrição e formulação completa na bula papal *Unigenitus* de Clemente VI, em 1343. Nesse documento, o tesouro é considerado um capital confiado a Pedro e seus seguidores por Cristo, e que segue aumentando diariamente, pois quanto mais pessoas forem levadas ao bom caminho pelo uso desses meios, tanto maior será o acúmulo desses méritos.[19]

Se as boas ações eram consideradas de modo tão substancial, então a mesma concepção deveria valer também, e talvez até mais, para o pecado. Ainda que a Igreja tenha insistido enfaticamente que o pecado não era uma entidade ou uma coisa,[20] a sua própria técnica de absolvição — unida à representação multicolorida e à sistematização complexa dos pecados — inevitavelmente produzia na alma ignorante a convicção de que o pecado era uma substância (assim como é visto no *Atharvaveda*). A concepção substancial do pecado como uma contaminação seria reforçada quando Dionísio — mesmo tendo a intenção de fazer uma simples comparação — afirma que o pecado é igual a uma febre, um humor frio, podre e inútil.[21] O direito, menos preocupado com a pureza dogmática, reproduz a mesma concepção: os juristas ingleses trabalham com a ideia de que na felonia há uma corrupção do sangue.[22] Essa visão hipersubstancial encontra a sua expressão mais forte e mais profunda no caso do sangue do Salvador: trata-se de uma substância real — uma gota teria sido suficiente para salvar o mundo, mas, segundo são Bernardo, ele foi vertido em abundância.[23] São Tomás introduz essa ideia em um de seus hinos:

> Pie Pelicane, Jesu domine,
> Me immundum munda tuo sanguine,
> Cuius una stilla salvum facere
> Totum mundum quit ab omni scelere.

> Piedoso Pelicano, Senhor Jesus,
> Purificai a mim, impuro, com vosso sangue,
> Do qual uma única gota pode salvar
> O mundo inteiro de toda miséria.

E isso é suficiente para nos fazer lembrar que o nosso julgamento acerca do caráter primitivo do pensamento não pode ser tomado como a última palavra.

Em Dionísio Cartuxo, vemos uma luta desesperada para expressar as ideias da vida eterna em termos espaciais. A vida eterna é de uma dignidade incomensurável; desfrutar Deus dentro de si mesmo é uma perfeição infinita; o Redentor tinha necessidade de uma dignidade e eficácia infinitas; o pecado é de uma enormidade infinita porque é uma ofensa contra a santidade infinita; por isso exige-se um expiador de aptidão infinita.[24] Aqui, o adjetivo espacial negativo "infinito" tem sempre a função de tornar concebíveis a importância e o poder do sagrado. A fim de transmitir a seu leitor a ideia de eternidade, Dionísio faz uso de uma imagem: imagine uma montanha de areia tão grande quanto o universo; a cada 10 mil ou 100 mil anos é tirado um grãozinho dessa montanha. Essa montanha há de desaparecer. Mas mesmo depois de um período de tempo tão inimaginável, o castigo infernal ainda não terá diminuído nem estará mais próximo do fim do que quando o primeiro grão foi removido da montanha. E mesmo assim, se os condenados soubessem que seriam libertados quando a montanha desaparecesse, isso já seria um grande consolo para eles.[25]

Quer se deseje expressar os prazeres celestiais ou a majestade divina, o fato é que a ideia é apresentada com um clamor cada vez mais elevado. A expressão da alegria celestial permanece extremamente primitiva. A língua humana é incapaz de evocar uma visão tão penetrante da felicidade como ela o faz com o horror. Para acentuar ainda mais os excessos da feiura e da miséria, tem-se apenas que mergulhar fundo nos antros da humanidade; mas para descrever a felicidade suprema, é preciso esticar o pescoço bem para o alto, na direção do céu. Dionísio esfalfa-se em superlativos desesperados, o que não passa de mero reforço matemático da representação, sem que isso a torne mais clara ou mais intensa: *Trinitas supersubstantialis, superadoranda et superbona* [...] *dirige nos ad superlucidam tui ipsius contemplationem* [Trindade supersubstancial, superadorada e superboa [...] conduzi-nos à superiluminada contemplação de vós mesmos]. O Senhor é *supermisericordissimus, superdignissimus, superamabilissimus, supersplendidissimus, superomnipotens et supersapiens, supergloriosissimus* [supermisericordioso, superdigno, superamabilíssimo, superesplendidíssimo, superonipotente e supersábio, supergloriosíssimo].[26]

Mas de que servia a acumulação de todos esses termos superlativos para expressar a altura, a amplitude, a imensidão e a inesgotabilidade? Continuavam sendo meras imagens, sempre a redução do infinito ao finito e, por consequência, a atenuação e a externalização da noção de eternidade. A eternidade não é um tempo imensurável. Toda sensação, uma vez expressa, perde sua imediatez; cada qualidade atribuída a Deus tirava-lhe um pouco de sua majestade.

16. O REALISMO E O SUCUMBIR DA IMAGINAÇÃO

Nesse ponto, começa a grande luta para ascender com o espírito, até a absoluta irrepresentabilidade de Deus. Sem estar vinculada a nenhuma cultura ou época, essa luta é sempre igual em todos os lugares. "Há nas elocuções místicas uma eterna unanimidade que deve levar um crítico a parar e pensar, e que faz com que os clássicos da mística não tenham, como já foi dito, nem aniversário nem terra natal."[27]

Mas o suporte da imaginação pictórica não pode ser abandonado de repente. A insuficiência dos meios de expressão vai sendo reconhecida pouco a pouco. As encarnações concretas da ideia e as vestes multicoloridas do simbolismo são as primeiras a desaparecer: a partir de então, não se fala mais de sangue e expiação, nem mais de Eucaristia, nem Pai, Filho e Espírito Santo. No misticismo de Eckhart, Cristo já quase não é mencionado, e tampouco o são a Igreja e os sacramentos. Mas a expressão da visão mística do Ser, da Verdade e da Divindade ainda permanece ligada às representações naturais de luz e de extensão. Mais tarde, convertem-se em seus contrários: silêncio, vazio e escuridão. Em seguida, também se reconhece a insuficiência desses conceitos amorfos e sem conteúdo, e tenta-se resolver essa deficiência conectando-os continuamente a seus opostos. Por fim, não resta nada além de pura negação: a divindade, que não é reconhecida em nada do que existe, pois está acima de tudo, passa a ser chamada pelos místicos de "Nada". E assim o faz Scotus Erigena,[28] ou Angelus Silesius, quando diz:

Gott ist ein lauter Nichts, ihn rührt kein Nun noch
[Hier
Je mehr du nach ihm greifst, je mehr entwird er dir.[29]

Deus é um puro nada, nenhum aqui nem agora o tocam
Quanto mais tentais agarrá-lo, tanto mais ele vos
[escapa.

É evidente que essa progressão do espírito contemplativo até chegar ao abandono de toda e qualquer representação não aconteceu exatamente numa sequência linear. A maioria das elocuções místicas apresenta todas essas fases ao mesmo tempo e misturadas entre si. Elas já existiam na Índia, estavam completamente desenvolvidas em Pseudo-Dionísio, o Areopagita, que é a fonte de todo o misticismo cristão, e ressurgem no misticismo alemão do século xiv.[30]

O exemplo a seguir foi retirado das revelações de Dionísio Cartuxo.[31] Ele fala com Deus, que está irado.

> Com essa resposta, o irmão, absorto em si mesmo, viu-se transportado para uma esfera de luz incomensurável, e com a maior docilidade, numa enorme calma, ele, com uma voz silenciosa que não soava no exterior, clamou ao Deus mais secreto, verdadeiramente oculto e incompreensível: "Ó Deus, o mais superamabilíssimo de todos, sois a própria luz e a esfera da luz onde os vossos escolhidos docemente descansam, repousam, cochilam e adormecem. Sois como o mais vasto de todos os desertos, o mais plano de todos, o mais intransponível, no qual o espírito realmente devoto, completamente purificado de todo amor particular, iluminado do alto e intensamente inflamado, erra sem se perder e se perde sem errar, gloriosamente sucumbe e ergue-se sem ter cedido".

Aqui temos em primeiro lugar a representação da luz, ainda positiva; depois vem a do sono; em seguida, a do deserto (a ideia da extensão em duas dimensões); por fim, os opostos que se anulam mutuamente.

A imagem do deserto, ou seja, a representação horizontal do espaço, se alterna com a representação vertical do abismo. Esta última foi um grande achado da imaginação mística. A expressão da ausência de qualquer qualidade particular da divindade, nas palavras de Eckhart, "o abismo sem modo e sem forma da divindade silenciosa e deserta", incorporou a sensação de vertigem à noção de infinitude. Diz-se que Pascal via constantemente um abismo a seu lado: tal sensação é reduzida aqui a uma expressão mística padrão. Nessas visões do abismo e do silêncio, alcança-se a expressão mais vívida da indescritível experiência mística. Suso exclama em júbilo: "Vamos então, coração, mente e coragem, adentrar no abismo insondável de todas as coisas adoráveis" [*Wol uf dar, herz und sin und muot, in daz grundlos abgründ aller lieplichen dingen!*].[32] Meister Eckhart, em sua tensão ofegante, diz:

> A centelha (o núcleo místico de cada ser) [...] não se satisfaz com o Pai, nem com o Filho, nem com o Espírito Santo, nem com as Três Pessoas, na medida em que cada um deles subsiste na sua particularidade. É certo, eu afirmo: a luz não se satisfaz com a fecunda unidade da natureza divina. Quero dizer outra coisa, que soa ainda mais estranha: falo a pura verdade quando digo que essa luz não se satisfaz com o ser divino simples e estático, que nem dá nem recebe; e mais: ela quer saber de onde vem esse ser, ela quer entrar no fundo simples, no deserto silencioso, onde jamais houve distinção, nem Pai, nem Filho, nem Espírito Santo, no íntimo, lá onde ninguém está em casa, lá essa luz se satisfaz e lá ela é mais do que em si mesma. Pois esse fundo é um simples silêncio que em si mesmo é imóvel.

A alma só alcança a suprema bem-aventurança quando "se lança na divindade deserta, onde não há trabalho nem imagem, onde ela se perde e se afunda no deserto".[33]

Tauler diz:

Nesses, o espírito purificado e esclarecido mergulha na escuridão divina, num silêncio tranquilo e numa união incompreensível e inexprimível, e nessa imersão perde-se toda a noção de igual e desigual, e nesse abismo o espírito perde a si mesmo e não conhece Deus nem a si mesmo, nem o igual ou o desigual, nem coisa alguma, pois está imerso na unidade de Deus e perdeu todas as diferenças.[34]

E Ruysbroeck faz uso de todos os meios para traduzir a experiência mística de forma ainda mais plástica que os alemães:

Roept dan alle met openre herten:
O gheweldich slont!
Al sonder mont,
Voere ons in dinen afgront;
Ende make ons dine minne cont.

Gritem todos de coração aberto:
Ó abismo magnífico!
Mesmo sem palavra,
Conduza-nos ao seu abismo,
E nos faça conhecer o seu amor.

A fruição da bem-aventurança na união com Deus "é selvagem e desértica, como um perder-se; pois não há nem guia, nem estrada, nem caminho, nem descanso ou companhia". "Nele nós não seremos elevados, submergidos, ampliados e alongados (o anulamento de todas as noções espaciais), em um perder-se eterno do qual não há retorno."[35] A fruição da bem-aventurança é tamanha "que Deus e todos os santos e as pessoas elevadas (que a vivenciam) são engolidos e submersos em uma ausência de modo, que é um não saber e uma eterna dissolução".[36] Deus distribui a riqueza da salvação a todos por igual, "mas aqueles que a recebem não são iguais e ainda assim há pelo menos alguma coisa para todo mundo", ou seja, na união com Deus, eles não podem desfrutar de toda a riqueza da salvação que lhes é oferecida. "Mas depois de se perderem na escuridão do deserto, não resta nada: pois lá não existe dar nem receber, mas uma simples e única essência. Nela, Deus e todos aqueles unidos a Ele estão imersos e perdidos e jamais poderão reencontrar a si mesmos nessa essência sem modo."[37]

Todas as negações foram reunidas nesta passagem:

> Em seguida vem o sétimo grau (do amor), o mais nobre e o mais elevado que se pode viver no tempo e na eternidade. É quando nós encontramos em nós mesmos um não saber insondável, além de todo conhecimento e todo saber; quando nós, para além de todos os nomes que damos a Deus ou às criaturas, morremos e expiramos num eterno inominado no qual nos perdemos; quando, para além de toda prática da virtude, vemos e encontramos dentro de nós mesmos um vazio eterno no qual ninguém pode agir, e, acima de todo o espírito abençoado, há uma bem-aventurança sem fundo em que todos somos um e o mesmo um, que é a própria bem-aventurança em si mesma; e quando contemplamos todos os espíritos abençoados, completamente imersos, dissolvidos e perdidos em sua superexistência, numa desconhecida escuridão sem modo.[38]

Nessa bem-aventurança simples e sem modo dissolve-se toda diferença entre as criaturas: "Ali elas se desprendem de si mesmas e se perdem numa ignorância sem fundo; ali toda clareza volta a ser escuridão; lá as Três Pessoas dão lugar à unidade essencial".[39]

É sempre a mesma tentativa vã de renunciar a todas as imagens, para poder expressar "o estado de vazio, aquela nua ausência de imagens" — que só Deus pode oferecer. "Ele nos despe de todas as imagens e arrasta-nos ao nosso começo: ali não encontramos nada além de uma nudez selvagem, deserta e sem imagens, que sempre corresponde à eternidade."⁴⁰

Nessas citações de Ruysbroeck, os dois últimos meios de descrição já foram esgotados: a luz, que se transforma em escuridão, e a pura negação, o abandono de todo conhecimento. Pseudo-Areopagita já havia denominado "escuridão" a essência mais íntima e secreta de Deus. E seu homônimo, admirador e comentador, o Cartuxo, desenvolve esse termo: "E a plenitude mais excelente, imensurável e invisível de vossa própria luz eterna é chamada de escuridão divina, onde dizem que habitas, Vós que fizestes da escuridão o seu refúgio. [...] E a própria escuridão divina está protegida de toda luz e oculta a toda visão, por causa do esplendor indescritível e impenetrável de sua própria claridade".⁴¹ A escuridão é o não saber, o cessar de toda compreensão:

> Quanto mais o espírito se aproxima da sua luminosíssima luz divina, tanto mais plenas lhe parecem sua inacessibilidade e sua incompreensibilidade, e quando ele entra na escuridão, rapidamente todo nome e todo conhecimento sucumbem completamente [*omne mox nomem omnisque cognitio prorsus deficient*]. Mas vê-lo, será isso para o espírito: ver que sois totalmente invisível; e quanto mais claro o espírito vir isso, mais nítido ele o contemplará. Rogamos para nos tornarmos essa escuridão superluminosa, ó Trindade abençoada, e vê-lo e conhecê-lo por meio da invisibilidade e da ignorância, a Vós que estais acima de toda visão e conhecimento. Apareceis somente para aqueles que, após terem superado e deixado para trás tudo o que é perceptível e compreensível, e também tudo o que é criado, incluindo a si mesmos, entram na escuridão onde verdadeiramente estais.⁴²

Assim como a luz se transforma em escuridão, do mesmo modo a vida mais elevada se transforma em morte. Se a alma compreendeu que no reino de Deus não entra nenhuma criatura, diz Eckhart, então ela segue o próprio caminho e não mais procura por Deus.

> E aqui ela morre a sua morte mais elevada. Nessa morte, a alma perde toda vontade e toda imagem, toda compreensão e toda forma, e é privada de todo o ser. E isso é tão certo quanto é certo que Deus vive: da mesma forma que uma pessoa morta, fisicamente morta, não consegue se mexer, tampouco a alma, que está espiritualmente morta, pode apresentar qualquer forma ou imagem às pessoas. Pois essa alma está morta e enterrada na divindade. Alma, se não afogares a ti mesma neste mar sem fundo da divindade, então não poderás reconhecer essa morte divina.[43]

Contemplar a Deus por intermédio de negações, diz Dionísio em outro momento, é mais perfeito do que por afirmações. "Pois se digo: Deus é bondade, essência (*essentia*), vida, parece que estou a indicar o que Deus é, como se o que Ele é tivesse algo em comum ou fosse semelhante ao criado, quando é certo que Ele é incompreensível e desconhecido, impenetrável e inefável, e está separado de tudo o que Ele faz por uma incomensurável e totalmente incomparável diferença e excelência."[44] Dionísio Cartuxo considera a sabedoria unitiva (*sapientia unitiva*) irracional, insensata e tola.[45]

Será que o poder das imagens havia sido derrotado? Sem imagem nem metáfora, é impossível expressar qualquer pensamento. Quando se fala da essência incognoscível das coisas, cada palavra é imagem. Falar dos desejos mais elevados e mais íntimos somente por negações não satisfaz o coração, e toda vez que o sábio não tem mais nada a dizer, deve reaparecer o poeta. Dos cumes nevados da contemplação, a alma lírica e doce de Suso sempre encontrou o caminho de volta para as fantasias floridas do antigo misticismo bernardino. Em pleno êxtase da mais elevada contemplação, todas as cores e formas da alegoria reaparecem. Suso vê a Sabedoria eterna, sua amada:

> Ela pairava bem acima dele, num trono de nuvens (o céu): ela cintilava como a estrela da manhã e brilhava como o sol radiante. Sua coroa era a eternidade; suas vestes, a bem-aventurança; sua palavra, a doçura; seu abraço, a satisfação de todo desejo. Ela estava distante e próxima, acima e abaixo; ela estava presente e, mesmo assim, oculta; ela se deixava aproximar e mesmo assim ninguém conseguia compreendê-la.[46]

Havia ainda outros caminhos para retornar das alturas solitárias do misticismo individual sem forma nem imagem. Atingiam-se essas alturas apenas através do deleite do mistério litúrgico-sacramental: do sacramento e da liturgia. Só experimentando plenamente o milagre simbólico-estético dos dogmas e sacramentos era possível livrar-se de todas as formas figurativas e ascender à contemplação sem conceitos do Todo-Uno. Mas a mente não podia desfrutar dessa iluminação quando e todas as vezes que desejasse; ela se limitava a momentos de rara graça e curta duração. Ademais, a Igreja estava sempre aguardando lá embaixo, com seu sistema de mistérios sábio e parcimonioso. Em sua liturgia, a Igreja concentrava o contato do espírito com o divino na experiência de momentos específicos, e atribuíra cor e forma ao mistério. É por essa razão que ela sempre sobreviveu ao misticismo desenfreado: poupava energia. A Igreja permitia tranquilamente o êxtase mais floreado do misticismo estético, mas temia o misticismo verdadeiro e radical, que incendiava e consumia toda a base sobre a qual ela foi edificada: o simbolismo harmônico, os dogmas e os sacramentos.

"A sabedoria unitiva é irracional, insensata e tola." O caminho do misticismo conduz ao infinito e à inconsciência. Ao negar toda identidade essencial entre a divindade e tudo o que é particular e nomeável, anula-se toda transcendência verdadeira. A ponte que leva de volta à vida foi destruída.

> Todas as criaturas são um puro nada. Não digo que elas são algo ínfimo ou alguma coisa — elas são puro nada. O que não tem ser não é. Todas as criaturas não têm ser, pois seu ser depende da presença de Deus.[47]

O misticismo intensivo representa um retorno à vida espiritual pré-intelectual. Nela, tudo o que é civilização se perde, é superado e se torna supérfluo. Se ainda assim o misticismo produz frutos abundantes para a cultura, é porque se desenvolve sempre por meio de estágios preparatórios, e só aos poucos vai descartando todas as formas de vida e de cultura. Ele dá frutos para a civilização nos estágios iniciais, abaixo da linha das árvores. É ali que floresce o pomar da perfeição moral, preparação esperada de todos aqueles que entram para a vida contemplativa: a paz e a humildade, o abrandar do desejo, a simplicidade, a moderação, a diligência, a seriedade e o fervor. Foi assim na Índia e é assim aqui: o efeito inicial do misticismo é moral e prático. Ele consiste, acima de tudo, no exercício da caridade. Todos os grandes místicos prezaram ao máximo essa atividade prática. Não foi o próprio Meister Eckhart que colocou Marta acima de Maria[48] e disse que renunciaria até mesmo ao êxtase de Paulo se pudesse ajudar um pobre com um prato de sopa? De Eckhart ao seu discípulo Tauler, a linha do misticismo segue cada vez mais na direção da valorização do elemento prático. Também Ruysbroeck exalta o trabalho humilde e silencioso, e Dionísio Cartuxo encarna a perfeita união do sentido prático da vida religiosa diária com o mais intenso misticismo individual. Foi nos Países Baixos que os fenômenos que acompanham o misticismo — moralismo, pietismo, caridade e industriosidade — passaram a ser a questão principal. Do misticismo intensivo voltado para os instantes de arrebatamento de alguns poucos se desenvolve o misticismo extensivo para o dia a dia de muitos: o fervor coletivo e duradouro dos devotos modernos no lugar do êxtase solitário e raro — o misticismo sóbrio, ficamos tentados a dizer.

Nas casas dos Irmãos da Vida Comum e nos conventos da Congregação de Windesheim, sobre a silenciosa labuta de todo dia, espalhou-se o brilho do fervor religioso sempre vivo na consciência. Abriu-se mão do lirismo intenso e do desejo desmedido de elevação e, com isso, desapareceu também o risco de desvios da fé; os irmãos e irmãs são totalmente ortodoxos e conservadores. Era o misticismo *en détail*: recebia-se apenas "uma inspiração", "uma pequena centelha", e nesse círculo estreito, humilde e silencioso experimentava-se o arrebatamento do êxtase no convívio espiritual íntimo, nas trocas de cartas e na autocontemplação. A vida afetiva e interior era cultivada como uma planta em uma estufa: havia muito de um puritanismo mesquinho, de adestramento moral, de repressão do riso e dos instintos saudáveis, e muita ingenuidade pietista.

No entanto, é desse círculo que provém a obra mais reconfortante dessa época: a *Imitatio Christi*. Trata-se de um homem que não era nem teólogo nem humanista, nem filósofo nem poeta, e na verdade nem mesmo místico, e que escreveu o livro que haveria de servir de consolo por séculos. Tomás de Kempis, o homem quieto, introvertido, cheio de ternura pelo milagre da missa e com as concepções mais estreitas sobre a direção divina, não conhecia nada sobre a violenta indignação contra a administração da Igreja ou da vida secular, que motivava os pregadores; nada sabia sobre aquela meta universal

16. O REALISMO E O SUCUMBIR DA IMAGINAÇÃO

de Gerson, Dionísio ou Nicolau de Cusa; nada entendia sobre a fantasia bruegheliana de Johannes Brugman ou o simbolismo multicolorido de Alain de la Roche. Ele buscava apenas a paz em todas as coisas, e a encontrou no *angello cum libello* [num cantinho, com um livrinho]: "Ó, como é saudável, como é agradável e doce sentar-se em solidão, ficar em silêncio e conversar com Deus!" [*O quam salubre quam iucundum et suave est sedere in solitudine et tacere et loqui cum Deo!*].[49] E o seu livro de sabedoria simples sobre a vida e a morte, endereçado às almas resignadas, transformou-se num livro atemporal. Nele, todo o misticismo neoplatônico fora mais uma vez deixado de lado, baseando-se unicamente na voz do amado mestre Bernardo de Claraval. Não há nenhum desenvolvimento filosófico de ideias; há apenas a reunião de um certo número de pensamentos extremamente simples em forma de provérbios que giram em torno de um ponto central; cada pensamento é expresso com uma frase curta; não há subordinação e mal existe correlação entre as ideias. Não há nada do estremecer lírico de Henrique Suso ou do fulgor austero de Ruysbroeck. Com o seu tilintar de sentenças correndo em paralelo e assonâncias desbotadas, a *Imitatio* seria prosa duas vezes, não fosse justamente a própria monotonia do ritmo a fazer recordar o mar em uma amena noite chuvosa ou o suspiro de um vento outonal. Há algo de maravilhoso no efeito da *Imitatio*: esse escritor não nos cativa por sua força ou elã, como Santo Agostinho, ou pelo florido de sua palavra, como são Bernardo, nem pela profundidade ou completude das ideias. Tudo é uniforme e melancólico, tudo em tom menor: há somente paz, calma, silenciosa esperança resignada e consolação. *Taeder me vitae temporalis* [A vida terrena é um fardo para mim], diz Tomás em outro lugar.[50] E mesmo assim as palavras desse homem apartado do mundo, como as de nenhum outro, conseguem fortalecer a vida.

Esse livro para almas cansadas tem apenas uma coisa em comum com os produtos do misticismo intenso. A imaginação pictórica, até onde era possível, foi superada, e o adorno colorido dos símbolos resplandecentes foi descartado. E é por isso que a *Imitatio* não se prende a um período cultural determinado. Da mesma forma que as contemplações extáticas do Todo-Uno, ela se afasta de toda cultura e não pertence a nenhuma cultura em particular. Isso explica tanto as suas 2 mil edições quanto a possibilidade de que se tenha duvidado sobre quem seria seu autor e a época de sua composição, que varia num espaço de três séculos. Tomás não disse *"Ama nesciri"* [Ame ser desconhecido] em vão.

17. As formas de pensamento na vida prática

Para compreender o espírito medieval como uma unidade e um todo, é necessário estudar as formas fundamentais de seu pensamento não apenas nas representações da fé e na especulação mais elevada, mas também na sabedoria da vida cotidiana e nas práticas mundanas. Pois são as mesmas grandes correntes de pensamento que dominam tanto as expressões mais elevadas como as mais comuns. E, enquanto no terreno da fé e da especulação continua sempre em pauta a questão de até que ponto as formas de pensamento são o resultado e o reflexo de uma longa tradição escrita, cuja origem remonta aos gregos e judeus, ou até mesmo aos egípcios e babilônios, vemos essas formas atuando de maneira ingênua e espontânea na vida comum, sem nenhuma carga de neoplatonismo ou outras correntes similares.

O homem medieval pensa no cotidiano adotando as mesmas formas de sua teologia. O fundamento, tanto aqui como lá, é o idealismo arquitetônico que a escolástica chamava de realismo: a necessidade de isolar cada noção e configurá-la como uma entidade, para então juntá-la a outras e organizá-las em relações hierárquicas, e com elas sempre voltar a erigir templos e catedrais, como uma criança que brinca com seus blocos de montar.

Tudo o que conquista um lugar fixo na vida, que se converte numa forma de vida, desde os usos e costumes mais comuns até as coisas mais elevadas, passa a valer como se tivesse sido ordenado pelo plano divino universal. Isso se revela de maneira bem clara, por exemplo, na concepção das regras de etiqueta cortesã encontradas nos autores que descrevem a sociedade de corte, como Olivier de la Marche e Aliénor de Poitiers. A velha senhora considera tais regras como leis sábias, instituídas com critério e discernimento nas cortes dos reis de outrora, devendo ser observadas em todos os tempos vindouros. Ela fala dessas regras como se fossem a sabedoria dos séculos: "E então ouvi isso ser dito pelos mais velhos, que sabiam..." [*Et alors j'ouy dire aux anciens qui sçavoient...*]. Ela vê os tempos degenerarem. Fazia uns dez anos que algumas senhoras em Flandres colocavam diante do fogo a cama onde convalesciam do parto, "o que foi motivo de muita gozação" [*de quoy l'on s'est bien mocqué*]. Nunca se fazia isso antigamente. Onde isso vai parar? "Mas agora cada um faz aquilo que lhe apetece, o que faz temer que tudo vai dar errado" [*Mais un chacun fait à cette heure à sa guise: par quoy est à doubter que tout ira mal*].[1]

La Marche faz perguntas importantes a si e ao leitor quanto à racionalidade de todas essas questões de protocolo: por que o *fruitier* tem também as atribuições de *mestier de la cire* [o ofício da cera], isto é, da iluminação? A resposta é: porque a cera é extraída das flores pelas abelhas, de onde também vêm as frutas: *pourquoy on a ordonné très bien ceste chose* [de modo que essa questão foi muito bem ordenada].[2] A forte tendência medieval de criar um órgão para cada função não passa de uma consequência do modo de pensar que atribuía independência a cada qualidade, que via cada uma delas como uma ideia em separado. O rei da Inglaterra tinha entre os seus *magna sergenteria* [altos postos de sargento] um dignitário para segurar-lhe a cabeça quando atravessasse o canal da Mancha e ficasse enjoado; em 1442, essa posição foi ocupada por um tal de John Baker, que depois a passou para suas duas filhas.[3]

17. AS FORMAS DE PENSAMENTO NA VIDA PRÁTICA

É necessário analisar sob a mesma luz o costume de dar nomes próprios a todas as coisas, inclusive as inanimadas. Por mais pálido que seja, trata-se de um traço do antropomorfismo primitivo quando, mesmo na vida militar atual — que em vários aspectos significa um retorno a uma atitude de vida primitiva —, se dão nomes a canhões. Na Idade Média, esse traço é muito mais marcante: assim como as espadas no romance cavaleiresco, as bombardas nas guerras dos séculos XIV e XV tinham nomes: Le Chien d'Orléans, La Gringade, La Bourgeoise, Dulle Griet. Como uma sobrevivência desse costume, ainda hoje alguns diamantes famosos portam nomes. Entre as joias de Carlos, o Temerário, várias tinham nomes: Le Sancy, Les Trois Frères, La Hote, La Balle de Flandres [O Sancy, Os Três Irmãos, O Cesto, A Bola de Flandres].[4] Se em nosso tempo os navios continuam a ter nomes, mas apenas uma ou outra casa manteve tal hábito e os sinos não os têm mais, isso se deve não somente ao fato de os navios mudarem de lugar e precisarem ser identificados a qualquer momento, mas também porque o navio manteve algo de mais pessoal do que a casa, o que também está expresso no *she* [ela] usado no idioma inglês para referir-se a embarcações.[5] Devemos imaginar que essa percepção pessoal das coisas inanimadas era muito mais forte na Idade Média: nesse período, cada coisa recebia um nome, desde os calabouços dos cárceres até cada casa e cada relógio.

Em todas as coisas procurava-se pela "moralidade", como dizia o homem medieval, ou seja, a lição que dali se extraía, o significado moral mais essencial. Cada caso histórico ou literário tende a se cristalizar numa parábola, num exemplo moral, numa evidência; cada declaração, numa sentença, num texto, numa máxima. Assim como as conexões simbólicas sagradas entre o Novo Testamento e o Velho Testamento, surgem conexões morais por meio das quais cada incidente da vida pode imediatamente ser refletido num modelo, num tipo extraído das Escrituras, da história ou da literatura. Para convencer alguém a perdoar, enumeram-se casos bíblicos de perdão. Para advertir contra o matrimônio, citam-se todos os casamentos infelizes da Antiguidade. João Sem Medo, para justificar o assassinato de Orléans, compara a si mesmo com Joabe, e a sua vítima, a Absalão, e se considera melhor do que Joabe, pois o rei não havia proibido expressamente o homicídio. "E assim o bom duque João reduzira o fato a uma moralidade" [*Ainssy avoit le bon duc Jehan attrait ce fait à moralité*].[6] É como uma aplicação ampla e ingênua do conceito de jurisprudência, que até mesmo na vida jurídica atual começou a se transformar num resíduo de formas de pensamento antiquadas.

Gostava-se de embasar toda argumentação séria num texto que servia como ponto de partida e de apoio. Cada uma das doze proposições a favor e contra a revogação da obediência ao papa de Avignon, com que em 1406 se debatia o assunto do Cisma no Concílio de Paris, partia de uma passagem das Escrituras.[7] Assim como um pregador, um orador secular também escolhe sua passagem bíblica.[8]

Não existe exemplo mais claro de todas as características citadas do que o famoso discurso de defesa do mestre Jean Petit para tentar justificar o duque da Borgonha pelo assassinato de Luís de Orléans.

Certa noite — havia uns bons três meses —, o irmão do rei fora esfaqueado até a morte por assassinos contratados, que João Sem Medo havia previamente alojado numa casa na rua Vieille du Temple. De início, o borguinhão ostentou um grande luto durante o serviço funerário, mas depois disso, quando viu que a investigação se estenderia até o seu palácio de Artois, onde mantinha os assassinos escondidos, chamou de lado ao seu tio, o duque de Berry, e contou a ele que, por instigação do diabo, fora o mandante do assassinato. Em seguida, saiu fugido de Paris e foi para Flandres. Em Gent, ele já mandara divulgar uma primeira justificação de seu crime; então voltou para Paris, confiante no ódio generalizado por Orléans e em sua própria popularidade junto ao povo parisiense, que de fato, também dessa vez, o recebeu de braços abertos. Em Amiens, o duque foi se aconselhar com dois homens que se haviam destacado entre os oradores do Concílio de Paris, em 1406: mestre Jean Petit e Pierre-aux-Bœufs. Eles haviam sido encarregados de reelaborar o discurso de defesa feito por Simon de Saulx em Gent, para apresentá-lo como uma impressionante justificação diante dos soberanos e nobres de Paris.

Foi assim que o mestre Jean Petit, teólogo, pregador e poeta, em 8 de março de 1408, compareceu ao Hôtel Saint-Pol em Paris diante de uma magnífica audiência, na qual o delfim, o rei de Nápoles e os duques de Berry e da Bretanha sentaram-se na primeira fila. Ele começou com a humildade adequada: pobre dele, não era teólogo nem jurista, "um pavor enorme oprime o meu peito, tão grande que minha inteligência e minha memória me escapam, e o pouco de bom senso que eu acreditava ter já me abandonou completamente" [*une très grande paour me fiert au cuer, voire si grande, que mon engin et ma mémoire s'en fuit, et ce peu de sens que je cuidoie avoir, m'a jà du tout laissé*]. Então ele passa a elaborar, com um estilo rígido, uma obra de arte de malícia política sombria, concebida com base no texto *Radix omnium malorum cupiditas*. O conjunto todo é disposto artisticamente a partir de distinções escolásticas e textos secundários. Ilustrado com exemplos das Escrituras e da história, adquire uma vivacidade diabólica e uma tensão romântica, devido à minúcia colorida com que o advogado descreve as perversidades do morto. Tudo começa com a enumeração das doze obrigações que impeliam o duque da Borgonha a honrar, amar e vingar o rei da França. Então ele se permite lançar mão da ajuda de Deus, da Virgem e de são João Evangelista, para dar início à argumentação de fato, que está dividida em maior, menor e conclusão. Nesse momento ele introduz o seu texto: *Radix omnium malorum cupiditas*. Dele derivam duas aplicações: a cobiça cria apóstatas e traidores. Os males da apostasia e da traição são divididos e subdivididos e, em seguida, demonstrados com o uso de três exemplos. Lúcifer, Absalão e Atália são conjurados na mente da audiência como arquétipos de traidores. Depois segue o conjunto de oito verdades que justificam o assassinato de um tirano: aquele que conspira contra o rei merece a morte e a danação; quanto mais alta é a sua posição social, tanto mais o merece; qualquer pessoa pode matá-lo. "Provarei essa verdade com doze argumentos em honra aos doze apóstolos" [*Je prouve ceste verité par douze raisons en l'honneur des douze apostres*]: três declarações de doutores da Igreja, três de filósofos, três de juristas e três da Sagrada Escritura. E assim ele prossegue, até completar as oito verdades. É mencionada uma citação extraída do *De casibus virorum illustrium* [Sobre os destinos dos homens famosos] do "filósofo moral Boccaccio", para provar que se pode matar o tirano numa emboscada. Das oito verdades resultam oito corolários, seguidos por um nono complementar, no qual se alude a todos os acontecimentos misteriosos em que a calúnia e a suspeita haviam atribuído a Orléans um papel abominável. Reacende-se mais uma vez a brasa de todas as antigas suspeitas que perseguiam o jovem príncipe desde a mocidade: de como ele, em 1392, teria instigado deliberadamente o *bal des ardents* [baile dos ardentes], no qual seu irmão, o jovem rei, escapara por um triz da mesma morte lamentável de seus companheiros, fantasiados como selvagens, que morreram queimados devido ao descuido com uma tocha. Os encontros de Orléans com o "feiticeiro" Philippe de Mézières no convento dos celestinos forneceram o material para todo tipo de alusões a planos de assassinato e envenenamento. Sua conhecida fixação pelas artes mágicas dá ensejo às mais vívidas histórias de horror: de como Orléans, por exemplo, numa manhã de domingo, cavalgou até La Tour Montjay, no Marne, acompanhado de um monge apóstata, um cavaleiro, um escudeiro e um serviçal; ali o monge conjurou dois diabos, vestidos de verde-escuro e chamados Heremas e Estramain. Eles providenciaram a consagração infernal de uma espada, uma adaga e um anel, e em seguida o grupo foi buscar um enforcado no cadafalso de Montfaucon, e assim por diante. O mestre Jean Petit conseguia extrair um sentido sinistro até mesmo do falatório delirante do rei louco.

Depois de ter elevado a avaliação ao nível da moralidade geral, expondo o assunto à luz dos modelos bíblicos e das sentenças morais, e de ter habilmente criado um clima de horror e estremecimento, irrompe a enxurrada de acusações diretas nas provas menores, que seguem passo a passo a estrutura das provas maiores. O fervoroso ódio partidário ataca a memória da vítima com toda a fúria de que era capaz aquele espírito desenfreado.

Jean Petit discursou por quatro longas horas. Quando terminou, seu cliente, o duque da Borgonha, disse: *"Je vous avoue"* [Eu confirmo suas palavras]. O texto da defesa foi redigido em quatro livrinhos preciosos, encadernados em couro prensado, decorados em ouro e ilustrados com miniaturas, e entregue ao duque e a seus parentes mais próximos. Um deles encontra-se guardado em Viena até hoje. A versão impressa da argumentação também estava à venda.[9]

A necessidade de representar cada incidente da vida com um exemplo moral, isolar cada juízo numa sentença, de modo que adquirissem algo de substancial e intocável, em resumo, o processo de cristalização do pensamento encontra a sua expressão mais geral e mais natural no provérbio. O provérbio desempenhava uma função muito viva no pensamento medieval. Havia centenas deles circulando no dia a dia, quase todos afiados e espirituosos. A sabedoria que emana do provérbio às vezes é prática, às vezes é benéfica e profunda; o tom do provérbio costuma ser irônico, é geralmente bem-humorado e sempre resignado. Ele nunca prega resistência, sempre obediência. Com um sorriso ou um suspiro, ele deixa que os egoístas triunfem e que os hipócritas saiam livres: *"Les grans poissons mangent les plus petis"* [Os peixes grandes comem os pequenos]; *"Les mal vestus assiet on dos ou vent"* [Os malvestidos são postos de costas para o vento]; *"Nul n'est chaste si ne besogne"* [Ninguém é casto se não for necessário]. Às vezes o tom é cínico: *"L'homme est bon tant qu'il craint sa peau"* [O homem é bom, desde que tema por sua pele]; *"Au besoing on s'aide du diable"* [Quando é preciso, pedimos a ajuda do diabo]. Mas no fundo de todos há uma indulgência que não quer condenar: *"Il n'est si ferré qui ne glice"* [Ninguém é tão bem ferrado que nunca escorregue]. Aos lamentos dos moralistas sobre os pecados e a degeneração do ser humano, a sabedoria popular contrapõe a sua compreensão sorridente. No provérbio, a sabedoria e a moral de todos os tempos e todas as esferas se condensam numa única imagem. Às vezes o teor do provérbio é quase evangélico, mas às vezes também é ingenuamente pagão. Um povo com tantos provérbios em circulação deixa a discussão, a motivação e a argumentação por conta dos teólogos e dos filósofos. O provérbio encerra cada caso referindo-se a um juízo, que acerta bem no alvo. Ele se abstém de muita conversa disparatada e preserva-se da falta de clareza. O provérbio sempre desata os nós: uma vez aplicado o provérbio, a questão está encerrada. A habilidade de cristalizar pensamentos apresenta vantagens significativas para a cultura.

É impressionante a quantidade de provérbios usados correntemente na Idade Média tardia.[10] Em sua vigência cotidiana, eles se combinavam tão bem ao conteúdo intelectual da literatura que os poetas da época faziam uso intenso deles. Era muito comum, por exemplo, terminar cada estrofe de um poema com um provérbio. Um autor anônimo emprega essa forma num poema satírico dedicado ao odiado preboste de Paris, Hugues Aubriot, por ocasião de sua derrocada humilhante.[11] Em seguida tem-se Alain Chartier com a *Ballade de Fougères*;[12] Jean Régnier com suas queixas do cárcere; Molinet em diversas passagens de seu *Faictz et dictz* [Feitos e ditos]; a *Complaincte de Eco* [Queixas de Eco] de Coquillart; e a balada de Villon, composta inteiramente de provérbios.[13] O *Passe-temps d'oysiveté* [Passatempos para a ociosidade], de Robert Gaguin,[14] faz parte desses exemplos, com quase todas as 171 estrofes terminando com um provérbio apropriado. Ou será que esses ditados morais com aparência de provérbio (dos quais apenas alguns poucos consigo encontrar nas coleções de provérbios que conheço) são pensamentos do próprio autor? Nesse caso, seria uma evidência ainda mais forte da função vital que no pensamento tardo-medieval cabia ao provérbio, ou seja, ao juízo bem desenvolvido, convencional e de compreensão geral, pois aqui o vemos surgir em conexão direta com um poema saído do espírito de um poeta individual.

Mesmo os sermões não desprezam o uso dos provérbios ao lado dos textos sagrados, e nos debates sérios das assembleias do Estado ou da Igreja se faz amplo uso deles. Gerson, Jean de Varennes, Jean Petit, Guillaume Fillastre e Olivier Maillard empregam os provérbios mais corriqueiros em seus sermões e orações, para reforçar seus argumentos: *"Qui de tout se tait, de tout a paix"*; *"Chef bien peigné porte mal bacinet"*; *"D'aultrui cuir large courroye"*; *"Selon seigneur mesnie duite"*; *"De tel juge tel jugement"*; *"Qui commun sert, nul ne l'en paye"*; *"Qui est tigneux, il ne doit pas oster son chaperon"* [Nada perturbará aquele que se calar; Cabeça bem penteada porta mal o capacete; Do couro alheio, correias largas; A tal senhor, tal serviçal; A tal juiz, tal sentença; Aquele que serve a todos não recebe de ninguém; Quem tem piolho não deve tirar o chapéu].[15] Existe até um elo entre o provérbio e a *Imitatio Christi*, no que diz respeito à forma, pois ela se baseia na coleção de provérbios, ou *rapiaria*, em que se costuma reunir sabedoria de vários tipos e origens.

No entardecer da Idade Média, há uma série de autores cuja força do juízo não chega a se elevar acima da dos provérbios, que eles tanto usavam. Um cronista do começo do século XIV, Geffroi de Paris, recheia sua crônica em versos com provérbios que expressam a lição moral da história,[16] e com isso é mais sábio do que Froissart e seu *Le Jouvencel*, cujas sentenças de autoria própria muitas vezes se parecem com provérbios malsucedidos: *"Enssi aviennent li fait d'armes: ont piert (perd) une fois et l'autre fois gaagn'on"*; *"Or n'est-il riens dont on ne se tanne"*; *"On dit, et vray est, que il n'est chose plus certaine que la mort"* [É assim que as coisas são na guerra: ora se perde, ora se ganha; Não há nada de que as pessoas não se cansem; Diz-se, e é verdade, que a única certeza na vida é a morte].[17]

Outra forma de cristalização do pensamento semelhante ao provérbio é o lema, cultivado com uma predileção especial no final da Idade Média. Não se trata de uma sabedoria de alcance geral, como no provérbio, mas de uma exortação ou lição de vida pessoal, elevada à condição de símbolo pelo portador, que o aplica com letras douradas à sua própria vida, uma lição que, pela repetição estilizada com que sempre aparece em todas as peças do vestuário e nos objetos pessoais, deve inspirar e servir de apoio para ele e para os outros. Na maior parte das vezes, o tom desses lemas é de resignação, tal como os provérbios, ou de esperança, às vezes com um elemento obscuro que servia para torná-lo enigmático: *"Quand sera ce?"*; *"Tost ou tard vienne"*; *"Va oultre"*; *"Autre fois mieulx"*; *"Plus dueil que joye"* [Quando será?; Há de chegar, cedo ou tarde; Adiante; Melhor da próxima vez; Mais tristeza do que alegria]. Mas a grande maioria deles está relacionada ao amor: *"Aultre naray"*; *"Vostre plaisir*"; "*Souvienne vous*"; "*Plus que toutes*" [Não hei de ter outro; O teu prazer; Lembre-se; Mais que todos]. Essas são divisas cavaleirescas gravadas no manto e na armadura. Nos anéis eles tinham um tom mais íntimo: "*Mon cuer avez*"; "*Je le desire*"; "*Pour tousjours*"; "*Tout pour vous*" [Tendes meu coração; Desejo-o; Para sempre; Tudo por vós].

O complemento do lema são os emblemas, que ou o ilustram de forma visível ou se relacionam com ele num sentido livre: como o cajado cheio de nós com o "*Je l'envie*" e o porco-espinho ao "*Cominus et eminus*" de Luís de Orléans, a plaina com "*Ic houd*" de seu inimigo João Sem Medo, a pederneira de Filipe, o Bom.[18] Lema e emblema pertencem à mesma esfera de pensamento da heráldica. Para o homem medieval, o brasão é muito mais do que um passatempo genealógico. A figura heráldica tem para o seu espírito um valor semelhante ao de um totem.[19] Os leões, as flores-de-lis, as cruzes transformam-se em símbolos nos quais todo um complexo de orgulho e ambição, lealdade e companheirismo é expresso em imagens, demarcado como uma coisa independente, indivisível.

A necessidade de isolar cada caso como uma entidade que existe individualmente, de considerá-lo uma ideia, expressa-se na forte tendência medieval à casuística. Esta também é o resultado do idealismo dominante. Para cada pergunta precisa haver uma solução ideal, que é obtida tão logo se tenha reconhecido a correta relação entre o caso em questão e as verdades eternas, e essa relação é derivada da aplicação de regras formais aos fatos. Não são apenas as questões da moral e do direito que encontram tal solução; a perspectiva casuística também controla muitos outros domínios da vida. Onde quer que o estilo e a forma sejam essenciais, onde quer que o elemento lúdico de uma forma cultural apareça em primeiro plano, a casuística triunfa. Isso se aplica, em primeiro lugar, a tudo o que se refere ao cerimonial e à etiqueta. Aqui a perspectiva casuística está em seu próprio ambiente; aqui ela é uma forma de pensamento adequada às perguntas formuladas, pois se trata apenas de uma série de casos determinados por precedentes consagrados e regras formais. O mesmo vale para o torneio e as caçadas. Como já foi mencionado anteriormente,[20] a concepção do amor como um belo jogo social, cheio de formas e regras estilizadas, também cria a necessidade de uma casuística detalhada.

Por fim, todo tipo de casuística está ligado aos costumes da guerra. A forte influência da ideia cavaleiresca na concepção da guerra também dava a ela um elemento de jogo. Os casos do direito ao espólio de guerra, do direito ao ataque e da fidelidade ao juramento tinham o aspecto de regras de jogo semelhantes àquelas que valiam para o torneio e o divertimento da caçada. O anseio de impor leis e regras à violência brotava mais da noção cavaleiresca de honra e de estilo de vida do que do instinto para o direito internacional. Somente uma casuística minuciosa e a elaboração de regras formais rigorosas tornavam possível harmonizar até certo ponto os costumes de guerra com a honra da classe cavaleiresca.

E assim vemos os primórdios do direito internacional misturados às regras de jogo do exercício militar. Em 1352, Geoffroi de Charny faz uma série de perguntas casuísticas ao rei João II da França, para que o soberano, na qualidade de grão-mestre da Ordem da Estrela, fundada por ele, decida o que deve ser feito: vinte referem-se às *jouste*, 21 ao torneio e 93 à guerra.[21] Um quarto de século mais tarde, Honoré Bonet, prior de Selonnet na Provença e doutor em direito canônico, dedica ao jovem Carlos VI o seu *Arbre des batailles* [Árvore das batalhas], um tratado sobre direito de guerra que, ainda no século XVI, conforme atestam suas novas edições, era considerado de valor prático.[22] Nele encontram-se reunidas e misturadas questões da mais alta importância para o direito internacional e trivialidades que tratam apenas das regras de jogo. É lícito entrar em guerra contra os infiéis sem uma razão concreta? Bonet responde enfaticamente: não, nem mesmo para convertê-los. Pode um soberano proibir a passagem de outro por suas terras? Será que o (muito violado) direito que resguarda o lavrador e seu boi da violência de guerra também deve ser estendido à mula e ao servo?[23] Será que um religioso deve ajudar ao seu pai ou ao seu bispo? Se alguém perde uma armadura emprestada numa batalha, ele será obrigado a devolvê-la? É permitido lutar em dias comemorativos? É melhor lutar em jejum ou depois da refeição?[24] Para responder a tudo isso, o prior consulta o direito canônico, os glosadores e passagens bíblicas.

Um dos pontos mais importantes dos costumes de guerra, na época, era aquele que envolvia a questão da captura de prisioneiros. O valor pago pelo resgate de um prisioneiro importante era uma das promessas mais atraentes da batalha para os nobres e mercenários. Esse era um campo ilimitado para regras casuísticas. Também aqui o direito internacional e o *point d'honour* cavaleiresco estão misturados entre si. Será que os franceses, devido à guerra com a Inglaterra, podem aprisionar pobres comerciantes, agricultores e pastores no território inglês e se apoderar de seus bens? Sob quais circunstâncias se pode escapar do cativeiro? Qual o valor de um salvo-conduto?[25] No romance biográfico *Le Jouvencel*, casos como esses são tratados de maneira prática. Apresenta-se ao comandante uma disputa de dois capitães por um prisioneiro. "Fui eu", diz um deles, "quem primeiro o segurou pelo braço, agarrou a sua mão direita e arrancou a luva." "Mas foi a mim", diz o outro, "que ele primeiro deu a mão direita e a sua palavra." Ambos tinham direito à posse preciosa, mas o direito do último prevaleceu. A quem pertence um prisioneiro que foge e é recapturado? Solução: se o caso ocorre na zona da batalha, então ele pertence ao novo captor, mas fora dela ele continua sendo propriedade do captor original. Pode um prisioneiro que deu sua palavra fugir, caso o captor o acorrente? E se o captor esqueceu de pedir a palavra de honra dele?[26]

A tendência medieval de superestimar o valor independente de uma coisa ou de um caso tem ainda mais uma consequência. Todos conhecem *Le Testament*, de François Villon, o grande poema satírico em que ele deixa todos os seus bens a amigos e inimigos. Existem mais desses testamentos poéticos, como o da mula de Barbeau, de Henri Baude.[27] Trata-se de uma forma convencional que, no entanto, só pode ser compreendida quando se lembra que as pessoas da Idade Média tinham realmente o hábito de dispor nos testamentos, de maneira discriminada e minuciosa, até dos bens mais triviais. Uma mulher pobre deixa à sua paróquia seu vestido de domingo e sua touca; ao afilhado, sua cama; à sua enfermeira, uma pele; a uma pobre, a roupa do dia a dia; e aos franciscanos ela deixa quatro libras *tournois*, que eram sua única riqueza, junto com um vestido e uma touca.[28] Não se deveria enxergar também nisso uma expressão bem cotidiana do mesmo modo de pensar que considerava cada caso de virtude como um exemplo eterno, cada costume como um decreto divino? É a mesma fixação do espírito com a particularidade e com o valor da coisa individual que, como uma doença, toma conta do colecionador e do avarento.

Todas as características citadas podem ser reunidas sob o conceito de formalismo. A crença inata na realidade transcendente das coisas implica que cada representação é definida por limites fixos, isolada numa forma plástica, *e que essa forma é dominante*. Os pecados mortais distinguem-se dos pecados veniais segundo regras fixas. O senso de justiça é inflexível, não há um instante de dúvida sequer: o ato julga o homem, dizia o velho ditado legal. Na avaliação de um ato, o seu conteúdo formal é sempre o mais importante. Outrora, no direito primitivo da antiga época germânica, esse formalismo fora tão intenso que a justiça não levava em conta a questão da intencionalidade: o ato era o ato e, como tal, implicava punição, enquanto um ato não consumado, uma tentativa de crime, ficava impune.[29] Mesmo muito tempo depois, um lapso involuntário cometido na formulação do juramento podia levar à perda dos direitos legais: um juramento é um juramento, e é muito sagrado. O interesse econômico põe um fim a esse formalismo: um comerciante estrangeiro, que não dominava bem o idioma do país, não podia sujeitar-se ao juramento, correndo o risco de entravar o negócio. E foi assim que, nas leis municipais, o *vare*, isto é, o perigo de alguém perder o direito desse modo, foi abolido, inicialmente como um privilégio especial e depois como regra geral. Os vestígios do formalismo excessivo nos assuntos legais são ainda muito evidentes no final da Idade Média.

A excepcional sensibilidade a tudo o que se refere à honra aparente é um fenômeno baseado no pensamento formalista. Em Middelburg, no ano de 1445, o sr. Jan van Domburg fugira para o interior de uma igreja para se aproveitar do direito de asilo, pois era acusado de homicídio. O refúgio foi cercado por todos os lados, como era de costume. Viu-se muitas vezes como sua irmã, uma freira, vinha incitá-lo a morrer lutando, ao invés de cair nas mãos do carrasco e cobrir a família de vergonha. E quando isso finalmente aconteceu, a srta. Van Domburg conseguiu que pelo menos lhe entregassem o corpo do irmão, para que ele tivesse um enterro digno.[30] Nos torneios, a manta que cobre o cavalo de um nobre é ornada com seu brasão de armas. Isso era bastante inadequado na opinião de Olivier de la Marche, pois se o cavalo, *une beste irraisonnable* [uma besta irracional], viesse a tropeçar e arrastasse o brasão pela areia, toda a família seria desonrada.[31] Logo após uma visita do duque da Borgonha ao Chastel en Porcien, um nobre tenta o suicídio ali, num momento de insanidade. As pessoas ficaram tremendamente consternadas com o acontecido, "e não se sabia como suportar a vergonha após demonstrar tanta felicidade" [*et n'en savoit-on comment porter la honte après si grant joye demenée*]. Embora todos soubessem que o fato acontecera num acesso de loucura, o infeliz, curado, foi banido do castelo "e desonrado para sempre" [*et ahonty à tousjours*].[32]

O caso que se segue é um exemplo perfeito do modo plástico de como se satisfaz a necessidade de restaurar a honra ofendida. Em Paris, em 1478, um certo Laurent Guernier foi enforcado por engano. Ele fora perdoado pelo crime, mas a notícia do perdão não chegou a tempo. Parece que isso foi descoberto um ano depois, e então o corpo, a pedido do irmão dele, foi honrosamente enterrado. À frente do ataúde avançavam quatro pregoeiros com seus chocalhos, portando o brasão de armas do morto no peito; em torno do ataúde havia quatro velas e oito tochas levadas por carregadores em trajes de luto e com o mesmo brasão. Assim atravessaram Paris, do portão de Saint-Denis até o portão de Saint-Antoine, onde começou o cortejo até o local de nascimento do homem, Provins. Um dos pregoeiros clamava sem parar: "Minha boa gente, reze pais-nossos pela alma do falecido Laurent Guernier, que morava em Provins quando vivo, e foi encontrado morto debaixo de um carvalho" [*Bonnes gens, dictes voz patenostres pour l'äme de feu Laurent Guernier, en son vivant demourant à Provins qu'on a nouvellement trouvé mort soubz ung chesne*].[33]

A grande vitalidade do princípio da vingança de sangue, que proliferava sobretudo em regiões tão prósperas e desenvolvidas como o norte da França e os Países Baixos do Sul,[34] está igualmente relacionada à atitude formalista do espírito. Também essa sede por vingança tem algo de formal. Muitas vezes, nesses casos de vingança, não é uma ira enfurecida ou um ódio implacável que impulsiona o ato. O derramamento de sangue antes serve para satisfazer a honra da família ofendida: às vezes decidem não matar ninguém e, em vez disso, trata-se de ferir deliberadamente a pessoa nas coxas, nos braços e rosto. Adotam-se medidas para evitar o peso da responsabilidade de matar o oponente em estado de pecado: Jacques du Clercq relata o caso de pessoas que vão assassinar a cunhada e levam consigo um padre, de propósito.[35]

O caráter formal da reparação e da vingança, por sua vez, cria situações em que a injustiça é remediada com punições simbólicas ou expiações. Em todas as grandes reconciliações políticas do século XV, o elemento simbólico tem grande peso: a demolição de casas que lembravam o crime, a construção de cruzes memoriais, o muramento de portas, sem falar nas cerimônias públicas de penitência, nas missas pelas almas defuntas e na fundação de capelas. Foi assim nas exigências da casa de Orléans contra João Sem Medo; no Tratado de Arras em 1435; na expiação da Bruges rebelada em 1437; e na expiação ainda mais severa da Gent insurreta em 1453, com o longo cortejo de toda a população trajando preto, sem cintos, de cabeça descoberta e descalça, com os principais culpados na frente usando apenas túnicas, marchando na chuva torrencial, para todos juntos clamarem por perdão diante do duque.[36] Na reconciliação com o irmão, em 1469, a primeira coisa que Luís XI pede é o anel com que o bispo de Lisieux havia instaurado o príncipe como duque da Normandia, e em Rouen, na presença de notáveis, manda que esfacelem o anel numa bigorna.[37]

O formalismo geral também é a base da fé no efeito da palavra falada, que se revela em sua totalidade na cultura primitiva e que ainda está preservado na Idade Média tardia nas bendições, fórmulas mágicas e alegações judiciais. Um pedido formal ainda tem algo de solene, algo impositivo que lembra os pedidos dos contos de fadas. Quando todas as súplicas não conseguem comover Filipe, o Bom, a perdoar um condenado, o pedido é levado a Isabel de Bourbon, a querida nora dele, na esperança de que não o negaria a ela, pois, diz ela, "até hoje nunca lhe pedi nada importante".³⁸ E o objetivo é alcançado. Sob essa mesma luz, deve-se considerar o espanto de Gerson pelo fato de que os costumes não melhoravam, apesar de todas as pregações: "Não sei o que devo dizer, há continuamente sermões, mas sempre em vão".³⁹

As qualidades que muitas vezes emprestam ao espírito tardo-medieval um caráter oco e superficial são frutos diretos desse formalismo geral. Primeiro há o simplismo incomum da motivação. Tendo em vista a ordem hierárquica do sistema de conceitos, e tomando como pontos de partida a autonomia plástica de cada ideia e a necessidade de explicar cada conexão com base numa verdade de valor geral, a função causal da mente opera como uma central telefônica; é possível estabelecer todos os tipos de ligação, mas somente com dois números por vez. De cada situação, de cada conexão, veem-se apenas alguns traços, e estes são extremamente exagerados e multicoloridos; a imagem de um acontecimento sempre apresenta as poucas linhas pesadas de uma xilogravura primitiva. Um motivo sempre basta como explicação, e de preferência o mais geral de todos, o mais imediato ou o mais tosco. Para os borguinhões, o motivo da morte do duque de Orléans só podia ser uma coisa: o rei havia pedido ao duque da Borgonha que vingasse o adultério da rainha com Orléans.⁴⁰ Na opinião dos contemporâneos, o grande levante do povo de Gent foi causado por uma simples questão formal a respeito de um formulário epistolar.⁴¹

O espírito medieval adora generalizar as coisas a partir de um caso. Olivier de la Marche, com base em um único caso anterior de imparcialidade da Inglaterra, conclui que os ingleses eram honestos naquela época, e que essa foi a razão de terem conseguido conquistar a França.⁴² O tremendo exagero que logo brota da visão demasiado colorida e isolada demais dos acontecimentos é ainda reforçado pelo fato de que para cada caso há sempre um paralelo tirado das Escrituras, o que eleva o caso à esfera de uma potência superior. Quando, por exemplo, em 1404, uma procissão de estudantes parisienses é interrompida e duas pessoas são feridas, enquanto outra tem as roupas rasgadas, para o indignado chanceler da universidade ouvir o som das ternas palavras *"les enfants, les jolis escoliers comme agneaux innocens"* [as crianças, os belos estudantes como cordeiros inocentes] é o suficiente para comparar o caso ao Massacre dos Inocentes em Belém.[43]

Num lugar em que para cada caso se encontra tão facilmente uma explicação, e, uma vez que esta foi aceita, se acredita nela com tanto fervor, reina uma extraordinária facilidade para formular juízos falsos. Se devemos admitir com Nietzsche que "a renúncia a juízos falsos tornaria a vida impossível" [*der Verzicht auf falsche Urteile das Leben unmöglich machen würde*], pode-se atribuir a isso uma parte do vigor da vida que nos impressiona em tempos mais antigos. Qualquer época que demanda uma tensão extraordinária de todas as forças precisa mais intensamente que o falso juízo venha em auxílio dos nervos. O homem medieval, na verdade, vivia sempre numa crise espiritual dessas; ele não escapava um momento sequer dos juízos falsos mais grosseiros, que, sob a influência do partidarismo, atingiam um grau sem paralelo de malícia. Toda a atitude dos borguinhões frente à grande rixa com Orléans demonstra tal fato. A proporção das inúmeras vidas ceifadas em combate é ridiculamente exagerada pelo lado vencedor: na Batalha de Gavere, Chastellain faz com que apenas cinco nobres pereçam do lado do soberano, contra 20 mil ou 30 mil dos revoltosos de Gent.[44] Uma das características mais modernas de Commines é o fato de ele não participar desses exageros.[45]

Como, afinal de contas, deve-se interpretar essa peculiar leviandade que é revelada continuamente na superficialidade, imprecisão e credulidade do homem medieval tardio? Muitas vezes é como se não tivessem a menor necessidade de pensamentos verdadeiros, como se o desfilar de fantasmagorias etéreas já fosse suficiente para suprir o seu espírito: fatos superficiais descritos superficialmente, essa é a assinatura de escritores como Froissart e Monstrelet. Como as batalhas e os cercos infindáveis e não decididos, nos quais Froissart desperdiçou seu talento, conseguiram despertar sua atenção? Ao lado de impetuosos partidaristas, há entre os cronistas aqueles cujas simpatias políticas são impossíveis de determinar, como Froissart e Pierre de Fenin, de tanto que seus espíritos se exaurem na narração de acontecimentos externos. Eles não distinguem o importante do desimportante. Monstrelet estava presente no encontro entre o duque da Borgonha e a prisioneira Joana d'Arc, mas não se recorda do que foi discutido.[46] A imprecisão, até mesmo quando se trata de acontecimentos importantes nos quais eles próprios estavam envolvidos, não tem limites. Thomas Basin, que conduziu o processo de reabilitação de Joana d'Arc, diz em sua crônica que ela nasceu em Vaucouleurs. Ele fez com que o próprio Baudricourt — que Basin trata por senhor em vez de capitão — a levasse a Tours, e engana-se em três meses quanto à data do primeiro encontro dela com o delfim.[47] Olivier de la Marche, a joia rara entre todos os cortesãos, equivoca-se continuamente sobre a genealogia e o parentesco da família ducal, e chega ao ponto de errar a data do casamento de Carlos, o Temerário, com Margarida de York, de cujas festividades, em 1468, ele participou e as quais descreveu, mas situa o evento após o cerco de Neuss, em 1475.[48] Mesmo Commines não escapa de tais confusões: ele frequentemente multiplica um certo número de anos por dois, e narra três vezes a morte de Adolf de Gelre.[49]

A credulidade e a falta de discernimento crítico se manifestam com tanta clareza em cada página da literatura medieval que é desnecessário citar exemplos. É evidente que aqui existe uma grande diferença de grau, de acordo com o nível de educação do indivíduo. Entre os borgui-

17. AS FORMAS DE PENSAMENTO NA VIDA PRÁTICA

nhões ainda reinava, em relação a Carlos, o Temerário, aquela forma peculiar de credulidade bárbara, que nunca acredita de fato na morte de uma figura de porte na realeza. Desse modo, mesmo dez anos após a Batalha de Nancy, ainda se fazia empréstimo de dinheiro que deveria ser pago quando o duque retornasse. Basin trata o caso como puro disparate, e Molinet faz o mesmo: ele o menciona em suas *Merveilles du monde* [Maravilhas do mundo]:

> *J'ay veu chose incongneue:*
> *Ung mort ressusciter,*
> *Et sur sa revenue*
> *Par milliers achapter.*
>
> *L'ung dit: il est en vie,*
> *L'autre: ce n'est que vent.*
> *Tous bons cueurs sans envie*
> *Le regrettent souvent.*[50]
>
> Vi algo sem precedente:
> Um morto ressuscitado,
> E no seu retorno
> Milhares fecharem negócios.
>
> Um diz: ele está vivo;
> O outro: é só vento.
> Todos os bons corações sem inveja
> Frequentemente o lamentam.

Porém, dada a influência da forte passionalidade e da imaginação sempre pronta, a crença na realidade do que é imaginado fixa-se facilmente entre as pessoas. Com a disposição espiritual para pensar em termos de representações muito isoladas, a simples presença da representação no espírito logo levava à presunção da credibilidade desta. Uma vez que certa ideia, imbuída de nome e forma, começasse a circular na mente, ela tinha grandes chances de ser aceita no sistema das figuras morais e religiosas, e automaticamente iria partilhar da sua alta credibilidade.

Se por um lado os conceitos são especialmente firmes e imóveis — em razão de seu contorno nítido, suas conexões hierárquicas e seu caráter muitas vezes antropomórfico —, existe por outro lado o perigo de que na *forma* vívida do conceito o *conteúdo* se perca. Eustache Deschamps dedica um longo poema didático, alegórico e satírico, *Le Miroir de mariage* [O espelho do casamento],[51] às desvantagens do casamento. O personagem principal é Franc Vouloir [Livre-Arbítrio], encorajado por Folie [Loucura] e Désir [Desejo] a se casar, mas dissuadido por Repertoire de Science [Repertório da Ciência].

Mas qual o significado da abstração Franc Vouloir para o poeta? A princípio, a alegre liberdade de solteiro, mas em outros momentos o livre-arbítrio no sentido filosófico. A ideia do poeta é de tal modo absorvida na personificação de sua figura do Franc Vouloir que ele não sente nenhuma necessidade de demarcar claramente este conceito, deixando-o oscilar entre esses dois extremos.

O mesmo poema ilustra ainda, por outro ângulo, como o pensamento seguia vacilando ou se evaporava nessas elaboradas representações. O tom do poema é o da conhecida ridicularização filistina da mulher: a troça sobre sua fraqueza e a difamação de sua honra, com a qual toda a Idade Média se divertiu. Para a nossa sensibilidade, esse tom destoa grosseiramente do louvor devoto do casamento espiritual e da vida contemplativa com o qual Repertoire de Science recepciona o seu amigo Franc Vouloir na última parte do poema.[52] Igualmente estranho para nós é que o poeta às vezes lance mão de Folie e Désir para dizer grandes verdades, verdades que se esperaria ouvir do lado adversário.[53]

Aqui, como tantas vezes acontece frente às expressões medievais, surge a pergunta: será que o poeta levava realmente a sério aquilo que elogiava? Assim como também se poderia perguntar: será que Jean Petit e seus patronos borguinhões acreditavam em todos os horrores com que macularam a memória de Orléans? Ou ainda: será que os soberanos e nobres viam alguma seriedade em todas as fantasias bizarras e no teatro com que ornamentavam seus planos de guerra e votos cavaleirescos? É extremamente difícil, quando se trata do pensamento medieval, fazer uma distinção clara entre a seriedade e o jogo, entre a convicção sincera e aquela atitude do espírito que os ingleses chamam de *pretending*, a atitude da criança ao brincar, que também ocupa um lugar importante nas culturas primitivas[54] e não encontra uma expressão pura nem no fingimento nem na "afetação".

Essa mistura de seriedade e jogo caracteriza os costumes medievais nas instâncias mais diversas. É sobretudo na guerra que se gosta de imprimir um elemento cômico: o escárnio dos dominados em relação a seus inimigos é algo pelo qual acabam muitas vezes pagando de forma sangrenta. Os habitantes de Meaux põem um jumento no muro para ridicularizar Henrique V da Inglaterra; o povo de Condé explica que ainda não pode se render, pois está ocupado preparando panquecas para a Páscoa; em Montereau, os citadinos sobem nos muros e espanam o pó de seus capacetes depois de o canhão dos sitiadores ter sido disparado.[55] Nessa mesma linha, o acampamento de Carlos, o Temerário, diante de Neuss, foi construído como uma enorme quermesse: os nobres, *par plaisance*, mandam erigir suas tendas na forma de castelos, com galerias e jardins; há todo tipo de diversão.[56]

Existe uma área específica em que a mescla do escárnio com as coisas mais sérias tem um efeito especialmente bizarro: a esfera sinistra da crença no diabo e nas bruxas. Embora a fantasia diabólica se enraizasse nas profundezas do medo, que a alimentava continuamente, também aqui a imaginação ingênua coloria as figuras de um modo tão infantil e tão familiar que às vezes fazia com que perdessem o seu caráter assustador. Não é só na literatura que o diabo atua como uma figura cômica: mesmo na sinistra seriedade dos processos de feitiçaria, a trupe de Satã é representada com frequência à maneira de Hieronymus Bosch, misturando o odor infernal de enxofre com os peidos da farsa. Os demônios que desassossegam um convento de freiras, sob o comando dos capitães Tahu e Górgias, portam nomes "muito de acordo com os nomes de peças de roupas do cotidiano, instrumentos ou jogos da atualidade, como Pantoufle, Courtaulx e Mornifle" [*assez consonnans aux noms des mondains habits, instruments et jeux du temps présent, comme Pantoufle, Courtaulx et Mornifle*].[57]

O século XV foi o século da caça às bruxas por excelência. Nessa época, com a qual nos costumamos a encerrar a Idade Média e a vislumbrar satisfeitos o humanismo florescente, a elaboração sistemática da crença nas bruxas — aquela excrescência horrível do pensamento medieval — é selada pelo *Malleus maleficarum* e pela bula papal *Summis desiderantes* (1487 e 1484). E nenhum humanismo ou reforma conseguem impedir essa insanidade: não é o humanista Jean Bodin, mesmo na segunda metade do século XVI, em seu *Démonomanie*, quem dá o combustível mais substancial e mais erudito para a mania de perseguição? Os novos tempos e o novo saber não se afastaram de pronto do horror da perseguição às bruxas. Por outro lado, concepções mais indulgentes no que se refere à bruxaria, como aquelas proclamadas no final do século XVI pelo médico Johannes Wier, de Gelder, já eram amplamente representadas no século XV.

A atitude do espírito medieval tardio frente à superstição, sobretudo com relação a bruxas e feitiços, é muito variável e pouco firme. Mas essa época não estava entregue de forma tão desamparada aos fantasmas e ao delírio, como se poderia supor, considerando a credulidade geral e a falta de senso crítico. Há muitas manifestações de dúvida ou de interpretações racionais. Volta e meia surgem novos focos de demonomania, de onde o mal se espalha e consegue às vezes se manter aceso por um longo tempo. Havia regiões conhecidas por suas bruxas e feiticeiros, principalmente nos lugares montanhosos: Savoia, Suíça, Lorena e Escócia. Mas as epidemias também irrompem fora dessas áreas. Por volta de 1400, a própria corte francesa era um desses focos de magia. Um pregador avisou aos nobres da corte que era preciso tomar cuidado, caso contrário a expressão *vieilles sorcières* [velhas feiticeiras] mudaria para *nobles sorciers* [nobres feiticeiros].[58] A atmosfera das artes diabólicas pairava especialmente ao redor de Luís de Orléans; as acusações e suspeitas lançadas por Jean Petit não eram de todo infundadas, nesse particular. Amigo e conselheiro de Orléans, o velho Philippe de Mézières, considerado pelos borguinhões o misterioso instigador de todos os crimes de Orléans, relata que no passado havia aprendido sobre magia com um espanhol e como tinha sido custoso esquecer esse conhecimento nefasto. Mesmo dez ou doze anos depois de ter deixado a Espanha, "ele não conseguia por vontade própria extirpar do seu coração os sinais citados e o efeito deles contra Deus" [*à sa volenté ne povoit pas bien extirper de son cuer les dessusdits signes et l'effect d'iceulx contre Dieu*], até que finalmente, com a confissão e a resistência, foi redimido pela bondade de Deus "dessa imensa loucura, que é inimiga da alma cristã" [*de ceste grand folie, qui est à l'ame crestienne enemie*].[59] De preferência, procurava-se pelos mestres das artes mágicas em regiões inóspitas: uma pessoa que quer falar com o diabo e não consegue encontrar ninguém para lhe ensinar essa arte recebe a recomendação de ir à *Ecosse la sauvage* [a selvagem Escócia].[60]

Orléans tinha os seus próprios mestres bruxos e nigromantes. Um deles, cuja arte não o satisfez, ele mandou queimar.⁶¹ Exortado a pedir a opinião de teólogos sobre a licitude de suas práticas supersticiosas, respondeu: "Por que eu haveria de consultá-los? Estou ciente de que eles hão de me desaconselhar, e apesar disso estou totalmente decidido a agir e a acreditar dessa forma, e não vou abrir mão disso".⁶² Gerson relaciona a morte súbita de Orléans a esse pecar obstinado; ele reprova as tentativas de curar o rei de sua loucura por meio da magia; os fracassos haviam feito mais de uma pessoa pagar com a morte na fogueira.⁶³

Uma prática mágica em particular era sempre citada nas cortes dos soberanos: chamada *invultare* em latim e *envoûtement* em francês, trata-se da tentativa, conhecida no mundo todo, de arruinar um inimigo derretendo ou perfurando uma estatueta de cera, ou alguma outra imagem, batizada em seu nome, depois de tê-la amaldiçoado. Parece que o próprio Filipe VI da França, em cujas mãos chegou uma dessas estatuetas, jogou-a no fogo com as seguintes palavras: "Vamos ver quem é mais forte, o diabo para me danar ou Deus para me salvar".⁶⁴ Também os duques da Borgonha foram perseguidos com essa prática. "Não tenho diante de mim pedacinhos de cera batizados à maneira do diabo, cheios de artes abomináveis contra mim e contra outros?" [*N'ay-je devers moy les bouts de cire baptisés dyaboliquement et pleins d'abominables mystères contre moy et autres?*], queixa-se o conde de Charolais, amargo.⁶⁵ Filipe, o Bom, que, ao contrário de seu sobrinho real, representa em tantos aspectos uma concepção de vida mais conservadora — desde suas opiniões sobre a cavalaria e a pompa, os planos de cruzada, até as formas literárias mais antiquadas que ele protegia —, parece ter tido opiniões mais esclarecidas do que a corte francesa, e sobretudo Luís XI, quanto à questão da superstição. Filipe não dá importância ao dia de azar dos Santos Inocentes, que se repetia toda semana; não pergunta a astrólogos e videntes sobre o futuro, "pois em todas as coisas ele se mostrava uma pessoa de fé inteiramente leal a Deus, sem indagar sobre nenhum de seus segredos" [*car en toutes choses se monstra homme de léalle entière foy envers Dieu, sans enquérir riens de ses secrets*], diz Chastellain, que partilha dessa opinião.[66] É o duque que interfere para pôr um fim, em 1461, às horríveis perseguições a bruxas e magos em Arras, uma das grandes epidemias da paranoia persecutória.

A inacreditável cegueira com que as campanhas contra as bruxas eram conduzidas em parte tinha origem no fato de que os conceitos de magia e heresia haviam se confundido. De um modo geral, todo o desprezo, medo e ódio de transgressões inauditas, mesmo sem ligação direta com o terreno da fé, eram expressos no conceito de heresia. Monstrelet, por exemplo, chama os crimes sádicos de Gilles de Rais simplesmente de *héresie*.[67] A palavra comum para se referir à magia no século XV na França era *vauderie*, que havia perdido sua conexão original com os heréticos valdenses [*voudois*]. Na grande Vauderie d'Arras, vê-se tanto o enorme delírio doentio, no qual logo se incubaria a *Malleus maleficarum*, como a dúvida geral, seja entre o povo, seja entre as classes mais altas, sobre a realidade de todos os crimes descobertos. Um dos inquisidores considera que um terço da cristandade está contaminado com a *vauderie*. Sua confiança em Deus acaba por levá-lo à terrível conclusão de que toda pessoa acusada de magia necessariamente seria culpada. Deus não permitiria que se acusasse alguém que não fosse de fato um feiticeiro: "E quando se argumentava contra ele, quer fosse um religioso ou não, ele dizia que se devia prender essa pessoa como suspeita de ser *vauldois*" [*Et quand on arguoit contre lui, fuissent clercqs ou aultres, disoit qu'on debvroit prendre iceulx comme suspects d'estre vauldois*]. Se alguém insiste que algumas das manifestações são frutos da imaginação, ele logo considera o indivíduo suspeito. Sim, esse inquisidor chegava ao ponto de declarar que bastava olhar a pessoa para saber se ela estava envolvida em *vauderie*. Mais tarde, tal homem ficou louco, mas as bruxas e os magos já tinham perecido na fogueira.

A cidade de Arras ganhou uma reputação tão ruim por causa das perseguições que chegavam a recusar abrigo ou crédito aos seus comerciantes, temendo que no dia seguinte eles fossem acusados de feitiçaria e seus bens fossem confiscados. Não obstante, diz Jacques du Clercq, fora de Arras não havia uma pessoa em mil que acreditasse na verdade de tudo isso: "Nunca tínhamos visto acontecer tais casos por estas terras" [*Oncques on n'avoit veu es marches de par decha tels cas advenu*]. Quando as vítimas são forçadas a se retratar de seus feitos maléficos na hora da execução, até o próprio povo de Arras tem suas dúvidas. Um poema cheio de ódio contra os perseguidores culpa-os de terem instaurado tudo isso por ganância; o próprio bispo diz que se trata de uma conspiração, "uma coisa tramada por certas pessoas malvadas" [*une chose controuvée par aulcunes mauvaises personnes*].[68] O duque da Borgonha pede o conselho da faculdade de Leuven, onde vários de seus membros declaram que a magia não é real, que não passa de ilusão. Então, Filipe envia à cidade o Toison d'Or, seu rei de armas, e dali em diante não houve mais vítimas, e aqueles que ainda estavam sendo investigados foram tratados de forma mais benevolente.

Por fim, todos os processos por bruxaria em Arras são anulados. E a cidade comemora o fato com uma festa alegre e apresentações teatrais edificantes.[69]

A visão de que as fantasias das próprias bruxas, suas cavalgadas pelo céu e suas orgias sabáticas não passavam de ilusão já era compartilhada por muitos no século XV. No entanto, isso não significa que o papel do diabo havia sido revogado, pois é ele que causa a lamentável ilusão. Trata-se de um erro, mas a ilusão tem origem em Satã. Essa também é a opinião defendida por Johannes Wier já no século XVI. Em Martin Lefranc, prior da igreja de Lausanne, o poeta

17. AS FORMAS DE PENSAMENTO NA VIDA PRÁTICA

da grande obra *Le Champion des dames* [O paladino das damas], dedicada a Filipe, o Bom, em 1440, encontra-se a seguinte opinião esclarecida sobre a crença na bruxaria.

> *Il n'est vieille tant estou(r)dye,*
> *Qui fist de ces choses la mendre,*
> *Mais pour la faire ou ardre ou pendre,*
> *L'ennemy de nature humaine,*
> *Qui trap de faulx engins scet tendre,*
> *Les sens faussement lui demaine.*
> *Il n'est ne baston ne bastonne*
> *Sur quoy puist personne voler,*
> *Mais quant le diable leur estonne*
> *La teste, elles cuident aler*
> *En quelque place pour galer*
> *Et accomplir leur volonté.*
> *De Romme on les orra parler,*
> *Et sy n'y auront jà esté.*
> [...]
> *Les dyables sont tous en abisme,*
> *— Dist Franc-Vouloir — enchaienniez*
> *Et n'auront turquoise ni lime*
> *Dont soient jà desprisonnez.*
> *Comment dont aux cristiennez*
> *Viennent ilz faire tant de ruzes*
> *Et tant de cas désordonnez?*
> *Entendre ne sçay tes babuzes.*

Não há nenhuma velha tão louca
Que a menor dessas coisas tenha feito,
Mas para fazê-la ou queimar ou enforcar
O inimigo da natureza humana,
Que muitas armadilhas sabe armar,
Os seus sentidos falsamente domina.
Não há pau ou vara
Em que alguém possa voar,

Mas quando o diabo lhes confunde a cabeça,
Elas pensam ir
A qualquer lugar para se divertir
E fazer a sua vontade.
De Roma há de se lhes ouvir falar,
Sem nunca terem estado lá.
[...]
Os diabos, diz Franc Vouloir,
Estão todos no inferno, acorrentados,
E nem lima ou alicate devem ter
Com que possam se libertar.
Como então chegam até os cristãos
Para tantas peças lhes pregar
E tanta desordem lhes trazer?
Não consigo compreender teus disparates.

E num outro lugar, no mesmo poema:

Je ne croiray tant que je vive
Que femme corporellement
Voit par l'air comme merle ou grive,
— Dit le Champion prestement —
Saint-Augustin dit plainement
C'est illusion et fantosme;
Et ne le croient aultrement
Gregoire, Ambraise ne Jherosme.
Quant la pourelle est en sa couche,
Pour y dormir et reposer,
L'ennemi qui point ne se couche
Se vient encoste alle poser.
Lors illusions composer
Lui scet sy tres soubtillement,
Qu'elle croit faire ou proposer
Ce qu'elle songe seulement.
Force la vielle songera
Que sur un chat ou sur un chien

A l'assemblée s'en ira;
Mais certes il n'en sera rien:
Et sy n'est baston ne mesrien
Qui le peut ung pas enlever.[70]

Não hei de acreditar, enquanto viver,
Que uma mulher corporalmente
Vá pelo céu como um melro ou tordo
— Disse o paladino prontamente.

Santo Agostinho diz claramente:
É ilusão e fantasia;
E da mesma forma acreditam
Gregório, Ambrósio e Jerônimo.

Quando a pobrezinha se deita
Para dormir e descansar,
O inimigo que nunca descansa
Vem ao seu lado se deitar.

Então ele sabe preparar ilusões
Tão sutilmente
Que ela pensa fazer ou dizer
O que simplesmente sonha.

Talvez a velha sonhará
Que irá à reunião
Montada num gato ou num cachorro,
Mas na verdade nada disso acontecerá:
Também não há pau ou madeira
Que consiga levá-la um só passo.

Froissart também considera um *erreur* o caso do nobre da Gasconha com o seu companheiro demoníaco Horton, que ele descreve com tanta maestria.[71] Gerson tende a dar um passo adiante na avaliação das ilusões diabólicas, procurando uma explicação natural para todos os tipos de fenômenos supersticiosos. Muito disso, diz ele, provém simplesmente da imaginação humana e das alucinações melancólicas, que em milhares de casos estão baseadas apenas na corrupção do poder de imaginar, causada, por exemplo, por uma lesão interna do cérebro. Essa visão, também sustentada pelo cardeal Nicolau de Cusa,[72] parece suficientemente esclarecida, assim como aquela que atribuía um papel importante aos vestígios pagãos e às invenções poéticas na superstição. Mas embora Gerson admita que muitos dos supostos feitos demoníacos devam ser atribuídos a causas naturais, no fim das contas também ele acaba dando crédito ao diabo: aquela lesão cerebral interna é, por sua vez, resultado da ilusão diabólica.[73]

Além da terrível esfera da perseguição às bruxas, a Igreja combatia a superstição utilizando meios eficazes e adequados. O pregador frei Ricardo faz com que lhe tragam as *madagoires* [mandrágoras] para que sejam queimadas,

> *que maintes sotes gens gardoient en lieux repos, et avoient si grant foy en celle ordure, que pour vray ilz creoient fermem ent que tant comme ilz l'avoient, mais qu'il fust bien nettement en beaux drapeaulx de soie ou de lin enveloppé, que jamais jour de leur vie ne seroient pouvres.*[74]

as quais muita gente tonta guardava em lugares fechados, e tinham uma fé tão grande nessa imundice que eles realmente acreditavam que, enquanto as tivessem bem envoltas em belos panos de seda ou linho, não haveriam de ser pobres nem um dia sequer de suas vidas.

Os citadinos que deixam um bando de ciganos ler suas mãos são excomungados, e é organizada uma procissão para prevenir a desgraça que poderia resultar desse sacrilégio.[75]

Um tratado de Dionísio Cartuxo mostra com clareza onde estava demarcada a fronteira entre fé e superstição, sobre qual base a doutrina da Igreja em parte tentava descartar as ideias e em parte tentava purificá-las mediante um conteúdo verdadeiramente religioso. Amuletos, conjuros, bênçãos e assim por diante, diz Dionísio, não possuem por si mesmos o poder de causar um efeito. Nisso, portanto, eles diferem das palavras do sacramento, no qual, se as palavras forem proferidas com a intenção correta, conseguem um efeito inegável, pois é quase como se Deus tivesse conectado seu poder a elas. As bênçãos, no entanto, só devem ser consideradas uma súplica humilde, só devem ser realizadas com as palavras devotas adequadas e baseadas apenas na fé em Deus. Se com frequência elas surtem efeito, isso ocorre ou porque Deus concede o resultado, caso o pedido seja feito de maneira apropriada, ou, se o pedido é realizado de outro modo — por exemplo, fazendo o sinal da cruz errado — e mesmo assim obteve resultado, então é obra do diabo. As obras do diabo não são milagres, pois os diabos conhecem as forças secretas da natureza. Trata-se então de um efeito natural, assim como o comportamento das aves ou de outros animais tem um significado premonitório somente em razão de causas naturais. Dionísio reconhece que a prática popular atribui um valor próprio a todas essas bênçãos, amuletos e coisas do gênero, mas ele nega esse valor, sustentando a opinião de que o melhor seria os religiosos proibirem todos esses costumes.[76]

De modo geral, pode-se caracterizar a atitude frente a tudo o que parecia sobrenatural como uma oscilação entre a explicação natural e racional, a aceitação devota e espontânea e a desconfiança sobre as artimanhas e as trapaças do diabo. O dito *"omnia quae visibiliter fiunt in hoc mundo, possunt fieri per daemones"* [tudo o que acontece neste mundo de uma maneira visível pode ser obra do diabo], consagrado pela autoridade de Agostinho e Tomás de Aquino, causa grande insegurança nos devotos bem-intencionados. Não são raros os casos em que uma pobre histérica deixou os habitantes de uma cidade em piedosa agitação para logo depois ser desmascarada.[77]

18. A arte na vida

A cultura franco-borguinhã do final da Idade Média é mais bem conhecida nos dias de hoje pelas artes plásticas, em especial a pintura. Os irmãos Van Eyck, Rogier van der Weyden e Memling, juntamente com Sluter, o escultor, dominam a nossa visão dessa época. Não foi sempre assim. Cerca de três quartos de século antes, quando ainda se escrevia Hemlinc em vez de Memling, o leigo educado conhecia esse período em primeiro lugar a partir da historiografia, certamente não pelos próprios Monstrelet e Chastellain, mas pela *Histoire des ducs de Bourgogne* de De Barante, que se baseava nesses dois autores. E será que além, e mais do que De Barante, não seria sobretudo *O corcunda de Notre-Dame* de Victor Hugo a imagem que representava esse tempo para a maior parte das pessoas?

A imagem que daí surgiu era cruel e sinistra. Nos próprios cronistas e na interpretação que o Romantismo do século XIX deu a esse material, sobressai principalmente o aspecto sombrio e abominável da Idade Média tardia: a crueldade sangrenta, paixão e ganância, a arrogância estridente e a vingança, a lamentável miséria. As cores mais suaves são adicionadas pela vaidade multicolorida e exagerada das famosas festas da corte, com todo o seu brilho de alegorias desgastadas e luxo insuportável.

E agora? Agora aquela época resplandece para nós com a seriedade elevada e nobre e a paz profunda de Van Eyck e

18. A ARTE NA VIDA

Memling; aquele mundo de cinco séculos atrás nos parece permeado de um brilho esplendoroso do prazer simples, um tesouro de profundidade espiritual. Para nós, a imagem passou de selvagem e obscura a pacífica e serena. Pois, além das artes plásticas, nas outras expressões de vida que conhecemos dessa época, tudo indica a presença da beleza e da silenciosa sabedoria: a música de Dufay e seus companheiros, as palavras de Ruysbroeck e Tomás de Kempis. Mesmo nos lugares em que ainda ressoam os sons altos de crueldade e miséria dessa época — como na história de Joana d'Arc e na poesia de Villon —, a única coisa que emana dessas figuras é elevação e ternura.

Qual a razão para essa profunda diferença entre o retrato da época proporcionado pela arte e o proporcionado pela história e pela literatura? Será própria da época uma grande desproporção entre as diferentes esferas e as formas de expressão de vida? Seria a esfera de vida da qual brotava a arte pura e íntima dos pintores uma esfera distinta, melhor que a dos soberanos, nobres e letrados? Seria possível que os pintores, junto com Ruysbroeck, os devotos de Windesheim e a canção popular, vivessem num limbo pacífico à margem desse exuberante inferno? Ou será um fenômeno comum que as artes plásticas leguem uma imagem mais radiante de certa época do que o fazem as palavras de poetas e historiadores?

A resposta à última pergunta é absolutamente afirmativa. De fato, a imagem que temos de todas as culturas anteriores passou a ser mais alegre, desde que nos tornamos acostumados a olhar mais do que ler, e que a nossa percepção histórica se tornou cada vez mais visual. Pois as artes plásticas, de onde extraímos sobretudo a nossa visão do passado, não se lamentam. Nelas, o gosto amargo da agonia da época que a produziu rapidamente se evapora. Mas o lamento acerca de todo o sofrimento do mundo, expresso na palavra, mantém sempre o seu tom de imediata insatisfação, sempre nos inunda com tristeza e compaixão, enquanto o sofrimento, da forma como é expresso pelas artes plásticas, instantaneamente passa para a esfera da paz elegíaca e serena.

Quando se acredita poder extrair da contemplação da arte a imagem total da realidade de uma época, então um erro comum na crítica histórica continuará sem ser corrigido. Considerando o período borguinhão, existe ainda o perigo de um erro de percepção específico: a incapacidade de avaliar corretamente a relação entre as artes plásticas e a expressão literária da cultura.

O observador recai nesse erro quando não percebe que, já de saída, se posiciona de forma muito distinta frente à arte e à literatura, devido à diferença dos estados de preservação de cada uma. A literatura do final da Idade Média, salvo algumas poucas exceções, já nos é praticamente toda conhecida. Conhecemos suas manifestações mais altas e também as mais baixas, todos os seus gêneros e estilos, do mais elevado ao mais banal, do mais devoto ao mais exaltado, do mais teórico ao mais concreto. Toda a vida da época está refletida e expressa pela literatura. E a tradição escrita não se esgota com a literatura; há ainda todo o conjunto de papéis oficiais e documentos para completar o nosso conhecimento. Das artes plásticas, ao contrário — que, devido à sua natureza, expressam a vida da época de forma menos direta e completa —, não possuímos mais do que fragmentos. Fora a arte sacra, sobreviveram apenas restos mínimos. Quase a totalidade da arte secular e da arte aplicada está faltando: as formas nas quais a relação entre a produção artística e a vida social mais se revelava são justamente as que menos conhecemos. Nosso pequeno tesouro de retábulos e monumentos funerários nem de longe nos ensina o suficiente sobre essa relação: a imagem da arte permanece isolada, fora do que conhecemos da vida colorida daquela época. Para poder compreender a função das artes plásticas na sociedade franco-borguinhã, a relação

18. A ARTE NA VIDA

entre arte e vida, não basta a observação admirada das obras-primas que sobreviveram: aquilo que foi perdido também exige a nossa atenção.

A arte nessa época ainda faz parte integralmente da vida. A vida é definida por formas vigorosas. Ela é unificada e mensurada pelos sacramentos da Igreja, pelas festas do ano e pela liturgia das horas. Cada uma das tarefas e alegrias da vida tem uma forma fixa: a religião, a cavalaria e o amor cortês constituíam as formas mais importantes. A missão da arte era enfeitar as formas nas quais se vivia a vida com beleza. Não se buscava a arte em si, mas sim a vida bela. Ao contrário de épocas posteriores, não se sai de uma rotina de vida mais ou menos indiferente para, como consolo e edificação, desfrutar a arte em contemplação solitária: a arte era antes aplicada para intensificar o esplendor da própria vida. Ela se destina a reverberar os êxtases da vida, seja no voo mais elevado da devoção, seja no desfrutar mais altivo das coisas terrenas. Na Idade Média, a arte ainda não é considerada uma coisa bela em si. Em sua grande maioria, é arte aplicada, mesmo nos produtos que consideraríamos obras de arte autônomas. Ou seja, o motivo para desejar uma obra de arte recai na sua finalidade, na sua subordinação a alguma forma de vida. Não obstante, o puro ideal de beleza poderia guiar o próprio artista criador, muito embora isso ocorresse de modo quase inconsciente. Os primeiros germes de um amor à arte por si mesma aparecem como um crescimento descontrolado da *produção* artística: soberanos e nobres vão amontoando objetos de arte, formam coleções. Nesse momento, tornam-se inúteis, e passa-se a apreciá-los como curiosidade de luxo, como elementos preciosos do tesouro real. A partir daí se cultiva o sentido artístico de fato, que estaria maduro no Renascimento.

Na apreciação das grandes obras de arte do século xv, em particular as peças de altar e a arte funerária, a relevância do tema e a finalidade eram bem mais importantes para o homem daquela época do que o valor da beleza. As obras precisavam ser belas porque ou seu assunto era muito sagrado ou a finalidade era muito elevada. Essa finalidade tinha sempre uma natureza mais ou menos prática. As peças de altar têm objetivo duplo: dispostas nas festividades mais solenes, elas servem para avivar a contemplação devota da multidão e conservar a memória dos doadores devotos, cujas orações continuam a ascender de suas efígies ajoelhadas. Sabe-se que o políptico *Adoração do Cordeiro*, de Hubert e Jan van Eyck, era aberto muito raramente. Quando os magistrados municipais holandeses encomendavam cenas de sentenças ou processos famosos para decorar os tribunais das prefeituras — como a do *Julgamento de Cambises*, de Gerard David, em Bruges, ou *O julgamento do imperador Otto*, de Dirk Bouts, em Leuven, ou os quadros perdidos de Rogier van der Weyden em Bruxelas —, a intenção era manter diante dos olhos dos juízes uma solene e sangrenta exortação ao cumprimento de seu dever. O caso a seguir revela a que ponto se era sensível aos temas que decoravam as paredes. Em 1384, há um encontro em Lelinghem para negociar o armistício entre França e Inglaterra. O duque de Berry, amante do esplendor e a quem a tarefa fora confiada, mandou decorar as paredes nuas da velha capela onde os negociadores reais haveriam de se encontrar com tapeçarias que retratavam batalhas da Antiguidade. Mas quando João de Gante, duque de Lancaster e o primeiro a entrar, vê as tapeçarias, ele quer que as cenas de combate sejam retiradas: aqueles que buscam a paz não devem ter a guerra e a destruição representadas diante de seus olhos. Penduram-se então outras tapeçarias, as quais reproduzem os instrumentos da Paixão de Cristo.[1]

O antigo significado da obra de arte, cujo propósito se encontra no tema, em boa parte se manteve nos retratos. Os sentimentos vitais a que o retrato serve, o amor pelos pais e o orgulho familiar, ampliados em tempos mais recentes pelo culto aos heróis e pelo culto a si mesmo, ainda continuam vivos, enquanto o espírito no qual as cenas de justiça agiam como advertência se desgastou. O retrato tinha ainda, muitas vezes, a função de apresentar os noivos prometidos. Junto com a delegação enviada a Portugal por Filipe, o Bom, em 1428, para lhe conseguir uma noiva, segue também Jan van Eyck, que iria pintar o retrato da filha do rei. Às vezes, insiste-se na ficção de que o noivo teria se apaixonado pela princesa desconhecida ao ver o seu retrato, como ocorreu, por exemplo, no cortejo de Ricardo II da Inglaterra, que pede em casamento Isabel da França, então com seis anos de idade.[2] Diz-se até mesmo que certa vez a escolha chegou a ser feita por comparação de retratos. Quando o jovem Carlos VI da França precisa escolher uma esposa e hesita entre as filhas dos duques da Baviera, da Áustria ou da Lorena, envia-se um pintor talentoso para executar o retrato de cada uma delas. Os retratos são apresentados ao rei e ele escolhe Isabel da Baviera, de catorze anos, que ele considera muito mais bonita.[3]

Em nenhum lugar a finalidade prática da obra de arte é tão importante quanto nos monumentos tumulares, nos quais a escultura da época encontrou a sua atividade por excelência. Mas não só a escultura: a intensa necessidade de uma imagem visível do falecido já precisava ser satisfeita durante o funeral. Às vezes o morto era representado por uma pessoa viva. Na cerimônia fúnebre de Bertrand du Guesclin em Saint-Denis, quatro cavaleiros montados, vestindo armaduras, apareceram na igreja "representando a pessoa do morto quando este ainda estava vivo" [*representans la personne du mort quand il vivoit*].[4] Uma conta do ano de 1375 menciona uma cerimônia fúnebre na casa dos Polignac: "Cinco *sols* para Blaise, pela representação do cavaleiro morto no enterro" [*Cinq sols à Blaise pour avoir fait le chevalier mort à la sepulture*].[5]

Nos funerais da realeza, era costume usar um boneco de couro, todo vestido com insígnias reais e nos quais se busca a maior semelhança possível.[6] Às vezes, ao que parece, há mais do que uma dessas efígies no cortejo. A comoção do povo se concentrava na visão dessas imagens.[7] A máscara mortuária, que surge na França do século xv, provavelmente teve origem na confecção desses bonecos funerários pomposos.

A encomenda de uma obra de arte tem quase sempre uma intenção ligada à vida, uma finalidade prática. Com isso, o limite entre as artes plásticas e o artesanato foi de fato apagado, ou melhor, ele nem tinha sido delineado. E também no que se refere à pessoa do próprio artista, esse limite ainda não existe. A legião de mestres a serviço da corte de Flandres, Berry e Borgonha, cada qual com sua personalidade, não se revezava apenas entre a pintura de quadros, a ilustração de manuscritos e a policromatização de esculturas; eles também precisam se dedicar à pintura de brasões e bandeiras, além de criar roupas para os torneios e os trajes cerimoniais. Melchior Broederlam, que de início foi pintor do conde flamengo Luís de Male, e depois do genro de Luís, o primeiro duque da Borgonha, decora cinco cadeiras de talha para a casa do conde. Ele recupera e pinta as engenhocas mecânicas no castelo de Hesdin, com que os hóspedes eram borrifados de água ou pó. Broederlam trabalha na carruagem da duquesa. Ele supervisiona a decoração extravagante da frota que o duque borguinhão havia reunido no porto de Sluis, em 1387, para uma expedição contra a Inglaterra que acabou nunca acontecendo. Nos casamentos e funerais da realeza sempre se empregavam os pintores da corte. No ateliê de Jan van Eyck, pintavam-se estátuas, e ele mesmo confeccionou para o duque Filipe um tipo de mapa-múndi no qual se podiam ver cidades e países pintados com refinamento e nitidez prodigiosos. Hugo van der Goes pinta uma série de brasões com a insígnia papal, que deveriam ser pregados nos portões da cidade durante uma indulgência em Gent.[8] De Gerard David, conta-se que ornamentou com pinturas as grades ou os postigos do quarto na Broodhuis [casa de pães] em Bruges, onde Maximiliano ficou preso em 1488, para tornar mais agradável a estada do prisioneiro real.[9]

De todo o trabalho oriundo das mãos daqueles artistas maiores e menores, restaram apenas fragmentos de natureza bastante particular. Trata-se principalmente de monumentos tumulares, retábulos, miniaturas e retratos. Com exceção dos retratos, só muito pouco da pintura secular foi conservado. Da arte decorativa e do artesanato, temos alguns gêneros específicos: utensílios de igreja, vestimentas religiosas e algumas peças de mobiliário. Como a nossa visão do caráter da arte do século XV seria ampliada se pudéssemos colocar as cenas de banho e de caçada de Jan van Eyck ou de Rogier van der Weyden ao lado das inúmeras Pietàs e Madonas![10] Existem áreas inteiras das artes aplicadas das quais mal temos ideia. Ao lado dos paramentos eclesiásticos, precisaríamos ver os trajes deslumbrantes da corte, repletos de pedras preciosas e sininhos. Seria necessário poder ver aqueles navios ostensivamente adornados, dos quais as miniaturas apenas nos dão uma ideia muito deficiente e esquemática. Há poucas coisas cuja beleza impressionou tanto Froissart como os navios.[11] As flâmulas que tremulavam no topo do mastro, ricamente decoradas com brasões, às vezes eram tão compridas que chegavam a tocar a água. Ainda vemos essas flâmulas excepcionalmente longas e largas nas pinturas de navios de Pieter Brueghel. O navio de Filipe, o Temerário, no qual Melchior Broederlam trabalhou no ano de 1387, em Sluis, era recoberto de ouro e azul; grandes brasões de armas ornavam o pavilhão do castelo de popa; as velas estavam salpicadas de margaridas e com as iniciais do casal ducal acompanhadas de seu lema, "*Il me tarde*". Os nobres competiam entre si para ver quem iria ostentar a ornamentação mais cara para a expedição fracassada contra a Inglaterra. "Para os pintores, tudo era ótimo", diz Froissart;[12] pagavam-lhes o preço que pediam e nunca havia um número suficiente deles. Ele afirma que muitos mandaram folhear os mastros inteiramente a ouro. Guy de la Trémoïlle, em especial, não poupou recursos: gastou mais de 2 mil libras nisso. "Não se podia recomendar ou imaginar nada para deixar a nau mais bela que o sr. Trémoïlle já não tivesse feito em seus navios. E tudo isso era pago com o dinheiro do pobre povo da França" [*L'on ne se povoit de chose adviser pour luy jolyer, ne deviser, que le seigneur de la Trimouille ne le feist faire en ses nefs. Et tout ce paioient les povres gens parmy France*].

Sem dúvida, a característica que mais nos surpreenderia em toda a arte decorativa secular perdida seria a copiosa e deslumbrante extravagância. As obras de arte que sobreviveram também possuem essa característica de extravagância, mas, como essa qualidade é menos valorizada por nós na arte, prestamos menos atenção nela. Procuramos apenas nos deleitar com a sua beleza mais profunda. Tudo o que é simples pompa e esplendor perdeu sua atração para nós. No entanto, para o contemporâneo daquela época, eram justamente essa pompa e esse esplendor que possuíam enorme valor.

A cultura franco-borguinhã do final da Idade Média é uma daquelas em que o esplendor tende a afugentar a beleza. A arte tardo-medieval reflete fielmente o espírito tardo-medieval, um espírito que já havia percorrido seu caminho. O que antes consideramos como uma das características mais importantes do pensamento tardo-medieval — a representação de tudo que podia ser pensado até suas últimas consequências, a sobrecarga da mente com um sistema infinito de representações formais — também constitui a essência da arte daquela época. Do mesmo modo, ela anseia por não deixar nada sem forma, nada sem representação ou sem ornamento. O gótico flamboyant é como um poslúdio sem fim: ele resolve todas as formas num processo de autodecomposição, dá a cada detalhe uma elaboração contínua, a cada linha a sua contralinha. É um superdimensionamento descontrolado da forma em relação à ideia; o detalhe ornamentado invade todas as superfícies e linhas. Nessa arte predomina o *horror vacui*, que talvez possa ser identificado como uma característica dos períodos finais da cultura.

Tudo isso significa que os limites entre esplendor e beleza desaparecem. O refinamento e a ornamentação já não servem para exaltar a beleza natural, mas invadem-na e ameaçam sufocá-la. Essa invasão dos elementos decorativos formais sobre o conteúdo é tanto mais imoderada à medida que mais se afasta das artes puramente pictóricas. Há pouco espaço para a proliferação dessas formas na escultura, dado que esta cria figuras isoladas: as estátuas da Fonte de Moisés e dos *plourants* das sepulturas competem com Donatello em sua naturalidade rígida e sóbria. Mas tão logo a escultura adquire uma função decorativa — ou entra no terreno da pintura e, limitada às dimensões reduzidas do relevo, reproduz cenas inteiras —, também recai em representações agitadas e sobrecarregadas. Quem observa os entalhes de Jacques de Baerze e a pintura de Broederlam no tabernáculo de Dijon, lado a lado, perceberá uma desarmonia entre eles. Na pintura, representação pura, dominam a simplicidade e a paz. Nos entalhes, decorativos por natureza, o formato das figuras é tratado ornamentalmente, e percebe-se uma aglomeração de formas que contrasta com a paz da representação pictórica. De mesma natureza é a diferença entre a pintura e a tapeçaria. A arte têxtil, devido à sua técnica menos livre, mesmo quando assume a tarefa de realizar uma representação pura, está mais próxima da arte ornamental e não consegue escapar da exagerada necessidade de decoração: as tapeçarias estão abarrotadas de figuras e cores, e permanecem arcaicas em suas formas.[13] Se nos distanciarmos mais ainda da arte pura, encontraremos o vestuário. O vestuário, não se pode negar, também pertence à arte. Mas é parte da própria finalidade das roupas que a pompa e o esplendor prevaleçam sobre a própria beleza. Além disso, a vaidade pessoal puxa a arte da moda para a esfera da paixão e da sensualidade, em que as qualidades que constituem a essência da arte elevada, o equilíbrio e a harmonia, terminam por desaparecer.

Extravagância como a dos trajes de 1350 até 1480 não foi mais vista na moda de épocas posteriores, pelo menos não de forma tão generalizada e tão duradoura. Também houve moda extravagante em períodos subsequentes, como a indumentária dos lansquenetes por volta de 1520 e os trajes da aristocracia francesa em torno de 1660, mas o exagero e a sobrecarga desenfreados que caracterizaram as vestes franco-borguinhãs durante um século não encontram paralelo. Aqui se vê o que fez o sentido de beleza daquela época, entregue ao seu impulso imperturbável. Um traje de corte é recoberto com centenas de pedras preciosas. Todas as dimensões são exageradas, chegando ao grau do ridículo. O penteado feminino tem o formato de pão de açúcar do *hennin*, ou seja, o cabelo natural é escondido ou removido das têmporas e da área da testa, para exibir as frontes estranhamente arqueadas, consideradas bonitas. Aparecem subitamente os decotes. Na indumentária masculina, contudo, as extravagâncias eram ainda mais numerosas. É nesse período que se veem os sapatos de bicos longuíssimos, os *poulaines*, que os cavaleiros em Nicópolis tiveram de cortar fora para poder fugir. E também as cinturas apertadas, as mangas bufantes em forma de balão que se erguiam dos ombros, as *houppelandes* pendendo até a altura dos pés, as jaquetas tão curtas que deixavam o traseiro à mostra, os chapéus e gorros altos pontiagudos ou cilíndricos, as maravilhosas toucas drapeadas ao redor da cabeça como uma crista de galo ou uma chama flamejante. Quanto mais solene, mais extravagante; pois todos esses requintes significavam pompa, *estat*.[14] O traje de luto que Filipe, o Bom, usa depois do assassinato de seu pai, para receber o rei da Inglaterra em Troyes, é tão longo que pende do grande corcel que cavalga, até o chão.[15]

Toda essa ostentação descomedida atinge o auge nas festas da corte. Todos se lembram das descrições das festas borguinhãs, como o banquete de Lille em 1454, em que os convidados fizeram seus votos de partir em cruzada contra os turcos enquanto o faisão era servido; ou da festa de casamento de Carlos, o Temerário, com Margarida de York, em Bruges, em 1468.[16] Não podemos imaginar nada mais distante da quieta santidade dos trípticos de Gent ou Leuven do que essas manifestações bárbaras de opulência da realeza. A partir da descrição de todos esses *entremets* com suas tortas, nos quais músicos tocavam, os seus navios e castelos exageradamente decorados, os macacos, baleias, gigantes e anões, com toda a alegoria banal que disso fazia parte, somos obrigados a imaginar tudo como espetáculos de extremo mau gosto.

No entanto, é fácil exagerarmos, em mais de um aspecto, a distância entre os dois extremos da arte, o religioso e o da festa da corte. Antes de qualquer coisa, é necessário levar em conta a função que a festividade desempenhava na sociedade. Ela ainda conservava a função que tinha entre povos primitivos, isto é, de ser a expressão soberana da cultura, a forma em que coletivamente se expressam a máxima alegria de viver e o sentimento de comunidade. Nessas épocas de grande renovação social, como na Revolução Francesa, as festividades às vezes readquirem aquela importante função social e estética.

O homem moderno pode buscar individualmente a confirmação de sua concepção de vida e o mais puro desfrute de sua alegria de viver em qualquer momento de calma e descontração escolhido por ele mesmo. Mas numa época em que os estimulantes espirituais ainda eram pouco difundidos e pouco acessíveis, é necessário um ato coletivo, ou seja, a festa. E quanto maior o contraste com a miséria da vida cotidiana, tanto mais indispensável é a festa e tanto mais fortes são os estimulantes necessários para experimentar o entorpecimento de beleza e de prazer que abranda a realidade e sem o qual a vida seria enfadonha. O século xv é uma época de enorme depressão e profundo pessimismo. Já mencionamos[17] a eterna angústia que esse século viveu diante da injustiça e da violência, do inferno e do juízo final, peste, fogo e fome, diabo e bruxas. A pobre humanidade não necessitava apenas das promessas diariamente repetidas da salvação celestial e da providência e bondade de Deus. De tempos em tempos, precisava também de uma afirmação solene, coletiva e gloriosa da beleza da própria vida. O prazer da vida em suas formas primárias — jogo, amor, bebida, dança e música — não basta; deve-se enobrecê-la com beleza, estilizá-la em uma celebração coletiva. Para o indivíduo, ainda não era possível atingir essa satisfação pela leitura dos livros, pela música, pela contemplação da arte ou pela apreciação da natureza. Os livros eram caros demais, a natureza, demasiado perigosa, e a arte fazia parte das festividades.

As festas populares tinham suas fontes originais de beleza apenas na canção e na dança. Para a beleza da cor e da forma, elas se apoiavam nas festividades da Igreja, que as ofereciam em abundância, e às quais em geral estavam ligadas. A emancipação da festa cívica da forma religiosa e o abrilhantamento dela com ornamentos próprios se completam justamente no século xv através do trabalho dos retóricos. Até então, apenas a corte real tinha condições de adornar uma festa puramente secular com o luxo da arte, de proporcionar-lhe um esplendor próprio. Mas luxo e esplendor não são suficientes para a festa; nada lhe é tão indispensável quanto o estilo.

As festividades da Igreja tinham esse estilo graças à própria liturgia. Ali sempre havia a dramática representação de uma ideia elevada num belo gesto comunal. A dignidade sagrada e o ritmo solene da cerimônia não são interrompidos nem mesmo pelo transbordamento mais extremo dos detalhes festivos, que beiravam o burlesco. Mas de onde a festa da corte emprestava o seu estilo? Qual a ideia fundamental a ser expressa? A resposta não poderia ser outra que não o ideal cavaleiresco, pois nele se baseava toda a forma de vida da corte. Estaria o ideal cavaleiresco ligado a um estilo próprio, uma liturgia, por assim dizer? Sim, tudo o que se referia a luta de cavaleiros, regras das ordens, torneios, precedência, homenagens e serviço: todo o jogo dos reis de armas, arautos e brasões constituía esse estilo. Visto que a festividade da corte era elaborada a partir desses elementos, para os contemporâneos ela certamente possuía um estilo grandioso e digno de respeito. Até hoje, diante da contemplação de uma cerimônia qualquer, mesmo uma pessoa sem nenhuma afinidade monarquista ou aristocrática irá se sentir impressionada por essa liturgia puramente secular. Imaginemos, então, como deve ter sido para aqueles que ainda estavam cativados pela ilusão do ideal cavaleiresco, quando viam os trajes pomposos com longas caudas e cores deslumbrantes!

Mas a festividade da corte aspirava a algo mais: queria representar o sonho da vida heroica na forma mais extrema. Nesse momento, o estilo é insuficiente. Todo o aparato de fantasia e pompa cavaleiresca não era mais preenchido de vida real. Tudo se transformara demais em literatura, renascimento artificioso e convenção vazia. A sobrecarga de pompa e etiqueta devia encobrir o desmoronamento interno da forma de vida. O pensamento cavaleiresco do século XV se lambuzava num romantismo cada vez mais vazio e desgastado. Essa era a fonte da qual a festa da corte precisava extrair a inspiração para os seus espetáculos e representações. Como haveria de criar estilo a partir de uma literatura tão sem estilo, vaga e antiquada como era o romantismo cavaleiresco em sua decadência?

O valor da beleza dos entremezes deve ser analisado sob esta luz: tratava-se de literatura aplicada, na qual a única coisa que ainda poderia tornar essa literatura suportável — os devaneios fugazes e superficiais de todas as suas formas coloridas — precisa dar lugar às exigências da representação material.

A seriedade pesada e bárbara que emana disso tudo encaixa-se perfeitamente na corte borguinhã, que, devido ao contato com o norte, parece ter perdido a leveza e a harmonia do espírito francês. Encarava-se toda aquela grandiosa pompa com solenidade e gravidade. A grande festa do duque em Lille era ao mesmo tempo o clímax e a conclusão de uma série de banquetes que os nobres da corte ofereciam uns aos outros, para ver quem proporcionava o melhor deles. Começara de forma simples e com poucos custos, e então aumentaram o número de convivas, a opulência dos pratos e os entremezes. O anfitrião oferecia uma coroa de flores ao convidado, que deveria então assumir a vez na rodada, e assim passou dos cavaleiros aos grandes nobres e destes aos príncipes, sempre aumentando o glamour e a pompa, até finalmente chegar ao próprio duque. Para Filipe, tinha de ser mais do que uma festa deslumbrante. Ali deveriam ter lugar os votos para a cruzada contra os turcos em prol da reconquista de Constantinopla, que tombara um ano antes: esse era o ideal de vida que o duque proclamava oficialmente. Para os preparativos, ele designou uma comissão dirigida pelo cavaleiro do Tosão de Ouro, Jean de Lannoy. Olivier de la Marche também tinha um assento nessa comissão. Quando ele se aproxima do tema em suas memórias, seu estado de ânimo se torna ainda mais solene, "porque obras grandes e veneráveis merecem um renome duradouro e a eterna rememoração" [*pour ce que grandes et honnorables œuvres desirent loingtaine renommée et perpétuelle mémoire*], assim ele começa a relembrar esse grandioso evento.[18] Os primeiros e mais próximos conselheiros do duque estavam sempre presentes nas deliberações: o próprio chanceler Rolin e Antoine de Croy, o primeiro camarista, foram chamados antes de se chegar a um acordo de como *les cérimonies et les mistères* [as solenidades e os mistérios] deveriam ser organizados.

O relato de toda essa pompa já foi feito tantas vezes que não é necessário repeti-lo aqui. Até pessoas de além--mar tinham vindo para assistir ao espetáculo. Além dos convidados, havia uma série de espectadores da nobreza, na maioria mascarados. Primeiro dava-se uma volta para admirar as peças esculturais fixas, e só mais tarde tinham início as apresentações e os *tableaux vivants*. O próprio Olivier desempenhava o papel principal, o de Saint--Église, na parte mais importante da peça, quando entra numa torre colocada no dorso de um elefante, conduzido por um turco gigante. As mesas ganhavam as decorações mais maravilhosas, um galeão com seus tripulantes, cheio de adornos, um prado com árvores, uma fonte, rochas e a imagem de santo André, o castelo de Lusignan com a fada Melusina, um moinho de vento e uma cena de caça de aves, uma floresta com animais selvagens em movimento e, por fim, uma igreja com um órgão e cantores cuja música alternava-se com a da orquestra de 28 pessoas acomodadas dentro de uma torta.

O que interessa aqui é considerar o grau de bom ou de mau gosto que estava expresso em tudo isso. No tema em si, não podemos ver coisa muito diferente além de uma confusão de figuras mitológicas, alegóricas e moralizantes. Como era a execução? Sem dúvida nenhuma, buscava-se o efeito mais imponente por meio da extravagância. A torre de Gorkum, atração na festa de casamento de 1468 como decoração de mesa, tinha pouco mais de 1,40 metro de altura.[19] Sobre uma baleia, que nessa mesma ocasião também decorava a mesa, La Marche disse: "E certamente isso foi um entremez muito belo, pois dentro dela havia mais de quarenta pessoas" [*Et certes ce fut un moult bel entré-*

mectz, car il y avoit dedans plus de quarante personnes].[20] Quanto ao pródigo uso dos milagres da mecânica, é difícil associá-lo a qualquer noção de arte: pássaros vivos voam da boca de um dragão, que lutava com Hércules, e outras coisas espantosas como essas. O elemento cômico é de qualidade inferior: dentro da torre de Gorkum há porcos selvagens tocando trompete, cabras executam um moteto, lobos tocam flauta, quatro burros enormes atuam como cantores, tudo isso diante de Carlos, o Temerário, ele mesmo um refinado conhecedor de música.

Não hesitaríamos um segundo em dizer que, apesar de tudo, em meio a toda essa parafernália festiva — sobretudo as peças esculturais —, muitas obras de arte verdadeiras deviam acompanhar essa pompa desmesurada e ridícula. Não esqueçamos que as pessoas que entregavam o seu coração e dedicavam os seus pensamentos mais sérios a todo esse esplendor gargantuesco foram os comitentes das obras de Jan van Eyck e Rogier van der Weyden. O próprio duque o fizera, assim como Rolin, o doador do altar de Beaune e de Autun, e Jean Chevrot, que encomendou *Os sete sacramentos* de Rogier, e ainda outros, como os Lannoy. E o que é mais eloquente: eram os mesmos pintores que fabricavam esse tipo de peças de luxo. Por acaso, apesar de não se ter informações definitivas sobre Jan van Eyck ou Rogier, sabe-se que muitos outros colaboraram nessas festividades: Colard Marmion, Simon Marmion, Jacques Daret. Para a festividade de 1468, que repentinamente foi antecipada, toda a guilda de pintores foi mobilizada para terminar os trabalhos a tempo: às pressas, companheiros de Gent, Bruxelas, Leuven, Thirlemont, Bergen, Quesnoy, Valenciennes, Douai, Cambrai, Arras, Lille, Ypres, Courtray e Oudenarde foram trazidos para Bruges.[21] As coisas produzidas por essas mãos não podem ter sido completamente feias. Os trinta navios equipados do banquete de 1468, com os brasões de armas ducais, além das sessenta mulheres vestindo diferentes

18. A ARTE NA VIDA

trajes regionais[22] e segurando cestos de frutas e gaiolas de passarinhos, e os moinhos de vento e os caçadores de aves — qualquer um trocaria de bom grado uma peça religiosa medíocre por algo assim.

Correndo o risco de cometer um sacrilégio, é tentador ir mais longe ainda e afirmar que às vezes é preciso ter em mente essa arte da decoração de mesa, desaparecida sem deixar traços, para podermos entender bem Claus Sluter[23] e os seus.

A passagem da nobre escultura para as peças de luxo do esplendor festivo pode ser vista nos presentes ofertados, como aquele ex-voto que Carlos VI, retratado de joelhos, recebeu de sua esposa Isabel da Baviera por ocasião do Ano-Novo em 1404,[24] ou o são Jorge com o duque da Borgonha, que Carlos, o Temerário, doou à igreja de são Paulo em Liège, como penitência pela destruição de 1468. Nesses casos, nossa necessidade de beleza se sente dolorosamente incomodada pelo desperdício de tanta habilidade artística em ostentação tosca.

Entre todas as artes, a da escultura tumular era a que tinha a função mais prática. A tarefa dos escultores que precisavam fazer os túmulos dos duques borguinhões não consistia na livre criação de algo belo, mas na exaltação da grandeza do soberano. Essa tarefa é determinada de forma muito mais fixa e exata do que a dos pintores. Em suas encomendas, esses últimos podiam usufruir mais livremente de sua inspiração criadora, e pintar o que bem quisessem quando não estavam trabalhando numa das encomendas. O escultor dessa época deve ter ido muito pouco além do âmbito de suas encomendas; os motivos que precisava desenvolver eram poucos e ligados a uma rígida tradição. O duque os mantém muito mais a seu serviço do que aos pintores. Os dois grandes escultores holandeses, atraídos para fora do país para sempre pelo magnetismo da vida artística francesa, foram completamente monopolizados pelo duque da Borgonha. Sluter morava em Dijon, numa casa que o duque havia destinado e mobiliado para ele;[25] ali ele vivia como um grão-senhor e, ao mesmo tempo, como um serviçal da corte. A posição de *varlet de chambre de monseigneur le duc de Bourgogne* [camareiro do meu senhor, o duque da Borgonha] que Sluter e seu sobrinho Claes van de Werve dividiam com Jan van de Eyck tinha um significado bem mais importante no caso dos escultores. Claes van de Werve, que deu continuidade ao trabalho de Sluter, foi uma trágica vítima da arte a serviço da corte: retido em Dijon ano após ano para concluir o túmulo de João Sem Medo — uma tarefa para a qual nunca havia recursos disponíveis —, ele desperdiçou uma carreira de escultor brilhantemente iniciada numa espera infrutífera, e acabou falecendo sem poder concluir sua encomenda.

Oposto a essa servidão do escultor, há na verdade o fato de que a própria natureza da arte escultórica, justamente pela limitação de seus meios, de seu material e de seu tema, sempre se aproxima de um certo *optimum* de simplicidade e liberdade — que chamamos de clássico. Isso ocorre tão logo um dos grandes mestres faça uso do cinzel, seja lá em que época ou meio. Independente do que o gosto do período queira impor à arte escultórica, a representação da figura humana e de suas vestimentas permite pouca variação em madeira ou pedra, e entre as esculturas de bustos romanos do tempo do Império, Goujon e Colombe no século XVI ou Houdon e Pajou no século XVIII, as diferenças são muito menores do que em qualquer outro campo da arte.

A arte de Sluter e seus seguidores compartilha dessa identidade eterna da arte escultórica. E mesmo assim... não vemos as obras de Sluter como elas realmente foram e como se pretendia que fossem. Tão logo uma pessoa visualize a Fonte de Moisés da mesma forma que ela extasiava os contemporâneos de 1418, quando o legado papal concedia indulgência a qualquer um que viesse visitá-la

18. A ARTE NA VIDA

com intenções devotas, torna-se claro por que nos atrevemos a mencionar simultaneamente a arte de Sluter e a dos *entremets*.

A Fonte de Moisés, conforme se sabe, é apenas um fragmento. Era um calvário com o qual o primeiro duque da Borgonha desejava ver — e viu — a fonte do jardim dos cartuxos coroada por um calvário em seu amado Champmol. O Cristo, com Maria, João e Madalena aos pés da cruz, compunha a parte principal da obra, já desaparecida quase completamente mesmo antes da Revolução Francesa, que destruiu Champmol de modo irreparável. Abaixo da parte central e ao redor da base, cuja moldura é sustentada por anjos, estão as seis figuras do Velho Testamento que anunciaram a morte do Messias: Moisés, Davi, Isaías, Jeremias, Daniel e Zacarias, cada qual com uma bandeirola contendo o texto profético. Toda a representação tem um caráter profundamente *cênico*. Isso não se deve tanto ao fato de que também nos *tableaux vivants*, ou *personnages*, tais figuras costumavam ser apresentadas em procissões e banquetes com as mesmas bandeirolas, ou que as profecias do Velho Testamento sobre o Messias fossem o tema mais importante dessas representações: deve-se, sim, à extraordinária força *verbal* da representação. A palavra escrita das inscrições tem um lugar extremamente importante nessa escultura. Só se chega à compreensão da obra quando se assimilam os textos em todo o seu significado sagrado.[26] "*Immolabit eum universa multitudo filiorum Israel ad vesperam*" [E toda a assembleia da Congregação de Israel deverá matá-lo à noite], diz a profecia de Moisés. "*Foderunt manus meas et pedes meos, dinumeraverunt omnia ossa mea*" [Minhas mãos e meus pés eles perfuraram, e todos os meus ossos contaram], são as palavras do Salmo de Davi. "*Sicut ovis ad occisionem ducetur et quasi agnus coram tondente se obmutescet et non aperiet os suum*" [Como um cordeiro é levado ao matadouro, e como uma ovelha fica em pé diante de seu tosador, mudo, sem abrir a boca], em Isaías. *"O vos omnes qui transitis per viam, attendite et videte si est dolor sicut dolor meus"* [Ó vós todos que passais ao longo desse caminho, olhai e vede se há algum sofrimento igual ao meu], em Jeremias. *"Post hebdomades sexaginta duas occidetur Christus"* [E depois de sessenta e duas semanas o Ungido será morto], em Daniel. *"Appenderunt mercedem meam triginta argenteos"* [E consideraram que eu merecia trinta moedas de prata], em Zacarias. Esse é o lamento a seis vozes que sobe ao redor da base da peça em direção à cruz; essa é a parte essencial da obra. Há na relação das figuras com os textos uma tal ênfase, algo de urgente no gesto de um, no semblante de outro, que o conjunto todo quase fica ameaçado de perder a *ataraxia*, que é o privilégio de toda grande escultura. A obra se dirige direto ao espectador. Sluter retratou como poucos a sacralidade do tema, mas é justamente a pesada sacralidade do tema que acaba criando um excesso sob o ponto de vista da pura arte. Ao lado das figuras tumulares de Michelangelo, os profetas de Sluter são expressivos demais, pessoais demais. Talvez apreciaríamos isso como um mérito duplo se tivéssemos mais da representação principal além da cabeça e do torso de Cristo em sua rígida majestade. Agora, vemos apenas como os anjos guiam a atenção dos profetas para o que está acima deles, anjos maravilhosamente poéticos, em sua ingênua graça, tão infinitamente mais angelicais do que os de Van Eyck.

Contudo, o forte caráter representativo do calvário de Champmol era baseado em algo além de sua mera qualidade escultórica: no esplendor com que fora decorado. Deve-se imaginar a obra na sua policromia,[27] como foi pintada por Jean Maelweel e dourada por Herman de Colônia. Nela não se poupou nenhum efeito colorido ou fortemente expressivo. Sobre os pedestais verdes estavam os profetas com mantos dourados; Moisés e Zacarias com túnicas vermelhas e o manto forrado de azul; Davi em azul com estrelas douradas; Jeremias vestindo azul-escuro; Isaías, o mais melancólico de todos, envolto em brocado. Sóis dourados e iniciais preenchiam os espaços vazios. E não nos esqueçamos dos brasões. Não só em volta da coluna, abaixo dos profetas, brilhavam os imponentes brasões dos domínios do duque, mas também nos braços da própria grande cruz, totalmente folheada a ouro, em cujas extremidades, em forma de capitel, foram aplicadas as armas da Borgonha e de Flandres! Mais do que os óculos acobreados que Hannequin de Hacht colocou sobre o nariz de Jeremias, isso prova de maneira ainda mais contundente o espírito com que se encomendara essa grande obra de arte ducal.

A ausência de liberdade dessa arte, dominada pela vontade do comitente soberano, é trágica e ao mesmo tempo edificante — edificante pela grandiosidade com que o artista tentava se libertar das limitações de sua encomenda. A representação dos *pleurants* [os que choram] ao redor do sarcófago já era obrigatória na arte funerária borguinhã muito tempo antes.[28] De modo algum se tratava de uma expressão livre do sofrimento em todas as suas manifestações, mas de uma representação bastante realista de uma parte do verdadeiro cortejo que havia acompanhado o corpo até a sepultura, em que todos os dignatários deveriam ser reconhecíveis. E como os discípulos de Sluter souberam desenvolver maravilhosamente esse tema! A imagem mais profunda e digna do luto, uma marcha fúnebre em pedra.

Mas talvez estejamos indo longe demais com a suposição de tal desarmonia entre o comitente e o artista. Não seria improvável que o próprio Sluter tenha considerado os óculos de Jeremias uma grande ideia. Naquela época, ainda havia uma certa indistinção entre bom e mau gosto na mente das pessoas: o gosto pela arte e o desejo do luxo e da raridade ainda não se tinham separado um do

outro. A fantasia naïf ainda era capaz de apreciar sem
embaraço o bizarro como se fosse belo. O senso de estilo não funcionava totalmente do modo como reivindi-
cam os modernos cultuadores da Idade Média. Nenhum
efeito realístico era um exagero: havia imagens móveis
aux sourcilz et yeulx branlans [com olhos e sobrancelhas
móveis];[29] na encenação da Criação, exibiam-se animais
vivos no palco, até mesmo peixes.[30] Arte elevada e bugi-
gangas preciosas ainda se misturavam sem problemas entre si e eram igualmente admiradas. Uma coleção como a
da Grüne Gewölbe, em Dresden, exibe o *caput mortuum*
em separado, mas antes fazia parte de todo o conjunto
das coleções de arte da realeza. No castelo de Hesdin —
que era ao mesmo tempo a casa do tesouro das obras de
arte e um jardim das delícias, repleto daquelas engenhocas mecânicas, *engins d'esbatement*, que por tanto tempo
pertenceram aos lugares de divertimento do soberano —,
Caxton viu uma sala decorada com quadros que representavam a história de Jasão, o herói do Tosão de Ouro.
Para realçar o efeito, havia instrumentos que produziam
raios, trovões, neve e chuva, para com isso imitar os feitiços de Medeia.[31]

A imaginação também podia tolerar qualquer coisa nos
espetáculos teatrais, *personnages*, que durante as entradas
solenes dos soberanos eram montados nas esquinas das
ruas. Em 1389, em Paris, na entrada solene de Isabel da Baviera como esposa de Carlos VI, ao lado das cenas sacras,
podia-se ver um cervo branco com chifres dourados e uma
coroa de flores ao redor de seu pescoço; ele se encontra
deitado num *lit de justice* e move os olhos, chifres e patas,
para, no final de tudo, erguer uma espada. Nessa mesma
entrada solene, um anjo *par engins bien faits* [por mecanismos engenhosos] desce da torre de Notre-Dame no exato
momento em que a rainha passa por ali, atravessa por uma
fenda no dossel de tafetá azul com flores-de-lis douradas
que cobre toda a ponte, põe uma coroa na cabeça dela e

desaparece novamente, da mesma forma como apareceu, "como se por si só ele tivesse retornado ao céu" [*comme s'il s'en fust retourné de soy-mesmes au ciel*].[32] Descidas como essa eram um número apreciado em entradas solenes e espetáculos[33] não somente no norte dos Alpes: até mesmo Brunelleschi teve que projetar um mecanismo para isso. No século XV, um cavalo cênico, movido por um homem em seu interior, de maneira alguma parece ter sido considerado ridículo. Lefèvre de Saint-Remy relata, sem nenhum sinal de troça, uma encenação de quatro trombeteiros e doze membros da nobreza "em cavalos artificiais, que pulavam e saltitavam, uma coisa bela de se assistir" [*sur chevaulx de artifice, saillans et poursaillans tellement que belle chose estoit à veoir*].[34]

Para o homem daquela época, mal existia a separação — exigida pelo nosso senso artístico e que foi estabelecida pela ação destrutiva do tempo — entre toda aquela bizarrice, desaparecida sem deixar vestígio, e as poucas obras de arte elevadas, que foram preservadas. A vida artística da época borguinhã ainda se encontrava completamente dominada pelas formas da vida social. A arte servia para algo. Em primeiro lugar, desempenhava uma função social que consistia, sobretudo, na ostentação do esplendor e na demonstração da importância pessoal, não do artista, mas do doador. E isso não é contraditado pelo fato de, na arte religiosa, a glória esplendorosa servir para suscitar pensamentos pios e de o doador ter posto a sua pessoa em primeiro plano mediante um impulso devoto. Por outro lado, a natureza da pintura secular de modo algum é sempre aquela excessivamente altiva, que combinava com a vida exagerada da corte. Para ver bem como a arte e a vida se encaixavam uma na outra, como ambas se fundiam, faltam-nos muitas coisas do contexto em que a arte se situava, o nosso conhecimento da própria arte é fragmentário demais. A corte e a Igreja não representam a totalidade da vida daquela época.

Por isso são tão importantes para nós as poucas obras de arte nas quais se expressa alguma coisa da vida fora dessas duas esferas. Uma delas cintila como uma joia rara sem igual: o retrato do casal Arnolfini. Nele temos a arte do século XV em sua forma mais pura; aqui estamos o mais perto possível da personalidade enigmática do criador Jan van Eyck. Dessa vez ele não precisava expressar a esplêndida majestade do sagrado, nem servir ao orgulho dos grandes senhores: ele pintou seus amigos, na ocasião do casamento deles. Será mesmo o comerciante de Lucca, Jean Anoulphin, como ele era chamado em Flandres? Esse rosto, que foi pintado duas vezes por Van Eyck,[35] parece o menos italiano de todos. Todavia, a indicação de uma peça como sendo *Hernoul le fin avec sa femme dedens une chambre* [Hernoul, o Fino, com a sua mulher em um quarto] no inventário dos quadros de Margarida de Áustria, de 1516, é um forte argumento para nele se ver Arnolfini. Nesse caso, não deveria ser considerado um "retrato burguês". Pois Arnolfini era um grande senhor, foi várias vezes conselheiro do governo ducal em assuntos importantes. Seja como for, o homem aqui representado era um amigo de Jan van Eyck. Isso se mostra na inscrição delicada e significativa sobre o espelho, com a qual o pintor assinou a obra: "*Johannes de Eyck fuit hic, 1434*", ou "Jan van Eyck esteve aqui".[36] Faz pouco tempo. No silêncio sussurrante do quarto, ainda se ouve o som de sua voz. A ternura íntima e a paz silenciosa, como só Rembrandt as retratará novamente, estão contidas nesse quadro, como se ele tratasse do próprio coração de Jan. De repente, temos de novo aquele crepúsculo da Idade Média que conhecemos e que, apesar disso, tantas vezes procuramos em vão na literatura, na história, na vida religiosa dessa época: a era medieval feliz, nobre, serena e simples da canção popular e da música sacra. Como estamos distantes da gargalhada estridente e da paixão desenfreada!

Assim, talvez a nossa imaginação enxergue um Jan van Eyck que se situava fora da vida colorida e berrante de sua época, um homem simples, um sonhador que passou a vida com a cabeça baixa, o olhar voltado para si mesmo. É preciso cuidado para que isso não se transforme em um romance da história da arte, sobre como o *varlet de chambre* do duque servia os grandes senhores com relutância, como os seus companheiros artistas acabavam traindo com grande pesar a sua elevada arte para colaborar nas festas da corte e na decoração das frotas.

Não há nada que justifique tal imagem. A arte dos Van Eyck que admiramos situava-se no centro da vida da corte, que tanto nos desagrada. O pouco que sabemos da vida desses pintores nos mostra que eles são homens do mundo. O duque de Berry mantém uma ótima relação com seus pintores de corte. Froissart encontrou-o numa conversa íntima com André Beauneveu em seu castelo maravilhoso de Mehun-sur-Yèvre.[37] Os três irmãos Limburg, os grandes ilustradores, deleitam o duque no Ano-Novo com uma *surprise*: um novo manuscrito ilustrado que parece "a imitação de um livro, feita de uma peça de madeira branca, pintada como um livro, em que não há nada de folhas nem há nada escrito" [*un livre contrefait, d'une pièce de bois blanc paincte en semblance d'un livre, ou il n'a nulz feuillets ne riens escript*].[38] Sem dúvida, Jan van Eyck transitava em meio à vida da corte. Para as missões diplomáticas secretas, as quais lhe eram confiadas por Filipe, o Bom, fazia-se necessário um conhecedor do mundo. Ele era tido em seu século como um homem letrado que lia clássicos e estudava geometria. Com uma ligeira extravagância, ele disfarçou o seu modesto lema, *"Als ik kan"*, "Como eu posso", com caracteres gregos.

Caso não fôssemos alertados por esses e por outros dados semelhantes, certamente estaríamos inclinados a atribuir um lugar equivocado para a arte de Van Eyck na vida do século xv. Nessa época, vemos duas esferas de vida separadas com nitidez. De um lado, há a cultura da corte, a nobreza e a rica burguesia: pomposa, ávida, gananciosa, garrida, ardentemente apaixonada. De outro lado, o silêncio, a esfera tranquila, monótona e cinzenta da *devotio moderna*, os homens sérios e as dóceis mulheres da pequena burguesia, que buscavam refúgio junto aos Irmãos da Vida Comum e aos devotos de Windesheim, a mesma esfera de Ruysbroeck e de santa Colette. A nosso ver, esta última é a esfera na qual se encaixaria a arte dos Van Eyck, com seu misticismo silencioso e devoto. Porém, o seu lugar está antes na primeira. Os devotos modernos adotaram uma postura de recusa frente à grande arte que se desenvolvia em sua época. Eles se opunham à música polifônica, e até mesmo aos órgãos.[39] Os protetores da música daquela época são os borguinhões amantes da suntuosidade, o bispo Davi de Utrecht, o próprio Carlos, o Temerário, que em suas capelas têm os primeiros maestros: homens como Obrecht, em Utrecht, Busnois junto ao duque, que chega a levá-lo ao campo de batalha próximo a Neuss. O *Ordinarius* de Windesheim proibiu qualquer rebuscamento na melodia, e Tomás de Kempis diz: "Se não sabeis cantar como a cotovia e o rouxinol, então cantai como os corvos e os sapos no charco, que cantam como Deus lhos permitiu".[40] É natural que eles tenham comentado menos sobre a pintura. Mas queriam manter seus livros simples, e sem ilustrações.[41] Muito provavelmente eles teriam considerado como pura expressão de orgulho uma obra como a *Adoração do Cordeiro*.

Aliás, teria sido a separação entre essas duas esferas de vida realmente tão nítida como nós a vemos? Isso já foi dito mais acima.[42] Existem inúmeros pontos de contato entre os círculos da corte e os círculos de conduta estritamente religiosa. Santa Colette e Dionísio Cartuxo frequentam os duques; Margarida de York, a segunda esposa de Carlos, o Temerário, mostra um vivo interesse pelos conventos "reformados" da Bélgica; Beatriz de Ravenstein é uma das primeiras na corte borguinhã a vestir o cilício sob as suas vestes de gala.

18. A ARTE NA VIDA 451

> *Vestue de drap d'or et de royaux atournemens à luy duisans, et feignant estre la plus mondaine des autres, livrant ascout à toutes paroles perdues, comme maintes font, et monstrant de dehors de pareil usages avecques les lascives et huiseuses, portoit journellement la haire sur sa chair nue, jeunoit en pain et en eau mainte journée par fiction couverte, et son mary absent couchoit en la paille de son lit mainte nuyt.*

Vestida em panos de ouro e ornamentos reais como lhe cabia, e fingindo ser a mais mundana de todas, ouvindo cada palavra de perdição, como muitos o fazem, e exibindo externamente os mesmos costumes dos frívolos e dos ociosos, todos os dias ela vestia o cilício sobre a sua pele nua, jejuava a pão e água por vários dias, sem deixar que o notassem, e, quando seu marido estava ausente, dormia várias noites sobre a palha de sua cama.[43]

O recolhimento íntimo, que se tornara uma forma de vida permanente para os devotos modernos, também é conhecido pela nobreza orgulhosa, mas de modo esporádico, como uma reação à extravagância e ao excesso. Quando Filipe, o Bom, depois da grande festa em Lille, partiu rumo a Regensburg para falar com o imperador, vários nobres e damas da corte passaram a seguir as regras religiosas, "e levavam uma vida muito bela e muito santa" [*qui menèrent moult belle et saincte vie*].[44] Os cronistas que descrevem de maneira tão prolixa toda essa pompa e circunstância não deixam de expressar muitas vezes sua repulsa pela *pompes et beubans* [pompa e ostentação]. Até mesmo Olivier de la Marche, após a festa de Lille, reflete sobre "o escandaloso excesso e os enormes custos despendidos para que esses banquetes fossem realizados" [*les oultraigeux excès et la grant despense qui pour la cause de ces banquetz ons esté faictz*]. E ele não vê nisso um *entendement de vertu* [desejo de virtude], exceto quando a Igreja desempenhava algum papel nos entremezes. Mas um outro sábio da corte lhe explicou por que tudo aquilo precisava ser de tal forma.[45] Luís XI criara um ódio contra tudo o que era luxo e riqueza, um ódio que ele adquiriu durante sua estada na corte da Borgonha.[46]

Os círculos nos quais e para os quais os artistas trabalhavam eram completamente diferentes daqueles da devoção moderna. Apesar de o florescimento da pintura, assim como o da fé, ter suas raízes na vida comum urbana, a arte dos Van Eyck e de seus seguidores não pode ser chamada de burguesa. A corte e a nobreza haviam tomado a arte para si. O próprio avanço da arte da miniatura para o nível do alto refinamento artístico, característico da obra dos irmãos Limburg e das *Heures de Turin*, deve-se sobretudo ao mecenato dos príncipes. A rica burguesia das grandes cidades belgas também ansiava por uma forma aristocrática de vida. A diferença entre a arte dos Países Baixos do Sul e da França, de um lado, e o pouco que podemos chamar de arte dos Países Baixos do Norte no século XV, de outro, deve ser compreendida como uma diferença de ambiente: no primeiro, a vida suntuosa e madura de Bruges, Gent e Bruxelas, em permanente contato com a corte; no segundo, uma cidadezinha mais afastada, como Haarlem, em todos os sentidos mais parecida com as cidades tranquilas do Yssel, que eram o lar da devoção moderna. Se pudermos considerar a arte de Dirk Bouts como "haarlemniana" (os trabalhos que temos dele foram produzidos no sul, que também o tinha atraído), então a simplicidade, a rigidez e a moderação, típicas de sua obra, podem ser consideradas a verdadeira expressão burguesa em oposição ao fascínio aristocrático, a elegância pomposa, o luxo e o esplendor dos mestres do sul. A escola de Haarlem realmente está mais próxima da esfera da sobriedade burguesa.

Os comitentes da grande pintura, até onde os conhecemos, eram quase sem exceção os representantes do grande capital da época. Trata-se dos próprios soberanos, dos grandes senhores da corte e dos grandes *parvenus* que abarrotam a era borguinhã e tomam a corte como guia com a mesma intensidade que faziam os demais. Afinal, o poder borguinhão baseava-se justamente no recrutamento do poderio monetário e na criação de uma nova nobreza financeira, graças a concessões e favorecimentos. A forma de vida desses círculos é aquela do elegante ideal cavaleiresco, em que as pessoas se regalavam na pompa do Tosão de Ouro e no esplendor das festas e torneios. No quadro profundamente piedoso *Os sete sacramentos*, que está no Museu Real de Belas-Artes de Antuérpia, um brasão de armas aponta o bispo de Tournay, Jean Chevrot, como o suposto doador. Este, ao lado de Rolin, era o conselheiro mais próximo do duque,[47] um servidor diligente nos assuntos do Tosão de Ouro e do grande plano da cruzada. O tipo que representa o grande capitalista daqueles dias é Pieter Bladelyn, cuja figura austera nos é conhecida do tríptico que adornava o altar da igreja em sua cidadezinha, Middelburg, em Flandres. Ele ascendera do cargo de coletor de impostos de sua cidade natal, Bruges, ao cargo de tesoureiro-geral do duque. Por meio da economia e de um controle rigoroso, ele melhorou as finanças ducais. Bladelyn foi o tesoureiro do Tosão de Ouro e admitido na ordem dos cavaleiros; em 1440, foi empregado na importante missão diplomática para resgatar Carlos de Orléans, que se encontrava cativo dos ingleses; ele seguiria na cruzada contra os turcos para administrar os recursos financeiros. Suas riquezas espantavam as pessoas daquela época. Ele as gastava na construção de pôlderes, como o de Bladelyn, entre Sluis e Zuidzande, e na fundação de uma nova cidade em Flandres, Middelburg.[48]

Quem também pertence ao círculo dos grandes capitalistas daquela época são Jodocus Vydt, que figura no retábulo de Gent como doador, e o prelado Van de Paele; os Croy e os Lannoy são novos-ricos nobres. A ascensão que mais impressinou aos contemporâneos foi a de Nicolas Rolin, o chanceler *venu de petit lieu* [de origem humilde], que, como jurista, financista e diplomata, era empregado nos serviços mais elevados. Os grandes tratados dos borguinhões de 1419 até 1435 foram obra dele. "Ele costumava comandar tudo por si só, tratando e administrando as coisas ele mesmo, fosse na guerra, na paz ou no terreno das finanças" [*Soloit tout gouverner tout seul et à part luy manier et porter tout, fust de guerre, fust de paix, fust en fait des finances*].[49] Ele havia acumulado, de maneira um pouco suspeita, fortunas incalculáveis, que gastava numa série de doações. Porém, falava-se com ódio de sua ganância e soberba, pois não se acreditava na intenção piedosa dessas doações. Rolin, ajoelhado tão devotamente no quadro de Jan van Eyck (agora no Louvre) que ele mandara pintar para a sua cidade natal, Autun, e mais uma vez ajoelhado na obra de Rogier van der Weyden para o seu *hôtel* em Beaune, era conhecido como um homem que só se importava com os assuntos terrenos. "Ele estava sempre colhendo na terra", diz Chastellain, "como se a terra lhe fosse eterna, de modo que perdeu a razão quando não quis pôr limite e medida àquilo que sua idade avançada lhe mostrava ter um fim próximo." E Jacques du Clercq diz: "O dito chanceler era conhecido como um dos homens mais sábios do reino, falando em relação ao temporal, pois calo-me quanto ao espiritual" [*Le dit chancellier fust reputé ung des sages hommes du royaume à parler temporellement; car au regard de l'espirituel, je m'en tais*].[50]

Devemos sair procurando por um ser hipócrita na fisionomia do doador de *Madona com o chanceler Rolin*? Já falamos anteriormente[51] da enigmática combinação de pecados mundanos, como a vaidade, a ganância e a luxúria, com a devoção séria e a fé intensa em figuras como Filipe da Borgonha e Luís de Orléans. Talvez seja preciso incluir Rolin nesse tipo ético da época. Não é fácil sondar a essência de indivíduos que viveram há tantos séculos.

18. A ARTE NA VIDA

A pintura do século XV está na esfera em que os extremos do místico e do materialismo grosseiro se tocam. A fé manifestada aqui é tão imediata que nenhuma representação terrena é sensual ou carregada demais para ela. Van Eyck pode adornar seus anjos e figuras divinas com a pompa pesada de vestes rijas, repletas de ouro e pedras preciosas. Para se referir às coisas do alto, ele ainda não precisa dos véus esvoaçantes nem das pernas contorcidas do Barroco.

Embora essa fé seja extremamente imediata e forte, isso não quer dizer que seja primitiva. Chamar os pintores do século XV de primitivos traz o risco de um equívoco. Nesse caso, primitivo pode significar apenas o fato de ser o primeiro, na medida em que antes deles não se conhece nenhuma pintura considerada arte; ou seja, primitivo aqui é um termo puramente cronológico. Em geral, tende-se a ligar a esse termo a ideia de que o espírito dos artistas era primitivo. E isso é totalmente incorreto. O espírito dessa arte é o da própria fé, como já foi descrito antes: a elaboração infinita e a expressão mais extrema de tudo aquilo que pertence ao domínio da fé através da representação pictórica.

Em outros tempos, as figuras divinas eram vistas de forma infinitamente distante: rígidas e impassíveis. Logo veio o páthos do fervor religioso. Acompanhado de um rio de lágrimas e de cânticos, ele floresceu no misticismo do século XII, sobretudo em são Bernardo. As pessoas se lançaram sobre a divindade com emoção plangente. E, para que se pudesse participar melhor do sofrimento divino, haviam-se imposto a Cristo e aos santos cores e formas que a fantasia extraía da vida terrena. Uma enxurrada de rica imaginação humana percorreu todo o céu, e no seu curso foi se dividindo em incontáveis pequenas ramificações. Pouco a pouco, tudo o que era sagrado havia sido transposto em imagem e elaborado até os mínimos detalhes. Com seus braços suplicantes, as pessoas haviam puxado o céu para a terra.

A princípio e por um longo tempo, o poder expressivo da palavra foi superior ao da criação plástica e pictórica. Numa época em que a escultura ainda conservava muito do esquematismo das representações mais antigas e estava limitada tanto por seus materiais como por sua abrangência, a literatura já começava a descrever todas as posturas do corpo e todas as emoções do drama da cruz em seus pormenores. As *Meditationes vitae Christi*, atribuídas a Bonaventura já por volta de 1400,[52] tornaram-se o modelo desse naturalismo patético que deu todo aquele colorido vívido às cenas da natividade e da infância, da deposição da cruz e da lamentação, que sabia como José de Arimateia subiu a escada, como ele precisou apertar a mão do Senhor para poder tirar o prego.

Mas nesse meio-tempo também a técnica pictórica avançou: as artes plásticas não só assumem a liderança como vão além desse avanço. Com a arte dos Van Eyck, a representação pictórica das coisas sagradas alcança um grau de detalhamento e naturalismo que, do ponto de vista estritamente histórico-artístico, talvez possa ser considerado um começo, mas na perspectiva histórico-cultural significa um fim. Aqui se atinge a tensão mais extrema da figuração terrena do divino; o conteúdo místico dessa representação estava pronto para se evadir dessas imagens e deixar para trás apenas o fascínio pela forma multicolorida.

E assim o naturalismo dos Van Eyck, que na história da arte se costuma interpretar como um elemento que anuncia o Renascimento, deve ser considerado como o desenvolvimento completo do espírito medieval tardio. Trata-se da mesma representação naturalista do sagrado a ser observada em tudo o que se refere à veneração dos santos, nos sermões de Johannes Brugman, nas especulações elaboradas de Gerson e nas descrições dos sofrimentos infernais de Dionísio Cartuxo.

Como sempre, é a forma que ameaça sufocar o conteúdo e o impede de se renovar. Na arte dos Van Eyck, o conteúdo ainda é completamente medieval. Ela não expressa ideias novas. Ela é um extremo, um ponto-final. O sistema de conceitos medievais já estava construído até o topo; só restava espaço para colori-lo e ornamentá-lo.

Os contemporâneos dos Van Eyck estavam claramente conscientes de duas coisas em sua admiração das grandes pinturas: a representação adequada do tema e a inacreditável habilidade artística, com sua maravilhosa perfeição dos detalhes e sua completa fidelidade à natureza. De um lado, uma apreciação que se situa mais na esfera da devoção do que na da emoção estética; de outro, o espanto ingênuo que, de acordo com a nossa opinião, não atinge o nível da emoção estética. Por volta de 1450, Bartolomeo Fazio, um literato genovês, foi o primeiro de que temos notícia a ter feito apreciações histórico-artísticas, em parte perdidas, sobre as obras de Jan van Eyck. Ele elogia a beleza e a pureza de uma imagem de Maria, os cabelos do anjo Gabriel, "que superam cabelos de verdade", a austeridade sacra da ascese que irradia do semblante de são João Batista, a forma como Jerônimo "está vivo". Além disso, ele admira a perspectiva da sala de estudos de são Jerônimo, o raio de sol que entra através de uma fresta, a imagem de uma mulher se banhando refletida no espelho, as gotas de suor no corpo de outra, a lâmpada queimando, a paisagem com pessoas passeando, montanhas, florestas, aldeias e castelos, as distâncias infinitas do horizonte e mais uma vez o espelho.[53] Os termos que ele emprega denunciam pura curiosidade e espanto. Ele prazerosamente se deixa levar pelo fluxo da imaginação sem freios, não se pergunta sobre a beleza de todo o conjunto. Ainda se trata de uma apreciação inteiramente medieval de uma obra medieval.

Quando, um século mais tarde, as concepções estéticas do Renascimento já haviam se consolidado, o efeito excessivo do detalhe em si na arte flamenga é considerado justamente o seu defeito fundamental. Se Francisco de

Holanda, pintor português que apresenta suas reflexões sobre a arte como conversas com Michelangelo, estiver de fato reproduzindo a opinião do poderoso mestre, então ele teria dito o seguinte:

> A pintura flamenga agrada melhor a todos os devotos do que a italiana. Esta nunca faz com que se derramem lágrimas. Aquela os faz chorar copiosamente, e isso de forma nenhuma é consequência da força e do mérito dessa arte, mas se deve apenas à grande sensibilidade dos devotos. A pintura flamenga agrada às mulheres, sobretudo as mais velhas e as muito jovens, e também aos monges, freiras e a todas as pessoas importantes que não são sensíveis à verdadeira harmonia. Em Flandres, pinta-se principalmente visando reproduzir o aspecto exterior das coisas de maneira enganosa e, de preferência, assuntos que extasiam ou são irrepreensíveis, como santos e profetas. Via de regra, eles pintam o que se costuma chamar de paisagem, e nela um monte de figuras. Embora isso seja agradável de ver, aí na verdade não há nem arte nem razão, nem simetria nem proporção, nem escolha nem grandeza. Resumindo: essa arte é sem força ou glória; ela quer reproduzir perfeitamente muitas coisas ao mesmo tempo, quando apenas uma teria sido importante o suficiente para que se lhe dedicassem todas as forças.

Aqui o termo "devotos" significa todos os que possuem o espírito medieval. Para esse mestre, a velha beleza passou a ser um assunto dos pequenos e dos fracos. Nem todos a avaliavam dessa forma. Para Dürer e Quinten Metsys, e também para Jan van Scorel — que, segundo dizem, teria beijado a *Adoração do Cordeiro* —, a velha arte não estava de forma nenhuma morta. Mas é Michelangelo quem representa aqui o Renascimento em um sentido mais completo. O que ele reprova na arte flamenga são justamente as características essenciais do espírito da Idade Média tardia: a intensa sentimentalidade, a tendência a ver cada particularidade como uma coisa independente, de perceber cada qualidade como algo essencial, o perder-se na pluralidade e no colorido das coisas vistas. Contra isso opõe-se a nova visão do Renascimento sobre a arte e a vida, que, como sempre, só é conquistada à custa de uma cegueira temporária para a beleza ou a verdade que a precederam.

19. A sensibilidade estética

A consciência do prazer estético e a sua expressão em palavras desenvolveram-se tardiamente. O homem do século xv, para exprimir a sua admiração pela arte, servia-se apenas de termos que esperamos de um burguês admirado. A própria noção de beleza artística ainda é desconhecida para ele. Sempre que a beleza irradiante da arte penetrava o seu espírito e o extasiava, ele imediatamente convertia essa emoção em plenitude divina ou em alegria de viver.

Dionísio Cartuxo escreveu o tratado *De venustate mundi et pulchritudine Dei* [Sobre o encanto do mundo e da beleza divina].[1] De imediato, o título nos diz que a beleza verdadeira é atribuída unicamente a Deus; o mundo pode ser apenas *venustus*, belo, agradável. As belezas da Criação, diz ele, não passam de um respingo da beleza máxima; uma criatura é chamada de bela na medida em que é parte da beleza da natureza divina, e com isso, de certo modo, passa a ser similar a ela.[2] A partir dessa teoria estética ampla e elevada, cujo apoio Dionísio busca no Pseudo-Areopagita, em Agostinho, Hugo de São Vítor e Alexandre de Hales,[3] seria possível construir uma pura análise de toda a beleza. Mas o espírito do século xv ainda está muito longe disso. Dionísio até mesmo empresta seus exemplos da beleza terrena: uma folha, o mar que muda de cor, o mar revolto, e sempre se referindo a seus antecessores, a saber, as duas mentes refinadas do mosteiro São Vítor do século XII: Richard e Hugo. Quando ele mesmo pretende analisar a beleza, acaba por ser extremamente superficial. As ervas são belas porque são verdes; as pedras, porque brilham; o corpo humano, o dromedário e o camelo, porque são eficazes. A Terra é bonita porque é comprida e larga; os corpos celestes, porque são redondos e luminosos. Nas montanhas admiramos a sua dimensão; nos rios, a extensão; nos campos e florestas, a amplidão; na própria Terra, a massa imensurável.

O pensamento medieval sempre remete a noção de beleza aos conceitos de perfeição, proporção e esplendor. "Pois para a beleza" — diz Tomás de Aquino — "necessita-se de três coisas. Em primeiro lugar, integridade ou perfeição, pois o que é incompleto é feio por si mesmo. Uma justa proporção ou harmonia. E, mais uma vez, a claridade: pois aquilo que tem cor brilhante é chamado de belo" [*Nam ad pulchritudinem tria requiruntur. Primo quidem integritas sive perfectio: quae enim diminuta sunt, hoc ipso turpia sunt. Et debita proportio sive consonantia. Et iterum claritas: unde quae habent colorem nitidum, pulchra esse dicuntur*].[4] São critérios como esses que Dionísio tenta aplicar. O resultado é desastroso: a estética aplicada é sempre uma coisa precária. Com um conceito de beleza tão intelectualizado, não é de admirar que o espírito não possa permanecer por muito tempo na beleza terrena: onde quer descrever o belo, Dionísio sempre acaba desviando na mesma hora para o belo invisível, para a beleza dos anjos e do empíreo. Ou então procura por ela nas coisas abstratas: a beleza da vida é a condução da própria vida segundo a diretriz e o mandamento da lei divina, livre da feiura do pecado. Ele não fala da beleza da arte, nem mesmo daquela que mais deveria impressioná-lo como algo com um valor estético próprio: a música.

Quando esse mesmo Dionísio entrou certa vez na igreja de São João, em Hertogenbosch, enquanto o órgão estava sendo tocado, instantaneamente, com o coração enternecido, sentiu-se arrebatado pela doce melodia num êxtase prolongado.[5] A emoção estética na mesma hora transformou-se em religião. Não lhe ocorreu que pudesse admirar na beleza da música ou da imagem alguma outra coisa que não fosse o próprio sagrado.

Dionísio estava entre aqueles que reprovavam a introdução da moderna música polifônica nas igrejas. A voz fracionada (*fractio vocis*), diz ele repetindo uma autoridade mais antiga, parece o sinal de uma alma partida; pode ser comparada a cabelos frisados num homem ou vestidos plissados numa mulher, mera vaidade. Alguns dos praticantes desse canto polifônico lhe confidenciaram que havia nele orgulho e uma certa lascívia da alma (*lascivia animi*). Ele reconhece que a melodia desperta em alguns fiéis um grau máximo de contemplação e devoção, motivo pelo qual a Igreja permite os órgãos. Mas se a música artificiosa for destinada a agradar o ouvido e, sobretudo, divertir os presentes, em especial as mulheres, então, sem dúvida nenhuma, ela é inadmissível.[6]

Podemos ver aqui como o espírito medieval, quando quer descrever a emoção musical, ainda não encontra outros termos além daqueles da comoção pecadora: uma altivez e uma certa voluptuosidade da alma.

Escrevia-se muito sobre a estética musical. Via de regra, desenvolvia-se o tema com base nas teorias musicais da Antiguidade, que já não eram mais compreendidas. Mas, no fim das contas, os tratados não nos ensinam muita coisa sobre a maneira como a beleza musical era realmente apreciada. Quando era necessário expressar o que na verdade se achava bonito na música, não há nada além de opiniões vagas, cuja natureza muito se assemelha às expressões de admiração pela pintura. De um lado, trata-se da felicidade celestial que as pessoas apreciam na música; de outro, o que nela se admira é a imitação harmônica. Tudo contribuía para tornar a emoção musical análoga ao regozijo dos céus. Não era somente uma representação de coisas sagradas, como na pintura, mas um eco do próprio prazer celestial. Quando o virtuoso Molinet, ao que tudo indica um apreciador da música, narra como Carlos, o Temerário, que todos sabiam ser um grande amante dessa arte, ocupava seu tempo com literatura e sobretudo com música em seu acampamento diante de Neuss, seu ânimo retórico entra em júbilo: "Pois música é a ressonância dos céus, a voz dos anjos, o prazer do paraíso, a esperança do ar, o órgão da igreja, o canto dos passarinhos, o divertimento de todos os corações tristes e desolados, a perseguição e a expulsão dos demônios" [*Car musique est la résonnance des cieux, la voix des anges, la joie de paradis, l'espoir de l'air, l'organe de l'Eglise, le chant des oyselets, la récréacion de tous cueurs tristes et désolés, la persécution et enchassement des diables*].[7] É claro que o elemento extático na apreciação da música era muito bem conhecido. "O poder das harmonias", diz Pierre d'Ailly, "arrebata a alma humana até o ponto de subtraí-la não só de outras paixões e preocupações, mas também de si mesma."[8]

Se na pintura as pessoas admiravam a imitação perfeita de objetos da natureza, na música era ainda maior o perigo de se buscar a beleza na imitação. Pois a música já fazia um uso diligente dos seus meios expressivos havia muito tempo. A *caccia* (de onde ainda se usa *catch* em inglês para designar um cânone musical), que originalmente representava uma caçada, é o exemplo mais conhecido disso. Olivier de la Marche narra como nela podia ouvir o latido dos cachorros pequenos, o ladrar dos dogues e o soar das trombetas como se ele estivesse em plena floresta.[9] No começo do século XVI, as *Inventions* de Jannequin, discípulo de Josquin de Prés, apresentam várias caçadas, a Batalha de Marignano, a gritaria do mercado de Paris, *le caquet des femmes* [o falatório das mulheres] e o canto dos pássaros em forma musical.

Logo, a análise teórica do belo é falha, a expressão da admiração é superficial. De início, para explicar a beleza, não se fazia nada mais do que substituí-la pelos conceitos de medida, elegância, ordem, grandeza e eficiência — e, acima de tudo, os conceitos de esplendor e de luz. Para explicar a beleza das coisas do espírito, Dionísio as reduz à luz: a razão é uma luz; a sabedoria, a ciência, a habilidade artística não passam de brilhos em forma de luz que, com a sua claridade, iluminam o espírito.[10]

Se fôssemos analisar mais a fundo o sentido de beleza daquela época — não na sua definição do conceito de beleza ou no que se diz sobre as emoções despertadas pela pintura ou pela música, mas em suas expressões espontâneas de alegre entusiasmo pela beleza —, surpreende o fato de elas quase sempre se referirem às sensações de luz e brilho ou de um movimento vivo.

Froissart raramente se impressionava com a beleza; estava ocupado demais com as suas histórias intermináveis; mas existia um espetáculo que sempre conseguia lhe arrancar palavras de alegre encanto quando ele assistia: navios na água com bandeiras e flâmulas tremulando ao vento, os brasões coloridos cintilando ao sol. Ou então o resplandecer dos raios de sol nos capacetes, armaduras, pontas de lanças, bandeiras e bandeirolas de uma tropa de cavaleiros em marcha.[11] Eustache Deschamps admira a beleza de moinhos girando e a do sol numa gota de orvalho. La Marche nota como a luz do sol se reflete lindamente nos louros cabelos de uma tropa de cavaleiros vindos da Alemanha e da Boêmia.[12] A essa admiração pelo que brilha se relaciona a ornamentação das roupas, que, no século xv, ainda se fazia sobretudo por meio da aplicação de uma quantidade excessiva de pedras preciosas. Só mais tarde elas dariam lugar a laços e fitas. Para intensificar esse brilho com um tilintar, usam-se sininhos ou moedas. La Hire veste uma capa vermelha toda tomada por sinos de vaca prateados. Numa entrada solene em 1465, o

19. A SENSIBILIDADE ESTÉTICA

capitão Salazar aparece acompanhado de vinte cavaleiros em armadura, cujos cavalos estão cobertos com sinos de prata; no manto de seu próprio cavalo há um grande sino folheado a prata em cada uma das figuras que o decoram. Na entrada solene de Luís XI em Paris, em 1461, os cavalos de Charolais, Croy, Saint-Pol e outros trazem muitos sinos em seus mantos; o de Charolais trazia um sino nas costas, pendente entre quatro pequenos pilares. Um duque de Clèves que voltou para casa com essa moda da corte borguinhã acabou ganhando um apelido por causa disso: Johenneken mit den Bellen [João dos Sinos]. Carlos, o Temerário, aparece num torneio vestindo um traje de gala recoberto com florins tilintando. Nobres ingleses usam suas túnicas repletas de moedas *noble* de ouro.[13] Na festa de casamento do conde de Genebra em Chambéry, em 1434, um grupo de senhores e damas realiza uma dança, todos vestidos de branco, cobertos com *or cliquant* [lâminas de ouro], e os senhores usando, além disso, cordões largos cheios de pequenos sinos.[14]

O mesmo prazer ingênuo e chamativo também é notado no senso das cores daquela época. Para determiná-las completamente, seria necessário realizar um amplo estudo estatístico, que abrangeria tanto a escala de cores das artes plásticas quanto a das roupas e da arte de ornamentação. No que diz respeito às roupas, a escala seria elaborada mais a partir das inúmeras descrições do que dos raros restos de tecido que foram conservados. Alguns dados valiosos são fornecidos pelo Arauto da Sicília, em sua obra já citada anteriormente, *Le Blason des couleurs*. Além dele, nas crônicas encontram-se descrições detalhadas das roupas usadas nos torneios e nas entradas solenes. É claro que nesses trajes cerimoniais de gala figuram tonalidades diferentes daquelas usadas no vestuário cotidiano. O Arauto da Sicília tem um capítulo bastante ingênuo sobre a beleza das cores. Para ele, vermelho é a cor mais bela, e marrom a mais feia. Mas o verde, a cor da natureza, é a mais encantadora. Das combinações de cores, ele aprecia o amarelo-pálido com o azul, laranja com branco, laranja com rosa, rosa com branco, preto com branco e muitas outras mais. Azul com verde e verde com vermelho são muito usadas, mas não são belas. Os meios linguísticos que ele usa para indicar as cores ainda são muito limitados. Ele tenta distinguir vários matizes de cinza e marrom chamando-os de marrom-esbranquiçado e roxo-amarronzado. Nas roupas comuns, faz-se um uso intenso de cinza, preto e roxo.[15] "Preto", diz Sicília, "é a cor mais em moda para as roupas hoje em dia, por causa de sua simplicidade. Porém, todos fazem mau uso dele." O traje masculino ideal que ele cria é composto de gibão preto, calças cinza, sapatos pretos e luvas amarelas — quase se poderia dizer: uma combinação totalmente moderna. Nos tecidos para roupas, de novo o cinza, o roxo e vários tons de marrom são procurados. O azul é usado pela gente do campo e pelos ingleses. E também cai bem em meninas jovens, assim como o rosa. Branco é uma cor indicada para crianças de até sete anos de idade — e para os tolos! Amarelo é usado sobretudo pelos guerreiros, pajens e serviçais; não é muito apreciado sem o acréscimo de outras cores. "E quando chega o mês de maio, não havereis de ver outra cor além do verde."[16]

Nos trajes de festa e de gala, em primeiro lugar predomina o vermelho. Aliás, ninguém haveria de esperar outra coisa dessa época vermelha. Muitas vezes as entradas solenes são todas aparatadas em vermelho.[17] A seu lado, temos o branco ocupando um lugar importante como cor de gala dos uniformes. Na coordenação de cores, qualquer combinação é tolerada: por exemplo, vermelho-azul, azul-violeta. Num espetáculo festivo descrito por La Marche, uma menina aparece vestida de seda roxa, montada num palafrém coberto com um manto de seda azul, conduzida por três homens usando seda vermelho-cinabre com capas de seda verde. Os cavaleiros da Ordem do

Porco-Espinho de Luís de Orléans trajavam uma túnica de um pano violeta e um sobretudo de veludo azul-celeste, forrado com cetim carmesim.[18] Parece que não se pode negar uma preferência pela combinação de tons escuros e brilhosos com tons coloridos e opacos.

O preto, empregado principalmente em veludo, representa sem dúvida a pompa orgulhosa e sombria que a época tanto adorava, o arrogante distanciamento de toda a alegria multicolorida à sua volta. Filipe, o Bom, depois dos seus anos de juventude, sempre se vestia de preto, e faz também com que o seu séquito e os cavalos se vistam nessa cor.[19] O rei René, que buscava ainda mais intensamente distinção e refinamento, usa como cores o cinza, o branco e o preto.[20]

O reduzido espaço ocupado pelos tons de azul e de verde não deve ser explicado apenas como uma expressão direta do senso da cor. Entre todas as cores, sobretudo o azul e o verde tinham o seu peso simbólico, e o significado era tão especial que isso as tornava quase inutilizáveis como cores para roupas. As duas eram as cores do amor: verde representava a paixão, e azul, a fidelidade.[21] De forma mais clara, eram as cores da paixão por excelência, mas também outras cores podiam ser usadas na simbologia do amor. Deschamps diz dos amantes:

> *Li uns se vest pour li de vert,*
> *L'autre de bleu, l'autre de blanc,*
> *L'autre s'en vest vermeil com sanc,*
> *Et cilz qui plus la veult avoir*
> *Pour son grant dueil s'en vest de noir.*[22]

> Um veste-se de verde para ela,
> Um outro de azul, um outro de branco,
> Um outro veste-se de vermelho-sangue,
> E aquele que mais deseja tê-la
> Veste-se, por sua grande dor, de preto.

Mas o verde era particularmente a cor do amor jovem, cheio de esperança:

> *Il te fauldra de vert vestir,*
> *C'est la livrée aux amoureulx.*[23]

> Terás de vestir-te em verde,
> Essa é a libré dos apaixonados.

É por isso que também o cavaleiro errante precisava trajar-se de verde.[24] Com roupas azuis, o amante demonstra sua fidelidade. Assim, Christine de Pisan faz com que a dama, quando o amante aponta para seu traje azul, responda:

> *Au bleu vestir ne tient mie le fait,*
> *N'à devises porter, d'amer sa dame,*
> *Mais au servir de loyal cuer parfait*
> *Elle sans plus, et la garder de blasme.*
> *[...]*
> *Là gist l'amour, non pas au bleu porter,*
> *Mais puet estre que plusieurs le meffait*
> *De faulseté cuident couvrir soubz lame*
> *Par bleu porter...*[25]

> Amar a sua dama não está no fato
> De se vestir de azul nem em portar divisas,
> Mas sim em servir apenas a ela, de coração
>   [completamente fiel,
> E preservá-la da difamação.
> [...]
> É nisso que consiste o amor, não no trajar azul,
> Mas pode ser que muitos pensem
> Ocultar o mal da falsidade sob uma lápide
> Por vestir-se de azul...

Talvez esteja aí a explicação de por que a cor azul, quando usada hipocritamente, também passou a significar infidelidade, e, com uma guinada, não se aplicava apenas ao infiel, mas também ao traído. O *blauwe huik* [capuz azul], em holandês, designava a adúltera, e o *côté bleu* é o traje do traído:

> *Que cils qui m'a de cote bleue armé*
> *Et fait monster au doy, soit occis.*[26]

> Que aquele que de azul me vestiu,
> E fez com que o dedo para mim apontassem,
>   [seja morto.

Se disso deriva o significado do azul como a cor da loucura em geral, considerando que o "barco azul" [*blauwe scute*] designa o veículo dos loucos, continua uma questão em aberto.

O fato de o amarelo e o marrom permanecerem em segundo plano deve ser atribuído à aversão de sua qualidade cromática, isto é, ao senso imediato da cor. Contudo, isso será vinculado, por uma relação de fundo causal, a um significado simbólico negativo: em outras palavras, as pessoas não gostavam de amarelo e marrom porque achavam essas cores feias e, por essa razão, associavam a elas um significado não auspicioso. Uma pessoa infeliz no casamento diz:

> *Sour toute couleur j'ayme la tennée.*
> *Pour ce que je l'ayme m'en suys habillée,*
> *Et toutes les auitres ay mis en obly.*
> *Hellas! mes amours ne sont ycy.*

> Acima de qualquer cor eu amo o marrom.
> Por amá-la, trajo-me nessa cor,
> Deixando de lado todas as demais.
> Ó Deus! Meus amores não estão aqui.

Ou como numa outra cançãozinha:

*Gris et tannée puis bien porter
Car ennuyé suis d'espérance.*[27]

Cinza e marrom eu posso usar,
Pois cansei de esperar.

O cinza, em contraste com o marrom, é muito usado em trajes de gala. Como uma cor de tristeza, provavelmente tinha uma nuance mais elegíaca que o marrom.

Nesse tempo, o amarelo já tinha o significado de inimizade. Henrique de Württemberg passa pelo duque da Borgonha com todo o seu séquito trajando amarelo, "e o duque foi informado de que era contra ele" [*et fut le duc adverty que c'estoit contre luy*].[28]

Após meados do século XV, parece (pelo menos é uma impressão provisória que ainda precisa ser confirmada) que temporariamente há uma diminuição do branco e do preto, enquanto o azul e o amarelo aumentam. No século XVI, ao que tudo indica, desaparecem em grande parte as ousadas combinações de cor nos trajes, já citadas anteriormente, ao mesmo tempo que também na arte tenta-se evitar o contraste simples de cores primárias. Não foi a Itália que ensinou o senso da harmonia de cores aos artistas das terras borguinhãs. Gerard David, tido formalmente como o seguidor da escola antiga, se comparado a seus antecessores, já apresenta um refinamento do senso de cor que atesta que o seu desenvolvimento está relacionado ao crescimento geral do espírito. Aqui estamos num terreno em que as pesquisas da história da arte e da cultura ainda têm muito a esperar uma da outra.

20. A imagem e a palavra

Todas as tentativas de se estabelecer uma divisão clara entre a Idade Média e o Renascimento resultaram num aparente recuo das fronteiras. As pessoas viam na longínqua Idade Média formas e movimentos que pareciam já trazer a marca do Renascimento, e o conceito de Renascimento, para abranger essas manifestações, foi sendo estendido até perder toda a sua elasticidade.[1] Mas o contrário também se aplica: quem for examinar o espírito do Renascimento sem um esquema predefinido há de encontrar muito mais coisas "medievais" nele do que a teoria parece disposta a admitir. No que se refere à forma e ao conteúdo, Ariosto, Rabelais, Margarida de Navarra, Castiglione e todas as artes plásticas estão repletos de elementos medievais. E mesmo assim não podemos deixar o contraste de lado: para nós, Idade Média e Renascimento passaram a ser termos nos quais, de forma tão nitidamente distinta, sentimos o gosto da essência de uma época do mesmo modo como discernimos uma maçã de um morango, muito embora seja quase impossível descrever essa diferença em maiores detalhes.

Porém, é necessário recuar o máximo possível ao significado original do conceito de Renascimento (que não contém em si mesmo, como a Idade Média, um limite temporal restritivo). É completamente repreensível incluir Sluter e Van Eyck sob a égide do Renascimento, como fazem Fierens-Gevaert[2] e outros. Eles possuem um sabor medieval. E eles também são medievais, na forma e no conteúdo. No conteúdo porque a sua arte não recusou nada do antigo, e não incorporou nada novo no que diz respeito a assunto, ideias e propósito. Na forma porque o seu realismo minucioso e o seu empenho em representar as coisas o mais fisicamente possível na imagem constituem o amadurecimento completo do verdadeiro espírito medieval. Foi dessa maneira que o vimos atuando no pensamento e na imaginação religiosa, nas formas de pensamento da vida cotidiana e em todos os outros lugares. Esse realismo minucioso é um traço que o Renascimento abandona durante seu pleno desenvolvimento no Cinquecento italiano, enquanto o Quattrocento ainda o compartilha com o Norte.

O novo espírito praticamente não encontra expressão nas artes plásticas e na literatura do século XV na França e na Borgonha, não importa o que nelas chega a despontar da nova beleza. Arte e literatura servem ao espírito que estava na iminência de fenecer; pertencem ao sistema do pensamento medieval realizado até a perfeição mais acabada. Não têm outra função que não seja a de plena representação e ornamentação de ideias longamente amadurecidas. O pensamento parece estar esgotado, o espírito aguarda uma nova fecundação.

Nos períodos em que a criação da beleza se limita à expressão e à paráfrase de um patrimônio de ideias já absorvido e processado, as artes plásticas adquirem um valor mais profundo do que a literatura. Isso, claro, não se aplica à percepção dos próprios contemporâneos. Para estes, o pensamento, embora já não floresça mais, ainda possui tanto apelo e importância que eles o amam e admiram sobretudo na forma embelezada com que a literatura o veste. Todos esses poemas em que ressoa a melodia do século XV, incrivelmente monótonos e superficiais para nós, foram exaltados pelas pessoas da época com um en-

20. A IMAGEM E A PALAVRA

tusiasmo jamais dedicado a qualquer pintura. O profundo valor emocional das artes plásticas ainda não tinha se tornado consciente para elas, pelo menos não de forma que pudessem expressá-lo.

O fato de que, para nós, a maior parte do aroma e do fascínio dessa literatura tenha se evaporado, enquanto aquela arte nos comove talvez mais profundamente do que jamais o fizera com as pessoas daquela época, pode ser explicado a partir da diferença fundamental entre o efeito da arte e o da palavra. Seria muito conveniente, mas ao mesmo tempo incompreensível, se procurássemos isso na qualidade dos talentos e assumíssemos que os poetas, exceto Villon e Carlos de Orléans, tivessem sido meros cabeças-ocas, convencionais, enquanto os pintores eram todos gênios.

O mesmo princípio formal leva a resultados bem distintos nas artes plásticas e na literatura. Ainda que o pintor decida apenas retratar uma realidade externa em linha e cor, ele sempre irá acrescentar à imitação puramente formal alguma reminiscência do não dito e do indizível. Mas se o poeta não tentar nada além de expressar com palavras uma realidade visível ou já longamente considerada, então se esgota na palavra o tesouro do não dito. Pode até ser que o ritmo e a sonoridade lhe proporcionem uma nova e inexpressa beleza. Mas se também esses elementos forem fracos, o poema manterá o seu efeito apenas na medida em que o próprio pensamento consiga cativar o ouvinte. As pessoas da época ainda reagem à palavra do poeta com uma profusão de associações vivas, pois o pensamento está entrelaçado à sua vida, e elas o consideram novo e florescente sob as vestes refinadas da nova palavra descoberta.

Mas quando o pensamento não impressiona mais por si mesmo, então o poema só consegue continuar funcionando por meio de sua forma. A forma tem uma importância incomparável, e pode ser tão nova e viva que a questão do conteúdo do pensamento mal vem à tona. Uma nova beleza formal já começa a florescer na literatura do século XV, mas na maior parte das vezes a forma ainda é a antiga, e a qualidade do ritmo e da sonoridade ainda é fraca. Assim, desprovida de novos pensamentos e de novas formas, a literatura não passa de um poslúdio infinito dos mesmos desgastados temas. Não há mais futuro para esses poetas.

O pintor dessa época não tem razão em temer a passagem do tempo. Pois ele vive do tesouro do indizível, e é a plenitude desse tesouro que determina o efeito mais profundo e mais duradouro de toda a arte. Vejamos os retratos de Jan van Eyck. Aqui temos o rosto pontiagudo e sóbrio de sua mulher. Ali está a cabeça aristocrática, rígida e taciturna de Baudouin de Lannoy. Ali, a carranca sinistra e fechada do cônego Van de Paele. Aqui, a abatida resignação de Arnolfini no quadro que se encontra em Berlim, o segredo enigmático do *Léal Souvenir*. Em todos eles, o milagre da personalidade explorada em toda a sua profundidade. Trata-se da caracterização mais profunda possível: que se vê, mas que não pode ser dita. Ainda que Jan van Eyck tivesse sido, ao mesmo tempo, o maior poeta de sua época, ele não teria conseguido expressar em palavras o mistério que revelou na imagem.

Essa é a razão mais profunda pela qual não podemos pressupor uma correspondência entre a arte e a literatura do século XV, mesmo que elas sejam iguais em atitude e espírito. Mas, uma vez reconhecida essa diferença, uma comparação da expressão literária e da expressão pictórica com base em certos modelos e particularidades revela, apesar disso, semelhanças muito maiores do que parecia inicialmente.

Se escolhermos a obra de Van Eyck e de seus sucessores como a expressão artística mais representativa, quais produções devem ser postas a seu lado para que haja uma comparação justa? Com certeza, não aquelas que tratam dos mesmos temas, mas sim as que se originam das mesmas fontes, que procedem da mesma esfera de vida. Trata-se, como já mencionado, da suntuosa esfera da corte e da burguesia rica e ostentadora. A literatura que se situa no mesmo patamar da arte dos Van Eyck é a literatura cortesã, ou pelo menos aristocrática, escrita em francês, lida e admirada pelos círculos que faziam as encomendas aos grandes pintores.

Ao que parece, há aqui um forte contraste, que torna quase inútil toda e qualquer comparação: o tema da pintura é predominantemente religioso, e o da literatura franco-borguinhã, primordialmente secular. Mas a nossa visão aqui é deficiente com relação aos dois lados: nas artes plásticas, o elemento secular ocupou um lugar muito mais amplo do que nos faz supor aquele que foi conservado, e na literatura a nossa atenção costuma ser muito mais atraída pelos gêneros seculares. O poema de amor, os rebentos do *Roman de la Rose*, os brotos do romance cavaleiresco, a novela que estava surgindo, a sátira, a historiografia, essas são as expressões com que a história da literatura se ocupa em primeiro lugar. Na pintura, pensamos sobretudo na profunda seriedade dos trípticos e do retrato; na literatura, o que se apresenta para nós, antes de tudo, são o sorriso voluptuoso da sátira erótica e os horrores monótonos da crônica. É quase como se esse século tivesse pintado suas virtudes e descrito seus pecados. Mas é um erro de perspectiva que faz parecer assim.

Vamos partir mais uma vez do efeito fortemente desproporcional que a arte e a literatura do século XV nos causam. Excetuando uns poucos poetas, a literatura nos cansa e entedia. Alegorias infinitamente desfiadas nas quais nenhuma figura mostra algo novo ou original, e cujo conteúdo nada mais é do que uma sabedoria moral de séculos atrás, engarrafada por muito tempo e em geral deteriorada. Sempre a repetição dos mesmos temas formais: o homem dormitando no pomar onde lhe aparece uma dama alegórica; o passeio matinal no começo de maio; a discussão entre a dama e o amante, ou entre duas amigas ou qualquer outra combinação, sobre um ponto da casuística do amor. Superficialidade desesperadora, um estilo decorado com ouro de tolo, romantismo adocicado, fantasia puída, moralização prosaica, e sempre ressurge em nós o lamento: são esses os contemporâneos de Jan van Eyck? Teria ele admirado tudo isso? É muito provável que sim. Não é mais estranho do que o fato de Johann Sebastian Bach ter se contentado com os versejadores pequeno-burgueses de uma fé religiosa reumática.

Os contemporâneos que veem nascer essas obras de arte incorporam todas elas da mesma forma em seu sonho de vida. Eles não as avaliam quanto à sua perfeição estética objetiva, mas quanto à plenitude da ressonância que despertam pela santidade ou vivacidade apaixonante de seu tema. Quando, com o tempo, esse velho sonho de vida passou, e a santidade e a paixão desvaneceram como a fragrância de uma rosa, só então a obra de arte começou a agir genuinamente como arte, ou seja, através de seus meios expressivos, seu estilo, sua construção, sua harmonia. Na verdade, esses elementos podem ser os mesmos nas artes plásticas e na literatura e, apesar disso, gerar um valor artístico completamente distinto.

A literatura e a arte do século xv compartilham essa característica geral, que foi apontada acima como uma das mais essenciais do espírito medieval tardio: a elaboração completa de todas as particularidades, o desejo de nunca deixar de desenvolver todo pensamento ou imagem que tenha surgido à mente, de representar tudo em sua nitidez, visibilidade e reflexão. Erasmo narra que, certa vez em Paris, ficou ouvindo as pregações de um religioso sobre a parábola do Filho Pródigo durante quarenta dias, para com isso preencher todo o período da Quaresma. Ele descreveu a viagem de ida e a de volta, de como almoçara um patê de língua numa hospedaria, de como passou

20. A IMAGEM E A PALAVRA

por um moinho de água, jogou dados, depois foi ter num refeitório popular, e se esforçava para que as palavras dos profetas e evangelistas se encaixassem nessas tagarelices de sua fantasia. "Por causa disso, parecia um deus para a massa ignorante e para os grandes senhores gordos."³

Essa característica de elaboração irrefreada será analisada aqui por meio de dois quadros de Jan van Eyck. Em primeiro lugar, *Madona com o chanceler Rolin*, hoje na coleção do Louvre.

A precisão minuciosa com que são tratados o tecido das vestes, o mármore do piso e das colunas, o brilho das vidraças e o missal do chanceler nos pareceria pedante em qualquer outro pintor que não fosse Van Eyck. Há até um detalhe em que a excessiva elaboração apresenta um efeito realmente irritante: a ornamentação dos capitéis, em cujas bordas, quase como entre parênteses, por assim dizer, são representadas cenas da expulsão do paraíso, do sacrifício de Caim e Abel, da saída da Arca de Noé e do pecado de Ham. Mas somente do lado de fora do vestíbulo aberto, que circunda as figuras principais, é que o desejo pela elaboração dos detalhes adquire sua força total. Ali, entre as colunas, desenrola-se a mais bela perspectiva que Van Eyck já pintou. A descrição dessa cena pode ser emprestada de Durand-Gréville.⁴

> *Si, attiré par la curiosité, on a l'imprudence de l'approcher d'un peu trop près, c'est fini, on est pris pour tout le temps que peut durer l'effort d'une attention soutenue; on s'extasie devant la finesse du détail; on regarde, fleuron à fleuron, la couronne de la Vierge, une orfèvrerie de rêve; figure à figure, les groupes qui remplissent, sans les alourdir, les chapiteaux des piliers; fleur à fleur, feuille à feuille, les richesses du parterre; l'œil stupéfait découvre, entre la tête de l'enfant divin et l'épaule de la Vierge, dans une ville pleine de pignons et d'élégants clochers, une*

*grande église aux nombreux contreforts, une vaste
place coupée en deux dans toute sa largeur par un
escalier où vont, viennent, courent d'innombrables
petits coups de pinceau qui sont autant de figures vi-
vantes; il est attiré par un pont en dos d'âne chargé
de groupes qui se pressent et s'entrecroisent; il suit les
méandres d'un fleuve sillonné de barques minuscules,
au milieu duquel, dans une île plus petite que l'ongle
d'un doigt d'enfant, se dresse, entouré d'arbres, un
château seigneurial aux nombreux clochetons; il par-
court, sur la gauche, un quai planté d'arbres, peuplé
de promeneurs; il va toujours plus loin, franchit une
à une les croupes de collines verdoyantes; se repose
un moment sur une ligne lointaine de montagnes nei-
geuses, pour se perdre ensuite dans l'infini d'un ciel à
peine bleu, où s'estompent de flottantes nuées.*

Se, atraída pela curiosidade, a pessoa tiver o descuido
de se aproximar um pouco demais, está perdida e ficará presa por todo o tempo que pode durar o esforço
de uma atenção continuada; vê-se extasiada com o
refinamento do detalhe; observa, florão por florão, a
coroa da Virgem, uma ourivesaria de sonho; e figura por figura, os grupos que, sem sobrecarregá-los,
preenchem os capitéis das colunas; e flor por flor,
folha por folha, [vê] as riquezas do canteiro; o olho
perplexo descobre entre a cabeça da criança divina e
o ombro da Virgem, numa cidade cheia de espigões
e elegantes campanários, uma grande igreja com numerosos contrafortes, uma ampla praça dividida ao
meio, em toda a sua extensão, por uma escada, na
qual vão e vêm e correm inúmeras pequenas pinceladas que são outras tantas figuras vivas; o olhar é
atraído por uma ponte fortemente arqueada, cheia de
pessoas andando apressadas e passando umas pelas
outras; em seguida, vêm os meandros de um rio reple-

to de barquinhos minúsculos, entre os quais, numa ilha menor do que a unha de uma criança, ergue-se um castelo senhorial com inúmeras torrezinhas, rodeado por árvores; à esquerda, avista um cais cheio de árvores e de pessoas a passear; e segue sempre mais adiante, atravessando um a um os topos das colinas verdejantes; repousa por um instante na linha distante das montanhas brancas de neve para em seguida perder-se no infinito de um céu quase azul, onde as nuvens flutuantes se dissipam.

E agora, o milagre: nisso tudo, diferente do que foi afirmado pelo discípulo de Michelangelo, a unidade e a harmonia não se perderam.

> *Et quand le jour tombe, une minute avant que la voix des gardiens ne vienne mettre fin à votre contemplation, voyez comme le chef d'œuvre se transfigure dans la douceur du crépuscule; comme son ciel devient encore plus profond; comme la scène principale, dont les couleurs se sont évanouies, se plonge dans l'infini mystère de l'Harmonie et de l'Unité.*

E ao cair do dia, um minuto antes que a voz dos guardas venha colocar um fim à sua contemplação, veja como a obra-prima se transfigura na doçura do crepúsculo; como o seu céu se torna ainda mais profundo; como a cena principal, cujas cores se dissolveram, mergulha no infinito mistério da Harmonia e da Unidade.

Um outro quadro que se presta especialmente à admiração da característica do detalhamento ilimitado é a *Anunciação*, que antes se encontrava no Museu Hermitage de São Petersburgo e agora pertence aos norte-americanos. Como deve ter sido maravilhosa essa criação quando o tríptico, do qual esse quadro compõe a asa direita, existia como uma peça íntegra! É como se Van Eyck quisesse ter executado nela toda a virtuosidade do mestre que tudo pode e tudo ousa. Trata-se, ao mesmo tempo, da mais primitiva e mais hierática de suas obras, e também da mais refinada. A mensagem do Anjo não é entregue na intimidade de um quarto (cenário que deu origem a toda pintura de interior), mas sim numa igreja, como prescrito pelos códigos formais da arte mais antiga. Quanto à postura e às expressões faciais, falta a ambas as figuras a sensibilidade suave da cena da Anunciação representada no lado externo do altar da *Adoração do Cordeiro*, em Gent. O Anjo saúda Maria com uma reverência formal, não com o ramo de lírios, como no retábulo de Gent, nem com a cabeça cingida por um diadema estreito, mas com um cetro e uma rica coroa, e em sua face o rígido sorriso egeu. Num resplandecer de cores vibrantes e brilho de pérolas, ouro e pedraria, ele supera todas as figuras de anjos que Van Eyck pintou. Verde e ouro nas vestes, vermelho-escuro e ouro no manto de brocado, asas cheias de penas de pavão. O livro diante de Maria e a almofada no escabelo foram pintados com o mais acurado esmero. No edifício da igreja os detalhes são executados com minúcia anedótica. As pedras do piso mostram três cenas da história de Sansão e uma da de Davi, além dos símbolos do zodíaco, dos quais se consegue ver cinco. A parede do fundo da igreja é decorada com as efígies de Isaac e Jacó nos medalhões entre os arcos, e com a de Cristo sobre o globo terrestre com dois serafins em um vitral no alto; ao seu lado, em pinturas murais, vemos Moisés sendo encontrado quando criança e depois recebendo as tábuas da lei, tudo explicado com inscrições legíveis. É apenas nos painéis do teto de madeira que a decoração, que também ali ainda está indicada, deixa de ser nítida para os olhos.

E então, outra vez o milagre: naquele amontoado de minúcias elaboradas, como também acontece com a Madona de Rolin, não há a perda da unidade do tom nem da emoção. Ali havia a alegria do brilho de uma luz externa, que fazia com que o olhar se estendesse por toda a representação principal em direção aos horizontes longínquos. Aqui, a penumbra mais cheia de segredos da construção elevada da igreja envolve o conjunto numa tal névoa de seriedade e mistério que só com um grande esforço o olho consegue perceber os detalhes anedóticos.

Eis aí o efeito da "elaboração irrefreada" na pintura. O pintor, esse pintor, tinha a capacidade de, dentro de um espaço que não chegava a meio metro quadrado, dar livre curso ao seu gosto mais extravagante pelo detalhamento (ou deveríamos dizer: à satisfação dos pedidos mais exigentes de um devoto ignorante?) sem nos cansar mais do que o faria um olhar rápido para a vívida confusão da própria realidade. Pois bastava um único olhar. A força das dimensões impunha limites, e a penetração na beleza e na particularidade disso tudo que está representado acontece sem esforço mental: muitos dos detalhes nem sequer são notados, ou desaparecem imediatamente da consciência, servindo apenas para efeitos de cor ou de perspectiva.

Se atribuirmos essa característica geral de "elaboração irrefreada das particularidades" também à literatura do século XV (é claro que à literatura artística, pois aqui não se trata da canção popular), tudo ocorre de outra forma. Não no sentido de um naturalismo finíssimo e detalhado, que se regozija na descrição pormenorizada da aparência externa das coisas. Essa literatura ainda não a conhece assim. Até aqui, a descrição da natureza e das pessoas é feita com os meios simples da poesia medieval: os objetos individuais que contribuem com o estado de ânimo do poeta são citados, não descritos; o substantivo predomina sobre o adjetivo; somente são constatadas as qualidades principais desses objetos, como as cores, a sonoridade. A elaboração irrefreada das particularidades na imaginação literária é mais quantitativa do que qualitativa; ela consiste mais na enumeração de uma grande quantidade de objetos do que na decomposição detalhada da qualidade dos objetos individuais. O poeta não entende a arte da omissão, ele não conhece o espaço vazio: falta-lhe o órgão para o efeito do não dito. Isso se aplica tanto aos pensamentos que ele expressa quanto às imagens que evoca. Também os pensamentos (em geral muito simples) que o assunto desperta são enumerados à máxima exaustão. Todo o enquadramento poético é igualmente abarrotado de detalhes, assim como ocorre na pintura. Mas por que na literatura essa superabundância de detalhes produz um efeito tão menos harmonioso?

Até certo ponto, isso pode ser explicado pelo fato de a relação entre o assunto principal e os assuntos secundários na poesia ser justamente inversa à da pintura. Na pintura, a diferença entre o principal (ou seja, a expressão adequada do tema) e os secundários é pouca. Tudo ali é essencial. Para nós, um simples detalhe pode determinar a mais perfeita harmonia da obra.

Seria a profunda devoção (isto é, a adequada expressão do tema) o que nós admiramos primordialmente na pintura do século xv? Observemos o retábulo de Gent: como chamam pouco a atenção as grandes figuras de Deus, Maria e são João Batista. Na cena principal, nosso olhar se alterna o tempo todo entre o Cordeiro — a representação central e o tema principal da obra de arte —, a procissão dos adoradores, na lateral, e a pintura da natureza, ao fundo. E então o olhar é atraído para a margem: para Adão e Eva, para os retratos dos doadores. Ao menos na cena da Anunciação, onde o encanto íntimo e sério está presente nas figuras do Anjo e da Virgem, portanto na expressão pia, mesmo ali, tanto mais nos alegram a chaleira de cobre e a vista de uma rua ensolarada. Nesses detalhes, que para o autor da obra não passavam de coisas meramente secundárias, florescem o mistério do cotidiano em sua aparência silenciosa, a emoção imediata sobre o milagre de todas as coisas e a transformação delas em imagem. Não existe — a não ser que nos postemos diante da *Adoração do Cordeiro* com uma atitude de apreciação religiosa — nenhuma diferença entre a nossa emoção artística ao ver a representação sacra da adoração da Eucaristia e ao ver *Visstalletje* [Barraca de peixes] de Emanuel de Witte no Museu Boijmans, em Rotterdam.

Ora, é justamente no detalhe que o pintor está totalmente livre. Quanto ao tema principal, a representação do tema sagrado, foi-lhe imposta uma rígida convenção: cada cena religiosa possui o seu código iconográfico, do qual não se tolera nenhum desvio. No entanto, ele tem um campo ilimitado para desenvolver livremente o seu entusiasmo criador. Nas vestes, nos acessórios, no fundo, sem restrições nem obrigações, ele pode fazer o que o pintor faz: ou seja, pintar, sem entraves da convenção, reproduzindo o que vê e como o vê. A construção sólida e rígida da cena sagrada traz a riqueza dos detalhes como um tesouro luminoso, como uma mulher com flores em seu vestido.

Na poesia do século xv, no entanto, essa relação de certa forma se inverte. Quanto ao tema principal, o poeta é livre. Ele pode encontrar uma nova ideia, enquanto o detalhe e o pano de fundo são dominados em grande parte por convenções. Para quase toda particularidade existe uma norma de expressão, um modelo, que eles relutavam em abandonar. Flores, o prazer da natureza, tristezas e alegrias, todos esses elementos têm suas formas tradicionais de expressão, as quais o poeta pode lustrar e colorir um pouco, mas não renovar.

Ele lustra e colore infinitamente, pois lhe falta a salutar limitação imposta ao pintor pela superfície a ser preenchida. A superfície do poeta é sempre ilimitada. Ele está livre das restrições dos meios materiais, e por causa dessa liberdade ele deve ter, proporcionalmente, um gênio maior que o do pintor para produzir algo bom. Os pintores medíocres continuam sendo um prazer para a posteridade, mas o poeta medíocre afunda no esquecimento.

Para demonstrar o efeito da "elaboração irrefreada" numa obra poética do século XV, seria necessário acompanhá-la passo a passo, em toda a sua extensão — e elas são longas! Como isso não é possível aqui, alguns fragmentos serão suficientes.

Alain Chartier era considerado um dos maiores poetas em sua época. Ele foi comparado a Petrarca, e Clément Marot ainda o posiciona entre os melhores. O respeito de que ele gozava é comprovado pela historieta já mencionada anteriormente.[5] Assim, partindo de sua própria época, podemos situá-lo no mesmo nível de um dos grandes pintores. O início de seu poema *Le Livre des quatre dames*, uma conversa de quatro mulheres da nobreza cujos amantes tinham lutado em Azincourt, apresenta, como era a regra, a paisagem, que é o pano de fundo do quadro.[6] Essa paisagem deve ser comparada com a famosa paisagem do retábulo de Gent: o maravilhoso prado florido com a sua vegetação minuciosamente executada, com os campanários atrás dos cumes sombreados das colinas, um exemplo da elaboração mais irrefreada.

O poeta sai pela manhã de primavera para espantar sua persistente melancolia:

> *Pour oublier melencolie,*
> *Et pour faire chiere plus lie,*
> *Ung doulx matin aux champs issy,*
> *Au premier jour qu'amours ralie*
> *Les cueurs en la saison jolie...*

> Para esquecer a melancolia
> E para me alegrar,
> Numa doce manhã saí pelos campos afora,
> No primeiro dia em que o amor une
> Os corações na bela estação...

20. A IMAGEM E A PALAVRA

Tudo isso é puramente convencional, e nenhuma beleza de ritmo ou som o eleva acima da mediocridade mais banal. Agora segue a descrição da manhã primaveril:

> *Tout autour oiseaulx voletoient,*
> *Et si très-doulcement chantoient,*
> *Qu'il n'est cueur qui n'en fust joyeulx.*
> *Et en chantant en l'air montoient,*
> *Et puis l'un l'autre surmontoient*
> *A l'estrivée a qui mieulx mieulx.*
> *Le temps n'estoit mie nueux,*
> *De bleu estoient vestuz les cieux,*
> *Et le beau soleil cler luisoit.*

> Em todo o entorno os pássaros voam,
> E tão docemente cantam,
> Que nenhum coração deixaria de se alegrar.
> E cantando se elevam no ar,
> E logo um se elevava sobre o outro
> Para ver quem mais alto subia.
> O tempo não estava nebuloso,
> O céu todo vestido de azul,
> E o belo sol resplandecia claro.

A simples menção dos encantos do tempo e do lugar teria funcionado muito bem aqui, se o poeta soubesse se conter. Existe, sim, um certo fascínio na absoluta simplicidade dessa poesia da natureza, mas falta-lhe toda e qualquer *forma* mais fixa. A enumeração vem a galope. Após uma descrição mais detalhada da cantoria dos pássaros, segue:

> *Les arbres regarday flourir,*
> *Et lièvres et connins courir.*
> *Du printemps tout s'esjouyssoit.*
> *Là sembloit amour seignourir.*

Nul n'y peult vieillir ne mourir,
Ce me semble, tant qu'il y soit.
Des erbes ung flair doulx issoit,
Que l'air sery adoulcissoit,
Et en bruiant par la valee
Ung petit ruisselet passoit,
Qui les pays amoitissoit,
Dont l'eaue n'estoit pas salee.
Là buvoient les oysillons,
Apres ce que des grisillons,
Des mouschettes et papillons
Ilz avoient pris leur pasture.
Lasniers, aoutours, esmerillons
Vy, et mouches aux aguillons,
Qui de beau miel paveillons
Firent aux arbres par mesure.
De l'autre part fut la closture
D'ung pré gracieux, où nature
Sema les fleurs sur la verdure,
Blanches, jaunes, rouges et perses.
D'arbres flouriz fut la ceinture,
Aussi blancs que se neige pure
Les couvroit, ce sembloit paincture,
Tant y eut de couleurs diverses.

Vi as árvores em flor,
E lebres e coelhos correndo.
Tudo se alegrava com a primavera.
Parecia que ali era o amor que reinava.
Ninguém podia envelhecer ou morrer,
Parece-me, enquanto por ali estivesse.
Um doce aroma subia da relva,
Que o ar sereno adocicava,
E murmurando pelo vale
Passava um pequeno riacho
Que os prados molhava

> E cujas águas não eram salgadas.
> Ali bebiam os passarinhos,
> Depois de grilos,
> Mosquitos e borboletas
> Terem comido.
> Falcões, açores e esmerilhões eu vi,
> Mais abelhas com ferrões
> Que pavilhões nas árvores por medida
> Com belo mel faziam.
> Do outro lado estava a sebe
> De um gracioso prado, onde a natureza
> Semeava flores na vegetação,
> Brancas, amarelas, vermelhas e roxas.
> Em volta, árvores em flor,
> Tão brancas como se a neve pura
> As cobrisse. Parecia uma pintura,
> Tantas várias cores havia.

Um corregozinho murmura sobre os seixos; peixes nadam ali; um pequeno bosque espalha seus galhos como uma cortina verde por cima da margem. E mais uma vez segue-se uma enumeração de aves: ali fazem seus ninhos os patos, pombos, garças e faisões.

Comparado à pintura, qual é o efeito da descrição minuciosa da natureza na poesia? Ou, ainda, como se expressa uma mesma inspiração através de meios diferentes? O pintor, devido ao caráter de sua arte, é obrigado a manter uma fidelidade simples à natureza, enquanto o poeta se perde na grande superficialidade amorfa e na enumeração de motivos convencionais.

A prosa, nesse aspecto, aproxima-se mais da pintura do que a poesia. Ela está menos presa a certos motivos; muitas vezes expõe mais enfaticamente a reprodução precisa de uma realidade observada e a executa com meios mais livres. Por essa razão, a prosa talvez revele a profunda afinidade entre a literatura e a arte melhor do que a poesia.

O traço fundamental do espírito do fim da Idade Média é o seu caráter predominantemente visual, e este está estreitamente relacionado à atrofia do pensamento. O pensamento se dá por meio de representações visuais. Tudo aquilo que se quer expressar é disposto em uma imagem visível. O absoluto vazio conceitual das representações alegóricas ou poemas podia ser tolerado porque a satisfação residia toda na visão. A tendência a reproduzir de imediato o externamente visível encontrou nos meios pictóricos uma expressão mais forte e mais perfeita do que nos meios literários. E, do mesmo modo, uma expressão mais forte pelos meios da prosa do que da poesia. Por isso a prosa do século XV, em muitos aspectos, se situa numa posição intermediária entre a pintura e a poesia. Todas as três possuem em comum a elaboração irrefreada das particularidades, que, contudo, conduz a um realismo direto na pintura e na prosa, realismo este que a poesia desconhece e não tem nada melhor a seu dispor.

Há especialmente um escritor em cujas obras admiramos a mesma visão cristalina sobre o aspecto externo das coisas que possuía Van Eyck: a saber, Georges Chastellain. Ele era flamengo, da região de Aalst. Ainda que denominasse a si mesmo de *"léal françois, françois de naissence"* [francês fiel, francês de nascença], parece que na verdade o flamengo foi sua língua materna. La Marche chama-o de *"natif flameng, toutesfois mettant par escript en langaige franchois"* [um flamengo de nascença, embora escrevesse em francês]. Ele mesmo, com modesto orgulho, ressalta as qualidades flamengas de sua rusticidade tosca: fala de sua *"brute langue"* [língua bruta] e denomina-se *"homme flandrin, homme de palus bestiaux, ygnorant, bloisant de langue, gras de bouche et de palat et tout enfangié d'autres povretés corporelles à la nature de la terre"* [um flamengo, um homem dos lameiros bestiais, ignorante, de língua ciciante, grosseiro de boca e de palato, e todo enlameado com outras misérias corporais próprias dessa terra].⁷ Ao caráter desse povo ele deve o proceder um tanto pesado e grave de sua prosa enfeitada, a cerimoniosa *grandiloquence* que sempre o fez, de algum modo, intragável aos leitores franceses. Seu estilo pomposo possui uma certa deselegância de elefante; um contemporâneo o chama acertadamente de *"cette grosse cloche si haut sonnant"* [aquele enorme sino altissonante].⁸ Mas talvez seja também graças à sua natureza flamenga que ele possua a observação apurada e o colorido suculento que muitas vezes fazem lembrar dos escritores belgas modernos.

Entre Chastellain e Jan van Eyck existe uma afinidade indiscutível, e ao mesmo tempo uma diferença de nível artístico. O pior de Van Eyck é de certo modo o melhor de Chastellain — e isso já é bastante coisa, equiparar-se ao nível inferior de Van Eyck. Penso, por exemplo, nos anjos cantando no retábulo de Gent. Aquelas vestes pesadas, cheias de vermelho-escuro, ouro e pedras cintilantes, aquelas caretas exageradas, aqueles ornamentos um tanto frívolos do leitoril, tudo isso representa na pintura a grandiloquência cerimoniosa do estilo literário da corte borguinhã. Mas enquanto na pintura esse elemento retórico ocupa um lugar inferior, na prosa de Chastellain ele é a essência. Sua observação penetrante e seu realismo vívido se afogam na maior parte das vezes numa enxurrada de frases enfeitadas demais e no clamor de palavras pomposas.

Mas assim que Chastellain descreve um acontecimento que cativa o seu espírito flamengo de forma especial, surge em sua narrativa, apesar de toda aquela solenidade, um vigor direto e plástico, que a torna extraordinariamente eficaz. Ele não é mais rico de ideias do que seus companheiros; são os mesmos trocados (há muito em circulação) da convicção religiosa, moral e cavaleiresca que valem para ele como ideias. A concepção é totalmente superficial, porém a representação é nítida e viva.

O retrato que ele faz de Filipe, o Bom, quase possui o imediatismo de um Van Eyck.⁹ Com a complacência de um cronista, que é um romancista de coração, ele apresentou um relato bem detalhado de uma discussão entre o duque e o seu filho Carlos, ocorrida no começo de 1457. Em nenhum lugar a sua percepção fortemente visual das coisas se destaca tão bem; todas as circunstâncias externas desse acontecimento são reproduzidas com a mais perfeita nitidez. Será necessário citar algumas longas passagens.[10]

Tratava-se de uma questão sobre um cargo na corte do jovem conde de Charolais. Apesar de uma promessa feita anteriormente, o velho duque queria conceder o lugar a um dos Croy, a quem ele muito apreciava. Carlos, que não via esse favor com bons olhos, opôs-se a ele.

> *Le duc donques par un lundy qui estoit le jour Saint-Anthoine, après sa messe, aiant bien désir que sa maison demorast paisible et sans discention entre ses serviteurs, et que son fils aussi fist par son conseil et plaisir, après que jà avoit dit une grant part de ses heures et que la cappelle estoit vuide de gens, il appela son fils à venir vers luy et lui dist doucement: "Charles, de l'estrif qui est entre les sires de Sempy et de Hémeries pour le lieu de chambrelen, je vueil que vous y metten cès et que le sire de Sempy obtiengne le lieu vacante". Adont dist le conte: "Monseigneur, vous m'avez baillié une fois vostre ordonnance en laquelle le sire de Sempy n'est point, et monseigneur, s'il vous plaist, je vous prie que ceste-là je la puisse garder". — "Déa, ce dit le duc lors, ne vous chailliez des ordonnances, c'est à moy à croistre et à diminuer, je vueil que le sire de Sempy y soit mis." — "Hahan! ce dist le conte (car ainsi jurait tousjours), monseigneur, je vous prie, pardonnez-moy, car je ne le pourroye faire, je me tiens à ce que vous m'avez ordonné. Ce a fait le seigneur de Croy qui m'a brassé cecy, je le vois bien." — "Comment, ce dist le duc, me déso-*

béyrez-vous? ne ferez-vous pas ce que je vueil?" —
*"Monseigneur, je vous obéyray volentiers, mais je
ne feray point cela." Et le duc, à ces mots, enfelly
de ire, respondit: "Hà garsson, désobéyras-tu à ma
volenté? va hors de mes yeux", et le sang, avecques
les paroles, lui tira à cœur, et devint pâle et puis à
coup enflambé et si espoentable en son vis, comme
je l'oys recorder au clerc de la chapelle qui seul estoit
emprès luy, que hideur estoit à le regarder...*

O duque, então, numa segunda-feira, dia de santo Antônio,[11] depois da missa, desejando que sua casa permanecesse em paz e sem diferenças entre os serviçais, e que também seu filho agisse segundo sua decisão e vontade, depois de já ter dito uma grande parte de suas horas e de não haver mais pessoas na capela, chamou o filho para que viesse ter com ele e calmamente lhe disse: "Carlos, quanto a essa disputa entre os senhores de Sempy e de Hémerie pelo cargo de camareiro, quero que ponhas um fim a isso e que o senhor de Sempy fique com o lugar vago". Então disse o conde: "Meu senhor, certa vez deste-me vossa ordem na qual não consta o senhor de Sempy, e, meu senhor, se me obsequiares, peço que me deixes segui-la". *"Déa"*, disse o duque, "não te preocupes com as ordens, sou eu o responsável em aumentá-las e diminuí-las, e quero que o senhor de Sempy nela seja incluído." "Hahan!", disse o conde (pois é assim que ele sempre xingava). "Meu senhor, peço que me perdoes, pois não poderia fazê-lo, vou ater-me ao que me ordenaste. Isso foi tramado pelo senhor de Croy, bem o vejo." "Como me desobedecereis? Não fareis a minha vontade?", disse o duque. "Meu senhor, eu gostaria muito de obedecer-te, mas não farei o que me pedes." E o duque respondeu furioso a essas palavras: "Ah, rapaz! Desobedecerás à minha vontade? Saia da minha frente". E com essas palavras o sangue afluiu-lhe ao coração e ele empalideceu; depois, repentinamente, inflamou-se; e tão assustadora era a sua feição que, segundo ouvi contar o clérigo da capela, que estava sozinho com ele, foi horrível vê-lo...

Isso não é poderoso? O início calmo, o incendiar-se irado durante a breve altercação, a fala brusca do filho, na qual já se pode reconhecer todo o verdadeiro Carlos, o Temerário...

O olhar que o duque lança ao filho assusta a duquesa (cuja presença até esse momento ainda não havia sido mencionada), de tal forma que ela, sem dizer nada, sai às pressas do oratório em direção à capela, empurrando o filho à sua frente, para subtraí-lo da ira do marido. Mas eles precisaram dar algumas voltas antes de chegar à porta, pois a chave estava com o ajudante. "Caron, abra para nós!",[12] diz a duquesa, mas o ajudante cai a seus pés e implora que o filho peça perdão antes de deixarem a capela. Ela volta-se para Carlos com uma admoestação suplicante, mas este responde em alto e bom som: "*Déa, minha senhora, meu senhor proibiu-me de aparecer diante dos olhos dele e está bravo comigo, de modo que depois dessa proibição não hei de retornar tão depressa, mas sob a proteção de Deus irei não sei para onde*" [*Déa, madame, monseigneur m'a deffendu ses yeux et est indigné sur moy, par quoy, après avoir eu celle deffense, je ne m'y retourneray point si tost, ains m'en yray à la garde de Dieu, je ne sçay où*]. Então, subitamente soa a voz do duque, que, sem forças de tanta raiva, permanecera em seu genuflexório. E a duquesa, morrendo de medo, diz ao ajudante: "Meu amigo, rápido, rápido, abra para nós, pois temos de sair, senão estaremos mortos" [*Mon amy, tost, tost ouvrez-nous, il nous convient partir ou nous sommes morts*].

Nesse momento, o sangue quente dos Valois age de maneira atordoante: de volta a seus aposentos, o velho duque é tomado por uma estupidez infantil. Ao anoitecer, ele sai a cavalo de Bruxelas, secretamente e sem proteção o suficiente.

> *Les jours pour celle heurre d'alors estoient courts, et estoit jà basse vesprée quant ce prince droit-cy monta à cheval, et ne demandoit riens autre fors estre emmy les champs seul et à par luy. Sy porta ainsy l'aventure que ce propre jour-là, après un long et âpre gel, il faisoit un releng, et par une longue épaisse bruyne qui avoit couru toot ce jour là, vesprée tourna en pluie bien menue, mais très-mouillant et laquelle destrempoit les terres et rompoit glasces avecques vent qui s'y entrebouta.*

Os dias naquela estação do ano eram curtos, e já era noite escura quando o soberano de repente montou no cavalo e nada mais queria do que ficar completamente só no meio dos campos. Quis o acaso que no mesmo dia, após uma longa e intensa geada, começasse o degelo, e ao anoitecer, depois de uma demorada e cerrada garoa que caíra o dia inteiro, o tempo mudou, e uma chuva fina mas penetrante ensopava os campos e derretia o gelo com o vento que se juntava a ela.

Segue então a descrição da cavalgada noturna, vagueando através de campos e bosques, na qual se misturam de um modo peculiar o mais vívido naturalismo e uma retórica particularmente solene e moralizante. Cansado e faminto, o duque segue a esmo; ninguém responde aos seus gritos. Um rio, que lhe parece uma estrada, o atrai; o cavalo recua assustado na hora certa. Ele cai com o cavalo e acaba se ferindo. Em vão, tenta ouvir o canto de um galo ou o ladrar de um cachorro que poderia guiá-lo até a casa de alguém. Por fim, vê um clarão, do qual tenta se aproximar; perde-o novamente, encontra-o outra vez e finalmente o alcança. "Mas quanto mais se aproximava dele, tanto mais parecia uma coisa terrível e assustadora, pois o fogo vinha de um monte de terra em mais de mil lugares, com uma fumaça densa, levando qualquer um àquela hora a pensar que se tratava do purgatório de alguma alma ou de uma outra ilusão do diabo" [*Mais plus l'approchoit, plus sambloit hideuse chose et espoentable, car feu partoit d'une mote d'en plus de mille lieux, avecques grosse fumière, dont nul ne pensast à celle heure fors que ce fust ou purgatoire d'aucune âme ou autre illusion de l'ennemy*]. De repente ele para. E, sem mais nem menos, lembra-se de como os carvoeiros costumam queimar o seu carvão no fundo do bosque. Ele estava diante de um desses braseiros. Não havia, contudo, nenhuma cabana ou casa por ali. Só depois de novamente vaguear a esmo é que os latidos de um cachorro o levam para perto de uma cabana de um pobre homem, onde ele encontra descanso e comida.

Na obra de Chastellain, outras passagens surpreendentes como essa são a da descrição do duelo judiciário entre dois burgueses em Valenciennes; a da luta noturna em Haia entre a delegação frísia e os nobres borguinhões, a quem os frísios haviam irritado enquanto descansavam à noite, ao brincarem de pega-pega no quarto acima, calçando tamancos de madeira; a do tumulto em Gent em 1467, quando a primeira visita de Carlos como duque coincide com a quermesse de Houthem, de onde o povo retorna em procissão com o relicário de são Liévin.[13]

A cada vez, nota-se em detalhes imprevistos a intensidade com que o escritor *enxerga* todas as coisas externas. O duque, que faz frente ao levante popular, tem diante de si "um monte de cabeças metidas em capacetes enferrujados, que continham as feições contorcidas de vilões mordendo os lábios" [*multitude de faces en bacinets enrouillés et dont les dedans estoient grignans barbes de vilain, mordans lèvres*]. Os gritos vão de baixo para cima. O sujeito que se enfia na janela ao lado do duque calça uma luva de ferro envernizada de preto, com a qual bate no parapeito para exigir silêncio.[14]

Essa capacidade de descrever com palavras simples e concisas o que se observa de forma precisa e direta equivale na literatura ao que a impressionante acuidade visual de Van Eyck conseguia com perfeição expressiva na pintura. Na literatura, as formas convencionais muitas vezes atrapalham e obstruem a expressão desse naturalismo, que segue sendo uma exceção em meio a montanhas de retórica árida, enquanto na pintura ele reluz como as flores de uma macieira.

Quanto aos meios expressivos, a pintura está muito à frente da literatura. Ela já possui uma virtuosidade admirável na reprodução dos efeitos de luz. São sobretudo os miniaturistas que se esforçam para fixar o brilho de um momento. Na pintura, só vemos esse talento totalmente desenvolvido na *Natividade* de Geertgen tot Sint Jans. Muito tempo antes, os ilustradores já haviam tentado captar o jogo da luz de tochas nas armaduras dos soldados durante a prisão de Cristo. O mestre que ilustrara *Le Cuer d'amours espris* para o rei René já tinha conseguido obter um pôr do sol radiante. Aquele que realizou o *Heures d'Ailly* ousara já pintar o irromper do sol depois de uma tempestade.[15]

A literatura apenas dispõe de meios ainda muito primitivos para a reprodução dos efeitos de luz. Há, certamente, uma grande sensibilidade para a luz e o brilho. Conforme foi explicado antes, a própria beleza é concebida, em primeiro lugar, como luminosidade e brilho. Todos os escritores e poetas do século XV gostam de observar o brilho da luz do sol, a luz das velas e das tochas, os reflexos cintilantes nos capacetes e nas armas. Mas isso continua sendo um simples registro; ainda não existe um procedimento literário para tais descrições.

Devemos buscar em outro lugar o equivalente literário do efeito luminoso na pintura. Na literatura, a impressão do momento é assegurada sobretudo pelo uso ágil do discurso direto. Quase não há outra literatura que tenha se dedicado tanto a sempre reproduzir o diálogo diretamente. Ele se desgasta num cansativo mau uso: mesmo a exposição de uma situação política é articulada por Froissart e seus companheiros em forma de pergunta e resposta. Os eternos diálogos com sua cadência solene e som oco por vezes aumentam a monotonia em vez de quebrá-la. Em muitos casos, contudo, também a ilusão do imediato e do instantâneo aparece de modo surpreendente. Froissart, acima de todos, é um mestre desses diálogos vívidos.

"Então ele ouviu a notícia de que sua cidade fora tomada." (O diálogo ocorre aos berros.) "E que povo tomou a cidade?", ele perguntou. Aqueles que estavam falando com ele responderam: "Os bretões!". "Ah", ele disse, "os bretões são gente má, eles hão de saquear e queimar a cidade e depois partirão." (Na sequência, aos berros novamente.) "E qual é o grito de guerra deles?", perguntou o cavaleiro. "Bem, senhor, eles gritam 'La Trimouille!'." [*Lors il entendi les nouvelles que leur ville estoit prise. "Et de quel gens?", demande-il. Respondirent ceulx qui à luy parloient: "Ce sont Bretons!".* — *"Ha, dist-il, Bretons sont mal gent, ils pilleront et ardront la ville et puis partiront." "Et quel cry crient-ils?", dist le chevalier.* — *"Certes, sire, ils crient La Trimouille!"*].

Para acelerar o ritmo de um diálogo semelhante, Froissart emprega o artifício de fazer com que o ouvinte a quem se dirige o interlocutor repetisse admirado a última palavra dita por este. "Meu senhor, Gaston está morto." "Morto?", disse o duque. "Sim, realmente está morto, senhor." Em outro momento: "E, assim sendo, pediu-lhe conselhos sobre amor e família". "Conselho", disse o arcebispo. "Bem, querido sobrinho, na verdade, para isso, já é tarde demais. Desejais fechar o estábulo quando o cavalo já fugiu." [*"Monseigneur, Gaston est mort."* — *"Mort?", dist le conte.* — *"Certes, mort est-il pour vray, monseigneur." "Si luy demanda, en cause d'amours et de lignaige, conseil."* — *"Conseil", respondi l'archevesque, "certes, beaux nieps, c'est trop tard. Vous voulés clore l'estable quant le cheval est perdu."*].[16]

Também a poesia emprega amplamente essa figura de estilo. Num verso curto, as perguntas e respostas chegam a se alternar até duas vezes:

> *Mort, je me plaing. — De qui? — De toy.*
> *— Que t'ay je fait? — Ma dame as pris.*
> *— C'est vérité. — Dy moy pour quoy.*
> *— Il me plaisoit. — Tu as mespris.*[17]

> Morto, me queixo. — De quem? — De ti.
> — O que foi que te fiz? — Tomaste minha mulher.
> — Isso é verdade. — Diga-me por quê.
> — Porque quis. — Agiste mal.

Aqui, a contínua interrupção do diálogo já passou de meio a objetivo, um virtuosismo. O poeta Jean Meschinot soube explorar essa habilidade artística ao seu limite extremo. Numa balada em que a pobre França acusa seu rei (Luís XI), o discurso passa de um para o outro de três a quatro vezes em cada uma das trinta linhas. E é preciso admitir que o efeito do poema como sátira política, sob essa forma esquisita, não se perde em nada. Eis a primeira estrofe:

> *Sire... — Que veux? — Entendez... — Quoy? — Mon cas.*
> *— Or dy. — Je suys... — Qui? — La destruicte France!*
> *— Par qui? — Par vous. — Comment? — En tus estats.*
> *— Tu mens. — Non fais. — Qui le dit? —*
>   [*Ma souffrance.*
> *— Que souffres tu? — Meschief — Quel? — A oultrance.*
> *— Je n'en croy rien. — Bien y pert. — N'en dy plus!*
> *— Las! si feray. — Tu perds temps. — Quelz abus!*
> *— Qu'ay-je mal fait? — Contre paix.*[18] *— Es comment?*
> *— Guerroyant... — Qui? — Vos amys et congnus.*
> *— Parle plus beau. — Je ne puis, bonnement.*[19]

Senhor... — O que queres? — Ouvi... — O quê? — O
[meu caso.
— Diz, então. — Eu sou... — Quem? — A França
[destruída!
— Por quem? — Por vós. — Como? — Em todos os
[estados.
— Estás mentindo. — Não estou, não. — Quem o
[diz? — Meu sofrimento.
— De que sofres? — De miséria. — Qual? — A mais
[extrema.
— Não acredito. — Evidentemente. — Não fales mais
[disso!
— Infelizmente, terei. — Perdes teu tempo. — Que
[injustiça!
— Que fiz de errado? — Agistes contra a paz. — E
[como?
— Guerreando... — Contra quem? — Contra os vossos
[amigos e conhecidos.
— Fala de forma mais bela. — Não posso, de verdade.

Uma outra manifestação desse naturalismo superficial na literatura dessa época é a que se segue. Embora o interesse de Froissart esteja voltado para a descrição das façanhas cavaleirescas, ele — mesmo contra a sua vontade, pode-se dizer — relata com abundância a prosaica realidade da guerra. Assim como Commines, que pouco se interessa pela cavalaria, Froissart descreve particularmente bem o cansaço, as perseguições inúteis, os movimentos desconexos, a inquietude de um acampamento noturno. Ele sabe descrever com maestria as demoras e as esperas.[20]

Na narrativa sóbria e exata das circunstâncias externas de um acontecimento, ele às vezes chega a obter uma força quase trágica, como no relato da morte do jovem Gaston Phébus, apunhalado pelo pai num acesso de cólera.[21] Ele trabalha de um modo tão fotográfico que sob suas palavras pode-se reconhecer a qualidade dos narradores que a ele contam os seus infindáveis *faits divers*. Tudo aquilo que ele deve a seu companheiro de viagem, o cavaleiro Espaing du Lyon, é relatado com excelência. Sempre que a literatura age simplesmente observando, sem os entraves da convenção, ela pode ser comparada à pintura, ainda que não se iguale a ela.

Essa observação objetiva não se aplica à descrição literária de uma cena natural. A literatura do século xv não anseia por uma *descrição* da natureza. Sua observação só se aplica a acontecimentos que suscitam interesse, registrando as circunstâncias externas do mesmo modo como faria uma placa fotográfica. Não se trata de um procedimento literário consciente. No entanto, a descrição da natureza, que na pintura exerce uma função secundária, e por essa razão se dá de maneira mais livre, é na literatura uma figura de estilo consciente, ligada a formas convencionais, não controlada pela necessidade de imitação. Na pintura, a reprodução da natureza era de caráter meramente secundário, e por isso podia permanecer pura e sóbria. Uma vez que o pano de fundo não era importante para o tema, por não fazer parte do estilo hierático, os pintores do século xv podiam introduzir um certo grau de naturalidade harmônica em sua paisagem, que as rigorosas regras quanto ao tema ainda lhes proibiam na cena principal. A arte egípcia apresenta um paralelo exato desse fenômeno: na modelagem de uma estatueta de escravo, por não ser importante, a arte abandona o código formal, que normalmente distorce a figura humana, de maneira que as figuras humanas secundárias às vezes apresentam a mesma incomparável e sóbria fidelidade natural das figuras de animais.

Quanto menor for a ligação entre a paisagem e a cena principal, tanto mais harmônica e natural será a pintura como um todo. Por trás da intensa, bizarra e pomposa adoração dos reis em *Les Très Riches Heures du duc de Berry*,[22] aparece a visão de Bourges numa ternura sonhadora, perfeita na atmosfera e no ritmo.

Na literatura, a descrição da natureza ainda está toda encoberta pela roupagem do gênero pastoral. Já falamos antes da querela cortesã sobre os prós e os contras da vida simples no campo. Assim como na época em que Rousseau estava em ascensão, era de bom-tom confessar-se cansado da vaidade da vida cortesã e fingir uma sábia fuga da corte, para ir se contentar com o pão preto e o amor despreocupado de Robin e Marion. Tratava-se de uma reação sentimental ao esplendor sanguíneo e ao egoísmo orgulhoso da realidade que, embora não fosse totalmente falsa, era sobretudo uma atitude literária.

O amor pela natureza pertence a essa atitude. Sua expressão poética é convencional. A natureza era um elemento buscado no grande jogo de salão da cultura erótico-cortesã. Os termos para expressar a beleza das flores e o canto dos pássaros eram propositadamente cultivados nas formas consagradas que qualquer jogador compreendia. A reprodução da natureza na literatura situa-se, portanto, num nível completamente distinto daquele da pintura.

Com exceção da poesia pastoral e do tema obrigatório da manhã primaveril no início dos poemas, raramente é sentida a necessidade de descrição da natureza. Vez por outra pode ocorrer que algumas palavras de descrição da natureza interfiram na história, como no caso em que Chastellain descreve o início do degelo (e justamente a representação não intencional da natureza é de longe a mais sugestiva), mas ainda é na poesia pastoral que se deve examinar o surgimento do sentimento literário pela natureza. Ao lado das páginas de Alain Chartier, citadas anteriormente para mostrar o efeito da elaboração dos detalhes em geral, pode-se, por exemplo, colocar o poema *Regnault et Jehanneton*, em que o pastor real René disfarça o seu amor por Jeanne de Laval. Também aqui não se trata de uma visão coerente de uma parte da natureza, uma unidade como a que o pintor podia imprimir com cor e luz em sua paisagem, mas de um alinhavar agradável de

20. A IMAGEM E A PALAVRA

detalhes. Os pássaros cantando, um a um, os insetos, as rãs, depois os camponeses lavrando a terra:

> *Et d'autre part, les paisans au labour*
> *Si chantent hault, voire sans nul séjour,*
> *Resjoyssant*
> *Leurs beufs, lesquelx vont tout-bel charruant*
> *La terre grasse, qui le bon froment rent;*
> *Et on ce point ilz les vont rescriant,*
> *Selon leur nom:*
> *A l'un Fauveau et l'autre Grison,*
> *Brunet, Blanchet, Blondeau ou Compaignon;*
> *Puis les touchent tel foiz de l'aiguillon*
> *Pour avancer.*[23]

> E, do outro lado, os camponeses no labor
> Cantando em voz alta, e sem parar,
> Alegrando
> Suas vacas, que vão arando bravamente
> A terra fértil, que o bom trigo dá;
> E nesse momento as vão chamando
> Cada uma por seu nome:
> A uma, Ruiva, e a outra, Grisalha,
> Morena, Branca, Loura ou Companheira;
> Então espetam-nas várias vezes com o aguilhão
> Para seguirem adiante.

Há ali um frescor e um som alegre, mas que se tornam medíocres quando comparados às ilustrações dos meses nos livros das horas. O rei René fornece os ingredientes para uma descrição da natureza, uma paleta com poucas cores, nada além disso. Mais adiante, onde é descrito o anoitecer, percebe-se claramente a tentativa de expressar um certo estado de espírito. Os outros pássaros estão em silêncio, mas a codorna ainda grita, as perdizes vão piando para os seus abrigos, os cervos e coelhos dão o ar de sua graça. O sol brilha por mais um instante na ponta de uma torre, depois o ar esfria, corujas e morcegos começam a alçar seu voo e o sininho da capela toca a ave-maria.

As páginas do calendário de *Les Très Riches Heures* nos dão a oportunidade de comparar um mesmo motivo na arte e na literatura. Os castelos gloriosos que preenchem o pano de fundo dos trabalhos do mês na obra dos irmãos Limburg são bem conhecidos. O equivalente literário deles se situa na obra poética de Eustache Deschamps. Num conjunto de sete poemas curtos, ele canta o elogio a diversos castelos do norte da França: Beauté (que mais tarde abrigaria Agnès Sorel), Bièvre, Cachan, Clermont, Nieppe, Noroy e Coucy.[24] Deschamps precisaria ter sido um poeta de maior envergadura para alcançar aqui o que os irmãos Limburg souberam expressar nas mais delicadas e finas manifestações da arte miniaturista. Na página referente a setembro, atrás da colheita do vinho, eleva-se, como saído de um sonho, o castelo de Saumur: os picos das torres com os seus cata-ventos no alto, os pináculos, os merlões ornados com flores-de-lis, as vinte chaminés esguias, tudo isso floresce como um canteiro selvagem de altas flores brancas no azul-escuro do céu.[25] Tem-se ainda a ampla austeridade majestosa do régio Lusignan na página referente a março, e as torres sombrias de Vincennes despontando ameaçadoras acima das folhas secas do bosque na página de dezembro.[26]

Será que o poeta, ou ao menos esse poeta, possuía um meio equivalente para evocar tais visões? É claro que não. A descrição das formas arquitetônicas do castelo, como no poema sobre Bièvre, não podia produzir nenhum efeito. Na verdade, tudo que ele pode oferecer é a enumeração dos prazeres que o castelo proporciona. É natural que o pintor, do lado de fora do castelo, olhe para ele, e que o poeta, estando dentro do castelo, olhe para fora.

> *Son filz ainsné, daulphin de Viennois,*
> *Donna le nom à ce lieu de Beauté.*
> *Et c'est bien drois, car moult est delectables:*
> *L'en y oit bien le rossignol chanter;*
> *Marne l'ensaint, les haulz bois profitables*
> *Du noble parc puet l'en veoir braneer...*
> *Les prez sont pres, les jardins deduisables,*
> *Les beaus preaulx, fontenis bel et cler,*
> *Vignes aussi et les terres arables,*
> *Moulins tournans, beaus plains à regarder.*

Seu filho mais velho, o delfim de Viena,
Deu o nome de Beleza a este lugar.
E acertadamente, pois é muito agradável:
Ali pode-se ouvir o rouxinol cantar;
O Marne o circunda; Pode-se ver os bosques
Altos e ricos do nobre parque balançarem...
Os prados estão perto, os agradáveis jardins,
Os lindos pátios, as fontes belas e claras,
Também vinhedos e terras aráveis,
Moinhos girando e planícies bonitas de se ver.

Como é diferente esse efeito daquele obtido na miniatura! E mesmo assim, a imagem e o poema têm em comum aqui tanto o procedimento como o tema: eles enumeram o visível (e, no poema, também o audível). Mas o olhar do pintor está fixado sobre um complexo definido e limitado: ao enumerar, ele deve conferir unidade, limite e coesão. Paul Limburg pôde reunir todos os detalhes do inverno na cena referente a fevereiro: os camponeses se aquecendo diante do fogo, a roupa pendurada para secar, os corvos rajados sobre a neve, o aprisco, as colmeias, os tonéis e a carriola, e todo o horizonte invernal contendo a pequena aldeia silenciosa e a casa solitária sobre a colina. A unidade tranquila da imagem permanece perfeita. O olhar do poeta, no entanto, vagueia ao redor, não encontra um ponto de descanso; ele não conhece limite algum e não produz uma unidade.

A forma está à frente do conteúdo. Na literatura, forma e conteúdo são velhos. Na pintura, entretanto, o conteúdo é velho, mas a forma é nova. Na pintura, a forma contém muito mais expressão do que na literatura. O pintor pode colocar toda a sabedoria não articulada na forma: a ideia, o estado de ânimo, a psicologia, ele pode indicar tudo sem precisar se angustiar em transformá-los em palavras. A época é primordialmente visual. Isso explica por que a expressão pictórica é superior à literária: uma literatura cuja percepção seja primordialmente visual será falha.

A poesia do século XV parece sobreviver quase sem ideias novas. Prevalece uma impotência geral no que diz respeito à invenção de algo novo. Trata-se apenas de reelaboração, modernização de material velho. Há uma pausa no pensamento: o espírito concluiu a construção do edifício medieval e, cansado, hesita. Vazio e aridez por toda parte. Desespera-se do mundo; tudo caminha em marcha a ré; há uma forte depressão do ânimo. Deschamps lamenta:

> *Helas! on dit que je ne fais mès rien,*
> *Qui jadis fis mainte chose nouvelle;*
> *La raison est que je n'ay pas merrien*
> *Dont je fisse chose bonne ne belle.*[27]

> Ai de mim! Diz-se que não faço mais nada,
> Eu que já fiz muita coisa nova;
> A razão é que eu não tenho matéria
> Para disso fazer algo bom ou belo.

Para nós, nada parece dar prova maior dessa estagnação e decadência do que a transposição do velho romance de cavalaria e outros poemas em uma prosa insossa e interminável. Mas essa *dérimage* ["prosificação"] do século XV indica a passagem para um novo espírito. Ela é a despedida do discurso fechado da poesia como meio de expressão principal, a despedida do estilo do espírito medieval. Ainda no século XIII, podia-se colocar tudo em rimas, até a medicina e a história natural, do mesmo modo que a antiga literatura indiana havia colocado todo conhecimento em forma versificada. A forma poética indica que a recitação é o meio pretendido de comunicação. Não a recitação pessoal, sensível, expressiva, mas o recitar apressado, pois em épocas literárias mais primitivas o verso era meio cantado numa melodia fixa. A nova demanda pela prosa revela o desejo pela expressão, o surgimento da leitura moderna em oposição à velha recitação. A isso também se relaciona a distribuição da matéria em pequenos capítulos, com títulos sumários, que se torna comum no século XV, enquanto as obras mais antigas eram menos segmentadas. Proporcionalmente, exigia-se mais da prosa do que da poesia: na velha forma rimada, ainda se aceitava tudo; a prosa, ao contrário, é a forma artística.

Porém, a qualidade superior da prosa se encontra, em geral, nos seus elementos formais. Ela é tão pouco permeada de novas ideias quanto a poesia. Froissart é o tipo perfeito de uma mente que não pensa em palavras, apenas descreve. Ele quase não tem ideias, somente imagens de fatos. Só conhece alguns poucos motivos morais e sentimentos: fidelidade, honra, avidez, coragem, e todos na sua forma mais rudimentar. Não usa nada da teologia, nem da alegoria ou da mitologia, e quase nada da moral. Ele simplesmente narra, sem esforço, de modo correto e adequado ao caso, mas sem profundidade e sem nunca surpreender, com a mesma superficialidade mecânica com que o cinema reproduz a realidade. Suas reflexões são de uma banalidade sem igual: tudo cansa, nada é mais certo do que a morte, às vezes se perde, às vezes se ganha. Certas descrições são acompanhadas automaticamente dos mesmos julgamentos habituais: assim, ao falar dos alemães, ele diz sempre que estes tratavam mal seus prisioneiros e que eram especialmente gananciosos.[28]

Até mesmo as frases de Froissart muitas vezes citadas por sua perspicácia parecem perder o vigor quando lidas no contexto. Por exemplo, considera-se uma caracterização astuta de Froissart quando ele chama o primeiro duque da Borgonha, o calculista e perseverante Filipe, o Temerário, de *"sage, froid et imaginatif, et qui sur ses besognes veoit au loin"* [sábio, frio e engenhoso, e previdente em seus negócios]. Mas Froissart diz isso de todos![29] E também a muito citada *"Ainsi ot messire Jehan de Blois femme et guerre qui trop luy cousta"* [E assim o sr. João de Blois teve uma mulher e uma guerra que muito lhe custaram],[30] se tomada dentro do contexto, não tem afinal a acuidade que se aprecia nela.

Falta um elemento em Froissart: a retórica. Para seus contemporâneos, era justamente a retórica que compensava a falta de conteúdo novo na literatura. As pessoas se regalam na pompa de um estilo rebuscado; as ideias parecem novas em seu paramento solene. Todas elas vestem rígidos trajes de brocado. Os conceitos de honra e dever vestem a fantasia colorida da ilusão cavaleiresca. O sentimento da natureza veste-se com a indumentária do gênero pastoral, e o amor, com a mais apertada de todas, a da alegoria do *Roman de la Rose*. Nem sequer um pensamento está nu e livre. Eles mal podem se mover de outra forma que não seja ir avançando no ritmo calmo dos passos de cortejos infinitos.

Esse elemento retórico-ornamental, aliás, também não falta às artes plásticas. Há nelas inúmeras partes que podem ser chamadas de retórica pintada. Como, por exemplo, o são Jorge da *Madona com o cônego Van de Paele*, de Van Eyck, que recomenda o doador à Virgem. Quão nitidamente o artista quis "antiquizar" a armadura dourada e o capacete luxuoso de são Jorge;

como é afetado e retórico o gesto com que o santo aparece. O arcanjo Miguel, no pequeno tríptico de Dresden, veste o mesmo atavio, formoso ao extremo. Também o trabalho de Paul Limburg mostra esse elemento retórico consciente no esplendor exagerado e bizarro em que aparecem os três Reis Magos, um esforço evidente em favor de uma expressão exótica e teatral.

A poesia do século xv é melhor quando não tenta expressar pensamentos graves e está liberada da missão de o fazer de forma bela. Ela é melhor quando evoca somente uma visão, um estado de ânimo. Seu efeito depende dos elementos formais: a imagem, o tom, o ritmo. Por isso ela costuma falhar nas obras de larga escala e grande fôlego, nas quais as qualidades de ritmo e de tom são secundárias. Mas ela pode ser fresca nos gêneros em que a forma externa é essencial, como o *rondeau* e a balada, que geralmente são estruturados em torno de uma ideia leve e extraem sua força da visão, do tom e do ritmo. Essas são as mesmas qualidades simples e evocativas da canção popular. Sempre que se aproxima da canção popular, a canção artística emana seu maior encanto.

No século xiv, ocorre uma reviravolta na relação entre a poesia lírica e a música. No período anterior, o poema, mesmo que não fosse lírico, estava inseparavelmente ligado à recitação musical; afinal, supõe-se que também as *chansons de geste* eram cantadas, cada verso de dez ou doze sílabas com a mesma melodia. O tipo comum de poeta lírico medieval é aquele que escreve o poema e compõe a música para acompanhá-lo. No século xiv, isso ainda é feito por Guillaume de Machaut. Ao mesmo tempo, é ele quem define as formas líricas mais usuais de sua época: as baladas, o rondel etc.; ele cria a nova forma do *débat*, a discussão. Os *rondeaux* e baladas de Machaut caracterizam-se pela grande uniformidade, pouco colorido e conteúdo intelectual menor ainda. E isso era permitido a esses poemas por serem apenas a metade da obra do poeta: o poema cantado fica ainda melhor se não for expressivo demais nem colorido demais, como neste simples rondel:

> *Au departir de vous mon cuer vous lais*
> *Et je m'en vois dolans et esplourés.*
> *Pour vous servir, sans retraire jamais,*
> *Au departir de vous mon cuer vous lais.*
> *Et par m'ame, je n'arai bien ne pais*
> *Jusqu'au retour, einsi desconfortés.*
> *Au departir de vous mon cuer vous lais*
> *Et je m'en vois dolans et esplourés.*[31]

> Ao despedir-me de ti, deixo-te meu coração,
> E me vou, dolente e choroso.
> Para a ti servir sem jamais recusar,
> Deixo-te meu coração ao despedir-me de ti.
> E em minh'alma, não terei paz nem alegria
> Até o retorno, assim desconsolado.
> Ao despedir-me de ti, deixo-te meu coração,
> E me vou, dolente e choroso.

Deschamps já não compõe ele mesmo a música de suas baladas, e por isso é muito mais colorido e vivaz do que Machaut. Também pela mesma razão, é frequentemente mais interessante, apesar de inferior no estilo poético. É claro que o poema etéreo, simples, quase sem conteúdo, destinado a ser musicado, não desaparece quando os próprios poetas não mais compõem a sua música. O rondel conserva esse estilo, como, por exemplo, este de Jean Meschinot:

> *M'aimerez-vous bien,*
> *Dictes, par vostre ame?*
> *Mais que je vous ame*

Plus que nulle rien,
M'aimerez-vous bien?
Dieu mit tant de bien
En vous, que c'est basme;
Pour ce je me clame
Vostre. Mais combien
M'aimerez-vous bien?[32]

Será que me amas de verdade,
Diz-me, por tu'alma?
Se eu te amo
Mais do que tudo,
Será que me amas de verdade?
Deus em ti tanta bondade pôs,
Que és bálsamo;
Por isso proclamo que sou
Teu. Mas quanto
Será que me amas de verdade?

O talento puro e simples de Christine de Pisan prestava-se especialmente a esses efeitos fugazes. Ela fez versos com a mesma facilidade que todos os seus contemporâneos, com pouquíssima variação em forma e ideia, uniformes e pouco coloridos, serenos e calmos, com uma leve e espirituosa melancolia. São poemas verdadeiramente literários, cortesãos no tom e no pensamento. Eles lembram aquelas placas de marfim do século XIV, que sempre traziam os mesmos motivos em figuras puramente convencionais: uma cena de caçada, um episódio de *Tristão e Isolda* ou do *Roman de la Rose*, graciosas, frescas e encantadoras. Quando Christine, com seu doce refinamento, acerta o tom da canção popular, surge às vezes algo totalmente puro.

Um reencontro:

> *Tu soies le très bien venu,*
> *M'amour, or m'embrace et me baise,*
> *Et comment t'es tu maintenu*
> *Puis ton depart? Sain et bien aise*
> *As tu esté tousjours? Ça vien*
> *Coste moy, te sié et me conte*
> *Comment t'a esté, mal ou bien,*
> *Car de ce vueil savoir le compte.*

> Sê muito bem-vindo,
> Meu amor. Agora me abraça e me beija.
> E como passaste
> Desde que partiste? Estiveste
> Sempre são e bem? Vem aqui
> Junto a mim, senta-te e me conta,
> Como passaste, bem ou mal,
> Pois disso é que quero saber.

> — *Ma dame, a qui je suis tenu*
> *Plus que aultre, a nul n'en desplaise,*
> *Sachés que desir m'a tenu*
> *Si court qu'oncques n'oz tel mesaise,*
> *Ne plaisir ne prenoie en rien*
> *Loings de vous. Amours, qui cuers dompte,*
> *Me disoit: "Loyauté me tien,*
> *Car de ce vueil savoir le compte".*

> — Mulher, a quem ligado estou
> Mais do que a nenhuma outra, sem ofensa a ninguém,
> Saiba que o desejo manteve
> A rédea tão curta, que nunca sofri um tal dissabor,
> E em nada encontrei prazer
> Longe de ti. Amor, que subjuga corações,
> Disse-me: "Seja fiel a mim,
> Pois disso é que quero saber".

20. A IMAGEM E A PALAVRA

> — *Dont m'as tu ton serment tenu,*
> *Bon gré t'en sçay, par Saint-Nicaise;*
> *Et puis que sain es revenu*
> *Joye arons assez; or t'apaise*
> *Et me dis se scez de combien*
> *Le mal qu'en as eu a plus monte*
> *Que cil qu'a souffert le cuer mien,*
> *Car de ce vueil savoir le compte.*

> — Então cumpriste o teu juramento.
> Agradeço-te muito por isso, por são Nicásio.
> E agora que voltaste são,
> Teremos muita alegria. Acalma-te agora,
> E diz-me se sabes se
> O sofrimento que tiveste conta mais
> Do que o sofrimento do meu coração,
> Pois disso é que quero saber.

> — *Plus mal que vous, si com retien,*
> *Ay eu, mais dites sanz mesconte,*
> *Quans baisiers en aray je bien!*
> *Car de ce vueil savoir le compte.*[33]

> — Mais sofrimento que o teu, acho,
> Eu passei, mas digas agora sem errar,
> Quantos beijos por isso hei de ganhar?
> Pois disso é que quero saber.

Uma ausência:

> *Il a au jour d'ui un mois*
> *Que mon ami s'en ala.*

> Hoje faz um mês
> Desde que o meu amor partiu.

Mon cuer remaint morne et cois,
Il a au jour d'ui un mois.

Meu coração está triste e silencioso,
Hoje faz um mês.

"A Dieu", me dit, "je m'en vois";
Ne puis a moy ne parla,
Il a au jour d'ui un mois.[34]

"Adeus", ele me disse, "vou partir";
E desde então nada mais a mim falou.
Hoje faz um mês.

Uma rendição:

Mon ami, ne plourez plus;
Car tant me faittes pitié
Que mon cuer se rent conclus
A vostre doulce amistié.
Reprenez autre maniere;
Pour Dieu, plus ne vous doulez,
Et me faittes bonne chiere:
Je vueil quanque vous voulez.

Meu amigo, não chores mais,
Pois me dás tanta pena,
Que meu coração se rende de vez
À tua doce amizade.
Assuma outros modos.
Por Deus, não fiques mais triste,
E me mostra um rosto alegre:
Quero tudo o que tu queres.

A terna e espontânea feminilidade desses pequenos poemas, despidos da imponente e grave especulação masculina e do adorno exuberante das figuras do *Roman de la Rose*, faz com que se tornem agradáveis para nós. Tudo que eles nos oferecem é uma atmosfera, sentida por um instante. O tema mal ressoou no coração e já se transformou imediatamente em imagem, sem a intervenção do pensamento. Mas é por isso também que essa poesia apresenta com frequência tão singular esta qualidade que marca a música e a poesia de todas as épocas, na qual a inspiração repousa exclusivamente na mera visão de um instante: o tema é puro e forte, a canção começa com um som claro e firme, como o canto de um melro, mas logo depois da primeira estrofe o poeta ou compositor esgotou o que tinha a dizer, a atmosfera se desfaz e a elaboração procede numa retórica fraca. Trata-se da eterna decepção que sentimos com relação a quase todos os poetas do século XV.

Segue um exemplo das baladas de Christine:

> *Quant chacun s'en revient de l'ost*
> *Pour quoy demeures tu derriere?*
> *Et si scez que m'amour entierre*
> *T'ay baillée en garde et depost.*[35]

> Quando todos voltam do exército,
> Por que ficas para trás?
> E sabes que a ti todo o meu amor dei
> Para o guardares e proteger.

Nesse momento, se haveria de esperar por uma delicada balada medieval de uma "Leonora" francesa. Mas a poeta não tinha nada mais a dizer além do que já havia sido dito nesse começo, e depois de outras duas estrofes sem importância ela põe fim ao assunto.

Com quanto frescor começa o *Le Debat dou cheval et dou levrier* [Diálogo entre o cavalo e o galgo] de Froissart:

> *Froissart d'Escoce revenoit*
> *Sus un cheval qui gris estoit,*
> *Un blanc levrier menoit en lasse.*
> *"Las", dist le levrier, "je me lasse,*
> *Grisel, quant nous reposerons?*
> *Il est heure que nous mengons."*[36]

> Froissart voltava da Escócia,
> Montado sobre um cavalo cinza,
> Um galgo branco trazia à coleira.
> "Ai", disse o galgo, "estou cansado,
> Grisalho, quando vamos descansar?
> Está na hora de comer."

Mas esse tom não é mantido; o poema desmorona na mesma hora. O tema é apenas visto, não pensado. Contudo, às vezes os temas são maravilhosamente sugestivos. Em *La Danse aux aveugles*, de Pierre Michault, vê-se a humanidade dançando eternamente em volta dos tronos do Amor, da Fortuna e da Morte.[37] Mas a elaboração, desde o começo, permanece abaixo do nível mediano. Uma *Exclamacion des os Saint Innocent* de um autor desconhecido começa com o clamor dos ossos nas galerias ossuárias do famoso cemitério:

> *Les os sommes des povres trespassez,*
> *Cy amassez par monceaulx compassez,*
> *Rompus, cassez, sans reigle ne compas...*[38]

> Nós somos os ossos dos pobres falecidos,
> Aqui empilhados em montes bem ordenados,
> Quebrados, despedaçados, sem regra nem compasso...

Fica bem como um preâmbulo para o sombrio lamento dos mortos; mas acaba não sendo nada além de um *memento mori* como tantos outros.

20. A IMAGEM E A PALAVRA

Todos esses temas são meramente visuais. Para o pintor, uma única visão dessas contém em si a matéria para um quadro o mais elaborado possível, mas para o poeta ela é insuficiente.

21. A palavra e a imagem

Será então que a pintura do século xv, quanto à expressividade, desbanca a literatura em todos os aspectos? Não. Sempre restam áreas em que a literatura dispõe de meios de expressão mais ricos e mais diretos do que as artes plásticas. O escárnio, sobretudo, é uma dessas áreas. As artes plásticas, a menos que desçam ao nível da caricatura, só conseguem expressar o cômico de maneira limitada. Reproduzido apenas visualmente, o cômico tende a se tornar sério outra vez. A imagem consegue acompanhar o passo da expressão em palavras somente nos casos em que a adição do elemento cômico na representação da vida é muito pequena — quando não passa de um tempero, quando não é o sabor dominante do próprio prato. Na pintura de gênero, é possível observar esse elemento cômico em seu grau mais fraco.

Aqui as artes plásticas ainda estão completamente em seu terreno. A elaboração irrefreada dos detalhes, que antes atribuímos à pintura do século xv, transforma-se imperceptivelmente em narração agradável de banalidades na pintura de gênero. No caso do mestre de Flémalle, o detalhamento tornou-se um "gênero" em si mesmo. Seu carpinteiro José está sentado construindo ratoeiras.[1] O caráter de gênero está presente em todos os seus detalhes. Entre o modo como Van Eyck e Robert Campin deixam uma veneziana aberta ou pintam um pequeno aparador ou uma lareira, deu-se o passo que vai da pura visão pictórica até o gênero.

Porém, mesmo no caso do gênero, a palavra logo passa a ter uma dimensão maior do que a imagem. Ela consegue reproduzir explicitamente o estado de espírito. Pensemos mais uma vez nas descrições da beleza dos castelos de Deschamps. Na verdade, elas tinham fracassado e ficaram infinitamente para atrás em relação ao que a arte miniaturista era capaz de produzir. Mas comparemos a elas a balada, na qual Deschamps descreve uma cena de gênero, sobre como ele mesmo está adoentado em seu pobre castelinho em Fismes.[2] As corujas, estorninhos, corvos e pardais que se aninham em suas torres não o deixam dormir:

> *C'est une estrange melodie*
> *Qui ne semble pas grand deduit*
> *A gens qui sont en maladie.*
> *Premiers les corbes font sçavoir*
> *Pour certain si tost qu'il est jour:*
> *De fort crier font leur pouoir,*
> *Le gros, le gresle, sanz sejour;*
> *Mieulx vauldroit le son d'un tabour*
> *Que telz cris de divers oyseaulx,*
> *Puis vient la proie; vaches, veaulx,*
> *Crians, muyans, et tout ce nuit,*
> *Quant on ale cervel trop vuit.*
> *Joint du moustier la sonnerie,*
> *Qui tout l'entendement destruit*
> *A gens qui sont en maladie.*

> É uma melodia estranha
> Que não parece muito prazerosa
> Para pessoas adoentadas.
> Primeiro os corvos fazem saber
> Com certeza que o dia raiou:
> Eles gralham a plenos pulmões,

Grandes, pequenos, sem parar.
Melhor seria o som de um tambor
Do que o alarido de um bando de pássaros.
Depois vem o gado: vacas, bezerros,
Berrando, mugindo, a noite toda,
Quando se tem a cabeça vazia demais.
A isso se junta o repicar dos sinos da igreja,
Que destrói a sanidade
De pessoas adoentadas.

À noite são as corujas que, com o seu lamentoso crocitar, amedrontam o doente com pensamentos sobre a morte:

*C'est froit hostel et mal reduit
A gens qui sant en maladie.*

É uma pousada fria e um refúgio perverso
Para pessoas adoentadas.

Mas tão logo se introduza um laivo de comicidade ou mesmo de uma narrativa amena, o procedimento enumerativo deixa de ter um efeito cansativo. Retratos vívidos dos costumes burgueses ou longas descrições agradáveis da toalete feminina quebram a monotonia. Em seu longo poema alegórico *L'Espinette amoureuse*,[3] Froissart de súbito encanta o leitor ao enumerar umas boas sessenta brincadeiras infantis que conheceu quando garoto em Valenciennes.[4] O culto literário ao demônio da gula já começara. Os saborosos banquetes de Zola, Huysmans e Anatole France já têm o seu protótipo na Idade Média. Como a gula brilhava quando Deschamps e Villon saboreavam pernis de carneiro macios e suculentos! Quão deliciosamente Froissart descreve os bons vivants de Bruxelas que rodeiam o balofo duque Venceslau na Batalha de Bäsweiler, acompanhados de seus pajens com grandes garrafas de vinho presas à sela, com pão e queijo, tortas de salmão, truta e enguias, tudo isso devidamente enrolado em pequenos guardanapos... E assim eles atrapalhavam consideravelmente a ordem de batalha.⁵

Devido ao seu talento para o gênero, a literatura dessa época está em condições de colocar até as coisas mais prosaicas em versos. Deschamps é capaz de cobrar o pagamento de uma dívida num poema sem rebaixar seu nível poético habitual. Numa série de baladas, ele mendiga por um manto prometido, por lenha, por um cavalo, por um salário que lhe devem.⁶

A partir daí, basta apenas um degrau para passar do gênero ao bizarro, ao burlesco ou, se assim se preferir, ao brueghliano. Também nessa forma do cômico, a pintura ainda se equipara à literatura. O elemento brueghliano já está totalmente presente na arte por volta de 1400. Ele pode ser encontrado no José de *A fuga para o Egito*, de Broederlam, que está em Dijon, ou nos soldados adormecidos em *As Três Marias no sepulcro*, na época atribuído a Hubert van Eyck.⁷ Ninguém é tão forte nos elementos intencionalmente bizarros quanto Paul Limburg. Um espectador no *Templo de Maria* traz na cabeça um chapéu de feiticeiro entortado, muito grande, e mangas imensamente compridas. Há o burlesco na pia batismal, decorada com três máscaras monstruosas com a língua de fora, e também na moldura da miniatura de *Maria e Isabel*, em que um herói luta dentro de uma torre contra um caramujo, e um outro homem transporta um porco tocando gaita de foles num carrinho de mão.⁸

A literatura do século XV é bizarra em quase todas as páginas; o estilo artificial e a roupagem curiosamente fantástica de suas alegorias comprovam isso. Os temas em que Brueghel deixaria sua fantasia exuberante correr solta, como a batalha entre a Quaresma e o Carnaval, a luta entre a Carne e o Peixe, já estavam muito em voga na literatura do século XV. E brueghliana ao máximo parece ser uma visão mordaz como a de Deschamps, na qual o guarda vê as tropas que se reúnem em Sluis contra a Inglaterra como um exército de ratos e ratazanas:

> "Avant, avant! tirez-vaus ça.
> Je voy merveille, ce me semble."
> — "Et quoy, guette, que vois-tu là?"
> "Je voy dix mille rats ensemble
> Et mainte souris qui s'assemble
> Dessus la rive de la mer"...

> "Em frente, em frente! Venham aqui.
> Vejo uma maravilha, é o que me parece."
> — "E o que vês ali, guarda?"
> "Vejo dez mil ratos juntos
> E um monte de ratazanas
> se reunindo na praia..."

Uma outra vez, ele está sentado à mesa de refeições da corte, triste e distraído. De repente, vê como comem os cortesãos: um mastiga como um porco, o outro rói como um camundongo, um usa os dentes como um serrote, aquele faz uma careta, a barba de outro balança, para cima e para baixo: "enquanto comiam, pareciam diabos".[9]

Sempre que a literatura descreve a vida do povo, imediatamente recai naquele realismo suculento, temperado com humor, que em breve haveria de se desenvolver de forma tão florescente nas artes plásticas. A descrição de Chastellain do pobre camponês que acolhe o perdido duque da Borgonha parece uma obra de Brueghel.[10] A poesia pastoral, com a descrição de pastores comendo, dançando e namorando, sempre acaba sendo desviada de seu tema básico sentimental e romântico para a trilha de um naturalismo cheio de frescor, de efeito levemente cômico. Camponeses trabalhando, como motivo ligeiramente grotesco, eram apreciados nas tapeçarias de parede na arte de corte borguinhã.[11] Nesse âmbito também está o interesse pelos maltrapilhos, que já começa a se manifestar tanto na literatura quanto nas artes plásticas do século XV. As miniaturas de calendário gostam de ressaltar os joelhos gastos dos ceifeiros durante a colheita, ou de pintar os andrajos dos pedintes que recebem caridade. Aqui começa a linha que, passando pelas gravuras de água forte de Rembrandt e pelos jovens mendigos de Murillo, chega aos moradores de rua de Théophile Steinlen.

Mas aqui a grande diferença entre a concepção pictórica e a concepção literária novamente salta aos olhos. Enquanto as artes plásticas já veem o que há de pictórico no mendigo, ou seja, são sensíveis ao fascínio da forma, a literatura ainda está ocupada com o significado do mendigo, seja lamentando-o, louvando-o ou insultando-o. Porém, os protótipos do realismo literário na descrição da pobreza situam-se justamente nessas condenações. Os pedintes haviam se transformado numa praga terrível no final da Idade Média. A massa miserável infestava as igrejas, impedindo o serviço religioso com sua algazarra e seu vozerio; entre eles, havia muitos malfeitores, os *validi mendicantes* [mendigos saudáveis]. O capítulo de Notre-Dame em Paris, em 1428, tentou sem sucesso expulsá-los das portas da igreja, e só mais tarde conseguiu tirá-los do coro e encaminhá-los para a nave.[12] Deschamps não se cansa de descarregar seu ódio contra os miseráveis. Para ele, são todos da mesma laia, hipócritas e impostores: que a Igreja os açoite, enforque, queime![13] Daqui até a moderna descrição literária da miséria, o caminho parece bem mais longo do que aquele que as artes plásticas tiveram que percorrer. Na pintura, a própria imagem se enchia do novo sentimento, enquanto na literatura era necessário que um novo sentimento social amadurecido criasse formas de expressão totalmente novas.

Onde se vê o elemento cômico, mais fraco ou mais forte, mais grosseiro ou mais delicado, implícito na própria aparência de uma situação, como no gênero e no burlesco, ali as artes plásticas puderam andar lado a lado com a palavra. Mas havia outras esferas do cômico que eram completamente inacessíveis para a expressão pictórica, nas quais a cor e a linha não tinham poder algum. A literatura tinha uma maestria ilimitada sempre que o cômico precisava despertar o riso com elementos positivos, ou seja, no campo exuberante da gargalhada: a comédia, a farsa, o conto burlesco, o *fabliau* — resumindo, todas as formas do cômico grosseiro. Um espírito muito particular se pronuncia nesse rico tesouro da literatura medieval tardia.

A literatura também é mestra no campo do sorriso pálido, ali onde a troça ressoa os seus tons mais altos, onde se derrama sobre os fatos mais sérios da vida, o amor e o próprio sofrimento. As formas artificiais, polidas e desgastadas da poesia amorosa passaram por um processo de refinamento, e sua purificação passou pela adição da ironia.

Fora do erótico, a ironia ainda é desajeitada e ingênua. O francês de 1400 ocasionalmente tinha o cuidado de avisar seus leitores quando falava de modo irônico, algo que ainda se recomenda ao holandês de 1900. Deschamps louva os bons tempos: tudo vai bem, em todo lugar reinam a paz e a justiça:

> *L'en me demande chascun jour*
> *Qu'il me semble du temps que voy,*
> *Et je respons: c'est tout honour,*
> *Loyauté, verité et foy,*
> *Largesce, prouesce et arroy,*
> *Charité et biens qui s'advance*
> *Pour le commun; mais, par ma loy,*
> *Je ne di pas quanque je pence.*

Perguntam-me todo dia
O que acho dos tempos presentes,
E respondo: tudo é honra,
Fidelidade, verdade e fé,
Benevolência, heroísmo e boa ordem,
Caridade e avanço
Do bem comum; mas, por minha fé,
Não digo tudo o que penso.

Ou, em outro lugar, no final de uma balada com o mesmo teor: *"Tous ces poins a rebours retien"*[14] [Entenda todos esses pontos ao contrário]. E ainda numa outra balada com o refrão: *"C'est grant pechiez d'ainsy blasmer le monde"* [É um grande pecado difamar o mundo dessa forma]:

Prince, s'il est par tout generalment
Comme je say, toute vertu habonde;
Mais tel m'orroit qui diroit: "Il se ment".[15]

Príncipe, se é geralmente e por todo lugar
Como eu sei, toda virtude abunda;
Mas muitos me diriam: "Ele está mentindo".

Mesmo um *bel esprit* da segunda metade do século XV intitula seu epigrama de *Soubz une meschante paincture faicte de mauvaises couleurs et du plus meschant peinctre du monde, par manière d'yronnie par maître Jehan Roberte*[16] [Sob um quadro sem valor, executado com cores ruins e pelo pior pintor do mundo, em modo irônico, pelo mestre Jean Robertet].

Mas, por outro lado, a ironia pode ser muito fina quando trata do amor. Ela se combina então com a suave melancolia, a lânguida ternura, que tira o poema amoroso do século XV das formas antigas e o transforma em algo novo. O coração seco derrete-se num soluço. Ressoa um tom que ainda não havia sido ouvido no amor terreno: aquele do *De profundis*.

Ele ressoa na comovente autorridicularização de Villon na figura do *l'amant remis et renié* [o amante abandonado e renegado], que também é assumida nas canções lânguidas de desilusão cantadas por Carlos de Orléans. É o riso em lágrimas. *"Je riz en pleurs"* não foi só um achado de Villon. Um velho lugar-comum bíblico, *"risus dolore miscebitur et extrema gaudii luctus occupat"* [mesmo no riso o coração sente dor, e o fim da alegria é a tristeza],[17] ganhou aqui uma nova aplicação, um novo sentimento, um amargo e refinado valor afetivo. Alain Chartier, o melífluo poeta da corte, partilha esse motivo com Otto de Grandson, o cavaleiro, e com Villon, o vagabundo.

> *Je n'ay bouche qui puisse rire,*
> *Que les yeulx ne la desmentissent:*
> *Car le cueur l'en vouldroit desdire*
> *Par les lermes qui des yeulx issent.*

Não tenho boca que possa rir
Sem que os olhos a desmintam:
Pois o coração negaria
Pelas lágrimas que brotam dos olhos.

Ou, mais elaboradamente, de um amante triste:

> *De faire chiere s'efforçoit*
> *Et menoit une joye fainte,*
> *Et à chanter son cueur forçoit*
> *Non pas pour plaisir, mais pour crainte,*
> *Car tousjours ung relaiz de plainte*
> *S'enlassoit au ton de sa voix,*
> *Et revenoit à son attainte*
> *Comme l'oysel au chant du bois.*[18]

Ele se esforçava para ser alegre
E mostrava uma alegria fingida,

E forçava seu coração a cantar,
Não por prazer, mas por temor,
Pois sempre um resto de lamento
Se entremeava no tom de sua voz,
E retornava a seu motivo,
Como o pássaro cantando no bosque.'

No encerramento de um poema, o poeta nega sua dor, no tom da canção goliárdica, como esta:

C'est livret voult dicter et faire escripre
Pour passer temps sans courage villain
Ung simple clerc que l'en appelle Alain,
Qui parle ainsi d'amours pour oyr dire.[19]

Este livro quis ditar e fazer escrever
Para passar o tempo sem ânimo vulgar
Um simples clérigo, que se chama Alain,
Que assim fala do amor por ouvir dizer.

O interminável *Le Cuer d'amours espris* do rei René se encerra com esse mesmo tom, mas obtém um resultado fantástico: o camareiro, com uma vela na mão, vem ver se o coração do poeta ainda está lá, mas não consegue descobrir nenhuma chaga em seu flanco:

Sy me dist tout en soubzriant
Que je dormisse seulement
Et que n'avoye nullement
Pour ce mal garde de morir.[20]

Assim ele me disse sorrindo
Que dormisse apenas,
E que não tivesse medo algum
De morrer desse mal.

As velhas formas convencionais ganharam um novo frescor com o novo sentimento. Ninguém levou tão longe a costumeira personificação dos sentimentos como Carlos de Orléans. Ele vê o próprio coração como um ser à parte:

> *Je suys calluy au cueur vestu de noir...*[21]

Eu sou aquele do coração vestido de preto...

Na lírica mais antiga, mesmo no *dolce stil nuovo*, essas personificações ainda eram extremamente sérias. Mas com Orléans já não é mais possível traçar os limites entre o sério e a zombaria. Ele exagera a personificação sem perder o sentimento delicado:

> *Un jour à mon cueur devisoye*
> *Qui en secret à moy parloit,*
> *Et en parlant lui demandoye*
> *Se point d'espargne fait avoit*
> *D'aucuns biens quant Amours servoit:*
> *Il me dist que très voulentiers*
> *La vérité m'en compteroit,*
> *Mais qu'eust visité ses papiers.*
> *Quant ce m'eut dit, il print sa voye*
> *Et d'avecques moy se partoit.*
> *Après entrer je le véoye*
> *En ung comptouer qu'il avoit:*
> *Là, de ça et de là quéroit,*
> *En cherchant plusieurs vieulx caïers*
> *Car le vray monstrer me vouloit,*
> *Mais qu'eust visitez ses papiers...*[22]

> Certa vez falei com meu coração,
> Que secretamente comigo conversava,
> E, falando, perguntei a ele
> Se tinha guardado alguma coisa boa

Enquanto ao Amor serviu:
Ele me disse que teria um grande prazer
Em me contar a verdade,
Tão logo tivesse examinado os seus papéis.
E depois que disse isso, tomou o seu caminho
E se afastou de mim.
Em seguida o vi entrando
Num escritório que ele tinha:
Procurou aqui e acolá,
Vasculhando velhos livros de registros,
Pois queria me contar a verdade,
Tão logo tivesse examinado os seus papéis...

Aqui predomina o elemento cômico, mas no seguinte vem o sério:

Ne hurtez plus à l'uis de ma pensée,
Soing et Saucy, sans tant vous travailler;
Car elle dort et ne veult s'esveiller,
Toute la nuit en peine a despensée.

En dangier est, s'elle n'est bien pansée;
Cessez, cessez, laissez la sommeiller;
Ne hurtez plus à l'uis de ma pensée,
Soing et Saucy, sans tant vaus travailler...[23]

Não batam mais à porta do meu pensamento,
Angústia e Cuidado, não se esforcem tanto;
Pois ela dorme e não quer despertar,
Passou a noite toda em sofrimento.

Ela estará em perigo se não for bem cuidada;
Parem, parem, deixem-na dormir;
Não batam mais à porta do meu pensamento,
Angústia e Cuidado, não se esforcem tanto...

A poesia amorosa, com seu tom de branda tristeza, adquiriu um sabor ainda mais forte para as pessoas do século xv quando incorporou um elemento de profanação. Disfarçar o elemento amoroso em formas religiosas não serve apenas para criar uma metáfora obscena e uma irreverência grosseira, como nas *Cent nouvelles nouvelles*. Também fornece a forma para o poema de amor mais terno, quase elegíaco, que o século xv produziu: *L'Amant rendu cordelier à l'observance d'amours* [O amante que se tornou franciscano da observância do amor].

O motivo dos amantes como seguidores de uma ordem espiritual já dera origem, no círculo de Carlos de Orléans, a uma confraria poética, que se denominava *les amoureux de l'observance* [os amantes da observância]. Parece que a ela pertenceu o poeta desconhecido — e não Martial d'Auvergne, como outrora se achava — que escreveu *L'Amant rendu cordelier*.[24]

O pobre amante desiludido renuncia ao mundo no maravilhoso convento em que são aceitos apenas os amantes infelizes, *les amoureux martyrs* [os mártires do amor]. Num diálogo calmo com o prior, ele conta a doce história de seu amor rejeitado e é admoestado a esquecê-la. Sob as vestes satírico-medievais, já se sente a atmosfera de Watteau e do culto ao pierrô, faltando apenas a luz do luar. "Não teria ela", pergunta o prior, "o costume de lançar-te um olhar doce, ou de passagem dizer-te um *Dieu gart* [Deus te guarde]?" "Nunca chegamos tão longe", responde o amante, "mas à noite eu ficava três horas inteiras diante da porta dela, olhando para o beiral."

> *Et puis, quant je oyoye les verrières*
> *De la maison qui cliquetoient,*
> *Lors me sembloit que mes prières*
> *Exaussées d'elle sy estoient.*

E depois, quando ouvia
As vidraças da casa retinirem,
Então me parecia que as minhas preces
Por ela tinham sido ouvidas.

"Tem certeza de que ela te notava?", pergunta o prior.

Se m'aist Dieu, j'estoye tant ravis,
Que ne savoye mon sens ne estre,
Car, sans parler, m'estoit advis
Que le vent ventoit[25] sa fenestre
Et que m'avoit bien peu congnoistre,
En disant bas: "Doint bonne nuyt",
Et Dieu scet se j'estoye grant maistre
Après cela toute la nuyt.

Que Deus me ajude, eu estava tão arrebatado
Que não sabia dos meus sentidos nem do meu ser,
Pois, sem falar, parecia-me
Que o vento batia contra a sua janela,
E que ela bem podia ter me reconhecido,
Dizendo baixinho: "Boa noite",
E Deus sabe que depois eu me sentia
A noite inteira como um grande senhor.

Nesse estado de graça, dormiu maravilhosamente:

Tellement estoie restauré
Que, sans tourner ne travailler,
Je faisoie un somme doré,
Sans point la nuyt me resveiller,
Et puis, avant que m'abiller,
Pour en rendre à Amours louanges,
Baisoie troys fois mon orillier,
En riant à par moy aux anges.

Eu estava tão descansado
Que, sem me revirar nem me esforçar,
Dormia um sono dourado,
Sem nem acordar durante a noite,
E depois, antes de me vestir,
Para louvar o Amor,
Beijava três vezes meu travesseiro,
Sorrindo em silêncio aos anjos.

Na ocasião em que é aceito solenemente na ordem, a dama que o desdenhara desmaia, e um pequeno coração de ouro salpicado de lágrimas, com que ele a havia presenteado, cai de seu vestido.

Les aultres, pour leur mal couvrir
A force leurs cueurs retenoient,
Passans temps a clorre et rouvrir
Les heures qu'en leurs mains tenoient,
Dont souvent les feuilles tournoient
En signe de devocion;
Mais les deulz et pleurs que menoient
Monstroient bien leur affection.

Os outros, para esconder a aflição,
À força seus corações retinham,
Passando o tempo a fechar e abrir
Os breviários que em suas mãos seguravam,
Dos quais iam virando as páginas
Em sinal de devoção.
Mas as dores e lágrimas que expressavam
Mostravam bem sua emoção.

Quando o prior por fim lhe enumera as novas obrigações e o alerta para que nunca ouça o rouxinol, nunca durma sob *egelantiers et aubespiens* [roseiras-bravas e espinheiros-ardentes] e, principalmente, nunca olhe nos olhos de uma mulher, o poema se lamenta sobre o tema dos *doux yeux* numa melodia infinita de estrofes, que sempre variam:

> *Doux yeulx qui tousjours vont et viennent;*
> *Doulx yeulx eschauffans le plisson,*
> *De ceulx qui amoureux deviennent...*
> *Doux yeulx a cler esperlissans,*
> *Qui dient: C'est fait quant tu vouldras,*
> *A ceulx qu'ils sentent bien puissans...*[26]

> Doces olhos, que sempre vão e voltam;
> Doces olhos, que esquentam a pele
> Daqueles que se apaixonam...
> Doces olhos, claros como pérolas,
> Que dizem: estarei pronto quando quiserdes,
> Para aqueles que se sentem bem poderosos...

Esse tom suave e lânguido de resignada melancolia imperceptivelmente permeou a literatura amorosa do século XV. A velha sátira da cínica desvalorização da mulher, de uma hora para a outra, é tratada num tom totalmente diferente, refinado: em *Les Quinze joyes de mariage*, a tradicional e grosseira difamação da mulher é temperada com uma nota de calma desilusão e abatimento. Isso confere à obra a desolação própria a um romance moderno sobre casamento: os pensamentos são sutis, expressos de forma fugaz; os diálogos são ternos demais para terem um sentido malicioso.

Em tudo que se referia à expressão do amor, a literatura tinha atrás de si um aprendizado de séculos, com mestres de espíritos tão diferentes como Platão e Ovídio, os trovadores e os clérigos vagantes, Dante e Jean de Meun. As artes plásticas, pelo contrário, ainda eram extremamente primitivas nesse aspecto e permaneceram assim por um bom tempo. A representação pictórica do amor alcança o requinte e a plenitude expressiva de sua descrição literária apenas no século XVIII. A pintura do século XV não podia ser frívola ou sentimental. Ela ainda não conhece a malícia. Em um painel de um mestre desconhecido, de antes de 1430, é apresentada a srta. Lysbet van Duvenvoorde — uma figura de uma dignidade tão austera que foi considerada a doadora de um retábulo. Na bandeirola que ela segura, no entanto, consta: *"Mi verdriet lange te hopen. Wie is hi die syn hert hout open?"* [Estou cansada de tanto esperar. Onde está aquele que tem o coração aberto?]. A pintura conhece a castidade e a obscenidade, mas ainda não possui os meios de expressão para tudo o que se situa entre esses dois extremos. Ela fala pouco da vida amorosa e, quando o faz, é por meio de formas ingênuas e inocentes. Mas é preciso lembrar uma vez mais que a maior parte do que existiu desse tipo de obra se perdeu para nós. Seria extraordinariamente importante se fosse possível comparar o nu de Van Eyck no *Banho das mulheres* ou aquele de Rogier em que dois homens jovens olham rindo através de uma fenda (ambos os quadros são descritos por Fazio) com as figuras de Adão e Eva no retábulo de Gent. Neste último, o elemento erótico não está completamente ausente: o artista afinal seguiu o código convencional da beleza feminina nos seios pequenos, posicionados altos demais, nos braços longos e magros e no ventre saliente. Mas ele fez tudo isso ingenuamente, sem qualquer desejo ou intenção de seduzir. A sedução deve ser o elemento essencial de *Liefdetoverijtje* [Pequena magia do amor], que se atribui à "escola de Jan van Eyck".[27] Em um quarto, uma menina, nua, assim como requer a magia, obriga o amante a se mostrar usando meios mágicos. A nudez é apresentada aqui com a mesma lascívia discreta que aparecerá depois nas figuras nuas de Cranach.

Não era por pudor que a representação ansiava tão raramente pelo encanto sensual. A Idade Média tardia mostra um contraste singular entre um senso profundo de pudor e uma surpreendente licenciosidade. Não é necessário apresentar ocorrências desta última, pois ela se revela em todo lugar. O senso de pudor expressa-se, por exemplo, no fato de que nas piores cenas de roubo e de assassinato sempre se deixavam as vítimas com a blusa ou com a roupa de baixo. Nada indigna tanto o Burguês de Paris quanto a violação dessa regra: "E por ganância não se quis deixá-los sequer com as suas calças, por mais que valessem apenas quatro denários, o que era uma das maiores crueldades e desumanidades cristãs das quais se possa falar" [*Et ne volut pas convoitise que on leur laissast neis leurs brayes, pour tant qu'ilz vaulsissent quatre deniers, qui estoit un des plus grans cruaultés et inhumanité chrestienne à aultre de quoy on peut parler*].[28] Devido ao senso predominante de modéstia, chama duplamente a atenção o fato de ser destinado ao nu feminino, ainda muito pouco cultivado na arte, um espaço tão livre no *tableau vivant*. Em nenhuma entrada solene faltavam as apresentações, as *personnages*, de deusas ou ninfas nuas, admiradas por Dürer na entrada solene de Carlos V em Antuérpia, em 1520.[29] Essas apresentações eram encenadas em pequenos palcos posicionados em locais específicos, às vezes até dentro d'água, como no caso das sereias que nadavam no rio Lys, perto da ponte, "todas nuas e com os cabelos soltos, assim como são pintadas", durante a entrada solene de Filipe, o Bom, em Gent, em 1457.[30] O Julgamento de Páris era o tema mais popular nessas performances. Nelas não se procura o senso grego de beleza nem o descaramento ordinário, mas uma sensualidade ingênua e popular. Jean de Roye descreve as sereias que, na entrada de Luís XI em Paris, em 1461, haviam sido colocadas não muito distantes da imagem do calvário de Cristo, com as seguintes palavras: "E havia ainda três meninas muito bonitas, que representavam as sereias, completamente nuas, e se viam seus seios empinados, separados, redondos e duros, o que era muito agradável, e elas recitavam pequenos motetos e cantigas de pastores; e bem perto delas vários instrumentos baixos tocavam grandes melodias" [*Et si y avoit encores trois bien belles filles, faisans personnages de seraines toutes nues, et leur veoit on le beau tetin droit, separé, rond et dur, qui estoit chose bien plaisant, et disoient de petiz motetz et bergeretes; et près d'eulx jouoient plusieurs bas instrumens qui rendoient de grandes melodies*].[31] Molinet narra o imenso prazer com que o povo assistia ao Julgamento de Páris na ocasião da entrada solene de Filipe, o Belo, em Antuérpia, em 1494: "Mas o palco para o qual as pessoas olhavam com mais prazer era aquele da história das três deusas, representadas nuas por três mulheres vivas" [*Mais le hourd où les gens donnoient le plus affectueux regard fut sur l'histoire des trois déesses, que l'on véoit au nud et de femmes vives*].[32] Como estava distante o puro senso de beleza quando se parodiou a apresentação desse tema em 1468, em Lille, por ocasião da entrada solene de Carlos, o Temerário, com uma Vênus gorda, uma Juno magra e uma Minerva corcunda, com coroas douradas na cabeça![33] As apresentações de nudez permaneceram em voga até bem tarde no século XVI: na entrada do duque da Bretanha em Reims, em 1532, havia uma Ceres e um Baco nus,[34] e Guilherme de Orange, durante sua entrada em Bruxelas em 18 de setembro de 1578, ainda fora saudado por uma Andrômeda, "uma jovem virgem acorrentada, tão nua como nascera do ventre materno; poder-se-ia ter dito que se tratava de uma estátua de mármore", segundo relata Johan Baptista Houwaert, que havia organizado os *tableaux*.[35]

O atraso da capacidade expressiva pictórica em relação à literatura, aliás, não se restringe às áreas de que tratamos até agora — o cômico, o sentimental, o erótico. Essa capacidade encontra seus limites tão logo deixe de se apoiar na tendência visual predominante que havíamos considerado, de modo geral, como a razão da superioridade da pintura sobre a literatura. Sempre que é necessário algo além de uma mera visão imediata e exata do natural, essa superioridade da pintura vai falhando aos poucos, e de repente se vê o mérito da censura de Michelangelo: essa arte quer retratar muitas coisas perfeitamente e ao mesmo tempo, das quais apenas uma já seria importante o suficiente para merecer o emprego de todos os esforços.

Analisemos de novo uma pintura de Jan van Eyck. Sua arte continua insuperável desde que vista de perto, microscopicamente, por assim dizer: nos traços faciais, nos tecidos das vestes, nas joias. Nesse caso, a observação exata é suficiente. Porém, assim que a realidade observada deve ser de algum modo reduzida, como no caso da representação de edifícios e paisagens, entreveem-se fraquezas, apesar do encanto inicial da perspectiva: uma certa falta de coesão, uma composição um pouco defeituosa. E quanto mais a representação precisa ser composta intencionalmente, quanto mais o tema exige a livre criação de uma forma visual, tanto maior será o decréscimo de sua arte.

Ninguém irá negar que, nos breviários ilustrados, as páginas do calendário superam aquelas em que está representada a história sagrada. Nas primeiras, bastavam uma percepção direta e uma reprodução narrativa. Mas para compor uma ação importante, uma cena movimentada com muitas pessoas, era necessário sobretudo aquele senso de construção rítmica e de unidade conhecido já por Giotto e que volta a ser compreendido por Michelangelo. Ora, a essência da arte do século XV era a pluralidade. Apenas ali, onde a própria pluralidade se transformava em unidade, é que o efeito de elevada harmonia era atingido, como na *Adoração do Cordeiro*. Ali há de fato ritmo, um ritmo incomparavelmente forte, um ritmo triunfante de todos aqueles cortejos marchando em direção ao centro. Mas é como se esse ritmo fosse obtido mediante uma coordenação puramente aritmética, a partir da própria pluralidade. Van Eyck evita as dificuldades da composição, criando apenas cenas de absoluto repouso; ele alcança uma harmonia estática, não dinâmica.

Aqui, acima de tudo, situa-se a grande distância entre Rogier van der Weyden e Van Eyck. Rogier limita-se para conseguir achar o ritmo; nem sempre acerta, mas sempre faz a tentativa.

Para os temas mais importantes da história sagrada, existia uma tradição figurativa rigorosa e antiga. O pintor não precisava procurar ele mesmo a disposição de sua cena.[36] Alguns desses temas praticamente traziam consigo uma estrutura rítmica. Em cenas como a da Pietà, a descida da cruz, a adoração dos pastores, o ritmo se impunha por si mesmo. Basta lembrarmos da *Pietà* de Rogier van der Weyden em Madri, daquelas da escola de Avignon que estão no Louvre e em Bruxelas, assim como as de Petrus Christus, de Geertgen tot Sint Jans e de *Les Belles Heures d'Ailly*.[37]

Mas se a cena se torna mais agitada, como na do escárnio de Cristo, do Cristo carregando a cruz, da adoração dos Reis Magos, então aumentam as dificuldades da composição, e muitas vezes o resultado é uma certa agitação, uma unidade insuficiente da representação. Na ausência da norma iconográfica da Igreja, o artista se vê quase desamparado. Já as cenas judiciais de Dirk Bouts e Gerard David, que ainda traziam consigo uma certa ordenação solene, são bastante fracas do ponto de vista da composição. Esta se torna canhestra e tosca no *Martírio de santo Erasmo*, em Leuven, e no *Martírio de santo Hipólito*, esquartejado por cavalos, em Bruges. Em ambos, a estrutura defeituosa produz um efeito chocante.

Mas quando se trata de representar fantasias nunca antes vistas, a arte do século xv cai no ridículo. A grande pintura foi poupada disso graças a seus temas austeros. No entanto, a ilustração de livros não conseguiu escapar da representação de todas as fantasias mitológicas e alegóricas disponíveis na literatura. Um bom exemplo disso é a ilustração de *Épître d'Othéa à Hector*,[38] uma fantasia mitológica elaborada por Christine de Pisan. É tudo o que se pode imaginar de mais desajeitado. Os deuses trazem enormes asas presas às costas de suas capas de arminho ou dos trajes de corte borguinhões. Todo o esquema e a expressão fracassam: Minos, Saturno devorando seus filhos, Midas distribuindo o prêmio — todos são igualmente ridículos. Entretanto, assim que o ilustrador pode se divertir à vontade no pano de fundo, colocando um pastorzinho com ovelhinhas, ou um morrinho com uma forca e uma roda, ele mostra sua aptidão habitual.[39] Mas aí está o limite da capacidade plástica desses artistas. No fim das contas, na representação livremente criativa, eles são quase tão limitados quanto os poetas.

A representação alegórica levara a fantasia a um impasse. A alegoria acorrentou reciprocamente a imagem e o pensamento. A imagem não pode ser criada livremente porque precisa circunscrever por completo o pensamento, e o pensamento é limitado em seu voo pela imagem. A fantasia se acostumou a transmitir o pensamento na imagem do modo mais concreto possível, sem nenhum senso de estilo. Temperantia traz em sua cabeça um relógio para indicar a sua natureza. Para isso, o ilustrador de *Épître d'Othéa* simplesmente copiou o pequeno relógio de parede, que também colocou sobre o muro no retrato de Filipe, o Bom.[40] Quando um espírito arguto e observador como Chastellain desenha figuras alegóricas que ele mesmo inventou, o resultado é extremamente artificial. Por exemplo, no argumento em que justifica o seu ousado poema político *Le Dit de Vérité*,[41] ele vê quatro damas que o acusam. Elas se chamam Indignação, Reprovação, Acusação e Vingança. Vejamos como descreve a segunda delas:[42]

> *Ceste dame droit-cy se monstroit avoir les conditions seures, raisons moult aguës et mordantes; grignoit les dens et mâchoit ses lèvres; niquoit de la teste souvent; et monstrant signe d'estre arguëresse, sauteloit sur ses pieds et tournoit l'un costé puis çà,*

l'autre costé puis là; portoit manière d'impatience et de contradiction; le droit œil avoit clos et l'autre ouvert; avoit un sacq plein de livres devant lui, dont les uns mit en son escours comme chéris, les autres jetta au loin par despit; deschira papiers et feuilles; quayers jetta au feu félonnement; rioit sur les uns et les baisoit; sur les autres cracha par vilennie et les foula des pieds; avoit une plume en sa main, pleine d'encre, de laquelle roioit maintes ecritures notables; d'une esponge aussy noircissoit aucunes ymages, autres esgratinoit aux ongles et les tierces rasoit toutes au net et les planoit comme pour les mettre hors de mémoire; et se monstroit dure et felle ennemie à beaucoup de gens de bien, plus volontairement que par raison.

Essa senhora mostrava ter condições amargas e razões muito ácidas e mordazes; ela rangia os dentes e mordia os lábios; inclinava várias vezes a cabeça e dava sinais de ser argumentativa; saltava sobre os pés e se virava de um lado para o outro; tinha uma postura de impaciência e de contestação; estava com o olho direito fechado e o outro aberto; tinha uma sacola cheia de livros à sua frente, dos quais alguns, seus favoritos, colocou no cinturão, e os outros jogou fora por despeito; rasgou papéis e folhas, atirou cadernos no fogo furiosamente; ria para alguns e os beijava, cuspia noutros de maldade e os pisoteava; trazia uma pena em sua mão, cheia de tinta, com a qual rasurava muitos textos importantes; e com uma esponja ela também enegrecia algumas imagens, raspava outras com as unhas e outras ela apagava completamente, como se para apagá-las da lembrança; e se mostrava uma inimiga impiedosa e feroz para muita gente de bem, mais voluntariosamente do que por razão.

Em outro trecho, Chastellain vê como a Dame Paix estende e levanta o seu manto e se divide em outras quatro novas damas: Paz do Coração, Paz da Boca, Paz de Semblante e Paz do Verdadeiro Efeito.[43] E em outra de suas alegorias aparecem figuras femininas que se chamam A Importância de Suas Terras, Diversas Condições e Qualidades de Seus Diferentes Povos, A Inveja e o Ódio dos Franceses e dos Estados Vizinhos, como se fosse possível alegorizar um artigo sobre política.[44] Percebe-se com clareza que todas essas figuras não foram vistas, mas inventadas, no fato de trazerem seus nomes em bandeirolas. Ele não extrai essas imagens direto de sua vívida fantasia, mas as imagina como se estivessem num quadro ou num palco.

Em *La Mort du duc Philippe, mystère par manière de lamentation* [A morte do duque Filipe, mistério em forma de lamentação], Chastellain vê o seu duque representado como um frasco cheio de um unguento precioso que desce do céu preso a um fio; a terra amamentou esse frasco em seu seio.[45] Molinet vê Cristo como um pelicano (uma metáfora comum) que não só alimenta os filhos com o seu sangue, como também lava o espelho da morte com ele.[46]

A inspiração estética se perde aqui: trata-se de passatempo e razão falaciosa, de um espírito extenuado à espera de uma nova fertilização. No motivo do sonho, que sempre volta a ser empregado como o marco de uma ação, quase nunca se observam elementos oníricos genuínos como os que aparecem de maneira comovente em Dante e em Shakespeare. Nem mesmo a ilusão de que o poeta de fato experimentou sua fantasia como uma visão é sempre sustentada: Chastellain chama a si mesmo de *"l'inventeur ou le fantasieur de ceste vision"* [inventor ou imaginador dessa visão].[47]

No campo árido da representação alegórica, somente o sarcasmo é capaz de fazer florescer de novo a relva fresca. No momento em que uma alegoria é temperada com um pouco de humor, ela ainda consegue produzir algum efeito. Deschamps pergunta ao médico como vão as coisas com a Virtude e o Direito:

> *Phisicien, comment fait Droit!*
> *— Sur m'ame, il est en petit point...*
> *— Que fait Raison!*
> *— Perdu a son entendement.*
> *Elle parle mais faiblement,*
> *Et Justice est toute ydiote...*[48]

> Doutor, como vai o Direito?
> — Por minh'alma, ele não está nada bem...
> — E como está a Razão?
> — Ela perdeu o juízo.
> Fala, mas só debilmente,
> E a Justiça está totalmente louca...

As diversas esferas da fantasia são mescladas sem qualquer senso de estilo. Nenhum produto é tão bizarro quanto o panfleto político na roupagem do gênero pastoral. Em *Le Pastoralet*, o poeta desconhecido que chama a si mesmo de Bucarius retrata todas as calúnias da casa de Borgonha contra os Orléans nas cores do gênero pastoral: Orléans, João Sem Medo e seus séquitos orgulhosos e violentos são vestidos como doces pastores, estranhos habitantes do Vale dos Leões! O manto dos pastores está pintado ou com flores-de-lis ou com leões rampantes; há *bergiers à long jupel* [pastores com túnicas longas] representando os clérigos.[49] O pastor Tristifer, que é Orléans, arranca dos outros seu pão e queijo, suas maçãs e nozes e suas flautas, e das ovelhas, os sininhos; ele ameaça os que resistem com o seu grande cajado de pastor, até ser morto a pauladas com um mesmo cajado. Às vezes o poeta quase esquece seus propósitos sinistros e se entrega à mais doce pastoral para de novo interromper bruscamente a fantasia bucólica com a sua

malévola injúria política.⁵⁰ Também aqui ainda não há
nada da medida e do gosto do Renascimento.

Os artifícios usados por Molinet para ser louvado pelos seus contemporâneos como *rhétoriqueur* engenhoso
e como poeta nos parecem a última degeneração de uma
forma de expressão pouco antes de sua decadência. Ele se
regozija com os mais insossos trocadilhos: "E assim Sluis
ficou em paz, a qual foi inclusa pois a guerra fez dela uma
exclusa mais solitária do que uma reclusa" [*Et ainsi de
moura l'Escluse en paix qui lui fut incluse, car la guerre
fut d'elle excluse plus solitaire que rencluse*].⁵¹ Na introdução de sua versão moralizante em prosa do *Roman de
la Rose*, ele faz um jogo de palavras com o seu nome,
Molinet [Moinhozinho]:

> *Et affin que je ne perde le froment de ma labeur, et
> que la farine que en sera molue puisse avoir fleur salutaire, j'ay intencion, se Dieu m'en donne la grace,
> de tourner et convertir soubz mes rudes meulles le
> vicieux au vertueux, le corporel en l'espirituel, la
> mondanité en divinité, et souverainement de la moraliser. Et par ainsi nous tirerons le miel hors de la
> dure pierre, et la rose vermeille hors des poignans
> espines, où nous trouverons grain et graine, fruict,
> fleur et feuille, très souefve odeur, odorant verdure,
> verdoyant floriture, florissant nourriture, nourrissant
> fruit et fructifiant pasture.*

E para que eu não perca o trigo do meu trabalho e
para que a farinha em que será moído possa ter flor
salutar, eu pretendo, se Deus me der a sua graça, tornar e converter, sob as rudes pedras do meu moinho,
o vicioso em virtuoso, o corporal em espiritual, o
mundano em divino, e, acima de tudo, moralizá-lo.
E assim extrairemos o mel da dura pedra e a rosa
vermelha dos espinhos afilados, onde encontraremos

grãos e sementes, frutas, flores e folhas, aroma suavíssimo, verdura cheirosa, verdejante floração, alimento florescente, nutritiva fruta e frutuosas pastagens.⁵²

Como tudo isso parece desgastado e decadente! Porém, o seu contemporâneo admirava justamente isso como sendo algo novo. A poesia medieval não conhecia esse jogo com palavras; ela jogava mais com as imagens. Como o faz, por exemplo, Olivier de la Marche, espírito afim de Molinet e seu admirador:

> *Là prins fièvre de souvenance*
> *Et catherre de desplaisir.*
> *Une migraine de souffrance,*
> *Colicque d'une impascience,*
> *Mal de dens non à soustenir.*
> *Mon cueur ne porroit plus souffrir*
> *Les regretz de ma destinée*
> *Par douleur non accoustumée.*⁵³

> Então fiquei com febre de rememorar
> E catarro de desprazer.
> Uma enxaqueca de sofrimento,
> Cólica de impaciência,
> Dor de dente insuportável.
> Meu coração não podia mais suportar
> Os lamentos do meu destino
> Pela dor insólita.

Meschinot é ainda tão escravo dessa alegoria insípida quanto La Marche. As lentes de seu poema *Les Lunettes des princes* são Prudence e Justice; Force é a armação; Temperance é o parafuso que mantém tudo junto. Raison dá ao poeta os óculos com uma instrução de uso. Enviada dos céus, Raison entra em sua mente e quer fazer ali um banquete, mas encontra tudo estragado por

Desespoir, de modo que não há nada *"pour disner bonnement"* [para comer].⁵⁴

Tudo parece degeneração e decadência. E, apesar disso, trata-se da época em que o novo espírito do Renascimento já sopra por todo lado. Onde estariam a grande inspiração jovem e a nova forma pura?

22. O advento da nova forma

A relação entre o humanismo nascente e o espírito agonizante da Idade Média é bem menos simples do que tendemos a imaginar. Para nós, que enxergamos esses dois complexos culturais nitidamente separados, parece que a recepção da juventude eterna da Antiguidade e a renúncia do aparato desgastado da expressão do pensamento medieval devem ter sido uma revelação. É como se os espíritos mortalmente cansados da alegoria e do estilo flamboyant tivessem compreendido de súbito: não, não isso, mas aquilo! É como se a harmonia dourada da Antiguidade clássica tivesse de repente brilhado diante de seus olhos como uma libertação, como se eles tivessem abraçado a Antiguidade com a alegria de quem encontrou a salvação.

Mas não foi esse o caso. Em meio ao jardim exuberante do pensamento medieval, entre o crescimento da antiga vegetação, o classicismo desenvolveu-se gradualmente. No início, apenas como um elemento formal da imaginação. Só mais tarde ele iria se tornar uma grande e nova inspiração, e o espírito e as formas de expressão que costumamos considerar antigos, medievais, ainda não desapareceram.

Para poder enxergar bem tudo isso, seria útil observar, mais detalhadamente do que aqui, a chegada do Renascimento não na Itália, mas no país que fora o solo mais fértil para tudo o que constituía a maravilhosa riqueza da verdadeira cultura medieval: a França. Quando se considera o Quattrocento italiano em seu glorioso contraste com a vida tardo-medieval em outros lugares, ficamos com uma impressão geral de equilíbrio, alegria e liberdade, serena e sonora. O Renascimento é percebido como a reunião dessas características, as quais talvez possam ser vistas como a assinatura da nova época. Entretanto, com aquela inevitável unilateralidade sem a qual não se forma nenhum juízo histórico, esqueceu-se que também na Itália do século XV a base sólida da vida cultural continuava sendo genuinamente medieval, e até nas próprias mentes renascentistas os traços medievais estavam sulcados muito mais fundo do que em geral se acredita. Na nossa imaginação, o tom renascentista domina.

Contudo, se olharmos para o mundo franco-borguinhão do século XV, a impressão principal é a de um humor essencialmente sombrio, um esplendor bárbaro, formas bizarras e sobrecarregadas, fantasias desgastadas, todas as características do espírito da Idade Média nos seus últimos estertores. Dessa vez, se esquece que, também aqui, o Renascimento vinha se aproximando por todos os caminhos. Mas ele ainda não dominava, ainda não transformara o estado de espírito fundamental.

O que agora chama a atenção é que o novo chega *como forma exterior* antes de realmente se tornar um novo espírito.

As novas formas clássicas surgem em meio às antigas concepções e relações de vida. Para a introdução do humanismo, não foi necessário mais do que um círculo de pessoas letradas que se esforçava, além do usual, em observar o latim puro e a sintaxe clássica. Um círculo como esse floresce por volta de 1400 na França e consiste em alguns religiosos e magistrados: Jean de Montreuil, cônego de Lille e secretário do rei; Nicolas de Clémanges, o famoso porta-voz do clero reformista; Pierre e Gontier Col e Ambrosius de Miliis, também secretários reais. Eles trocam belas e refinadas cartas humanistas, que não são de maneira alguma inferiores às produções mais tardias do gênero: seja na generalidade vazia de pensamento, na importância afetada, na sintaxe forçada e nas frases rebuscadas, ou mesmo no gosto pelas futilidades eruditas. Jean de Montreuil se aflige com a grafia de *orreolum* e *scedula*, com ou sem *h*, sobre o uso do *k* nas palavras latinas. Ele escreve a Clémanges:[1]

> Se não vieres em meu socorro, caro mestre e irmão, todo o meu bom nome estará perdido e eu merecerei a morte. Dei-me conta de que na última carta enviada ao meu mestre e pai, o bispo de Cambrai, em vez do comparativo *propior*, empreguei apressada e descuidadamente, como ocorre sempre com a pena, *proximior*! Peço que o corrijas, caso contrário nossos críticos hão de utilizá-lo para fazer panfletos difamatórios.[2]

Como se vê, essas cartas são exercícios literários de erudição destinados ao público. E verdadeiramente humanista também é a discussão com seu amigo Ambrosius, que havia acusado Cícero de contradição e colocado Ovídio acima de Virgílio.[3]

Numa das cartas, ele dá uma agradável descrição do convento de Charlieu, perto de Senlis, e é notável como de repente se torna muito mais legível quando, à maneira medieval, simplesmente reproduz tudo o que se via por ali: como os pardais vêm comer no refeitório — o que suscita a dúvida sobre se o rei havia instituído o benefício para os monges ou para os pássaros —, como um passarinho carriça se faz passar por abade, como a mula do jardineiro pede ao escritor da carta que também não se esqueça dela em sua epístola. Tudo é fresco e encantador, mas não especificamente humanista.[4] Não podemos esquecer que Jean de Montreuil e Gontier Col são os mesmos que conhecemos como admiradores entusiastas do

Roman de la Rose e como membros da Cour d'Amours, de
1401. Tudo isso não indicaria o quanto esse primeiro humanismo ainda era um elemento de vida externo? Na verdade, não passa de um efeito reforçado da erudição escolar medieval, e diferencia-se pouco daquele reviver da latinidade clássica que se pode observar em Alcuíno e nos seus durante a época de Carlos Magno e, mais tarde, nas escolas francesas do século XII.

Embora esse primeiro humanismo francês não encontre sucessores imediatos e se esgote com o pequeno círculo dos homens que o haviam criado, ele já está ligado ao grande movimento espiritual internacional. Petrarca já é um modelo ilustre para Jean de Montreuil e os seus. Coluccio Salutati, o chanceler florentino que, depois de meados do século XIV, havia introduzido a nova retórica latina na linguagem dos documentos de Estado, também é repetidamente citado por ele.[5] Na França, contudo, Petrarca ainda é, por assim dizer, incorporado ao espírito medieval. Ele fora amigo pessoal de homens que lideraram uma geração anterior, como o poeta Philippe de Vitri e o filósofo e político Nicolau de Oresme, que havia educado o delfim (Carlos V); ao que parece, também Philippe de Mézières conheceu Petrarca. Embora o pensamento de Oresme contivesse muitas coisas novas, esses homens não são de fato humanistas. Se for verdade — como Paulin Paris supunha[6] — que a jovem Peronnelle d'Armentières, em sua ânsia por um relacionamento amoroso poético com Machaut, estava tomada não apenas pelo exemplo de Heloise, mas também pelo exemplo de Laura, então o *Voir-Dit* fornece um testemunho notável de como um trabalho, no qual podemos perceber sobretudo o advento de um pensamento moderno, ainda podia inspirar uma criação puramente medieval.

Aliás, em geral não tendemos a considerar Petrarca e Boccaccio exclusivamente do ponto de vista moderno? Nós os consideramos os primeiros dos inovadores, e com razão. Porém, seria equivocado presumir que eles, como primeiros humanistas, já não pertencessem de verdade ao século xiv. Toda a obra deles, não importa quanto estivesse permeada de um sopro de renovação, se situa no centro da cultura de sua época. Além disso, no fim da Idade Média, Petrarca e Boccaccio não eram primordialmente famosos fora da Itália por seus textos em língua vernácula, os quais os consagrariam como imortais, mas por suas obras em latim. Petrarca era para os seus contemporâneos, acima de tudo, um Erasmo *avant la lettre*, o escritor versátil e de bom gosto que redigia tratados sobre a moral e a vida, o grande escritor epistolar, o romântico da Antiguidade com seu *De viris illustribus* e seu *Rerum memorandarum libri*. Os temas de que tratava ainda estavam completamente ligados ao pensamento medieval: *De contemptu mundi, De otio religiosorum, De vita solitaria*. Sua glorificação do heroísmo antigo está muito mais próxima do culto dos nove heróis (*les neuf preux*)[7] do que se pode imaginar. Não é nada estranho que tenham existido relações entre Petrarca e Gerard Groote. Ou quando Jean de Varennes, o fanático de são Liévin,[8] invoca a autoridade de Petrarca para se defender das suspeitas de heresia[9] e toma emprestado dele o texto para uma nova prece: *Tota caeca christianitas* [Toda a cega cristandade]. Jean de Montreuil expressa o que Petrarca foi para o seu século com as palavras "*devotissimus catholicus ac celeberrimus philosophus moralis*" [o mais devoto católico e célebre filósofo moral].[10] Dionísio Cartuxo ainda podia emprestar de Petrarca um lamento sobre a perda do Santo Sepulcro, uma ideia verdadeiramente medieval: "Mas como o estilo de Francisco [Petrarca] é retórico e difícil, prefiro citar o sentido em vez da forma de suas palavras".[11]

Petrarca deu um impulso especial aos exercícios literários clássicos dos primeiros humanistas franceses, citados anteriormente, com seu comentário sarcástico de que não adiantava procurar poetas e oradores fora da Itália.

Os *beaux esprits* franceses não aceitaram isso. Nicolas de Clémanges e Jean de Montreuil protestaram ardorosamente contra tal afirmação.[12]

Num terreno mais limitado, Boccaccio tinha uma influência parecida com a de Petrarca. Ele não era venerado como o autor do *Decamerão*, mas como "*le docteur de patience en adversité*" [o doutor da paciência na adversidade], o autor dos livros *De casibus virorum illustrium* e *De claris mulieribus*. Boccaccio, com essas curiosas coletâneas sobre a inconstância da sorte humana, havia se projetado como um tipo de *impresario* da Fortuna. E é assim que Chastellain compreende e segue o "*messire Jehan Bocace*".[13] Ele dá o título de *Le Temple de Bocace* a um tratado bastante bizarro sobre o destino trágico de muitos indivíduos de sua época, no qual invoca o espírito do *noble historien* [nobre historiador] para consolar Margarida da Inglaterra em sua desgraça. Não se pode dizer de maneira alguma que Boccaccio tenha sido pouco ou mal compreendido pelos borguinhões ainda demasiado medievais do século xv. Eles reconheciam seu lado fortemente medieval, que corremos o risco de esquecer.

O que separa o humanismo que estava surgindo na França do congênere italiano não é tanto uma diferença de aspiração ou de tom, mas sim de gosto e erudição. A imitação da Antiguidade não ocorre de maneira tão fácil para os franceses quanto para os italianos, nascidos sob o céu da Toscana ou à sombra do Coliseu. No entanto, os autores eruditos rapidamente conseguiram dominar o estilo das cartas latinas clássicas com total habilidade. Os autores seculares, contudo, ainda são inexperientes nas sutilezas da mitologia e da história. Machaut, que apesar de seu mérito intelectual não deve ser considerado um erudito e sim um poeta secular, confunde os nomes dos sete sábios da maneira mais irremediável possível. Chastellain confunde Peleu com Pélias; La Marche o faz com Proteu e Pirítoo. O poeta de *Le Pastoralet* fala de "*le bon roy Scypion d'Afrique"* [o bom rei Cipião da África]; os autores de *Le Jouvencel* derivam *politique* de πολυς e de uma suposta palavra grega *icos* [*gardien*], *"qui est à dire gardien de pluralité"*[14] [*icos*, guardião, o que quer dizer defensor da pluralidade].

Mas de vez em quando, em meio à sua forma medieval alegórica, a visão clássica dá o ar da graça. Um poeta como o da retorcida peça pastoril *Le Pastoralet*, numa descrição do deus Silvano e numa oração a Pã, por um instante deixa entrever o brilho do Quattrocento, para logo depois voltar ao traçado gasto de sua velha trilha.[15] Assim como Jan van Eyck às vezes introduz formas arquitetônicas clássicas em suas cenas puramente medievais, os escritores buscam incorporar traços clássicos, ainda que apenas formais e decorativos. Os cronistas testam a sua força em discursos sobre as questões de Estado e de guerra em *contiones*, no estilo de Lívio, ou mencionam sinais milagrosos, *prodigia*, porque Lívio também o fez.[16] Quanto mais desajeitada for a aplicação das formas clássicas, mais instrutivo será para estudarmos a transição da Idade Média para o Renascimento. O bispo de Châlons, Jean Germain, tenta descrever o Congresso de Paz de Arras, em 1435, no estilo marcado e enfático dos romanos. Com construções sintáticas curtas e viva expressividade, ele parece ter se empenhado em obter um efeito à Tito Lívio. Porém, o que surge disso é uma verdadeira caricatura da prosa antiga, tanto exagerada quanto ingênua, desenhada como as figurinhas de calendário de um breviário, mas falha no estilo.[17] A visão da Antiguidade ainda era extremamente bizarra. Por ocasião do funeral de Carlos, o Temerário, em Nancy, o jovem duque da Lorena, que derrotou Carlos, vem prestar homenagem a seu inimigo num traje de luto *à l'antique*, isto é, ele usa uma longa barba dourada até o cinto. Assim ele representa um dos nove *preux*, e comemora seu próprio triunfo. Fantasiado nesses trajes, ele reza por um quarto de hora.[18]

Para os espíritos da França por volta de 1400, os termos *rhétorique*, *orateur* e *poésie* coincidem com a ideia de Antiguidade. Eles veem a perfeição invejável dos antigos sobretudo na elaboração de uma forma artificiosa. Todos esses poetas do século XV, e alguns até um pouco antes disso, quando deixam seu coração falar e realmente têm algo a dizer, compõem um poema fluido, simples, muitas vezes poderoso e às vezes terno. Mas quando pretendem que o poema seja especialmente belo, eles fazem uso da mitologia e de termos latinizantes pretensiosos, e assim se sentem como *rhétoricien*. Christine de Pisan distingue expressamente um poema mitológico de seu trabalho habitual ao denominá-lo "*balade pouétique*".[19] Quando Eustache Deschamps envia suas obras ao colega de ofício e admirador Chaucer, ele se rende à mais intragável miscelânea pseudoclássica:

> *O Socrates plains de philosophie,*
> *Seneque en meurs et Anglux en pratique,*
> *Ovides grans en ta poeterie,*
> *Bries en parler, saiges en rethorique,*
> *Aigles tres haulz, qui par ta théorique,*
> *Enlumines le regne d'Eneas,*
> *L'Isle aux Geans, ceuls de Bruth, et qui as*
> *Semé les fleurs et planté le rosier,*
> *Aux ignorans de la langue Pandras,*[20]
> *Grant translateur, noble Geffroy Chaucier!*
> [...]
> *A toy pour ce de la fontaine Helye*
> *Requier avoir un buvraige autentique,*
> *Dont la doys est du tout en ta baillie,*
> *Pour rafrener d'elle ma soif ethique,*
> *Qui en Gaule seray paralitique*
> *Jusques a ce que tu m'abuveras.*[21]

Ó Sócrates, pleno de filosofia,
Sêneca na moral e inglês na prática,

> Grande Ovídio em tua poesia,
> Breve no falar, sábio em retórica,
> Águia de voo alto, que com a tua teoria
> Iluminas o reino de Eneias,
> A Ilha dos Gigantes, e de Bruto, e quem
> Semeou as flores e plantou a roseira,
> Para os ignorantes da língua um Pândaro,
> Grande tradutor, nobre Geoffrey Chaucer!
> [...]
> Por isso peço-te uma bebida autêntica
> Da Fonte de Hélicon,
> Cujo aqueduto está todo em teu poder,
> Para com ela saciar minha sede de ética,
> Eu que na Gália estarei paralisado,
> Até que me dês de beber.

Esse é o começo do que em breve irá se transformar naquela ridícula latinização da nobre língua francesa, que Villon e Rabelais haveriam de açoitar com sua ironia.[22] Esse estilo sempre reaparece na correspondência poética, nas dedicatórias e nos discursos, ou, em outras palavras, sempre que algo precisa ser excepcionalmente belo. Então Chastellain fala de *"vostre très-humble et obéissante serve et ancelle, la ville de Gand"* [vossa muito humilde e obediente escrava e serva, a cidade de Gent], *"la viscérale intime douleur et tribulation"* [a visceral dor íntima e o tormento]; La Marche fala de *"nostre francigène locution et langue vernacule"* [da nossa francesa locução e língua vernácula]; Molinet fala de *"abreuvé de la doulce et melliflue liqueur procedant de la fontaine caballine"* [tendo bebido do doce e melífluo líquido que brota da fonte cabalina], *"ce vertueux duc scipionique"* [esse virtuoso duque cipiônico], *"gens de muliebre courage"* [gente de coragem mulheril].[23]

Esses ideais de *rhétorique* refinada não são apenas ideais de pura expressão literária; são também, e em

22. O ADVENTO DA NOVA FORMA

maior medida, ideais da mais elevada convivência literária. Todo o humanismo é um jogo de salão, assim como o foi a poesia dos trovadores, uma forma de conversação, um anseio por uma forma de vida mais elevada. Nem mesmo a correspondência erudita dos séculos XVI e XVII abandonou esse elemento. Nesse aspecto, a França ocupa uma posição intermediária entre a Itália e os Países Baixos. Na Itália, onde a língua e o pensamento haviam se afastado menos da Antiguidade verdadeira e pura, as formas humanísticas puderam ser absorvidas espontaneamente no desenvolvimento natural da vida popular mais elevada. A língua italiana mal foi violentada pelo teor um pouco maior de latinidade na expressão. O espírito de clube dos humanistas associou-se muito bem aos costumes da sociedade. O humanista italiano representa o desenvolvimento gradual da cultura popular italiana e, com isso, o primeiro tipo de homem moderno. Em terras borguinhãs, ao contrário, o espírito e a forma da vida em sociedade ainda eram tão medievais que o anseio por uma expressão renovada e purificada só pôde tomar corpo, no início, em uma forma completamente antiquada: as "câmaras dos retóricos". Como associações, elas são uma mera continuação da confraria medieval, e o espírito que nelas se expressa, até aquele momento, se renovou apenas no aspecto formal externo. A cultura moderna só será inaugurada com o humanismo bíblico de Erasmo.

A França, excetuadas as regiões mais ao norte, não conhece o velho aparato das câmaras dos retóricos. Mas os seus *nobles rhétoriciens*, apesar de mais pessoais, não se parecem até aqui com os humanistas italianos. Eles ainda conservam muito do espírito e das formas medievais.

Quem são os representantes do novo na literatura francesa do século XV? Não os pomposos porta-vozes do ideal borguinhão intensamente drapeado, como Chastellain, La Marche e Molinet. Mas prestemos atenção, pois são justamente eles que, com a alegoria, também prestam homenagem à oratória e, com o estilo nobre, ao latinismo. Uma vez que conseguem se libertar de seu ideal de perfeição artística, e apenas compõem ou redigem o que lhes vem ao coração, eles se tornam legíveis e, ao mesmo tempo, mais modernos. A promessa do futuro não estava no classicismo, mas na espontaneidade. O anseio de latinizar e tornar clássico foi um entrave, não um estímulo. Os modernos eram os homens simples de espírito e forma, mesmo que ainda seguissem com precisão os esquemas medievais. Trata-se de Villon, Coquillart, Henri Baude, Carlos de Orléans e do poeta do *L'Amant rendu cordelier*.

A admiração pelo estilo borguinhão pomposo não se limitava completamente à esfera dos próprios duques. Jean Robertet (1420-1490), que foi secretário de três duques de Bourbon e de três reis franceses, via em Georges Chastellain, o flamengo-borguinhão, o ápice da nobre arte poética. Dessa admiração surgiu uma correspondência literária que pode ilustrar o que acabou de ser afirmado. Para conhecer Chastellain, Robertet usa a intermediação de um certo Montferrant, que vivia em Bruges como tutor de um jovem Bourbon, educado na corte de seu tio, o duque da Borgonha. Ele enviou duas cartas destinadas a Chastellain, uma em latim e outra em francês, bem como um pomposo poema de louvor ao velho poeta e cronista da corte. Quando este não reagiu de imediato à insistência de uma troca de correspondência literária, Montferrant compôs uma exortação prolixa, seguindo a velha fórmula. *Les Douze Dames de Rhétorique* [As doze damas da retórica] apareceram para ele, chamadas Science, Eloquence, Gravité de Sens, Profondité etc. Diante dessa tentação, Chastellain cede, e em torno de *Les Douze Dames de Rhétorique* agora estão organizadas as cartas dos três.[24] Aliás, não demorou muito até Chastellain se cansar disso e encerrar a troca de correspondência.

Robertet usa o latinismo pseudomoderno em sua forma mais ridícula: *"J'ay esté en aucun temps en la case nostre en repos, durant une partie de la brumale froidure*" [Fiquei algum tempo em repouso em nossa casa durante parte do enevoado frio], ou seja, trata-se de um resfriado.[25] E também tolos são os termos hiperbólicos com que ele expressa sua admiração. Ao finalmente receber a carta poética de Chastellain (que de fato era muito melhor do que a sua própria poesia), ele escreve a Montferrant:

> *Frappe en l'œil d'une clarté terrible*
> *Attaint au cœur d'éloquence incrédible,*
> *A humain sens difficile à produire,*
> *Tout offusquié de lumière incendible*
> *Outre perçant de ray presqu'impossible*
> *Sur obscur corps qui jamais ne peut luire,*
> *Ravi, abstrait me trouve en mon déduire,*
> *En extase corps gisant à la terre,*
> *Foible esperit perplex à voye enquerre*
> *Pour trouver lieu te oportune yssue*
> *Du pas estroit où je suis mis en serre,*
> *Pris à la rets qu'amour vraye a tissue.*

> Atingido no olho por um brilho terrível,
> Ferido no coração por uma eloquência inacreditável,
> Difícil para uma mente humana produzir,
> Totalmente obscurecido por uma luz incendiária,
> Que penetra como um raio quase impossível
> Num corpo obscuro, que nunca pode luzir,
> Encantado e absorto, encontro-me em meu prazer.
> Meu corpo que em êxtase jaz no chão,
> Meu espírito fraco, perplexo, em busca dum caminho
> Para encontrar um lugar e uma saída oportuna
> Da passagem estreita em que me meti,
> Capturado na rede tecida pelo verdadeiro amor.

E prossegue em prosa: "Onde está o olho capaz de ver um objeto desses, o ouvido para ouvir o alto som prateado e o badalar dourado?" [*Où est l'œil capable de tel objet visible, l'oreille pour ouyr le haut son argentin et tintinabule d'or?*]. O que será que Montferrant, "amigo dos deuses imortais e favorito dos homens, elevado peito ulissiano, cheio de melíflua eloquência" [*amy des dieux immortels et chéri des hommes, haut pis Ulixien, plein de melliflue faconde*], diz sobre isso? "Não é um resplendor igual ao do carro de Febo?" [*N'est-ce resplendeur équale au curre Phoebus?*]. Não é mais do que a lira de Orfeu, "a tuba de Anfion, a flauta de Mercúrio que fez Argos adormecer" [*la tube d'Amphion, la Mercuriale fleute qui endormyt Argus*]? E por aí vai...[26]

Essa extrema pomposidade caminha lado a lado com a profunda humildade literária com que esses poetas permanecem fiéis ao preceito medieval. E não são só eles; todos os seus contemporâneos ainda defendem essa forma. La Marche espera que as suas *Mémoires* sejam usadas como singelas florezinhas de uma coroa e compara sua obra com o ruminar de um cervo. Molinet pede a todos os *orateurs* que eliminem tudo o que há de supérfluo em seus trabalhos. Commines tem esperança de que o arcebispo de Viena, para quem ele escreve seu texto, talvez o possa incluir numa obra latina.[27]

Na correspondência poética entre Robertet, Chastellain e Montferrant pode-se ver a douradura do novo classicismo aplicada a uma imagem genuinamente medieval. E agora, note-se que esse Robertet esteve "na Itália, sobre a qual o céu exerce uma influência que proporciona um falar adornado, e para onde se atrai toda a suavidade dos elementos para criar harmonia" [*en Ytalie, sur qui les respections du ciel influent aorné parler, et vers qui tyrent toutes douceurs élémentaires pour là fondre harmonie*].[28] Mas parece que ele não trouxe para casa muito dessa harmonia do Quattrocento. A excelência da Itália para esses espíritos consistia somente no *aorné parler*, no cultivo puramente externo de um estilo artificioso.

A única coisa que por um instante torna duvidosa essa impressão de velharia refinadamente ornamentada é um toque de ironia, que às vezes é incontestável nessas efusões exageradas. Sr. Robertet, dizem as *Dames de Rhétorique* a Montferrant,[29]

> *il est exemple de Tullian art, es forme de subtilité Térencienne* [...] *qui succié a de nos seins notre plus intéroire substance par faveur; qui, outre la grâce donnée en propre terroir, se est allé rendre en pays gourmant pour réfection nouvelle* [d.i. Italië], *là où enfans parlent en aubes à leurs mères, frians d'escole en doctrine sur permisson de eage.*

> ele é um exemplo da arte de Cícero e modelo da sutileza de Terêncio [...] que como um favor sugou de nossos peitos a nossa substância mais íntima; que, além da graça oferecida em seu próprio solo, pôs-se a caminho da terra do bom gosto [ou seja, a Itália] para um novo reconforto, ali onde as crianças falam com as mães em cantigas matinais, ávidas de escola e erudição muito além da sua idade.

Chastellain encerra a correspondência porque se cansou dela: o portão já esteve aberto o tempo suficiente para a Dame Vanité [Senhora Vaidade]; agora ele vai trancá-lo. "Robertet me aspergiu a partir de sua nuvem, de onde as pérolas, que ali se condensaram como geada, fazem brilhar as minhas vestes; mas de que adianta isso ao meu corpo escuro sob elas, se as minhas roupas enganam àqueles que me veem?" [*Robertet m'a surfondu de sa nuée, et dont les perles, qui en celle se congréent comme grésil, me font resplendir mes vestements; mais qu'en est mieux au corps obscur dessoubs, lorsque ma robe deçoit les voyans?*]. E se Robertet mesmo assim continuar, ele há de jogar suas cartas no fogo, sem abri-las. Se ele falasse sem afetação, como deve ser entre amigos, então George não perderia sua afeição.

O fato de sob os trajes clássicos ainda habitar um espírito medieval é menos óbvio quando o humanista usa apenas o latim. Nesse caso, a noção imperfeita do espírito da Antiguidade não se revela na apropriação desajeitada; aqui o erudito pode simplesmente imitar, e imitar com bastante eficácia. Um humanista como Robert Gaguin (1433-1501) nos parece quase tão moderno em suas cartas e discursos quanto Erasmo — este último deve a Gaguin o início de sua fama, pois foi ele quem, no final do seu *Compêndio da história francesa*, o primeiro trabalho acadêmico de história da França (1495), inseriu uma carta de Erasmo, que assim viu um escrito seu impresso pela primeira vez.[30] Não é por conhecer tão pouco grego quanto Petrarca[31] que Gaguin se torna um humanista menos autêntico. Ao mesmo tempo, também vemos nele a sobrevivência do velho espírito. Ele ainda dedica a sua eloquência latina aos antigos temas medievais, como a diatribe contra o casamento[32] ou o desprezo pela vida na corte, ou ao retraduzir para o latim o *Curial* de Alain Chartier. Ou então ele trata, dessa vez num poema em francês, do valor social dos estamentos na forma muito utilizada do debate, em *Le Debat du laboureur, du prestre et du gendarme*. Nos poemas franceses, Gaguin, que dominava perfeitamente o estilo latino, não se deixava levar de modo algum pelos embelezamentos retóricos — nenhuma forma latinizada, nenhuma locução hiperbólica, nada de mitologia. Como poeta francês, ele se situa ao lado daqueles que, em sua forma medieval, conservam a naturalidade e, com isso, a legibilidade. Até aqui, a forma humanística não vai muito além de um traje; cai-lhe bem, porém ele se move mais livremente sem esse manto. O Renascimento ainda pende solto no traje do espírito francês do século XV.

Na maior parte das vezes, estamos acostumados a considerar o aparecimento de expressões que soam pagãs como um critério infalível da chegada do Renascimento. Mas qualquer estudioso da literatura medieval sabe que esse paganismo literário não está absolutamente limitado à esfera do Renascimento. Quando os humanistas chamam Deus de *princeps superum* [rei dos celestiais] e Maria de *genitrix tonantis* [a mãe do trovejador], eles não dizem nada de inaudito. A mera transferência externa de denominações da mitologia pagã para as figuras da fé cristã é muito antiga e significa pouco ou nada para o conteúdo do sentimento religioso. Já o Arquipoeta do século XII rima a sua confissão espiritual sem nenhuma restrição:

> *Vita vetus displicet, mores placent novi;*
> *Homo videt faciem, sed cor patet Iovi.*

> A velha vida desagrada, novos costumes agradam;
> O homem vê a face, mas o coração está aberto para
> [Júpiter.

Quando Deschamps fala de *"Jupiter venu de Paradis"* [Júpiter vindo do paraíso],[33] de forma alguma está blasfemando, e nem Villon, quando ora para Nossa Senhora e a chama de *"haulte Déesse"* [elevada deusa] na comovente balada composta para sua mãe.[34]

Uma certa coloração pagã também fazia parte do poema pastoril; ali se podia deixar aparecer os deuses sem preocupação. Em *Le Pastoralet*, o convento dos celestinos em Paris chama-se "templo em meio ao bosque para orar aos deuses" [*temple au hault bois pour les dieux prier*].[35] Tal paganismo inocente não condenaria ninguém. E além disso o poeta explica: "Se para estrangeirizar minha Musa eu falo dos deuses dos pagãos, os pastores e eu somos, contudo, cristãos" [*Se pour estrangier ma Muse je parle des dieux des païens, sy sont les pastours crestiens et moy*].[36] Da mesma forma, Molinet, ao deixar aparecer Marte e Minerva numa visão, empurra a responsabilidade para

Raison e Entendement, que lhe dizem: "Não deves fazê-lo para incutires fé nos deuses e deusas, mas porque o Nosso Senhor apenas inspira as pessoas como lhe agrada, e frequentemente por meio de diversas inspirações" [*Tu le dois faire non pas pour adjouter foy aux dieux et déesses, mais pour ce que Nostre Seigneur seul inspire les gens ainsi qu'il lui plaist, et souventes fois par divers inspirations*].³⁷

A maior parte do paganismo literário do Renascimento completamente desenvolvido não deve ser levada mais a sério do que essas expressões. Para o ingresso do novo espírito, é mais significativo quando se anuncia um senso de apreciação da fé pagã como tal, em especial no caso dos sacrifícios pagãos. Essa consciência também pode irromper naqueles que ainda têm as suas formas de pensamento firmemente enraizadas na Idade Média, como Chastellain.

> *Des dieux jadis les nations gentiles*
> *Quirent l'amour par humbles sacrifices,*
> *Lesquels, posé que ne fussent utiles,*
> *Furent nientmoms rendables et fertiles*
> *De maint grant fruit et de haulx bénéfices,*
> *Monstrans par fait que d'amour les offices*
> *Et d'honneur humble, impartis où qu'ils soient*
> *Pour percer ciel et enfer suffisoient.*³⁸

> Os povos pagãos de antes buscaram
> O amor dos deuses com humildes sacrifícios,
> Os quais, supondo que não fossem úteis,
> Foram, no entanto, proveitosos e férteis
> De muitos frutos importantes e altos benefícios,
> Mostrando com fatos que os serviços de amor
> E de humilde reverência, onde quer que sejam feitos,
> Bastavam para penetrar no céu e no inferno.

O som do Renascimento pode às vezes ressoar de repente em meio à vida medieval. Num *pas d'armes* em

Arras, em 1446, Philippe de Ternant aparece sem trazer, como era costume, uma *bannerole de devocion*, uma faixa com uma máxima ou uma figura devota. "Algo que de maneira alguma aprovo" [*Laquelle chose je ne prise point*], diz La Marche sobre essa infâmia. Mais infame ainda é o lema que Ternant porta: "Eu gostaria de ter todos os meus desejos satisfeitos e jamais possuir outro bem" [*Je souhaite que avoir puisse de mes desirs assouvissance et jamais aultre bien n'eusse*].[39] Podia ser o lema do libertino mais liberal do século XVI.

Os espíritos não precisavam ir à literatura clássica para extrair esse paganismo verdadeiro. Eles podiam aprendê-lo de seu próprio tesouro medieval, do *Roman de la Rose*. O paganismo autêntico estava nas formas da cultura erótica. Ali, por séculos, Vênus e o Deus do Amor tiveram um esconderijo, onde encontraram algo mais do que um mero culto retórico. O grande pagão foi Jean de Meun. Não a sua mistura de nomes de deuses da Antiguidade com os de Jesus e Maria, mas a sua mescla do louvor mais audacioso da luxúria terrena com as imagens cristãs de felicidade eterna, que, desde o século XIII, foi a escola do paganismo para inúmeros leitores. Não havia blasfêmia maior do que os versos nos quais ele colocava as palavras do Gênesis: "Então arrependeu-se o Senhor de ter criado o homem na Terra", com o sentido invertido, na boca da Natureza, que em seu poema agia como uma perfeita demiurga. Natureza arrepende-se de ter feito o ser humano, pois este negligencia o seu mandamento da procriação:

Si m'aïst Diex li crucefis,
Moult me repens dont homme fis.[40]

Que Deus, o crucificado, me ajude,
Arrependo-me muito de o homem ter criado.
É espantoso o fato de a Igreja, que vigiava com tanta meticulosidade os pequenos desvios dogmáticos de natu-

reza estritamente especulativa, intervindo ali de modo tão veemente, ter permitido que as doutrinas desse breviário da aristocracia se propagassem com liberdade nos espíritos.

A nova forma e o novo espírito não correspondem um ao outro. Assim como os pensamentos da época vindoura podiam se expressar nos trajes medievais, da mesma forma são ditos os pensamentos mais caracteristicamente medievais em métrica sáfica, com todo um cortejo de figuras mitológicas. O classicismo e o espírito moderno são duas coisas bem diferentes. O classicismo literário é uma criança que já nasceu velha. O significado da Antiguidade para a renovação das belas-letras não foi muito maior do que o das flechas de Filocteto. Mas ocorre justamente o contrário com as artes plásticas e o pensamento científico: para ambos, a pureza da imaginação e da expressão da Antiguidade, a sua vasta abrangência de interesse, o domínio da vida e a compreensão do homem que tinham os antigos foram muito mais do que um cajado no qual se apoiar. Nas artes plásticas, vencer o supérfluo, o exagerado, o distorcido, a careta e a curva do estilo flamboyant foi obra da Antiguidade. No terreno intelectual, ela foi ainda mais imprescindível e mais fértil. Mas, no campo literário, a simplicidade e a pureza se desenvolveram à margem do classicismo, ou melhor, a despeito dele.

Os poucos que adotam formas humanistas na França do século XV ainda não badalam os sinos anunciando o Renascimento. Até aqui, seu ânimo e sua orientação são medievais. O Renascimento chegará apenas quando o *tom da vida* mudar; quando a maré da mortal negação da vida se inverter e um vento fresco e agradável começar a soprar; quando a consciência alegre amadurecer a ideia de que se pode recuperar toda aquela glória do mundo antigo, no qual o homem por tanto tempo se espelhou.

Posfácio

Como surgiu
*O outono da Idade Média**

ANTON VAN DER LEM

Em 1902, a Bruges medieval foi cenário para uma grande exposição.[1] Ao todo, 15 mil visitantes admiravam as telas dos pintores flamengos primitivos em uma mostra de abrangência sem precedentes: Jan e Hubert van Eyck, Rogier van der Weyden, Hans Memling, Gerard David, Petrus Christus e muitos outros. O ano de 1902 não foi escolhido ao acaso: os belgas celebravam o sexto centenário da Batalha de Courtrai (11 de julho de 1302), a Batalha das Esporas Douradas, na qual trabalhadores flamengos derrotaram os exércitos de cavaleiros franceses. A exposição de Bruges precisava agregar esplendor à autoconsciência orgulhosa do jovem Estado belga, que em duas gerações conquistara um lugar respeitado no mapa da Europa. Jan van Eyck e seus compatriotas faziam o papel de ancestrais da peculiar civilização belga, que cresceu da interação das culturas francesa e holandesa, romana e germânica. Em suas obras, o famoso historiador Henri Pirenne e o historiador da arte Fierens-Gevaert haveriam de fundamentar cientificamente essa tese.[2] Imigrantes do norte da Holanda como Geertgen tot Sint Jans, Albert Ouwater e Dirk Bouts haviam sido afetuosa e comodamente incorporados.

* Publicado como posfácio à edição holandesa de Johan Huizinga, *Herfsttij der middeleeuwen* (Amsterdam: Atlas Contact, 1997, 21ª ed.).

A exposição de Bruges não compreendia apenas quadros: também tapetes, móveis, esculturas e ourivesaria se destacavam. As muitas centenas de objetos podiam ser vistas em diferentes prédios históricos na cidade, que por si só já era um museu. Um belíssimo cartaz chamava a atenção para as exposições, acompanhadas por extensos catálogos. Entre os milhares de visitantes também estava o historiador holandês Johan Huizinga (1872-1945), que ainda não tinha trinta anos, professor de história na Escola Técnica Superior de Haarlem. Dezessete anos mais tarde, a arte que ele viu em Bruges constituiria o tema de *O outono da Idade Média*. No final de sua vida, ele qualificou a exposição de Bruges como "uma experiência da maior importância".[3] No entanto, no livro não há nenhuma referência concreta que remeta ao evento de Bruges. Como Huizinga chegou ao seu estudo, só pode ser explicado com base em dados mais recentes.

Johan Huizinga nasceu em 1872 na cidade de Groningen. No ginásio, Johan era um aluno exemplar que, além disso, se distinguia por seu talento excepcional para o desenho. Por interesse pela linguística comparada, ele decidiu estudar letras holandesas em Groningen. Para o exame de admissão, história era um componente obrigatório do estudo, lecionado por P. J. Blok (1855-1929), um sujeito empreendedor e enérgico. Sânscrito, tema do doutorado de Huizinga em 1897, também fazia parte do estudo. Entretanto, sua paixão pelo sânscrito e pela cultura da Índia antiga não parecia ter muita utilidade prática. Por isso, ele se candidatou ao posto de docente de história em Haarlem, para o qual foi nomeado pela influência de Blok. A Haarlem histórica, devido a estadas anteriores mais breves, já exercia uma atração muito forte sobre Huizinga, que, num de seus desenhos, registrou a cidade a partir do ponto em que Ruisdael, no século XVII, a eternizou. No começo, em suas horas livres, ele continuou se dedicando à cultura primeva da Índia: em 1903, foi admitido como professor em arqueologia e linguística da Índia primitiva, na Universidade de Amsterdam. A um de seus colegas sanscritistas ele chegou a escrever num tom um tanto irônico sobre os assuntos que haveria de ensinar.[4]

De início, o espírito do budismo, desapegado do mundo, exercera uma grande atração sobre o jovem introspectivo. Contudo, isso mudou após o seu casamento com Mary Vincentia Schorer (1876-1914), em 1902. Ela era a filha do prefeito de Middelburg. A família possuía uma propriedade, Toornvliet, nos arredores da cidade, que a partir de então passou a constituir a verdadeira ligação do nortista Huizinga com os Países Baixos do Sul. Em 1901, ano de seu noivado, os dois desfrutavam da maravilhosa e "vaneyckiana" Zelândia, profundamente simples e ricamente colorida.[5] Em 1902, quando ambos estavam diante do retrato de Giovanni Arnolfini e sua esposa — o quadro da National Gallery fora emprestado para a exposição de Bruges —, era como se vissem refletida a imagem de sua própria felicidade matrimonial.[6] Mais tarde, quando Huizinga dedica a esse retrato um apreço acima de todas as outras obras de Van Eyck — "porque nele flui o sopro da própria vida", segundo suas palavras —, trata-se de uma prova clara da cumplicidade pessoal que ele sentia em relação à história e à arte.[7] Huizinga então abandonou completamente a postura de desapego à vida, presente na Índia antiga. No entanto, é importante ter em mente seu estudo e sua consideração pela cultura indiana, até porque, na primeira edição de *O outono da Idade Média*, ele ainda traçava paralelos com a história da Índia.

Huizinga também visitou a exposição de Bruges com um amigo, o historiador de literatura e crítico de arte André Jolles (1874-1946). Desde então, Van Eyck e seus contemporâneos eram assunto recorrente na correspondência entre eles. Um ano após a exposição, em 1903, Jolles escreveu a Huizinga: "Também a mim, desde Bruges, os Van Eyck não dão sossego, mas de fato achei que você, como chegou a afirmar naqueles dias, poderia dar-se por satisfeito com o puro desfrute".[8] Além disso, nesse mesmo ano, Huizinga publicou um artigo intitulado "Do pássaro borrelho", que pode ser considerado uma clara evidência de sua transição da Índia antiga para a ciência histórica. O ponto de partida foi uma reprodução desse pássaro mitológico em uma janela da catedral de Lyon, que aparece no livro sobre a arte francesa do século XIII de autoria do famoso historiador de arte francês Émile Mâle (1862-1954), em cuja obra ele se aprofundou.

P. J. Blok não gostava nem um pouco do fato de o seu aprendiz parecer um leigo perdido pela história. O próprio Blok havia comprovado seu conhecimento científico com um estudo sobre Leiden na Idade Média.[9] Agora ele instigava Huizinga a preencher uma outra lacuna importante na história urbanística holandesa: a da cidade de Haarlem. Huizinga assumiu essa tarefa cheio de ânimo. Seu abrangente artigo "Sobre o surgimento de Haarlem" tem uma abordagem tão viva, e caracteriza-se por tal erudição e tal perspicácia, que ainda continua arrancando a admiração dos historiadores.[10] Huizinga dispensou muita atenção aos aspectos econômicos da história. É necessário dar-se conta de que o futuro autor de *O outono da Idade Média*, ao qual tão frequentemente se atribuiu o fato de não dar atenção ao papel da economia no passado, tenha sido treinado em um tema em grande parte determinado por fatores econômicos. Seu aprofundamento detalhado na história das cidades de um modo geral, e na de Haarlem em especial, conduziu-o a uma descoberta incrível: o estatuto urbano de Haarlem parecia ser baseado no de Den Bosch, que, por sua vez, repousava no de Leuven [Louvain]. Essa filiação de estatutos urbanos atraiu o interesse do historiador para além das fronteiras do que fora a Holanda. Poderíamos arriscar o ponto de vista segundo o qual a relação desses estatutos urbanos é o complemento econômico-jurídico da irradiação dos Países

Baixos do Sul no campo cultural: assim como os pintores das regiões do norte como Geertgen, Ouwater e Bouts se instalaram no sul, também os estatutos urbanos holandeses seguiram os modelos das cidades em Brabante. Blok julgava o estudo de Huizinga um "excelente trabalho", e não sossegou até saber que seu aluno, em 1905, havia sido nomeado professor superior de história em Groningen.

Nesse momento, pode parecer que a arte de Van Eyck não tinha mais nenhuma influência sobre Huizinga. Ledo engano. Em 1907, novamente com sua esposa, Mary, ele foi visitar Bruges. Dessa vez, uma exposição do Tosão de Ouro, que, no entanto, ficou aquém das expectativas em comparação com a mostra de 1902: "O Tosão de Ouro foi muito alarde para pouca lã". Mesmo assim a exposição mostrou duas peças importantes: a *Anunciação* de Jan van Eyck, de São Petersburgo (agora em Washington), e o retábulo do mestre de Flémalle, que mais tarde receberia sua atenção pela figura de José fazendo as ratoeiras. A própria Bruges parecia mais linda do que nunca: "Com a Mary ainda fui a Bruges passando por Sluis e Damme, uma viagem excepcionalmente agradável. Nunca vi Bruges tão bem como agora, quando passávamos de bicicleta ao longo dos canais".[11] No verão de 1908, ele passeou com Jolles na Limburg dos Países Baixos e fez algumas excursões até a Bélgica, onde desenhou, entre outras, a cidade de Zoutleeuw.

E também foi nesses anos que Huizinga concebeu o plano de se dedicar a um grande estudo sobre a civilização holandesa. Seu livro teria de ser uma reflexão sobre a essência da vida em comum holandesa. A ênfase teria de estar no século XVII, mas a história precedente também deveria abranger a cultura dos Países Baixos borguinhões. As anotações que ele fazia para si mesmo testemunhavam um grande envolvimento pessoal.[12] Quanto à interpretação dos Van Eyck como expoentes de uma cultura belga, tal fato decerto não passava pela sua cabeça. Seu livro teria que ir justamente de Jan van Eyck até Rembrandt, e no início ele buscava com dedicação por acentos dos Países Baixos do Norte nessa pintura dos antigos Países Baixos. Assim, o quadro de são João Batista no deserto, de Geertgen tot Sint Jans, arrancou dele a seguinte frase: "Aquele sujeitinho sombrio, o Renascimento nórdico".[13] A sobriedade na cor e na forma distinguia esse quadro dos contemporâneos, podendo-se situá-lo nos primórdios da pintura dos Países Baixos do Norte.

De 1909 até 1910, Huizinga deu aulas de cultura borguinhã, fato que deve ser interpretado não só como precursor de O outono da Idade Média, mas também como algo que merece atenção no âmbito de sua história do século XVII. Em 1910, fez uma palestra em Groningen sobre Dirk Bouts como expoente de uma civilização dos Países Baixos do Norte.[14] Em 1911, pela primeira vez, expôs suas ideias a um público científico: diante da Sociedade Histórica de Utrecht ele apresentou um seminário com o título "Do passado de nossa consciência nacional". Na presença de Henri Pirenne, de quem ele inicialmente também encarregou a publicação, Huizinga tratou do processo de unificação dos Países Baixos sob a dinastia borguinhã. Pouco a pouco, ele considerava o orgulho e a iniciativa da casa real da Borgonha como a força motriz do processo de formação do Estado nos Países Baixos. Ao analisar os séculos XIV e XV, Huizinga não procurou fronteiras estatais do século XIX.

Se o fato de evitar anacronismos lhe ofereceu um desvio na história política, as coisas eram bem diferentes na história das belas-artes. Um fator complicador estava em questão no julgamento estético da pintura de Van Eyck. Ela deveria ser considerada algo novo ou, justamente, algo antiquado? Desde o lançamento do livro de Jacob Burckhardt, *A cultura do Renascimento na Itália*, que Huizinga também admirava, a questão do Renascimento estava no topo da agenda científica. Será que a arte dos Van Eyck deveria ser considerada uma manifestação de um Renascimento nórdico, tão importante quanto a pintura sua contemporânea na Itália? Fierens-Gevaert defendia essa posição com vigor. Ou a pintura dos antigos Países Baixos era um expoente da cultura germânica, em oposição à românica, como defendia o historiador alemão Karl Voll?[15] Essas perguntas não saíam da cabeça de Huizinga. Seus colegas eram o "laboratório" para as suas ideias e sugestões. Mais tarde, quando contava setenta anos, ele declarou que de uma hora para outra a luz se acendeu dentro dele durante um passeio ao longo do Damsterdiep. Provavelmente em 1907 — ele não arriscava afirmar com certeza —, durante um passeio fora de Groningen, teve a súbita inspiração de que a cultura dos Países Baixos borguinhões deveria ser vista não como manifestação de um Renascimento nórdico, mas como uma arte que estava em decadência. Huizinga descreveu isso como a "mudança-centelha", como se a verdade lhe fora participada num instante de especial clemência. Ao interpretar a cultura borguinhã como uma cultura em decadência, Huizinga se distinguiria dos autores belgas, franceses e alemães, cada um reivindicando para sua própria nação a arte de Van Eyck e seus contemporâneos.

No verão de 1911, Huizinga estava trabalhando com as publicações do mais famoso cronista borguinhão, Jean Froissart, em Toornvliet. Um ano mais tarde, escreveu a um de seus amigos: "Espero conseguir fazer um livro sobre a cultura da época borguinhã, mas por enquanto ainda não estou lá".[16] A tentativa da Universidade de Groningen de escrever a história da escola superior no século XIX para a comemoração de seu terceiro centenário em 1914 desviava--o bastante do livro sobre a Idade Média. Muito mais séria foi a via-crúcis da doença de sua mulher, Mary, que faleceu no verão de 1914. Só em outubro daquele ano é que Huizinga se encontrou em condições de escrever as palavras de agradecimento pelas manifestações de pesar.[17] Quando O *outono da Idade Média* foi publicado, em 1919, ele queria dedicar o livro à memória de sua mulher, utilizando um sinal gráfico. De início, ele mesmo tentou desenhar uma vinheta que expressasse o luto, mas, por fim, deixou a tarefa a cargo de Richard Roland Holst. Huizinga acabou criando laços de amizade muito próximos com esse artista e sua mulher, Henriette Roland Holst. Roland Holst esculpiu uma pequena matriz de buxo [*Buxus sempervirens*], que serviria somente para a primeira impressão de 1500 exemplares. Nesta edição [de 1997], a vinheta de luto figura novamente no livro.

Em setembro de 1914, Huizinga aceitou um convite para lecionar história geral na Universidade de Leiden. Durante esses anos, ele completou *O outono da Idade Média*. Em 1916, como uma antítese do texto político "Do passado de nossa consciência nacional", ele publicou o artigo "A arte de Van Eyck na vida de sua época". Mais tarde, o artigo seria incluído em *O outono da Idade Média*. As obras seriadas dos cronistas franceses, ele as encontrou na biblioteca da Universidade de Leiden e na Biblioteca Real Holandesa, em Haia. Os quadros dos pintores flamengos primitivos, ele os conhecia das exposições na Bélgica e de suas viagens à Inglaterra (Londres) e à Alemanha. O Campo-Santo em Pisa, rememorado no livro, ele também tinha visto com seus próprios olhos, assim como a coleção de preciosidades dos duques da Saxônia, a chamada Abóbada Verde.[18] Sem dúvida nenhuma, ele ainda deve ter viajado pela França, mas isso não é possível confirmar pela sua correspondência. Contudo, seria inimaginável que Huizinga tivesse escrito sobre os quadros existentes no Louvre e em Dijon sem ali ter estado. As observações sobre o quadro *Madona com o chanceler Rolin*, de Rogier van der Weyden, no Louvre, e sobre o retábulo do altar de Melchior Broederlam e Jacques de Baerze, em Dijon, fazem supor que Huizinga visitou essas cidades antes de 1914. Sua observação sobre as pinturas nas paredes do castelo de Coucy também justifica a suposição de uma visita pessoal antes de 1914 (grande parte do castelo foi destruída na Primeira Guerra Mundial). Uma única anotação referente a um catálogo do Louvre de 1912 indica a possibilidade de uma visita nesse mesmo ano.[19] Durante a Primeira Guerra Mundial, uma revista franco-holandesa perguntou a opinião de alguns holandeses sobre a França. Huizinga respondeu então que suas visitas à França, infelizmente, haviam sido curtas demais para que pudesse formar um quadro claro.[20] A primeira visita documentada à França data de 1921, ou seja, dois anos após o lançamento de *O outono da Idade Média*. Um ano mais tarde, em 1922, pode-se supor que Huizinga não conhecia o mausoléu de Margarida da Áustria em Brou, perto de Bourg-en-Bresse. Seu amigo Jolles divertiu-se com esse fato: "Pena que nem ao menos podemos ir até lá. É, parece que vocês aí em Leiden não possuem um historiador aceitável. [...] Pode-se dizer que é a última ilustração de *O outono da Idade Média* — Felisberto e Margarida! Alegro-me tremendamente com o fato de que, para você, Brou não é um lugar conhecido".[21] E, em 1930, quando deu uma palestra na Universidade de Dijon, Huizinga começou declarando que naquele dia tinha visto Dijon novamente, o que decerto devia ser uma indicação de que houve uma visita à França antes de 1914, mas que outro lugar importante, como Beaune (a peça de altar de Rogier van der Weyden, com o chanceler Rolin!), ele estava vendo pela primeira vez.[22]

Quanto às miniaturas, não é possível dizer de forma alguma que Huizinga as conhecesse pessoalmente. Para as miniaturas dos irmãos Limburg em *Les Très Riches Heures du duc de Berry*, e também para as de Jean Miélot no manuscrito *Épître d'Othéa*, de Christine de Pisan, ele remeteu a edições que supostamente existiam na biblioteca da Universidade de Leiden e na Biblioteca Real Holandesa, em Haia. Uma outra fonte das figuras foi a

Gazette des Beaux-Arts. No caso das pinturas de parede na igreja de La Chaise-Dieu, não houve a citação de nenhuma fonte, e disso seria possível concluir que Huizinga as tivesse visto ao vivo, mas, a partir de seus registros, pode-se supor que a fonte, mais uma vez, tenha sido a *Gazette*.[23] Certa feita, ele até ganhou de presente uma miniatura: por ocasião de seu segundo casamento, com Auguste Schölvinck, o historiador suíço Werner Kaegi presenteou-o com uma miniatura que representava uma Anunciação com, à sua esquerda, Adão e Eva no paraíso e, embaixo, a expulsão pelo anjo com a espada.[24]

Em seu grande livro, Huizinga não queria apresentar toda a história da cultura dos Países Baixos borguinhões. O que ele desejava era entender a arte de Van Eyck e de seus contemporâneos em relação à época em que viveram. Seu tema, em suas próprias palavras, eram as "formas de vida e de pensamento" dos séculos XIV e XV. Hoje em dia, diríamos: a mentalidade. Para munir-se de documentação, leu uma quantidade inacreditável de fontes de autores seculares e religiosos. Da mesma forma como teve que se aprofundar exaustivamente no estudo da história econômica para escrever o artigo "Sobre o surgimento de Haarlem", ele agora se familiarizava com os textos literários, militares, políticos e religiosos. A labuta com esse material é conhecida sobretudo a partir das cartas a Henri Pirenne. Às vezes Huizinga achava que havia assumido uma tarefa que estava acima de suas forças. Quando o livro enfim foi concluído, ele o precedeu de uma ampla introdução, em que explicava os seus princípios e método. Entregou todo o manuscrito a um novo amigo, o jurisperito de Leiden, Cornelis van Vollenhoven, para que o lesse. Este reagiu de maneira tanto entusiástica quanto crítica: "Brilhante, adorei!", celebrou. "E não paro de pensar: através *disso* compreender as cortes de Surakarta e Jogjakarta."[25] Ele deve ter avaliado a introdução negativamente, pois em outro lugar reagiu com mais cuidado:

"Será que estou enganado quando digo que nessas páginas retorna a argumentação de defesa mais abstrata da introdução (outono vermelho)? Parece-me bem diferente do 'filme' de até agora. Bom, mas meio pesado". *O outono da Idade Média* como filme! "Além disso, ainda se ganham asas", e "acertados" são alguns fragmentos que ficaram conservados do entusiasmo transmitido por Van Vollenhoven sobre o segundo capítulo.[26] Já em outro lugar, ao contrário, ele não hesitou em se dizer cansado de acompanhar a argumentação de defesa.[27] Por conselho de Van Vollenhoven, Huizinga retirou a introdução original e a integrou ao longo do livro. Mais tarde, como de costume, a introdução e o manuscrito de *O outono da Idade Média* foram cortados em pedaços para se poder escrever no verso. Isso comprova como Huizinga precisou fazer muitas revisões, correções e adições antes de chegar a um resultado final. Na referida introdução não preservada, ele possivelmente quis se estender sobre a sua reduzida atenção às formas de interpretação econômicas. Por fim, no próprio livro, dedicou uma única observação a esse ponto, referindo-se a Jean Jaurès (ver capítulo 1, nota 39). Após o lançamento de *O outono da Idade Média*, Huizinga tratou da reduzida atenção pela economia em umas poucas cartas a Antoon Derkinderen.[28] Também os registros que ficaram conservados mostram com clareza a quais aspectos ele deu prioridade: "O absurdo de querer ver motivos pol[íticos] e econ[ômicos] em todo lugar. Será que não existe o puro ódio entre famílias? E id[em], a fidelidade canina". Ou: "Nos tornamos preciosos demais em nossa apreciação his[tórica], de longe não nos entregamos suficientemente a nossas origens, de longe não estamos abertos o bastante para os seus ensinamentos. Mesmo prestando atenção na ponderação extremamente crítica, não ouvimos muitas coisas que clamam".[29]

Pouco a pouco, *O outono da Idade Média* vai tocando no motivo da vingança, que Huizinga achava muito mais importante do que a justificativa econômica. Seu apontamento é ao mesmo tempo uma prova clara de seu envolvimento pessoal e da capacidade de se colocar nessa situação no passado:

> Desejando-se escrever a his[tória] d[a] Borgonha, é preciso ter um Wagner, que lhe desse um motivo de vingança, que significava os dois assassinatos de 1407 e 1419. Que, no lugar de mudanças ponderadas, históricas, pudesse sempre deixar soar para o leitor as mudanças de sentido em sua crueldade sombria, em sua altivez dilacerada. Haveria de acompanhar toda a sua história, haveria de ouvi-lo em cada batalha, em cada comportamento.[30]

O espírito que fala dessas considerações é característico de todo o livro. O tema de Huizinga abrangia as paixões das pessoas, a condição espiritual de uma época. Não eram os fatos políticos e militares de Filipe, o Bom, e Carlos, o Temerário, o que mais lhe interessava, mas o orgulho de ambos, origem de seus atos.

Colegas holandeses teimosos não conseguiam ou não queriam compreender. Oppermann, o rígido especialista em diplomática, professor universitário de história medieval em Utrecht, considerava que não se tratava de história e, depreciativamente, se referia a Huizinga como "aquele detetive". Samuel Muller, arquivista tanto da cidade quanto da província de Utrecht, não concordava com o tratamento adotado por Huizinga para as fontes. Ele o achava por demais orientado para as fontes francesas e dos Países Baixos do Sul. Com prazer, recomendou algumas poucas e pequenas (mas interessantes) crônicas de conventos dos Países Baixos do Norte a pedido de Huizinga. Bem, Muller na verdade achava que Utrecht era o coração da história da Holanda, uma opinião para a qual sua própria posição dominante contribuía consideravelmente. Só que Huizinga ressentiu-se com essa concepção nacionalista limitada. Oito anos mais tarde, quando consagrou uma palestra à missão da história da cultura, sem fazer perguntas, ele reprovou a mera publicação de documentos: "Algumas cartas de um diplomatazinho de uma cidadezinha diminuta aqui, as contas de um conventozinho miserável acolá!".[31] A menção ao "conventozinho miserável" — a palavra "miserável" foi acrescentada mais tarde[32] — não seria uma lembrança das preocupações de Muller sobre os Países Baixos do Norte? De fato, a forma de abordagem de Huizinga não conhecia limites territoriais. Temas como "a imagem da morte" ou "o sonho de amor e heroísmo" elevavam-se acima dos limites físicos de séculos posteriores. Ele não citou o *São João Batista* de Geertgen em nenhum lugar de *O outono da Idade Média*, e as suas simpatias pelos Países Baixos do Norte já não eram mais tão fortes quanto dez anos antes, embora tivesse consideração pelos pintores daquela região, que, segundo ele, estavam mais próximos da "seriedade da vida burguesa".

Huizinga complementava cuidadosamente cada reimpressão do livro. Se na primeira edição, como foi observado, ele ainda fazia muitas referências à cultura da Índia antiga, nas impressões posteriores, cada vez mais, ele as foi deixando de lado. É muito mais frequente a inclusão de complementações. Assim, na primeira edição faltavam as passagens negativas sobre o trabalho de ourivesaria de são Paulo em Luik e o presente de Ano-Novo para o rei francês. Na quarta impressão, também chama a atenção a inclusão da ratoeira que é fabricada por são José no pequeno tríptico do mestre de Flémalle. No início, Huizinga achava que justamente esse detalhe desconhecido de valor singular devia-se ao fato de estar desvinculado do contexto religioso da Anunciação a Maria no painel central. No entanto, ele acrescentou ali que também a ratoeira tinha um conteúdo religioso.[33] O historiador teuto-americano

Erwin Panofsky (1892-1968) revelou-se o grande mestre em desnudar tais significados ocultos e cunhou o termo *"disguised symbolism"* (simbolismo disfarçado). Célebre é a interpretação de Panofsky de 1934 do retrato de Giovanni Arnolfini e sua esposa como um retrato de casamento, artigo que não escapou a Huizinga.[34] O artigo de Panofsky não teve consequências para o juízo de Huizinga. Em outra passagem de *O outono da Idade Média*, ele já havia sugerido a possibilidade de um pintor às vezes ter de se orientar pelos desejos muito exigentes de um "beato leigo", que bem poderia ser um contratante com qualificação teológica.

Exceto por poucas críticas como de Muller e Oppermann, a recepção a *O outono da Idade Média* foi mais positiva do que se poderia imaginar.[35] O livro fez sucesso dentro e fora da Holanda. Enquanto Huizinga ainda estava vivo, foram lançadas cinco impressões em holandês, e a obra foi traduzida para o inglês, alemão, sueco, espanhol, francês, húngaro e italiano. O sucesso, em primeiro lugar, deve estar relacionado ao título, sugestivo e convidativo. A imagem do outono devia servir como símbolo para essa "estação de maturidade e fenecimento". Em seu *Huizinga en de troost van de geschiedenis* [Huizinga e o consolo da história], Léon Hanssen mostra como o "consolo do outono" no primeiro decênio do século geralmente aparecia como uma metáfora popular.[36] De início, Huizinga também havia se batido com o título e anotara vários esboços antes de chegar à sua escolha definitiva. O rico uso da língua e o surpreendente tratamento temático da vida medieval tardia aumentavam o encanto do livro, mas... ao mesmo tempo dificultavam o acesso a ele. Não sem razão, André Jolles avaliou em sua crítica que os títulos dos capítulos somente se tornavam compreensíveis para o leitor após a leitura. Huizinga acatou essa objeção, dividindo a obra de forma mais clara. Os catorze capítulos da primeira e segunda impressões foram redivididos em

22 capítulos nas posteriores. Mas Jolles não tinha razão quando disse que Huizinga deveria ter organizado o livro em torno da vida dos personagens principais. É sob essa forma que seu livro teria, sim, assumido um ar antiquado como a enésima dinastia borguinhã. Era justamente o desejo de compreender as "formas de vida e de pensamento" o que fazia com que cada nova geração de leitores nela pudesse refletir o seu próprio sentimento de vida. Huizinga não fez mais outras concessões: seu livro era dirigido ao leitor culto, e ele considerava que esse mesmo leitor possuía um elevado conhecimento sobre história, arte e literatura. De um lado, alto demais, considerando os critérios de hoje em dia. De outro, *O outono da Idade Média*, por sua riqueza de forma e conteúdo, permanece um livro que surpreende a cada leitura.

Notas

INTRODUÇÃO [PP. 7-33]

1   S. Muller, citado em F. W. Hugenholtz, "Le Declin du Moyen Age (1919-1969)", em J. Nordholt e D. Arkel (Orgs.), *Acta Historiae Neerlandica V*. Utrecht: Netherlands Historical Association, 1971, p. 47.

2   F. W. Hugenholtz, "The Fame of a Masterwork", *Low Countries Historical Review*, v. 88, n. 2, pp. 233-45.

3   J. Huizinga, "History Changing Form", *Journal of History of Ideas*, v. 4, n. 2, 1943, pp. 217-33.

4   Id., "My Path to History", em *Dutch Civilization in the Seventeenth Century and Other Essays*. Londres: Collins, 1968, pp. 272-3.

5   J. C. Kennedy, "The Autumns of Johan Huizinga", *Studies in Medievalism*, v. 9, 1999, pp. 209-17.

6   J. Huizinga, "O elemento estético das representações históricas", *Prismas: Revista de História Intelectual*, n. 9, 2005, pp. 91-107.

7   C. Strupp, *Johan Huizinga. Geschichtswissenschaft als Kulturgeschichte*. Göttingen: Vandenhoeck & Ruprecht, 2000, p. 148.

8   E. Gombrich, "La gran seriedad del juego: Reflexiones sobre *Homo ludens* de Johan Huizinga (1872-1945)", em *Tributos: Versão cultural de nossas tradições*. México: Fondo de Cultura Económica, 1991, p. 281.

9   J. Burckhardt, *A cultura do Renascimento na Itália*. São Paulo: Companhia das Letras, 1991, p. 267.

10 Id., ibid., p. 271.

11 J. Huizinga, "Il compito della storia della cultura", em *Le immagini della storia*. Turim: Einaudi, 1993, p. 84.

12 K. Weintraub, "Johan Huizinga (1872-1945)", em *Visions of Culture: Voltaire, Guizot, Burckhardt, Lamprecht, Huizinga, Ortega y Gasset*. Chicago; Londres: University of Chicago Press, 1966, p. 242.

13 E. H. Aubert, "A História em trajes de brocado. Forma, tempo e processo em Johan Huizinga e Herbert Grundman", *Revista Signum*, v. 12, n. 1, 2011, p. 18.

14 J. Huizinga, "The Problem of the Renaissance", em *Men and Ideas: History, the Middle Ages, the Renaissance*. Nova York: Meridian Books, 1959, p. 282.

15 Huizinga, citado em W. Krul, "In the Mirror of Van Eyck: Johan Huizinga's Autumn of the Middle Ages", *Journal of Medieval and Early Modern Studies*, n. 27, v. 3, 1997, pp. 353-84 ["*Le grand siècle à son declin/ Quand le soleil couchant, si beau, dourait la vie*"].

16 K. Weintraub, *Visions of Culture*, op. cit., p. 229, nota 95.

17 C. Antoni, "Johan Huizinga". In: *From History to Sociology: The Transition in German Historical Thinking*. Londres: Merlin Press, 1959, p. 131.

18 J. Huizinga, "Il compito della storia della cultura", op. cit., p. 72.

19 Huizinga, citado em R. Bauer, "Johan Huizinga (1872--1945)", *De Uil van Minerva*, n. 9, 1992-3, p. 49.

20 J. Huizinga, "Il compito della storia della cultura", op. cit., p. 72.

21 W. Otterspeer, *Reading Huizinga*. Amsterdam: Amsterdam University Press, 2010, p. 213.

22 J. Huizinga, "Per una definizione del concetto di storia", em *La scienza storica*. Roma; Bari: Laterza, 1979, p. 8.

23 W. Krul, "In the Mirror of Van Eyck", op. cit., p. 354.

24 J. Huizinga, "History Changing Form", op. cit., p. 217.

25 Id., "Il compito della storia della cultura", op. cit., p. 73.

1. A VEEMÊNCIA DA VIDA [PP. 41-75]

1 Georges Chastellain, *Œuvres* (Bruxelas, 1863-6), v. 3, p. 44.
2 *Antwerpen's Onze-Lieve-Vrouwe-Toren* (Antuérpia, 1927), pp. 11 e 23.
3 Chastellain, op. cit., v. 2, p. 267. Olivier de la Marche, *Mémoires* (Paris: Société de l'Histoire de France, 1883-8), v. 2, p. 248.
4 *Journal d'un bourgeois de Paris* (Paris: Publications de la Société d'Histoire de Paris, 1881), doc. n. 3, pp. 5 e 56.
5 Id., ibid., pp. 20-4. Ver também *Journal de Jean de Roye, dite Chronique scandaleuse* (Paris: Société de l'Histoire de France, 1894-6), v. 1, p. 330.
6 Chastellain, op. cit., v. 3, pp. 403 e 461.
7 Jean Juvenal des Ursins, *Chronique* [1412], em *Nouvelle collection des mémoires*, v. 2, p. 474.
8 *Journal d'un bourgeois de Paris*, op. cit., pp. 6 e 70. Jean Molinet, *Chronique*, Collection des Chroniques Nationales Françaises, 1827-8, v. 2, p. 23. *Lettres de Louis XI* (Paris: Société de l'Histoire de France, 1883--1909), v. 6, p. 158. *Chronique scandaleuse*, op. cit., v. 2, pp. 47 e 364.
9 *Journal d'un bourgeois de Paris*, op. cit., pp. 234-7.
10 *Chronique scandaleuse*, op. cit., v. 2, pp. 70 e 72.
11 Citado em M. M. Gorce, *Saint Vincent Ferrier* (Paris, 1924), p. 175.
12 "Vita auct. Petro Ranzano O. P." [1455], *Acta Sanctorum Aprilis*, v. 1, pp. 494 ss.
13 Jacques Soyer, "Notes pour servir à l'histoire littéraire: du succès de la prédication de frère Olivier Maillart à Orléans en 1485", em *Bulletin de la Société Archéologique et Historique de l'Orléanais*, v. 18, 1919, citado em *Revue Historique*, v. 131, p. 351.
14 Enguerrand de Monstrelet, *Chroniques* (Paris: Société de l'Histoire de France, 1857-63), v. 4, pp. 302-6.
15 Wadding, *Annales Minorum*, v. 10, p. 72. Karl Hefele, *Der heilige Bernhardin von Siena und die franziskanis-*

che Wanderpredigt in Italien (Freiburg: Herder, 1912), pp. 47 e 80.

16 *Chronique scandaleuse*, op. cit., v. 1, p. 22. Jean Chartier, *Histoire de Charles VII* (Paris, 1661), p. 320.

17 Chastellain, op. cit., v. 3, pp. 36, 98, 124-5, 210, 238--9, 247 e 474. Jacques du Clercq, *Mémoires* [1448-67] (Bruxelas, 1823), v. 4, p. 40, v. 2, pp. 280 e 355, v. 3, p. 100. Jean Juvenal des Ursins, op. cit., pp. 405, 407 e 420. Molinet, op. cit., v. 3, pp. 36 e 314.

18 Jean Germain, "Liber de virtutibus Philippi ducis Burgundiae", em *Chroniques relatives à l'histoire de la Belgique sous la domination des ducs de Bourgogne*, Collection des Chroniques Belges, 1876, v. 2, p. 50.

19 De la Marche, op. cit., v. 1, p. 61.

20 Chastellain, op. cit., v. 4, pp. 333 ss.

21 Id., ibid., v. 3, p. 92.

22 Jean Froissart, *Chroniques* (Paris: Société de l'Histoire de France, 1869-99), v. 4, pp. 89-93.

23 Chastellain, op. cit., v. 3, pp. 85 ss.

24 Id., ibid., v. 3, p. 279.

25 De la Marche, op. cit., v. 2, p. 421.

26 Jean Juvenal des Ursins, op. cit., p. 379.

27 Martin le Franc, *Le Champion des dames*, citado em G. Doutrepont, *La Littérature française à la cour des ducs de Bourgogne* (Paris: Champion, 1909), p. 304.

28 *Acta Sanctorum*, v. 1, p. 496. Augustin Renaudet, *Préréforme et humanisme à Paris, 1494-1517* (Paris: Champion, 1916), p. 163.

29 Chastellain, op. cit., v. 4, pp. 300 ss., v. 7, p. 73. Ver Thomas Basin, *De rebus gestis Caroli VII et Lud. XI historiarum libri XII* (Paris: Société de l'Histoire de France, 1855-9), v. 1, p. 158.

30 *Journal d'un bourgeois de Paris*, op. cit., p. 219.

31 Chastellain, op. cit., v. 3, p. 30.

32 De la Marche, op. cit., v. 1, p. 89.

33 Chastellain, op. cit., v. 1, pp. 82 e 79. Monstrelet, op. cit., v. 3, p. 361.

34 De la Marche, op. cit., v. 1, p. 201.

35 Id., ibid., v. 1, p. 207.

36   Chastellain, op. cit., v. 1, p. 196.
37   Basin, op. cit., v. 3, p. 74.
38   Minha concepção não exclui absolutamente os fatores econômicos e não deve ser lida como protesto contra a explicação histórica de inspiração econômica. Vale citar as palavras de Jaurès: "Mas as lutas de classes não são tudo na história, há também as lutas de partidos. Pois, para além dos antagonismos e das afinidades econômicas, formam-se agrupamentos movidos pela paixão, pelo prestígio, pelo domínio, que disputam o cenário histórico e causam grandes comoções". Ver Jean Jaurès, *Histoire socialiste de la Révolution française* (Paris: J. Houff, 1901), v. 4, p. 1458.
39   Chastellain, op. cit., v. 4, p. 201. Ver meu artigo "Uit de voorgeschiedenis van ons nationaal besef", em *Tien Studiën* (Haarlem: H. D. Tjeenk Willink & Zoon, 1926).
40   *Journal d'un bourgeois de Paris*, op. cit., p. 242. Ver Monstrelet, op. cit., v. 4, p. 341.
41   Jan van Dixmude, *Cronike* (Ypres, 1839), p. 783.
42   Froissart, op. cit., v. 11, p. 52.
43   "Mémoires de Pierre le Fruictier, dit Salmon", *3ᵉ Supplément de Froissart*, Buchon (Org.), Collection des Chroniques Nationales Françaises, v. 15, p. 22.
44   *Chronique du religieux de Saint-Denis*, Collection des Documents Inédits sur l'Histoire de France (Paris: Crapelet, 1839-52), v. 1, p. 34. Jean Juvenal des Ursins, op. cit., pp. 342 e 467-71. *Journal d'un bourgeois de Paris*, op. cit., pp. 12, 31 e 44.
45   Molinet, op. cit., v. 3, p. 487.
46   Id., ibid., v. 3, pp. 226, 241 e 283-7. De la Marche, op. cit., v. 3, pp. 289 e 302.
47   *Clementis V constitutiones*, livro 5, título 9, c. 1. *Ioannis Gersonis opera omnia*, 1728, v. 2, p. 427. *Ordonnances des rois de France*, v. 8, p. 122. Nicolas Jorga, *Philippe de Mézières et la croisade au XIVᵉ siècle* (Paris: Bibliothèque de l'École des Hautes Études, 1896), fasc. 110, p. 438. *Chronique du religieux de Saint-Denis*, op. cit., v. 2, p. 533.
48   *Journal d'un bourgeois de Paris*, op. cit., pp. 223 e 229.

49 Jacques du Clercq, op. cit., v. 4, p. 265. Petit-Dutaillis, *Documents nouveaux sur les mœurs populaires et le droit de vengeance dans les Pays-Bas au XVe siècle*, Bibliothèque du XVe Siècle (Paris: Champion, 1908), pp. 7 e 21.

50 Pierre de Fenin, *Mémoires*, em *Nouvelle collection des mémoires*, v. 2, p. 593. Ver o relato do bufão assassinado à p. 619.

51 *Journal d'un bourgeois de Paris*, op. cit., p. 204.

52 Jean Lefèvre de Saint-Remy, *Chronique* (Paris: Société de l'Histoire de France, 1876), v. 2, p. 168. Laborde, *Les Ducs de Bourgogne: Études sur les lettres, les arts et l'industrie pendant le XVe siècle* (Paris, 1849-53), v. 2, p. 208.

53 De la Marche, op. cit., v. 3, p. 133; Laborde, op. cit., v. 2, p. 325.

54 Laborde, op. cit., v. 3, pp. 355 e 398, e *Le Moyen-Âge*, v. 20, 1907, pp. 194-201.

55 Jean Juvenal des Ursins, op. cit., pp. 438 e 1405. Ver ainda *Chronique du religieux de Saint-Denis*, op. cit., v. 3, p. 349.

56 Arthur Piaget, *Romania*, v. 20 (1891), p. 417, e v. 31 (1902), pp. 597-603.

57 *Journal d'un bourgeois de Paris*, op. cit., p. 95.

58 Jacques du Clercq, op. cit., v. 3, p. 262.

59 Id., ibid.; Petit-Dutaillis, op. cit., p. 131.

60 Hugo de São Vítor, "De fructibus carnis et spiritus", em Migne (Org.), *Patrologia Latina*, v. 176, p. 997.

61 Tobias 4,13.

62 1 Timóteo 6,10.

63 Pedro Damião, "Epist. Lib. I, 15", em *Patrologia Latina*, v. 144, p. 233; "Contra philargyriam", em *Patrologia Latina*, v. 145, p. 533; Pseudo-Bernardo, "Liber de modo bene vivendi", em *Patrologia Latina*, v. 184, p. 1266.

64 *Journal d'un bourgeois de Paris*, op. cit., pp. 325, 343 e 357.

65 Léon Mirot, *Les D'Orgemont, leur origine, leur fortune* (Paris: Champion, 1913). Pierre Champion, *François Villon, sa vie et son temps* (Paris: Champion, 1913), v. 2, pp. 230 ss.

66	Mathieu d'Escouchy, *Chronique* (Paris: Société de l'Histoire de France, 1863-4), v. 1, pp. 4-33.
67	Champion, op. cit.
68	O diário foi editado por H. Michelant (Stuttgart: Bibliothek des Literarischen Vereins zu Stuttgart, 1852). Há uma nova edição, aos cuidados de C. Bruneau, *La Chronique de Philippe de Vigneulles* (Metz, 1927-9), que contém o diário.

2. O ANSEIO POR UMA VIDA MAIS BELA [PP. 76-115]

1	Allen n. 541, Antuérpia, 26 fev. 1516-7, comp. n. 542, 566, 812 e 967.
2	*Germanae*, aqui, não pode significar "alemão".
3	Eustache Deschamps, *Œuvres complètes* (Paris: Société des Anciens Textes Français, 1878-1903), v. 2, n. 31, p. 113, comp. n. 85, 126, 152, 162, 176, 248, 366, 375, 386, 400, 933, 936, 1195, 1196, 1207, 1213, 1239, 1240 etc. Chastellain, *Œuvres* (Bruxelas: 1863-6), v. 1, pp. 9 e 27, v. 4, pp. 5 e 56, v. 6, pp. 206, 208, 219 e 295. Alain Chartier, *Œuvres* (Paris, 1617), p. 262. Alanus de Rupe, "Sermo", em *Beatus Alanus redivivus* (Nápoles, 1642), v. 2, p. 313.
4	Id., ibid., n. 562, v. 4, p. 18.
5	Arthur de la Borderie, "Jean Meschinot, sa vie et ses œuvres", *Bibliothèque de l'École des Chartes*, v. 56, 1895, pp. 277, 280, 305, 310, 312, 622 etc.
6	Chastellain, op. cit., v. 1, p. 10, e v. 8, p. 334.
7	De la Marche, *Mémoires* (Paris: Société de l'Histoire de France, 1883-8), v. 1, p. 186, e v. 4, p. 89. Henri Stein, "Étude sur Olivier de la Marche, historien, poète et diplomate", em *Mémoires Couronnés de l'Académie Royale de Belgique* (Bruxelas, 1888), v. 49, frontispício.
8	Monstrelet, op. cit., v. 4, p. 430.
9	Froissart, op. cit., v. 10, p. 275. Deschamps, op. cit., n. 810, v. 4, p. 327. Ver *Les Quinze joyes de mariage* (Paris: Marpon et Flammarion), p. 54 (*quinte joye*). Piaget, "Le Livre Messire Geoffroi de Charny", *Romania*, v. 26, 1897, p. 399.

10   "Joannis de Varennis Responsiones ad capita accusationum", §17, por Gerson, *Opera*, v. 1, p. 920.
11   Deschamps, op. cit., n. 95, v. 1, p. 203.
12   Id., *Le Miroir de mariage*, v. 9, pp. 25, 69 e 81; v. 5, p. 259; v. 2, pp. 8 e 183-7; v. 3, pp. 39 e 373; v. 7, p. 3; v. 9, p. 209 etc.
13   *Convivio*, livro 4, caps. 27 e 28.
14   Gerson, "Discours de l'excellence de virginité", *Opera*, v. 3, p. 382. Dionísio Cartuxo, *De vanitate mundi: Opera omnia, cura et labore monachorum sacr. ord. Cart.*, 1896-1913, 41 v.; ver v. 39, p. 472.
15   Chastellain, op. cit., v. 5, p. 364.
16   La Marche, op. cit., v. 4, p. 114. A velha tradução holandesa de *L'Estat de la maison du duc Charles de Bourgogne* por Matthaeus em *Analecta*, v. 1, pp. 357-494.
17   Christine de Pisan, *Œuvres poétiques* (Paris: Société des Anciens Textes Français, 1886-96), v. 1, p. 251, n. 38. Leo von Rozmitals Reise (Stuttgart: Bibliothek des Literarischen Vereins zu Stuttgart, 1844), v. 7, pp. 24 e 149.
18   La Marche, op. cit., v. 4, pp. 4 ss.; Chastellain, op. cit., v. 5, p. 370.
19   "*Tournoit toutes ses manières et ses mœurs à sens une part du jour, et avecques jeux et ris entremeslés, se délitoit en beau paler et en amonester ses nobles à vertu, comme un orateur. Et en cestuy regart, plusieurs fois, s'est trouvé assis en un hautdos paré, et ses nobles devant luy, là ou il leur fit diverses remonstrances selon les divers temps et causes. Et toujours, comme prince et chef sur tous, fut richement et magnifiquement habitué sur tous les autres.*" Chastellain, op. cit., v. 5, p. 868.
20   La Marche, op. cit., v. 4, "L'Estat de la maison", pp. 34 ss.
21   "Nouvelles envoyees de la conté de Ferette par ceulx qui en sont esté prendre la possession pour monseigneur de Bourgogne", em E. Droz (Org.), *Mélanges de philologie et d'histoire offerts à M. Antoine Thomas* (Paris, 1927), p. 145.
22   La Marche, op. cit., v. 1, p. 277.
23   Id., ibid., v. 4, "L'Estat de la maison", pp. 34, 51, 20 e 31.
24   Froissart, op. cit., v. 3, p. 172
25   *Journal d'un bourgeois de Paris*, v. 218, p. 105.

26 *Chronique scandaleuse*, v. 1, p. 53.
27 Molinet, op. cit., v. 1, p. 184; Basin, op. cit., v. 2, p. 376.
28 Aliénor de Poitiers, "Les Honneurs de la cour", em La Curne de Sainte-Palaye (Org.), *Mémoires sur l'ancienne chevalerie*, 1781, v. 2, p. 201.
29 Chastellain, op. cit., v. 3, pp. 196-212, 290, 292 e 308, e v. 4, pp. 412-4 e 428. Aliénor de Poitiers, op. cit., pp. 209 e 212.
30 Aliénor de Poitiers, op. cit., p. 210; Chastellain, v. 4, p. 312; Juvenal des Ursins, op. cit., p. 405; La Marche, op. cit., v. 1, p. 278; Froissart, v. 1, pp. 16 e 22 ss.
31 Molinet, op. cit., v. 5, pp. 194 e 192.
32 Aliénor de Poitiers, op. cit, p. 190; Deschamps, op. cit., v. 9, p. 190.
33 Chastellain, op. cit, v. 5, pp. 27-33.
34 Deschamps, op. cit., v. 9, *Le Miroir de mariage*, pp. 100-10.
35 Vários exemplares de tais *paix* por Laborde, op. cit., v. 2, n. 43, 45, 75, 126, 140 e 5293.
36 Deschamps, op. cit., p. 300, comp. 8, p. 156, balada n. 1462. Molinet, op. cit., v. 5, p. 195. *Les Cent nouvelles nouvelles*, Thomas Wright (Org.), v. 2, p. 123. *Les Quinze joyes de mariage*, p. 185.
37 Processo de canonização em Tours, *Acta Sanctorum Aprilis*, v. 1, p. 152.
38 Sobre essas querelas de sucessão na nobreza holandesa, já referidas por Willem Moll, *Kerkgeschiedenis van Nederland vóór de hervorming* (Utrecht, 1864-9), 2 partes (5 peças), v. 2, p. 284, tratadas em detalhe por H. Obreen, a pedido de Vad. Gesch. e Oudhk, p. 308, e igualmente para a Bretanha por Hervé du Halgouët, *Mémoires de la société d'histoire et d'archeologie de Bretagne*, v. 4, 1923.
39 Deschamps, op. cit., v. 9, pp. 111-4.
40 Jean de Stavelot, *Chronique*, Collection des Chroniques Belges, 1861, p. 96.
41 Pierre de Fenin, op. cit., p. 607; *Journal d'un bourgeois de Paris*, p. 9.
42 Juvenal des Ursins, op. cit., p. 543; Thomas Basin, op.

cit., v. 1, p. 31. O *Journal d'un bourgeois de Paris*, p. 110, dá um outro motivo para a sentença de morte, assim como *Le Livre des trahisons*, v. 2, p. 138.

43 *Chronique du religieux de Saint-Denis*, op. cit., v. 1, p. 30; Juvenal des Ursins, op. cit., p. 341.
44 Pierre de Fenin, op. cit., p. 606; Monstrelet, v. 4, p. 9.
45 Pierre de Fenin, op. cit., p. 604.
46 Christine de Pisan, v. 1, p. 251, n. 38; Chastellain, v. 5, pp. 364 ss.; Rozmitals Reise, pp. 24 e 149.
47 Deschamps, op. cit., v. 1, n. 80, 114 e 118; v. 2, n. 256 e 266; v. 4, n. 800 e 803; v. 5, n. 1018, 1024 e 1029; v. 7, n. 253; v. 10, n. 13 e 14.
48 Relato anônimo do século XV no *Journal de l'Institut Historique*, v. 4, p. 353. Ver Juvenal des Ursins, op. cit., p. 569, e *Chronique du Religieux de Saint-Denis*, op. cit., v. 6, p. 492.
49 Jean Chartier, *Histoire de Charles VII*, 1661, p. 318.
50 Entrada do delfim como duque da Bretanha em Rennes em 1532, por Théodore Godefroy, *Le Cérémonial françois* (Paris, 1649), p. 619.
51 *Chronique du religieux de Saint-Denis*, op. cit., v. 1, p. 32.
52 *Journal d'un bourgeois de Paris*, op. cit., p. 277.
53 Thomas Basin, op. cit, v. 2, p. 9.
54 Augustin Renaudet, *Préréforme et humanisme à Paris*, p. 11, baseado nos documentos do processo.
55 Laborde, *Les Ducs de Bourgogne*, v. 1, pp. 172 e 177.
56 *Le Livre des trahisons*, p. 156.
57 Chastellain, op. cit, v. 1, p. 188.
58 Aliénor de Poitiers, "Les Honneurs de la cour", op. cit., p. 254.
59 *Chronique du religieux de Saint-Denis*, op. cit., v. 2, p. 114.
60 Chastellain, op. cit., v. 1, p. 49, e v. 5, p. 240. Ver La Marche, op. cit., v. 1, p. 201. Monstrelet, op. cit., v. 3, p. 358. Lefèvre de Saint-Remy, op. cit., v. 1, p. 380.
61 Chastellain, op. cit., v. 5, p. 228, e v. 4, p. 210.
62 Id., op. cit., v. 3, p. 296, e v. 4, pp. 213 e 216.
63 *Chronique scandaleuse*, op. cit., v. 2, p. 332.
64 *Lettres de Louis XI*, op. cit., v. 10, p. 110.
65 Referência ao hábito comum aos atores da tragédia grega.

66 Aliénor de Poitiers, "Les Honneurs de la cour", op. cit., pp. 254-6.

67 Lefèvre de Saint-Remy, op. cit., v. 2, p. 11. Pierre de Fenin, op. cit., pp. 599 e 605. Monstrelet, op. cit., v. 3, p. 347. Theodoricus Pauli, "De rebus actis sub ducibus Burgundiae compendium", em *Chroniques relatives à l'histoire de la Belgique sous la domination des ducs de Bourgogne*, v. 3, p. 267.

68 F. M. Graves, "Deux inventaires de la Maison d'Orléans", *Bibliothèque du XVe Siècle*, n. 31, 1926, p. 26. Aby Warburg, *Gesammelte Schriften* (Leipzig, 1932), v. 1, p. 225.

69 Aliénor de Poitiers, op. cit., pp. 217-45. Laborde, op. cit., v. 2, p. 267, Inventário de 1420.

70 Sucessor de Monstrelet, 1449 (Chastellain, op. cit., v. 5, p. 367).

71 Petit-Dutaillis, *Documents nouveaux sur les mœurs populaires*, p. 14. La Curne de Sainte-Palaye, *Mémoires sur l'ancienne chevalerie*, v. 1, p. 272.

72 Chastellain, *Le Pas de la Mort*, op. cit., v. 6, p. 61.

73 Hefele, *Der heilige Bernhardin von Siena*, p. 42. Sobre a perseguição da sodomia na França, ver Jacques du Clercq, op. cit., v. 2, pp. 272, 282, 337-8 e 350, e v. 3, p. 15.

74 Thomas Walsingham, *Historia Anglicana*, v. 2, 1864, p. 148. No caso de Henrique III da França, não há dúvida quanto ao caráter culpado dos *mignons*, mas isso acontece no fim do século XVI.

75 Philippe de Commines, *Mémoires*, Collection de textes pour servir à l'étude et à l'enseignement de l'histoire, 19013, 2 v., v. 1, p. 316.

76 La Marche, op. cit., v. 2, p. 425; Molinet, op. cit., v. 2, pp. 29 e 280; Chastellain, op. cit., v. 4, p. 41.

77 *Les Cent nouvelles nouvelles*, op. cit., v. 2, p. 61; Froissart, op. cit., v. 11, p. 93.

78 Froissart, op. cit., v. 14, p. 318. *Le Livre des faits de Jacques de Lalaing*, op. cit., pp. 29 e 242 (Chastellain, op. cit., v. 8). La Marche, op. cit., v. 1, p. 268. *Le Petit Jehan de Saintré*, cap. 47.

79 Chastellain, op. cit., v. 4, p. 237.

3. A CONCEPÇÃO HIERÁRQUICA DA SOCIEDADE
[PP. 116-28]

1 Deschamps, op. cit., v. 2, p. 226. Ver A. F. Pollard, *The Evolution of Parliament* (Londres, 1920), pp. 58-80.
2 Chastellain, *Œuvres*, op. cit.: "Le Miroir des nobles hommes en France", v. 6, p. 204; "Exposition sur vérité mal prise", v. 6, p. 416; "L'Entrée du roy Loys en nouveau règne", v. 7, p. 10.
3 Froissart, op. cit., v. 13, p. 22. Jean Germain, "Liber de virtutibus Philippi ducis Burgundiae", op. cit., p. 108. Molinet, op. cit., v. 1, p. 83, e v. 3, p. 100.
4 Monstrelet, op. cit., v. 2, p. 241.
5 Chastellain, op. cit., v. 7, pp. 13-6.
6 Id., ibid., v. 3, p. 82; v. 4, p. 170; v. 5, pp. 279 e 309.
7 Jacques du Clerq, op. cit., v. 2, p. 245; ver também p. 339.
8 Ver capítulo 1, p. 57.
9 Chastellain, op. cit., v. 3, pp. 82-9.
10 Id., ibid., v. 7, pp. 90 ss.
11 Id., ibid., v. 2, p. 345.
12 Deschamps, op. cit., n. 113, v. 1, p. 230.
13 Nicolas de Clémanges, *Opera* (Leiden, 1613), cap. 9, p. 48.
14 Na tradução latina de Gerson, *Opera*, op. cit., v. 4, pp. 583-622; o texto francês foi publicado em 1824; o trecho é citado por D. H. Carnahan, "The *Ad Deum vadit* of Jean Gerson", *University of Illinois Studies in Language and Literature*, v. 3, n. 1, fev. 1917, p. 13. Ver Denifle e Chatellain, *Chartularium Universitatis Parisiensis*, v. 4, n. 1819.
15 Citado em Denifle, *La Désolation des églises de France* (Paris, 1897-9), v. 1, pp. 497-513.
16 Alain Chartier, *Œuvres*, op. cit., p. 402.
17 Roberti Gaguini, *Epistolae et orationes* (Paris, 1903), v. 2, pp. 321 e 350.
18 Froissart, op. cit., v. 12, p. 4. *Le Livre des trahisons*, pp. 19 e 26. Chastellain, op. cit., v. 1, p. 30; v. 3, p. 325; v. 5, pp. 260, 275 e 325; v. 7, pp. 466-80. Thomas Basin, op. cit., pp. 44, 56, 59 e 115. Ver Monstrelet, "La Complainte du povre commun et des povres laboureurs de France", em op. cit., v. 6, pp. 176-90.

19   *Les Faictz et dictz de messire Jean Molinet* (Paris: Jean Petit, 1537), pasta 87v.
20   Arthur de la Borderie, "Ballade 19", em *Jean Meschinot, sa vie et ses œuvres*, 1895, p. 296. Ver *Les Lunettes des princes*, op. cit., pp. 607 e 613.
21   Masselin, *Journal des États Généraux de France tenus à Tours en 1484*, p. 672.
22   Ver Wolfgan Friedrich, *Der lateinische Hintergrund zu Maerlants "Disputatie"* (Leipzig, 1934), pp. 52 ss.
23   Deschamps, op. cit., v. 6, n. 1140, p. 67. A conexão entre igualdade e "nobreza de coração" exprime-se nas palavras de Ghismonda ao padre Tancredi, na primeira novela da quarta jornada do *Decamerão*.
24   Deschamps, op. cit., v. 6, n. 1176, p. 124.
25   Molinet, op. cit., v. 2, pp. 104-7. Ver Jean Lemaire des Belges, *Les Chansons de Namur* (1507).
26   Chastellain, op. cit., v. 6, pp. 203, 211 e 214.
27   *Le Jouvencel*, v. 1, p. 13.
28   *Le Livre des faicts du mareschal de Boucicaut*, op. cit., p. 375.
29   Philippe de Vitri, "Le Chapel des fleurs de lis" [1335], em Piaget (Org.), *Romania*, v. 27, 1898, pp. 80 ss.
30   A esse respeito, ver La Curne de Sainte-Palaye, *Mémoires sur l'ancienne chevalerie*, v. 2, pp. 94-6.

4. O IDEAL DE CAVALARIA [PP. 129-43]

1   Molinet, op. cit., v. 1, pp. 16-7.
2   Ver Konrad Burdach, *Briefwechsel des Cola di Rienzo* (Berlim: Weidman, 1912).
3   Juan Manuel, "El libro del cavallero et del escudero" [início do século XIV], em *Romanische Forschungen*, v. 7, 1893, p. 453.
4   Jorga, *Philippe de Mézières*, op. cit., p. 469.
5   Id., ibid., p. 506.
6   Froissart, op. cit., v. 1, pp. 2-3. Monstrelet, op. cit., v. 1, p. 2. D'Escouchy, op. cit., v. 1, p. 1. Chastellain, op. cit., v. 2, p. 116, e v. 6, p. 266. La Marche, op. cit., v. 1, p. 187. Molinet, op. cit., v. 1, p. 17, e v. 2, p. 54.

7   Lefèvre de Saint-Remy, op. cit., v. 2, p. 249. Froissart, op. cit., v. 1, p. 1. Ver John Coke, *Le Débat des hérauts d'armes de France et d'Angleterre*, p. 1.
8   Chastellain, op. cit., v. 5, p. 443.
9   Hippolyte Taine, *Les Origines de la France contemporaine: La Révolution*, p. 190.
10 Burckhardt, *Die Kultur der Renaissance in Italien*, v. 2, p. 155. [Ed. bras.: *A cultura do Renascimento na Itália* (1860). Trad. Sergio Tellaroli. São Paulo: Companhia das Letras, 1991.]
11 Id., ibid., v. 1, pp. 152-65.
12 Froissart, op. cit., v. 4, p. 112.
13 "Le Dit de Vérité", em Chastellain, op. cit., v. 6, p. 221.
14 "Le Livre de la paix", em Chastellain, op. cit., v. 7, p. 362.
15 Froissart, op. cit., v. 1, p. 3.
16 *Le Cuer d'amours espris*, em *Œuvres du roi René* (Angers, 1845), v. 3, p. 112.
17 Lefèvre de Saint-Remy, op. cit., v. 2, p. 68.
18 Doutrepont, op. cit., p. 183.
19 La Marche, op. cit., v. 2, pp. 216 e 334.
20 Philippe Wielant, *Antiquités de Flandre*, p. 56.
21 Commines, op. cit., v. 1, p. 390. Ver a anedota em Doutrepont, op. cit., p. 185.
22 Chastellain, v. 5, pp. 316-9.
23 Paul Meyer, "Les Neuf Preux", em *Bulletin de la Société des Anciens Textes Français* [1883], pp. 45-55. Sobre o poema, ver *Histoire littéraire de France*, v. 36, 1927.
24 Deschamps, op. cit., n. 12, 93, 207, 239, 362, 403, 432 e 652: v. 1, pp. 86 e 199; v. 2, pp. 29 e 69; v. 10, pp. 35 e 26 ss.
25 *Journal d'un bourgeois de Paris*, op. cit., p. 274. Um poema em nove estrofes sobre os nove heróis encontra--se em vários manuscritos de Haarlem no século XV. A esse respeito, ver meu *Rechtsbronnen van Haarlem* (Haia: 1911), p. 46. Cervantes chama-os "*todos los nueve de la fama*" (*Dom Quixote*, livro 1, cap. 5). Na Inglaterra, são conhecidos até o século XVII como "*the nine worthies*". A esse respeito, ver John Coke, *The Debate*

between the Heralds, ou *Le Débat des hérauts d'armes*, p. 108, §171, e Robert Burton, *The Anatomy of Melancholy* (Londres, 1886), v. 3, p. 173. Thomas Heywood escreveu *The Exemplary Lives and Memorable Acts of Nine the Most Worthy Women of the World*, em que a rainha Elizabeth encerra a fila.

26 Molinet, *Faictz et dictz*, f. 151v.
27 La Curne de Sainte-Palaye, *Mémoires sur l'ancienne chevalerie*, v. 2, p. 88.
28 Deschamps, op. cit., n. 206 e 239, v. 2, pp. 27 e 69, n. 312, v. 2, p. 324 ("Le Lay du tresbon connestable Bertrand du Guesclin").
29 Siméon Luce, *La France pendant la Guerre des Cent Ans*, p. 231. Du Guesclin, *dixième preux*.
30 Lecourt, em *Romania*, v. 37, 1908, pp. 529-39.
31 "La Mort du roy Charles VII", em Chastellain, op. cit., v. 6, p. 440.
32 Laborde, op. cit., v. 2: p. 242, n. 4091; p. 138, n. 242; p. 146, n. 3343; p. 260, n. 4220; p. 266, n. 4255. O saltério foi adquirido durante a Guerra da Sucessão Espanhola por Joan van den Berg, comissário dos Estados Gerais na Bélgica, e encontra-se atualmente na biblioteca da Universidade de Leiden. Na França, na Inglaterra e na Itália surgem espadas de Tristão, Ogier le Danois e do ferreiro Wi. A esse respeito, ver: A. V. Jenkinson, "The Jewels Lost in the Wash", em *History*, v. 8, 1923, p. 161; Joseph Loth, "L'Épée de Tristan", em *Académie des Inscriptions et Belles-Lettres: comptes rendus*, 1923, p. 117; Giuseppe Rotondi, "Un passo di Galvano Flamma e il monastero di Torba", em *Archivio Storico Lombardo*, v. 49, 1922.
33 Burckhardt, *Die Kultur der Renaissance in Italien*, op. cit., v. 1, p. 246.
34 *Le Livre des faicts du mareschal Boucicaut*, op. cit., v. 6 e 7.
35 Id., ibid., v. 6, p. 379.
36 Id., ibid., v. 7, pp. 214, 185 e 200-1.
37 Christine de Pisan, "Le Débat des deux amants", em *Œuvres poétiques*, v. 2, p. 96.

38   Antoine de la Salle, *La Salade* (Paris: Michel le Noir, 1521), cap. 3, f. 4v.
39   *Le Livre des cent ballades*, p. 55.
40   *Le Jouvencel*, Favre e Lecestre (Orgs.), Paris, Société de l'Histoire de France, 1887-9.
41   *Le Jouvencel*, op. cit., v. 1, p. 25.
42   *Le Livre des faits du bon chevalier messire Jacques de Lalaing*, v. 8.
43   *Le Jouvencel*, op. cit., v. 2, p. 20.

5. O SONHO DE HEROÍSMO E DE AMOR
[PP. 144-56]

1   William James, *The Varieties of Religious Experience* (Londres, 1903), p. 318.
2   *Le Livre des faicts*, op. cit., p. 398.
3   *Le Livre des cent ballades*, G. Raynaud (Org.), Société des Anciens Textes Français, 1905.
4   Dois heróis do romance de Aspremont.
5   *Le Vœu du héron*, versos 354 a 371, Société des Bibliophiles de Mons, n. 8, 1839.
6   Chastellain, *Carta do conde Chimay a Chastellain*, em *Œuvres*, v. 8, p. 266. Ver também com Commines, op. cit., v. 1, p. 59.
7   *Perceforest*, em Quatrebarbes (Org.), *Œuvres du roi René*, v. 2, p. 94.
8   *Des Trois chevaliers et del chainse*, de Jakes de Baisieux, em *Trouvères belges*, v. 1, 1876, p. 162.
9   *Chronique du religieux de Saint-Denis*, op. cit., v. 1, pp. 594 ss.; Juvenal des Ursins, op. cit., p. 379.
10 Entre outros, ligado pelo Concílio de Latrão de 1215, e novamente pelo papa Nicolau III em 1279. Ver Raynaldus, *Annales ecclesiastici III*, 1279, v. 16-20, e Dionísio Cartuxo, *Opera*, v. 36, p. 206. Àqueles que foram feridos mortalmente no torneio, até mesmo o apoio religioso completo é negado. Parece que a Igreja ainda sentia um cheiro de origem pagã nos torneios.
11 Deschamps, op. cit., v. 1, p. 222, n. 108, e p. 223, n. 109.

12 *Journal d'un bourgeois de Paris*, op. cit., pp. 59 e 56.
13 Adam van Bremen, *Gesta Hammaburgensis ecclesiae pontificum*, livro 2, cap. 1.
14 La Marche, op. cit., v. 2, pp. 119 e 144; D'Escouchy, op. cit., v. 1, pp. 245 e 247; Molinet, op. cit., v. 3, p. 460.
15 Chastellain, op. cit., v. 8, p. 238.
16 La Marche, op. cit., v. 1, p. 292.
17 *Le Livre des faits de Jacques de Lalaing*, por Chastellain, op. cit., v. 8, pp. 188 ss.
18 *Œuvres du roi René*, op. cit., v. 1, p. 75.
19 La Marche, op. cit., v. 3, p. 123; Molinet, op. cit., v. 5, p. 18.
20 La Marche, op. cit., v. 2, pp. 118, 121-2, 133 e 341; Chastellain, op. cit., v. 1, p. 256, e v. 8, pp. 217 e 246.
21 La Marche, op. cit., v. 2, p. 173, e v. 1, p. 285; *Œuvres du roi René*, op. cit., v. 1, p. 75.
22 *Œuvres du roi René*, op. cit., v. 1, p. 86, e v. 2, p. 57.

6. AS ORDENS E OS VOTOS CAVALEIRESCOS
[PP. 157-72]

1 Jorga, *Philippe de Mézières*, op. cit., p. 348.
2 Chastellain, op. cit., v. 2, p. 7; v. 4, pp. 233 e 269; v. 6, p. 154.
3 La Marche, op. cit., v. 1, p. 109.
4 "Estatutos da ordem", por Luc d'Achéry, *Spicilegium*, v. 3, p. 730.
5 Chastellain, op. cit., v. 2, p. 10.
6 *Chronique scandaleuse*, op. cit., v. 1, p. 236.
7 *Le Songe de la thoison d'or*, por Doutrepont, op. cit., p. 154.
8 Guillaume Fillastre, *Le Premier volume de la toison d'or* (Paris, 1515), f. 2.
9 Boucicaut, op. cit., v. 1, p. 504; Jorga, *Philippe de Mézières*, op. cit., pp. 83 e 463; *Romania*, op. cit., v. 26, pp. 395 e 306; Deschamps, op. cit., v. 11, p. 28; *Œuvres du roi René*, op. cit., v. 1, p. 11; Monstrelet, op. cit., v. 5, p. 449.

10 *Des schwäbischen Ritters Georg von Ehingen Reisen nach der Ritterschaft* (Stuttgart: Bibliothek des Litterarischen Vereins, 1842), pp. 1, 15 e 27-8.

11 Froissart, *Poésies* (Bruxelas: Académie Royale de Belgique, 1870-2), v. 2, p. 341.

12 Alain Chartier, *La Ballade de Fougères*, p. 718.

13 Juízes 6.

14 La Marche, op. cit., v. 4, p. 164; Jacques du Clercq, op. cit., v. 2, p. 6. Ver sempre também *Le Songe de la thoison d'or*, de Michault Taillevent.

15 "Liber Karoleidos", verso 88, em *Chroniques relatives à l'histoire de la Belgique sous la domination des ducs de Bourgogne*, v. 3.

16 Gênesis 30,32; 20 Reis 3,4; Jó 21,20; Salmos 76,6.

17 Guillaume Fillastre, *Le Second volume de la toison d'or* (Paris, 1516), ff. 1 e 2.

18 La Marche, op. cit., v. 3, p. 201, e v. 4, p. 67; Lefèvre de Saint-Remy, v. 2, p. 292. O cerimonial de tal batizado por Nicolas Upton, arauto de Humphrey de Gloucester, em *De officio militari* (Londres, 1654), livro 1, cap. 11, p. 19. Ver F. P. Barnard, *The Essential Portions of Nicholas Upton's 'De studio militari'* (Oxford, 1931).

19 Vem de *gale = réjouissance* (regozijo), *galer = s'amuser* (divertir-se); portanto, o mesmo que "festeiros", "divertidos".

20 Parece que Deschamps também almeja essa ordem no *Envoi* da balada sobre a ordem amorosa das folhas (em oposição à das flores), n. 767, v. 4, p. 262, comp. 763: "*Royne sur fleurs en vertu demourant, Galoys, Dannoy, Mornay, Pierre ensement De Tremoille... vont loant... vostre bien qui est grant etc.*".

21 *Le Livre du chevalier De la Tour Landry* (Paris: Bibliothèque Elzévirienne, 1854), pp. 241 ss.

22 *Le Vœu du héron*, p. 17.

23 Froissart, op. cit., v. 1, p. 124.

24 *Chronique du religieux de Saint-Denis*, op. cit., v. 3, p. 72. Haraid Harfagri faz o juramento de não cortar o cabelo antes que tenha conquistado os noruegueses, em *Haraldarsaga Harfagra*, cap. 4; ver *Völuspá*, 33.

25   Jorga, *Philippe de Mézières*, op. cit., p. 76.
26   Claude Menard, *Histoire de Bertrand du Guesclin*, pp. 39, 55, 410 e 488; La Curne, v. 1, p. 240.
27   Douët d'Arcq, *Choix de pièces inédites relatives au règne de Charles VI* (Paris: Société de l'Histoire de France, 1863), v. 1, p. 370.
28   *Le Livre des faits de Jacques de Lalaing*, cap. 16 ss.; Chastellain, op. cit., v. 8, p. 70.
29   *Le Petit Jehan de Saintré*, cap. 48.
30   *Germania*, cap. 31; La Curne, v. 1, p. 236.
31   *Heimskringla* e *Óláfs saga Tryggvasonar*, cap. 35; Weinhold, *Altnordisches Leben*, p. 462. Ver também Jan de Vries, "Studiën over germaansche mythologie VIII", *Tijdschrift voor Nederlandse Taal- en Letterkunde*, n. 53, p. 263.
32   La Marche, op. cit., v. 2, p. 366.
33   Id., ibid., v. 2, pp. 381-7.
34   Id., ibid.; D'Escouchy, op. cit., v. 2, pp. 166 e 218.
35   D'Escouchy, op. cit., p. 189.
36   Doutrepont, op. cit., p. 513.
37   Id., ibid., pp. 110 e 112.
38   Chastellain, op. cit., v. 3, p. 376.
39   Ver antes, p. 155.
40   Molinier, *Chronique de Berne*, n. 3103; Froissart, op. cit., v. 2, p. 531.
41   D'Escouchy, op. cit., v. 2, p. 220.

7. O SIGNIFICADO DO IDEAL CAVALEIRESCO NA GUERRA E NA POLÍTICA [PP. 173-95]

1   Froissart, op. cit., v. 10, pp. 240 e 243.
2   *Le Livre des faits de Jacques de Lalaing*, Chastellain, op. cit., v. 8, pp. 158-61.
3   La Marche, "L'Estat de la maison", op. cit., v. 4, pp. 34 e 47.
4   Ver meu artigo "Uit de voorgeschiedenis van ons nationaal besef", em *Tien Studiën*, Haarlem, 1926 [em *Verzamelde Werken*, v. 2, pp. 97 ss.].

5 Salmos 50,19 [nas edições revisadas: 51,18; na Vulgata: 51,20].

6 Monstrelet, op. cit., v. 4, p. 112; Pierre de Fenin, op. cit., p. 363; Lefèvre de Saint-Remy, op. cit., v. 2, p. 63; Chastellain, op. cit., v. 1, p. 331.

7 Ver J. D. Hintzen, *De Kruistochtplannen van Philips den Goede* (Rotterdam, 1918).

8 Chastellain, op. cit., v. 3, pp. 6, 10, 34, 77, 118-9, 178 e 334; v. 4, pp. 125, 128, 171, 431, 437, 451 e 470; v. 5, p. 49.

9 La Marche, op. cit., v. 2, p. 382.

10 Huizinga, "Uit de voorgeschiedenis van ons nationaal besef", op. cit.

11 Rymer, *Foedera*, v. 3, p. 158, e v. 7, p. 407.

12 Monstrelet, op. cit., v. 1, pp. 43 ss.

13 Id., ibid., v. 4, p. 219.

14 Pierre de Fenin, op. cit., pp. 626-7; Monstrelet, op. cit., v. 4, p. 244; Jean Germain, "Liber de virtutibus Philippi ducis Burgundiae", p. 27.

15 Lefèvre de Saint-Remy, op. cit., v. 2, p. 107.

16 Laborde, v. 1, pp. 201 ss.

17 La Marche, op. cit., v. 2, pp. 27 e 382.

18 Bandello, v. 1, nov. 39: "Filippo duca di Burgogna si mette fuor di proposito a grandissimo periglio".

19 Friedrich von Bezold, "Aus dem Briefwechsel der Markgräfin Isabella von Este-Gonzaga", *Archiv für Kulturgeschichte*, 1910, v. 8, p. 396.

20 *Papiers de Granvelle*, v. 1, pp. 360 ss.; Baumgarten, *Geschichte Karls V*, v. 2, p. 641; Fueter, *Geschichte des europäischen Staatensystems, 1492-1559*, p. 307. Ver também: *Erasmus aan Nicolaas Beraldus*, 25 maio 1522, dedicado a *De ratione conscribendi epistolas*, Allen, n. 1284.

21 Erdmannsdörffer, *Deutsche Geschichte, 1648-1740*, v. 1, p. 595.

22 Piaget, "Oton de Granson et ses poésies", *Romania*, v. 19, 1890.

23 Chastellain, op. cit., v. 3, pp. 38-49; La Marche, op. cit., v. 2, pp. 400 ss.; D'Escouchy, op. cit., v. 2, pp. 300 ss.;

Corp. chrono Flandr., v. 3, p. 525; Petit-Dutaillis, *Documents nouveaux*, pp. 113 e 137. Sobre uma forma aparentemente não perigosa de duelo judicial: Deschamps, op. cit., v. 9, p. 21.

24 Froissart, op. cit., v. 4, pp. 89-94.
25 Id., ibid., v. 4, pp. 127-8.
26 Lefèvre de Saint-Remy, op. cit., v. 1, p. 241.
27 Froissart, op. cit., v. 11, p. 3.
28 *Chronique du religieux de Saint-Denis*, op. cit., v. 3, p. 175.
29 Froissart, op. cit., v. 11, pp. 24 ss., e v. 6, p. 156.
30 Id., ibid., v. 4, pp. 110 e 115. Para outras lutas do mesmo gênero, ver Molinier, *Sources*, v. 4, n. 3707, e Molinet, op. cit., v. 4, p. 294.
31 *Chronique du religieux de Saint-Denis*, op. cit., v. 1, p. 392.
32 *Le Jouvencel*, op. cit., v. 1, p. 209, e v. 2, pp. 99 e 103.
33 *Stoe*, v. 3, verso 1387. Ver outros modelos do acordo de campos de batalha em determinado momento e local por Wilhelm Erben, "Kriegsgeschichte des Mittelalters", *Historische Zeitschrift*, caderno 16, 1929, p. 92. Ver também: um eco distante dos usos do direito antigo norueguês de delimitar o local da luta com pregos e galhos semelhantes à avelaneira ainda pode ser percebido no termo inglês "*a pitched battle*", ou batalha campal, para um campo de luta comum.
34 Froissart, op. cit., v. 1, p. 65; v. 4, p. 49; v. 2, p. 32.
35 Chastellain, op. cit., v. 2, p. 140.
36 Monstrelet, op. cit., v. 3, p. 101; Lefèvre de Saint-Remy, op. cit., v. 1, p. 247.
37 Molinet, op. cit., v. 2, pp. 36 e 48; v. 3, pp. 98 e 453; v. 4, p. 372.
38 Froissart, op. cit., v. 3, p. 187, e v. 11, p. 22.
39 Chastellain, op. cit., v. 2, p. 374.
40 Molinet, op. cit., v. 1, p. 65.
41 Monstrelet, op. cit., v. 4, p. 65.
42 Id., ibid., v. 3, p. 111; Lefèvre de Saint-Remy, op. cit., v. 1, p. 259.
43 Basin, op. cit., v. 3, p. 57.

44 Froissart, op. cit., v. 4, p. 80.
45 Chastellain, op. cit., v. 1, p. 260; La Marche, op. cit., v. 1, p. 89.
46 Commines, op. cit., v. 1, p. 55.
47 Chastellain, op. cit., v. 3, pp. 82 ss.
48 Froissart, op. cit., v. 11, p. 58.
49 "Ms. Kroniek van Oudenaarde", em *Chronique du religieux de Saint-Denis*, op. cit., v. 1, p. 229.
50 Froissart, op. cit., v. 9, p. 220, e v. 11, p. 202.
51 Chastellain, op. cit., v. 2, p. 259.
52 La Marche, op. cit., v. 2, p. 324.
53 Chastellain, op. cit., v. 1, p. 28; Commines, op. cit., v. 1, p. 31. Ver Petit-Dutaillis em Lavisse, *Histoire de France*, v. 4, p. 33.
54 Deschamps, op. cit., v. 9, p. 80; ver versos 2228 e 2295, v. 11, p. 173.
55 Froissart, op. cit., v. 2, p. 37.
56 *Le Débat des hérauts d'armes*, p. 33, §86 e §87.
57 *Le Livre des faits*, por Chastellain, op. cit., v. 8, pp. 252.
58 Froissart, op. cit., v. 11, p. 24.
59 Id., ibid., v 4, p. 83, e v. 11, p. 4.
60 Deschamps, op. cit., v. 4, n. 785, p. 289.
61 Chastellain, op. cit., v. 5, p. 217.
62 "Le Songe véritable", *Mémoires de la Société de l'Histoire de Paris*, v. 17, p. 325; *Le Livre des cent ballades*, p. 55.
63 Commines, op. cit., v. 1, p. 295.
64 Piaget, "Le Livre Messire Geoffroi de Charny", *Romania*, v. 26.
65 Commines, op. cit., v. 1, pp. 36-42, 86 e 164.
66 Froissart, op. cit., v. 4, pp. 70 e 302. Ver Kervyn de Lettenhove (Org.) (Bruxelas, 1815-77), 26 v., v. 5, p. 512.
67 Froissart, op. cit., v. 15, p. 227.
68 Doutrepont, "Ordonnance du banquet de Lille", *Notices et extraits des manuscrits de la Bibliothèque Nationale*, v. 41, 1923.
69 Emerson, *Nature* (Routledge, 1881), pp. 230-1.

8. A ESTILIZAÇÃO DO AMOR [PP. 196-216]

1. Assim o mais novo editor do *Roman de la Rose*, Ernest Langlois, quer restaurar o nome.
2. Chastellain, op. cit., v. 4, p. 165.
3. Basin, op. cit., v. 2, p. 224.
4. La Marche, op. cit., v. 2, p. 350.
5. Froissart, op. cit., v. 9, pp. 223-36; Deschamps, op. cit., v. 7, n. 1282.
6. *Les Cent nouvelles nouvelles*, v. 2, p. 15; ver também v. 1, p. 277, e v. 2, pp. 20, 168 etc., e *Les Quinze joyes de mariage*, passim.
7. Pierre Champion, *Histoire poétique du XVe siècle* (Paris, 1923), v. 1, p. 262; Deschamps, op. cit., v. 8, p. 43.
8. H. F. Wirth, *Der Untergang des niederländischen Volksliedes*, Haia, 1911.
9. Deschamps, "La Leçon de musique", em op. cit., v. 6, p. 112, n. 1169.
10. Charles d'Orléans, *Poésies complètes* (Paris, 1874), v. 1, pp. 12 e 42.
11. Id., ibid., p. 88.
12. Deschamps, op. cit., v. 6, p. 82, n. 1151; ver também v. 5, p. 132, n. 926; v. 9, cap. 31, p. 94; v. 6, p. 138, n. 1184; v. 11, p. 18, n. 1438; v. 11, pp. 269 e 286.
13. Christine de Pisan, "L'Epistre au dieu d'amours", em *Œuvres poétiques*, v. 2, p. 1. Sobre ela: Marie-Josèphe Pinet, *Christine de Pisan, 1364-1430: étude biographique et littéraire* (Paris: Champion, 1927), em que um capítulo é dedicado à "Querelle du *Roman de la Rose*".
14. Os quinze artigos a favor e contra essa discussão, exceto o que se pode chamar de tratado de Gerson, foram publicados por C. F. Ward, *The Epistles on the Romance of the Rose and Other Documents in the Debate* (Chicago: University of Chicago Press, 1911).
15. Sobre esse círculo, deve-se ver Alfred Coville, *Gontier et Pierre Col et l'Humanisme en France au temps de Charles VI* (Paris: Droz, 1934).
16. Joannis de Monasteriolo, "Epistolae", em *Amplissima Collectio*, v. 2, pp. 1409 e 1421-2.

17 O texto francês original do "Traictié Maistre Jehan Gerson contre le Roumant de la Rose" foi publicado por Ernest Langlois em *Romania* (v. 45, 1918, p. 23). A tradução latina da *Opera* de Gerson, organizada por Dupin, é do final do século XV (v. 3, pp. 293-309).

18 Piaget, *Études romanes* dédiées à Gaston Paris, p. 119.

19 Gerson, *Opera*, v. 3, p. 297; "Considérations sur Saint-Joseph", v. 3, p. 886; "Sermo contra luxuriam", v. 3, pp. 923, 925, 930 e 968.

20 De acordo com Gerson, a carta de Pierre Col está guardada em um manuscrito da Bibliothèque Nationale (manuscritos franceses, 1563, f. 183).

21 *Bibliothèque de l'École des Chartes*, v. 60, 1899, p. 569.

22 Ernest Langlois, *Le Roman de la Rose*, Société des Anciens Textes Français, 1914, v. 1, "Introduction", p. 36.

23 Ronsard, *Les Amours*, n. 161.

24 Piaget, "La Cour amoureuse dite de Charles VI", *Romania*, op. cit., v. 20, p. 417, e v. 31, p. 599; Doutrepont, op. cit., p. 367.

25 Leroux de Lincy, "Tentative de rapt en 1405", *Bibliothèque de l'École des Chartes*, 2ª série, v. 3, 1846, p. 316.

26 Piaget, *Romania*, v. 20, p. 447.

9. AS CONVENÇÕES DO AMOR [PP. 217-28]

1 Publicado em *Le Trésor des pièces rares ou inédites*, 1860, por H. Cocheris, que no entanto não compreendeu muito bem a relação entre a obra original do Arauto da Sicília e uma parte posteriormente incluída.

2 *Œuvres de Rabelais*, Abel Lefranc (Org.), v. 1, *Gargantua*, cap. 9, p. 96.

3 Guillaume de Machaut, *Le Livre du Voir-Dit*, Société des Bibliophiles François, 1875, pp. 82, 213-4, 240, 299, 309, 313, 347 e 351.

4 Juvenal des Ursins, op. cit., p. 496.

5 Rabelais, *Gargantua*, cap. 9.

6 Christine de Pisan, *Œuvres poétiques*, v. 1, pp. 187 ss.

7 Ernst Hoepffner, "Frage- und Antwortspiele in der Fran-

zösischen Literatur des 14 Jahrhunderts", *Zeitschrift für Romanische Philologie*, v. 33, 1909, pp. 695 e 703.

8   Christine de Pisan, "Le Dit de la rose", verso 73, em *Œuvres poétiques*, v. 2, p. 31.
9   Machaut, "Remede de fortune", versos 3879 ss., em *Œuvres*, Société des Anciens Textes Français, 1908-11, v. 2, p. 142.
10 Christine de Pisan, "Le Livre des trois jugements", em *Œuvres poétiques*, v. 2, p. 111.
11 Guillaume de Machaut, *Le Livre du Voir-Dit*, op. cit. A hipótese de que não haveria uma relação amorosa real como base da obra de Machaut (Georg Hanf, *Zeitschrift für Romanische Philologie*, v. 2, p. 145) não tem nenhum fundamento.
12 Um castelo em Château-Thierry.
13 *Voir-Dit*, op. cit., carta 2, p. 20.
14 Id., ibid., carta 27, p. 203.
15 Id., ibid., pp. 20, 96, 146, 154 e 162.
16 Id., ibid., p. 371.
17 *Voir-Dit*, op. cit., pp. 143 e 144.
18 Id., ibid., p. 110.
19 Ver antes, pp. 138-9.
20 *Voir-Dit*, op. cit., pp. 98 e 70.
21 *Le Livre du chevalier De la Tour Landry* (Paris: Bibliothèque Elzévirienne, 1854).
22 Id., ibid., p. 245.
23 Id., ibid., p. 28.
24 Ver antes, pp. 84-7.
25 A frase como um todo não faz sentido (*pensée... fait penser... à pensiers*) e não se conclui. Entende-se como: em nenhum lugar com tanta frequência quanto na igreja.
26 *Le Livre du chevalier De la Tour Landry*, op. cit., pp. 249 e 252-4.

10. A IMAGEM IDÍLICA DA VIDA [PP. 229-44]

1   Piaget, *Romania*, v. 27, 1898, p. 63.
2   Deschamps, n. 315, v. 3, p. 1.

3   Id., ibid., v. 1, p. 161, n. 65; ver também v. 1, p. 78, n. 7, e p. 175, n. 75.
4   Id., ibid., n. 1287, 1288 e 1289, v. 7, p. 33; ver também n. 178, v. 1, p. 313.
5   Id., ibid., n. 240, v. 2, p. 71; ver também n. 196, v. 2, p. 15.
6   Id., ibid., n. 184, v. 1, p. 320.
7   Id., ibid., n. 1124, v. 6, p. 41, e v. 2, p. 213, "Lay de franchise".
8   Ver ainda Deschamps, n. 199, 200, 201, 258, 291, 970, 973, 1017, 1018, 1021, 1201 e 1258.
9   Deschamps, op. cit., v. 11, p. 94.
10 Piaget, *Romania*, v. 27, 1898, p. 64.
11 Nicolas de Clémanges, *Opera*, edição de 1613, "Epistolae", n. 14, p. 57, n. 18, p. 72, n. 104, p. 296.
12 Joannis de Monasteriolo, "Epistolae", em *Amplissima Collectio*, v. 2, col. 1398.
13 Id., ibid., col. 1459.
14 Alain Chartier, *Œuvres*, 1617, p. 391.
15 Ver Thuasne, v. 1, p. 37, e v. 2, p. 202.
16 *Œuvres du roi René*, v. 4, p. 73. Ver Thuasne, v. 2, p. 204.
17 Meschinot, edição de 1522, f. 94, por La Borderie, *Bibliothèque de l'École des Chartes*, v. 56, 1895, p. 313.
18 Chastellain, "Recollection des merveilles", em *Œuvres*, op. cit., v. 7, p. 200. Ver a descrição das *Joutes de Saint-Inglevert* em um poema citado por Froissart, v. 14, p. 406.
19 *Le Pastoralet*, em *Chroniques relatives à l'histoire de la Belgique sous la domination des ducs de Bourgogne*, v. 2, p. 573. Nessa mistura de forma pastoral e significado político, o poeta de *Le Pastoralet* tem seu paralelo em ninguém menos que Ariosto, que dedica sua própria composição pastoral à defesa de seu protetor, o cardeal Hipólito d'Este, em relação à conspiração de Albertino Boschetti, em 1506. A questão do cardeal não era muito melhor do que a de João Sem Medo, e a postura de Ariosto era um pouco mais simpática do que a do borguinhão desconhecido. Ver Giulio Bertoni, *L'Orlando furioso e la Rinascenza a Ferrara* (Módena, 1919), pp. 42 e 247.

20 *Le Pastoralet*, p. 215.
21 Meschinot, *Les Lunettes des princes*, p. 606.
22 La Marche, op. cit., v. 3, pp. 135 e 137. Ver Molinot, *Recollection des merveilles*, sobre a prisão de Maximiliano em Bruges: "*Les moutons detenterent en son parc le bergier*", em *Faictz et dictz*, f. 208 ss.
23 Molinet, op. cit., v. 4, p. 389.
24 Molinet, op. cit., v. 1, pp. 190 e 194, e v. 3, p. 138. Ver Juvenal des Ursins, op. cit., p. 382.
25 Ver Champion, *Histoire poétique du XVe siècle*, v. 2, p. 173.
26 Deschamps, op. cit., v. 2, p. 213, "Lay de franchise". Ver Christine de Pisan, "Le Dit de la pastoure", "Le Pastoralet", "Roi René", "Regnault et Jehanneton", "Martial d'Auvergne", "Vigilles du roi Charles VII" etc.
27 Deschamps, op. cit., n. 923; ver também v. 11, p. 322.
28 François Villon, *Œuvres* (Paris: Longnon, 1914), p. 83. [Ed. bras.: *Poesia*. Trad. Sebastião Uchoa Leite. Rio de Janeiro: Guanabara, 1988.]
29 Gerson, *Opera*, v. 3, p. 302.
30 Christine de Pisan, "L'Epistre au dieu d'amours", em *Œuvres poétiques*, v. 2, p. 14.
31 *Les Quinze joyes de mariage*, p. 222.
32 Christine de Pisan, *Œuvres poétiques*, v. 1, p. 237, n. 26.

11. A IMAGEM DA MORTE [PP. 245-66]

1 Dionísio Cartuxo, "Directorium vitae nobilium", em *Opera*, v. 37, p. 550, e v. 38, p. 358.
2 Lord Byron, *Don Juan*, c. 2, pp. 76-80. De um modo geral, tratam do tema: C. H. Becker, "Ubi sunt qui ante nos in mundo fuere", em *Aufsätze: Ernst Kuhn*, 1916, pp. 87-105; *Beiblatt zur Anglia*, n. 28, 1917, p. 362; Etienne Gilson, *Les Idées et les lettres*, em Essais d'Art et de Philosophie (série), 1932.
3 Bernardi Morlanensis, "De contemptu mundi", em Thomas Wright (Org.), *The Anglo-Latin Satirical Poets and Epigrammatists of the Twelfth Century*, Rerum bri-

tannicarum medii aevi scriptores (Londres, 1872), v. 2, p. 37. Na terceira linha da edição, lê-se *orbita viribus inscita*, que não faz nenhum sentido. Ao ler "incita", a métrica e o sentido ficam claros: "como uma roda posta em movimento com força". Esse reparo me foi feito pelo dr. Hans Paret, de Berlim.

4   Antigamente atribuído a Bernardo de Claraval, alguns consideram um trabalho de Walter Map. Ver H. L. Daniel, *Thesaurus hymnologicus* (Leipzig, 1841-56), v. 4, p. 288.

5   Deschamps, v. 3, n. 330, 345, 368 e 399; Gerson, "Sermo III de defunctis", em *Opera*, v. 3, p. 1568; Dionísio Cartuxo, "De quatuor hominum novissimis", em *Opera*, v. 41, p. 511; Chastellain, op. cit., v. 6, p. 52, onde o poema está sob o título "Le Pas de la Mort", e no texto em si é intitulado "Le Miroir de la Mort". Um "Pas de la Mort" foi composto por Pierre Michault (Société des Bibliophiles de Belgique, 1869). Aqui, trata-se de um *pas d'armes* junto à Fontaine des Pleurs, onde está a Dame Mort.

6   François Villon, *Œuvres*, p. 33 [ed. bras., p. 84].

7   Id., ibid., p. 34 [ed. bras., p. 86].

8   Émile Mâle, *L'Art religieux à la fin du Moyen-Âge* (Paris, 1908), p. 376. Em todo o capítulo, ver também com Döring-Hirsch, *Tod und Jenseits im Spätmittelalter: Studien zur Geschichte der Wirtschaft und Geisteskultur* (Berlim, 1927).

9   Odo van Cluny, "Collationum" (livro 3), em Migne (Org.), *Patrologia Latina*, v. 133, p. 556. O motivo e seu efeito se baseiam em Johannes Chrysostomus, "Sobre as mulheres e a beleza", em *Opera* (Paris, 1735), v. 12, p. 523.

10 Innocentius III, "De contemptu mundi sive de miseria conditionis humanae", v. 3, em Migne (Org.), *Patrologia Latina*, v. 217, p. 702.

11 Id., ibid., p. 713.

12 *Œuvres du roi René*, v. 1, p. 150. Depois da quinta e da sétima linhas, parece estar faltando um verso, que provavelmente rime com "*menu vair*", "*mangé des vers*" ou algo assim.

13 Olivier de la Marche, *Le Parement et triumphe des dames* (Paris: Michel le Noir, 1520), no final.

14   Id., ibid.
15   Villon, *Testament*, versos 453 ss., p. 39 [ed. bras., pp. 93-4].
16   Molinet, *Faictz et dictz*, ff. 4 e 42v.
17   Processo sobre a beatificação de Pedro de Luxemburgo, 1390, *Acta Sanctorum Julii*, v. 1, p. 562.
18   *Les Grandes Chroniques de France*, Paulin Paris (Org.) (Paris, 1836-8), v. 6, p. 334.
19   Ver estudo detalhado de Dietrich Schäfer, "Mittelalterlicher Brauch bei der Überführung von Leichen", *Sitzungsberichte der Preussischen Akademie der Wissenschaften*, Berlim, v. 26, 1920, pp. 478-98.
20   Lefèvre de Saint-Remy, op. cit., v. 1, p. 260: onde está Oxford, deve-se ler Suffolk.
21   Juvenal des Ursins, op. cit., p. 567; *Journal d'un bourgeois de Paris*, op. cit., pp. 237, 307 e 671.
22   A esse respeito, consulte-se Konrad Burdach, "Vom Mittelalter zur Reformation", em *Der Ackermann aus Böhmen*, 1917, v. 3, pp. 243-9. De forma totalmente inexata, A. de Laborde, "Origine de la représentation de la Mort, chevauchant un bœuf", em *Académie des Inscriptions et Belles-Lettres: Comptes rendus* (1923, pp. 100-13), explica a origem dessa ideia do poema *La Danse aux aveugles*, de Pierre Michault, uma vez que já aparece no Missale van Amiens de 1323 (K. B. te 's-Gravenhage) e também no *Ackermann*, por volta de 1400.
23   Ver, da literatura bastante abrangente sobre o assunto, G. Huet, *Notes d'histoire littéraire III*, "Le Moyen-Âge", v. 20, 1918, p. 148, e W. Stammler, *Die Totentänze* (Leipzig, 1922).
24   Sobre tudo isso, consulte Émile Mâle, *L'Art religieux à la fin du Moyen-Âge*, v. 2, "La Mort".
25   Laborde, op. cit., v. 2, pp. 1 e 393.
26   Há algumas reproduções em Mâle, e também no lugar indicado em *Gazette des Beaux-Arts*, abr./jun. 1915, p. 167.
27   Segundo pesquisas de Huet no lugar indicado, provavelmente havia uma dança de roda da morte que foi o motivo original ao qual Goethe retornou inconscientemente em sua *Totentanz* [dança da morte].

28 Antes era imprecisamente considerado como muito mais antigo (*c.* 1350): ver George Ticknor, *Geschichte der schönen Literatur in Spanien* (originalmente em inglês), v. 1, p. 77, e v. 2, p. 598; Gröber, *Grundriss*, v. 2, p. 428.

29 *Œuvres du roi René*, v. 1, p. 152.

30 Chastellain, *Le Pas de la Mort*, v. 6, p. 59.

31 Ver Innocentius III, "De contemptu mundi", v. 2, c. 42; Dionísio Cartuxo, "De quatuor hominum novissimis", em *Opera*, v. 41, p. 496.

32 Chastellain, *Œuvres*, v. 6, p. 49. Ver antes, p. 252.

33 Id., ibid., v. 6, p. 60.

34 Villon, *Testament*, v. 41, versos 321-2, p. 33 [ed. bras., p. 83].

35 Champion, *Villon*, v. 1, p. 303.

36 Mâle, *L'Art religieux*, op. cit., p. 389.

37 Leroux de Lincy, *Livre des légendes*, p. 95.

38 Uma galeria como essa, cheia de crânios e ossos, ainda pode ser vista numa construção do século XVII, a igreja Trégastel na Bretanha.

39 *Le Livre des faits*, v. 2, p. 184.

40 *Journal d'un bourgeois de Paris*, op. cit., v. 1, pp. 233-4, 392 e 276. Ver também Champion, *Villon*, v. 1, p. 306.

41 Antoine de la Salle, *Le Reconfort de Madame du Fresne* (Paris, 1903).

12. A REPRESENTAÇÃO DO SAGRADO
[PP. 267-306]

1 Burckhardt, *Weltgeschichtliche Betrachtungen*, 1905, pp. 97 e 147. [Ed. bras.: *Reflexões sobre a história*. Trad. Leo Gilson Ribeiro. Rio de Janeiro: Zahar, 1961.]

2 Heinrich Seuse, "Leben", em *Deutsche Schriften* (Stuttgart, 1907), pp. 24-5. Ver aqui John Tiptoft, conde de Worcester, o cúmplice sanguinário de Eduardo IV, também um humanista precoce, que pede ao carrasco que, em honra à Trindade, o decapite com três golpes. Cora L. Scofield, *Life and Reign of Edward the Fourth*, v. 1, p. 547.

3   Gerson, *Opera*, op. cit., v. 3, p. 309.
4   Nicolas de Clémanges, "De novis festivitatibus non instituendis", em *Opera*, 1613, pp. 151 e 159.
5   Gerson, *Opera*, op. cit., v. 2, p. 911.
6   *Acta Sanctorum Aprilis*, v. 3, p. 149.
7   "*Ac aliis vere pauperibus et miserabilibus, quibus convenit jus et verus titulus mendicandi*".
8   "*Qui ecclesiam suis mendaciis maculant et eam irrisibilem reddunt*".
9   Alanus de Rupe, *Beatus Alanus redivivus* (Nápoles, 1642), p. 77.
10 Commines, op. cit., v. 1, p. 310; Chastellain, op. cit., v. 5, p. 27; *Le Jouvencel*, op. cit., v. 1, p. 82; Jean Lud, em *Deutsche Geschichtsblätter*, v. 15, p. 248; *Journal d'un bourgeois de Paris*, op. cit., p. 384; *Paston Letters*, v. 2, p. 18; J. H. Ramsay, *Lancaster and York*, v. 2, p. 275; Shakespeare, *Sir John Oldcastle*, v. 2, pp. 2 ss. Ver meu artigo "Onnoozele kinderen als ongeluksdag", em *Tien Studiën*, Haarlem, 1926 [em *Verzamelde Werken*, v. 4, p. 212v.].
11 Gerson, "Contra superstitionem praesertim Innocentum", em *Opera*, v. 1, p. 203. Sobre Gerson, ver James L. Connolly, "John Gerson Reformer and Mystic", em *Recueil de travaux publiés par les membres des conférences d'histoire et de philosophie de l'Université de Louvain*, 2ª série, fasc. 12, 1928.
12 Gerson, "Quaedam argumentatio adversus eos qui publice volunt dogmatizare", em *Opera*, v. 2, pp. 521-2.
13 "Joannis de Varennis Responsiones ad capita accusationum", em Gerson, op. cit., v. 1, p. 909.
14 *Journal d'un bourgeois de Paris*, p. 259. Por "*une hucque vermeille par dessoubz*" provavelmente deve-se ler "*par dessus*".
15 Gerson, "Contra vanam curiositatem", em *Opera*, op. cit., v. 1, p. 86.
16 Ver em Gerson, *Opera*, op. cit.: "Considérations sur Saint-Joseph", v. 3, pp. 842-68; "Josephina", v. 4, p. 753; "Sermo de natalitate beatae Mariae Virginis", v. 3, p. 1351; e mais adiante, v. 4, pp. 729, 731-2, 735-6.

17   Gerson, "De distinctione verarum visionum a falsis", em *Opera*, op. cit., v. 1, p. 50.
18   Charles Schmidt, "Der Prediger Olivier Maillard", *Zeitschrift für Historische Theologie*, 1856, p. 501.
19   Ver Roberti Gaguini, *Epistolae et orationes*, v. 1, pp. 72 ss.
20   *Les Cent nouvelles nouvelles*, v. 2, pp. 75 ss. e 122 ss.
21   *Le Livre du chevalier De la Tour Landry*, p. 56.
22   Id., ibid., p. 257: *"Se elles ouyssent sonner la messe ou à veoir Dieu"*.
23   Leroux de Lincy, *Le Livre des proverbes français* (Paris, 1859), v. 1, p. 21.
24   Froissart, v. 5, p. 24.
25   *"Cum juramento asseruit non credere in Deum dicti episcopi"*, *Chronique du religieux de Saint-Denis*, v. 1, p. 102.
26   Laborde, v. 2, p. 264, n. 4238, Inventário de 1420, e p. 10, n. 77, Inventário de Carlos, o Temerário, onde deve se referir ao mesmo exemplar. A biblioteca de Amines possui uma estatueta em madeira de Maria, obra espanhola do final do século XVI, com uma reentrância na qual há o menino Jesus em marfim. Ver G. H. Luquet, "Représentation par transparence de la grossesse dans l'art chrétien", *Revue Archéologique*, v. 19, 1924, p. 143.
27   Gerson, *Opera*, v. 3, p. 947. Encontram-se suas palavras de rejeição no texto francês, em um provérbio natalino, em Didron, *Iconographie chrétienne* (1843, p. 582), onde também é testemunhado que essa heresia realmente foi desaparecendo. Em uma oração ali citada, consta de Maria: *"quant pour les pécheurs se voust en vous herbergier le Père, le Filz et le Seint-Esprit [...] par quoy vous estes la chambre de toute la Trinité"*.
28   *Journal d'un bourgeois de Paris*, p. 366.
29   Jacob Verdam, "Een Nederlandsche aflaatbrief uit de 14e eeuw", em *Nederlands Archief voor Kerkgeschiedenis*, 1900, pp. 117-22.
30   Albert Eekhof, *De questierders van den aflaat in de Noordelijke Nederlanden* (Haia, 1909), p. 12.
31   Chastellain, op. cit., v. 1, pp. 187-9: entrada solene de

Henrique e de Filipe da Borgonha em Paris em 1420; v. 2, p. 16: entrada solene do último em Gent em 1430.
32 Doutrepont, op. cit., p. 379.
33 Deschamps, op. cit., v. 3, p. 89, n. 357; "Le roi René, Traicté de la forme et devise d'un tournoy", em Œuvres, op. cit., v. 2, p. 9.
34 Olivier de la Marche, op. cit., v. 2, p. 202.
35 Monstrelet, op. cit., v. 1, pp. 285 e 306.
36 Jean Germain, "Liber de virtutibus Philippi ducis Burgundiae", pp. 13 e 16.
37 Molinet, op. cit., v. 2, pp. 84-94, e v. 3, p. 98; *Faictz et dictz*, f. 47, comp. 1, p. 240. Ver também Chastellain, op. cit., v. 3, pp. 209 e 260, v. 4, p. 48, v. 5, p. 301, v. 7, pp. 1 ss.
38 Molinet, op. cit., v. 3, p. 109.
39 Gerson, "Oratio ad regem Franciae", em *Opera*, v. 4, p. 662. Aliás, com isso Gerson situa-se na base dos ensinamentos de São Tomás sobre os anjos, em que cada anjo forma o que na terra se chamaria de espécie. Ver Etienne Gilson, *Le Thomisme*, p. 158.
40 *Les Quinze joyes de mariage*, p. 13.
41 Gerson, *Opera*, v. 3, p. 299.
42 Friedländer, *Jahrbuch der Königlich Preussischen Kunstsammlungen*, v. 17, 1896, p. 206.
43 K. J. Bernet Kempers em *De Muziek*, 1927, p. 350; Wetzer e Welter, *Kirchenlexikon*, ver "Musik", col. 2040.
44 Chastellain, op. cit., v. 3, p. 155.
45 H. van der Velden, *Rodolphus Agricola, een Nederlandsch humanist der vijftiende eeuw*, v. 1 (Leiden, 1911), p. 44.
46 Deschamps, op. cit., v. 10, n. 33, p. 41. Na penúltima linha está *"l'ostel"*, o que naturalmente não faz sentido.
47 Nicolas de Clémanges, "De novis festivitatibus non instituendis", em *Opera*, p. 143.
48 *Le Livre du chevalier De la Tour Landry*, pp. 66 e 70.
49 Gerson, "Sermo de nativitate Domini", em *Opera*, v. 3, pp. 946 e 947.
50 Nicolas de Clémanges, op. cit., p. 147.
51 Otto Winckelmann, "Zur Kulturgeschichte des Strass-

burger Münsters", *Zeitschrift für die Geschichte des Oberrheins*, n. 22, 1907.

52 Dionísio Cartuxo, "De modo agendi processiones", em *Opera*, v. 36, pp. 198 ss.

53 Chastellain, op. cit., v. 5, pp. 253 ss.

54 Ver antes, pp. 138-9.

55 Michel Menot, "Sermones", f. 144v., em Champion, *Villon*, v. 1, p. 202.

56 *Le Livre du chevalier De la Tour Landry*, p. 65; Olivier de la Marche, op. cit., v. 2, p. 89; *L'Amant rendu cordelier*, p. 25; *Chronique du religieux de Saint-Denis*, v. 1, p. 102.

57 *Le Livre du chevalier De la Tour Landry*, p. 144.

58 Christine de Pisan, *Œuvres poétiques*, v. 1, p. 172; ver p. 60, "L'Epistre au dieu d'amours", v. 2, p. 3. Deschamps, op. cit., v. 5, p. 51, n. 87, e v. 1, p. 185, verso 75. Ver antes, pp. 225-6.

59 *L'Amant rendu cordelier*, op. cit.

60 Menot, op. cit.

61 Gerson, "Expostulatio adversus corruptionem juventutis per lascivas imagines et alia hujusmodi", em *Opera*, v. 3, p. 291; ver também "De parvulis ad Christum trahendis", id., ibid., p. 281, e "Contra tentationem blasphemiae", id., ibid., p. 246.

62 *Le Livre du chevalier De la Tour Landry*, pp. 80 e 81; ver Machaut, *Le Livre du Voir-Dit*, pp. 143 ss.

63 *Le Livre du chevalier De la Tour Landry*, pp. 55, 63, 73 e 79.

64 Nicolas de Clémanges, op. cit., p. 145.

65 *Les Quinze joyes de mariage*, p. 127; ver também pp. 19, 25 e 124.

66 Froissart, op. cit., v. 11, pp. 225 ss.

67 *Chron. Montis S. Agnetis*, p. 341; J. C. Pool, *Frederik van Heilo en zijne schriften* (Amsterdam, 1866), p. 126. Ver Hendrik Mande por Willem Moll, *Johannes Brugman en het godsdienstig leven onzer vaderen in vijftien eeuw* (Amsterdam, 1854), v. 1, p. 264.

68 Gerson, "Centilogium de impulsibus", em *Opera*, v. 3, p. 154.

69 Deschamps, op. cit., v. 4, p. 322, n. 807; ver também v. 1, p. 272, n. 146: *"Si n'y a si meschant qui encor ne die 'Je regni Dieu'..."*.

70 Gerson, "Adversus lascivas imagines", op. cit., v. 3, p. 292; "Sermo de nativitate Domini", v. 3, p. 946.

71 Deschamps, op. cit., v. 1, pp. 271 ss., n. 145-6, e p. 217, n. 105; ver também v. 2, p. 56. Gerson, op. cit., v. 3, p. 85.

72 Gerson, "Considérations sur le peché de blasphème", em *Opera*, v. 3, p. 889.

73 Id., "Regulae morales", em op. cit., p. 85.

74 *Ordonnances des rois de France*, v. 8, p. 130; *Chronique du religieux de Saint-Denis*, v. 2, p. 533.

75 Pierre d'Ailly, *De reformatione*, cap. 6; Gerson, "De reform. Laicorum", em *Opera*, v. 2, p. 914.

76 Gerson, "Contra foedam tentationem blasphemiae", em *Opera*, v. 3, p. 243.

77 Id., "Regulae morales", em op. cit., p. 85.

78 Id., "Contra foedam tentationem blasphemiae", em op. cit., p. 246: *"hi qui audacter contra fidem loquuntur in forma joci..."*.

79 *Les Cent nouvelles nouvelles*, v. 2, p. 205.

80 Gerson, "Sermo de S. Nicolao", em *Opera*, v. 3, p. 1577; "De parvulis ad Christum trahendis", id., ibid., p. 279. Contra o mesmo provérbio, também Dionísio Cartuxo, "Inter Jesum et puerum dialogus", art. 2º, em *Opera*, v. 38, p. 190.

81 Gerson, "De distinctione verarum visionum a falsis", em *Opera*, v. 1, p. 45.

82 Id., ibid., p. 58.

83 Petrus Damiani, *Opera*, v. 12, p. 283. Para os séculos XII e XIII, ver Hauck, *Kirchengeschichte Deutschlands*, v. 4, pp. 81 e 898.

84 Deschamps, op. cit., v. 6, p. 109, n. 1167 e 1222; Commines, op. cit., v. 1, p. 449.

85 Froissart, v. 14, p. 67.

86 *Chronique du religieux de Saint-Denis*, op. cit., v. 1, pp. 102 e 104; Jean Juvenal des Ursins, op. cit., p. 346.

87 Jacques du Clercq, op. cit., v. 2, pp. 277 e 340, e v. 4, p.

59. Ver Molinet, op. cit., v. 4, p. 390, e *Chronique du religieux de Saint-Denis*, v. 1, p. 643.

88 Joannis de Monasteriolo, "Epistolae", em *Amplissima Collectio*, v. 2, p. 1415; ver epístolas 75 e 76, p. 1456, de Ambrosius de Miliis a Gontier Col, em que ele se queixa sobre Jean de Montreuil.

89 Gerson, "Sermo III em die Sancti Ludovici", em *Opera*, v. 3, p. 1451.

90 Id., "Contra impugnantes ordinem Carthusiensium", em *Opera*, v. 2, p. 713.

91 Id., "De decem praeceptis", em *Opera*, v. 1, p. 245.

92 Id., "Sermo de nativitate Domini", em *Opera*, v. 3, p. 947.

93 Nicolas de Clémanges, "De novis festivitatibus non instituendis", em *Opera*, p. 151.

94 Villon, *Testament*, versos 893 ss., p. 57 [ed. bras., p. 114].

95 Gerson, "Sermo de nativitate Domini", em *Opera*, v. 3, p. 947; "Regulae morales", id., ibid., p. 86; "Liber de vita spirituali animae", id., ibid., p. 66.

96 *Historia translationis corporis sanctissimi ecclesiae doctoris divi Thom. de Aq.*, 1368, auct. fr. Raymundo Hugonis O. P., *Acta Sanctorum Martii*, v. 1, p. 725.

97 Relatório dos comissários papais, bispo Konrad van Hildesheim e abade Hermann van Georgenthal, sobre a inquirição de testemunhas quanto a santa Isabel de Marburgo, em janeiro de 1235, editado em *Historisches Jahrbuch der Görres-Gesellschaft*, v. 28, p. 887.

98 *Chronique du religieux de Saint-Denis*, v. 2, p. 37.

99 Quicherat, *Procès de condamnation et de réhabilitation de Jeanne d'Arc, dite la Pucelle*, v. 1, p. 295, e v. 3, pp. 99 e 2191. Champion, *Procès de condamnation de Jeanne d'Arc*, v. 2, p. 184. Ver meu artigo "Bernard Shaw's Heilige", em *Tien Studiën*, Haarlem, 1926, p. 269 [em *Verzamelde Werken*, v. 3, pp. 546 ss.].

100 Chastellain, op. cit., v. 3, p. 407, e v. 4, p. 216.

101 Deschamps, op. cit., v. 1, p. 277, n. 150.

102 Id., ibid., v. 2, p. 348, n. 314.

103 Extraído de "Johann Ecks Pfarrbuch für U. L. Frau in

Ingolstadt", citado no *Archiv für Kulturgeschichte*, v. 8, p. 103.

104 Joseph Seitz, *Die Verehrung des heiligen Joseph*.

105 *Le Livre du chevalier De la Tour Landry*, p. 212.

106 "Bibliothèque Nationale, manuscrit français, 1875", em Charles Oulmont, *Le Verger, le temple et la cellule: Essai sur la sensualité dans les œuvres de mystique religieuse* (Paris, 1912), pp. 284 ss.

107 Para as figuras de santo, ver sobretudo Émile Mâle, *L'Art religieux à la fin du Moyen-Âge*, cap. 4.

108 Deschamps, op. cit., v. 1, p. 114, n. 32, e v. 6, p. 243, n. 1237.

109 "Missal de Bamberg de 1490", em Uhrig, "Die 14 hl. Nothelfer (XIV Auxiliatores)", *Theol. Quartalschrift* LXX, 1888, p. 72. Ver missal de Utrecht de 1514 e missal dominicano de 1550, em *Acta Sanctorum Aprilis*, v. 3, p. 149.

110 "Missal de Bamberg de 1490", em Uhrig, "Die 14 hl. Nothelfer (XIV Auxiliatores)", Theol. Quartalschrift LXX, 1888, p. 72.

111 Erasmus, *Ratio seu methodus compendio perveniendi ad veram theologiam* (Basileia, 1520), p. 171.

112 Na balada de Deschamps que acabou de ser citada, também encontramos Martha, que destruiu o monstro Tarasco em Tarascon.

113 *Œuvres de Coquillart*, D'Héricault (Org.) (Bibliothèque Elzévirienne, 1857), v. 2, p. 281.

114 Deschamps, op. cit., v. 6, n. 1230, p. 232.

115 Roberti Gaguini, *Epistolae et orationes*, v. 2, p. 176. Num vilarejo em Brabante do Norte, há cerca de trinta anos, alguns aleijados, para distinguirem-se de seus homônimos, referiam a si mesmos "com o pé de Pio".

116 Erasmus, "Exequiae Seraphicae", em *Colloquia*, 1636, p. 620.

117 Rabelais, *Gargantua*, cap. 45.

118 Henri Estienne, *Apologie pour Hérodote*, 1879, v. 2, cap. 38, p. 324.

119 Deschamps, op. cit., v. 8, p. 201, n. 1489.

120 Gerson, "De Angelis", em *Opera*, v. 3, p. 1481; "De

praeceptis decalogi", v. 1, p. 431; "Oratio ad bonum angelum suum", v. 3, p. 511; "Tractatus VIII super Magnificat", v. 4, p. 370; ver também v. 3, pp. 137, 553 e 739.

121 Id., op. cit., v. 4, p. 389.

122 Neste capítulo também se devem comparar os registros autobiográficos do singular *Opicinus de Canistris: Weltbild und Bekenntnisse eines avignonesischen Klerikers des 14 Jahrhunderts*, publicado por Richard Salomon (Vorträge der Bibliothek Warburg, 1926-7 e 1930).

13. OS TIPOS DE VIDA RELIGIOSA
[PP. 307-29]

1 Monstrelet, op. cit., v. 4, p. 304.
2 Bernhardin von Siena, *Opera*, v. 1, p. 100, em Hefele, op. cit., p. 36.
3 *Les Cent nouvelles nouvelles*, op. cit., v. 2, p. 153; *Les Quinze joyes de mariage*, pp. 111 e 215.
4 Molinet, *Faictz et dictz*, f. 188v.
5 *Journal d'un bourgeois de Paris*, op. cit., p. 336; ver também p. 242, n. 514.
6 Ghillebert de Lannoy, *Œuvres*, p. 163. O mesmo relatório de uma briga de rua em Haarlem, em 1444, entre Hoeken e Kabeljauwen; Reinier Snoy, *Rerum belgicarum Annales*, p. 149.
7 *Les Cent nouvelles nouvelles*, op. cit., v. 2, p. 101.
8 *Le Jouvencel*, op. cit., v. 2, p. 107.
9 Jorga, "Le Songe du vieil pelerin", em *Philippe de Mézières*, p. 423.
10 *Journal d'un bourgeois de Paris*, op. cit., pp. 214 e 289.
11 Gerson, *Opera*, op. cit., v. 1, p. 206.
12 Jorga, *Philippe de Mézières*, p. 506.
13 Willem Moll, *Johannes Brugman*, v. 2, p. 125.
14 Chastellain, op. cit., v. 4, pp. 263-5.
15 Id., ibid., v. 2, p. 300, e v. 7, p. 222; Jean Germain, "Liber de virtutibus Philippi ducis Burgundiae", p. 10 (a prática menos rígida de jejuar aqui citada pode referir-se a outro tempo); Jean Jouffroy, "De Philippo duce ora-

tio", em *Chroniques relatives à l'histoire de la Belgique sous la domination des ducs de Bourgogne*, v. 3, p. 118; Fillastre, *Le Premier volume de la toison d'or*, f. 131. Sobre a devoção de Filipe, ver meu artigo "La Physionomie morale de Philippe le Bon", *Annales de Bourgogne*, 1932 [em *Verzamelde Werken*, v. 2, pp. 216 ss.].

16 La Marche, op. cit., v. 2, p. 40.
17 Monstrelet, op. cit., v. 4, p. 302.
18 Jorga, *Philippe de Mézières*, p. 350.
19 Ver Jorga, op. cit., p. 444; Champion, *Villon*, op. cit., v. 1, p. 17.
20 *Œuvres du roi René*, v. 1, p. 110.
21 A eremitagem real no castelo Ripaille (perto de Thonon, à beira do lago de Genebra) já nessa época atraiu muita atenção, originando boatos exagerados que com o tempo se desenvolveram até a imaginação mais caluniosa. Tratava-se, sem dúvida, da profunda preocupação de Amadeus VIII, contrário ao papa Félix V, com o seu perdão do mundo. Max Bruchet, em *Le Château de Ripaille* (Paris, 1907), demonstra que o *"faire ripaille"* nada tem a ver com o nome do castelo, mas talvez exagere ao rejeitar até mesmo uma citação séria como a de Monstrelet (op. cit., v. 5, p. 112).
22 La Marche, op. cit., v. 1, p. 194.
23 *Acta Sanctorum Januarii*, v. 2, p. 1018.
24 Jorga, op. cit., pp. 509 e 512.
25 Nesse contexto, não importa se a Igreja declarou as pessoas em questão santas ou pouco beatas.
26 André du Chesne, *Histoire de la maison de Chastillon sur Marne* (Paris, 1621): "Preuves", pp. 126-31, e "Extraiet de l'enqueste faite pour la canonization de Charles de Blois", pp. 223 e 234. Ver também *Monuments du procès de la canonisation du bienheureux Charles de Blois, duc de Bretagne* (Saint-Brieuc, 1921), e *Revue des Questions Historiques*, v. 105, 1926, p. 108. O resultado da beatificação só saiu em 1904.
27 Froissart, v. 6, p. 168.
28 William James, *The Varieties of Religious Experience*, op. cit., pp. 370 ss.

29 *Ordonnances des rois de France*, v. 8, p. 398 (novembro de 1400) e p. 426 (18 de março de 1401).

30 "Mémoires de Pierre le Fruictier, dit Salmon", *3ᵉ Supplément de Froissart*, Buchon (Org.), Collection des Chroniques Nationales Françaises, v. 15, p. 49.

31 Froissart, v. 13, p. 40.

32 *Acta Sanctorum Julii*, v. 1, pp. 486-628. O professor Wensinck chamou minha atenção para o fato de que esse costume de anotar os pecados diariamente era sacramentado por uma tradição muito antiga, já descrita por João Clímaco (*c.* 600) em *Scala Paradisi* (Raderus [Org.], Paris, 1633, p. 65), que também já é conhecida pelo Islã, em Algazali, e ainda é recomendada por Inácio de Loyola em *Exercitia spiritualia* [*Exercícios espirituais*].

33 Dupont Renier, "Jean d'Orléans, comte d'Angoulême d'après sa bibliothèque", em Luchaire, *Mélanges d'histoire du Moyen Âge*, v. 3, 1897, pp. 39-88; id., "La Captivité de Jean d'Orléans, comte d'Angoulême", *Revue Historique*, v. 62, 1896, pp. 42-74.

34 La Marche, op. cit., v. 1, p. 180.

35 *Lettres de Louis XI*, v. 6, p. 514; ver também v. 5, p. 86, e v. 10, p. 65.

36 Commines, op. cit., v. 1, p. 291.

37 Id., ibid., v. 2, pp. 67 e 68.

38 Id., ibid., v. 2, p. 57; *Lettres de Louis XI*, v. 10, p. 16, e v. 9, p. 260. Naquela época havia um *agnus scythicus* no Museu Colonial de Haarlem.

39 *Chronique scandaleuse*, v. 2, p. 122.

40 Commines, op. cit., v. 2, pp. 55 e 77.

41 *Acta Sanctorum Aprilis*, v. 1, p. 115; *Lettres de Louis XI*, v. 10, pp. 76 e 90.

42 "*Sed volens caute atque astute agere, propterea quod a pluribus fuisset sub umbra sanctitatis deceptus, decrevit variis modis experiri virtutem servi Dei*" (*Acta Sanctorum*, op. cit.).

43 *Acta Sanctorum*, op. cit., p. 108; Commines, op. cit., v. 2, p. 55.

44 *Lettres de Louis XI*, v. 10, p. 124 (29 de junho de 1483).

Considerando que as pastinacas são algo muito comum, pode-se supor que o rei quis dizer muitas "*pastèques*", melancias.

45 *Lettres de Louis XI*, v. 10, pp. 4 ss.; Commines, op. cit., v. 2, p. 54.
46 Commines, op. cit., v. 2, p. 56; *Acta Sanctorum*, op. cit., p. 115.
47 Augustin Renaudet, *Préréforme et humanisme à Paris*, p. 172.
48 Doutrepont, op. cit., p. 226.
49 Dionísio Cartuxo, "Vita Dionysii auct. Thod. Loer", em *Opera*, v. 1, pp. 42 ss.; "De vita et regimine principum", em op. cit., v. 37, p. 497.
50 Id., *Opera*, v. 41, p. 621; D. A. Mougel, *Denys le Chartreux, 1402-1471: Sa vie, son rôle, une nouvelle édition de ses ouvrages* (Montreuil, 1896), p. 63.
51 Dionísio Cartuxo, *Opera*, v. 41, p. 617; id., "Vita", em op. cit., v. 1, p. 31; Mougel, op. cit., p. 51; contribuição e comunicação da *Historisch Genootschap te Utrecht*, v. 18, p. 331.
52 Dionísio Cartuxo, *Opera*, v. 39, p. 496; Mougel, op. cit., p. 54; Moll, *Johannes Brugman*, v. 1, p. 74, e *Kerkgeschiedenis*, op. cit., v. 2, p. 124; Krogh-Tonning, *Der letzte Scholastiker: eine Apologie*, p. 175.
53 Mougel, op. cit., p. 58.
54 Dionísio Cartuxo, "De mutua cognitione", em *Opera*, v. 36, p. 178.
55 Id., "Vita", em *Opera*, v. 1, pp. 24 e 38.
56 Id., ibid., p. 26.
57 Id., "De munificentia et beneficiis Dei", em *Opera*, v. 34, art. 26, p. 319.

14. EMOÇÃO RELIGIOSA E IMAGINAÇÃO RELIGIOSA
[PP. 330-47]

1 Gerson, "Tractatus VIII super Magnificat", em *Opera*, v. 4, p. 386.
2 *Acta Sanctorum Martii*, v. 1, p. 561; ver pp. 540 e 601.

3   Hefele, *Der heilige Bernhardin von Siena*, p. 79.

4   Moll, *Johannes Brugman*, v. 2, pp. 74 e 86.

5   Ver antes, pp. 280-3.

6   Ver antes, pp. 49 ss.

7   *Acta Sanctorum Aprilis*, v. 1, p. 195. A figura que Hefele apresenta da pregação na Itália também pode ser aplicada em muitos pontos de vista aos países de língua francesa.

8   Em posse da biblioteca Athenaeum de Deventer: *Opus quadragesimale Sancti Vincentii* [1482] (Catal. v.d. incunabelen, 1917, n. 274) e *Oliverii Maillardi sermones dominicales* (Paris: Jean Petit, 1515). Sobre o santo dominicano Vicente Ferrer, consultar: M. M. Gorce, *Saint Vincent Ferrier* (Paris, 1924); S. Brettle, *San Vicente Ferrer, und sein literarischer Nachlass*, "Vorreform. Forschungen", v. 10 (Münster, 1924); C. Brunei, "Un plan de sennon de S. Vincent Ferrier", *Bibliothèque de l'École des Chartes*, v. 85, 1924, p. 113.

9   "Leven van S. Petrus Thomasius, Carmeliet", de Philippe de Mézières; *Acta Sanctorum Januarii*, v. 2, p. 997; Dionísio Cartuxo, sobre a pregação de Brugman: "*De vita etc. christ*".

10   *Acta Sanctorum Aprilis*, v. 1, p. 513.

11   James, op. cit., p. 348: "*For sensitiveness and narrowness, when they occur together, as they often do, require above all things a simplified world to dwell in*". Ver também p. 353.

12   Moll, *Johannes Brugman*, op. cit., v. 1, p. 52.

13   Conforme me foi informado pelo sr. W. A. P., este último costume ainda existe entre as famílias de camponeses de Giethoorn.

14   Dionísio Cartuxo, "De quotidiano baptismate lacrimarum", v. 29, p. 84; "De oratione", v. 41, pp. 31-55; "Expositio hymni Audi benigne conditor", v. 35, p. 34.

15   *Acta Sanctorum Aprilis*, v. 1, pp. 485 e 494.

16   Chastellain, op. cit., v. 3, p. 119; Antonio de Beatis, *Die Reise des Kardinals Luigi d'Aragona* [1517] (Freiburg, 1905), pp. 51-2; Polydorus Vergilius, *Anglicae historiae libri XXVI* (Basileia, 1546), p. 15.

17 Ver Dirk de Man, "Vervolgingen enz.", *Bijdragen voor Vaderlandsche Geschiedenis en Oudheidkunde*, 6ª série, v. 4, p. 283.

18 Gerson, "Epistola contra libellum Johannis de Schonhavia", em *Opera*, v. 1, p. 79.

19 Id., "De distinctione verarum visionum a falsis", em *Opera*, v. 1, p. 44.

20 Id., ibid., p. 48.

21 Id., "De examinatione doctrinarum", em *Opera*, v. 1, p. 19.

22 Id., ibid., pp. 16 e 17.

23 Id., "De distinctione", em *Opera*, v. 1, p. 44. Essa consideração também está em *Opicinus de Canistris*, op. cit., p. 165.

24 Gerson, "Tractatus II super Magnificat", em *Opera*, v. 4, p. 248.

25 Moll, "65 nutte artikelen van der passien ons Heren", em *Johannes Brugman*, v. 2, p. 75.

26 Gerson, "De monte contemplationis", em *Opera*, v. 3, p. 562.

27 Id., "De distinctione", em *Opera*, v. 1, p. 49.

28 Id., ibid., p. 49.

29 *Acta Sanctorum Martii*, v. 1, p. 562.

30 James, op. cit., p. 343.

31 *Acta Sanctorum*, op. cit., pp. 552 ss.

32 Froissart, v. 15, p. 132; *Chronique du religieux de Saint-Denis*, op. cit., v. 2, p. 124; Gerson, "Joannis de Varennis Responsiones ad capita accusationum", em *Opera*, v. 1, pp. 925-6.

33 Gerson, "Responsiones", op. cit., p. 936.

34 Id., ibid., pp. 910 ss.

35 Id., "De probatione spirituum", em *Opera*, v. 1, p. 41.

36 Id., "Epistola contra libellum Johannis de Schonhavia", em *Opera*, v. 1, p. 82.

37 Id., "Sermo contra luxuriam", em *Opera*, v. 3, p. 924.

38 Id., "De distinctione", em *Opera*, v. 1, p. 55.

39 *Opera*, v. 3, pp. 589 ss.

40 Id., ibid., p. 593.

41 Id., "De consolatione theologiae", em *Opera*, v. 1, p. 174.

42 Id., "Epistola super tertia parte libri Joannis Ruysbroeck 'De ornatu nupt. spir.'", em *Opera*, v. 1, pp. 59, 67 etc.

43 Id., "Epistola contra defensionem Johannis de Schonhavia" (polêmica sobre Ruysbroeck), em *Opera*, v. 1, p. 82.

44 O mesmo sentimento em um moderno: "*I committed myself to Him in the profoundest belief that my individuality was going to be destroyed, that he would take all from me, and I was willing*" (James, op. cit., p. 223).

45 Gerson, "De distinctione", em *Opera*, v. 1, p. 55; "De libris caute legendis", v. 1, p. 114.

46 Id., "De examinatione doctrinarum", em *Opera*, v. 1, p. 19; "De distinctione", v. 1, p. 55; "De libris caute legendis", v. 1, p. 114; "Epistola super tertia parte libri Joannis Ruysbroeck 'De ornatu nupt. spir.'", v. 1, p. 62; "De consolatione theologiae", v. 1, p. 174; "De susceptione humanitatis Christi", v. 1, p. 455; "De nuptiis Christi et ecclesiae", v. 2, p. 370; "De triplici theologia", v. 3, p. 869.

47 Moll, *Johannes Brugman*, op. cit., v. 1, p. 57.

48 Gerson, "De distinctione", op. cit., v. 1, p. 55.

49 Moll, op. cit., v. 1, pp. 234 e 314.

50 Eclesiástico 24,29. Ver Meister Eckhart, "Predigten", n. 43, pp. 146 e 26.

51 Ruysbroeck, "Die spieghel der ewigher salicheit" e "Die chierheit der gheesteleker brulocht", em *Werken*, Maatschappij der Vlaemsche Bibliophilen, 1860 e 1868, v. 3, pp. 156-9, e v. 6, p. 132. Ver Melline d'Asbeck, *La Mystique de Ruysbroeck l'Admirable, un écho du néoplatonisme au XIVe siècle* (Paris, 1930).

52 A partir do manuscrito em Oulmont, op. cit., p. 277.

53 Ver a contestação dessa opinião por James, op. cit., pp. 10, 191 e 276.

54 Moll, *Johannes Brugman*, op. cit., v. 2, p. 84.

55 Oulmont, op. cit., pp. 204 e 210.

56 Alanus de Rupe, *Beatus Alanus redivivus* (Nápoles, 1642), pp. 29, 31, 105, 108, 116 etc.

57 Id., ibid., pp. 209 e 218.

15. O SIMBOLISMO FENECIDO [PP. 348-67]

1. Seuse, "Leben", em *Deutsche Schriften*, cap. 4, p. 15, e cap. 45, p. 154; *Acta Sanctorum Januarii*, v. 2, p. 656.
2. Hefele, *Der heilige Bernhardin von Siena*, p. 167; ver "Über den Namen Jesus" (p. 259), a defesa de Bernardino do costume.
3. Eugène Demole, "Le Soleil comme cimier des armes de Genève", citado em *Revue Historique*, v. 123, p. 450.
4. Rodolphus Hospinianus, *De templis* (Zurique, 1603), p. 213.
5. William James, *The Varieties of Religious Experience*, pp. 474-5.
6. Irenaeus, *Adversus haereses libri*, v. v, 1; v. IV, c. 21.
7. Sobre a necessidade de tal realismo, ver James, op. cit., p. 56.
8. Goethe, *Sprüche in Prosa*, n. 742 e 743.
9. Saint-Bernard, "Libellus ad quendam sacerdotem", citado em Dionísio Cartuxo, "De vita et regimine curatorum", em *Opera*, v. 37, p. 222.
10. Bonaventura, "De reductione artium ad theologiam", em *Opera* (Paris, 1871), v. 7, p. 502.
11. Pierre Rousselot, "Pour l'Histoire du problème de l'amour au Moyen Âge", em *Beiträge zur Geschichte del Philosophie im Mittelalter* (Münster, 1908), v. 6.
12. Sicard, "Mitrale sive de officiis ecclesiasticis summa", em Migne (Org.), *Patrologia Latina*, v. 213, p. 232.
13. Gerson, "Compendium theologiae", em *Opera*, v. 1, pp. 234, 303 ss. e 325; "Meditatio super septimo psalmo poenitentiali", v. 4, p. 26.
14. *Beatus Alanus redivivus*, passim.
15. Na página 12, *fortitudo* é equiparado a *abstinentia*, mas na página 201 é a *temperantia* que falta na série. Provavelmente é essa a intenção. Há ainda outras variações.
16. Froissart, *Poésies*, v. 1, p. 53.
17. Chastellain, "L'Entrée du roy Loys en nouveau règne", em *Œuvres*, v. 7, p. 1; Molinet, *Chronique*, v. 2, p. 71, e v. 3, p. 112.
18. Coquillart, "Les Droits nouveaux", em *Œuvres*, v. 1, p. 72.

19   Dionísio Cartuxo, *Opera*, v. 1, pp. 44 ss.
20   Hermann Usener, *Götternamen: Versuch zu einer Lehre von der religiösen Begriffsbildung* (Bonn, 1896), p. 73.
21   Jacques Mangeart, *Catalogue des manuscrits de la bibliothèque de Valenciennes*, 1860, p. 687.
22   *Journal d'un Bourgeois de Paris*, op. cit., p. 96.
23   La Marche, op. cit., v. 2, p. 378.
24   *Histoire littéraire de la France: XIVe siècle*, v. 24, 1862, p. 541; Gröber, *Grundriss*, v. 2, parte 1, p. 877, e v. 2, parte 2, p. 406; ver *Les Cent nouvelles nouvelles*, op. cit., v. 2, p. 183; Rabelais, *Pantagruel*, v. 1, parte 4, cap. 29.
25   Hermann Grotefend, "Chronologisches", *Korrespondenzblatt des Gesamtvereins der deutschen Geschichts und Altertumsvereine*, v. 67, 1919, p. 124. *Dock* significa "boneco".
26   Luther, "De captivitate Babylonica ecclesiae plaeludium", em *Werke*, v. 6, p. 562.

16. O REALISMO E O SUCUMBIR DA IMAGINAÇÃO NO MISTICISMO [PP. 368-90]

1   Gerson, "Petri de Alliaco Tractatus I adversus cancellarium Parisiensem", em *Opera*, v. 1, p. 723.
2   Dionísio Cartuxo, *Opera*, v. 36, p. 200.
3   Id., "Revelatio II", em *Opera*, v. 1, p. 45.
4   Id., *Opera*, v. 37 e 38, e v. 39, p. 496.
5   *Anecdotes historiques, légendes et apologues tirés du recueil inédit d'Etienne de Bourbon*, A. Lecoy de la Marche (Org.), Société de l'Histoire de France, 1877, p. 24.
6   Alain Chartier, *Œuvres*, p. 11. A anedota tem valor somente como testemunho de um pensamento da época, uma vez que Alain Chartier morreu em 1429 e Margarida só chegou à França em 1435, quando era uma menina de onze anos. Ver Pierre Champion, *Histoire poétique du XVe siècle*, v. 1, p. 131.
7   Gerson, *Opera*, v. 1, p. 17.
8   Dionísio Cartuxo, *Opera*, v. 18, p. 433.
9   Id., *Opera*, v. 39, pp. 118 ss.; "De vitiis et virtutibus",

v. 39, p. 363; "De gravitate et enormitate peccati", v. 29, p. 50.

10   Id., ibid., v. 39, p. 37.
11   Id., ibid., v. 39, p. 56.
12   Id., "De quatuor hominum novissimis", em *Opera*, v. 41, p. 545.
13   Id., ibid., pp. 489 ss.
14   Moll, *Johannes Brugman*, v. 1, pp. 20, 23 e 28.
15   Id., ibid., p. 320.
16   O modelo de santo Eustáquio, são Germano e são Ciríaco por Gerson, "De vita imitativa", em *Opera*, v. 3, p. 777; ver também "Contra gulam sermo", v. 3, p. 909. Olivier Maillard, *Senn. de sanctis*, f. 8a.
17   Innocentius III, "De contemptu mundi", v. 1, cap. 1, em Migne (Org.), *Patrologia Latina*, v. 217, pp. 702 ss.
18   Wetzer e Welter, *Kirchenlexikon*, v. 11, 1601.
19   *Extravag. commun.*, livro 5, título 9, capítulo 2: "*Quanto plures ex eius applicatione trahuntur ad iustitiam, tanto magis accrescit ipsorum cumulus meritorum*".
20   Bonaventura, "In secundum librum sententiarum", dist. 41, art. 1º, qu. 2, e dist. 30, art. 2º, qu. 1; "In quartum librum sententiarum", dist. 34, art. 1º, qu. 2; "Breviloquii II", em *Opera* (Paris, 1871), v. 3, pp. 577a, 335 e 438; v. 6, p. 327b; v. 7, p. 271ab.
21   Dionísio Cartuxo, "De vitiis et virtutibus", em *Opera*, v. 39, p. 20.
22   William Sharp McKechnie, *Magna Carta: A Commentary on the Great Charter of King John*, p. 401.
23   A mesma ideia na bula papal *Unigenitus*, que foi citada há pouco. Ver Marlowe, *The Tragical History of Doctor Faustus*: "*See, where Christ's blood streams in the firmament! One drop of blood will save me*".
24   Dionísio Cartuxo, "Dialogion de fide catholica", em *Opera*, v. 18, p. 36.
25   Id., *Opera*, v. 41, p. 489.
26   Id., "De laudibus sanctae et individuae trinitatis", em *Opera*, v. 35, p. 137, de *laud. glor. Virgo Mariae* e passim. O uso dos superlativos já deriva de Dionísio Areopagita.

27 William James, *The Varieties of Religious Experience*, p. 419.
28 Joannis Scoti, "De divisione naturae", livro 1, v. 3, c. 19, em Migne (Org.), *Patrologia Latina*, v. 122, p. 681.
29 Angelus Silesius, *Cherubinischer Wandersmann*, v. 1, p. 25.
30 O tesouro de Melline d'Asbeck, como já aparece em seu título (ver capítulo 14, nota 51), o elemento neoplatônico do misticismo alemão, e depois em Ruysbroeck outra vez, bem mais elevado do que desde a descoberta dos fundamentos tomísticos que eram usuais nesse misticismo.
31 Dionísio Cartuxo, *Opera*, v. 1, p. 44.
32 Seuse, "Leben", em *Deutsche Schriften*, cap. 3, p. 14; ver também cap. 5, p. 21.
33 Meister Eckhart, "Predigten", n. 60 e 76, em *Deutsche Mystiker des XIV Jahrhunderts* (Leipzig, 1857), v. 2, pp. 1931 e 34 ss., e pp. 242 e 2 ss.
34 Tauler, "Predigten", n. 28, em *Deutsche Texte des Mittelalters* (Berlim, 1910), v. 11, pp. 117 e 30 ss.
35 Ruysbroeck, "Dat boec van seven sloten", em *Werken*, v. 4, cap. 19, pp. 106-8.
36 Id., "Dat boec van den rike der ghelieven", op. cit., v. 4, cap. 43, p. 264.
37 Id., ibid., cap. 35, p. 246.
38 Id., "Van seven trappen in den graet der gheesteliker minnen", op. cit., v. 4, cap. 14, p. 53. Em vez de "*ontfonken*", leio "*ontsonken*" [imerso].
39 Id., "Boec van der hoechster waerheit", op. cit., p. 231.
40 Id., "Die spieghel der ewigher salicheit", op. cit., cap. 19, p. 144, e cap. 23, p. 227.
41 Dionísio Cartuxo, *Opera*, v. 2, parte 6: "*Dominus pollicitus est, ut habitaret in caligine*"; Salmos 17,13: "*Et posuit tenebras latibulum suum*".
42 Id., "De laudibus sanctae et individuae trinitatis", em *Opera*, v. 35, pp. 137-8; ver também v. 41, p. 263 etc., e "De passione dei salvatoris dialogus", v. 35, p. 274: "*Ingrediendo caliginem, hoc est ad supersplendidissimae ac prorsus incomprehensibilis Deitatis praefatam notitiam pertingendo per omnem negationem ab ea*".
43 Franz Jostes, *Meister Eckhart und seine Jünger*, p. 95.

44 Dionísio Cartuxo, "De contemplatione", livro 3, art. 5º, em *Opera*, v. 41, p. 259.
45 Id., ibid., p. 269, por Dionísio Areopagita.
46 Seuse, "Leben", em *Deutsche Schriften*, cap. 4, p. 14.
47 Eckhart, "Predigten", n. 40, p. 136, parte 23.
48 Id., ibid., n. 9, pp. 47 ss.
49 Tomás de Kempis, "Soliloquium animae", em *Opera omnia*, M. J. Pohl (Org.) (Freiburg, 1902-10), v. 1, p. 230.
50 Id., ibid., p. 222.

17. AS FORMAS DE PENSAMENTO NA VIDA PRÁTICA [PP. 391-423]

1 Aliénor de Poitiers, "Les Honneurs de la cour", pp. 184, 189, 242 e 266.
2 Olivier de la Marche, "L'Estat de la maison", v. 4, p. 56. Ver questões semelhantes antes, na pp. 98-9.
3 J. H. Round, *The King's Serjeants and Officers of State With Their Coronation Services*, p. 41.
4 Sobre os adereços de Carlos, ver R. F. Burckhardt, "Anzeiger für Schweiz", em *Altertumskunde*, 1931, pp. 247 ss., em que há uma imagem de Les Trois Frères.
5 E isso curiosamente se espalhou até a locomotiva, o carro e (pelo menos nos Estados Unidos) ao elevador.
6 *Le Livre des trahisons*, p. 27.
7 *Chronique du religieux de Saint-Denis*, v. 3, pp. 464 ss.; Juvenal des Ursins, op. cit., p. 440; Noël Valois, *La France et le grand schisme d'Occident* (Paris, 1896--1902), v. 3, p. 433.
8 Juvenal des Ursins, op. cit., p. 342.
9 Monstrelet, op. cit., v. 1, pp. 177-242; Coville, "Le Véritable Texte de la justification du duc de Bourgogne par Jean Petit", *Bibliothèque de l'École des Chartes*, v. 72, 1911, p. 57. Sobre o tema de uma segunda justificativa, com que Petit novamente haveria de responder à contra-argumentação de Thomas de Cerisi em 11 de setembro de 1408, ver Otto Cartellieri, *Beiträge zur Geschichte der Herzöge von Burgund* (Heidelberg: Sitzungsberichte

der Heidelberger Akademie der Wissenschaften, 1914), v. 5, p. 6; Wolfgang Seiferth, *Der Tyrannenmord von 1407* (Leipzig, 1922). Atualmente, para tudo o que se refere a Jean Petit, e com detalhes, ver Coville, *Jean Petit: La question du tyrannicide au commencement du XVᵉ siècle* (Paris, 1932).

10 Leroux de Lincy, *Le Livre des proverbes français* (Paris, 1859), 2 v.; Ernest Langlois, "Anciens Proverbes français", *Bibliothèque de l'École des Chartes*, v. 60, 1899, p. 569; Jakob Ulrich, "Die Sprichwörtersammlung Jehan Mielot's", *Zeitschrift für Französische Sprache und Literatur*, n. 24, 1902, p. 191.

11 *Les Grandes Chroniques de France*, v. 4, p. 478.

12 Alain Chartier, *La Ballade de Fougères*, p. 717.

13 Jean Régnier, *Les Fortunes et adversitez de feu noble homme Jehan Regnier*. Ver Pierre Champion, *Histoire poétique du XVᵉ siècle*, v. 1, pp. 229 ss.; Molinet, *Faictz et dictz*, pastas 80, 119, 152, 161, 170 e 194; Coquillart, *Œuvres*, v. 1, p. 6; Villon, op. cit., p. 134.

14 Roberti Gaguini, *Epistolæ et orationes*, v. 2, p. 366.

15 Gerson, *Opera*, v. 4, p. 657, e v. 1, p. 936; Carnahan, "The *Ad Deum vadit* of Jean Gerson", pp. 61 e 71; Leroux de Lincy, *Le Livre des proverbes français*, v. 1, p. 52.

16 Geffroi de Paris, "Chronique", *Recueil des historiens des Gaules et de la France*, v. 22, p. 87. Ver *index rerum et personarum*, s.v. Proverbia, p. 926.

17 Froissart, v. 11, p. 119; v. 13, p. 41; v. 14, p. 33; v. 15, p. 10. *Le Jouvencel*, v. 1, pp. 60, 62-3, 74, 78 e 93.

18 *"Je l'envie"* é um termo de jogo que significa "convido-te", "desafio-te"; *"Ic houd"* é a resposta a isso, considerando que *"Cominus et eminus"* seja uma alusão à fé, de que o porco-espinho também possa lançar seus espinhos.

19 Ver meu artigo "Uit de voorgeschiedenis van ons nationaal besef", em *Tien Studiën*, Haarlem, 1926 [em *Verzamelde Werken*, v. 2, p. 97].

20 Ver antes, p. 135.

21 Piaget, "Le Livre Messire Geoffroi de Charny", *Romania*, v. 26, 1897, p. 396.

22 Honoré Bonet, *L'Arbre des batailles* (Paris: Michel le Noir, 1515). A respeito de Bonet, ver Molinier, *Les Sources de l'histoire de France*, n. 3861.

23 Ver cap. 35, p. 85 (n. 80 e n. 90 aparecem duas vezes na edição de 1515) e pp. 124-6.

24 Ver caps. 56, 60, 84 e 132. C. W. Coopland, "The Tree of Battles and Some of Its Sources", *Tijdschrift voor Rechtsgeschiedenis*, v. 5, 1923, p. 173, indica a forte dependência de Bonet de Johannes van Lagnano († 1382). Só que as partes que entram em consideração aqui parecem pertencer à porção mais original de Bonet. Sobre Johannes van Legnano, ver Giuseppe Ermini, "I trattati della guerra e della pace di G. da Legnano", *Studi e memorie per la storia dell'Università di Bologna*, v. 8, 1924. No romance cavaleiresco espanhol *Tirante el Blanco*, o monge dá ao pajem o *L'Arbre des batailles* como manual da cavalaria.

25 Ver caps. 80, 82, 89 etc.

26 *Le Jouvencel*, op. cit., v. 1, p. 222, e v. 2, pp. 8, 93, 96, 133 e 214.

27 *Les Vers de maître Henri Baude, poète du XVe siècle*, por Quicherat (Org.), *Le Trésor de pièces rares ou inédites* (Paris, 1856), pp. 20-5.

28 Champion, *Villon*, v. 2, p. 182.

29 Esse formalismo era mais forte em tribos sul-americanas, que exigem de qualquer pessoa ferida por acidente que pague dinheiro ao seu clã, pois afinal derramou sangue do clã. Livingston Farrand, "The Basis of American History: 1500-1900", em *The American Nation: A History*, v. 2, p. 198.

30 La Marche, op. cit., v. 2, p. 80.

31 Id., ibid., p. 168.

32 Chastellain, op. cit., v. 4, p. 169.

33 *Chronique scandaleuse*, v. 2, p. 83.

34 Petit-Dutaillis, *Documents nouveaux sur les mœurs populaires*. Ver Chastellain, v. 5, p. 399, e Jacques du Clercq, passim.

35 Du Clercq, op. cit., v. 4, p. 264; ver também v. 3, pp. 180, 184, 206 e 209.

36 Monstrelet, op. cit., v. 1, p. 342, e v. 5, p. 335; Chastellain, op. cit., v. 2, p. 389; La Marche, op. cit., v. 2, pp. 284 e 331; *Le Livre des trahisons*, pp. 34 e 226.
37 Quicherat, *Thomas Basin*, v. 1, p. 44.
38 Chastellain, op. cit., v. 3, p. 106.
39 Gerson, "Sermo de nativitate Domini", em *Opera*, v. 3, p. 947.
40 *Le Pastoralet*, verso 2043.
41 Jean Jouffroy, "De Philippo duce oratio", v. 1, p. 188.
42 La Marche, op. cit., v. 1, p. 63.
43 Gerson, "Querelela nomine Universitatis", em *Opera*, v. 4, p. 574. Ver *Chronique du religieux de Saint-Denis*, op. cit., v. 3, p. 185.
44 Chastellain, op. cit., v. 2, p. 375; ver também p. 307.
45 Commines, op. cit., v. 1, pp. 111 e 363.
46 Monstrelet, op. cit., v. 4, p. 388.
47 Basin, op. cit., v. 1, p. 66.
48 La Marche, op. cit., v. 1, pp. 60, 63, 83, 88, 91, 94 e 134, e v. 3, p. 101.
49 Commines, op. cit., v. 1, pp. 170, 262, 391, 413 e 460.
50 Basin, op. cit., v. 2, pp. 417 e 419; Molinet, *Faicz et dictz*, f. 205. Na terceira linha, leio *sa* no lugar de *la*.
51 Deschamps, *Œuvres*, v. 9.
52 Id., ibid., pp. 219 ss.
53 Id., ibid., pp. 293 ss.
54 Ver Marett, *The Threshold of Religion*, passim.
55 Monstrelet, op. cit., v. 4, p. 93; *Le Livre des trahisons*, op. cit., p. 157; Molinet, op. cit., v. 2, p. 129; Du Clercq, op. cit., v. 4, pp. 203 e 273; Theodoricus Pauli, "De rebus actis sub ducibus Burgundiae compendium", p. 278.
56 Molinet, op. cit., v. 1, p. 65.
57 Id., ibid., v. 4, p. 417. *Courtaulx* é um instrumento musical, e *Mornifle* é um jogo de cartas.
58 Gerson, *Opera*, v. 1, p. 205.
59 Jorga, "Le Songe du vieil pelerin", em *Philippe de Mézières*, p. 69.
60 Juvenal des Ursins, op. cit., p. 425.
61 Id., ibid., p. 415.
62 Gerson, *Opera*, v. 1, p. 206.

63 Id., "Sermo coram rege Franciae", em *Opera*, v. 4, p. 620; Juvenal des Ursins, op. cit., pp. 415 e 423.
64 Id., *Opera*, v. 1, p. 216.
65 Chastellain, op. cit., v. 4, pp. 314 e 323-4; Du Clercq, op. cit., v. 3, p. 236.
66 Chastellain, op. cit., v. 2, p. 376; v. 3, pp. 446-8; v. 4, p. 213; v. 5, p. 32.
67 Monstrelet, op. cit., v. 5, p. 425.
68 Bourquelot, "Chronique de Pierre le Prêtre", em *La Vauderie d'Arras, Bibliothèque de l'École des Chartes*, 2ª série, v. 3, p. 109.
69 Jacques du Clercq, op. cit., v. 3, passim; D'Escouchy, op. cit., v. 2, pp. 416 ss.
70 Martin le Franc, *Le Champion des dames*, em Bourquelot, op. cit., p. 86; Gaguini, v. 2, p. 474.
71 Froissart, v. 11, p. 193.
72 Ver Rudolf Stadelmann, *Vom Geist des ausgehenden Mittelalters* (Halle, 1929), p. 46.
73 Gerson, "Contra superstitionem praesertim Innocentum", em *Opera*, v. 1, p. 205; "De erroribus circa artem magicam", v. 1, p. 211; "De falsis prophetis", v. 1, p. 545; "De passionibus animae", v. 3, p. 142.
74 *Journal d'un bourgeois de Paris*, op. cit., p. 236.
75 Id., ibid., p. 220.
76 Dionísio Cartuxo, "Contra vitia superstitionum quibus circa cultum veri Dei erratur", em *Opera*, v. 36, pp. 211 ss.; ver Adolph Franz, *Die kirchlichen Benediktionen im Mittelalter* (Freiburg, 1909), 2 v.
77 Por exemplo, Jacques du Clercq, op. cit., v. 3, pp. 104-7.

18. A ARTE NA VIDA [PP. 424-59]

1 *Chronique du religieux de Saint-Denis*, op. cit., v. 2, p. 78.
2 Id., ibid., v. 2, p. 413.
3 Id., ibid., v. 1, p. 358.
4 Id., ibid., v. 1, p. 600; Juvenal des Ursins, op. cit., p. 379.
5 La Curne de Sainte-Palaye, *Mémoires sur l'ancienne*

chevalerie, v. 1, p. 388. Ver também *Journal d'un bourgeois de Paris*, op. cit., p. 67.

6 *Journal d'un bourgeois de Paris*, op. cit., p. 179 (Carlos VI) e p. 309 (Isabel da Baviera); Chastellain, op. cit., v. 4, p. 42 (Carlos VII), e v. 1, p. 332 (Henrique V); Lefèvre de Saint-Remy, op. cit., v. 2, p. 65; D'Escouchy, op. cit., v. 2, pp. 424 e 432; *Chronique scandaleuse*, v. 1, p. 21; Jean Chartier, p. 319 (Carlos VII); *Œuvres du roi René*, v. 1, p. 129; *Compendium Roberti Gaguini super Francorum gestis*, enterro de Carlos VIII, f. 164.

7 Martial d'Auvergne, "Vigilles de Charles VII", em *Les Poésies de Martial de Paris, dit D'Auvergne* (Paris, 1724), v. 2, p. 170. Igualmente conhecida, a abadia de Westminster conserva ainda hoje as figuras de cera outrora usadas em funerais reais (a de Carlos II é a mais antiga entre as que foram conservadas). Ver o costume dos florentinos de mandar pendurar suas imagens em tamanho natural ainda em vida na Santissima Annunziata, algo que Aby Warburg informa tão curiosamente em *Gesammelte Schriften*, v. 1, pp. 99, 346 e 350.

8 Paul Fredericq, *Codex documentorum sacratissimarum indulgentiarum Neerlandicarum*, Rijks Geschiedkundige Publicatiën (Haia, 1922), n. 21, p. 252.

9 Um papa renascentista como Pio II não possui, nesse sentido, nenhum pensamento sobre a dignidade do artista. Ele pede que o seu artista preferido, Paolo Romano, faça duas imagens de Sigismondo Malatesta para depois queimá-las solenemente. O papa aprecia a parábola respectiva em seu *Commentarii*, v. 7, p. 185. Ver Eugène Müntz, *Les Arts à la cour des papes* (Paris, 1878), p. 248.

10 Um enriquecimento considerável para nosso assunto é o manuscrito sobre a festa da caçada da corte borguinhã, cujo original pegou fogo no castelo Pardo, perto de Madri, mas teve uma cópia guardada no castelo de Versalhes, sobre o qual Paul Post chamou a atenção em "Ein verschollenes Jagdbild Jan Van Eycks", *Jahrbuch der Preussischen Kunstsammlungen*, 1931, pp. 120 ss.

11 Por exemplo, Froissart, v. 8, p. 43.

12 Froissart, v. 11, p. 367. Uma variação do texto traz

"*proviseurs*" no lugar de "*peintres*", mas o último faz mais sentido no contexto.

13   Betty Kurth, "Die Blütezeit der Bildwirkerkunst zu Tournay und der burgundische Hof", *Jahrbuch der Kunstsammlungen des Kaiserhauses*, n. 34, 1917, p. 3.

14   Pierre de Fenin, *Bonne d'Artois*, p. 624: "*et avec ce ne portoit point d'estat sur son chief comment autres dames à elle pareilles*".

15   *Le Livre des trahisons*, p. 156.

16   Chastellain, op. cit., v. 3, p. 75; La Marche, op. cit., v. 2, p. 340, e v. 3, p. 165; D'Escouchy, op. cit., v. 2, p. 116; Laborde, op. cit., v. 2; Molinier, *Les Sources de l'histoire de France*, n. 3645, 3661, 3663 e 5030; *Inv. des arch. du Nord*, v. 4, p. 195.

17   Ver antes, pp. 76-7.

18   La Marche, op. cit., v. 2, pp. 340 ss.

19   Laborde, op. cit., v. 2, p. 326.

20   La Marche, op. cit., v. 3, p. 197.

21   Laborde, op. cit., v. 2, p. 375, n. 4880.

22   Id., ibid., v. 2, pp. 322 e 329.

23   Embora o dado mais autêntico — o selo do mestre — indique claramente o nome Claus Sluter, mesmo assim é difícil acreditar que o nome não holandês Claus tenha sido a forma original de seu nome de batismo. Conforme se soube depois, graças a um registro na guilda de seu sobrenome em Bruxelas, com certeza Sluter veio de Haarlem por volta de 1380.

24   Já em 1405, esse ex-voto foi empenhado ao irmão dela, o duque Luís, e logo em seguida foi parar na Baviera, onde foi guardado sob o nome "das goldene Rössl" na igreja de Altötting.

25   Kleinclausz, "Un atelier de sculpture au XV$^{\underline{e}}$ siècle", *Gazette des Beaux-Arts*, v. 29, 1903.

26   Êxodo 12,6; Salmos 21,18; Isaías 53,7; Jeremias 1,22; Daniel 9,26; Zacarias 11,12.

27   As cores perdidas são conhecidas em detalhe devido a um relatório elaborado em 1832.

28   Kleinclausz, "L'Art funéraire de la Bourgogne au Moyen-Âge", *Gazette des Beaux-Arts*, v. 27, 1902.

29 Ver Etienne Boileau, "Le Livre des métiers", em *Histoire générale de Paris*, 1879, p. 11.

30 Gustave Cohen, *Le Livre de conduite du régisseur et le compte des dépenses pour le mystère de la passion joué à Mons en 1501*, Faculté des Lettres de Strasbourg, 1925.

31 Chastellain, op. cit., v. 5, p. 26; Doutrepont, op. cit., p. 156.

32 Juvenal des Ursins, op. cit., p. 378.

33 Jacques du Clercq, op. cit., v. 2, p. 280; Foulquart, em D'Héricault, *Œuvres de Coquillart*, v. 1, p. 23.

34 Lefèvre de Saint-Remy, op. cit., v. 2, p. 291.

35 Londres, National Gallery; Berlim, Kaiser Friedrich Museum (atualmente Gemäldegalerie).

36 Também se poderia traduzir como "Jan van Eyck foi este". E quanto ao fato de se ver o próprio pintor na imagem pintada, as argumentações a favor e contra essa solução reunidas até agora ainda não permitem uma revisão da concepção em voga no momento. Ver *Revue de l'Art*, n. 36, 1932, p. 187; *Gazette des Beaux-Arts*, n. 74, 1932, p. 42; *The Burlington Magazine*, 1934 (mar., set., out., dez.).

37 Froissart, v. 11, p. 197.

38 Paul Durrieu, *Les Très Riches Heures du duc de Berry (Heures de Chantilly)* (Paris, 1904), p. 81.

39 Moll, *Kerkgeschiedenis*, v. 2, pp. 313 ss.; J. G. R. Acquoy, *Het klooster van Windesheim en zijn invloed* (Utrecht, 1875-80), v. 2, p. 249.

40 Tomás de Kempis, "Sermones ad novitios, n. 28", em *Opera*, v. 6, p. 287.

41 Moll, op. cit., v. 2, p. 321; Acquoy, op. cit., p. 222.

42 Ver antes, pp. 332-3.

43 Chastellain, op. cit., v. 4, p. 218.

44 La Marche, op. cit., v. 2, p. 398.

45 Id., ibid., v. 2, p. 369.

46 Chastellain, op. cit., v. 4, pp. 136, 275, 359 e 361, e v. 5, p. 225; Du Clercq, op. cit., v. 4, p. 7.

47 Chastellain, op. cit., v. 3, p. 332; Du Clercq, op. cit., v. 3, p. 56.

48 Chastellain, op. cit., v. 5, p. 44, e v. 2, p. 281; La Marche, op. cit., v. 2, p. 85; Du Clercq, op. cit., v. 3, p. 56.

49 Chastellain, op. cit., v. 3, p. 530.
50 Du Clercq, op. cit., v. 3, p. 203.
51 Ver antes, pp. 313-4.
52 Os editores de Bonaventura em Quaracchi atribuem a autoria a Johannes de Caulibus, um franciscano de San Gimignano, que morreu em 1376.
53 Facius, *Liber de viris illustribus* (Florença, 1745), p. 46, e também em Weale, *Hubert and John van Eyck*, p. 73.

19. A SENSIBILIDADE ESTÉTICA [PP. 460-70]

1 Dionísio Cartuxo, *Opera*, v. 34, p. 223.
2 Id., ibid., pp. 247 e 230.
3 Otto Zöckler, "Dionys des Kartäusers Schrift *De venustate mundi*, Beitrag zur Vorgeschichte der Ästhetik", *Theologische Studien und Kritiken*, 1881, p. 651; E. H. Anitchkov, "L'Esthétique au Moyen-Âge", *Le Moyen Âge*, v. 20, 1918, p. 271; Martin Grabmann, "Des Ulrich Engelberti von Strassburg O. Pr. Abhandlung De Pulchro", *Sitzungsberichte der Bayerischen Akademie der Wissenschaften: Philosophisch-Philologische und Historische Klasse*, 1925; Wolfgang Seiferth, "Dantes Kunstlehre", *Archiv für Kulturgeschichte*, v. 17 e 18, 1927 e 1928.
4 Tomás de Aquino, *Summa theologiae*, parte 1, q. 39, art. 8º.
5 Dionísio Cartuxo, *Opera*, v. 1, "Vita", p. 36.
6 Id., "De vita canonicorum", em *Opera*, v. 37, p. 197, art. 20: "*An discantus in divino obsequio sit commendabilis*". Ver Tomás de Aquino, *Summa theologiae*, parte 2, q. 91, art. 2º: "*Utrum cantus sint assumendi ad laudem divinam*".
7 Molinet, op. cit., v. 1, p. 73 (ver também p. 67).
8 Gerson, "De falsis prophetis", em *Opera*, v. 1, p. 538.
9 La Marche, op. cit., v. 2, p. 361.
10 Dionísio Cartuxo, *De venustate mundi*, v. 34, p. 242.
11 Froissart, v. 4, p. 90; v. 8, pp. 43 e 58; v. 11, pp. 53 e 129. Ver também v. 11, pp. 340 e 360; v. 13, p. 150; v. 14, pp. 157 e 215.

12   Deschamps, op. cit., v. 1, p. 155, e v. 2, pp. 211 e 208 (n. 307); La Marche, op. cit., v. 1, p. 274.

13   *Le Livre des trahisons*, pp. 150 e 156; La Marche, op. cit., v. 2, pp. 12 e 347, e v. 3, pp. 127 e 89; Chastellain, op. cit., v. 4, p. 44; *Chronique scandaleuse*, v. 1, pp. 26 e 126.

14   Lefèvre de Saint-Remy, op. cit., v. 2, pp. 294 e 296.

15   Camille Couderc, "Les Comptes d'un grand couturier parisien au XVe siècle", *Bulletin de la Société de l'Histoire de Paris*, n. 28, 1911, pp. 125 ss.

16   Arauto da Sicília, *Le Blason des couleurs*, pp. 113, 97, 87, 99, 60, 88, 108, 83 e 110.

17   Por exemplo, Monstrelet, op. cit., v. 5, p. 2; Du Clercq, op. cit., v. 1, p. 348.

18   La Marche, op. cit., v. 2, p. 343; F. M. Graves, "Deux inventaires de la Maison d'Orléans", p. 28.

19   Chastellain, op. cit., v. 8, p. 223; La Marche, op. cit., v. 1, p. 276, e v. 2, pp. 11, 68 e 345; Du Clercq, op. cit., v. 2, p. 197; Jean Germain, "Liber de virtutibus Philippi ducis Burgundiae", p. 11; Jean Jouffroy, "De Philippo duce oratio", p. 173.

20   D'Escouchy, op. cit., v. 1, p. 234.

21   Ver antes, p. 221-2.

22   *Le Miroir de mariage*, v. 17, verso 1650; Deschamps, *Œuvres*, op. cit., v. 9, p. 57.

23   *Chansons françaises du XVe siècle*, Gaston Paris (Org.), Société des Anciens Textes Français, 1875, n. 49, p. 50. Ver Deschamps, op. cit., v. 3, n. 415, p. 217; n. 419, p. 223; n. 423, p. 227; n. 481, p. 302; v. 4, n. 728, p. 199. *L'Amant rendu cordelier*, setor 62, p. 23. Molinet, *Faictz et dictz*, f. 176.

24   Arauto da Sicília, *Le Blason des couleurs*, p. 110. Sobre a simbologia das cores na Itália, ver Giulio Bertoni, *L'Orlando furioso*, pp. 221 ss.

25   Christine de Pisan, "Cent balades d'amant et de dame", n. 92, em *Œuvres poétiques*, v. 3, p. 299. Ver Deschamps, op. cit., v. 10, n. 52; *Le Petit Jehan de Saintré*, p. 415.

26   *Le Pastoralet*, op. cit., verso 2054, p. 636. Ver *Les Cent nouvelles nouvelles*, op. cit., v. 2, p. 118: "*craindroit*

très fort estre du rang des bleux vestuz, qu'on appelle communement noz amis".

27 *Chansons françaises du XV*ᵉ *siècle*, op. cit., n. 5, p. 5, e n. 87, p. 85.
28 La Marche, op. cit., v. 2, p. 207.

20. A IMAGEM E A PALAVRA [PP. 471-515]

1 A esse respeito, ver meu artigo "Het probleem der Renaissance", em *Tien Studiën*, Haarlem, 1926, p. 280 [em *Verzamelde Werken*, v. 4, p. 231].
2 Fierens-Gevaert, *La Renaissance septentrionale et les premiers maîtres des Flandres* (Bruxelas, 1905).
3 Erasmus, *Ratio seu methodus compendio perveniendi ad veram theologiam* (Basileia, 1520), p. 146.
4 Durand-Gréville, *Hubert et Jean van Eyck* (Bruxelas, 1910), p. 119.
5 Ver antes, p. 376.
6 Alain Chartier, *Œuvres*, p. 594.
7 Chastellain, op. cit., v. 1, pp. 11-2; v. 4, pp. 21 e 393; v. 7, p. 160. La Marche, op. cit., v. 1, p. 14. Molinet, op. cit., v. 1, p. 23.
8 Jean Robertet, por Chastellain, op. cit., v. 7, p. 182.
9 Chastellain, op. cit., v. 7, p. 219.
10 Id., ibid., v. 3, pp. 231 ss.
11 Dia 17 de janeiro.
12 Este Caron "*derc de la chapelle*" aparece como um dos narradores nas *Cent nouvelles nouvelles*.
13 Chastellain, op. cit., v. 3, p. 46 (ver antes, pp. 141-2); ver também v. 3, p. 104, e v. 5, p. 259.
14 Id., ibid., v. 5, pp. 273, 269 e 271.
15 Ver as reproduções em André Michel, *Histoire de l'art* (Paris, 1907), v. 4, parte 2, p. 711; e Paul Durrieu, "Les 'Belles Heures' du duc de Berry", *Gazette des Beaux-Arts*, v. 35, 1906, p. 283.
16 Froissart, v. 13, p. 50; v. 11, p. 99; v. 13, p. 4.
17 Poeta desconhecido, impresso em Deschamps, *Œuvres*, v. 10, n. 18. Ver François Villon, *Le Débat du cœur et du corps*, e Charles d'Orléans, rondel 192.

18 Variação: "*Monstré paix*".
19 Edição de 1522, f. 101, em Arthur de la Borderie, "Jean Meschinot, sa vie et ses œuvres", *Bibliothèque de l'École des Chartes*, v. 56, 1895, p. 301. Ver as baladas de Henri Baude por Quicherat (Org.), *Le Trésor des pièces rares ou inédites*, pp. 26, 37, 55 e 79.
20 Froissart, v. 2, pp. 56, 66 e 71; v. 11, p. 13; v. 12, pp. 2 e 23. Ver também Deschamps, op. cit., v. 3, p. 42.
21 Froissart, v. 11, p. 89.
22 Durrieu, *Les Très Riches Heures du duc de Berry*, 1904, pl. 38.
23 *Œuvres du roi René*, v. 2, p. 105.
24 Deschamps, op. cit., v. 1, n. 61 e 144; v. 3, n. 454, 483 e 524; v. 4, n. 617 e 636.
25 O rei René fala de um castelo de sua imaginação, "le Chastel de Plaisance", que era justamente como o castelo Saumur, em *Œuvres*, v. 3, p. 146.
26 Durrieu, op. cit., pl. 3, 9 e 12.
27 Deschamps, op. cit., v. 6, p. 191, n. 1204.
28 Froissart, v. 5, p. 64; v. 8, pp. 5 e 48; v. 11, p. 110; v. 13, pp. 14, 21, 84, 102 e 264.
29 Id., v. 15, pp. 54, 109 e 184; v. 16, pp. 23 e 52; ver também v. 1, p. 394.
30 Froissart, op. cit., v. 13, p. 13.
31 Machaut, *Poésies lyriques*, por Chichmaref (Org.), *Zapiski Istoriko-Filologicheskago Fakul'teta Imperatorskago S.-Peterburgskago Universiteta*, 92, 1909, n. 60, v. 1, p. 74.
32 La Borderie, op. cit., p. 618.
33 Christine de Pisan, *Œuvres poétiques*, v. 1, p. 276.
34 Id., ibid., v. 1, p. 164, n. 30.
35 Id., ibid., v. 1, p. 275, n. 5.
36 Froissart, *Poésies*, p. 216.
37 Pierre Michault, *La Danse aux aveugles* (Lille, 1748).
38 *Recueil de poésies françoises des XVe et XVIe siècles*, por Montaiglon (Org.), Bibliothèque Elzévirienne, v. 9, p. 59.

21. A PALAVRA E A IMAGEM [PP. 516-43]

1 A ratoeira, nesse meio-tempo, também poderia ser entendida simbolicamente. Petrus Lombardus, *Sententiae*, livro 3, dist. 19; citado no que foi dito: "Deus fez uma armadilha de ratos para o diabo, em que ele, Cristo, havia colocado carne humana como isca".

2 Deschamps, op. cit., v. 6, n. 1202, p. 188.

3 *"Espinette"* aqui significa uma gaiola de vime usada para a engorda de aves.

4 Froissart, *Poésies*, v. 1, p. 91.

5 Id., ibid., v. 13, p. 22.

6 Deschamps, op. cit., v. 1, p. 196, n. 90, e p. 192, n. 87; v. 4, p. 294, n. 788; v. 5, n. 903, 905 e 919; v. 7, p. 220, n. 1375; ver também v. 2, p. 86, n. 247 e 250.

7 Friedländer, *Die Altniederländische Malerei*, classifica-o entre as peças *"im frühen Eyck-stil"* [no antigo estilo Eyck]. O quadro pertenceu a Philippe de Commines.

8 Durrieu, *Les Très Riches Heures*, pl. 38, 39, 60, 27 e 28.

9 Deschamps, op. cit., n. 1060; v. 5, p. 351, n. 844, e v. 5, p. 15.

10 Chastellain, op. cit., v. 3, pp. 256 ss.

11 Ver o importante tratado de Aby Warburg, "Arbeitende Bauern auf burgundischen Teppichen", *Gesammelte Schriften*, v. 1, p. 221.

12 *Journal d'un bourgeois de Paris*, p. 325.

13 Deschamps, n. 1229, 1230, 1233, 1259, 1299, 1300 e 1477; v. 6, pp. 230, 232, 237 e 279; v. 7, pp. 52 e 54; v. 8, p. 182. Ver Gaguini, "De validorum mendicantium astucia", v. 2, pp. 169 ss.

14 Deschamps, op. cit., n. 219; v. 2, p. 44, n. 2, e v. 1, p. 71.

15 Id., ibid., v. 4, p. 291, n. 786.

16 *Bibliothèque de l'École des Chartes*, 2ª série, v. 3, 1846, p. 70.

17 Provérbios 14,13.

18 Alain Chartier, *La Belle Dame sans mercy*, pp. 503 e 505, e *Le Débat du réveille-matin*, p. 498; *Chansons françaises du XVᵉ siècle*, p. 71, n. 73; *L'Amant rendu cordelier*, verso 371; Molinet, *Faictz et dictz*, f. 172.

19 Alain Chartier, *Le Débat des deux fortunes d'amours*, p. 581.
20 *Œuvres du roi René*, v. 3, p. 194.
21 Charles d'Orléans, *Poésies complètes*, p. 68.
22 Id., ibid., p. 88, balada 19.
23 Id., ibid., canção n. 62.
24 Quanto à autoria da obra, não tenho mais as dúvidas das edições anteriores, já que agora posso me basear no bom juízo de Pierre Champion, *Histoire poétique du XVe siècle*, v. 1, p. 365.
25 Deve-se ler "*boutoit*"? Ver Alain Chartier, p. 549: "*Ou se le vent une fenestre boute/ Dont il cuide que sa dame l'escoute/ S'en va coucher joyeulx!*".
26 Huitains, 51, 53, 57, 167, 188, 192, por Montaiglon (Org.), Société des Anciens Textes Français, 1881.
27 Museu de Leipzig, n. 509.
28 O professor Hesseling chamou minha atenção para o fato de que aqui, além do sentimento de modéstia, provavelmente ainda havia uma outra ideia embutida em jogo, ou seja, a de que o morto não podia aparecer para o Juízo Final sem a sua mortalha, e me mostrou um trecho em uma escritura grega do século VII que talvez pudesse ser corroborado com paralelo nas concepções ocidentais (Johannes Moschus, c. 78, em Migne [Org.], *Patrologia Graeca*, v. 87, p. 2933). Por outro lado, é preciso notar que, nas representações da Ressurreição na miniatura e na pintura, os corpos sempre saem nus dos túmulos. Teologia e arte, nenhuma delas era unânime quanto à questão da nudez ou não na ocasião do Juízo Final. A esse respeito, ver G. G. Coulton, *Art and the Reformation* (Oxford, 1925), pp. 255-8. No portal da ala norte do mosteiro de Basileia, veem-se os ressuscitados justamente ocupados em se vestirem para o Juízo Final.
29 Jan Veth e Samuel Muller, *Albrecht Dürers niederländische Reise* (Berlim e Utrecht, 1918), v. 1, p. 13.
30 Chastellain, op. cit., v. 3, p. 414.
31 *Chronique scandaleuse*, v. 1, p. 27.
32 Molinet, op. cit., v. 5, p. 15.

33   Lefèvre, *Théâtre de Lille*, p. 54, em Doutrepont, op. cit., p. 354.

34   Théodore Godefroy, *Le Cérémonial françois* (Paris, 1649), p. 617.

35   J. B. Houwaert, *Declaratie van die triumphante Incompst van den Prince van Oraingnien* (Antuérpia: Plantijn, 1579), p. 39.

36   A tese de Émile Mâle quanto à influência dos espetáculos teatrais na pintura pode basear-se nisso.

37   Ver Paul Durrieu, *Gazette des Beaux Arts*, v. 35, 1906, p. 275.

38   Christine de Pisan, *Épître d'Othéa à Hector*, manuscrito 9392 de Jean Miélot (Bruxelas, 1913).

39   Id., ibid., pl. 5, 8, 24, 25 e 26.

40   Van den Gheyn, *Épître d'Othéa*, pl. 1 e 3; André Michel, *Histoire de l'art*, v. 4, parte 2, p. 603; Michel Colombe, monumento tumular da catedral de Nantes: a figura da Temperança no monumento tumular do cardeal de Amboise, na catedral de Rouen.

41   A esse respeito, ver meu artigo "Uit de voorgeschiedeis van ons nationaal besef", em *Tien Studiën*, Haarlem, 1926, p. 1 [em *Verzamelde Werken*, v. 2, p. 97, passim].

42   Chastellain, "Exposition sur vérité mal prise", em op. cit., v. 6, p. 249.

43   Id., "Le Livre de paix", em op. cit., v. 7, p. 375.

44   Id., "Advertissement au duc Charles", em op. cit., v. 7, pp. 304 ss.

45   Id., ibid., v. 7, pp. 237 ss.

46   Molinet, *Le Miroir de la Mort*, fragmento em Chastellain, v. 6, p. 460.

47   Chastellain, op. cit., v. 7, p. 419.

48   Deschamps, op. cit., v. 1, p. 170.

49   *Le Pastoralet*, versos 501, 7240 e 5763.

50   Quanto à mistura da pastoral com a política, ver Deschamps, op. cit., v. 3, p. 62, n. 344, e p. 93, n. 359.

51   Molinet, *Chronique*, v. 4, p. 307.

52   Em Langlois, *Le Roman de la Rose*, Société des Anciens Textes Français, 1914, v. 1, p. 33.

53   *Recueil de chansons, poèmes et pièces en vers français*

	relatifs aux Pays-Bas, Société des Bibliophiles Belges, v. 3, p. 31.
54	Arthur de la Borderie, "Jean Meschinot, sa vie et ses œuvres", op. cit., pp. 603 e 632.

22. O ADVENTO DA NOVA FORMA [PP. 544-62]

1	Nicolas de Clémanges, *Opera*, 1613; Joannis de Monasteriolo, "Epistolae", em *Amplissima Collectio*, v. 2, col. 1310.
2	Monasteriolo, "Epistolae", ep. 69, col. 1447, e ep. 15, col. 1338.
3	Id., ibid., ep. 59, col. 1426, e ep. 58, col. 1423.
4	Id., ibid., ep. 40, col. 1388 e 1396.
5	Id., ibid., ep. 59 e 67, col. 1427 e 1435.
6	Guillaume de Machaut, *Le Livre du Voir-Dit*, p. 18.
7	Ver antes, pp. 108-9.
8	Ver antes, p. 228.
9	Gerson, *Opera*, v. 1, p. 922.
10	Monasteriolo, "Epistolae", ep. 38, col. 1385.
11	Dionísio Cartuxo, op. cit., v. 37, p. 495.
12	Petrarca, *Opera* (Basileia, 1581), p. 847; Clémanges, *Opera*, ep. 5, p. 24; Monasteriolo, ep. 50, col. 1428.
13	Chastellain, op. cit., v. 7, pp. 75-143; ver também v. 5, pp. 38-40; v. 6, p. 80; v. 8, p. 358. *Le Livre des trahisons*, p. 145.
14	Machaut, *Voir-Dit*, p. 230; Chastellain, op. cit., v. 6, p. 194; La Marche, op. cit., v. 3, p. 166; *Le Pastoralet*, verso 2806; *Le Jouvencel*, v. 1, p. 16.
15	*Le Pastoralet*, versos 541 e 4612.
16	Chastellain, op. cit., v. 3, pp. 173, 177, 359 etc.; Molinet, op. cit., v. 2, p. 207.
17	Jean Germain, "Liber de virtutibus Philippi ducis Burgundiae", em *Chroniques relatives à l'histoire de la Belgique sous la domination des ducs de Bourgogne*, v. 3.
18	*Chronique scandaleuse*, v. 2, p. 42.
19	Christine de Pisan, *Œuvres poétiques*, v. 1, n. 90, p. 90.

20   Pândaro, como intermediário, desempenha um papel importante justamente na narrativa de Chaucer sobre Troilo e Créssida. Partindo disso, parece ter surgido o nome *ponder*, isto é, "casamenteiro".
21   Deschamps, op. cit., v. 2, n. 285, p. 138.
22   Villon, *Œuvres*, p. 15; Rabelais, *Pantagruel*, v. 1, parte 2, cap. 6.
23   Chastellain, op. cit., v. 5, pp. 292 ss.; La Marche, *Le Parement et triumphe des dames*, "Prologue"; Molinet, *Faictz et dictz*, "Prologue", e *Chronique*, v. 1, pp. 72, 10 e 54.
24   Excertos por Kervyn de Lettenhove (Org.), *Œuvres de Chastellain*, v. 7, pp. 145-86. Ver Paul Durrieu, "Un Barbier de nom français à Bruges", *Académie des Inscriptions et Belles-Lettres: comptes rendus*, 1917, pp. 542-58.
25   Chastellain, op. cit., v. 7, p. 146.
26   Id., ibid., p. 180.
27   La Marche, op. cit., v. 1, pp. 15 e 184-6; Molinet, op. cit., v. 1, p. 14, e v. 3, p. 99; Chastellain, "Exposition sur vérité mal prise", em op. cit., v. 6, e também v. 7, pp. 76, 29, 142 e 422; Commines, v. 1, p. 3; Doutrepont, op. cit., p. 24.
28   Chastellain, op. cit., v. 7, p. 159.
29   Id., ibid.
30   Roberti Gaguini, *Epistolae et orationes*, v. 1, p. 126.
31   Id., ibid., v. 1, p. 20.
32   Id., ibid., v. 1, p. 178, e v. 2, p. 509.
33   Deschamps, op. cit., v. 1, n. 63, p. 158.
34   Villon, *Testament*, verso 899, p. 58.
35   *Le Pastoralet*, verso 2094.
36   Id., ibid., verso 30, p. 574.
37   Molinet, op. cit., v. 5, p. 21.
38   Chastellain, "Le Dit de Vérité", em op. cit., v. 6, p. 221, e "Exposition sur vérité mal prise", pp. 297 e 310.
39   La Marche, op. cit., v. 2, p. 68.
40   *Roman de la Rose*, versos 20 e 141.

POSFÁCIO: COMO SURGIU
O OUTONO DA IDADE MÉDIA [PP. 563-77]

1 Francis Haskell, *History and Its Images: Art and the Interpretation of the Past* (New Haven e Londres, 1993), no qual há um capítulo chamado "Huizinga and the Flemish Renaissance".

2 Henri Pirenne, *Histoire de Belgique*, v. 2 (Bruxelas, 1908); H. Fierens-Gevaert, *La Renaissance septentrionale et les premiers maîtres des Flandres* (Bruxelas, 1905), mencionado em Wessel Krul, "Huizinga's Herfsttij: Achtergrond en vooruitzicht", n. 32 e 33.

3 Johan Huizinga, *Verzamelde Werken*, v. 1, p. 33.

4 Anton van der Lem, *Johan Huizinga*, p. 76; Johan Huizinga, *Briefwisseling*, v. 1, p. 53.

5 Johan Huizinga, *Briefwisseling*, n. 5, p. 44.

6 Anton van der Lem, *Het Eeuwige verbeeld in een afgehaald bed* (Amsterdam, 1997), p. 48.

7 Johan Huizinga, *Verzamelde Werken*, v. 3, p. 446.

8 Id., *Briefwisseling*, n. 31, p. 56.

9 Jo Tollebeek, "Tien jaren: P. J. Blok als Gronings mediëvist", em *De ekster en de kooi: Nieuwe opstellen over de geschiedschrijving* (Amsterdam, 1996), pp. 199-223.

10 Pim den Boer, "Huizinga's oog", em Arnold Labrie, Solange Leibovici e Ton Hoenselaars, *Huizinga 1995*, número temático do *Bulletin: Geschiedenis, Kunst, Cultuur*, ano 4 (1995), n. 3, pp. 12-29. J. A. Kossmann-Putto, "Huizinga als mediëvist in Groningen", em Catrien Santing, *De Geschiedenis van de Middeleeuwen aan de Groningse Universiteit, 1614-1939* (Groningen, 1997), pp. 97-108.

11 Johan Huizinga, *Briefwisseling*, v. 1, n. 60, pp. 90-1.

12 Anton van der Lem, *Het Eeuwige verbeeld in een afgehaald bed*, cap. 4, fig. 9: fac-símile do plano de Huizinga para "Beschaving der zeventiende eeuw" [Civilização do século XVII].

13 Leiden, biblioteca da universidade, arquivo de Johan Huizinga, n. 122, envelope "De schilders der 17e eeuw" [Os pintores do século XVII].

14 Wessel Krul, "Huizinga's Herfsttij: Achtergrond en vooruitzicht", p. 92.
15 Para isso, consulte a excelente composição de Wessel Krul, "Realisme, Renaissance en nationalisme: cultuurhistorische opvattingen over de Oudnederlandse schilderkunst tussen 1860 en 1920".
16 Johan Huizinga, *Briefwisseling*, v. 1, n. 93, p. 121.
17 Original: Baarn, prof. dr. J. Th. F. Boeles, filho do destinatário Mr. P. C. J. A. Boeles.
18 Para os demais temas, entre eles os do próprio Huizinga, ver meu *Johan Huizinga*, p. 147.
19 Leiden, biblioteca da universidade, arquivo de Johan Huizinga, n. 27, envelope "Iconographie" [Iconografia]: cat. 1912, v. 2, pp. 59 e 997, Louvre n. 1003.
20 Huizinga a G. S. de Solpray, diretor de *La Revue de Hollande*, em Johan Huizinga, *Briefwisseling*, v. 3, n. 182a, p. 469.
21 André Jolles a Huizinga, 13 de fevereiro de 1922, em Johan Huizinga, *Briefwisseling*, v. 1, n. 387, p. 379.
22 Leiden, biblioteca da universidade, arquivo de Johan Huizinga, n. 27, "La Physionomie morale de Philippe le Bon", seq. 1: "Hoje, depois de ter visto Dijon novamente, depois de ter visto sobretudo Vézelay, Avallon, Semur, Beaune e esse país da Borgonha agradável e sorridente na primavera, não hesito em confessar, com todo o meu coração, que sou um borguinhão, considerando que o significado de borguinhão há quatro séculos também é um bom francês".
23 Leiden, biblioteca da universidade, arquivo de Johan Huizinga, n. 52, v. 2, envelope "het macabere" [o macabro]: remete a *Gazette des Beaux-Arts*, abr./jun. 1918, p. 167.
24 Johan Huizinga, *Briefwisseling*, v. 3, n. 1329, p. 237.
25 Anton van der Lem, *Johan Huizinga*, p. 140.
26 Leiden, biblioteca da universidade, arquivo de Johan Huizinga, n. 80, envelope "Cobden".
27 Leiden, biblioteca da universidade, arquivo de Johan Huizinga, n. 114, envelope "symbolisme en allegorie" [simbolismo e alegoria], fragmento no verso: "[N]icopolis??/ goed en onderhou[dend]/ de draad van he[tl]/

betoog ben ik totaa[*l*]/ *kw*[*ijt*]" [Nicópolis/ bom e conservado/ perdi totalmente o fio da argumentação].

28 Léon Hanssen, *Huizinga en de troost van de geschiedenis*, pp. 235-6.

29 Leiden, biblioteca da universidade, arquivo de Johan Huizinga, n. 52, v. 2, envelope "partijliefde" [amor partidário].

30 Leiden, biblioteca da universidade, arquivo de Johan Huizinga, n. 52, v. 2, envelope "wraakmotief" [motivo da punição].

31 Johan Huizinga, *Verzamelde Werken*, v. 7, p. 37.

32 Leiden, biblioteca da universidade, arquivo de Johan Huizinga, n. 47, envelope "Architrenius" [Arquitrênio].

33 Nesse meio-tempo, a machadinha, o serrote e o cajado representados nesse mesmo painel também foram resumidos ao seu significado religioso. Ver Bernhard Ridderbos, "Objecten en vragen" [Objetos e perguntas], em Bernhard Ridderbos e Henk van Veen, *"Om iets te weten van de oude meesters": De Vlaamse Primitieven: herontdekking, waardering en onderzoek*, com referência a Isaías (10,15): "Será que então a machadinha vangloriar--se-á daquele que com ela golpeia? Ou será que a serra se elevará contra aquele que a puxa? Como se uma vara neutralizasse aquele que a eleva e se enobrecesse um cajado, que é apenas de madeira".

34 Erwin Panofsky, "Retrato de Arnolfini por Jan van Eyck", *The Burlington Magazine*, n. 64, jan./jun. 1934, pp. 117-27. O professor universitário Wilhelm Martin chamou a atenção de Huizinga para este artigo e para as reações que se seguiram a ele. Martin a Huizinga, Leiden, 2 de fevereiro de 1935. Leiden, biblioteca da universidade, arquivo de Johan Huizinga, n. 114; não na *Briefwisseling*, com partes destacadas por Huizinga ao ler o artigo de Panofsky, entre outros: "A postura está totalmente correta, ele dar-lhe-á a mão direita, a sua direita ainda permanece somente com o dorso em sua esquerda". Além disso, Huizinga concentrou-se no significado do *"Johannes de Eyck fuit hic"*. Sem citar Panofsky, ele dedicou uma nota de rodapé a esta discus-

são na quarta impressão, na qual ele, em 8 de fevereiro de 1935, marcou a palavra previamente (nesta edição, capítulo 18, nota 36).
35 Léon Hanssen, *Huizinga en de troost van de geschiedenis*, pp. 192-6, fornece algumas correções importantes na concepção de Hugenholtz, "The Fame of a Masterwork".
36 Léon Hanssen fala em *"de troost van de herfst"* em seu *Huizinga en de troost van de geschiedenis*, pp. 223-9.

Bibliografia

A bibliografia a seguir não consta da edição holandesa de 1997 que serviu de base à presente edição brasileira de O outono da Idade Média. Nas notas do livro, Huizinga nem sempre foi preciso o suficiente para atender aos atuais critérios de citação bibliográfica. Para clássicos como Les Amours, *de Ronsard, e* The Tragical History of Doctor Faustus, *de Marlowe, ou de fontes como as* Paston Letters, *o autor limitou-se a indicações básicas, dada a ampla difusão dessas obras na cultura letrada corrente. Na impossibilidade de refazer item por item a pesquisa de fontes primárias e secundárias realizada pelo autor, recorreu-se sempre que possível à complementação em bancos de dados hoje disponíveis na internet. Nesses casos, a complementação bibliográfica é indicada por colchetes.*

ACQUOY, J. G. R. *Het klooster van Windesheim en zijn invloed.* Utrecht: 1875-80. 3 v.

ACTA *Sanctorum.* Bolland et al. (Orgs.). [Antuérpia: 1643-?]

ALLEN, P. S. *Opus epistolarum des Erasmi Roterodami*, Oxford: 1869-1933. 12.

ANECDOTES *historiques, légendes et apologues tirés du recueil inédit d'Etienne de Bourbon.* A. Lecoy de la Marche (Org.). Paris: Société de l'Histoire de France, 1877.

ANTWERPEN's *Onze-Lieve-Vrouwe-Toren.* Antuérpia: Stadsbestuur, 1927.

BAISIEUX, Jakes de. "Des Trois chevaliers et del chainse", em *Trouvères belges du XII<u>e</u> au XIV<u>e</u> siècle*, Auguste Scheler (Org.). Bruxelas: 1876. v. 1.

BARNARD, F. P. *The Essential Portions*, ver UPTON.

BASIN, Thomas. *De rebus gestis Caroli VII et Lud. XI historiarum libri XII*, Jules-Étienne Quicherat (Org.). Paris: Société de l'Histoire de France, 1855-9. 4v.

BAUDE, Henri. *Les Vers de maître Henri Baude, poète du XV<u>e</u> siècle*. Jules-Étienne Quicherat (Org.). Paris: 1856.

BAUMGARTEN, Hermann. *Geschichte Karls V.* [Stuttgart: 1885-92.]

BEATIS, Antonio de. *Die Reise des Kardinals Luigi d'Aragona* [1517]. L. Pastor (Org.). Freiburg: 1905.

BEATUS Alanus redivivus, ver RUPE.

BECKER, Carl Heinrich. "Ubi sunt qui ante nos in mundo fuere", *Aufsätze: Ernst Kuhn*, v. 2, 1916.

BERTONI, Giulio. *L'Orlando furioso e la Rinascenza a Ferrara*. Módena: 1919.

BEZOLD, Friedrich von. "Aus dem Briefwechsel der Markgräfin Isabella von Este-Gonzaga", *Archiv für Kulturgeschichte*, v. 8, 1910.

BOILEAU, Etienne. "Le Livre des métiers", em *Histoire générale de Paris*. De Lespinasse e Bonnardot (Orgs.). Paris: 1879.

BONAVENTURA, S. *Opera*, A. C. Peltier (Org.). Paris: 1864-71. 15 v. Especialmente: *In secundum librum sententiarum*; *In quartum librum sententiarum*; *Breviloquii II*; *De reductione artium ad theologiam*.

_____. *Opera omnia*, Patres Collegii a S. Bonaventura (Orgs.). Quaracchi: Collegii S. Bonaventura, 1882-1902. 10 v.

BONET, Honoré. *L'Arbre des batailles*. Paris: Michel le Noir, 1515.

BORDERIE, Arthur de la. "Jean Meschinot, sa vie et ses œuvres, ses satires contre Louis XI", *Bibliothèque de l'École des Chartes*, v. 56, 1895.

BOUCICAUT. "Le Livre des faicts du mareschal de Boucicaut", em *Collection complète des mémoires relatifs à l'histoire de France*, Petitot (Org.). Paris: 1819. v. 6 e 7.

BOURQUELOT, Félix. "Chronique de Pierre le Prêtre", ver PRÊTRE.

BREMEN, Adam van. *Gesta Hammaburgensis ecclesiae pon-*

tificum. [Em Otlo de Santo Emerão, *Othloni monachi S. Emmerammi opera omnia.* Jean-Paul Migne (Org.), 1853.]

BRETTLE, Sigismund. *San Vicente Ferrer, und sein literarischer Nachlass.* "Vorreform. Forschungen", Münster: 1924. v. 10.

BRUCHET, Max. *Le Château de Ripaille.* Paris: 1907.

BRUNEI, Clovis. "Un Plan de sennon de S. Vincent Ferrier", *Bibliothèque de l'École des Chartes*, v. 85, 1924.

BUEIL, Jean de. *Le Jouvencel.* C. Favre e L. Lecestre (Orgs.). Paris: Société de l'Histoire de France, 1887-9.

BURCKHARDT, Jacob. *Die Kultur der Renaissance in Italien.* Leipzig: 1908. v. 2. [Ed. bras.: *A cultura do Renascimento na Itália* (1860). Trad. Sergio Tellaroli. São Paulo: Companhia das Letras, 1991.]

_____. *Weltgeschichtliche Betrachtungen.* Berlim e Stuttgart: 1905. [Ed. bras.: *Reflexões sobre a história.* Trad. Leo Gilson Ribeiro. Rio de Janeiro: Zahar, 1961.]

BURDACH, Konrad. *Briefwechsel des Cola di Rienzo.* Berlim: Weidman, 1912.

_____. "Vom Mittelalter zur Reformation", em *Der Ackermann aus Böhmen*, v. 3. Berlim: 1917.

BURTON, Robert. *The Anatomy of Melancholy.* Londres: 1886.

CARNAHAN, D. H. (Org.). "The *Ad Deum vadit* of Jean Gerson", *University of Illinois Studies in Language and Literature*, v. 3, n. 1, fev. 1917.

CARTELLIERI, Otto. *Beiträge zur Geschichte der Herzöge von Burgund.* Heidelberg: Sitzungsberichte der Heidelberger Akademie der Wissenschaften, 1914.

CARTUSIANUS, Dionysius [Dionísio Cartuxo]. *De vanitate mundi: Opera omnia, cura et labore monachorum sacr. ord. Cart.*, Montreuil e Tournai: 1896-1913. 41 v. Especialmente: *Vita Dionysii auct. Thod. Loer, Revelatio II*, v. 1; *Dialogion de fide catholica*, v. 18; *De quotidiano baptismate lacrimarum, De gravitate et enormitate peccati*, v. 29; *De munificentia et beneficiis Dei*, v. 34; *De laudibus sanctae et individuae trinitatis per modum horarum, De passione dei salvatoris dialogus, Expositio hymni Audi benigne conditor*, v. 35; *De mutua cognitione, Contra vitia superstitio-*

num quibus circa cultum veri Dei erratur, De modo agendi processiones, v. 36; *De vita et regimine principum, Directorium vitae nobilium*, v. 37; *Inter Jesum et puerum dialogus*, v. 38; *De vitiis et virtutibus*, v. 39; *De contemplatione, De quatuor hominum novissimis, De oratione*, v. 41.

CHAMPION, Pierre. *François Villon, sa vie et son temps*. Paris: Champion, 1913.

_____. *Procès de condamnation de Jeanne d'Arc*. Paris: 1921.

_____. *Histoire poétique du XV<u>e</u> siècle*. Paris: Champion, 1923.

CHANSONS *françaises du XV<u>e</u> siècle*. Gaston Paris (Org.). Paris: Société des Anciens Textes Français, 1875.

CHARTIER, Alain. *Œuvres*. A. Duchesne (Org.). Paris: 1617.

CHARTIER, Jean. *Histoire de Charles VII*. D. Godefroy (Org.). Paris: 1661.

CHASTELLAIN, Georges. *Œuvres*, Kervyn de Lettenhove (Org.). Bruxelas: 183-66. 8 v. Especialmente: *Chronique*, v. 1-5; *Le Miroir des nobles hommes en France, Le Dit de Vérité, Exposition sur vérité mal prise, La Mort du roy Charles VII*, v. 6; *L'Entrée du roy Loys en nouveau règne, Advertissement au duc Charles, Le Livre de la paix, Recollection des merveilles, Le Temple de Bocace, Les Douze Dames de Rhétorique, Le Lyon rampant, Les Hauts Faits du duc de Bourgogne, La Mort du duc Philippe*, v. 7; *Response envoyée par monseigneur le comte de Chimay au dessusdit messire George* [*Carta do conde Chimay a Chastellain*], v. 8.

CHESNE, André du. *Histoire de la maison de Chastillon sur Marne*. Paris, 1621.

CHRONIQUE *du religieux de Saint-Denis*, ver SAINT-DENIS.

CHRONIQUE *scandaleuse*, ver ROYE.

CHRYSOSTOMUS, Johannes. "Sobre as mulheres e a beleza", em *Opera*, B. de Montfaucon (Org.). Paris: 1735. v. 12.

CLÉMANGES, Nicolas de. "De novis festivitatibus non instituendis", em *Opera*. Lydius (Org.). Leiden: 1613.

_____. "Epistolae", em *Opera*. Lydius (Org.). Leiden: 1613.

_____. *Opera*. Lydius (Org.). Leiden: 1613.

CLERCQ, Jacques du. *Mémoires* [1448-67], Reiffenberg (Org.). Bruxelas: 1823. 4 v.

CLIMACUS, Johannes [João Clímaco]. *Scala Paradisi*. Raderus (Org.). Paris: 1633.

CLUNY, Odo van. "Collationum" (livro 3), em Jean-Paul Migne (Org.). *Patrologia Latina*, v. 133. [Paris: Imprimerie Catholique, 1844-55.]

COHEN, Gustave. *Le Livre de conduite du régisseur et le compte des dépenses pour le mystère de la passion joué à Mons en 1501*. Faculté des Lettres de Strasbourg, 1925.

COKE, John. *Le Débat des hérauts d'armes de France et d'Angleterre, suivi de The Debate between the Heralds of England and France*. L. Pannier e P. Meyer (Orgs.). Paris: Firmin Didot, 1877.

COMMINES, Philippe de. *Mémoires*, B. de Mandrot (Org.). Collection de textes pour servir à l'étude et à l'enseignement de l'histoire. Paris: Picard et Fils, 1901-3. 2 v.

CONNOLLY, James L. "John Gerson Reformer and Mystic", em *Recueil de travaux publiés par les membres des conférences d'histoire et de philosophie de l'Université de Louvain*, 2ª série, fasc. 12, 1928.

"CONTRA philargyriam", em Jean-Paul Migne (Org.). *Patrologia Latina*, v. 145. [Paris: Imprimerie Catholique, 1844-55.]

COOPLAND, C. W. "The Tree of Battles and Some of Its Sources", *Tijdschrift voor Rechtsgeschiedenis*, v. 5, Leiden, 1923.

COQUILLART. "Les Droits nouveaux", em *Œuvres de Coquillart*, D'Héricault (Org.). Bibliothèque Elzévirienne. Paris: P. Jannet, 1857. v. 1.

____. *Œuvres de Coquillart*. D'Héricault (Org.). Bibliothèque Elzévirienne. Paris: P. Jannet, 1857.

COULTON, G. G. *Art and the Reformation*. Oxford: 1925.

COVILLE, Alfred. *Gontier et Pierre Col et l'Humanisme en France au temps de Charles VI*. Paris: Droz, 1934.

____. *Jean Petit: La question du tyrannicide au commencement du XVᵉ siècle*. Paris: Picard, 1932.

____. "Le Véritable Texte de la justification du duc de Bourgogne par Jean Petit (8 mars 1408)", *Bibliothèque de l'École des Chartes*, v. 72, 1911, pp. 57-91.

D'AILLY, Pierre. "De reformatione", em Jean Gerson, *Opera omnia*, Louis Ellies Dupin (Org.). Antuérpia: 1706. v. 1.

D'ARCQ, Douët. *Choix de pièces inédites relatives au règne de Charles VI*, Paris: Société de l'Histoire de France, 1863. v. 1.

D'ASBECK, Melline. *La Mystique de Ruysbroeck l'Admirable, un écho du néoplatonisme au XIV$\underline{e}$ siècle*. Paris: 1930.

D'AUVERGNE, Martial. "Vigilles de Charles VII", em *Les Poésies de Martial de Paris, dit D'Auvergne*, 2 v. Paris: 1724.

D'ESCOUCHY, Mathieu. *Chronique*, G. du Fresne de Beaucourt (Org.). Paris: Société de l'Histoire de France, 1863-4. 3 v.

D'ORLÉANS, Charles. *Poésies complètes*, Paris: 1874. 2 v.

DAMINIANI, Petrus [são Pedro Damião]. "Opera omnia", em Jean-Paul Migne (Org.), *Patrologia Latina*, v. 144-5. [Paris: Imprimerie Catholique, 1844-55.]

DANIEL, H. L. *Thesaurus hymnologicus*. Leipzig: 1841-56.

"DE CAPTIVITATE Babylonica ecclesiae praeludium", ver LUTHER.

DENIFLE, Henri. *La Désolation des églises de France*. Paris: 1897-9.

_____; CHATELAIN, Émile. *Chartularium Universitatis Parisiensis*, 4 v. [Paris: 1889-97.]

DESCHAMPS, Eustache. *Œuvres complètes*, Queux de Saint-Hilaire e G. Raynaud (Orgs.). Paris: Société des Anciens Textes Français, 1878-1903. 11 v.

_____. "Le Miroir de mariage", em *Œuvres complètes*, Queux de Saint-Hilaire e G. Raynaud (Orgs.). Paris: Société des Anciens Textes Français, 1878-1903. v. 9.

DIDRON, Adolphe Napoléon. *Iconographie chrétienne: Histoire de Dieu*. Paris: Imprimerie Royal, 1843.

DIXMUDE, Jan van. *Cronike*. Lambin (Org.). Ypres: 1839.

DÖRING-HIRSCH, Erna. *Tod und Jenseits im Spätmittelalter: Studien zur Geschichte der Wirtschaft und Geisteskultur*. R. Häpke (Org.). Berlim: 1927.

DOUTREPONT, Georges. *La Littérature française à la cour des ducs de Bourgogne*. Paris: Champion, 1909.

_____. "Ordonnance du banquet de Lille", em *Notices et extraits des manuscrits de la Bibliothèque Nationale*, v. 41 [*Bibliothèque de l'École de Chartes*, v. 84], 1923.

DURRIEU, Paul. *Les Très Riches Heures du duc de Berry (Heures de Chantilly)*. Paris: 1904.

DURRIEU, Paul. "Les 'Belles Heures' du duc de Berry", *Gazette des Beaux-Arts*, v. 35, 1906, pp. 265-92.

_____. "Un Barbier de nom français à Bruges", em *Académie des Inscriptions et Belles-Lettres: Comptes rendus*. Paris: 1917.

ECKHART, Meister. "Predigten", em *Deutsche Mystiker des XIV Jahrhunderts*, Franz Pfeiffer (Org.). Leipzig: 1857. v. 2.

EEKHOF, Albert. *De questierders van den aflaat in de Noordelijke Nederlanden*. Haia: 1909.

EHINGEN, Georg von. *Des schwäbischen Ritters Georg von Ehingen Reisen nach der Ritterschaft*. Stuttgart: Bibliothek des Litterarischen Vereins, 1842.

EMERSON. *Nature*. Routledge: 1881.

ERASMUS, Desiderius. *Ratio seu methodus compendio perveniendi ad veram theologiam*. Basileia: 1520.

_____. "Exequiae Seraphicae", em *Colloquia*. Elzev (Org.). Amsterdam: 1636.

ERBEN, Wilhelm. "Kriegsgeschichte des Mittelalters", *Historische Zeitschrift*, v. 16, 1929.

ERDMANNSDÖRFFER, Bernhard. *Deutsche Geschichte vom Westfälischen frieden bis zum regierungsantritt Friedrich's des Grossen, 1648-1740*, 2 v. [Berlim: 1892-3.]

ERMINI, Giuseppe. "I trattati della guerra e della pace di G. da Legnano", em *Studi e memorie per la storia dell'Università di Bologna*, v. 8. Bolonha: 1924.

"ESTATUTOS da ordem" ["Statuten der orde"], em Luc d'Achéry, *Spicilegium, sive Collectio veterum aliquot scriptorum qui in Galliae bibliothecis, maxime Benedictinorum, latuerunt*, v. 3. [Paris: 1655-77.]

ESTIENNE, Henri. *Apologie pour Hérodote*, Ristelhuber (Org.). Paris: Lisieux, 1879. 2 v.

FACIUS, Bartolomaeus. *Liber de viris illustribus*. L. Mehus (Org.). Florença: 1745.

FARRAND, Livingston. "The Basis of American History: 1500--1900". Albert B. Hart (Org.). *The American Nation: A History*, Nova York e Londres: Harper and Brothers, 1904. v. 2.

FENIN, Pierre de. *Mémoires*, em *Nouvelle collection des mémoires pour servir à l'histoire de France*, 1ª série, v. 2. Michaud e Poujoulat (Orgs.). [Paris: 1853, pp. 570-628.]

FILLASTRE, Guillaume. *Le Premier et le Second volume de la toison d'or*. Paris: François Regnault, 1515-6.

FRANC, Martin le. *Le Champion des dames*, citado em Félix Bourquelot, "Les Vaudois du quinzième siècle", pp. 84-8. *Bibliothèque de l'École des Chartes*, 2ª série, v. 3, 1847, pp. 81-109.

FRANZ, Adolph. *Die kirchlichen Benediktionen im Mittelalter*, Freiburg: 1909. 2 v.

FREDERICQ, Paul. *Codex documentorum sacratissimarum indulgentiarum Neerlandicarum*. Rijks Geschiedkundige Publicatiën, n. 21. Haia: 1922.

FRIEDLÄNDER, Max Jakob. *Die Altniederländische Malerei*. Berlim: 1924-37. 14 v.

_____. *Jahrbuch der Königlich Preussischen Kunstsammlungen*, v. 17, 1896.

FRIEDRICH, Wolfgan. *Der lateinische Hintergrund zu Maerlants "Disputatie"*. Leipzig: 1934.

FROISSART, Jean. *Chroniques*. S. Luce e G. Raynaud (Orgs.). Paris: Société de l'Histoire de France, 1869-99. 11 v.

_____. *Chroniques*. Kervyn de Lettenhove (Org.). Bruxelas: 1867-77. 29 v.

_____. *Poésies*. A. Scheler (Org.). Bruxelas: Académie Royale de Belgique, 1870-2. 3 v.

FUETER, Eduard. *Geschichte des europäischen Staatensystems, 1492-1559*. [Berlim e Munique: 1919.]

GAGUINI, Roberti [Robert Gaguin]. *Epistolae et orationes*. Louis Thuasne (Org.). Paris: 1903. 2 v.

_____. *Compendium Roberti Gaguini super Francorum gestis*. Paris: 1500.

_____. "De validorum mendicantium astucia", em *Epistolae et orationes*. Louis Thuasne (Org.). Paris: 1903. v. 2.

GERMAIN, Jean. "Liber de virtutibus Philippi ducis Burgundiae", em *Chroniques relatives à l'histoire de la Belgique sous la domination des ducs de Bourgogne*. Kervyn de Lettenhove (Org.). Collection des Chroniques Belges, 1876. v. 2.

GERSON, Jean. *Ioannis Gersonis opera omnia*. Louis Ellies Dupin (Org.). Hagae Comitis, 1728. 5 v. Especialmente: v. 1: *De examinatione doctrinarum*, *De probatione spirituum*,

De distinctione vera visionum a falsis, Epistola contra libellum Johannis de Schonhavia, Epistola contra defensionem Johannis de Schonhavia, Contra vanam curiositatem, De libris caute legendis, De consolatione theologiae, Contra superstitionem praesertim Innocentum, De erroribus circa artem magicam, Compendium theologiae, De decem praeceptis, De praeceptis decalogi, De susceptione humanitatis Christi, De falsis prophetis, Epistola super tertia parte libri Joannis Ruysbroeck "De ornatu nupt. spir.", Petri de Alliaco Tractatus I adversus cancellarium Parisiensem; v. 2: *De nuptiis Christi et ecclesiae, Quaedam argumentatio adversus eos qui publice volunt dogmatizare, Contra impugnantes ordinem Carthusiensium, De reform. Laicorum*; v. 3: *Liber de vita spirituali animae, Regulae morales, De passionibus animae, Centilogium de impulsibus, Contra foedam tentationem blasphemiae, De parvulis ad Christum trahendis, Expostulatio adversus corruptionem juventutis per lascivas imagines et alia hujusmodi, Discours de l'excellence de virginité, Oratio ad bonum angelum suum, De monte contemplationis, De vita imitativa, Considérations sur Saint-Joseph, De triplici theologia, Considérations sur le peché de blasphème, Contra gulam sermo, Sermo contra luxuriam, Sermo de nativitate Domini, Sermo de natalitate beatae Mariae Virginis, Sermo III em die Sancti Ludovici, De Angelis, Sermo III de defunctis, Sermo de S. Nicolao, Adversus lascivas imagines*; v. 4: *Meditatio super septimo psalmo poenitentiali, Tractatus II super Magnificat, Querelela nomine Universitatis, Sermo coram rege Franciae, Oratio ad regem Franciae, Josephina.*

GERSON, Jean. "Traictié Maistre Jehan Gerson contre le Roumant de la Rose". Ernest Langlois (Org.), *Romania*, v. 45, 1918.

_____. "Joannis de Varennis Responsiones ad capita accusationum", ver VARENNES.

GILSON, Etienne. *Les Idées et les lettres*. Essais d'Art et de Philosophie (série). Paris: J. Vrin, 1932.

_____. *Le Thomisme*. [Paris: J. Vrin, 1922.]

GODEFROY, Théodore. *Le Cérémonial françois*, Paris: 1649. 2 v.

GORCE, M. M. *Saint Vincent Ferrier*. Paris: 1924.

GRAVES, F. M. "Deux inventaires de la Maison d'Orléans", *Bibliothèque du XVe Siècle*, n. 31, 1926.

GRÖBER, Gustav. *Grundriss der romanischen Philologie*. Estrasburgo: 1886-8.

GROTEFEND, Hermann. "Chronologisches", *Korrespondenzblatt des Gesamtvereins der deutschen Geschichts und Altertumsvereine*, v. 67, Berlim, 1919.

HALGOUËT, Hervé du. "Droits honorifiques et prééminences dans les églises en Bretagne", em *Mémoires de la société d'histoire et d'archeologie de Bretagne*, v. 4. Paris: 1923, pp. 31-87.

HAUCK, Albert. *Kirchengeschichte Deutschlands*, v. 4. [Leipzig: J. C. Heinrichs, 1902.]

HEFELE, Karl. *Der heilige Bernhardin von Siena und die franziskanische Wanderpredigt in Italien*. Freiburg: Herder, 1912.

HINTZEN, J. D. *De Kruistochtplannen van Philips den Goede*. Rotterdam: 1918.

HOEPFFNER, Ernst. "Frage- und Antwortspiele in der Französischen Literatur des 14 Jahrhunderts", *Zeitschrift für Romanische Philologie*, v. 33, 1909.

HOSPINIANUS, Rodolphus. *De templis, hoc est de origine, progressu, usu et abusu templorum*. 2. ed. Zurique: 1603.

HOUWAERT, J. B. *Declaratie van die triumphante Incompst van den Prince van Oraingnien*. Antuérpia: Plantijn, 1579.

HUET, Gédéon. *Notes d'histoire littéraire III*, "Le Moyen-Âge", Paris, 1918. v. 20

HUIZINGA, Johan. "Bernard Shaw's Heilige", em *Tien Studiën*. Haarlem: H. D. Tjeenk Willink & Zoon, 1926, pp. 249-88; republicado em *Verzamelde Werken*, Haarlem: H. D. Tjeenk Willink, 1949. v. 3.

_____. "Onnoozele kinderen als ongeluksdag", em *Tien Studiën*. Haarlem: H. D. Tjeenk Willink & Zoon, 1926; republicado em *Verzamelde Werken*, Haarlem: H. D. Tjeenk Willink, 1949. v. 4.

_____. "La Physionomie morale de Philippe le Bon", *Annales de Bourgogne*, 1932; republicado em *Verzamelde Werken*, Haarlem: H. D. Tjeenk Willink, 1948. v. 2.

_____. *Rechtsbronnen van Haarlem*. [Haia: 1911.]

HUIZINGA, Johan. *Tien Studiën*. Haarlem: H. D. Tjeenk Willink & Zoon, 1926.

_____. "Uit de voorgeschiedenis van ons nationaal besef", em *Tien Studiën*. Haarlem: H. D. Tjeenk Willink & Zoon, 1926; republicado em *Verzamelde Werken*, Haarlem: H. D. Tjeenk Willink, 1948. v. 2.

_____. *Verzamelde Werken*, Haarlem: H. D. Tjeenk Willink, 1948-53. 9 v.

INNOCENTIUS III [Lotário di Segni]. "De contemptu mundi sive de miseria conditionis humanae", em Jean-Paul Migne (Org.), *Patrologia Latina*, v. 217. [Paris: Imprimerie Catholique, 1844-55.]

JAMES, William. *The Varieties of Religious Experience*. Londres: 1903.

JAURÈS, Jean. *Histoire socialiste de la Révolution française*. Paris: J. Houff, 1901.

JENKINSON, A. V. "The Jewels Lost in the Wash", *History*, v. 8, 1923.

JORGA, Nicolas. *Philippe de Mézières et la croisade au XIVe siècle*. Bibliothèque de l'École des Hautes Études, fasc. 110. Paris: 1896.

_____. "Le Songe du vieil pelerin", em *Philippe de Mézières et la croisade au XIVe siècle*. Bibliothèque de l'École des Hautes Études, fasc. 110. Paris: 1896.

JOSTES, Franz. *Meister Eckhart und seine Jünger*. Collectanea Friburgensia, v. 4. Freiburg: 1895.

JOUFFROY, Jean. "De Philippo duce oratio", em *Chroniques relatives à l'histoire de la Belgique sous la domination des ducs de Bourgogne*, Kervyn de Lettenhove (Org.). Collection des Chroniques Belges, 1876. v. 3.

JOURNAL *d'un bourgeois de Paris, 1405-1449*. A. Tuetey (Org.). Publications de la Société d'Histoire de Paris, doc. n. 3. Paris: 1881.

JOURNAL *de Jean de Roye*, ver ROYE.

KEMPIS, Thomas à [Tomás de Kempis]. "Sermones ad novitios, n. 28", em *Opera omnia*, M. J. Pohl (Org.). Freiburg: 1902-10. v. 6.

_____. "Soliloquium animae", em *Opera omnia*, M. J. Pohl (Org.). Freiburg: 1902-10. v. 6.

KEMPIS, Thomas à [Tomás de Kempis]. *Opera omnia*, M. J. Pohl (Org.). Freiburg: 1902-10. 7 v.

KLEINCLAUSZ, Arthur. "Un Atelier de sculpture au XVe siècle", *Gazette des Beaux-Arts*, v. 29, 1903.

_____. "L'Art funéraire de la Bourgogne au Moyen Âge", *Gazette des Beaux-Arts*, v. 27, 1902.

KROGH-TONNING, Knud Karl. *Der letzte Scholastiker: Eine Apologie*. Freiburg: 1904.

KURTH, Betty. "Die Blütezeit der Bildwirkerkunst zu Tournay und der burgundische Hof", *Jahrbuch der Kunstsammlungen des Kaiserhauses*, n. 34, 1917.

L'AMANT *rendu cordelier à l'observance d'amours* [*poème attribué à Martial d'Auvergne*]. A. de Montaiglon (Org.). Paris: Société des Anciens Textes Français, 1881.

LABORDE, Alexandre de. "Origine de la représentation de la Mort, chevauchant un bœuf", em *Académie des Inscriptions et Belles-Lettres: Comptes rendus*, v. 67, n. 5, 1923, pp. 100-16.

LABORDE, Léon de. *Les Ducs de Bourgogne: Études sur les lettres, les arts et l'industrie pendant le XVe siècle*. Paris: 1849-53. 3 v.

_____. "Inventaire de Charles le Téméraire", em *Les Ducs de Bourgogne: Études sur les lettres, les arts et l'industrie pendant le XVe siècle*, 2^a parte. Paris: 1851. v. 2.

LALAING, Jacques. "Le Livre des faits du bon chevalier messire Jacques de Lalaing", em G. Chastellain, *Œuvres*. Kervyn Lettenhove (Org.). Bruxelas: 1866. v. 8.

LANDRY, De la Tour. *Le Livre du chevalier De la Tour Landry*. Anatole de Montaiglon (Org.). Bibliothèque Elzévirienne. Paris: 1854.

LANGLOIS, Ernest. "Anciens Proverbes français", *Bibliothèque de l'École des Chartes*, v. 60, 1899, pp. 569-601.

LANNOY, Ghillebert de. *Œuvres*. Charles Potvin (Org.). Louvain: 1878.

LAVISSE, Ernest. *Histoire de France*. Paris: 1902. v. 4.

LE DÉBAT *des hérauts d'armes*, ver COKE.

"LE GRAND garde derrière", em W. G. C. Bijvanck, *Un Poète inconnu de la société de François Villon*. Paris: Champion, 1891.

LE JOUVENCEL, ver BUEIL.

LE LIVRE des cent ballades [poème du XIVe siècle composé par Jean de Seneschal, avec la collaboration de Philippe d'Artois, comte d'Eu, de Boucicaut le Jeune et de Jean de Crésecque]. G. Raynaud (Org.). Paris: Société des Anciens Textes Français, 1905.

"LE LIVRE des faicts du mareschal de Boucicaut", ver BOUCICAUT.

"LE LIVRE des faits du bon chevalier", ver LALAING.

"LE LIVRE des trahisons", em *Chroniques relatives à l'histoire de la Belgique sous la domination des ducs de Bourgogne*. Kervyn de Lettenhove (Org.). Collection des Chroniques Belges, 1876. v. 2.

"LE PASTORALET", em *Chroniques relatives à l'histoire de la Belgique sous la domination des ducs de Bourgogne*. Kervyn de Lettenhove (Org.). Collection des Chroniques Belges, 1876. v. 2.

LE ROMAN de la Rose par Guillaume de Lorris et Jean de Meun. Ernest Langlois (Org.). Paris: Société des Anciens Textes Français, 1914-24. 5 v.

"LE SONGE véritable", *Mémoires de la Société de l'Histoire de Paris*, v. 17. [Paris: Champion, 1890.]

LE VŒU du héron. Chalon e Delecourt (Orgs.). Société des Bibliophiles de Mons. Mons: Hoyois, 1839.

LEGRIS, Estienne. "Répertoir du *Roman de la Rose*", *Bibliothèque de l'École des Chartes*, v. 60, 1899.

LEO von Rozmitals Reise. Schmeller (Org.). Bibliothek des Literarischen Vereins zu Stuttgart, v. 7. Stuttgart: 1844.

LES CENT nouvelles nouvelles. Thomas Wright (Org.). Bibliothèque Elzévirienne, 14, 56. Paris: P. Jannet, 1857-8. 2 v.

LES FORTUNES et adversitez, ver RÉGNIER.

LES GRANDES chroniques de France. Paulin Paris (Org.). Paris, 1836-8. 6 v.

LES QUINZE joyes de mariage. Paris: Marpon et Flammarion, [c. 1890].

LES VERS de maître Henri Baude, ver BAUDE.

LETTRES de Louis XI. Vaesen, Charavay e Mandrot (Orgs.). Paris: Société de l'Histoire de France, 1883-1909.

"LIBER Karoleidos", em *Chroniques relatives à l'histoire de la Belgique sous la domination des ducs de Bourgogne*.

Kervyn de Lettenhove (Org.). Collection des Chroniques Belges, 1876. v. 3.

LINCY, Leroux de. *Livre des légendes*. [Paris: 1836.]

_____. *Le Livre des proverbes français*. Paris: 1859. 2 v.

_____. "Tentative de rapt en 1405", *Bibliothèque de l'École des Chartes*, 2ª série, v. 3, 1846.

LONGUYON, Jacques de. "Vœux du paon", *Histoire littéraire de France*, v. 36. Paris, 1927.

LOTH, Joseph. "L'Épée de Tristan", em *Académie des Inscriptions et Belles-Lettres: Comptes rendus*, 1923.

LUCE, Siméon. *La France pendant la Guerre des Cent Ans*. Paris: 1890.

LUQUET, G. H. "Représentation par transparence de la grossesse dans l'art chrétien", *Revue Archéologique*, v. 19, 1924.

LUTHER, D. Martin [Martinho Lutero]. "De captivitate Babylonica ecclesiae praeludium", em *Werke: Kritische Gesammtausgabe*. Weimar: 1883. v. 6, pp. 497-573.

MACHAUT, Guillaume de. *Le Livre du Voir-Dit*. Paulin Paris (Org.). Société des Bibliophiles François, 1875.

_____. *Œuvres*. E. Hoepffner (Org.). Société des Anciens Textes Français, 1908-11. 2 v.

_____. "Remède de fortune", em *Œuvres*. E. Hoepffner (Org.). Société des Anciens Textes Français, 1908-11.

MAILLARD, Olivier. *Sermones dominicales*. Paris: Jean Petit, 1515.

MÂLE, Émile. *L'Art religieux à la fin du Moyen-Âge*. Paris: 1908.

MAN, Dirk de. "Vervolgingen enz.", *Bijdragen voor Vaderlandsche Geschiedenis en Oudheidkunde*, 6ª série, v. 4.

MANGEART, Jacques. *Catalogue des manuscrits de la bibliothèque de Valenciennes*. Paris, 1860.

MANUEL, Juan. "El libro del cavallero et del escudero", em Gräfenberg (Org.), *Romanische Forschungen*, v. 7, 1893.

MARCHE, Olivier de la. "L'Estat de la maison du duc Charles de Bourgogne", em *Mémoires*. Beaune e D'Arbaumont (Orgs.). Paris: Société de l'Histoire de France, 1883-8. v. 4.

_____. *Mémoires*. Beaune e D'Arbaumont (Orgs.). Paris: Société de l'Histoire de France, 1883-8. 4 v.

_____. *Le Parement et triumphe des dames*. Paris: Michel le Noir, 1520.

MARLOWE, Christopher. *The Tragical History of Doctor Faustus*. Oxford: Clarendon Press, 1901. [Ed. bras.: *A história trágica do Doutor Fausto*. Trad. A. de Oliveira Cabral. São Paulo: Hedra, 2006.]

MARETT, Robert Ranulph. *The Threshold of Religion*. [Londres: 1909.]

MASSELIN, Jehan. *Journal des Etats Généraux de France tenus à Tours en 1484*. A. Bernier (Org.). Paris: Imprimerie Royale, 1835.

MCKECHNIE, William Sharp. *Magna Carta: A Commentary on the Great Charter of King John*. [Glasgow: 1905.]

"MÉMOIRES de Pierre le Fruictier, dit Salmon", ver SALMON.

MENOT, Michel. "Sermones", em Pierre Champion, *François Villon, sa vie et son temps*. Paris: Champion, 1913. v. 1.

MEYER, Paul. "Les Neuf Preux", *Bulletin de la Société des Anciens Textes Français*, 1883.

MICHAULT, Pierre. *Le Pas de la Mort*. Jules Petit (Org.). Bruxelas: Société des Bibliophiles de Belgique, 1869.

MICHEL, André. *Histoire de l'art*. Paris: 1907. v. 3 e 4.

MIGNE, Jean-Paul (Org.). *Patrologia Latina*, 221 v. [Paris: Imprimerie Catholique, 1844-55.]

___ (Org.). *Patrologia Graeca*. [Paris: Imprimerie Catholique, 1856-61.]

MIROT, Léon. *Les D'Orgemont, leur origine, leur fortune*. Paris: Champion, 1913.

MOLINET, Jean. *Chronique*. A. Buchon (Org.). Collection des Chroniques Nationales Françaises. Paris: 1827-8. 5 v.

____. *Les Faictz et dictz de messire Jean Molinet*. Paris: Jean Petit, 1537.

____. "Le Miroir de la Mort", citado em Georges Chastellain, *Œuvres*. Kervyn de Lettenhove (Org.). Bruxelas: 1863-6. v. 6.

MOLINIER, Auguste. *Les Sources de l'histoire de France, des origines aux guerres d'Italie* [1494]. Paris: 1901-6. 6 v.

MOLL, Willem. *Kerkgeschiedenis van Nederland vóór de Hervorming*, 5 partes. Utrecht: 1864-9.

____. *Johannes Brugman en het godsdienstig leven onzer vaderen in vijftien eeuw*. Amsterdam: 1854. 2 v.

____. "65 nutte artikelen van der passien ons Heren", em

Johannes Brugman en het godsdienstig leven onzer vaderen in vijftien eeuw. Amsterdam: 1854. v. 2.

MONSTRELET, Enguerrand de. *Chroniques.* Douët d'Arcq (Org.). Paris: Société de l'Histoire de France, 1857-63. 6 v.

MONTREUIL, Jean de [Joannis de Monasteriolo]. "Epistolae Selectae", em *Veterum scriptorum et monumentorum historicorum, dogmaticorum, moralium: Amplissima Collectio.* Martène e Durand (Orgs.). Paris: 1724. v. 2.

_____. "Epistolae Selectae, LXXV e LXXVI: Ambrosii de Miliis ad Gonherum", em *Veterum scriptorum et monumentorum historicorum, dogmaticorum, moralium: Amplissima Collectio.* Martène e Durand (Orgs.). Paris: 1724, v. 2, pp. 1456-65.

MONUMENTS *du procès de la canonisation du bienheureux Charles de Blois, duc de Bretagne.* Saint-Brieuc: 1921.

MORLANENSIS, Bernardi. "De contemptu mundi", em Thomas Wright (Org.). *The Anglo-Latin Satirical Poets and Epigrammatists of the Twelfth Century.* Rerum britannicarum medii aevi scriptores. Londres: 1872. 2 v.

MOSCHUS, Johannes. "Pratum spirituale", em Jean-Paul Migne (Org.), *Patrologia Graeca,* v. 87. [Paris: Imprimerie Catholique, 1856-61, pp. 2851-3112.]

MOUGEL, D. A. *Denys le Chartreux, 1402-1471: Sa vie, son rôle, une nouvelle édition de ses ouvrages.* Montreuil: 1896.

MÜNTZ, Eugène. *Les Arts à la cour des papes.* Paris: 1878.

"NOUVELLES envoyees de la conté de Ferette par ceulx qui en sont esté prendre la possession pour monseigneur de Bourgogne", em *Mélanges de philologie et d'histoire offerts à M. Antoine Thomas.* E. Droz (Org.). Paris: 1927.

ŒUVRES *du roi René,* ver RENÉ.

oliverii maillardi sermones dominicales, ver MAILLARD.

"OPUS quadragesimale Sancti Vincentii" [1482], em *Catalogus van de incunabelen in de Athenaeum-Bibliotheek te Deventer,* n. 274, 1917.

ORDONNANCES *des rois de France.* Paris: 1723-77.

OULMONT, Charles. *Le Verger, le temple et la cellule: Essai sur la sensualité dans les œuvres de mystique religieuse.* Paris: 1912.

PARIS, Geffroi de. "Chronique", em *Recueil des historiens des Gaules et de la France*. Wailly e Delisle (Orgs.), v. 22. [Paris: 1738.]

PASTON Letters. [Londres: Oxford University Press, 1983.]

PAULI, Theodoricus. "De rebus actis sub ducibus Burgundiae compendium", em *Chroniques relatives à l'histoire de la Belgique sous la domination des ducs de Bourgogne*. Kervyn de Lettenhove (Org.). Collection des Chroniques Belges, 1876. v. 3.

PETIT-DUTAILLIS, Charles. "Charles VII, Louis XI et les premières années de Charles VIII (1422-92)", em Ernest Lavisse, *Histoire de France*. Paris: 1902. v. 4.

____. *Documents nouveaux sur les mœurs populaires et le droit de vengeance dans les Pays-Bas au XVe siècle*. Bibliothèque du XVe Siècle. Paris: Champion, 1908.

PETRARCA. *Opera*. Basileia, 1581.

PIAGET, Arthur. "La Cour amoureuse dite de Charles VI", *Romania*, v. 20, 1891.

____. *Études romanes dédiées à Gaston Paris*. Paris, 1891.

____. "Le Livre Messire Geoffroi de Charny", *Romania*, v. 26, 1897.

____. "Oton de Granson et ses poésies", *Romania*, v. 19, 1890.

PINET, Marie-Josèphe. *Christine de Pisan, 1364-1430: Étude biographique et littéraire*. Paris: Champion, 1927.

PIO II. *Commentarii rerum memorabilium quae temporibus suis contigerunt*. [Roma: 1584.]

PISAN, Christine de. "Le Débat des deux amants", em *Œuvres poétiques*. M. Roy (Org.). Paris: Société des Anciens Textes Français, 1886-96. v. 2.

____. "Le Dit de la rose", em *Œuvres poétiques*. M. Roy (Org.). Paris: Société des Anciens Textes Français, 1886-96. v. 2.

____. "L'Epistre au dieu d'amours", em *Œuvres poétiques*. M. Roy (Org.). Paris: Société des Anciens Textes Français, 1886-96. v. 2.

____. *Épître d'Othéa à Hector*. Manuscrito 9392, de Jean Miélot. Joseph van den Gheyn (Org.). Bruxelas: 1913.

PISAN, Christine de. "Le Livre des trois jugements", em *Œuvres poétiques*. M. Roy (Org.). Paris: Société des Anciens Textes Français, 1886-96. v. 2.

PISAN, Christine de. *Œuvres poétiques*. M. Roy (Org.). Paris: Société des Anciens Textes Français, 1886-96. 3 v.

POITIERS, Aliénor de. "Les Honneurs de la cour", em *Mémoires sur l'ancienne chevalerie*. La Curne de Sainte-Palaye (Org.), 1781. v. 2.

POLLARD, A. F. *The Evolution of Parliament*. Londres, 1920.

POOL, J. C. *Frederik van Heilo en zijne schriften*. Amsterdam: 1866.

POST, Paul. "Ein verschollenes Jagdbild Jan van Eycks", *Jahrbuch der Preussischen Kunstsammlungen*, 1931.

PRÊTRE, Pierre. "Chronique", citado em Félix Bourquelot, "Les Vaudois du quinzième siècle", pp. 108-9. *Bibliothèque de l'École des Chartes*, 2ª série, v. 3, 1847, pp. 81-109.

PSEUDO-BERNARDO. "Liber de modo bene vivendi", em Jean-Paul Migne (Org.), *Patrologia Latina*, v. 184. [Paris: Imprimerie Catholique, 1844-55.]

QUICHERAT, Jules-Étienne. *Procès de condamnation et de réhabilitation de Jeanne d'Arc, dite la Pucelle*, 5 v. [Paris: Société de l'Histoire de France, 1841-9.]

___ (Org.). *Thomas Basin, évêque de Lisieux, histoire des règnes de Charles VII et de Louis XI*, 4 v. [Paris: Société de l'Histoire de France; Renouard, 1855-9.]

RABELAIS, François. *Gargantua*, em *Œuvres de Rabelais*. Abel Lefranc (Org.). v. 1. [Paris: Champion, 1912-27.]

____. *Œuvres de Rabelais*. Abel Lefranc (Org.). [Paris: Champion, 1912-27.]

____. *Pantagruel*, em *Œuvres de Rabelais*. Abel Lefranc (Org.). v. 1. [Paris: Champion, 1912-27.]

RAMSAY, J. H. *Lancaster and York, 1399-1485*. Oxford: 1892. 2 v.

RECUEIL *de chansons, poèmes et pièces en vers français relatifs aux Pays-Bas*. Bruxelas: Société des Bibliophiles Belges, 1878. v. 3.

RÉGNIER, Jean. *Les Fortunes et adversitez de feu noble homme Jehan Regnier*. [E. Droz (Org.). Paris: Société des Anciens Textes Français, 1923.]

RENAUDET, Augustin. *Préréforme et humanisme à Paris, 1494-1517*. Paris: Champion, 1916.

RENÉ, Roi [René de Anjou]. "Le Cuer d'amours espris", em

Œuvres du roi René. De Quatrebarbes (Org.). Angers: 1845. v. 3.

_____. *Œuvres du roi René*. De Quatrebarbes (Org.). Angers: 1845. 4 v.

RENIER, Dupont. "Jean d'Orléans, comte d'Angoulême d'après sa bibliothèque", em A. Luchaire, *Mélanges d'histoire du Moyen Âge*. Paris: 1897. v. 3.

_____. "La Captivité de Jean d'Orléans, comte d'Angoulême", *Revue Historique*, v. 62, 1896.

RONSARD, Pierre de. *Los Amours*. [Paris: Gallimard, 1974.]

ROTONDI, Giuseppe. "Un passo di Galvano Flamma e il monastero di Torba", em *Archivio Storico Lombardo: Giornale della Società Storica Lombarda*, série 5, fascs. 1-2, 1922.

ROUND, J. H. *The King's Serjeants and Officers of State with their Coronation Services*. Londres: 1911.

ROUSSELOT, Pierre. "Pour l'Histoire du problème de l'amour au Moyen Âge", em *Beiträge zur Geschichte der Philosophie im Mittelalter*. Bäumker e Von Hertling (Orgs.). Münster: 1908. v. 6.

ROYE, Jean. *Journal de Jean de Roye, dite Chronique scandaleuse*. B. de Mandrot (Org.). Paris: Société de l'Histoire de France, 1894-6. 2 v.

RUPE, Alanus de. "Sermo", em *Beatus Alanus redivivus*. J. A. Coppenstein (Org.). Nápoles: 1642. v. 2.

RUUSBROEC [Ruysbroeck], Johannes. *Werken*. David e Snellaert (Orgs.). Maatschappij der Vlaemsche Bibliophilen, 1860-8. Especialmente: *Die spieghel der ewigher salicheit*, *Die chierheit der gheesteleker brulocht*, v. 2; *Dat boec van seven sloten*, *Dat boec van den rike der ghelieven*, *Van seven trappen in den graet der gheesteliker minnen*, *Boec van der hoechster waerheit*, v. 4.

RYMER, Thomas. *Foedera, conventiones, litterae et cujuscunque generis acta publica inter reges Angliae*. [Haia: 1737-45.]

SAINT-DENIS, *Chronique du religieux de*. L. Bellaguet (Org.). Collection des Documents Inédits sur l'Histoire de France. Paris: Crapelet, 1839-52. 6 v.

SAINT-REMY, Jean Lefèvre de. *Chronique*. F. Morand (Org.). Paris: Société de l'Histoire de France, 1876.

SAINTE-PALAYE, La Curne de. *Mémoires sur l'ancienne chevalerie*, 1781.

SALE, Antoine de la. *Histoire et cronicque du petit Jehan de Saintré*. [Lami-Denozan (Org.). Paris: Firmin-Didot, 1830.]

SALLE, Antoine de la. *Le Reconfort de Madame du Fresne*. J. Néve (Org.). Paris: 1903.

_____. *La Salade*. Paris: Michel le Noir, 1521.

SALMON, Pierre le Fruictier, dit. "Mémoires". *3ᵉ Supplément de Froissart*. A. Buchon (Org.). Collection des Chroniques Nationales Françaises, v. 15. Paris: 1826.

SALOMON, Richard. *Opicinus de Canistris: Weltbild und Bekenntnisse eines avignonesischen Klerikers des 14 Jahrhunderts*. Vorträge der Bibliothek Warburg, 1926-7 e 1930.

SÃO VÍTOR, Hugo de. "De fructibus carnis et spiritus", em Jean-Paul Migne (Org.), *Patrologia Latina*, v. 176. [Paris: Imprimerie Catholique, 1844-55.]

SCHÄFER, Dietrich. "Mittelalterlicher Brauch bei der Überführung von Leichen". *Sitzungsberichte der Preussischen Akademie der Wissenschaften*, Berlim, v. 26, 1920.

SCHMIDT, Charles. "Der Prediger Olivier Maillard", *Zeitschrift für Historische Theologie*, 1856.

SCOFIELD, Cora L. *Life and Reign of Edward the Fourth*. Londres: 1923. 2 v.

SCOTI, Joannis [Johannes Scotus Erigena]. *De divisione naturae*. [Em Jean-Paul Migne (Org.), *Patrologia Latina*, Paris: Imprimerie Catholique, 1844-55.]

SEIFERTH, Wolfgang. *Der Tyrannenmord von 1407*. Leipzig: 1922.

SEITZ, Joseph. *Die Verehrung des heiligen Joseph, in ihrer geschichtlichen Entwicklung bis zum Konzil von Trient*. Freiburg: Herder, 1908.

SEUSE, Heinrich [Henrique Suso]. *Deutsche Schriften*. K. Bihlmeyer (Org.). Stuttgart: 1907.

SICARD. "Mitrale sive de officiis ecclesiasticis summa", em Jean-Paul Migne (Org.), *Patrologia Latina*, v. 213. [Paris: Imprimerie Catholique, 1844-55.]

SICILLE [Arauto da Sicília]. "Le Blason des couleurs", em *Le Trésor des pièces rares ou inédites*. H. Cocheris (Org.), 1860.

SIENA, Bernhard von. *Opera [omnia sancti Bernardini Senensis*. La Haye (Org.). Paris: 1635.] 2 v.

SNOY, Reinier. *Rerum belgicarum Annales*. Sweertius (Org.). Antuérpia: 1620.

STADELMANN, Rudolf. *Vom Geist des ausgehenden Mittelalters*. Halle: 1929.

STAMMLER, Wolfgang. *Die Totentänze*. Leipzig: 1922.

STAVELOT, Jean de. *Chronique*. Borgnet (Org.). Collection des Chroniques Belges. Bruxelas: 1861.

STEIN, Henri. "Étude sur Olivier de la Marche, historien, poète et diplomate", em *Mémoires Couronnés de l'Académie Royale de Belgique*, v. 49, frontispício. Bruxelas: 1888.

TAILLEVENT, Michault. *Le Songe de la thoison d'or* [1430], em G. Doutrepont, *La Littérature française à la cour des ducs de Bourgogne*. Paris: Champion, 1909.

TAINE, Hippolyte. *Les Origines de la France contemporaine*, v. 1-4: *L'Ancien Régime* e *La Révolution*. [Paris: Hachette, 1875-83.]

TAULER, Johannes. "Predigten", em *Deutsche Texte des Mittelalters*. F. Vetter (Org.). Berlim, 1910. v. 11.

TICKNOR, George. *Geschichte der schönen Literatur in Spanien*. [Leipzig: 1852.]

ULRICH, Jakob. "Die Sprichwörtersammlung Jehan Mielot's", *Zeitschrift für Französische Sprache und Literatur*, n. 24, 1902.

UPTON, Nicholas. *The Essential Portions of Nicholas Upton's 'De studio militari'*. Francis Pierrepont Barnard (Org.). Oxford: Clarendon Press, 1931.

_____. *De officio militari*. E. Bysshe [Bissaeus] (Org.). Londres: 1654.

URSINS, Jean Juvenal des. *Chronique* [1412], em *Nouvelle collection des mémoires pour servir à l'histoire de France*, 1ª série, v. 2. Michaud e Poujoulat (Orgs.). Paris: 1836.

USENER, Hermann. *Götternamen: Versuch zu einer Lehre von der religiösen Begriffsbildung*. Bonn: 1896.

VALOIS, Noël. *La France et le grand schisme d'Occident*. Paris: 1896-1902. 4 v.

VARENNES, Jean de. "Responsiones ad capita accusationum", em Jean Gerson, *Ioannis Gersonis opera omnia*. Louis Ellies Dupin (Org.). Hagae Comitis, 1728. 5 v.

VELDEN, H. van der. *Rodolphus Agricola, een Nederlandsch humanist der vijftiende eeuw*. Leiden: 1911. v. 1.

VERDAM, Jacob. "Een Nederlandsche aflaatbrief uit de 14e eeuw", em *Nederlands Archief voor Kerkgeschiedenis*, 1900, pp. 117-22.

VERGILIUS, Polydorus. *Anglicae historiae libri XXVI*. Basileia: 1546.

VETH, Jan; MULLER, Samuel. *Albrecht Dürers niederländische Reise*. Berlim e Utrecht: 1918. 2 v.

VIGNEULLES, Philippe de. *La Chronique de Philippe de Vigneulles*. Charles Bruneau (Org.). Metz: 1927-9. 4 v.

_____. *Gedenkbuch des Metzer Bürgers Philippe von Vigneules*. Henri Michelant (Org.). Stuttgart: Literarischer Verein, 1852.

VILLON, François. *Œuvres*. A. Longnon (Org.), *Les Classiques Français du Moyen Âge*, v. 2. Paris: 1914. [Ed. bras.: *Poesia*. Trad. Sebastião Uchoa Leite. Rio de Janeiro: Guanabara, 1988.]

VITRI, Philippe de. "Le Chapel des fleurs de lis" [1335]. A. Piaget (Org.), *Romania*, v. 27, 1898.

VRIES, Jan de. "Studiën over germaansche mythologie VIII", *Tijdschrift voor Nederlandse Taal- en Letterkunde*, n. 53, 1934.

WADDING, Luke. *Annales Minorum*. [Lyon: 1625-54.]

WALSINGHAM, Thomas. *Historia Anglicana*. H. T. Riley (Org.). Rerum britannicarum medii aevi scriptores. Londres: 1864. 3 v.

WARBURG, Aby. "Arbeitende Bauern auf burgundischen Teppichen", em *Gesammelte Schriften*. Leipzig: 1932. v. 1.

_____. *Gesammelte Schriften*. Leipzig: 1932.

WARD, C. F. *The Epistles on the Romance of the Rose and Other Documents in the Debate*. Chicago: University of Chicago Press, 1911.

WEALE, W. H. J. *Hubert and John van Eyck, Their Life and Work*. Londres e Nova York: 1908.

WETZER, Heinrich Joseph; WELTER, Benedikt. *Kirchenlexikon*, 13 v. [Freiburg: 1847-69.]

WIELANT, Philippe. "Antiquités de Flandre", em *Corpus Chronicorum Flandriae*. De Smet (Org.). [Bruxelas: 1865.] v. 4.

WINCKELMANN, Otto. "Zur Kulturgeschichte des Strassburger Münsters", *Zeitschrift für die Geschichte des Oberrheins*, n. 22, 1907.

WIRTH, H. F. *Der Untergang des niederländischen Volksliedes*. Haia: 1911.

WRIGHT, Thomas (Org.). *The Anglo-Latin Satirical Poets and Epigrammatists of the Twelfth Century*. Rerum britannicarum medii aevi scriptores. Londres, 1872. 2 v.

A casa de Borgonha: árvore genealógica

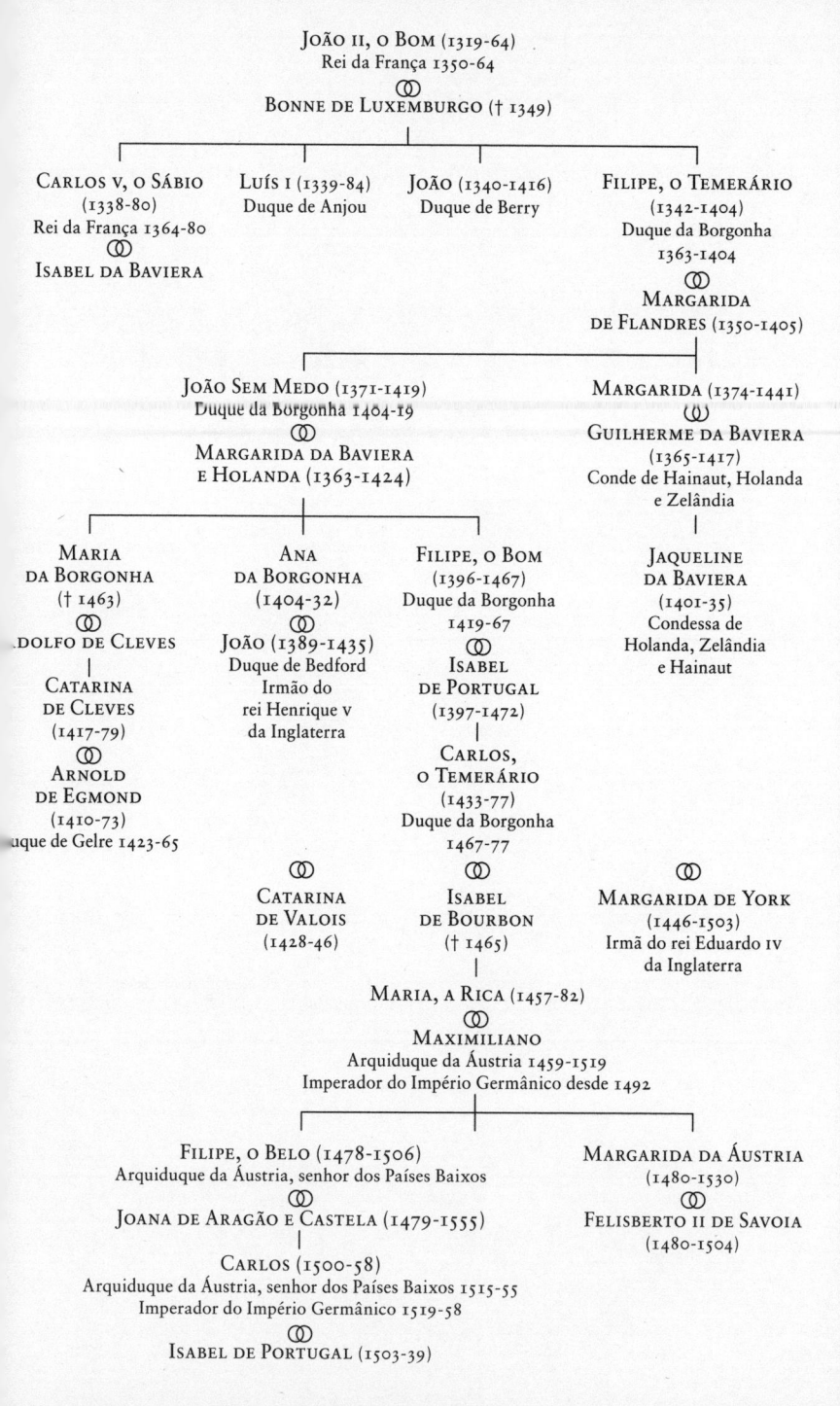

```
                    JOÃO II, O BOM (1319-64)
                    Rei da França 1350-64
                    ⊕
                    BONNE DE LUXEMBURGO († 1349)
    ┌──────────────┬──────────────┬──────────────┐
CARLOS V, O SÁBIO   LUÍS I (1339-84)   JOÃO (1340-1416)   FILIPE, O TEMERÁRIO
(1338-80)           Duque de Anjou     Duque de Berry     (1342-1404)
Rei da França 1364-80                                     Duque da Borgonha
⊕                                                         1363-1404
ISABEL DA BAVIERA                                         ⊕
                                                          MARGARIDA
                                                          DE FLANDRES (1350-1405)
                            ┌─────────────────────────────────┐
                    JOÃO SEM MEDO (1371-1419)         MARGARIDA (1374-1441)
                    Duque da Borgonha 1404-19         ⊕
                    ⊕                                 GUILHERME DA BAVIERA
                    MARGARIDA DA BAVIERA              (1365-1417)
                    E HOLANDA (1363-1424)             Conde de Hainaut, Holanda
                                                      e Zelândia
    ┌───────────────┬──────────────┬─────────────────┐
MARIA           ANA             FILIPE, O BOM       JAQUELINE
DA BORGONHA     DA BORGONHA     (1396-1467)         DA BAVIERA
(† 1463)        (1404-32)       Duque da Borgonha   (1401-35)
⊕               ⊕               1419-67             Condessa de
ADOLFO DE CLEVES JOÃO (1389-1435) ⊕                 Holanda, Zelândia
│               Duque de Bedford ISABEL             e Hainaut
CATARINA        Irmão do         DE PORTUGAL
DE CLEVES       rei Henrique V   (1397-1472)
(1417-79)       da Inglaterra    │
⊕                                CARLOS,
ARNOLD                           O TEMERÁRIO
DE EGMOND                        (1433-77)
(1410-73)                        Duque da Borgonha
Duque de Gelre 1423-65           1467-77

                ⊕               ⊕                   ⊕
                CATARINA        ISABEL              MARGARIDA DE YORK
                DE VALOIS       DE BOURBON          (1446-1503)
                (1428-46)       († 1465)            Irmã do rei Eduardo IV
                                │                   da Inglaterra
                    MARIA, A RICA (1457-82)
                    ⊕
                    MAXIMILIANO
                    Arquiduque da Áustria 1459-1519
                    Imperador do Império Germânico desde 1492
        ┌───────────────────────────────────────┐
FILIPE, O BELO (1478-1506)              MARGARIDA DA ÁUSTRIA
Arquiduque da Áustria, senhor dos Países Baixos   (1480-1530)
⊕                                       ⊕
JOANA DE ARAGÃO E CASTELA (1479-1555)   FELISBERTO II DE SAVOIA
│                                       (1480-1504)
CARLOS (1500-58)
Arquiduque da Áustria, senhor dos Países Baixos 1515-55
Imperador do Império Germânico 1519-58
⊕
ISABEL DE PORTUGAL (1503-39)
```

Índice onomástico

Absalão (filho do rei Davi), 248, 394, 396
Abuzé en court, L' (Rochefort), 235, 363
Acácio, santo, 301
Adão e Eva, 482, 532, 572
Adriano, santo, 301
Agostinho, Santo, 71, 389, 421, 423, 460
Agrícola, Rodolfo, 280
Alcuíno, 547
Aliénor de Poitiers, 111, 392
Aloísio Gonzaga, santo, 317
Amadis (romance de cavalaria), 148
Amant rendu cordelier, L' (poema), 204, 528, 554
Ambrósio, Santo, 421
André, santo, 63-4, 69, 179, 361, 439
Angoulême, João de Orléans, conde de, 322
Anjou, Carlos de, 178, 186
Anjou, Luís de, 319
Anjou, Margarida de (rainha consorte da Inglaterra), 56-7, 98
Anjou, René de *ver* René de Anjou, rei da Sicília
Antônio, santo, 301-3
Aragão, Pedro de, 178
Arbre des batailles, L' (Bonet), 402
Ariosto, Ludovico, 149, 471, 604*n*
Armagnac, conde de, 310
Arnemuiden, Margaretha van, 193
Arnolfini, Giovanni, 15, 448, 474, 565, 576
Arrestz d'amour (D'Auvergne), 220

Ars moriendi (rimas), 260, 261
Artevelde, Filipe de, 81, 174, 189
Atália, 396
Atharvaveda (escritura hindu), 376
Aubriot, Hugues, 275, 288, 399
Avignon, papa de *ver* Bento XIII (antipapa)

Bach, Johann Sebastian, 476
Baerze, Jacques de, 433, 570
Bajazet, sultão, 138, 150
Baker, John, 392
Ball, John, 125
Ballade de Fougères (Chartier), 399
Balue, Jean (bispo de Évreux), 96
Bamborough, Robert, 133
Bandello, 180
Bar, cardeal de, 102
Bárbara, santa, 301
Basin, Thomas (bispo de Lisieux), 130, 410-1
Bataille de Caresme et de Charnage, La (poema), 364
Baude, Henri, 404, 554
Baudricourt, Robert de, 410
Baviera, Alberto da, duque (conde de Holanda, Zelândia e Hainaut), 193
Baviera, Guilherme VI da, duque de Hainaut, Holanda e Zelândia, 193
Baviera, Jacqueline da, condessa de Holanda, Zelândia e Hainaut, 43
Baviera, João da, eleitor de Luik (mais tarde duque da Holanda e Zelândia), 102, 311-2
Baviera, Margarida da, duquesa da Borgonha, 326
Bayard, 153, 185
Beaugrant, madame de, 68
Beaumanoir, Robert de, 133, 185, 318
Beaumont, Jean de, 151, 172
Beauneveu, André, 449
Bedford, duque de (João de Lancaster), 103, 111, 178, 185, 311
Belles Heures du duc de Berry, Les (*Les Belles Heures d'Ailly*, livro de horas), 495, 536

Belon, a louca, 68
Bento XIII (antipapa), 56, 63, 320, 394
Berg, Joan van den, 593
Bernardino de Siena, são, 113, 308, 317, 348-9
Bernardo, São, 328, 330, 333, 346, 377, 389, 455
Berry, arauto, 132
Berry, João, duque de, 189, 257, 264, 394, 395, 428, 449
Berthelemy, Jean, 345
Bétisac, Jean, 287
Bladelyn, Pieter, 453
Blason des couleurs, Le (Arauto da Sicília), 217, 465
Blois, Carlos de, 318-9
Blois, João de, 318-9, 506
Blok, P. J., 564, 566-7
Boccaccio, Giovanni, 57, 396, 547-9
Bodin, Jean, 414
Boiardo, Matteo Maria, 149
Bois, Mansart du, 44
Bonaventura, 345, 366, 456, 635n
Bonet, Honoré, 402-3
Boniface, Jean de, 169-70
Bonifácio VIII, papa, 255
Bórgia, César, 180
Borgonha, Ana da, duquesa de Bedford, 311
Borgonha, Antônio de, duque de Brabante, 215
Borgonha, Beatriz da (condessa de Charolais), 109
Borgonha, Davi da (bispo de Utrecht), 280
Borgonha, duques da *ver* Carlos, o Temerário; Filipe, o Bom; Filipe, o Temerário; João Sem Medo
Borgonha, mademoiselle de, 68
Borgonha, Maria da, duquesa, 109, 112, 278
Bosch, Hieronymus, 414, 566
Boschetti, Albertino, 604n
Botticelli, Sandro, 208
Boucicaut, Jean le Meingre, marechal de, 128, 138-41, 149, 161, 191, 210, 214-5, 264, 268
Bourbon, Isabel de *ver* Charolais, duquesa de
Bourbon, Jacques de, 315
Bourbon, Jean de, 169

Bourbon, Luís de, 161-2, 214, 320
Bouts, Dirk, 428, 452, 536, 563, 567-8
Brabante, duque de (Antônio de Borgonha), 215
Brás, são, 301
Bréauté, Pierre de, 185
Bremen, Adão de, 153
Bretanha, duque da (Francisco I), 189, 395
Bretanha, duque da (Francisco III), 534
Brígida da Suécia, santa, 336
Broederlam, Melchior, 273, 295, 430-1, 433, 519, 570
Brueghel, Pieter, 364, 389, 431, 519-20
Brugman, Johannes, 327, 343, 369, 389, 456
Brunelleschi, Filippo, 447
Bueil, Jean de, 138, 140-1
Burckhardt, Jacob, 9-11, 15, 17-8, 22-3, 27, 59, 93, 133, 267, 568
Burguês de Paris, 46, 57, 63, 153, 362, 533
Burne-Jones, Edward, 146
Busnois, Antoine, 450
Bussy, Oudart de, 45
Byron, Lord, 78, 246

Campin, Robert, 516, 567, 575
Cântico dos Cânticos, 213, 298
Capeluche (carrasco de Paris), 102-3
Capito, Wolfgang Fabricius, 77
Carlos Borromeu, são, 317
Carlos de Blois (beato) *ver* Blois, Carlos de
Carlos II, rei da Inglaterra, 632n
Carlos Luís, conde Palatino, 180
Carlos Magno, 136, 547
Carlos V, rei da França, 66, 113, 180, 311, 533, 547
Carlos VI, rei da França, 43, 54-5, 64, 66, 103, 139, 178, 189,
    200, 215, 284, 292, 402, 429, 441, 446
Carlos VII, rei da França, 49, 104, 138, 174
Carlos, o Temerário (conde de Charolais; duque da Borgonha),
    51, 68, 70, 74, 81, 89, 92-3, 98, 108, 118, 135-6, 152, 160-1,
    163, 181, 187, 189, 199, 326-7, 393, 410-1, 413, 435, 440-1,
    450, 463, 465, 490, 492, 534, 550, 574, 610
Carr, Robert, 113

ÍNDICE ONOMÁSTICO

Cartuxo, Dionísio (beato de Ryckel), 37, 54, 245, 248, 281, 317, 326-7, 329, 348, 360, 366, 369, 373, 377, 380, 384-5, 387, 422, 450, 456, 460, 548
Castiglione, Baldassare, 471
Catarina de Alexandria, santa, 293, 301
Catarina de Siena, Santa, 336, 342, 346
Caulibus, Johannes de, 635*n*
Caxton, William, 446
Cent nouvelles nouvelles, Les (Froissart), 200, 202, 528
Champion, Pierre, 75
Chapel des fleurs de lis, Le (Vitri), 128
Charny, Geoffroi de, 402
Charolais, conde de *ver* Carlos, o Temerário (conde de Charolais; duque da Borgonha)
Charolais, condessa de (Beatriz da Borgonha), 109
Charolais, duquesa de (Isabel de Bourbon), 110-2, 407
Chartier, Alain, 123, 162, 235, 371, 399, 484, 500, 524, 558
Chastellain, Georges, 37, 43, 49, 51-2, 57, 59, 81, 92-3, 97-8, 107-9, 113, 118-21, 130, 132, 133-6, 138, 159, 177, 181, 183, 189, 191, 238, 248, 261, 280, 282, 359, 409, 417, 424, 454, 488-9, 494, 500, 520, 537, 539, 549, 552-7, 560
Châtel, Guillaume du, 184
Châtelier, Jacques du (bispo de Paris), 72-3
Chaucer, Geoffrey, 322, 551-2
Chevalier, Etienne, 279
Chevrot, Jean (bispo de Tournay), 177, 440, 453
Christus, Petrus, 536, 563
Cícero, 125, 153, 247-8, 546, 557
Cipião, 153, 550
Ciríaco, são, 301
Claraval, Bernardo de *ver* Bernardo, São
Clémanges, Nicolas de, 122, 211, 235, 270, 281-3, 545-6, 549
Clemente v, papa, 66
Clemente vi, papa, 376
Clercq, Jacques du, 75, 163, 288, 407, 418, 454
Cleves, Adolfo de, 109
Cleves, duque de (João dos Sinos, "João dos Sinos"), 465
Clisson, Olivier de (condestável da França), 184
Clopinel *ver* Meun, Jean de (Clopinel/Chopinel)

Cluny, Bernardo de, 250
Cœur, Jacques, 121, 174
Coimbra, João de, 49
Coitier, Jacques, 325
Col, Gontier, 211, 216, 235, 545-6
Col, Pierre, 211, 213, 216, 545
Colette de Corbie, santa, 315, 317, 326, 330, 337, 450
Colombe, Michel, 442
Commines, Philippe de, 113, 130, 135, 189, 192-3, 229, 325-6, 409-10, 498, 556
Complaincte de Eco (Coquillart), 399
Contos da Cantuária (Chaucer), 322
Contrediz Franc Gontier, Les (Villon), 242
Coquillart, Guillaume, 399, 554
Coquinet (bufão da corte da Borgonha), 54
Cornélio, são, 303
Coucy, Enguerrand de, 137, 161, 184, 320, 502, 571
Courtenay, Pierre de, 185
Coustani, Jean, 312
Cranach, Lucas, 532
Craon, Pierre de, 66, 114
Crésecque, Jean de, 149
Cristo *ver* Jesus Cristo
Cristóvão, são, 301
Crokart (servo dos senhores de Arkel), 193
Croy, Antoine de, 439
Croy, Philippe de, 152
Cúrcio, Quinto, 135
Curial, Le (Ambrosius de Miliis), 235
Cusa, Nicolau de, 317, 327, 360, 389, 422

D'Ailly, Pierre, 235, 270-1, 286, 292, 309, 463
D'Armentières, Peronnelle, 221, 225, 547
D'Artois, Filipe, 149
D'Artois, Robert, 166, 172
D'Auvergne, Martial, 220, 259, 265, 528
D'Azincourt, Regnault, 215
D'Escouchy, Mathieu, 73-4
D'Estavayer, Gérard, 180

D'Este, Hipólito, 604*n*
D'Or, Madame, 68
D'Orgemont, Nicolas, 45
D'Orgemont, Pierre, 66
Damião *ver* Pedro Damião, São
Daniel (profeta), 443-4
Danse aux aveugles, La (Michault), 514
Dante Alighieri, 71, 83, 133, 196-7, 366, 372, 531, 539
Daret, Jacques, 440
Davi, rei de Israel, 163, 443
David, Gerard, 428, 431, 470, 536, 563
De Barante, 424
De contemptu mundi (Cluny), 250-1, 548
De la Noue, François, 148
De lapsu et reparatione justitiae (Clémanges), 122
De Monarchia (Dante Alighieri), 366
De nobilitate (Poggio), 124
De nugis curialium (tratados), 230
De validorum per Franciam mendicantium varia astucia (Robert Gaguin), 303
Débat des hérauts d'armes de France et d'Angleterre (tratado), 190
Debat dou cheval et dou levrier, Le (Froissart), 513-4
Démonomanie (Bodin), 414
Deschamps, Eustache, 37, 79-80, 82-4, 103, 125, 136-7, 190-1, 200, 205, 232, 234, 242, 248, 273, 285, 295, 303-4, 313, 412, 464, 467, 502, 504, 508, 517-22, 540, 551, 559
Diário de um burguês de Paris (Tuetey), 75
Dionísio de Ryckel, beato *ver* Cartuxo, Dionísio (beato de Ryckel)
Dionísio *ver* Cartuxo, Dionísio (beato de Ryckel)
Dit de Franc Gontier, Le (Vitri), 230-2, 235, 241
Domburg, Jan van, 405
Donatello, 433
Douze Dames de Rhétorique, Les (Montferrant), 554
Dufay, Guillaume, 276, 425
Dunois, conde de (João de Orléans), 138
Durand-Gréville, Émile, 477
Durandus, Guilielmus, 366
Dürer, Albrecht, 458, 533
Duvenvoorde, Lysbet van, 532

Eck, Johannes, 297
Eckhart, Meister, 37, 379, 381, 385, 387
Eduardo II, rei da Inglaterra, 55
Eduardo III, rei da Inglaterra, 53, 165-6, 183, 188, 318
Eduardo IV, rei da Inglaterra, 92, 272
Eduardo VI, rei da Inglaterra, 57
Egídio, santo, 301
Ehingen, Jörg von, 161
Emerson, R. W., 99
Erasmo de Roterdã, 77-8, 301, 303, 476, 548, 553, 558
Erasmo, santo, 536
Erigena, Johannes Scotus, 379
Espinette amoureuse, L' (Froissart), 518
Estêvão, santo, 279
Estienne, Henri, 303
Eustáquio, santo, 301
Eutrópio, santo, 303
Exclamacion des os Sainct Innocent (poema), 514
Exercitia spiritualia (Inácio de Loyola), 618n

Faictz et dictz (Molinet), 399
Fastolfe, Sir John, 255
Faukenmont, Jehan de, 167
Fazio, Bartolomeo, 457, 532
Félix V, papa, 617n
Fénelon, François, 124
Fenin, Pierre de, 67, 410
Fèvre, Jean le, 256, 258
Fiacre, o eremita, são, 303
Fierens-Gevaert, Hippolyte, 10, 472, 563, 569
Filipa de Hainaut, rainha consorte da Inglaterra, 167
Filipe VI, rei da França, 416
Filipe, o Belo (arquiduque da Áustria), 98, 278, 534
Filipe, o Bom (duque da Borgonha), 49, 53, 59, 70, 81, 97, 109, 118, 120, 164-5, 170, 176-7, 179-80, 186, 280, 312, 326-7, 361, 401, 407, 416, 419, 429, 435, 449, 451, 467, 489, 533, 537, 574
Filipe, o Temerário (duque da Borgonha), 178, 214, 314, 431, 506
Fillastre, Guillaume, 160-1, 163, 177, 399

Flémalle, mestre de *ver* Campin, Robert
Foix, Gaston de, 114
Foix, Gaston Phébus, conde de, 311, 498
Fouquet, Jean, 279
Fradin, Antoine (pregador popular), 46
France, Anatole, 518
Francisco I, rei da França, 137, 180, 322
Francisco de Assis, são, 310, 315
Francisco de Paula, são, 101, 317, 322, 324, 326
Francisco Xavier, são, 317
Frederico III, Imperador Romano-Germânico, 278
Froissart, Jean, 37, 81, 130-1, 133-4, 147, 162, 167, 183, 185, 188-91, 193, 200, 275, 319-20, 359, 365, 400, 410, 421, 431--2, 449, 464, 496, 498, 505-6, 513-4, 518, 569
Froment, Jean, 74

Gabriel, são, 270
Gaguin, Robert, 123, 235, 303, 399, 558
Gales, príncipe de, 53
Geffroi de Paris, 400
Gelre, Adolf de, 62, 327, 410
Gelre, Arnold de, 327
Germain, Jean (bispo de Chalon), 50, 163, 550
Gerson, Jean, 37, 66, 84, 122, 211-3, 242, 248, 270, 272-3, 275, 278, 285-7, 290-1, 297, 305-6, 330, 335-7, 340-2, 357, 359, 366, 374, 389, 399, 408, 416, 421-2, 456
Giotto di Bondone, 535
Glasdale, William, 255
Gloucester, Humphrey de, 179
Godefroy, Denis, 279
Goes, Hugo van der, 430
Goethe, Johann Wolfgang, 99, 353
Gonzaga, Francesco, 180
Goujon, Jean, 442
Grabow, Mattheus, 335
Grandson, Otto de, 180, 524
Gregório, São, 125, 421
Groote, Gerard, 314, 335, 548
Guernier, Laurent, 406

Guesclin, Bertrand du, 137-8, 169, 318, 429
Guilherme I, príncipe de Orange, 113, 534
Guilherme II, príncipe de Orange, 200

Hacht, Hannequin de, 445
Hafiz, 246
Hagenbach, Peter van, 54
Hainaut, Filipa de (rainha consorte da Inglaterra), 167
Hales, Alexandre de, 376, 460
Hames, Nicolaas de, 164
Hans (acrobata), 68
Hautbourdin, Jean de Saint-Pol, 153
Heilo, Frederik van, 284
Henrique IV, rei da Inglaterra, 179, 193
Henrique V, rei da Inglaterra, 134, 176, 183, 188, 255, 413
Henrique VI, rei da Inglaterra, 56, 104, 111, 137
Herman de Colônia, 444
Herp, Hendrik van, 342
Heures d'Ailly ver *Belles Heures du duc de Berry, Les* (*Les Belles Heures d'Ailly*, livro de horas)
Heures de Chantilly ver *Très Riches Heures du duc de Berry, Les* (*Heures de Chantilly*, livro de horas)
Heures de Turin (livro de horas), 452
Holanda, Francisco de (pintor português), 457-8
Holbein, Hans, 257-8
Homme armé, L' (canção), 276
Houdon, Jean Antoine, 442
Houwaert, Johan Baptista, 534
Hugo, Victor, 424
Hus, João, 340
Hutten, Ulrich von, 77
Huysmans, Joris-Karl, 518

Imitatio Christi (Tomás de Kempis), 388, 400
Inácio de Loyola, santo, 317, 618*n*
Inocêncio III, papa, 250
Institoris, Heinrich, 347
Inventions (Jannequin), 463
Isaac (patriarca hebreu), 480

Isabel da Baviera, rainha consorte da França, 54, 200, 284, 429, 441, 446
Isabel da França (rainha consorte da Inglaterra), 429
Isabel da Turíngia, santa, 292
Isabel de Marburgo, santa, 614
Isaías (profeta), 443-5
Ivo, santo, 319

Jacó (patriarca hebreu), 163, 480
Jacopone da Todi, 247
Jacques de Bourbon, rei de Nápoles, 315
Jaille, *sire* de, 184
Jaime I, rei da Inglaterra, 113
James, William, 144
Jannequin, Clément, 463
Jeremias (profeta), 443-5
Jerônimo, São, 375, 421, 457
Jesus Cristo, 63-4, 208, 214, 263, 268-70, 272-3, 278, 281, 290-1, 294-5, 298, 306, 330-1, 337, 340-6, 348, 355, 357, 366, 371, 376-7, 379, 428, 443-4, 455, 480, 495, 533, 536, 539, 561, 610n, 639n
Jó (personagem bíblico), 163
Joana d'Arc, 45, 137, 140-1, 255, 272, 293, 410, 425
João Batista, são, 273, 303, 457, 482, 568, 575
João de Capistrano, são, 317
João Evangelista, são, 395
João II, rei da França, 159, 402
João Sem Medo (duque da Borgonha), 43, 45, 55, 70, 97, 107, 111-2, 138, 150, 215, 239, 278, 394, 407, 442, 540, 604n
Jorge, são, 138, 301, 441, 506
José, são, 273, 294, 296-8, 575
Josquin de Prés, 463
Jouvencel, Le (Froissart), 136, 140-2, 185, 310, 400, 403, 550
Jouvenel, Jean (bispo de Beauvais), 123
Justino, 136

Kempis, Tomás de, 284, 333, 388, 425, 450
Kethulle, Luís de, 186
Keulen, Herman van, 444

L'Isle-Adam, Jean de Villiers de, 103
La Bruyère, Jean de, 124
La Hire (Etienne de Vignolles), 138, 464
La Marche, Olivier de, 50, 60, 81, 92, 94, 159, 181, 183, 190, 249, 253, 315, 359, 392, 405, 408, 410, 439, 451, 463-4, 488, 542, 549, 552, 556, 561
La Roche, Alain de, 271, 346-7, 357, 389
La Salle, Antoine de, 266, 313
Lalaing, Jacques de, 114, 138, 142, 169, 174, 189-91
Lamprecht, Karl, 370
Lancaster, duque de (João de Gante), 428
Lancaster, João de (duque de Bedford), 103, 111, 178, 185, 311
Landry, De la Tour (cavaleiro), 165-6, 225, 227, 283, 297-8
Lannoy, Baudouin de, 474
Lannoy, Ghillebert de, 310
Lannoy, Hugo de, 102
Lannoy, Jean de, 438
Laura de Noves, 547
Laval, Jeanne de, 156, 500
Laval, Louis de, 137
Leão de Lusignan, rei da Armênia, 107
Leão x, papa, 138
Lebègue, Jean, 213
Lefèvre de Saint-Remy, Jean, 132, 164, 447
Lefranc, Martin, 418
Legris, Estienne, 213
Lekkerbeetje (Gerard Abrahams), 185
Lhuillier, Jean, 105
Lidwina van Schiedam, 312
Limburg, irmãos, 449, 452, 502, 571
Limburg, Paul, 503, 507, 519
Livre de crainte amoureuse, Le (Berthelemy), 345
Livre des cent ballades, Le (Boucicaut), 150, 210
Livre des faicts du mareschal de Boucicaut, Le (memórias), 139
Longuyon, Jacques de, 136
Lorena, René da, 272
Lorris, Guillaume de, 197, 206-7
Lucena, Vasco de, 134
Lúcifer, 71, 373, 396

Luís IX, rei da França (são Luís), 85, 138, 292
Luís XI, rei da França, 45, 49, 57, 99, 105, 109, 113, 160, 192, 263, 272, 322, 326, 329, 331, 407, 416, 452, 465, 497, 533
Luís XII, rei da França, 180
Luís XIV, rei da França, 180
Lumey, senhor de (Guillaume de la Marck), 169
Luna, Pedro de la ver Bento XIII (antipapa)
Lunettes des princes, Les (Meschinot), 240
Lusignan, Pierre de, 161
Lutero, Martinho, 366
Luxemburgo, André de, 320
Lyon, Espaing du, 499

Machaut, Guillaume de, 136, 217, 220-5, 228, 507-8, 547, 549
Maelweel, Jean, 444
Maerlant, Jacob van, 135
Mahuot, 181-3
Maillard, Olivier (pregador popular), 47, 54, 273, 399
Malatesta, Sigismondo, 632n
Mâle, Émile, 257, 566
Male, Luís de (duque de Flandres), 430
Malleus maleficarum (manual inquisitorial), 347, 414, 417
Mamerot, Sébastien, 137
Manuel, Juan, 129
Map, Walter, 230
Marchant, Guyot, 257, 259
Marche, Jean de, 321
Margarida da Áustria, duquesa, 240, 326, 571
Margarida da Escócia, rainha consorte da França, 371
Margarida de Anjou, rainha consorte da Inglaterra, 98
Margarida de York, duquesa da Borgonha, 68, 410, 435, 450
Margarida, santa, 293, 301
Maria, princesa da Inglaterra, 200
Maria, santa ver Virgem Maria
Marieken van Nimwegen (poema), 62
Marmion, Colard, 440
Marmion, Simon, 440
Marot, Clément, 214, 484
Martianus Capella, 354

Martinho V, papa, 349
Maupassant, Guy de, 237
Mauro, são, 301, 303
Maximiliano I, imperador da Áustria, 65, 278, 326, 431
Médici, Cosimo de, 165
Médici, Giuliano de, 165
Médici, Lorenzo de, 89, 165, 197, 323
Meditationes vitae Christi (Bonaventura), 456
Méliador (Froissart), 131, 147
Memling, Hans, 424-5, 563
Mesa, rei de Moab, 163
Meschinot, Jean, 80, 123, 235, 240, 497, 508, 542
Metsys, Quinten, 458
Meun, Jean de (Clopinel/Chopinel), 197, 207, 210-2, 531, 561
Mézières, Philippe de, 66, 129-30, 158-9, 169, 176, 313-6, 320, 396, 415, 547
Michault, Pierre, 160, 514
Michelangelo, 444, 458, 479, 535
Michelle de França, duquesa da Borgonha, 97, 108
Miliis, Ambrosius de, 235, 288, 545
Miolans, Philibert de, 162
Mirabeau, marquês de, 124
Miroir de mort, Le (poema), 248
Moisés, 433, 442-4, 480
Molière, 174
Molinet, Jean, 123, 130-1, 137, 213, 278, 309, 313, 359, 399, 411, 463, 534, 539, 541-2, 552-3, 556, 559
Monstrelet, Enguerrand de, 47-8, 130-1, 179, 188, 410, 417, 424
Montaigu, Jean de, 45
Montferrant, 554-7
Montfort, Jean de, 318
Montreuil, Jean de, 210-1, 216, 235, 288, 545-9
Morgante (Pulci), 149
Morlay, Bernardo de, 246
Moulins, Denys de (bispo de Paris), 73, 503
Múrcia, bispo de (Fernando de Pedrosa), 47

Navarra, Margarida de, 471
Nicolau III, papa, 594*n*

Nicolau, são, 374
Nietzsche, Friedrich, 409
Nilo, são, 325
Noite de reis (Shakespeare), 113
Novo Testamento, 202, 355, 393

Obrecht, Jacob, 450
Oresme, Nicolau de, 547
Orlando innamorato (Boiardo), 149
Orléans, Carlos de, 202, 311, 453, 473, 524, 528, 554
Orléans, João de (ou de Angoulême), 322
Orléans, Luís, duque de, 235, 408
Ouwater, Albert, 563, 567
Ovídio, 531, 546, 552

Paele, Joris van de, 453, 474, 506
Pajou, Augustin, 442
Pantaleão, são, 301
Parement et triumphe des dames, Le (La Marche), 249, 359
Paris, Geffroi de, 400
Paris, Paulin, 547
Pascal, Blaise, 381
Passe-temps d'oysiveté (Robert Gaguin), 399
Pastoralet, Le (poema pastoril), 239, 540, 550, 559, 604n
Pauli, Theodericus, 163, 246
Pedro Damião, São, 303
Pedro de Luxemburgo, são, 317, 319-20
Pedro Tomás, são, 315
Pedro, são (apóstolo), 251, 293, 323
Penthièvre, Jeanne de, 318
Perceforest (Froissart), 147
Petit Jehan de Saintré (romance), 170
Petit, Jean, 394-5, 397, 399, 413, 415
Petrarca, Francesco, 153, 197, 224, 230, 484, 547-9
Pio II, papa, 632n
Pio, são, 303
Pirenne, Henri, 563, 568, 572
Pisan, Christine de, 139, 210, 214-6, 243, 282, 314, 365, 468,
    509, 536, 551, 571

Platão, 351, 531
Plouvier, Jacotin, 181
Poggio Bracciolini, Gian Francesco, 124
Poitiers, Aliénor de, 111, 392
Ponchier, Etienne (bispo de Paris), 66
Porete, Margarida, 342
Pot, Philippe, 54, 171
Prudentius, 354
Pseudo-Areopagita, Dionísio, 384, 460
Pulci, Luigi, 149

Quadriloge invectif, Le (Chartier), 123
Quentin, Jean, 326
Quinze joyes de mariage, Les (poema satírico), 278, 284, 531

Rabelais, François, 217, 218, 303, 471, 552
Rais, Gilles de, 121, 311, 417
Rallart, Gaultier, 96
Rationale divinorum officiorum (Durandus), 366
Ravenstein, Beatriz de, 450
Ravenstein, Filipe de, 241
Raynaud, Gaston, 234
Rebreviettes, Jennet de, 172
Reconfort de Madame du Fresne, Le (La Salle), 266
Régnier, Jean, 201, 399
Rembrandt, 448, 521, 568
René da Lorena, 272
René de Anjou, rei da Sicília, 56-7, 134, 156, 235, 238, 251, 259,
    311, 314, 467, 495, 501, 525
Répertoir du roman de la Rose (Legris), 213
Ribeumont, Eustache de, 191
Ricardo II, rei da Inglaterra, 55, 113, 178, 429
Ricardo, frei (pregador popular), 45, 48, 62-3, 422
Rienzo, Cola di, 129
Robertet, Jean, 523, 554, 556-7
Rochefort, Charles de, 235, 363
Rolin, Nicolas, 60, 109, 439-40, 453-4, 477, 480, 570-1
Roman de la Rose (poema), 164, 197-8, 205, 208-13, 215-6, 219,
    235, 241-2, 279, 361, 363, 365, 475, 506, 509, 513, 541, 547, 561

Romano, Paolo, 632
Romualdo, são, 292, 325
Ronsard, Pierre de, 214
Roque, são, 301
Rosa de Viterbo, santa, 254
Rousseau, Jean-Jacques, 500
Roye, Jean de, 533
Ruiz, Juan, 364
Ruysbroeck, Jan van, 37, 341, 343, 382, 384, 387, 389, 425, 450

Saint-Pol, condestável de, 96, 323
Salazar, Jean de, 465
Salisbury, conde de (William Montague), 167
Salisbury, João de, 230
Salmon, Pierre, 63, 320
Salutati, Coluccio, 547
Sancerre, Louis de, marechal, 104
São Vítor, Hugo de, 328, 460-1
São Vítor, Richard de, 461
Saulx, Simon de, 395
Savoia, Amadeus VI de, conde, 161
Savoia, Amadeus VII de, conde, 180
Savoia, Amadeus VII de, duque, 617*n*
Savoia, Luísa de, 322
Savonarola, Girolamo, 48
Schiedam, Lidwina van, 312
Scorel, Jan van, 458
"Se la face ay pale" (canção), 276
Sebastião, são, 301, 303
Sêneca, 125, 552
Sens, arcebispo de (Etienne Tristan de Salazar), 105
Shakespeare, William, 113, 174, 539
Sicília, Arauto da, 217, 465, 602*n*
Sigismundo, duque do Tirol, 94
Silesius, Angelus, 379
Sint Jans, Geertgen tot, 495, 536, 563, 568
Sluter, Claus, 424, 441-5, 471, 633*n*
Sorel, Agnès, 113, 279, 502
Sotomayor, Alonzo de, 185

Sprenger, Jacob, 347
Standonck, Jean, 326
Suffolk, conde de (Michael de la Pole), 255
Summis desiderantes (bula papal), 414
Suso, Henrique, 37, 268-9, 346, 348, 381, 386, 389

Tácito, 170
Taillevent, Michault, 160
Taine, Hippolyte, 132
"Tant je me déduis" (canção), 276
Tauler, Johannes, 37, 381, 387
Teócrito, 230
Ternant, Philippe de, 561
Tertuliano, 375
Tito Lívio, 138, 550
Toisy, Joffroy de, 177
Tomás de Aquino, São, 292, 423, 461
Tomás, frei (pregador popular), 47-8, 337
Tonnerre, conde de (Louis de Chalon), 215-6
Toulouse, Fulco de, 370
Trastamara, Henrique de, 186
Trazegnies, Gilles de, 138, 142
Trémoïlle, Guy de la, 185, 432
Très Riches Heures du duc de Berry, Les (Heures de Chantilly, livro de horas), 499, 502, 571
Tristão e Isolda (romance), 509
Tucídides, 131
Tuetey, Alexandre, 75

Unigenitus (bula papal), 376
Urbano VI, papa, 63
Ursins, Jean Juvenal des, 153
Usener, Hermann, 361
Utrecht, bispo de (Davi da Borgonha), 280

Valentino, são, 301
Van Eyck, Hubert, 9-10, 12-3, 21, 36, 70, 424, 450, 452, 456-7, 475, 519, 563, 565, 567, 569
Van Eyck, Jan, 9-15, 21, 36-7, 70, 424, 428-31, 440, 444, 448-

-50, 452, 454, 456-7, 474-7, 489, 506, 516, 532, 535, 550, 565, 567-70, 572, 634n

Varennes, Jean de, 338-40, 399, 548
Velázquez, Diego, 68
Velho Testamento, 340, 355, 393, 443
Venceslau de Luxemburgo, rei, 55
Venceslau, duque de Brabante, 518
Vere, Robert de, 113
Vicente Ferrer, são, 46, 54, 317, 332, 334, 337
Viena, arcebispo de (Angelo Cato), 556
Vigneulles, Philippe de, 75
Villiers, George, 113
Villon, François, 75, 223, 242, 248, 254, 261-2, 290, 399, 404, 425, 473, 518, 524, 552, 554, 559
Virgem Maria, 208, 254, 273-4, 278, 296-7, 306, 322, 336, 395, 443, 478, 482, 506, 559, 561, 610n
Virgílio, 546
Vision of William Concerning Piers the Plowman, The (poema), 309
Vito, são, 301
Vitri, Philippe de, 128, 230, 241, 547
Vœu du héron, Le (poema), 151, 167
Vulgata, 163

Weyden, Rogier van der, 424, 431, 440, 454, 532, 536, 563, 570-1
Wier, Johannes, 414, 418
Witte, Emanuel de, 483
Württemberg, Henrique de, 470

Xaintrailles, 138

York, Eduardo de, 255

Zacarias (profeta), 443-4
Zenóbio, são, 323
Zola, Émile, 518

LEIA MAIS PENGUIN-COMPANHIA
CLÁSSICOS

Edward Gibbon

Os cristãos e a queda de Roma

Tradução de
JOSÉ PAULO PAES
DONALDSON M. GARSCHAGEN
Notas suplementares de
JOSÉ PAULO PAES

Neste esclarecedor excerto de sua obra capital, *Declínio e queda do Império Romano*, o historiador inglês Edward Gibbon (1737- -94) apresenta uma visão precursora sobre o cristianismo primitivo e sua disseminação do Oriente para o Ocidente a partir do século III d.C.

O famoso ensaio aponta, entre as causas do fortalecimento da Igreja cristã, a intolerância dos primeiros crentes com os deuses do antigo panteão, rejeição herdada dos judeus; a ferrenha esperança de outra vida após a morte; a grande publicidade dos prodígios e milagres operados pelo novo Deus; a moralidade estrita dos primeiros crentes; e, finalmente, a organização temporal cada vez mais sofisticada dos bispados e congregações.

Responsável por um empreendimento intelectual sem precedentes em sua época, Gibbon se valeu de grande erudição e do alto teor literário de sua prosa para compor uma obra que é referência incontornável nos estudos sobre Roma e o início da Idade Média.

WWW.PENGUINCOMPANHIA.COM.BR

LEIA MAIS PENGUIN-COMPANHIA
CLÁSSICOS

Jacob Burckhardt

O Estado como obra de arte

Tradução de
SERGIO TELLAROLI

O *Estado como obra de arte* foi originalmente publicado em 1860 como a primeira parte de *A cultura do Renascimento da Itália*, livro mais influente do historiador suíço Jacob Burckhardt (1818-97) e referência obrigatória sobre um dos períodos capitais da história do Ocidente.

O autor explica a tumultuada política italiana entre os séculos XIV e XVI a partir da constatação de que os tiranos e déspotas que arrebataram o poder nos pequenos Estados da península, então divididos entre as influências antagônicas do Papado e do Sacro Império Romano-Germânico, passaram a conceber as estruturas estatais como "produto da reflexão, criações conscientes, embasadas em manifestos e bem calculados fundamentos" — isto é, à maneira das obras de arte projetadas por criadores geniais como Rafael Sanzio (1483-1520), Botticelli (c. 1445-1510) e Leonardo da Vinci (1452-1519), não raro contratados para embelezar os suntuosos palácios construídos por esses soberanos.

Segundo Burckhardt, os novos governantes da península, embora mais interessados em enriquecer, perpetuar-se no poder e eliminar — quase sempre com extrema violência — as forças de oposição, inspiraram-se nas realizações políticas dos antigos gregos e romanos e, aconselhados por intelectuais da estatura de Maquiavel (1469-1527) e Baldassare Castiglione (1478-1529), acabaram lançando as bases institucionais do Estado burocrático moderno.

1ª EDIÇÃO [2021] 3 reimpressões

Esta obra foi composta em Sabon por Alexandre Pimenta e impressa em ofsete pela Lis Gráfica sobre papel Pólen da Suzano S.A. para a Editora Schwarcz em janeiro de 2025

A marca FSC® é a garantia de que a madeira utilizada na fabricação do papel deste livro provém de florestas que foram gerenciadas de maneira ambientalmente correta, socialmente justa e economicamente viável, além de outras fontes de origem controlada.